U0145634

凝煉知識品味閱讀

Guidance and counseling for children

兒童輔導與諮商

|第三版|

林建平——著

第二版自序

時光飛逝，本書自出版至今，已將屆十年。在此科技時代，社會變遷迅速，在輔導諮商界，近年來也產生了以下的變化：(1)立法院公布心理師法；(2)實施九年一貫課程，將原來的輔導活動課程併入綜合活動領域課程的一部分；(3)各教育大學普設心理與諮商系所；(4)網路諮商的愈趨普及。為因應時代的變遷，作者乃省思本書的內容，進行增刪的修訂工作。在刪除的部分，由於學校行政電腦化因素，原先學校以紙本方式蒐集、保管、與轉移的學生資料全部電腦化處理，故本書中所介紹的紙本表格和資料保管方式部分就予以刪除。另外，在附錄二的台北市社會資源機構一覽表，這些資訊的變動性大且透過網路極為方便獲取；附錄三的國內中小學適用的心理測驗， 亦極易從出版商獲取更新的出版資訊，故將此兩個附錄內容刪除。在增加的部分，由於「認知革命」的影響，當代的心理學以認知取向為主流，故本書特在第十一章中除介紹理性情緒行為治療法外，增加介紹目前亦廣泛使用的示範法、認知治療法、認知行為改變技術等理論與技術，並以認知行為治療法統稱之。

輔導與諮商是一門應用學科，讀者在閱讀本書的內容之後，除了理解與記憶這些文字內容之外，所謂「學而不思則罔」，尚需在個人的教學中及日常生活中活用這些知識，這樣的學習才能事半功倍，也才能自助助人。

林建平謹識

民國九十九年八月

自 序

隨著社會的迅速變遷，舊社會已解組，而新社會秩序正待建立之際，我們的社會面臨許多問題，新新人類的五大危機是輟學、藥物濫用、暴力與犯罪、自殺、懷孕與性行為等。這些個人情感方面的困擾有賴心理輔導的協助，輔導學已儼然成為當代社會的「顯學」。

目前，國民中小學的心理輔導工作已受到教育當局相當的重視，不只在中小學設置輔導室，責成其推展學校輔導工作，更希望全體教師具備輔導的理念與技術，以全面推展學校輔導工作，協助兒童及青少年身心健全發展。為培育中小學教師具備輔導的理念與技術，目前各中小學師資培育機構均開設輔導原理與實務的科目，期培養教師具備輔導的基本知能。

筆者長期在教育大學擔任輔導原理與諮商技術等科目的教學，鑒於市面上有關輔導原理和諮商理論與技術的教科書，其內容大多偏向一般性的學校如何推展輔導工作的書籍，本書即專門針對教育大學學生及接受國小師資培育訓練者，準備畢業後服務國小所需具備的輔導知能而撰寫。

本書分三篇，共計十六章。第一篇是輔導的基本原理，包括六章：輔導的基本概念、學校諮商員、輔導行政、輔導諮詢服務、輔導資料蒐集、輔導評鑑等。第二篇是兒童諮商理論與技術，包括八章：心理分析論、阿德勒治療法、行為治療法、個人中心治療法、理情治療法、遊戲治療法、藝術治療法、及兒童諮商過程與技術等。第三篇是團體輔導，包括二章：團體諮商和班級團體輔導。

本書具有下列特點：(1)本書統合了輔導原理和諮商理論與技術兩門課的重點，精簡扼要；(2)本書專門針對國小如何實施輔導工作而撰寫；(3)本書強調理論的實用性。本書特別適合作為國小師資培育課程的輔導原理、諮商理論與技術、及國小輔導行政等科目的教科書。

本書累積作者多年來在本科目教學的經驗，分享給有志兒童輔導的教師。知識浩瀚，筆者才疏，本書難免疏漏之處，尚祈讀者不吝指教。

林建平謹識
民國九十年七月

目　錄

第二篇 兒童諮商理論與技術

第三篇 團體輔導

第一篇　輔導的基本原理

第一章　輔導的基本概念

第一節　輔導與生活

壹·輔導的重要性

隨著時代的變遷，我們的社會已邁入高度工商業化。工商業社會給生活帶來極度的便利，相對的它所攜帶的社會問題也一一呈現，如人際疏離、功利主義、物質享樂、失業、青少年犯罪、自殺、酗酒、吸毒、未婚媽媽、離婚、單親家庭、飆車等。王寶墉（1998）指出，新新人類（1976年次以後出生的所謂Y世代的人）的五大危機是輟學、藥物濫用、暴力與犯罪、自殺、懷孕與性行為等。這些人類情感困擾的個人問題已成為嚴重的社會問題。心病還得心藥醫，其解決之道非賴「專業的心理輔導」莫屬，使輔導的身價暴漲，儼然成為當代社會的「顯學」，輔導的重要性不言而喻。那麼何謂「專業」的心理輔導？相對的何謂「非專業」的心理輔導？

貳·輔導與助人關係

輔導是一種助人的工作，自有人類以來，即有求助者（helpee）與助人者（helper），輔導與人類的日常生活本來就息息相關，古今中外皆然。以往，西方人遇到困惑，往往請教於哲學家、神職人員（如神父或牧師），祈求他們指點人生的方向，或藉著神蹟解決個人的問題。傳統上，中國人在遇到困難時，可能會求助於廟裡的神明、神壇的乩童、道士、靈媒、相命師、地理師、法師等。請求協助解決的問題舉凡：外遇、夫妻不合、與人糾紛、生意失敗、子女管教、求職、病痛、學業、婚姻、驚嚇等無所不括。其協助的方法不外：求神、占卜、收驚、靈符……。此種民間的助人關係即一般所謂的「民俗心理輔導」。此外社會上亦有一些熱心人士從事助人工作，如廣播節目主持人、專欄作家等，還有友人、家人、同事之間亦皆可形成助人關係。上述助人者若本身未接受輔導人員專業訓練，其所從事的是「非專業」的助人工作。

參·專業與非專業輔導

隨著現代學術的發達，術業有專攻，各行各業均講求專業化。目前輔導已是一門應用科學，從事助人工作的輔導者應具備專業的知能，取得專業的證照，方能從事此項專業的工作，此即「專業」輔導。專業輔導工作由輔導專業機構或部門的人員執行輔導業務。輔導專業機構的人員可分為專業人員與半專業人員。專業輔導人員指的是接受過輔導與諮商專業知能訓練者，如諮商員（counselor）、心理學家（psychologist）、治療師（therapist）、社工人員（social worker）、和精神科醫師（psychiatrist）等；半專業人員指的是接受過部分或短期輔導工作訓練的人員，如教師、輔導機構的助理、志工等。詳細的日常生活中的各種助人關係請參閱圖1-1。

本書中的助人者指的是專業輔導人員，筆者有時稱為治療者、治療師、諮商員、輔導員、輔導老師、晤談者；求助者的稱呼則有受輔者、當事人、個案、案主、學生等交替使用。

在說明了輔導的重要性、輔導與生活、專業與非專業輔導，接著何謂輔導將是必須介紹的。在做輔導名詞的定義之前，筆者先界定本書的輔導指的是「專業」的輔導工作其實施的人員、制度、理論、與技術。

第二節　美國輔導模式的發展

輔導的概念因時代的變遷而有不同的模式出現，不同的模式曾代表輔導不同觀點的演變。在做輔導的名詞界定之前，茲先介紹美國輔導模式的發展（Shertzer & Stone, 1981），以瞭解輔導概念的演變情形（參閱表1-1）。

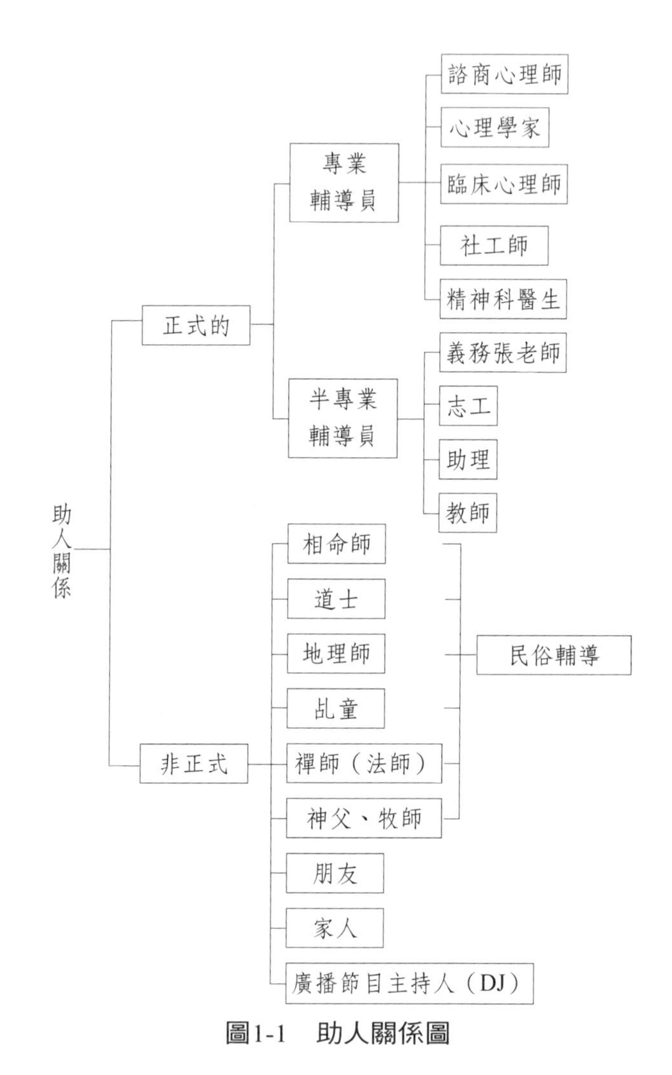

圖1-1　助人關係圖

壹・職業輔導模式

即帕森斯模式（Parsons Model）。此輔導模式是起於1900至1920年，代表人物有F. Parsons、M. Bloomfield和H. Munsterberg。認為輔導是

協助個人瞭解自己的性向、能力；瞭解職業的性質；協助個人依自己的能力找到合適的職業。此模式強調個人和工作的配對，而未注意到其他項目的輔導。此模式在目前的職業輔導上，仍具有相當的影響力。

貳・輔導是教育（Guidance as education）

此輔導模式興起於1915至1930年代，代表人物是J. Brewer。他將教育和輔導一詞視為等同，認為學校不應只重視課業，教育是教人，而非教科目；教育應教導學生過一更有意義的生活，當然，這也是輔導所關注的。教育和輔導的目標、功能相同。此模式雖擴大了輔導的領域，但亦使得輔導的概念混淆不清，甚至因輔導即教育，而致專業輔導工作被忽略與淪喪。

參・輔導是分配和適應（Guidance as distribution and adjustment）

此輔導模式興起於1925至1940年，代表人物有：W. Proctor、L. Koos和G. Kefauver。重視個別學生的能力、興趣、與教育需求，認為輔導在協助學生發現適合的教育和職業機會。適當的分配將導致個體的適應，當個體的目標和環境無法配合時，輔導員應協助學生適應的問題。此模式特別強調學校教育應重視個別差異，因材施教。

肆・輔導是一臨床的過程（Guidance as a clinical process）

此輔導模式包括興起於1930至1945年的指導式諮商觀點，代表人物是D. G. Paterson和E. G. Williamson；和興起於1940至1970年的當事人中心諮商觀點（非指導式），代表人物是C. Rogers。均主張輔導員是專業工作者，透過客觀、具體、科學的診斷，分析個人的問題，運用臨床技術，協助當事人解決問題。其中前者更強調使用科學化的心理測驗和評量；研究個別差異；診斷分析個別問題；提出輔導技術；協助個案解決問題。此模式強調輔導員應具專業能力和技術，促使學校輔導人員邁向專業化。

伍・輔導是做決定（Guidance as decision making）

此模式興起於1949至1960年，代表人物有A. Jones和G. Myers。主張輔導主要在協助學生在關鍵時刻做明智決定，以達良好適應。學生做決定的關鍵時刻是在中學入學和畢業時刻。輔導員協助學生做決定，需蒐集資料，幫助學生澄清價值觀、自我瞭解、和瞭解環境，以做個人生涯最佳的決定。此模式強調「生涯輔導」（career guidance），在現代民主化社會中，已受到相當的重視。

陸・輔導是折衷主義和一系列的服務（Guidance as eclecticism and a series of services）

此模式興起於1950年到現在，代表人物有R. Strong、A. Traxler、C. Froehlich、J. Darley、F. Thorne和K. Hoyt。主張輔導是學校學生人事服務的一部分，學校輔導工作人人有責，輔導員需和其他人員（如學校心理學家、社工人員、教師……）通力合作，提供一系列的服務。輔導服務的內容即諮商（Counseling）、諮詢（Consulting）、和協調（Coordination）（俗稱三個C）。另輔導是折衷主義則強調輔導員綜合運用各種方法和技術協助學生。此模式目前在美國各中小學頗為流行。

柒・輔導是發展性的（Guidance as developmental）

此模式興起於1955年到現在，代表人物有H. Peters、G. Farwell和R. Mathewson。主張人生是從出生到死亡之旅，個體的發展是隨著年齡與經驗的增長，在身、心所產生的改變。此改變具階段和持續性，每一階段有不同的發展任務，前階段未順利成長會影響下面階段的良好適應。故學校發展性輔導的對象是全體學生，目標是學生積極正向的成長，內容是學生發展階段的發展任務，如感覺與情緒、人際關係、做決定、問題解決、價值澄清、溝通技巧、學習方法、生涯覺知……。此模式影響目前各級學校的輔導工作，使學校輔導工作除重視危機取向外，尤重視發展取向。

捌・輔導是社會的介入（Guidance as social intervention）

此模式興起於1960年到現在，代表人物是E. Shoeben。主張輔導人員應協助學生接觸各種不同的人，以探索個人的價值觀，形成個別的獨特性，過有意義的社會生活。輔導人員變成文化的觸媒劑；學校社會改革的領導者。

玖・輔導是心理學的教育（Guidance as psychological education）

此模式興起於1970年到現在，代表人物有N. Sprinthall、E. Berne和A. Ivey。此模式批評傳統教育強迫學生適應學校；影響學生自我概念的發展；輔導員只服務少數學生。主張透過學校課程的設計，科目的設定，由輔導員教導學生心理學的知識，促進全體學生健全心理的發展。此模式影響學校設科教授心理學知識，使輔導功能更加普及，唯成效如何，很難評估。

拾・輔導是一系統（Guidance as a system）

此模式興起於1975年到現在，代表人物是R. H. Byrne，它發展自系統理論和行為改變技術。主張輔導是教育組織或體系中的一部分，需以系統化的方式建構輔導計畫。系統化的輔導計畫包括：訂定明確、具體可行的行為目標；決定活動的先後順序；展開系統的輔導歷程；評估、考核活動的績效。此模式對輔導的人員職責、工作項目、目標分析、輔導歷程、評鑑目標……，均做明確、系統的規劃和進行，使輔導工作的績效具說服性。

總之，上述的不同輔導模式，對輔導的定義做了不同的界定。第一至第五個模式是屬較早期的輔導模式，從界定輔導為職業輔導、教育輔導，到界定輔導為臨床諮商、治療，將輔導、諮商帶入了專業領域。第六至第十個模式則屬現行的輔導模式，強調輔導的發展性、預防性、及治療性的功能；輔導人員團隊合作的模式；及輔導成效的績效責任制。目前國內學校輔導工作的推行，對各模式似乎採「兼容並蓄」的態度，實施「綜合性」的輔導模式，只是因輔導人員個人的偏好，而會有特別強調某一輔導模式的情況。

表1-1　美國輔導模式的發展

項次	模　式	代表人物	主　題	年　代
一	職業輔導模式（帕森斯模式）	F. Parsons M. Bloomfield H. Munsterberg	個人分析、工作分析、個人與工作的適配	1900 ~ 1920
二	輔導是教育	J. Brewer	教育和輔導是同義的，不能區分的	1915 ~ 1930年代
三	輔導是分配和適應	W. Proctor L. Koos G. Kefauver	協助學生發現教育的——職業的機會	1925 ~ 1940
四	輔導是一臨床診療的過程	(1)D. G. Paterson E.G.Williamson (2)C. Rogers	(1)使用心理測量研究個別差異——指導的 (2)當事人中心諮商——非指導的	(1)1930 ~ 1945 (2)1940 ~ 1970
五	輔導是做決定	A. Jones G. Myers	協助學生在關鍵時刻做決定	1949 ~ 1960
六	輔導是折衷主義和一系列的服務	R. Strong A. Traxler C. Froehlich J. Darley F. Thorne K. Hoyt	輔導方法折衷使用多元方式，是一團隊所提供一系列的服務	1950 ~ 現在
七	輔導是發展性的	H. Peters G. Farwell R. Mathewson	關心學生的長期的成長和發展的階段	1955 ~ 現在
八	輔導是社會的介入	E. Shoeben	諮商員是一社會的行動主義者（activist）和重建者	1960 ~ 現在
九	輔導是心理學的教育	N. Sprinthall E. Berne A. Ivey	透過心理學的教育，直接的教導學生自我成長	1970 ~ 現在
十	輔導是一系統	R. H. Byrne	輔導是系統化和強調績效責任制	1975 ~ 現在

（Guidance: An Introduction,1980, p.20）

第三節　輔導的定義

「輔導」一詞，就中文的解釋，「輔」，助也，輔助、協助的意思；「導」，引也，教也，引導教訓的意思（吳鼎，1987），合「輔導」兩字，是「輔助引導」之意。

「輔導」的英文是Guidance。Guidance來自guide一字，guide的意思是指導、嚮導、引導。guidance的意思是引導的行動，是引導者所提供的指揮或監督，此為一般性的解釋（吳鼎，1987）。

由前節「美國輔導模式的發展」中，可見不同的輔導模式對輔導的界定有別。以下玆介紹一些國內外具代表性的學者，對輔導所下的定義。

Jones（1970）在其《輔導原理》一書中，對輔導一詞的界定是：

> 輔導是指某人對另一個人的個別幫助。其任務在幫助個人決定所要前往的方向，所要達成的工作，以及如何最能實現其目的。同時，輔導也幫助個人解決其生活上所遭遇的各項問題。但輔導不替代個人解決問題，只幫助個人自己去解決問題，其對象是個人而非問題，其目的是促進個人自我指導（self-direction）。此種對於個人的幫助，或在團體中施行，或單獨直接給予；但無論如何，輔導總是用來幫助個人的。

此定義持「輔導是做決定」的模式，強調輔導在協助他人做決定及解決問題。

Chaplin（1985）在其所主編的《心理學辭典》中，對輔導的解釋：

> 輔導是協助個人在教育與職業生涯中獲得最大滿足的方法。它包括使用晤談、測驗和資料蒐集，以協助個人有系統地計畫其教育與職業的發展。它緊鄰治療，而可能用到輔導諮商員（guidance counselors）。（吳武典，1980，頁4）

此定義持「輔導是分配和適應」的模式，強調輔導在協助學生計畫其教育和職業的發展。

Shertzer和Stone（1981）在其《輔導原理》一書中，對輔導所下的定義如下：

> 輔導是協助個人瞭解自己及其世界的歷程。歷程，指的是一系列朝向目標邁進的行動或步驟；協助的目的是預防、治療和改善個人的困境；個人指的是學校中一般的學生，協助一般學生解決其發展過程中所產生的困擾問題；瞭解自己及世界指的是個人能自我瞭解、自我接納、瞭解環境及他人。

此定義持「輔導是發展性的」的模式，強調輔導在協助學生自我瞭解、自我接納及自我解決問題。

國內學者張春興（1989）在其《張氏心理學辭典》中，定義：

> 輔導是一種教育的歷程，在輔導歷程中，受過專業的輔導人員，運用其專業知能，協助受輔者瞭解自己，認識世界，根據其自身條件（如能力、興趣、經驗、需求等），建立其有益於個人與社會的生活目標，並使之在教育、職業及人際關係等各方面的發展上，能充分展現其性向，從而獲得最佳的生活適應。準此界說，輔導包括以下四個特徵：(1)輔導是連續不斷的歷程，人的一生中任何階段均需輔導；(2)輔導是合作與民主式的協助，根據受輔者的需求而輔導，而非強迫式的指導；(3)輔導重視個別差異，旨在配合個人條件，輔其自主，導其自立；(4)輔導的目標是個人與社會兼顧的，期使個體在發展中既利於己，也利於人。輔導的範圍甚廣，一般包括學業、職業、生活三大方面。

此定義似是綜合「輔導是教育」、「輔導是分配與適應」、「輔導是發展性的」等多種輔導的模式，所做的界定。

綜覽上述輔導的定義，有的強調輔導在協助個人的自我瞭解；有的強調輔導在協助個人的生活適應；有的強調輔導協助學生面對問題時做決定及協助解決問題；有的則強調輔導是適性教育；或有的認為輔導是協助個人決定其教育及生涯計畫……。筆者綜合各輔導模式，對國民小學的輔導做如下的界定：

> 輔導是一種助人的過程，輔導人員必須具備專業知識與技術，以尊重個別差異、實現個人潛能的哲學為基礎，全體學生為對象，透過個別或團體的輔導方式，協助學生在生活，學習，及生涯等方面，能自我瞭解、自我抉擇、自我充分發展。

此定義包括下列特徵：

1.輔導是一種專業的協助歷程。

2.輔導乃輔人自輔，助人自助，不越俎代庖。

3.輔導是以民主哲學為基礎，基於人性本善的觀點，尊重人性尊嚴、個別差異，重視因材施教，是適性的教育。

4.輔導是以普通學生及有行為問題的學生為對象。

5.輔導人員應具專業知識、技術及倫理規範。

6.輔導的目的在助人自我瞭解、自我接納、自我充分發展、及自我實現人生的目標。

第四節　輔導的歷史

壹・美國輔導的歷史發展

一、影響因素

輔導工作發展至今，號稱當代社會的「顯學」，自有其錯綜複雜的歷史因素。輔導是以社會學、教育學、心理學為基礎的應用科學，故三者的歷史發展對輔導學的發展具有決定性的影響。

(一)社會的變遷：二十世紀初是美國社會轉型期，充斥著移民問題、都市興起、失業問題、童工問題、政治腐敗、經濟蕭條，社會不公等。這些社會變遷所引發的社會問題，引起了有識之士思所突破，於是到處充滿著改革的浪潮。為了改革社會問題，有組織的輔導服務於焉興起。輔導運動便肇始於一些工業迅速發展的城市，如底特律、波士頓、紐約、芝加哥等。

(二)教育的進步：傳統大班制教學產生許多問題，如忽視個別差異、只重智育，不重情育。針對這些缺點，近代教育思潮特別強調兒童的價值、尊嚴、自由、興趣、個別差異、獨立個體、潛能發揮、個體發展等教育理念。基於這些教育新理念，學校需要輔導人員協助學生自我探索、自我瞭解、自我成長、及自我實現。

(三)心理學的研究：心理學在十九世紀末、二十世紀初蓬勃發展。從科學心理學的興起、心理測驗的發明、心理分析理論的建立、心理衛生運動的鼓吹，到人本心理學的抬頭，……，在在均影響了輔導工作的理論與推展。

另Whiteley（1984）認為美國諮商專業的發展，受到五種運動的影響：

(一)職業輔導運動：F. Parsons於二十世紀初期提倡職業輔導運動，風雲所及，使職業輔導納入公立學校教育系統中。

(二)心理衛生運動：C. Beers以《一顆找著自己的心》一書，引起社會大眾對精神病患的注意，並爭取人道待遇。由於他的努力，終於在1909年美國成立了心理衛生協會，關心心理衛生，激發大眾對諮商的重視。

(三)心理測驗運動與個別差異的研究：源於Binet和Simon發明智力測驗，影響心理測驗在教育及職業輔導上的應用至鉅。

(四)個人中心治療理論：C. Rogers出版《諮商與心理治療》一書，提倡他的非指導性的個人中心治療理論，強調心理治療並非一定需要精神科醫師。此概念促成了諮商專業從傳統的精神分析和醫學模式中解放出來。

(五)二次大戰後的社會與經濟的壓力：包括因素有：(1)二次大戰後的退伍軍人對職業的需求與調適；(2)高等教育的擴充；(3)社會大眾對心理諮商的漸近接納；(4)美國心理協會組織與功能的發展；(5)聯邦政府及私人基金會經援諮商專業研究。（蕭文，1989）

二、歷史發展

Shertzer與Stone（1981）曾將美國輔導的歷史發展，分為三個階段：

(一)開創期（1908～1958）

十九世紀末、二十世紀初，工商業社會的變遷所引發的社會問題，有助於輔導工作的萌芽。此階段從職業輔導開始，並開始有輔導專業組織的成立，以傳播輔導知識及實驗推展輔導業務。

(二)興盛期（1958～1968）

1960年代是美國輔導學快速發展的時期，其原因：(1)此時期聯邦政府開始經援輔導工作；(2)此時期社會充斥不滿、恐懼、徬徨、暴力、高度期望，並需輔導計畫消除貧窮和混亂；(3)人們具自我迷失感，故需自我認定、自我追尋，增加對諮商員的需求；(4)視「教育即國防」及「教育是社會重建的工具」，於是增加了學校對諮商員的需求。

總之1960年代是美國輔導發展的豐收時期。

(三)立法期（1970～1980）

從興盛期的蓬勃發展，到1970年代，輔導的地位在穩定中求發展。此時期許多學區曾面臨嚴重財政緊縮的壓力，導致許多教師和諮商員被解聘。輔導的績效面臨考驗。此時，輔導人員必須對社會大眾證明輔導工作的價值和成效。

此時期許多輔導法案陸續建立，使輔導工作具有法源，而輔導人員證照制度的建立，使他們的專業地位更加穩固。

接著，茲依年代順序，以表1-2，摘要美國輔導的歷史發展軌跡。

貳・我國輔導的歷史發展

我國的先聖先賢早已具有輔導的基本概念，如：孔子主張「因材施教」、「循循善誘」；孟子主張「人性本善」、「人本主義」；韓愈提出「師者傳道、授業、解惑」……，唯欠缺有系統的輔導理論和研究，而真正有系統的研究輔導學術及實施輔導工作，則是「西風東漸」之後開始。

回顧美國的輔導運動之興起，源自職業輔導。我國近代由於社會變遷、經濟轉型，職業輔導亦應運而生。早在民國初年，我國的職業輔導即

表1-2 美國輔導歷史的重要事件

階段	年代	重要事件
孕育期	1879	·德國心理學家馮德（W. Wundt）於1879年在萊比錫大學首創心理實驗室，從此把心理學從哲學領域導入實驗科學的範疇。
	1890	·奧地利心理學家佛洛伊德（S. Freud）首創心理分析論，建立精神病學的基礎，從此揚棄了傳統視心理疾病為魔鬼附身而加以監禁或處以極刑的處置方式，對心理輔導的影響極為深遠。佛氏被公認是現代心理治療的先驅。
	1905	·法國學者比奈（A. Binet）與西蒙（T. Simon）首創比西量表，是全世界第一個正式的標準化智力測驗，可區別普通及智障兒童。
開創期	1908	·美國的帕森斯（F. Parsons）在波士頓首創「職業局」，輔導年輕人瞭解自己的優缺點，尋找適合自己的工作，後來帕氏被尊稱為「輔導之父」。
	1909	·美國一位銀行職員比爾斯（C. Beers），以自己曾患過精神分裂症的親身經驗，寫成《一顆找著自己的心》（A Mind That Found Itself）一書，極為暢銷。比氏並大力鼓吹心理衛生的觀念，喚起了大眾對心理衛生的重視。於是美國在1909年成立了心理衛生委員會，1910年改名為美國心理衛生協會，鼓吹及從事心理衛生的早期預防和早期治療。
	1910	·第一次美國職業輔導會議在波士頓舉行。
	1913	·美國職業輔導協會（National Vocational Guidance Association，簡稱NVGA）在密西根州成立，並於1915年發行「職業輔導公報」。NVGA的成立對輔導運動的推展貢獻極大。 ·華生（J. B. Watson）出版《心理學—行為主義論者的觀點》一書，主張心理學的科學化研究，影響了美國1920年代的心理學及行為取向的輔導方式。
	1916	·美國學者推孟（L.M. Terman）修訂比西量表，正式以美國兒童建立標準化常模。
	1917	·美國陸軍發展語文及非語文團體智力測驗，做為第一次世界大戰時軍方人員的甄選工具。到1920年代，團體智力測驗大規模的被使用，並在各級學校推展開來。輔導主張尊重個別差異、因材施教、潛能開發，測驗提供做為一良好的評估個別差異及能力的工具。
	1942	·威廉森的特質因素諮商理論在1940年代漸受歡迎，即所謂的「指導學派」諮商理論。 ·羅吉斯出版《諮商與心理治療》一書，反對傳統諮商所採的忠告、說服、訓誡、命令、禁止、淨化、解釋等以輔導員為中心的方法，提出以當事人為中心的諮商理論，即所謂的「非指導學派」諮商理論。強調諮商處理的對象是「人」，而非問題；處理的重點是「情緒」，而非認知。其主張和方法對當代學校輔導工作影響甚鉅。

階段	年代	重要事件
開創期	1946	·勒溫及其同事首創「訓練團體」，是當代團體動力學的創始人，影響團體輔導與諮商的流行。約在同時，羅吉斯亦提倡團體經驗，其團體稱為「基本會心團體」。
	1952	·NVGA和其他人事組織合併，成為「美國人事與輔導協會」（American Personnel and Guidance Association，簡稱APGA），出版《人事與輔導》雜誌，推展輔導知識。 ·「美國學校諮商員協會」成立，並於1953年成為APGA的分會。
	1953	·史肯納（B, F. Skinner）寫「科學和人類行為」。
興盛期	1958	·蘇俄搶先美國發射第一顆人造衛星成功，促使美國對教育的反省，於是通過「國防教育法案」（National Defense Education Act, NDEA），責成教育機構負起鑑定及培育資優和科學才能學生的教育之責，以保障國家安全。此法案經援各中學聘用輔導人員及各單位培訓輔導人員，俾輔導人員在中學實施心理測驗、諮商、輔導等服務。由於各中學大量聘用輔導人員，輔導人員的培訓及檢定制度亦推展開來，到1964年美國大部分的州均規定輔導人員應具備碩士的專業訓練。
立法期	1975	·美國聯邦立法通過「殘障兒童教育法」，俗稱94—142公法，規定輔導人員應提供特殊兒童及其家長諮商及諮詢服務，於是輔導工作對特殊的兒童亦提供協助及服務。 ·美國通過「生涯輔導與諮商法案」，認定生涯教育為輔導的另一重點，聯邦、州、及地方政府均增加經援生涯發展計畫。
	1977	·通過「生涯教育獎勵法案」主要對個人的生活提供生涯輔導。
	1978	·美國維吉尼亞、阿拉巴馬、阿肯色等州通過諮商員執照制度的立法，使諮商員工作走上專業化。
	1982	·設立「全國諮商員證照管理局」（National Board for Certified Counselor，簡稱NBCC），管理諮商員的資格考試及證照核發。
	1985	·APGA改名為「美國諮商與發展協會」（American Association for Counseling and Development,簡稱AACD），其期刊亦更名為《諮商與發展雜誌》，其會員至1989年已超過五萬五千人，分屬其所轄的十五個分會。
	1992	·AACD又改名為「美國諮商協會」（American Counseling Association, 簡稱ACA），並設置「諮商及相關教育方案認可委員會」（Council for Acceditation of Counseling and Related Education Programs，簡稱CACREP），負責審查各大學所開設的碩士級諮商課程。

已萌芽，以下茲將我國近代輔導的歷史發展劃分為四大階段：

第一階段：萌芽期，約在民初到民國42年，此階段由於西風東漸，新式學校開始重視職業教育及職業輔導，以應社會變遷所需。此時職業輔導初露嫩芽，尚待培植。

第二階段：試驗期，約在民國43年到56年，此階段輔導工作的內容由職業輔導擴充，亦涵括學業、生活輔導，形成三大領域的輔導工作。輔導工作在許多中小學開始實驗、推廣，此時期並有輔導學術團體的成立，對輔導學術發展具推波助瀾之功，奠定了後來全面實施的基礎。

第三階段：興盛期，約在民國57年到民國79年。此階段輔導工作在各級學校全面推展，並立法執行，使得我國學校的輔導體制、輔導人員培訓、輔導人員甄選等，逐漸邁向制度化、專業化。

第四階段：穩定期，約在80年代。此階段延續前一階段的成果，教育部積極推展輔導工作六年計畫，使輔導工作步入穩定、成長與發展的大道。我國輔導的歷史年代發展，請參閱表1-3。這些摘要資料參考了張植珊（1978）、吳武典（1990）的文獻。

綜觀上述我國輔導工作的發展，主要以學校輔導工作為主力。在輔導單位的名稱上，先是心理衛生中心，再是指導中心，現在則稱輔導中心或輔導室。在輔導人員的職稱上，先是執行秘書，如今是主任及組長的職位。在各級學校推展的先後順序上，先是國中、高中、再小學，最後大學也受到重視。至此，各級學校均已先後實施輔導工作，使我國的學校輔導工作逐漸走上體系化、法制化、專業化。

在社會上，隨著社會的快速變遷，輔導機構亦如雨後春筍，紛紛設立。「張老師」早年以最便捷的「千里一線牽、協助在耳邊」的電話諮商及信件輔導方式建立知名度。其他著名的私立諮商機構如：馬偕醫院協談中心、生命線、宇宙光心理輔導中心……。社區心理衛生則有台北市、台中、台南、高雄等設立心理衛生中心，提供心理衛生門診及諮詢服務。此外，在職業輔導方面，縣市社會局均已設置國民就業輔導中心，行政院亦成立「青年輔導委員會」，從事職業研究、資訊、輔導等多項工作。

表1-3　我國輔導歷史的重要事件

階段	年代	重要事件
萌芽期	民國6年	・由梁啟超等人發起成立「中華職業教育社」，為職務輔導的肇始，其成就有出版職業輔導書刊、研究職業輔導、推展職業輔導運動。
	民國22年	・教育部頒布「各省市縣教育行政機關暨中小學實施升學及職業指導辦法大綱」。
	民國24年	・教育部頒布「實施中小學學生升學及職業指導之必要與其方法之說明」。 ・〔唯自民國25到38年大陸淪陷期間，是抗日戰爭及國共內戰，四處烽火，輔導學術發展工作亦幾至停頓〕
試驗期	民國43年	・實施「僑生輔導」，內容包括學業、生活輔導。由於成效顯著，遂引起各方重視，開始定期舉行輔導工作研習會，並派員赴美修習輔導理論與方法，開始了美國輔導學的植入與推展。
	民國47年	・「中國輔導學會」成立，其成就有輔導理論的傳播、出版輔導書刊、研究輔導學術、培訓輔導人員、協助中小學推廣輔導實驗工作等，首任理事長蔣建白博士被譽為「中國輔導之父」。
	民國49年	・台北市東門國小率先推展兒童心理衛生工作。
	民國51年	・中小學開始推展輔導工作的實驗，民國51年起，教育廳進行中等學校輔導工作實驗計畫。
	民國52年	・台灣省教育廳指定省立台北師專附小（現為國立台北師院附小）為小學輔導工作實驗學校。
	民國55年	・教育部制定「中等學校加強指導工作實施辦法」，指定實驗學校分年進行實驗。 ・行政院成立「青年輔導委員會」推展青年職業輔導工作。
	民國56年	・台北市指定西門國小為兒童指導工作推展中心學校。
興盛期	民國57年	・政府實施九年國教，成立國民中學，在課程標準中增列指導活動科，每週每班授課一小時，有計畫的實施班級團體輔導，並設置指導活動推行委員會，聘請指導活動秘書及指導老師。（指導活動的名稱已於民國73年國中課程標準修訂時改稱輔導活動） ・國立台灣師大成立「教育心理系」，培育國中指導活動科教師。
	民國58年	・救國團成立「張老師輔導中心」推展青少年輔導工作。
	民國60年	・台灣省立教育學院（現為國立彰化師範大學）成立輔導系，為國內首創，培育國中指導活動科教師。
	民國61年	・台灣省教育廳訂頒「高級中等學校指導工作實施要點及活動綱要」。
	民國62年	・教育部公布「高中學生評量及輔導實施要點」。

階段	年代	重要事件
興盛期	民國64年	．教育部訂頒國民小學課程標準時增列了「國民小學輔導活動實施要點」規定國小輔導活動的實施不另定科目，不另定時間，融入各科教學情境及各項教育活動中實施。
	民國65年	教育部通令全國大專院校設置「學生輔導中心」。
	民國68年	．教育部公布「國民教育法」，明訂國民中小學應設置輔導室或輔導人員（第十條）。 ．教育部公布「高級中學法」，明訂高中設置「輔導工作委員會」，置專任輔導老師。 ．國立台灣師大及彰化師大分別成立國內首創的「輔導研究所」碩士班。
	民國71年	．教育部公布「國民教育法施行細則」，明訂國民中小學的輔導工作要領及行政組織。
	民國73年	．教育部公布「高級中學學生輔導辦法」，規定高中設置專任輔導人員，不需授課，專辦輔導工作。 ．國民中小學全面設置輔導室。
	民國74年	．教育部公布「職業學校學生輔導辦法」。
	民國76年	．台灣師大成立「教育心理與輔導研究所」博士班。
	民國77年	．「張老師輔導中心」改為「青年諮商服務處」，在台灣地區各縣市提供服務。
	民國78年	．彰化師大成立「輔導研究所」博士班。 ．「中國輔導學會」公布「中國輔導學會會員專業倫理守則」。
穩定期	民國80年	．教育部推展「輔導工作六年計畫」，其策略包括：培育輔導人才、充實輔導設施、整合輔導活動、修訂輔導法規、擴展輔導層面、實施輔導評鑑。
	民國83年	．教育部修訂國小課程標準，明訂國小三年級以上，每週增列一節班級輔導活動課，於85學年起開始實施。
	民國85年	．教育部計畫在國民中學設置專任輔導老師。
	民國86年	．教育部繼續推展第二期「輔導工作六年計畫」。
	民國87年	．教育部推展「結合社區資源，建立教學與訓導、輔導三合一學生輔導新體制」。
	民國90年	．立法院公布心理師法。
	民國91年	．全國實施中小學九年一貫課程，輔導活動科併為七大領域中的「綜合活動領域課程」之一。

第五節　學校輔導工作的內容

輔導工作是學校的主要業務之一，學校的輔導單位主要的工作內容為何？玆綜合多位學者（Gibson & Mitchell, 1981；Shertzer & Stone, 1981；Stone & Bradley, 1994；吳武典，1990）的意見列舉於下：

(一)衡鑑服務（appraisal service）：輔導人員具專業能力，藉各種主、客觀的系統評量方法，如標準化心理測驗、問卷、觀察記錄、學生作業、學校綜合記錄資料、社會計量……，蒐集、分析、和應用學生個人的、社會的資料，以確認每一學生的特性和潛能，鑑別個別差異。其目的在協助輔導員、教師瞭解學生，以提供有效的輔導服務，及協助個體瞭解自己。

(二)諮商服務：包括個別和團體諮商。個別諮商是學校輔導方案的核心工作，其焦點是個體的成長和適應、問題解決、和做決定的需求，透過一對一的晤談，協助學生解決困擾問題。

團體諮商的焦點在學生的問題解決和適應需求，由一或二個領導者帶領一個約6到8人的小團體，團體過程中透過團體凝聚力的發展和親密小團體成員間的經驗分享，以改變成員的態度和行為。

(三)定向服務（orientation service）：又可稱為新生輔導。為了使進入新環境的學生不因陌生而影響學習，乃設計如定向日（國內稱之為新生訓練）的活動，協助他們認識新環境、新課程、新師長及新同學，使他們能很快的適應新的學習環境。

(四)生涯輔導：輔導人員蒐集教育和職業的資訊，透過個別諮商或設計團體輔導活動，提供學生教育和職業的資訊，以協助學生在教育和職業方面，有明智的選擇和妥善的規劃。

(五)安置服務：輔導人員依學生的性向、興趣、和能力，協助學生在升學或就業機會上，各適其性，各得其所。

(六)諮詢服務（consultation service）：不同於直接面對面的諮商服務，它是一種間接性的服務。輔導員主要是提供資訊或建議給與當事人有關係的重要人物，如當事人的家長、父母、教師、朋友，甚或行政人員或其他輔導人員，使他們對當事人的問題有充分的瞭解，並獲得必要的助人知識與技術，以提供當事人正確而有效的協助。

(七)追蹤服務：輔導人員對於結束諮商晤談的個案，應繼續追蹤聯繫，瞭解其適應情形，以提供必要的協助，並評估諮商的長期成效。對於畢業離校的學生，不管是升學或就業，亦宜持續追蹤聯繫，並提供所需的資料，協助他們在新環境中的良好適應。

(八)評鑑服務（evaluation service）：對於輔導需求與績效，施以定期或不定期的評鑑，以決定輔導方案的有效性，做為擬定新輔導計畫的參考，使輔導工作能滿足學生的輔導需求，輔導業務日臻完美。

第六節　輔導的基本原則

輔導工作實施時，其秉持的基本立場及信念如下，以做為教育及輔導人員執行業務的依據原則：（Gibson & Mitchell, 1981; Shertzer & Stone, 1981; Guidance: An Introduction, 1980）

一、重視學生的個別差異

「一母生九子，總共十條心」，學生來自不同的家庭和遺傳，呈現人類個別差異的風貌。故在教學上需因材施教，在輔導上更需重視個別差異。每個學生均是獨一無二的，輔導人員重視兒童在身、心各方面成熟度上的差異，協助每位學生的潛能獲最大的發揮。

二、尊重個人的價值、尊嚴和選擇權

輔導是以民主哲學思想為基礎。民主思想的前提是每一個人均為完整的個體，均應被以獨一無二、神聖不可侵犯的人來對待，均應受到尊重。輔導對人的基本信念是：(1)每一個人均有其價值和尊嚴；(2)每個人均是自由平等；(3)我們應賦予每一個人最大機會去選擇其生活的目的和達成這些目的的方法。

三、輔導強調人性的積極面

一般人認為輔導是消極的，只是在挖掘、回顧過去不愉快的事件。其實輔導是積極的，強調人的正向面。輔導人員相信人類具有自我改善、自我實現及自我決定的能力。輔導人員強調當事人的優點和成功的經驗，給予他們肯定，以建立他們正向的自我概念和自信心。輔導人員並賦予當事人責任，給予鼓勵，讓他們能自我負責、自我決定、和自我成長。

四、以全體學生為對象

學校中少數行為適應不良的學生固然需要輔導來矯正其不良行為，但全校多數學生也需要輔導工作的協助，以關心他們成長發展的問題，並預防問題行為的發生。前者為「治療性輔導」、其次為「發展性輔導」，後者為「預防性輔導」。學校的輔導工作計畫，應三者兼顧，即應以全體學生為對象。

尤其是國小學童，其問題行為大多尚未達惡化階段，因此，本持「預防重於治療」的原則，以全體學生為對象之預防和發展性輔導，在國小更彰顯其重要性。

五、輔導是一種團隊工作

學校的輔導工作，不應被視為只是輔導人員的責任，教師不應認為自己不是專業人員，就不必積極參與輔導工作。輔導工作是一種團隊工作，成員包括教師、學校心理學家、學校社工人員、學校諮商員、行政人員等。一般由專業的輔導人員負責學校輔導工作計畫的規劃設計，並溝通觀點，使學校內校長、主任、組長、教師、職員及家長等，全體參與、合作，支援輔導工作，如此方期輔導工作卓然有成。

六、輔導人員專業化

輔導工作是一種專業性的工作，對輔導人員所要求的專業標準，有愈趨嚴格的趨勢。每一輔導人員必具專業知識、技術、及倫理守則，以確保當事人的福祉。因此，學校輔導工作雖有賴教師、行政人員、及職員的通力合作，但輔導人員仍需受專業訓練，在其專業能力的領導和指揮下，乃期學校輔導工作步入正軌。

七、輔導在輔人自輔、助人自助

輔導不只是「扶倒」，不僅是替當事人解決問題，也不限於指示學生怎麼做。只是替代學生處理問題、指示學生該如何做，是暫時的、消極的。只有「輔人自輔」、「助人自助」才是永久的、積極的。

「與其送他一條魚，不如送他釣竿，教他釣魚的方法」，所以輔導強調的是協助學生澄清問題、自我瞭解，教導學生各種解決問題的方法，使他們進而能自助、自立，這才是輔導真正的目的及意義。

八、輔導關心個人人格的成長與發展

無可諱言的，學校常年一直偏重「認知」的教學，而忽略「情感」的教育。只有當個人的情緒問題干擾了知識的學習時，人格成長的問題才受到注意。於是學校造就了許多高學業成就，低情緒智商的學生。這些人徒有高學歷，終因無法適當處理個人的情緒困擾，而成為社會的不良適應者。

當教師過於重視知識的灌輸，學校的輔導人員其主要的工作是關心每位學生人格的成長與發展，訂定輔導工作計畫，幫助學生自我瞭解及瞭解其外在世界，學會管理情緒及解決問題的方法，進而為創造人生的意義而準備。

九、輔導基本上在協助學生做各種決定

人生是一連串選擇與決定的過程，輔導在提供足夠的資訊和意見，協助學生在其人生的關鍵時刻，做明智的選擇和決定。

此外，人類是目標取向的，輔導尚需培養學生做明智決定的能力，使他們能利用各種教育和職業的資訊，對現代和未來，做適當的決定，以達成人生的目標。

十、輔導強調主動合作，不可強迫

「我們可以把一匹馬牽到河邊，但我們無法強迫牠喝水」。當沒有受輔意願的學生被轉介給輔導人員時，只有在其敵意和抗拒解除了，輔導才可能進行。輔導人員不可強迫學生接受輔導。輔導人員應以溫暖、接納、真誠、同理心、結構等諮商技術，促使當事人改變其「心不甘、情不願」的受輔態度，使其具有受輔的內在動機和意願，而非使用強迫、誘騙、和

威脅，使學生順從的接受輔導。任何強迫和束縛，只會使學生對輔導人員產生不信任、逃避，對問題的改進是毫無益處的。

十一、輔導透過個人內在行為歷程實施

輔導所關心的是個人內在的成長和發展，輔導人員處理的主要課題是每一學生的個人世界。輔導人員使用晤談、諮商關係、心理測驗的解釋……方式，促進學生對其自己的內在心理架構的瞭解，進而對個人的行為有更深刻的瞭解。

個人的矛盾和衝突，往往源自主觀自我和客觀現實間的不一致。輔導人員站在學生獨特的個人世界和外在社會環境的交互作用地帶，協助學生對其主觀狀態和客觀環境有更佳的瞭解，使他們能主導其個人的成長和發展。

十二、輔導是一個持續的教育歷程

學校輔導工作應從幼稚園、小學開始，到中學、大學、研究所，貫穿整個教育歷程。輔導應成為各級學校計畫中的一部分，且應有連貫的主題。

各級學校的輔導工作是前後連貫、相互銜接的。除了連續性的工作項目外，尚應配合各年齡階段不同的發展任務，而發展特殊性輔導項目。

十三、輔導工作應有組織、有計畫、有評鑑的推展

輔導工作的推展，已不能再只依個人的偏好來訂定計畫，或毫無目標，亦無成效評估的執行；而是應有組織和設備，編制有專業輔導人員，依學生需求的評估訂定輔導計畫，依計畫執行的成果評估其成效。這種有組織、有計畫、有評鑑的推展方式，才能使輔導工作邁入專業化的階段。

十四、學校輔導方案應反應學校的特殊性

每一學校所服務的學生群，及學校所在的社區環境，均有其特殊性。學校在訂定輔導方案時，應先評估學生的需求，以設計能滿足學生及家長需求的輔導計畫。因此，各校的輔導方案並不相同，但應能反應學校的特殊性。

第七節　輔導與有關名詞

壹·輔導與教學

作為人師與經師，輔導和教學是教師的兩大任務，其間的差別何在，宜加以釐清，使教育人員在此兩方面的功能更得以發揮。筆者玆歸納兩者的不同點於表1-5中。

總之，教學與輔導是每位教師的職責，兩者各具不同功能。教師除教學工作外，平時亦需輔導學生，以達成個人的工作目標。所謂「經師易得，人師難求」，筆者在此，特別強調教師們在人師的角色上多加自我勉勵、自我期許。

表1-5　輔導與教學的區別

	輔　導	教　學
目　的	·情意教育 ·解惑	·認知學習 ·傳道、授業
目標訂定者	輔導員與學生共同討論	教師及教育人員
性　質	·強調雙方互動關係 ·特別強調雙方建立溫暖、信任、接納、尊重的和睦氣氛	·師生關係大都單向 ·不特別強調雙方的關係
內　容	·與學校有關的題材，如學習方法、升學、科系選擇、職業選擇等 ·與學校無關的題材，如人際關係、親子關係、情緒困擾等	一般學科如數學、語文、歷史、自然等
情　境	·個別和團體諮商室 ·強調情境的隱密性	·教室 ·不強調情境的隱密性
方　法	·心理測量、個別諮商、團體諮商、團體輔導、個案研究、價值澄清、角色扮演、蒐集及分析資訊、討論、調查研究等	·講解、示範、討論、作業、練習、解釋、實驗等
實施者	·輔導員是催化的角色 ·輔導員或教師（人師）	·教師是專家的角色 ·教師（經師）

貳・輔導與訓導

一、訓、輔工作的重疊

國內在學校尚未設立「輔導室」之前，訓導、教務、和總務為學校三大部門，待輔導室成立，即形成三處一室，四大部門，其中訓、輔兩單位間的性質相近，關係較為密切。由於彼此間業務頗多重疊，故兩單位間的爭執亦時有所聞。

例如，生活輔導原是訓導處的業務，待設立輔導室，原屬生活輔導的項目，如學生資料建立、新生輔導、家庭訪視、懇親會、個案輔導、休閒輔導、親職教育等，理論上，也是輔導室的業務，於是就產生了兩部門間權責難分的問題。此外，問題行為學生的輔導，是訓導或輔導的職責？抑或兩者都有責任？若兩者均有輔導之責，那又如何分工？

二、如何解決訓、輔業務的爭執

在解決訓、輔業務的爭執上，各種主張紛紛出籠，如：「以輔導取代訓導」、「以訓導含括輔導」、「訓導扮黑臉，輔導扮白臉」、甚至「立即性事件由訓導處處理；緩和性事件由輔導室處理」等。張植珊（1978）曾從理論上探索訓、輔之間的差異，可做為區分兩方面權責的參考（詳參表1-6）。

筆者認為解決紛爭的一個途徑是訓導人員以行為科學的輔導知能管理學生。訓、輔服務的對象都是學生，目的均是學生的成長與適應。訓導人員若只以外力強迫學生服從團體紀律，而未能深入個體內在世界，瞭解團體中個別學生的行為問題，則對問題的解決只是治標、治表，並未能治本。且採強迫威嚇的管理方式，不能以瞭解學生的心理施予德化，易引發學生的反感，反加重了問題行為的程度。故加強訓導人員的行為科學知能，以輔導方式管理學生，不但可縮小訓、輔間因理念不同所產生的爭執，且更能解決學生問題，共同為學生的福祉而相互合作。若此，即無所謂「訓導是黑臉，輔導是白臉」的論調了。

另藍瑞霓（1993）提出訓輔工作相輔相成的方法如下：

表1-6　輔導與訓導的區別

類別 內容 項目	訓　導	輔　導
目的	以德育為主，兼顧群育。	求四育並重，進而發展人力。
理論基礎	屬於社會科學。以道德學、倫理學、論理學、法學、政治學等為基礎。	屬於行為科學。以教育學、心理學、社會學、心理衛生、生理學、醫學等為基礎。
工作內容	生活規範、精神講話、公民訓練、愛國運動、班會活動、常規訓練、個別談話、勞動服務、新生訓練、課外活動、軍事訓練、獎懲辦法、體衛活動、家庭訪問、防護訓練、安全教育、校外生活指導等。	資料建立、測驗實施、統計分析、個案研究、諮商服務、團體會談、困擾調查、學習診斷、職業簡介、性向測驗、分組編班、定向輔導、團體輔導、社區工作、心理保健、進路分析、工作安置、追蹤研究、評鑑工作等。
實施方式	透過訓導行政及公民與道德等學科教學實施之。強調統一法令，約束與管理。	配合課程教學、聯課活動，及實用研究等實施之。強調個別差異，自我瞭解與自我實現。

（修自張植珊，1978，頁52）

1.觀念之重整：欲達成彼此的協調與統合，訓輔雙方之工作人員要揚棄「本位主義」或「主、配角」之傳統領導權威的信念，相互尊重對方之工作職權。

2.工作劃分之明確：訓輔工作均應依據學校行事曆，明訂工作項目，透過協調、溝通、整合，避免工作重疊。

3.定期舉辦訓輔人員座談與討論會：雙方人員有機會就學生問題直接的溝通意見、交換心得。

4.增加彼此工作性質的瞭解：訓導是以行政業務機構運作，輔導則是專業、諮詢、支援的單位。訓導業務可多多利用輔導專業知能，如專業資料、心理測驗、晤談技巧、科學化技巧，達成訓導的目標。

參・輔導、諮商與心理治療

一、定義

輔導（guidance）的定義在本章第三節已做了界定，至於諮商的定義為何？Burks與Stefflre（1979）定義諮商是「受過專業訓練的諮商員與當事人之間的一種專業關係。這種關係常是個人對個人的，雖然有時候包含不止兩個人。目的是協助當事人去瞭解和澄清他們對其生活環境的看法；和透過有意義的、明智的選擇，和情緒或人際問題的解決，去學習達成他們自我決定的目標。」Warner（1980）定義諮商是「一治療和成長的過程，透過此過程，協助個體在有關個人、社會、教育和生涯的問題上，界定目標、做決定、及解決問題。提供協助的事項舉凡：身體和社會的復健、職業、心理健康、婚姻與家庭問題、藥物濫用、性、宗教和價值選擇，生涯發展、及其他等。」

George與Cristiani（1986）曾列舉一般諮商（counseling）的定義包括下列要素：(1)諮商的功能在協助人們做選擇及付諸行動；(2)在諮商員與當事人互動的結果，將產生學習。此學習可特定在當事人的行動、思想、或情緒，或綜合二者或三者；(3)當事人對自己的人格更加瞭解，及決定在日常生活中改變個人的行為。

心理治療（Psychotherapy）的定義是專業的心理醫生或精神科醫生與病人之間的一種專業關係。主要在處理病人的情緒問題。目的是消除其病症，改正其困擾行為，及促進其人格的積極成長和發展。

二、區別

在助人專業（helping professions）中，輔導、諮商與心理治療這三個名詞到底是否相同？抑或有所區別呢？

在輔導與諮商視為等同方面，「counseling」一字，國內多數學者譯為諮商，但有些心理學者譯為「輔導」。例如：在雲五社會科學大辭典，第九冊——心理學中，張肖松即將counseling譯為輔導。國立編譯館出版的心理學名詞中，及台大的柯永河教授均將counseling翻譯為輔導，而柯教授更將輔導與心理治療視為等同（林孟平，1988）。另香港的林孟平

（1988）亦將counseling譯為輔導。

在諮商與心理治療視為等同方面，羅吉斯（Carl Rogers）將這兩個名詞交替使用；理性情緒治療大師艾里斯（Ellis）則不用counseling這個字，而直接稱自己的理論是Rational Emotive Psychotherapy（理性情緒治療）。

唯仍有許多學者企圖區別三者之間的不同。國內學校輔導界前輩宗亮東、張植珊、李東白、吳武典等，將counseling譯為諮商，以別於將guidance譯為「輔導」。本書將counseling譯為諮商，將guidance譯為輔導，視三者有所區別。茲綜合多位學者（Blocher, 1974；林孟平，1988；宋湘玲等，1990；吳武典，1990）對輔導、諮商與心理治療所做的區分，加以整理如表1-7。

表1-7　輔導、諮商與心理治療的比較

	輔導	諮商	心理治療
對象	正常人（學生）	正常人有情緒困擾（當事人）	精神病人或嚴重情緒困擾的人（病人）
功能	預防性與發展性	預防性、發展性與治療性	治療性
目的	獲得資訊，增進生活知能	獲得思想、態度、情緒、及行為的改變	人格的改變
問題	認知的問題	情緒的問題（意識的正常焦慮問題）	深層內在的情緒問題（潛意識的神經質焦慮問題）
實施者	教師、教育人員、諮商員	諮商員	精神科醫師 臨床心理學家
場所	學校、或社會機構	學校或社會機構	醫療院所
關係性質	強調資訊的提供，未特別強調輔導時的信任、和諧氣氛	強調諮商員與當事人建立信任、接納、尊重、同理的和睦關係	強調治療者的專家和權威角色
期間	不定期	短期（月計）	長期（年計）

表中三者間顯有不同點，亦有重疊處。可見三者雖可約略加以區分，但其間的重疊處，即顯示彼此間有混淆的地方，難以做截然的劃分。

目前國內「輔導」這名詞在學校的使用上，可能是較屬一般性用語，代表一較廣義、籠統、涵蓋面較大的概念，包括一切教育人員幫助學生的行動。在使用「諮商」這名詞時，可能是一專業性用語，其對象較特定在一些情感方面有困擾的學生，由專業的諮商員針對這些學生，使用個別或團體諮商方式，持續一段時間（可能是二、三個月，或一年、半年），協助當事人深入其內在世界去探討他的問題，協助他們獨立地解決情緒困擾。至於諮商與晤談（interview）一詞之別，晤談亦是一般性用詞，其問題不特定在情緒困擾；會談次數也沒有持續性；會談人員亦不限定是專業人員。在使用「心理治療」一詞，其對象更特定在行為失常的變態人格者。「心理治療」已超出學校輔導員的專業領域，學校輔導人員在面對這種學生時，往往是採取「轉介」方式，請家長帶兒童向「兒童心理衛生中心」的精神科醫師求診。

總之，不同學者對上述名詞的使用雖有不同的意見，唯目前在教育及輔導界，使用這些不同名詞，各名詞仍可能有不同的涵義，教育及輔導人員若能把握住各名詞的不同涵義，則不但可在使用這些名詞上更加貼切、適當，且可增進彼此間輔導觀念的正確溝通。

肆・諮商心理學、臨床心理學、與精神醫學

翻閱精神醫學史，十九世紀前，視精神疾病為魔鬼附身、犯沖、報應，處置方式為施咒、驅魔儀式、鞭打、監禁，甚或火刑、處死。十九世紀，佛洛伊德首開以心理治療方式治療精神疾病，接著是行為學派、個人中心學派等的心理治療理論，開啟了臨床心理學和諮商心理學的領域。此時，生物醫學也開始發達，逐步走入現代精神醫學。二十世紀之後，精神醫學藥物的發明，已逐漸有效控制病人的錯亂行為。近來，生物醫學的廣泛研究，對精神病的發生已有較清楚的概念和方針。

臨床心理學產生於醫院的精神科，對象是精神病人，工作是精神病的診斷和治療。諮商心理學則起源於學校，對象是適應困難的正常學生，

工作是適應欠佳學生的診斷和治療。因為兩者應用的理論諸多相似，當臨床心理學也重視一般人的心理健康的建立，此時和諮商心理學就有重疊現象。精神醫學的工作場所、對象和臨床心理學亦諸多相似，唯精神醫學是從生物化學、器官組織、以及大腦神經病變的角度去瞭解心理症狀的成因，並以藥物或神經外科的手術來治療，而臨床心理學則完全從心理學的觀點去分析與治療心理症狀（柯永河，1991）。

根據我國的心理師法，心理師分為諮商心理師與臨床心理師。諮商心理師的業務範圍如下：(1)一般心理狀態與功能之心理衡鑑；(2)心理發展偏差與障礙之心理諮商與心理治療；(3)認知、情緒或行為偏差與障礙之心理諮商與心理治療；(4)社會適應偏差與障礙之心理諮商與心理治療；(5)精神官能症之心理諮商與心理治療；(6)其他經中央主管機關認可之諮商心理業務。前項第五款之業務，應依醫師開具之診斷及照會或醫囑為之。臨床心理師的業務如下：(1)一般心理狀態與功能之心理衡鑑；(2)精神病或腦部心智功能之心理衡鑑；(3)心理發展偏差與障礙之心理諮商與心理治療；(4)認知、情緒或行為偏差與障礙之心理諮商與心理治療；(5)社會適應偏差與障礙之心理諮商與心理治療；(6)精神官能症之心理諮商與心理治療；(7)精神病或腦部心智功能之心理治療；(8)其他經中央主管機關認可之臨床心理業務。前項第六款與第七款之業務，應依醫師開具之診斷及照會或醫囑為之。此外，心理師執行業務發現個案當事人疑似精神官能症、精神病、或腦部心智功能不全疾病，應予轉診。由上述諮商與臨床心理師的業務比較二者，可發現由於工作場地的不同，臨床心理師由於在醫療機構服務，其對象是病人，故其業務較諮商心理師多了精神病或腦部心智功能的心理衡鑑與心理治療兩項業務，諮商心理師則受限於訓練背景，不可從事此兩項業務。

第八節　輔導觀念的迷思與正見

輔導工作的推展在國內已有五十多年的歷史。一種新的觀念在剛開始被介紹時，因一般人仍不甚瞭解，總會產生一些曲解。事實上Guidance最初被譯為「指導活動」即是一種曲解（民國57年國中輔導活動課程的名稱原為「指導活動」，已於73年改為輔導活動）；另有人把輔導戲稱為「扶倒」，也是對輔導觀念的一種誤解（輔導是激勵當事人自己站立起來，而非只是扶倒）。目前大家對輔導的正確觀念已不同往昔，唯仍有許多改善的空間。在此，筆者根據個人平日的經驗，提出一般人對輔導觀念所容易產生的一些誤解，並一一加以澄清。

一、視輔導中心是問題學生中心

筆者在教育大學上大二學生的「輔導原理與實務」時，曾請學生敘述他們過去對學校輔導中心的印象。大部分學生說對輔導中心沒有印象，有一位學生說他高中時曾進過輔導中心一次，這次也不是去尋求輔導，而是有其他事去找一位輔導老師。他說起先他不敢進去輔導中心，因怕別人瞧見，認為他是問題學生。後來實在沒辦法，只好趁大家沒看到時趕快偷偷的溜進去。這些學生似乎對輔導中心採敬而遠之的態度，考其原因，乃視輔導中心是問題學生中心，怕進出裡面，別人會投以異樣的眼光，視他們為心理有問題的學生。

事實上，學校輔導工作的對象是全體學生，而非只有具問題行為的學生才需要輔導；具有問題行為的學生固然需要治療性的輔導，而大多數學生也需要預防性及發展性的輔導。且所謂的有無問題，也非完全二分，而是多寡的差別。

二、視輔導人員為心理醫生

有些人對學心理學的人心生恐懼，怕在他們面前會被看穿一切。他們聽到要看心理醫生，更是害怕自己會被別人視為心理變態或瘋子，乃避之唯恐不及。因為輔導人員在學校的角色主要是處理學生心理方面的困擾問題，使一般人會誤解輔導人員是處理精神疾病的心理醫生，於是敬而遠之。

事實上，在學校服務的精神科醫生、心理醫生、諮商員、社工人員、學校心理學家，他們因學歷不同，所受的教育訓練不同，各自代表不同的專業角色，所能處理的個案問題的深淺也有別。一般輔導人員未受精神科醫生的專業訓練，不能開藥方，也不是心理醫生，他們沒有具備治療心理疾病的專業能力，故遇到學校的精神疾病的個案，他們只能協助轉介精神科醫師或心理醫生處理。諮商員在學校的主要職責是與學生個別諮商。

三、視輔導人員為萬能

一般人若對輔導人員存有過度的期望，認為助人者均應具備熱心，只要找到他們，自己的疑難雜症都可迎刃而解，視輔導人員為萬能、萬事通。

有一位輔導人員曾敘述他被過度期望的一段經驗：

「記得有一次，一位家庭主婦突然來找我，由於她九歲的女兒失蹤已有七個月，要我協尋她的女兒。我聆聽她的哭訴與抱怨，表達我的同理心與關心，同時也清楚的告訴她，在尋找她女兒的任務上並非我的專長，我幫不上忙，也無能為力。她視我的誠懇表白為拒絕幫忙，甚至情緒十分激動的表示對我極為不滿。對於持有過度期望的當事人，我們只有耐心的解釋，直到他們能接受，否則也莫可奈何。」（林孟平，1988）

事實上，輔導人員並非萬事能、萬事通。協尋失蹤兒童應找警察局，遇到超出專長及能力的要求，輔導人員只有耐心說明自己的角色與職掌。

四、視輔導為無能

在學校，輔導工作的績效較不易立竿見影，一般人往往不去體察其工作性質的不同，只憑表面的成效來評論輔導的功能，於是就論斷輔導無能，否定輔導工作。

另外有些學生認為輔導老師與其他老師並沒有什麼區別，去接受輔導只是去聽輔導老師勸告、訓誡、講道理，他們否定了輔導的價值，故對尋求輔導起了排斥心理。

所謂：「金錢並非萬能，但沒有金錢萬萬不能」，套用這句話，筆者認為：「輔導並非萬能，但沒有輔導萬萬不能」。人類內在心理問題複雜難測，要改變一個人的不良行為談何容易，除了耐心的借助心理輔導的理論與方法，實在也別無其他良方。

五、視輔導為給予忠告與建議

有些人尋求輔導就是巴望輔導人員以他們豐富的學識與經驗，給予忠告及提供意見，甚至代替協助做決定，以解決問題。

事實上，輔導的最終目標是協助當事人自我認識、自我決定、自我改變、自我負責、而達自我實現。輔導人員一味的只指示意見，會剝奪當事人學習自我探索、自我瞭解、主動解決問題的機會；輔導人員代替做決定，會剝奪當事人學習做決定的能力。且若輔導員提供的意見、代替的決定，當事人付之實施後成功，會歸功於輔導人員的真知灼見；失敗也是歸罪於輔導人員的方法不靈，這樣當事人並沒有學到獨立解決問題、自我決定、與自我負責的行為。

六、視輔導活動為團體遊戲或課外活動

中小學的輔導活動常透過小團體諮商和班級團體輔導的方式進行，其目的在運用團體互動的方式催化學生去經驗、去感受、去體會，達成學生人格的成長與改變。然採用活動的方式教學，若教師缺乏帶領小團體的經驗，變成為歡樂而活動，為活動而活動，而非為達成心理輔導的功能而活動，於是輔導活動很容易讓學生誤以為就像團體遊戲課一樣輕鬆愉快，只具有娛樂休閒的功能。

七、視輔導工作為教師的額外負擔

不少教育人員持有「教育即輔導」的觀念，認為傳統教育中重視教導學生做人的道理，實施因材施教，經師兼具人師，這些已包含了輔導的概念。他們認為教師平時即循循善誘的教導學生，不需要專業人員額外推展輔導工作，否則只會加重教師的負擔。

事實上，輔導工作已成為專業化的工作，有其專業的領域與技術，需要由專業的人員來策劃、執行，教師並需納為輔導團隊的一員，協助執行輔導業務。此外輔導已是一門專業，教師要學習及借重這些新的方法，輔導學生人格的成長與發展，將會更為有效。

八、視輔導工作為輔導人員個人的職責

有些教育人員認為輔導工作既是專業性的工作，就應由受過專業訓練的輔導人員來負責，教師未具有專業訓練，故不用參與學校的輔導工作。

事實上，學校的輔導工作是一個團隊的工作，成員除包括有專業的輔導人員也包括半專業的教師，同心協力為學生服務。教師扮演經師與人師之責，修過部分輔導學分，也站在第一線實際輔導學生，擔任「教育輔導」的任務，其不可能自外於輔導工作。但教師的輔導知能只能算是半專業水準，隨著輔導工作的專業化，對問題行為較複雜的學生，超出教師處理的能力時，就需要專業輔導人員來處理。總之輔導對象廣及全校學生，輔導人員人力有限，只能負策劃、推動輔導工作之責，及重點式的針對嚴重問題行為的個案進行輔導，一般性的個案仍得由教師負責進行輔導。

九、擔心輔導人員會洩漏個人秘密

筆者上課時曾問大二學生對輔導中心的印象，有位學生反應他有困擾也不敢到輔導中心求助，因為他害怕輔導人員會洩漏了他個人的秘密。學生不敢找輔導人員傾訴個人內心的情感，基本上是對輔導人員的不信任，此不信任的態度來自於對輔導觀念的誤解。

事實上，輔導人員均受過專業訓練，輔導人員的專業倫理標準中，其中有一條就規定他們有為當事人的會談內容保密的職責，所以有心尋求協助者，大可不必擔心，只要有困擾，就尋求專業人員的協助，以保障自己的福祉。

十、視實施心理測驗與建立學生資料為學校輔導工作的主要內容

有些輔導人員把輔導工作的重點擺在實施心理測驗與蒐集學生資料，以備為輔導評鑑之用，讓一般人誤以為輔導工作就是實施心理測驗與蒐集學生資料。

事實上，實施心理測驗與蒐集學生資料只是輔導工作的部分內容，其實輔導工作的重心應是個別和團體諮商及諮詢，輔導人員應花最大部分的時間在學生的諮商上，而實施心理測驗與蒐集學生資料只是為了協助瞭解學生。最糟糕的是輔導人員費了九牛二虎之力，冒著被教師們指責只是在蒐集資料，加重教師的負擔，只為了評鑑，而對學生並無實質的幫助。

十一、視輔導人員為超人、完人、或聖人

筆者上課時曾問大二學生對輔導中心的印象，有位學生反應：「我認為輔導人員應是那種頭上會發出光芒的具有超能力者，他們全身充滿了吸

引力，當事人只要和他們一接觸，就可以感受到這股神力，行為也因輔導人員的感應而自然變好」，這是對輔導人員不當的期望。

事實上，輔導人員只是一個凡人，他們也有能力不及的時候；也有失敗與挫折；也同樣面對人生的各種困境；也會有情緒困擾的問題。如果我們對輔導人員有不當的期望，當輔導人員不能如己所望的解決我們的問題時；或發現輔導人員並非完美時，就可能會全盤否定輔導的功能，未能理性、公平的對待輔導，這是對輔導人員不當的期待所使然。

十二、視主辦全校性的短期性活動為學校輔導工作的主要內容

林美珠（2000）的調查研究指出，國小在輔導活動方面，全面性、短期性之活動較受青睞，如愛心服務隊、親子活動、慶生會、輔導刊物、演講等。對於需個別性、長期性投入的個案諮商與團體諮商則較受忽略。事實上，輔導工作宜在治療性、預防性、及發展性業務上均衡推展。

第九節　國小輔導工作的特點

各級學校的輔導工作是前後連貫、相互銜接的，除了有一般性工作項目外，尚有配合各年段不同發展任務的特殊性工作項目。

各級學校一般性輔導工作項目是各級學校一致在執行的輔導業務，如心理與教育測驗的實施、個別諮商、團體諮商、個案研究、班級團體輔導、定向輔導、學習輔導、生涯輔導、學生資料的蒐集等。

各級學校特殊性輔導工作項目是各級學校因應學生發展的需求所特別為該年段設計的特殊輔導項目。小學的教育重在「統整」，其特殊性輔導項目，如遊戲治療、發展性輔導、親職教育等。國中的教育重在「試探」，其特殊性輔導項目，如工作世界的試探、升學輔導、性向及興趣的試探、兩性教育、職業輔導、青少年身心發展與輔導。高中的教育重在「分化」，其特殊性輔導項目，如升學輔導、職業輔導、人生問題、婚姻與家庭、大學科系的選擇等。大學的教育重在「專化」，其特殊性輔導項目，如心理調適、擇業就業、選課、學業、異性交往、婚姻與情感、人生

觀、價值觀等。

學校輔導工作是以全體學生為對象，不同教育階段輔導的重點有所區別。本書主要是介紹兒童的輔導與諮商，在此茲特別說明國小輔導工作的特點為何。

一、預防重於治療

個體的發展為連續性的過程，輔導工作提供每個人一生中持續的協助服務。國小階段基於個人人格發展的初期，兒童的問題行為尚未根深蒂固，事前的預防及提早的矯正較往後的治療更省時省力且有效，因此國小輔導工作的性質應是預防性多於治療性；積極性多於消極性；重視學生全人格的發展與輔導。

二、重視發展性輔導

輔導與諮商工作從1950年代起，正由強調適應轉為強調發展的功能。所謂發展性輔導（developmental guidance）乃輔導與諮商關心發展任務與發展心理學的概念。人生是持續的，唯持續中呈現不同的階段，各發展階段有不同發展任務，兒童正處於生理、社會、情緒、和人格的成長和發展的轉變過程，可塑性大。輔導旨在增進心理發展任務的達成；催化個人朝心理、成長發展的途徑前進。故小學輔導人員需瞭解正常發展的問題甚於嚴重適應困難的問題，發展性輔導較上述的預防性輔導更為積極的幫助每位小學生健康的成長與發展。國小輔導工作的核心是發展性與預防性的目標。

輔導人員需瞭解兒童發展階段的心理需求，協助達成這些需求的滿足。此階段的心理需求有：自我接受、自我瞭解、負責行為、問題解決能力、自我評估、學習技巧、人際關係、獨立行為、認同與歸屬感等，小學輔導工作應包括這些發展性輔導的項目。

三、重視導師的輔導功能

教師除做為「經師」的角色，教導學生知識外；亦扮演「人師」的角色，關心每位學生情感方面的成長與發展。小學採包班制，導師和班上學生朝夕相處，彼此的關係密切，導師對每位學生最為瞭解，故最能發揮輔導的功能，由導師在班上實施發展性輔導最為恰當。且小學兒童年紀尚小，問題行為不若青少年和成人那麼複雜，導師的輔導知能對大部分兒童的輔導應可發揮相當的功能。在小學未聘用專業輔導人員的情況下，導師在輔導上可謂是站在最前線努力工作的角色，功不可沒。林美珠（民89）認為，小學輔導工作的主力為級任導師。

四、重視家長的溝通與參與

所謂「有怎樣的家庭，就有怎樣的小孩」；又謂「問題兒童萌芽於家庭；顯現於學校；惡化於社會」。可見小學階段家庭對兒童的影響力是多麼的巨大，父母在子女的生活中扮演著極為重要的角色，父母的觀念、態度、和行為深深影響子女的人格成長與發展。故輔導兒童時一定要善加應用此具有重大影響的人物，方式有加強親職教育、溝通輔導觀念、及邀請家長參與其子女的輔導計畫，將可使兒童輔導工作事半功倍，否則將事倍功半。

五、重視行為改變技術的應用

幼兒及小學生受限於語言溝通技巧、認知發展能力、及自我管理能力，特別適合應用行為改變技術來建立其適應行為及消除其不適應行為。因此，國小輔導人員及教師應修習過行為改變技術，方能妥當的應用此技術輔導學生。

六、輔導人員應有遊戲治療的訓練

國小學生，尤其是幼兒及低年級學童，限於語言及認知能力的發展尚未臻成熟，不易實施面對面純語言會談的諮商。大多數兒童均喜歡遊戲，他們在遊戲中，會自然的、無意中透過遊戲媒介表達自己的內在世界，於是兒童透過遊戲媒介的諮商其成效卓著。故兒童諮商員應熟悉此治療方式，方能有效的和兒童諮商。

七、重視特殊兒童的鑑定、安置、教育與輔導

美國在1975年公布的「殘障兒童普及教育法案」，規定政府要為殘障兒童提供免費合適的公共學校教育，以滿足殘障兒童的特殊學習需求；殘障兒童儘量安置在普通班，減少與一般兒童隔離；必須為殘障兒童擬定個別化教育方案。國內特殊教育受此法規影響，學校輔導室非常重視特殊兒童的受教權，為各類特殊兒童實施鑑定、安置、教育、與輔導。

摘　要

1.在日常生活中，每個人均會遇到困難，尋求解決之道。輔導是助人者與求助者之間互動的過程。隨著社會的多元化，輔導已走向專業化。

2.專業輔導是指專業輔導機構的專業及半專業人員所提供的正式的助人關係的工作；而非專業輔導是指未受過專業輔導訓練的人士所從事的非正式的助人關係的工作。

3.在美國，隨時代變遷，曾出現不同的輔導模式。不同的輔導模式即代表了對輔導的不同觀點。這些模式有：職業輔導模式、輔導即教育、輔導即分配和適應、輔導是一個臨床的過程、輔導是做決定、輔導是折衷主義和一系列的服務、輔導是發展性的、輔導是社會的介入、輔導是心理學的教育、輔導是一系統。目前一般學校的輔導工作是採綜合模式，即兼採上述的某些模式推展。

4.輔導是以教育、心理、和社會學為基礎。教育的進步、心理學的發展、和社會的變遷影響了輔導學的發展。

5.美國輔導的歷史發展可分為三階段：一是草創期，約在1908～1958年，為實驗及推展時期。二是興盛期，約為1958～1968年，為成長、茁壯、豐收時期，此期學校輔導工作全面的推展。三是立法期，約在1970年後，為建立專業制度時期。

6.我國輔導的歷史發展可分為四階段：一是萌芽期，約在民初到民國42年，為草創、新式學校推介及試驗時期。二是試驗期，約在民國43到56年，擴充輔導工作內容，在中小學全面實驗。三是興盛期，約在民國57到79年，為各級學校全面推展及立法實施時期。四是穩定期，約在民國80年後，各項輔導計畫穩定的推展中。

7.學校輔導工作的內容包括：衡鑑服務、諮商服務、定向服務、生涯輔導、諮詢服務、安置服務、追蹤服務、評鑑服務等。

8.輔導人員需秉持的輔導基本原則：重視個別差異；尊重個人的價值、尊嚴和選擇權；強調人性積極面；以全體學生為對象；一種團隊工作；一種專業工作；助人自助；主要關心個人人格的成長與發展；協助學生做各種決定；不可強迫；重視個體對自己內在心理歷程的瞭解；是一持續的教育歷程。

9.輔導與教學的區別，前者重情意教育與生活適應，後者重學科知識傳授；前者以學生為中心，後者重教師的計畫性教學；前者重情境的隱密性，由諮商員實施，後者為教師的主要任務。

10.輔導與訓導的區別，前者依據的是行為科學，後者依據社會科學；前者重視個別差異，後者重視群性、團體紀律、統一規範。

11.輔導、諮商、心理治療的區別，一般人從事的一般協助稱輔導，用詞較概括、籠統；諮商是專業人員從事的專業助人過程；心理治療則是心理醫生治療病人的過程。

12.在精神疾病的治療上，以生物醫學的角度解釋其病因及治療的叫精神醫學，治療者稱精神科醫生；以心理學的理論解釋其病因及治療的叫臨床心理學，治療者稱臨床心理師。關心一般人及學生的心理健康的診斷與治療的稱為諮商心理學，治療者稱諮商心理師。

13.一般人可能受限於過去的不正確觀念，對輔導產生如下的迷思：認為只有心理有問題的人才去輔導中心；諮商員是萬能，可協助解決任何問題；諮商員是無能，只晤談根本無濟於事；諮商員是心理醫生，治療心理疾病；輔導人員會洩露個人隱私。

14.小學輔導工作主要有下列特點：預防重於治療；重視發展性輔導；重視導師的輔導；重視家長的溝通與參與。

複習問題

1.日常生活中，哪些人員所從事的助人工作是屬於專業輔導；哪些人員所從事的助人工作是屬於非專業輔導？
2.試述美國歷史上的各種輔導模式及其主張。
3.試述美國輔導發展的影響因素。
4.試述美國輔導的歷史發展階段。
5.試述我國輔導的歷史發展階段。
6.輔導工作的實施有哪些基本原則？
7.輔導工作的主要內容有哪些？
8.輔導、教學、訓導三者的區別為何？
9.試辨明輔導、晤談、諮商、心理治療等名詞的異同。
10.試辨明諮商心理學、臨床心理學、及精神醫學的異同。
11.一般人對輔導有哪些迷思？宜如何導正？

12.小學的輔導工作有哪些特點？

13.教務、訓導、輔導三者的關係為何？彼此如何協調合作？

第二章　學校諮商員

第一節　學校的輔導人員

學校的輔導人員有廣義和狹義之別（吳武典，1978）。在美國的中小學，常聘有一些提供學生服務的人員，組成所謂的「學生人事服務」（pupil personnel services）團隊，服務的範圍包括：輔導、心理的服務、健康、社會工作和出缺席、及語言和聽力等五方面。成員有：學校心理學家、學校社工人員、學校諮商員、出缺席登記員、諮詢的精神科醫生、及語言和聽力醫師。而其中，心理健康服務提供者（mental health service provides）有心理學家、社工人員、諮商員、和精神科醫生，這四種人稱之為廣義的輔導人員。至於狹義的輔導人員，則專指學校諮商員。

這些專業的輔導人員，精神科醫生出自醫學院，社工人員出自社會學系所，心理學家及諮商員出自心理學系所。由於他們的訓練背景不同，處理學生問題的角度有別，在學校的工作亦有異，彼此間應知己知彼、相輔相成、合作無間，才能把學校的輔導工作發揮得淋漓盡致。

壹・學校心理學家（School Psychologist）

學校心理學家的出現，始於二十世紀初。當比西智力量表被做為特殊兒童的鑑定工具後，學校即需求聘請心理學家實施心理測驗，鑑定及安置特殊兒童。兩次世界大戰後，心理壓力與心理健康受到重視，學校乃重視聘請心理學家處理學生的心理衛生問題。尤其在1970年代公布「殘障兒童教育法案」之後，更增加了學校心理學家的需求。傳統上，他們主要訓練來從事特殊兒童的學習與情緒問題的評量、診斷、及治療工作。其一般角色如下：

1.學習問題的診斷、處方與治療。

2.個別兒童的評估。

3.教師和家長的心理健康及學習問題的諮詢顧問。

4.教師的在職教育。

5.社區聯絡者。

6.教育的研究者、評估者及督導者。

7.教育組織發展專家。

（Gregersen, 1977; Cowen & Lorion, 1976）

學校心理學家一般具心理學及教育學的訓練，大部分獲有學校心理學博士學位。他們常不是固定服務於一所小學，而是由幾所學校聯合共聘一位學校心理學家，或由地方教育機構聘請數位學校心理學家或學校社工人員，分別服務當地的各個學校。學校心理學家常是學生人事服務團隊的領導者，學校諮商員可轉介學生給學校心理學家，做診斷性評估。另學校諮商員和心理學家，共同提供回歸主流教育的特殊兒童及其家長直接的諮商及心理的支持服務。

貳・學校社工人員（School Social Worker）

學校社工人員的出現，也是始於二十世紀初。當美國通過強迫入學的法律，就有小學率先聘請學校社工人員或訪問教師（Visiting teacher），從事學校與家庭的聯繫及訪視工作，以提高學生的出席率。隨著心理測驗被學校用作特殊兒童的鑑定工具，學校社工人員扮演了特殊兒童安置的聯繫和告知工作。目前，青少年犯罪及公立學校中途退學學生的增加，使得學校社工人員的需求跟著水漲船高。

社工人員一般服務的對象是一些社會境遇欠佳，而具學習及情緒問題的學生（社工人員設置的精神，在透過環境的改造，來改變這些學生的學校適應問題），其工作項目有：

1.家庭訪視。

2.個案工作。

3.教師及家長諮詢。

4.教師在職訓練。

5.機構轉介。

6.家長會議。

7.課程諮詢。

學校社工人員一般具社會工作的專業訓練，大部分獲有碩士學位，他們大都不只在一所小學服務。在學校人事服務團隊中，他們提供兒童的家庭環境與其問題行為的關係，可協助諮商員及其他輔導人員更加深入的瞭解學生。

參・精神科醫師（Psychiatrists）

精神科醫師一般畢業於醫學院，具有處理學生變態行為的特殊訓練。由於醫學院的訓練背景，所以精神科醫師是唯一法律允許可用藥物或物理方式，處理學生心理問題的輔導專業人員。

學校大都聘請精神科醫師擔任學生人事服務團隊的諮詢顧問。當諮商員懷疑某些兒童的情緒困擾問題可能需要藥物治療時，可轉介給精神科醫師，並請家長帶小孩看精神科醫師，接受進一步的診斷和治療。

肆・學校諮商員（School Counselor）

學校諮商工作，源自二十世紀初的職業輔導運動，唯美國中小學真正大量聘用學校諮商員，則是在1958年後發生。1957年，蘇俄搶先美國發射人造衛星升空，引起美國朝野的震驚和恐慌，開始檢討及改革教育政策，於1958年頒布「國防教育法案」。此法案中立法經費支援中小學聘用學校諮商員，使中學諮商員的數量在短短十年中（1958-1967）增加了三倍。學校諮商員與學生的比率也從1958至1959年的1：960，於1966至1967年提高到1：495。以後，則進步趨緩，到1978至1979年的比率為1：469。

傳統上，小學生的發展與輔導之責一直落在導師身上，到1920年代初期，在大都會的小學才出現少數的輔導專家。依1950年代初期的調查研究指出，約只有700多名學校諮商員在小學服務。在1964年修正的「國防教育法案」允許各州教育部門經援小學輔導方案，小學諮商員的需求乃受到重視，至1969年美國各州均聘用小學諮商員。依1977至1978年美國小學輔導委員會的報告，全美國共有10,090位小學諮商員，小學諮商員和學生的比率是1：2375。在美國1975年的「殘障兒童教育法案」及1983年的「危機中的國家」的報告中，建議所有小學設置諮商員，使1970至1980年代更重視小學諮商員的設置。

在上述學校的「學生人事服務團隊」的心理輔導人員中，以學校諮商員最為普遍，而學校心理學家及學校社工人員則只有在規模較大、輔導工作較複雜的學校才聘用。學校諮商員是唯一常固定在一所學校服務的輔導人員，其在學校的地位較其他類輔導人員穩固，在學校輔導工作上所扮演的角色亦居中樞地位，可謂學校輔導人員中最主要的角色。

我國的中小學未聘用學校心理學家和學校社工人員。國民中小學雖有設置輔導室主任及輔導教師，唯均是教師兼任，並非專職學校輔導工作。況且，國內學校輔導人員在專業資格的要求上，曾規定輔導主任需具十個專業學分，之後又取消此項規定。因此，目前各國小所謂的輔導人員，可能有些學校會聘請有專業學分的主任或組長來推動輔導工作，相信缺乏輔導專業的輔導主任或組長仍然不少。教育部訓委會於民國86年曾試辦「國民中學設置專業輔導人員計畫」，甄選四位社工師和四位心理師駐校協助處理學生問題，唯此項計畫只進行兩年即告終止。台北市於民國89年曾甄選13位社工師，試辦社工師在教育局和學校服務計畫，唯並未全面推展。

鑑於學校諮商員是學校輔導工作的核心人物，其良窳攸關學校輔導工作的成敗。接著作者擬介紹學校諮商員的角色、人格特質、專業教育、及專業倫理守則。

第二節　學校諮商員的角色

在美國，約有十五萬人從事諮商員的工作，其中三分之二任職於各級學校，亦即約有十萬個諮商員分散服務於各大、中、小學。那麼這些學校諮商員扮演什麼角色？這將是本節所要介紹的。

所謂「角色」是社會團體期許於某一特定類別的人所應表現的行為模式。學校諮商員的角色亦即學校諮商員所擔任的工作，或對與其職位有關之行為的期望或指導。學校諮商員的角色即其所從事之輔導專業活動的總稱（宋湘玲著，1990）。對於學校諮商員的角色，各界至今仍未有完全一致的看法，各學術團體、專家學者的意見，和學校人員、家長、學生的想法頗有差距，理論上與實際上有相當的出入。以下茲介紹不同人員對學校諮商員角色的看法，及學校諮商員角色的衝突。

壹．學術團體和專家學者的觀點

美國人事與輔導學會（APGA）曾指出學校諮商員的「三C」角色：諮商（counseling）、諮詢（consultation）和協調（coordination）。

美國學校諮商員協會（American School Counselors Association, ASCA）與輔導人員教育及視導協會（Association for Counselor Education and Supervision, ACES）曾擬定十項中學諮商員的角色如下：(1)策劃和發展學校輔導計畫；(2)諮商；(3)學生評量；(4)教育與職業計畫；(5)個案轉介；(6)升學與就業安置；(7)協助家長教育子女；(8)教職員諮詢；(9)地區性輔導研究；(10)公共關係。小學諮商員的角色如下：(1)提供教師在職教育；(2)提供教師和家長諮詢；(3)兒童諮商服務；(4)兒童轉介；(5)追蹤服務和研究工作；(6)評鑑。（Jones, 1970）

Keat（1974）曾提出小學諮商員的「六C」角色有：(1)諮商（counseling）；(2)諮詢（consultation）；(3)協調（coordination）；(4)溝通（communication）；(5)課程發展（curriculum development）；(6)培育兒童成長與發展（foster child growth & development）。

Gibson與Mitchell（1981）認為，小學諮商員扮演的角色如下：

1.諮商者：小學諮商員針對自己認為有必要諮商的學生，以及教師或父母轉介來的個案，進行個別或團體的諮商。

2.諮詢者（consultant）：小學諮商員做為教師、家長、行政人員、及其他助人者的顧問，協助他們更有效的處理學生的發展及適應問題。

3.協調者（coordinator）：小學諮商員是學校輔導工作的靈魂人物，需和學校心理學家、社工人員、及其他人員協調，亦需和校內、外資源人士或機構，協調轉介事宜。

4.定向者（agent of orientation）：小學諮商員需計畫各種團體活動，及透過和教師的合作，以協助兒童瞭解小學教育的目標及適應小學的團體生活。

5.評量者（assessment）：小學諮商員需蒐集學生的測驗及非測驗資料，綜合運用各種資料，以客觀、深入的瞭解個別學生。

6.生涯發展者（career developer）：小學諮商員是教師實施生涯教育的協調者及顧問，協助小學教師發展持續的、順序的、和統整的生涯教育方案。

Brown與Srebalus（1996）曾提出小學諮商員的角色如下：

(1)個別諮商；(2)團體諮商；(3)教師諮詢；(4)家長諮詢；(5)教室輔導，此項角色是學校諮商員以班級為對象，時間約30到45分鐘，透過在班級教室實施團體輔導，輔導的主題均是學生所面對的發展的課題；(6)協調；(7)定向（orientation），包括新生輔導及畢業生升學輔導；(8)教師的在職教育；(9)親職教育；(10)其他。

中學諮商員的角色如下：(1)個別諮商；(2)團體諮商；(3)教師諮詢；(4)教室輔導；(5)家長諮詢；(6)轉介；(7)協調；(8)定向；(9)研究和評估。

上述對中、小學校諮商員角色的意見，可謂大同小異。唯相同角色在中、小學間其任務可能會有所差異，如：中學的教室輔導主題較小學更重視兩性教育、藥物濫用、生涯發展等課題。

綜合上述意見，筆者列舉中、小學學校諮商員的角色有：(1)學校輔導計畫的擬訂；(2)個別諮商；(3)團體諮商；(4)教師及家長諮詢；(5)教室輔導；(6)定向輔導；(7)評估；(8)轉介；(9)特殊兒童篩選；(10)協調；(11)教師在職教育；(12)親職教育；(13)輔導研究；(14)生涯發展；(15)其他。

貳・學校人員及學生的觀點

Shertzer與Stone（1981）曾指出一般學校人員和學生對學校諮商員角色的看法如下：

(一)一般教師的看法：(1)視他們為行政人員；(2)認為他們只是「協助者」的角色，在學校中可有可無；(3)他們只會偏袒被開除的學生；(4)只會處理芝麻小事，真正有問題的個案，他們也束手無策。

在國內，筆者也曾和中小學教師討論他們對學校輔導人員角色的觀點，部分教師的意見亦頗為消極：(1)認為學校輔導人員對學生的關愛、尊重、接納等態度太虛偽、肉麻；(2)理論空泛，偏理想，而不切實際；(3)認為學校輔導人員是「閒涼」（非賢良）主任或組長，角色功能沒有發揮；(4)所談理論和實際做法有差距，難以令人信服；(5)專扮白臉、好人當盡，壞人都由老師來當；(6)放縱學生、不重紀律，挑撥師生間的是非。

(二)行政人員的看法：(1)不認為諮商員能處理學生個別的情緒的困擾；(2)視他們為文書人員或半行政人員；(3)監督學生的出缺席；(4)維持學校的紀律；(5)充任代課教師……。

在國內，筆者常聽到不少小學校長指派輔導室主任做一些雜務。亦聽到高中輔導老師抱怨他們的地位不明確，學校校長及行政人員視他們為「職員」，學生及教師們亦不認同他們是「老師」，其地位頗為尷尬。

(三)學生的看法：在Leviton（1977）的研究指出，高中生對學校諮商員功能的看法，認為最重要是協助學生升大學或就業計畫問題、學業問題、生涯教育問題、和師生關係問題等。在Riper（1971）及Well和Ritter（1979）的調查研究中，一致的指出：大多數學生視學校諮商員的角色是協助他們的教育計畫、解決學校的問題，即認為學校諮商員的角色是協助個人教育和職業方面的問題；但並不認為輔導人員可以解決個人的情緒困擾問題，故在個人情緒困擾問題上，並不常向學校諮商員求助，而是求助於親友及父母。

參・學校諮商員角色的困境與突破

一、困境

吳武典（1978）曾指出，在學校教育體系中，最早出現的是教師，其次是行政人員，然後才是學校諮商員。前兩者已獲相當明確的專業地位，學校諮商員卻仍掙扎在坎坷的專業道路上，一方面要尋求自我的認定，另方面又要尋求外在的肯定。

Brown與Srebalus（1996）曾討論學校諮商員角色的問題，筆者歸納為下列的困難（問題）：

1.隨時代變遷，角色隨時變化：隨著時代的變遷，所服務的當事人性質的改變，諮商員的功能亦產生改變。如：二次大戰後，美國許多退伍軍人及其配偶返回大學校園，增加了高等教育機構對學生提供婚姻與家庭諮商的服務，使得大學諮商員被要求需精於婚姻與家庭諮商。隨著社會變遷，少女未婚懷孕的快速增加，使得高中諮商員的輔導工作需加強青少年的兩性教育。現代社會的趨勢，包括離婚率和雙薪家庭增加，使學校諮商員需提供家長親職教育、諮詢、諮商的服務。總之，學校諮商員工作內容的高度變化，增加了此項工作的挑戰性。

2.角色的易受傷害性：由於工作的性質使然，學校輔導、諮商工作是一種不易立竿見影的工作，在事事講求具體成效的今日，輔導、諮商工作的成效往往被認為不彰，學校諮商員的角色因此常遭否定。美國在1970年代晚期到1980年代早期，由於社會經濟蕭條，許多州的公立學校財源減少，紛紛縮減學校諮商員的聘用，突顯出學校諮商員角色在學校的脆弱與地位的不保。

3.專業訓練與大眾對於諮商員角色的期望不一致：在國外的許多研究中（Ibrahim, Helms & Thompson, 1983; Bishop, 1986; Hart & Price, 1970）及前述不同人員對學校諮商員角色的不同觀點中，均顯示社會上不同人員間對學校諮商員角色的認定不一致，此在學校諮商員的理想角色和大眾期望間的矛盾，使得學校諮商員的角色爭論不斷，也讓學校諮商員產生了角色定位的問題。許多學校諮商員在專業角色未獲肯定，而又非教師、非行政人員、非職員等角色的窘境下，失去了自己的立場和堅持，最後變得隨波逐流，只依校長的意志和喜好，做一些非輔導專業任務的工作，形成部分學校人員對輔導產生「胡搞」的錯誤認知。

在國內，國民中小學的輔導人員一直是由教師兼任，未聘請專職的輔導人員，早期國中的兼任輔導人員稱為「指導活動執行秘書」，自1970年代國民教育法及其施行細則公布實施後，改稱「輔導主任」，即教師身兼輔導人員、行政人員的多重角色。另在高中，教育部曾有意讓高中教官以輔導人員的身分就地合法為學校教職人員，使得學校輔導人員的角色讓人更加混淆，身為輔導人員，其本身角色的定位所面對的衝突是可預見的。

總之，雖然學校輔導人員的設置已有多年，唯其角色仍混淆不清，大家對它一直缺乏共識，無法有明確、清楚的界定。而輔導人員本身對自己的專業角色也缺乏清楚、明白的認定，致使他們常自嘆自己像打雜工似的妾身未明。此角色混淆不清，一直是學校輔導人員的最大困境。

二、突破

針對上述學校諮商員角色的困境，要如何突破呢？吳武典（1977）認為，輔導教師的主要責任是協調和綜合整個學校的輔導計畫。他的主要工作是在各個教師（特別是級任導師）的協助下，透過諮商過程，瞭解和幫助學生。一個輔導教師可能也需從事測驗實施或教育研究的工作，但這些都僅是輔助性的工作而已，他應該把大部分時間放在諮商方面（個別和團體諮商），以學生為主要諮商對象，必要時也與家長進行諮商。這種輔導教師的角色必須規定清楚並讓全校同仁和學生瞭解。學校行政當局要輔導教師發揮其角色功能，便不應指派他們做一些足以妨礙其基本角色的工作，例如指派他們擔任宿舍管理或掌理獎懲的訓導人員，這些皆會減弱其為學生心目中可親人士的地位。輔導教師本身也不應把自己的工作侷限於文書工作，他們應多騰出一些時間和學生做面對面的接觸。因此，他們需要有幹事或工讀生來幫忙整理測驗分數，填寫學生有關資料及整理報表，以便留下更多時間和精力對學生作直接的諮商服務。

此外，國內自85學年度開始，在部分國中實驗設置專職輔導人員。

筆者認為學校專職輔導員的設置，有助於輔導人員角色的明確及品質的提升。加上專任輔導人員加強成效的宣導及角色的溝通，有助益突破他們角色的困境。

最後，筆者針對學校諮商員角色的困境，提出以下的自我突破之道：

1.對內釐清自己的角色，對外溝通個人的角色：學校諮商員應先釐清自己的專業角色，肯定自己的專業領域，增加自己對專業任務的信心。此外，學校諮商員不能自怨自嘆別人不瞭解輔導與諮商，期待校長、其他主任、及家長的輔導知能提升後，會支持輔導業務，這是不實際的。學校諮商員應主動出擊。對外溝通，說明自己的角色、業務。學校諮商員若不主動決定自己要做什麼，那麼別人將會來決定你要做什麼。

學校諮商員可透過下列方式向外界溝通自己的角色：

(1)利用學校的各種會議的時機，提出輔導計畫，說明自己的專業服務項目，澄清自己的工作角色。

(2)利用各種集會、公布欄、海報、刊物等媒介，公告、宣導輔導工作的服務項目及活動。

(3)利用學校、社區所出版的刊物，開闢輔導園地，刊登輔導專文及輔導中心的資訊。

(4)輔導中心自行出刊雜誌、報紙、海報等平面媒體，以宣導輔導觀念及有關資訊。

2.提升學校諮商員的專業知能，以便在自己認定的角色上發揮功能，突顯其業務的成就，以建立及維持其專業角色，此成就有助益他人對學校諮商員角色的瞭解與肯定。

3.學校諮商員對班級團體輔導活動課不能置身事外。此時間是諮商員一個著力的時機，可透過此時間與學生接觸，增進他們對學校諮商員的瞭解；亦可透過此時間與教師接觸，主動向教師說明學校諮商員在此課程可提供的協助事宜。

4.消費者導向的輔導工作。強調輔導工作的推展：(1)宜評估消費者的需求；(2)宜思索如何滿足消費者的需要；(3)宜不斷推陳出新，根據時代變遷，設計符合消費者特質的服務項目；(4)宜不斷的開發新市場；(5)宜淘汰不合時宜、不符需求、不彰成效的工作項目（蕭文，1995；許維素，1998）。

第三節　學校諮商員的人格特質

一位小學教師曾敘述她所看到的兩位學校輔導人員。第一位是女性輔導員，為人主動、熱忱、溫暖、親切，輔導一位父母離異加上父親暴斃的女學生步上正軌，其輔導績效卓著。第二位是男性輔導員，為人內向、不善與人互動，難和學生建立信任、安全的關係，故輔導績效不彰。諮商師的證照考試雖能考出他的專業能力，卻未能篩選他的熱忱、人格特質。

美國「個人中心學派」創始人羅吉斯（C. Rogers）認為，有效的諮商決定於良好的諮商關係，而良好的諮商關係與諮商員的人格特質有密切的關係。許多諮商學者一致認為，諮商員的人格特質可決定諮商的成敗。那麼有助益諮商關係的諮商員的人格特質是什麼呢？

壹・學術機構的建議

許多輔導學術機構提出他們對諮商員應具的人格特質的看法。例如：美國職業輔導協會（NVGA, 1949）表示，理想的諮商員應具備的個人特質有：(1)對人感興趣；(2)耐心；(3)對別人的態度和反應具敏感性；(4)情緒穩定性；(5)客觀性；(6)尊重事實；(7)信賴感。美國諮商員教育及督導協學（ACES, 1951）表示，諮商員應具備六項基本特質：(1)相信每個個體；(2)尊重個人的價值；(3)敏感性；(4)開放性；(5)自我瞭解；(6)具專業精神（Shertzer & Stone, 1981）。美國心理學會（APA）也表示，一個良好的諮商員應具備下列條件：(1)對人的動機敏感；(2)容忍；(3)謙虛；(4)外向；(5)強烈責任感；(6)穩定的情緒；(7)具有某種水準以上的智能和判斷力；(8)建立良好關係的能力等（鄭心雄，1976）。

基本上，學術機構所提出的觀點較為正式，也較具權威及公信力。

貳·學者專家的意見

羅吉斯依其臨床經驗及實徵性研究結果，強調諮商員的態度和特質，與當事人所建立的溫暖、信任、和睦、友善的人際關係，是決定諮商成敗的最主要因素，而諮商員的理論知識和技巧則在其次。諮商員在諮商關係中的基本態度有三：真誠（genuineness）、同理心（empathy）、和無條件積極尊重（unconditional positive regard）。

Belkin（1976）曾歸納有效諮商員的品質為九大類：開放性、敏感性、客觀性、真誠、不專斷、積極關注、溝通技巧、自我瞭解、尊重（吳武典，民67）。

Brammer（1985）認為有效助人者的特質：(1)自我覺知；(2)敏感於文化的差異；(3)分析自己情感的能力；(4)做為模範的能力；(5)利他主義；(6)強烈的道德感；(7)對自己及受助者負責的能力；(8)做為個體成長催化者角色的能力。

李東白（1975）曾歸納有效輔導員的人格特質：(1)對人的一致興趣；(2)敏感的覺察能力；(3)情緒的穩定性；(4)客觀性；(5)自我實現性。

黃惠惠（1991）認為有效諮商員的特質：(1)對人關懷、有興趣；(2)身心成熟；(3)具自我覺察的能力；(4)彈性的態度；(5)敏銳的觀察力；(6)真誠的態度；(7)溝通能力；(8)豐富的知識。

或謂輔導人員應具備「多心」的特質，即要具備：愛心、熱心、耐心、信心、誠心、恆心……。另有人提議，輔導人員應具備「三心二意」，所謂的三心是「愛心、熱心、加耐心」，二意是「誠意和樂意」。台灣師大金樹人教授則提議輔導人員要具備「一心一意」，即「慧心和創意」，他強調輔導工作要做得更精緻且富創意，而非雜而不精。

上述許多不同的專家學者，所提議的觀點係代表個人經驗的反應。每人經驗不同，所提觀點難免有異，唯巧妙的是，異中仍不乏「英雄所見雷同」的相似意見。

Brown與Srebalus（1996）綜合文獻，提出有效的的諮商員的七個特質分別為：

1.個人的一致性：在情緒、認知、行為上具一致性的個人，代表心理的健全。其特徵是：自我覺知；瞭解自己的價值和動機；不會犧牲別人來滿足自己的需求；行為較開放、少防衛；對自己的能力深具信心。

2.同理的瞭解：能設身處地，站在當事人的立場去瞭解對方的思想和情感；並能將此種瞭解傳達給當事人。

3.文化的敏感性：諮商員想對不同文化背景的當事人有效的諮商，需對各種文化傳統的當事人具有興趣，且針對這些人學習去瞭解他們。

4.真誠：是個人表現真實、可信的人。真誠與一致性及同理的瞭解有密切的關係，具備真誠，助人者才能表現一致性及同理心。

5.尊重：重視當事人做為一人類的價值和尊嚴。其最基本的意義是向當事人溝通傳達，不管其背景、行為、或態度，他們是有價值的。Egan認為尊重的操作性定義包括：非批判的；為著個體的；表現對個體的欣賞；對當事人的努力提供鑑賞的回饋。尊重是透過自發性、實踐諾言、和努力付出所表現的「溫暖」來傳達給當事人。

6.溝通：有效的助人者必是有效的溝通者。他們在人際間能清楚的、具體的表達他們的意向；他們能以語言及非語言去傳達他們的同理心、真誠、和文化的敏感性。諮商員的溝通技巧需包括協助的允諾；關懷的態度；對人類的樂天主義；及願意冒險去與別人分享自我等。

7.社會的影響力：諮商的過程包含了社會的影響力。諮商員是一觸媒劑，其表現的專門技術、吸引力和可信賴性，協助當事人做困難的改變。

唯Brown與Srebalus（1996）並指出，不同理論取向，對上述有效的諮商員的特徵，有不同的強調（詳見表2-1）：

1.在個人的一致性上：行為和認知學派不強調；而人本和心理分析學派則相當強調其重要性。

2.在同理心上：認知學派未強調；人本學派則視為相當重要；行為學派亦重視同理心的瞭解當事人，以決定有價值的酬賞；心理分析論視同理心為重要的，唯治療的早期不強調使用同理心。

表2-1　不同諮商理論對諮商員特質的強調程度

諮商員特質	行為學派	認知學派	人本學派	心理分析學派
個人的一致性	×	×	✓	✓
同理心	△	×	✓	△
文化的敏感性	△	✓	×	×
尊重	△	×	✓	△
真誠	△	×	✓	×
溝通	✓	✓	✓	✓
社會的影響	✓	✓	×	✓

※　✓：非常強調　△：普通強調　×：不強調
（修改自Brown & Srebalus, 1996, p. 71）

3.在文化的敏感性上：認知學派視為非常重要；行為學派視為重要；心理分析論則未給予很多注意；人本學派則視同理心為超越文化的，未予特別強調文化因素。

4.在尊重上：人本學派非常強調對當事人的尊重；行為和心理分析學派亦視為重要；認知學派則未予強調。

5.在真誠上：人本學派極為重視；行為學派亦重視；認知和心理分析理論則未予強調。

6.在溝通上：人本、行為、認知、心理分析等學派均極為重視，其中人本更強調非語言的溝通。

7.在社會影響力上：行為、認知和心理分析學派均視其為非常重要的特質；人本則強調當事人選擇的自由。

參・調查研究的結果

許多輔導諮商研究者，以下列的各種研究方法，調查研究諮商員應具的人格特質。

一、比較研究法

(一)在以「愛德華個人興趣量表」（EPPS）為人格評量工具方面

Demos與Euway（1966）曾以EPPS為工具，研究發現有效的諮商員在量表上的「慈愛性」及「親和性」上的得分較高，而在「自主性」、「謙遜性」和「攻擊性」上的分數較低（鄭心雄，1976）。Kamp（1962）亦曾以EPPS為工具，比較諮商員和校長在心理需求上的不同。結果顯示諮商員在「省察性」、「表現性」、「親和性」上的分數較高；而校長則在「成就性」、「秩序性」、「攻擊性」、「堅毅性」和「順從性」上的分數較高（Shertzer & Stone, 1981）。Brooks（1973）亦是用EPPS為工具，比較輔導研究所碩士班學生和一般碩士班學生在EPPS上的差異，結果接受輔導員教育的研究生在「慈愛性」上的得分高於一般研究生，而在「支配性」上，則低於一般行政人員及督導人員。

國內張德聰（1985）曾比較義務張老師（「義張」）（約接受160小時的輔導專業訓練）和師大學生在EPPS上的差異，結果顯示「義張」在「親和性」、「順從性」和「省察性」上高於師大學生；而師大學生在「表現性」、「自主性」、「求援性」、「支配性」和「攻擊性」上顯著高於「義張」。

綜合這些以EPPS為人格評量工具的研究結果，似乎頗為一致的指出，諮商員具備了較高的「慈愛性」、「親和性」和「省察性」特質，而較低的「支配性」和「攻擊性」特質。

(二)在以其他特質為人格評量工具方面

Kazienko與Neidt（1962）曾以受訓的諮商員為對象，分為被專業人員評分為好的諮商員（最高分的25%，124人）和差的諮商員（最低分的25%，115人）。比較兩組對自己的自我觀念、動機來源、價值、和對別人的感覺所做的描述的結果。好的諮商員的自我觀念是：聰明的、認真的、說話輕柔的、延緩批判的、可靠的、真誠的、熱忱的、耐心的；動機是：關心擁有安全感、無財富的需求；價值是：不尚狡猾和機靈、尊重個別性、不喜嚴厲的；對別人的感覺是：視人們擁有適當的才智能力（Shertzer & Stone, 1981）。

張德聰（1985）亦比較「義張」和一般大學生及教師在「個人取向量表」（Personal Orientation Inventory, POI）上的差異，結果「義張」在POI的十二個量表的分數上（高時間能力、內在導向、自我實現價值、存在性、感覺反應、自發性、自我尊重、自我接納、性善、超統性、攻擊的接納、親密的交往）均高於其他二組人員，即「義張」自我實現的人格特質顯著高於一般大學生及教師。

總之，從諮商員與其他人員的人格特質的比較研究中，頗能歸納出學校諮商員的一般特質。

二、相關研究法

Ohlsen的研究指出，EPPS的「省察性」分數和諮商效果有正相關，而「攻擊性」和諮商效果呈負相關（張德聰，1985）。

Zamosty與Eggert（1981）將當事人對實際諮商經驗的評量結果進行因素分析，發現諮商員的專業熟練程度、吸引力、及值得信賴程度為其社會影響力的基礎。其中：(1)與專業熟練程度有關因素包括：靈敏度、分析性、清晰、信心、有經驗的、專家、洞察性的、邏輯的、有準備的、有技巧的等；(2)與吸引力有關的重要項目包括：隨意的、愉悅的、親近的、熱忱的、友善的、令人喜歡的、社交性的、溫暖的等；(3)與信賴程度有關的重要項目包括：可相信的、可依靠的、真誠的、誠實的、可靠的、尊重的、負責任的。上述因素均是因素負荷量較高的項目（黃德祥，1992）。

國內林幸台（1978）曾以劉梅二氏所修訂的「卡氏16種人格測驗」為工具，研究諮商員的人格特質與諮商反應方式之間的相關，唯結果顯示諮商反應技術的選擇與其人格特質間的關係並不明顯。

上述相關研究的結果，因為使用的研究工具不同，所得結果也相當分歧，其結果不易獲一致結論，唯個別研究結果仍頗具瞭解有效諮商員特質的參考。

綜觀學術機構、學者專家，和調查研究所提出的有效諮商員的人格特質，雖可謂五花八門，但異中有同。筆者歸納較具共識的意見如下：

1.對人感興趣：具愛心、耐心、熱心，喜歡助人。

2.親和性：溫暖、友善、從容自在、及善解人意。

3.信任可靠：真誠、懇切、負責，讓人感到可以信賴和依靠。

4.心胸開放：能彈性接納不同的人、事、物。

5.客觀性：對人、事、物能依客觀事實下判斷，不武斷、不情緒化。

6.尊重他人：尊重個人的價值與尊嚴，較少支配慾。

7.自我瞭解：瞭解自己的價值觀，個人的優缺點，且瞭解自己輔導助人的動機何在，不以當事人來滿足個人的需求。

8.自我接納：對自己具自信心。

9.社會性：具溝通能力，能和他人建立良好的人際關係。

10.知識豐富：具豐富的世界知識及生活經驗。

第四節　學校諮商員的教育及資格檢定

壹・美國學校諮商員的教育

一、學校諮商員證照制度沿革

證照包含證書與執照之簡稱。證書英文是Certificate，是一份書面文件用來證明某人所具備的地位或資格，如畢業證書、學分證明書、教師證書等。執照，英文是License，是指依法律取得的一種權利，通常和消費者權益與公共安全有關的事務，才會有執照法的訂定。證書與執照並不是相同的概念（林家興，1993）。隨著社會的進步，各行各業分工愈趨專精。現代人生活在證照的時代，不只當醫生、律師、會計師、藥師等專門職業需要證照，即便當教師、護士、廚師或水電工等，也要求牌照。證照取得的過程是由政府或專業團體對各行各業人員進行學、經歷的資格審查及考試，通過者發給證書或執照，其執行特定工作的能力才被認可，方被視為合格執業。目前，美國各州對想成為學校諮商員者，均要求具合格的證照，各州之間對證照採相互承認。

實施證照的目的：(1)取締非法：限制未具資格者進入某一特定的行業，以保護雇主及社會大眾的權益；(2)保障合法：確認擁有專門技術的人從事特定的服務；(3)建立專業水準：保證專業人員具備相當的專業知識和技術；(4)提升專業水準：以「換證制度」來要求專業人員提升專業水準。

在輔導諮商專業人員的證照制度上，為因應時代趨勢，美國於70年代開始制定證照制度的法規。如在1974年，美國人事與輔導學會（APGA）呼籲各州制定諮商員證照法；1976年，美國維吉尼亞州率先通過第一個諮商員證照法。於是各州陸陸續續建立此項法律。為使諮商員的培訓達到專業訓練的標準，在實施證照制度中，另一重要項目是審核各輔導與諮商研究所所開的諮商員培育課程是否符合預定的標準及水準。畢業於被認可的研究所的學生，在證照的學、經歷資格審核過程中，才符合規定。在1981年美國政府成立「諮商及相關教育方案認可委員會」（Council for Accreditation of Counseling & Related Education Programs, CACREP），做為全國性諮商教育方案的資格認定單位，負責審查各大學研究所所開設的諮商課程。另在證照管理方面，1982年由美國諮商與發展協會（AACD）成立「全國諮商員證照管理局（National Board for Certified Counselor, NBCC），為全國性諮商員證照管理單位，負責諮商員的學歷資格審查、考試、及證照核發。至1994年，CACREP所認可的諮商員教育方案已達100個；通過諮商員證照立法的有41個州及哥倫比亞區；通過NBCC資格考試取得證照的諮商員約有21,000人。使得諮商走向專業化的途徑。

二、學校諮商員的教育標準

一般學校輔導人員可分為三個層級，一是學校心理學家；二是學校諮商員；三是教師。三者皆從事輔導學生的工作，唯因其輔導專業訓練的程度不同，故其所從事的輔導工作的深度亦有別。一般教師只接受過部分輔導專業課程，只能從事兒童的發展性及預防性的輔導工作。學校諮商員獲有輔導、諮商專業碩士學位，從事兒童的發展性、預防性及治療性工作。學校心理學家獲有心理、輔導、諮商的專業博士學位，從事兒童的發展性、預防性及治療性工作。

在美國，隨著建立學校諮商員資格檢定全國一致性標準的時代趨勢，要成為合格的學校諮商員，首先要接受CACREP所認可的碩士級諮商教育方案，完成養成教育及實務經驗；接著參加NBCC的檢定考試，取得合格專業學校諮商員的證照。至於博士級諮商教育方案的審查，則由美國心理學會（APA）認可；另博士級諮商專業人員，亦由APA檢定核照，授予專業心理學家博士學位，如：臨床心理學家、諮商心理學家、學校心理學家……。

CACREP曾在1988年規定諮商員教育課程及實務經驗的認可標準如下（陳若璋，1994，頁100-101）：

此規定以碩士級為主，包括：

1.最低畢業學分為四十八學分（二年研究所課程）。

2.課程最少需包括下列八大領域：

(1)人類成長與發展。

(2)社會與文化基礎。

(3)助人關係。

(4)團體技巧。

(5)生活型態與生涯輔導。

(6)評量。

(7)研究與評鑑。

(8)專業取向等。

另在特殊領域上，則需至少包括以下四領域中的一項：

(1)社區諮商。

(2)心理健康諮商。

(3)學校諮商。

(4)高等學校學生事務服務。

3.在實習方面要求：

(1)需具有100小時在督導下的見習與實習（Supervised practice），其中包括40小時是實習者親自接案，及每星期接受1小時與課程老師、機構專職人員、或博士班學生的技巧督導。

(2)完成600小時的初級駐校實習（entry level intership）。

三、學校諮商員的資格檢定

美國的NBCC設立於1982年，為一獨立且非營利的單位，由AACD所促成，為全美國諮商員管理的最高單位，其中最受矚目的角色，乃每年舉辦「全國諮商員資格考試」。一旦考試通過，領得的證照五年內有效。到期後，必須再參加考試，以領取新照；或參加至少100小時面授的有關課程，否則五年後，證照過期無效。效期內，若諮商員有違反NBCC制定的專業倫理規則之行為，證照亦將被註銷。資格考試目前分三種專業領域：生涯諮商、老人諮商及學校諮商。考試內容包括：審查教育背景、學科筆試、評量及各領域的諮商能力和技術。考題涵蓋八個主題：(1)人類成長與發展；(2)社會與文化基礎；(3)助人關係（包括諮商理論）；(4)團體動力、過程與諮商；(5)生活型態與生涯發展；(6)個人評量；(7)研究與評鑑；(8)專業導向。考生申請的資格：(1)在地區以上認可的大學院校，獲得碩士以上學位；(2)主修科目以諮商或相關專業科目為主；(3)在校成績審查合格；(4)至少修習下列科目：①諮商理論（必修）；②諮商實習（必修）；③人類成長與發展（以下③-⑩至少選修6門）；④社會及文化基礎；⑤助人關係；⑥團體動力過程與團體諮商；⑦生活方式與生涯諮商；⑧個人評量；⑨研究與評鑑；⑩專業導向；(5)兩位專業諮商督導的評鑑（李星謙，1991）。

貳·我國學校諮商員的教育

在介紹過美國學校諮商員的教育，接著回顧我國學校諮商員（學校輔導老師）的培育制度，從兩者的比較當中，他山之石，可以攻錯。

一、訓練方式

國內學校輔導人員培育的搖籃主要在各師範大學及教育大學：國立台灣師大的教育心理與諮商系、所；彰化師大及高雄師大的輔導與諮商系、所；各教育大學的教育心理與輔導系、所。這些系、所所開設的輔導與諮商課程均需經由教育部核准認可。其訓練方式有兩種：

1.在職教育：對已接受或未接受過輔導專業訓練，在學校從事輔導工作或準備從事輔導工作的教師，給予在職或職前訓練。如：「輔導教學碩士班」、「國小教師輔導學分班」、「國小教師輔導知能研習班」、「主題輔導工作坊」等。此培育方式是提倡終身教育，提升教師專業知能。

2.正規教育：乃在大學的教心、輔導，與諮商系、所，有計畫的規劃課程，長期性的培育專業輔導人員。一般國中、小學的輔導人員由大學的輔導與諮商系培養，高中以上學校的輔導人員，則由輔導與諮商研究所的碩、博士課程培養。

二、培育模式

國內目前諮商員培育的模式，筆者擬以圖2-1加以說明：

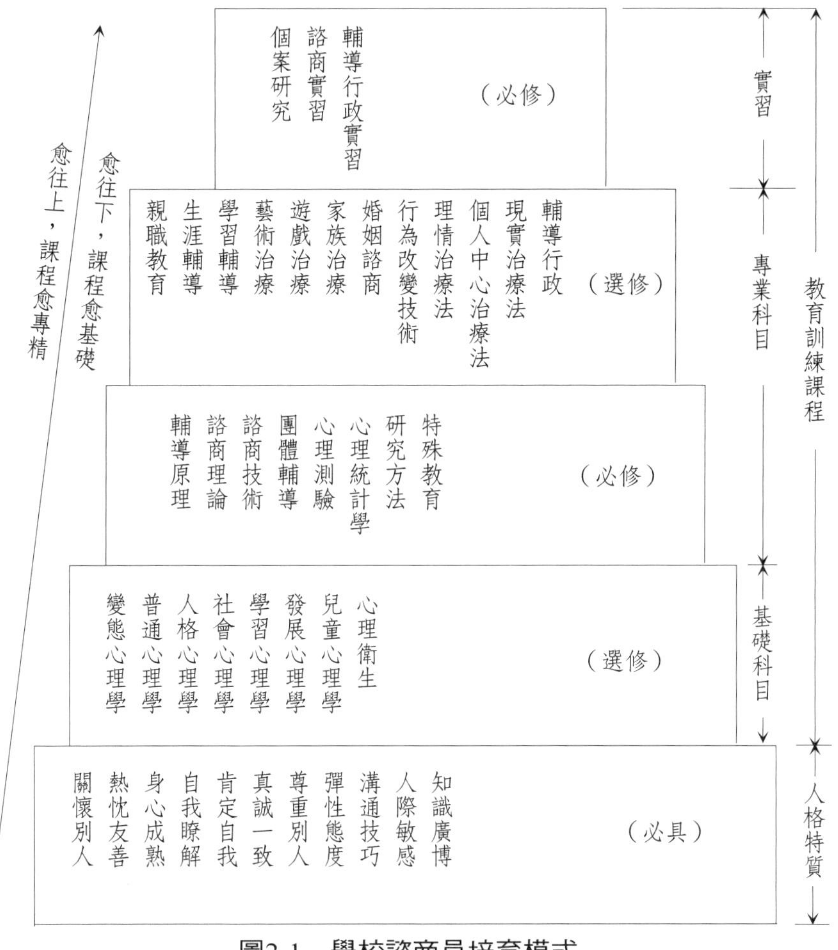

圖2-1　學校諮商員培育模式

整個培育模式包括：人格特質、基礎科目、專業科目和實習。愈下層的課程愈基礎，愈上層的課程愈專精，其中人格特質居最底層，表示最重要。具這些特質者接受諮商員的培育課程，將「如虎添翼」，成為有效的諮商員，否則易「事倍功半」。至於實習課程宜特別強調專業督導及符合規定的足夠時數。

三、課程標準

茲列舉美國CACREP所認可的八大課程領域，及國內輔導與諮商系所開的必、選修科目及學分數（詳參表2-2），以供比較、瞭解我國學校輔導人員培育的課程標準。

表2-2　我國大學輔導與諮商科系必修學科與美國CACREP所訂專業訓練標準對照表

CACREP所訂專業訓練標準之課程所包含之核心領域	輔導與諮商科系所開設之專業必修學科	教育心理與輔導系規定必修學科學分數	輔導與諮商系規定必修學科學分數	教育大學輔導組（93年）
人類成長與發展	認知心理學	3		
	普通心理學	4	3	
	教育心理學	4		
	發展心理學	3		
	人格心理學	3	3	2（選修）
社會及文化基礎	社會心理學	3		
助人關係	諮商理論與技術	3	3	4
	諮商技巧		3	
	輔導與諮商實習	2		4
	個別諮商實習		1	
	行為改變技術			2（選修）
團體	團體輔導	3	3	
	團體諮商		3	
	團體諮商實習		1	
	團體輔導與諮商			3（選修）
生活型態與生涯發展	生涯輔導與諮商		3	
	生涯輔導			2（選修）
	學習輔導		3	
評估	心理與教育測驗		3	
	心理測驗	3		
	教育診斷			2
研究與評鑑	教育研究法	3		
	心理與教育統計學		3	
	教育統計學	2		
	專題研究	2		

CACREP所訂專業訓練標準之課程所包含之核心領域	輔導與諮商科系所開設之專業必修學科	教育心理與輔導系規定必修學科學分數	輔導與諮商系規定必修學科學分數	教育大學輔導組（93年）
專業導向	輔導原理與實務	3		
	輔導原理		3	
	國小輔導理論與實務			2
	輔導服務教育	2		
	輔導活動教材教法		2	
	輔導活動教學實習		2	
學分總計		43	39	21

（修改自張德聰，1993，頁73）

陳秉華（1994）曾研究「我國各級學校諮商員教育課程之分析及課程標準之規劃」，其結果摘要如表2-3。

表2-3　各級學校諮商員教育的共同核心領域及課程

核心領域 ＼ 核心課程		共同核心課程	共同次核心課程
共同核心領域	一、諮商與輔導	1.諮商理論與技術 2.個案研究 3.團體動力學 4.團體諮商理論與技術	
	二、測驗與評量	人格測驗	
	三、專業定向	輔導專業理論	1.輔導與法律 2.輔導與諮商專業組織 3.輔導學的歷史與發展
	四、專業實習	1.實習前階段 2.初階實習 3.進階實習 4.駐地實習	
共同次核心領域	領域 共同次核心	無特定核心課程	

（修改自陳秉華，1994，頁59-60）

以上可謂諮商員教育的共同基礎核心課程，至於小學諮商員的教育課程如何？其結果見表2-4。

表2-4　小學諮商員教育的核心領域及課程

課程 領域		核心課程	次核心課程
核心領域	一、心理學相關領域	1.普通心理學 2.學習心理學 3.人格心理學 4.教育心理學 5.臨床心理學	1.人體心理學 2.心理衛生 3.健康心理學
	二、人類成長與發展	1.兒童心理學 2.青少年心理學 3.情緒發展 4.認知發展 5.道德發展 6.社會行為發展	
	三、諮商與輔導	1.輔導原理 2.諮商理論與技術 3.個案研究 4.團體動力學 5.團體諮商理論與技術 6.行為改變技術 7.遊戲治療 8.被虐兒童之輔導	1.婚姻與家庭諮商 2.家庭治療 3.短期心理治療 4.藝術治療 5.復健諮商 6.性暴力之輔導
	四、測驗與評量	1.心理與教育測驗 2.診斷測驗 3.智力測驗 4.人格測驗 5.輔導中測驗工具的使用	1.測量原理 2.測驗編製與使用 3.性向測驗 4.成就測驗 5.投射測驗
	五、學校情境相關課程	1.學校心理學 2.親職教育 3.班級經營 4.特殊兒童的診斷與輔導 5.適應欠佳學生之診斷與輔導 6.教師的心理衛生	學習環境評估
	六、專業定向	輔導專業理論	1.輔導與法律 2.輔導與諮商專業組織 3.諮商哲學 4.輔導學歷史與發展 5.個人專業生涯發展

領域＼課程		核心課程	次核心課程
	七、專業實習	1.實習前階段：一學期，每週4小時，內容有個別諮商、團體諮商、心理測驗的使用與解釋。 2.初階實習：一學期，每週4小時，內容有心理測驗的使用與解釋、個別諮商、團體諮商、參觀見習、輔導行政、個案評鑑。 3.進階實習：一學期或一學年，每週4小時，內容有心理測驗的使用與解釋、診斷評量、個別諮商、團體諮商、輔導行政、個案研究。 4.駐地實習：一年，每週40小時，內容：診斷與評量、團體諮商、輔導行政、個案研究。	
次核心領域	一、社會與文化基礎	1.人類行為與社會環境	1.社會變遷與社會問題 2.本土輔導學
	二、生涯發展		1.生涯發展理論 2.生涯發展評量 3.教師生涯發展評量
	三、統計與研究法	1.心理與教育初級統計 2.社會及行為科學研究法	1.質的研究 2.電腦統計程式之應用 3.輔導研究專題評論 4.評鑑原理 5.輔導方案的設計與評鑑
	四、諮詢		1.諮詢理論與技術 2.組織中的人際關係 3.輔導行政與組織

（取自陳秉華，1994，頁60-64）

小學諮商員教育課程和中學的不同處，在於小學特別強調加入「學校情境相關課程」，而中學則強調加入生涯發展的領域課程。

以上的研究結果，可做為小學諮商員教育課程規劃的依據。

在分析、比較國內、外的諮商員專業教育課程內容，國內多位學者對我國諮商員培育提出下列改進意見（鄭熙彥與林義男，1992；陳秉華，1996）：(1)加強共同的核心課程；(2)加強不同層級學校輔導員不同的專業教育內容；(3)加強督導下的實習，國內此項目與美國CACREP（1988）所規定的實習數相差甚遠，是當前國內諮商員教育的當務之急。

四、諮商心理師的證書考試

根據我國立法院在民國90年10月31日公布的心理師法，欲從事諮商心理師的工作，必須參加考試院舉辦的心理師高考或特考，通過後取得證書，方能稱為心理師，獲得正式的工作資格。異於臨床心理師的受聘於醫療機構，諮商心理師主要從事學校諮商工作，在此茲介紹諮商心理師的高考資訊。（資料來源：專門職業及技術人員高等考試心理師考試規則）

(一)考試資格：中華民國國民，具有國內外公私立大學或獨立學院諮商心理系、所、組或相關心理研究所主修諮商心理，並經實習至少一年成績及格，得有碩士以上學位。

(二)修習課程：學科方面需修習心理評量、測驗與衡鑑領域相關課程至少一學科三學分、諮商與心理治療（包括理論、技術與專業倫理）領域相關課程至少四學科十二學分、心理衛生與變態心理學領域相關課程至少一學科三學分、及人格、社會與發展心理學領域相關課程至少一學科三學分，合計七學科，二十一學分以上。實習方面係指在醫療機構、心理諮商所、大專院校諮商（輔導）中心、社區性心理衛生中心及其他經行政院衛生署指定之機構實習；且應包括個別督導時數，至少五十小時。

(三)考試科目：人類行為與發展、諮商與心理治療理論、諮商與心理治療實務（包括專業倫理）、團體諮商與心理治療、心理測驗與評量、心理衛生（包括變態心理學）等六科。試題題型均採申論式與測驗式之混合式試題。

(四)及格方式：以應試科目總成績（各科目成績平均）滿六十分及格，唯應試科目有一科成績為零分者，不予及格。

(五)考試時間：每年舉辦一次，通常是每年的4、5月報名，7月考試。

參・我國未來諮商員教育的趨勢

隨著時代的變遷，社會問題也日益複雜，如：青少年濫用藥物及酗酒問題、離婚問題、失業問題、休閒問題、老人適應問題……。諮商員教育的機構面對諮商員因應社會變遷所需的新任務，宜有革新的課程設計，才能培養勝任的諮商員。筆者參考有關文獻（蕭文，1985，1989；吳秀碧，1990；陳秉華，1994；張景然，2001），對我國未來諮商員的教育，提出如下的建議：

一、不同職務諮商員教育互異

隨著諮商專業的分化，美國已發展出不同職務的諮商員。如學校諮商員（school counselor）、生涯諮商員（career counselor）、復健諮商員（rehabilitation counselor）、臨床心理健康諮商員（clinical mental health counselor）、婚姻與家庭治療師（marriage and family therapist）等，傳統通才諮商員的教育課程已不合時宜，不同職務諮商員的教育內容宜有區別。即使學校諮商員，亦有大學、中學和小學諮商員之別，由於服務對象有別，學校諮商員教育的課程亦宜力求區隔。小學諮商員教育特別強調下列課程：兒童心理學、行為改變技術、遊戲治療、親職教育等。

二、重視社區輔導機構諮商員的培養

我國目前諮商員培訓的課程傾向為一般諮商員而設計，且偏重學校諮商員的養成，故其知能不足以應付社區諮商工作。今後社區輔導機構的諮商員需求一定日增，故未來除重視學校諮商員的培育外，當重視社區輔導機構不同職務諮商員的訓練。

三、課程宜隨時代變遷所需而調整

諮商員的功能在協助個體解決問題。今日高度科技文明的社會，產生了許多個人的適應問題，如：青少年吸毒、未婚媽媽、AIDS、青少年飆車、自殺、中年失業、老年問題、婚姻與家庭……。這些新的社會問題的輔導，挑戰當代的諮商員。要使諮商員能勝任輔導個體前述的問題，諮商員教育課程宜彈性化，不斷的調整，將這些特定課題，列入課程之內，以符合當前社會需要及實務工作所需。這些課程如：婚姻與家庭諮商、多

元文化諮商、危機諮商、藥物濫用諮商、生涯諮商、社區諮商、老人諮商……等。

四、博、碩士級諮商員的訓練重點宜有區別

在美國，對諮商員教育的要求，一般是碩士水準。依國內社會發展趨勢，對諮商員的專業需求勢必提高，故可預測碩士級諮商員可望成為我國未來諮商界的尖兵，因此，碩士級課程宜培養各特殊工作範圍的諮商實務工作者，而諮商理論的鑽研與科學研究能力的培養，宜由博士級課程承擔。

五、強化諮商員實習制度

美國的CACREP對諮商員教育課程中的實習項目有具體的要求。國內多位學者（鄭熙彥，林義男，1992；陳秉華，1994）的文章中強調諮商員教育宜強調實習及督導。即挑選好的實習場所、增加實習時數，提供好品質的實習督導等。由於諮商員實習及駐地實習課程的要求，故諮商員的必修學分數將比其他系所學分為多。目前，美國諮商員的教育課程已由一年趨向改變為兩年。修習學分的增加，旨在提高諮商員的專業知能，確保其工作品質和效率，以建立諮商員的專業權威。

目前國內諮商研究所由於強調需實習一年，故至少需修習三年，較一般研究所修習二年即能畢業多出一年的實習課程。

六、建立督導制度

在美國，不論是政府或專業團體，都愈趨重視諮商督導。「美國心理學會」對其核准立案的系所，凡學生做駐地實習時，其實習機構必須是該學會已評估認可的機構，以確保落實督導。美國的科羅拉多州在1988年的新法案中規定，凡碩士級的諮商員，其執業必須在具博士學位並有執照的諮商員督導下為之，否則即非法營業，對督導制度之重視可見一斑。我國將來社區諮商愈趨普遍，為保諮商品質，督導工作愈形重要。此外，督導為一項專業工作，各諮商研究所應開設督導有關科目，尤其應列入博士班必修科目之中，以培養督導人才。

七、考慮諮商系所入學標準加入人格特質因素

本書諮商員人格特質部分已說明諮商員應具特定的人格特質。具這

些特質的人再予以諮商專業訓練，則如虎添翼，事半功倍；反之，則費力費時，事倍功半。因此，諮商系所在甄選準諮商員時，若能在學科評量之餘，加入考慮個人興趣、人格測驗結果，並安排個別晤談等，增加對準諮商員的瞭解，以期選擇具潛力的諮商員進入此專業領域。在此論點上，國內雖時有人提議，唯在實際工作上，困難度相當高，但仍值得一試。「張老師」青少年輔導中心在甄選「義務張老師」時，即採三階段課程，每一課程結束，安排和準志工個別晤談，深入瞭解他們對此工作的志趣及知能，做為「義務張老師」甄選的標準，此種模式頗值參考。

八、能力本位的諮商教育訓練方式

未來諮商專業更加強諮商員的問題解決能力，訓練他們具備熟練的技巧和豐富的經驗。所謂能力本位（competency-based）是學生所有學習內容均以行為目標來表示，以確保接受此種訓練的諮商員學到各項專業知能，並能直接操作這些技巧。

九、折衷式的諮商理論與技術

各家各派的輔導、諮商的理論，在應用上均有其獨特的適用對象，因此，未來諮商教育將不鼓勵學生固執於某一學派，而是傳授各家各派，鼓勵學生因人而異，學到對不同的問題，應用不同的理論和技術來解決。

十、加強諮商員的在職教育

Hannaford（1978）認為，在職教育將成為未來諮商教育的主流。

今後諮商員教育加強「在職教育」其原因：(1)社會變遷迅速，諮商員面對的個案問題也瞬息萬變，因此，諮商員過去所學，在應付新面臨的問題上，常顯得技窮，急須充電，學習新知，方能勝任新任務的挑戰；(2)在諮商員的證照制度上規定（NBCC），諮商員需進修一定時數，或重新考照，才能領取新的證照。在諮商員「在職教育」的需求下，諮商員教育機構宜設計各種符合時勢所需，或較為特殊及深入的主題，透過工作坊（workshops）、講座、研討會、小組討論……方式，進行諮商員的在職教育。

十一、發揮電腦科技對諮商的影響

未來透過電腦的網際網路尋求協助的個案人數將持續增加，網路諮商（Webcounseling）或線上治療（Online therapy）的服務型態有：首頁（Homepage）、電子布告欄（Bulletin Board System,BBS）、心理測驗、電子郵件（E-mail）、即時線上交談Chat（Talk）、網路電話（Internet-phone,I-phone）、即時視訊（Real-time video）。需教育諮商員了解使用網際網路諮商的方法及其法律與倫理規範。

此外，電腦輔助（computer-assisted）諮商教學將成為未來諮商教育的重要一環。電腦輔助諮商訓練固有其限制，只要能審慎使用，定能發揮其訓練效果。尤其在國內，實務訓練常難以完全落實，若能使用電腦輔助諮商訓練，學習者可從模擬的各種情境中，獲得迅速而有效的回饋，學習更容易的處理各種問題，必能提升訓練的效果。

十二、發揮輔導與諮商專業團體的功能

在美國當「美國諮商與發展學會」（AACD）的會員違反其倫理守則，將由授證委員會進行調查，若案情屬實，嚴重都將吊銷證照。監督、評鑑和仲裁為建立專業權威必備的措施，美國的AACD除協助各大學輔導研究所維持諮商員的專業訓練外，並管理、評鑑未達標準的系所，以協助政府、大眾、機構、及雇主辨識諮商員的良莠。我國目前有關輔導與諮商的專業團體有「中國輔導學會」，該學會對我國輔導工作的發展貢獻良多，唯該學會至今尚缺少對會員監督、評鑑與仲裁的權力，致使一項可發展為專業的服務事項陷入瓶頸。如該學會於民國78年1月1日頒布中國輔導學會會員專業倫理守則，但是當會員違反這些守則時，因無仲裁力量，使得這些守則形同虛設。我國諮商員尚未被認同為一種專業，將來在爭取諮商專業認同的首要任務，宜由「中國輔導學會」建立起這種監督、評鑑和仲裁的權威力量。

第五節　諮商員的專業倫理守則

壹・訂定輔導專業倫理守則的必要性

專業倫理是專業人員進行科學研究或執行專門業務時的行為準則，它是一種內在的良心自制力、道德約束力，有別於外在的、強制性的法律。

專業人員需要專業倫理的原因：(1)專業工作須以系統而明確的知識做基礎，故須接受長期而專門的訓練；(2)專業工作是高度的智慧之運用，因而使專業人員享有較多的工作自主權。較不必聽命於他人或依賴他人；(3)專業工作提供的都是直接影響個人身心權益的重要服務，因而不能不訂定行為準則（謝水南，1978）。

行為科學的專業人員，在下列四種狀況可能會傷害到當事人或侵犯到當事人的權利：(1)未尊重受試者及家長意見：一些研究者為圖研究方便，常透過行政系統或應用私人關係，未經過受試者或家長同意，即逕行選用學生從事實驗；(2)瞞騙研究參與者：許多涉及個人內在自我的實驗，為減少受試的心理防衛，常須聲東擊西，藉瞞騙來套取所欲的研究資料。這本無可厚非，但研究者若未能於實驗結束後向受試者說明事實真相，致使受試者將研究所需要而提供的假資料信以為真，因而產生負向效應，妨礙受試者身心健全發展；(3)忽視受試者的隱私權：有些資料涉及個人深度的感受，如有關性行為、政治態度、宗教信仰、家庭收支、父母職階、個人身心病歷等，均屬侵犯個人隱私。又如有些研究以不當手段，如竊聽、窺視等，獲取所欲資料，亦屬侵害到他人隱私權；(4)研究資料保管不周，發布方式欠妥：專業人員有保守研究參與者的秘密之義務，未經當事人或其監護人之同意，不得任意公開其秘密，亦不得讓無關人員參閱此類資料（謝水南，1978）。

Pope與Vetter（1992）指出，諮商員最常見的不合倫理的行為如下：(1)洩密；(2)個案問題超出諮商員專業能力水準；(3)疏忽；(4)自稱專家；(5)強迫當事人接受自己的價值觀；(6)把當事人當作自己的附屬品；(7)與當事人有性行為；(8)雙重關係而有某種利益衝突；(9)索價過高；(10)不實宣傳（邱小萍，1997）。

總之，基於上述專業人員需要倫理守則的原因，及避免諮商員有違反倫理的行為，致侵害到當事人的權益，訂定諮商員的專業倫理守則實屬必要。

貳・輔導專業倫理守則的目的

訂定輔導人員專業倫理守則，可達成下列的目的：

一、分辨專業與非專業

專業倫理守則規範的資格、說明的專業標準，可據以分辨非法。既保障當事人的權益，也保障合法諮商員的權利。

二、規範諮商員的行為

專業倫理守則明訂諮商的行為規範，可做為社會大眾辨別諮商員行為的對錯、是非的準則；亦可做為諮商員自我約束、自我要求行為正當的標準。

在學校輔導、諮商方面，常見的傷害到當事人及侵犯其權益的例子如下：

1.有些諮商員未經當事人同意，即將個案諮商實錄公開展示、播放、或撰文公開發表在刊物上。許多個案一旦發現自己的案例未經其允許即被披露，可能會提出抗議，或敢怒不敢言，以後視見諮商員為畏途。

2.有些實習諮商員為了繳交諮商作業，唯恐當事人拒絕錄音、錄影，或恐錄音、錄影會干擾當事人諮商時的情緒，致影響諮商效果，故在未經當事人同意，即逕行錄音、錄影諮商過程。

3.隨意公開當事人的隱私資料，如公開學生父母婚姻的資訊、全班的智力分數、父母的職業……。

當事人同意諮商員使用錄音、錄影資料有三個層級，第一層級是只同意諮商之用，即應銷毀；第二層級是只同意諮商和督導之用，即應銷毀；第三層級是除了同意諮商、督導之用，亦同意做為教育和訓練之用。這些同意可在父母的要求下，得在任何階段被撤回。

三、做為諮商員在諮商中遇到兩難困境時判斷和抉擇的依據

諮商員遇到兩難問題的例子如下：

1.母親帶兒童來諮商，談完後，母親想知道諮商的內容，身為諮商員，是要為當事人保密，無可奉告；亦或母親有知的權利，應據實以告；或者告知其母，要尊重兒童的意見，在兒童同意之下，方可稟告。

2.當事人是婚姻的第三者，所面對的困境是一方面想等男友和太太離婚；另方面又不確定他會和太太離婚，自己最後是人老珠黃，空等一場。當事人左右為難，請你幫忙決定做抉擇？身為輔導員的你，你願替她做決定嗎？

3.國小教師發現班上女學生在家中有遭受父親性虐待的秘密，做為具輔導兒童之責的教師，是要守密？或報告有關當局輔導？（此問題牽涉「兒童福利法」的規定，教師宜依法行事，或向學校輔導人員諮詢解決。）

4.當事人揚言要殺害女友，諮商是否要為諮商內容守密？亦或報告有關當局或潛在危險者做危機處理？（當當事人成為公共危險人物，就無絕對保密的問題了，諮商員宜協調有關當局審慎處理。）

5.當事人在諮商中坦承自己得到AIDS，諮商員是要為諮商內容守密，亦或沒有絕對的保密，在某些原則考量下，當報告有關當局做公共危險的危機處理？

6.某位家長氣急敗壞的找諮商員興師問罪，原因是孩子在學校接受心理輔導未通知家長、也未獲得家長同意。諮商員接受學生主動求助是要守密？亦或要告知家長？（輔導未成年兒童，理當獲得合法監護人同意，何況獲家長支持的個案輔導，往往是輔導成功的有力保證。）

參・諮商員專業倫理守則的內容

諮商是一種助人的專業，有其專業的知識、技術領域，諮商員需具備專業的資格、奉行專業的倫理規範，以執行專業的助人服務。

在輔導和諮商專業團體，為防止上述傷害及侵犯當事人權益的行為發生，及做為諮商員面對兩難困境時抉擇的依據，都自訂有工作守則或信

條，做為團體成員從事輔導、諮商研究及執行諮商業務時之倫理守則，並據以譴責或制裁違反倫理守則的成員。

美國心理學會（American Psychological Association, APA）1972年訂頒「倫理守則十條」。美國人事與輔導協會（APGA）早在1959年訂有該會會員專業倫理規範。1981年該會改名美國諮商與發展學會（AACD），並將專業倫理規範更名為「美國諮商與發展學會倫理標準」。國內中國輔導學會於民國78年1月1日頒布「中國輔導學會會員專業倫理守則」。

一、美國輔導人員專業倫理守則

美國諮商與發展學會（AACD）曾於1988年5月通過一倫理道德守則，茲摘要其在諮商與心理測驗方面的重要內容如下：

(一)諮商方面

1.輔導人員應尊重當事人，並增進他們的福祉，在團體諮商中，應保護成員免於身、心上遭受創傷。

2.諮商中所獲得的資料，應予保密，非當事人同意，不得洩露給他人。

3.輔導人員在進入諮商關係前，知道當事人曾接受其他諮商員的輔導，此輔導員應獲得原來諮商員的認可，才能開始諮商關係。若輔導員在開始諮商後，才發現當事人亦與其他諮商員正進行諮商關係中，此時，這輔導員應獲另外諮商員的同意，否則就應停止諮商關係，或除非案主選擇終止另外的諮商關係。

4.當輔導人員得知當事人可能對自己或他人造成緊急的危險時，應立即與其他專業人員商討對策，採取防範措施。

5.欲做為諮商員訓練與研究的諮商資料，應隱藏當事人身分，以保護他們。

6.輔導人員在諮商時應向當事人說明諮商的功能、目的、過程、與限制。

7.當輔導人員自覺當事人的問題超出個人的專業能力時，應避免開始諮商。若諮商後才發覺，應立即停止諮商關係，並轉介給適合的諮商員。若當事人不願轉介，輔導人員無繼續諮商的義務。

8.當輔導員與當事人具有雙重關係，即具有其他的人際關係，如：行政的、監督的、評估的，或親戚、好友、性關係等，應避免或終止諮商關係。

(二)測驗方面

1.輔導人員在實施心理測驗時，應遵循施測的標準化程序，若有特殊情況，應特加注意，並加以註明。施測後，應向受試者說明影響測驗結果的可能因素有哪些。並綜合受試者的其他資料，解釋測驗結果的意義。

2.輔導人員在決定選用測驗前，應考慮其可信度、有效度、適合度等。

3.輔導人員在報告受試者測驗分數時（如IQ），對分數高低的意義，應說明清楚，以避免受試者對分數產生錯誤的認知，而受到心理測驗的傷害。

4.輔導人員應瞭解自己專業能力的限制，避免使用超出個人專業能力的心理測驗。

5.輔導人員應確守心理測驗工具的安全，防止受試者事前對測驗內容的熟悉。

6.輔導人員在施測前，應告知受測者施測的目的與測驗結果的應用。

7.輔導人員在未獲原著者或出版者同意，不應占有、複製或修改已出版心理測驗的全部或部分內容。

二、我國輔導人員專業倫理守則

我國「中國輔導學會」於民國78年初次公布「中國輔導學會會員專業倫理守則」，並於民國90年修訂為「中國輔導學會諮商專業倫理守則」，內含前言及八個章節如下：

1.總則

2.諮商關係

3.諮商師的責任

4.諮詢

5.測驗與評量

6.研究與出版

7.教學與督導

8.網路諮商

詳細的條文請參閱附錄。

總之，身為諮商員，積極方面為促進諮商的成效，維護當事人的權益、福祉；消極方面，為避免有侵害當事人權益的行為，諮商員應以這些守則為工作的依據，念茲在茲，時時反省：

・我的資格、能力是否足以勝任協助當事人？

・我是否控制慾太強，過度主導諮商過程，養成了當事人的依賴性？

・我是否損及當事人的權益？

・我的身分是否適為當事人的諮商員？

・我的諮商動機是為滿足自己的需求？或為當事人的福祉？

・我是否將個人的價值觀強制灌輸給當事人？

・我是否謹守各項保密原則？

此外，當倫理守則有所限制時，諮商員當以理性思考及道德原則做為倫理判斷的參照架構，邱小萍（1997）曾歸納出倫理判斷原則有：(1)尊重當事人的自主權；(2)一切為當事人的福祉；(3)避免損及當事人及其權益；(4)光明正大，公正無私；(5)信守承諾；(6)依賴專業知能。如此，則諮商工作當能臻於理想。

摘要

1.廣義的輔導人員是指在學校提供心理健康服務的人員，一般包括學校心理學家、學校諮商員、學校社工人員、和精神科醫師等。而狹義的輔導人員則專指學校諮商員。

2.學校心理學家具學校心理學博士學位，一般是由數所小學合聘一位，在學校的主要角色是特殊兒童心理診斷及教學、心理評估與治療、教師諮詢等。學校社工人員具碩士學位，在學校的主要角色是家庭訪視、個案工作、機構轉介等。精神科醫師一般是畢業於醫學院的掛牌醫生，主要角色是接受學校轉介來的心理疾病學生，並實施藥物及心理治療。

3.學校諮商員是學校心理輔導人員中最普遍的，具有輔導與諮商碩士學位，在學校的主要角色有擬訂輔導計畫、個別諮商、團體諮商、教師及家長諮詢、教室團體輔導、定向輔導、心理評估、轉介、特殊兒童篩選、協調、教師在職教育、親職教育、生涯輔導、及其他等。

4.各界對學校諮商員角色的看法，至今仍未有完全一致的觀點，尤其理論與實務間有相當大的出入，此種情況導致學校諮商員角色的衝突。

5.學校諮商員角色的困境有：角色隨時代而變化、角色功能易遭否定而被裁員、專業角色與大眾的期望不一致。許多諮商員在專業角色不獲肯定，而又非教師、非行政人員、非職員等窘境下，迷失了自我，也失去了功能。

6.學校諮商員如何突破角色的困境：對內釐清自己的角色，對外溝通自己的角色；發揮角色功能、宣揚績效，使專業角色獲得肯定；充分利用班級團體輔導時間輔導學生或主動協助教師實施班級團輔；推展消費者導向的輔導工作，作法有：學生需求評估、滿足學生需求、推陳出新、開發新市場、淘汰不合時宜的工作項目等。

7.有關人員大致認為學校諮商員宜具備下列人格特質：真誠、尊重、熱心、友善、關懷、客觀、彈性、溝通、同理心、敏覺性、身心成熟、具影響力等，唯不同學派的諮商理論，對上述不同特質會有不同程度的重視。

8.輔導人員實施證照制度的目的在取締非法、保障合法、建立專業、提升專業。

9.美國在1981年設置CACREP，負責審查各大學研究所所開設的諮商課程，而畢業於被CACREP認可的研究所的學生，其證照的學經歷資格審核才能符合規定。

10.美國在1982年由AACD成立NBCC，負責全國諮商員的學經歷資格審查、考試、及證照核發，使得美國的諮商走向專業化的途徑。

11.CACREP曾在1988年規定諮商員教育課程及實務經驗的認可標準，碩士級包括：修畢二年課程48學分；課程最少需包括八大領域，另選一特殊領域課程；完成100小時在督導下的見習與實習，及600小時的初級駐校實習。

12.諮商員教育課程的八大領域為：人類成長與發展、社會與文化基礎、助人關係、團體技巧、生活型態與生涯輔導、評量、研究與評鑑、專業取向等。

13.國內諮商員教育課程的訓練方式可分兩種，一是在職教育，如教學碩士班、學分班、研習班、工作坊等；一是正規的大學或研究所訓練。教育訓練課程包括心理學基礎科目、專業科目、及實習。師大陳秉華教授曾規劃小學諮商員教育的七大核心領域如下：心理學相關領域、人類成長與發展、諮商與輔導、測驗與評量、學校情境相關課程、專業定向、及專業實習。

14.我國於90年公布心理師法，規定欲從事諮商工作者，需參加心理師高考以取得心理師證書。心理師有臨床心理師與諮商心理師兩種，前者服務醫療機構，後者則服務學校機構。高考的考試規則中對考試資格、修習課程、考試科目、考試時間等均有詳細規定。

15.我國未來諮商員教育的趨勢如下：不同職務諮商員的教育有別；重視社區輔導機構諮商員的培養；課程宜隨時代變遷所需而調整；博、碩士級諮商員的訓練重點宜有區別；強化諮商員實習制度；建立督導制度；考慮諮商系、所入學標準加入人格特質因素；能力本位的諮商教育訓練方式；折衷式的諮商理論與技術；加強諮商員的在職教育；發揮電腦科技對諮商的影響；發揮輔導與諮商專業團體的功能。

16.行為科學的專業人員在下列情況下可能會傷害或侵犯到當事人；未尊重受試者及家長的意見；瞞騙研究受試者；忽視當事者的隱私權；資料未盡妥善保管。

17.諮商員最常見的不合倫理的行為有：洩密、個案問題超出諮商員專業能力水準、疏忽、自稱專家、強迫當事人接受自己的價值觀、把當事人當作自己的附屬品、與當事人有性行為、雙重關係而有某種利益衝突、索價過高、不實宣傳。

18.訂定諮商員專業倫理守則的目的在分辨專業與非專業；規範諮商員的行為；做為諮商員在諮商中遇到兩難困境的判斷和抉擇的依據。

19.美國心理、諮商等學術團體（如APA、APGA、AACD），歷年來均訂定了會員的專業倫理規範。中國輔導學會於民國78年頒布「中國輔導學會會員專業倫理守則」，含十二大項，九十九細目。

20.做為一位諮商員，積極方面為促進諮商成效、維護當事人的權益與福祉；消極方面為避免侵害當事人的權益，應以倫理守則為工作依據，念茲在茲、時刻反省。

21.當倫理守則遇到限制時，倫理判斷原則有：尊重當事人的自主權、一切為當事人的福祉、避免損及當事人及其權益、光明正大且公正無私、信守承諾、依賴專業知能。

複習問題

1.試比較學校心理學家、學校社工人員、學校諮商員及精神科醫師等輔導專業人員。

2.學校諮商員在學校主要扮演哪些角色？

3.試述學校諮商員角色的困境及突破之道。

4.學校諮商員宜具備哪些人格特質？道理何在？

5.試述CACREP所規定的諮商員教育的八大領域課程。

6.國中、小學諮商員教育的區別何在？

7.試述我國未來諮商員教育的趨勢。

8.一般諮商員可能的不合倫理的行為有哪些？

9.訂定諮商員專業倫理守則的目的何在？

10.試列舉重要諮商員的倫理守則至少五條。

11.假如你是校長，你考慮輔導室主任的條件有哪些？請按重要性條件依序列舉。

12.國小輔導工作的成效常為人所詬病，其因何在？如何改進？

第三章　學校輔導行政

「行政」就是政府機關為達成其既定的目標時，必須制定完備周密的工作計畫，配備適當的人、物、財，建立合理的組織，以有效的方法推行工作，並且注意正確的領導和積極的激勵，在工作的進程中，要謀求各單位、各人員間的協調與意見的溝通，對於人員還要設法提高其服務精神，並且顧及到時間、空間的關係和需要，最後，要謀求不斷的改進（張潤書，1990）。

所謂「輔導行政」，乃學校推行輔導工作時，訂定輔導目標，建立輔導組織，設置輔導空間和設備，擬定輔導計畫；透過人員的職掌劃分、指揮監督、溝通協調、與分工合作，執行輔導業務；並評鑑輔導工作的成效。本章主要在介紹學校輔導行政工作的目標、組織、人員職掌、設施、計畫、與社會資源的運用，至於評鑑的部分，則於第六章中專章介紹。

第一節　國小輔導方案的目標

許多學者均主張小學輔導的本質是發展性的，強調協助全體學生在教育的過程中，健康的成長和發展。Myrick（1987）曾列舉小學輔導的一般目標（goals）有八項：

1.瞭解學校環境。

2.瞭解自己和他人。

3.瞭解態度和行為。

4.做決定和問題解決。

5.人際和溝通技巧。

6.學校生活成功的技巧。

7.生涯覺知和教育計畫。

8.社區融入。

Stone與Peer（1970）提出小學輔導的目標如下：

1.發展適宜的學習和成長的條件。

2.協助兒童社會發展和人際關係的成熟。

3.協助兒童更瞭解教育在他們生活中的角色。

4.協助兒童更瞭解自己。

5.協助兒童目標追尋、做選擇、和生活計畫。

6.協助教師和父母更瞭解兒童是一個體。

7.協助教師依每一學生的能力實施個別化教學。

8.提供學生個別或團體的資訊，使課程計畫能滿足學生的需求。

9.提供心理衛生原則給學生、教師、家長、及行政人員。

10.確認具特殊需求的學生。

為達成上述目標，小學輔導方案實施：發展的、預防的、治療的、和危機的等輔導途徑。亦即小學輔導方案其本質是發展的，唯其他途徑亦不能忽略。

依據中華民國82年9月公布的國小課程標準，我國國小輔導活動科的課程目標如下：

1.協助兒童瞭解自己的各種能力、性向、興趣及人格特質。

2.協助兒童認識自己所處環境、適應社會變遷、使其由接納自己、尊重別人而達群性發展。

3.協助兒童養成良好的生活習慣與樂觀進取的態度，以增進兒童的身心健康。

4.協助兒童培養主動學習態度以及思考、創造與解決問題的能力。

5.協助兒童發展價值判斷的能力。

6.協助兒童認識正確的職業觀念與勤勞的生活習慣。

7.協助特殊兒童適應環境，以充分發展其學習與創造的潛能。

第二節　學校輔導組織

「組織」一詞，原指人體的細胞結構而言，引申用在人的方面，所謂的組織：「是一群人為求達成共同的目標，經由人力的分工及職能的分化，運用不同層次的權力與職責，合理地協調這一群人的活動，以便達成共同的目標」（李長貴，1975）。學校的輔導組織，乃學校輔導人員為執行輔導業務，經由成員的職能分化、權責分配，明定彼此的統屬及協調關係，擬定輔導目標和計畫，以達成組織的預定目標。茲先介紹美國的學校輔導組織，再介紹我國的學校輔導組織。

壹·美國學校的輔導組織

一、組織的型態

一般可歸納為下列三種型態（正中書局，1986；宋湘玲等，1985）：

(一)集權式輔導組織

輔導工作由輔導專業人員負責，或由其主持的專設輔導單位來實施。小型學校另設一專業輔導人員負責，大型學校則將工作項目分工，由組織內不同輔導人員負責不同業務。此方式的優點是權責集中，專業人員負責，故易有明顯績效。缺點則是一般教師易認為自己的主要任務是「教學」，認為輔導學生那是輔導人員的專責，忽視學生輔導工作，影響輔導工作的普及。

(二)分權式輔導組織

未聘專業輔導人員。學校輔導工作，全校教師，人人有責，共同推動全校的輔導工作。此方式的優點是教師與學生平日接觸較多，易於瞭解學生，可隨時給予最適當的輔導；且師生關係較為親近，易於建立輔導關係；每一教師兼備「經師」與「人師」的角色。缺點則是教師未必具有專業的輔導知能，會影響輔導的品質；缺乏專門計畫與推動輔導工作的人員，影響輔導業務的推展，最後是「分權的組織」等於「沒有正式的組織」。

(三)綜合式輔導組織

集權式加分權式組織即「綜合式輔導組織」。學校既設專業輔導人員策劃輔導業務，亦要求全體教師及行政人員參與輔導工作的推展。專業輔導人員除了針對學生，從事直接的諮商、輔導外，並以專家的角色，提供教師及行政人員間接的輔導諮詢服務。此方式的優點是輔導工作專人專職且人人有責，可發揮輔導的最大功能；輔導方式多元化，包括直接的諮商與間接的諮詢；輔導對象全面化，不只學生，家長、行政人員亦受惠。隨著「輔導是折衷主義和一系列服務」及「發展性輔導」觀念的普遍，此方式是目前許多學校所採行的組織型態，可謂兼具了前面兩種組織型態的優點。唯專業人員的績效，是否受到同事的肯定？及教師是否瞭解及配合輔導業務？仍使此方式的成效備受考驗。

二、輔導委員會

在輔導組織內，往往設有「輔導委員會」，其組成分子包括行政人員、教師代表、及輔導人員，目的在集思廣益、共謀對策、評估得失，使輔導工作更臻完善。委員會依功能可分為兩種（宋湘玲等，1985）：(1)諮詢式委員會：只提供意見供決策者及執行者參考，決策權屬於校長。優點是集思廣益、決策快速有效；缺點則是若決策者及執行者未採納，委員會成員的意見並無實質的意義，委員會徒具形式罷了；(2)決策式委員會：委員會握有輔導計畫的決策權，優點亦是集思廣益；由與學生直接接觸的委員訂定，可符合學生的輔導需求；大家對計畫的共識度高。缺點則是多人決策，意見易分歧，效率往往容易打折扣；且委員會成員未必均具輔導知能，所擬定計畫的品質可能受質疑。

貳·我國學校的輔導組織

一、組織的型態

我國在民國68年公布的國民教育法中，才正式規定各中、小學的輔導組織，其第十條的內容如下：

「國民小學應設輔導室或輔導人員，國民中學應設輔導室。」「輔導室置主任一人，由校長遴選具有專業知能之教師聘兼之，並置輔導人員若干人，辦理學生輔導事宜」。

詳細的規定見民國71年公布、78年修正的「國民教育法施行細則」第十二條的內容如下：

「國小十二班以下者，設教導、總務兩處及輔導室或輔導人員。十三班至二十四班者，設教務、訓導、總務三處及輔導室或輔導人員。二十五班以上者，設教務、訓導、總務及輔導室。輔導室得設資料、輔導二組。」；「國中六班以下者，設教導、總務二處及輔導室。七班至十二班者，設教務、訓導、總務三處及輔導室。十三班以上者，設教務、訓導、總務三處及輔導室，輔導室設輔導、資料二組。」；「設有特殊教育班級者，輔導室得依所辦理特殊教育類別增設各組。」

由國民教育法及其施行細則觀之，我國中、小學輔導組織的型態較類似「綜合式的輔導組織」，學校輔導工作責成專人（輔導室主任和組長）負責策劃和推動，同時全校教、職員共同參與、協助，推展輔導工作。唯和美國不同的是，美國的輔導人員是專職的專業人員，而國內的輔導室人員則未要求具專業訓練、亦非專職，而是由教師兼任。

二、輔導委員會

我國國民教育法施行細則第十七條對輔導委員會有如下的規定：

「國民中、小學應分別定期舉行政務、訓導、輔導、總務會議，研討有關事項，並視實際需要組設委員會。」

三、國小輔導組織圖

茲繪二十五班以上國小的輔導組織圖供參考，詳如圖3-1。

四、三合一學生輔導新體制

「結合社區資源，建立教學與訓導、輔導三合一學生輔導新體制」是當前十二項教改行動方案之一。教育部頃正在許多學校實驗中，此實驗方案（1998年8月21日頒布）負有四大任務：

1.激勵一般教師全面參與輔導工作，善盡教師輔導學生責任。

2.增進教師教學效能與人性化照顧學生，融合輔導理念，全面提升教學品質。

3.彈性調整學校訓輔行政組織運作，為訓輔人員及一般教師規劃最佳互動模式與內涵。

4.結合社區輔導資源，建構學校輔導網絡。

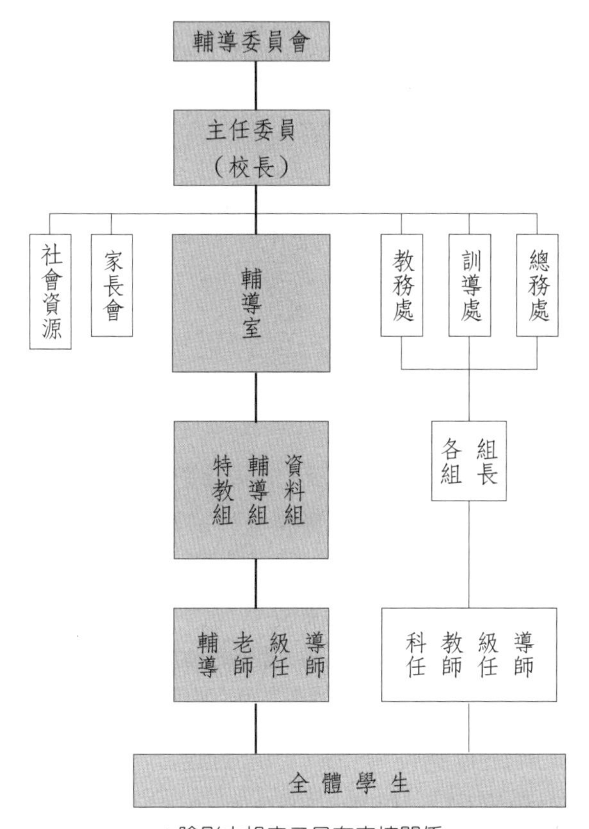

＊陰影方格表示具有直接關係

圖3-1　國小輔導組織圖（二十五班以上）

在學校行政組織調整方面，本實驗方案的規劃方向：

1.將「訓導處」調整為「學生事務處」，兼具輔導學生之初級預防功能。

2.將「輔導室」（學生輔導中心）調整為「諮商中心」或「輔導處」，加強各級心理輔導及諮詢服務工作。設置專任輔導教師及專業輔導人員，規劃、辦理全校性輔導工作。

3.配合教訓輔行政組織之整合，以及輔導網絡之建立，調整行政組織及人員編制，以提升全校行政運作功能。

第三節　學校輔導人員職責

輔導組織功能的發揮，有賴組織中各成員職責分明、分層負責、溝通協調、通力合作，才能圓滿達成目標。以下玆介紹學校輔導人員的職責。

壹・校長的職責

1.核定學校輔導計畫。
2.決定學校輔導組織與人員。
3.提供學校輔導所必須之設備及必要之經費支援。
4.主持校內輔導工作研習會、溝通全校教職員的觀念。
5.社會資源之協調與運用。
6.經常督導與評鑑輔導活動的績效。
7.參與輔導組織與輔導計畫，並主持各項輔導活動工作會議。
8.與適應欠佳之學生晤談或個別諮商。
9.支持鼓勵並解決有關輔導行政上的困難。
（台北市政府教育局，1988，頁6）

貳・輔導室的職責

依國小輔導活動課程標準所規定輔導室的主要職責如下：
1.蒐集並瞭解兒童各項個人事實，建立學生基本資料。
2.定期舉行心理測驗。
3.舉行個案會議。
4.進行個別與團體輔導工作。
5.設計各年級的輔導方案，供有關教師參考實施。

6.舉辦親子教育相關活動。

7.協助精神疾病兒童就醫。

8.進行輔導專題研究。

9.舉辦全校教師輔導知能研討會。

10.策劃實施輔導工作評鑑事宜。

11.其他與輔導相關之各項工作。

參・輔導人員的職責

有關輔導人員的職掌，在各校的輔導工作計畫中均有詳細的工作劃分，本資料僅供參考。（台北市政府教育局，1988，頁7；鄭小萍，1989，頁53-60）

一、輔導室主任

1.秉承校長的指示，策劃並推展全校輔導活動。

2.綜理輔導室一切事宜。

3.督導輔導室各組及有關人員擬訂輔導工作計畫及調配工作，編排輪值。

4.主持輔導室工作會議及個案研究會議。

5.與校內各處室實施協調工作。

6.協助教師推行輔導工作，並解決其困難。

7.出席校務會議、家長會議，報告輔導工作計畫、工作概況及交換意見。

8.聯繫社會資源人士或機構，爭取輔導支援事宜。

9.溝通校長與教師的輔導觀念。

10.主持團體諮商及個別諮商。

11.主持學校輔導工作的評鑑。

二、輔導組長

1.擬訂及執行各項輔導工作計畫。

2.從事個案研究。

3.實施個別諮商、團體諮商及函件輔導。

4.輔導工作評鑑與研究。

三、資料組長

1.建立、保管及移轉學生各項資料。

2.實施及分析心理測驗。

3.建立及保管輔導圖書。

4.輔導工作的評鑑與研究。

肆・導師的職責

1.蒐集及建立本班學生各項資料，充分瞭解學生。

2.實施輔導活動課。

3.實施本班學生的生活、學習、生涯輔導。

4.發現及轉介嚴重適應欠佳學生。

5.適應欠佳學生的個案輔導。

6.參加本班學生的個案、鑑定、安置等會議。

7.協助實施各項心理測驗。

8.本班學生的家庭訪視。

此外，Stone與Bradley（1994）認為導師在輔導中的角色如下：

一、建立愉快的教室學習氣氛

教師要建立愉快的教室學習氣氛，必須具備下列輔導取向的信念和特性：

1.人性化教師：以尊嚴、尊重來對待兒童。

2.尊重兒童的獨特性：瞭解每一兒童在興趣、能力、人格上均是獨特的，不作個別間比較，教師的角色是協助每一兒童發展他們的潛能。

3.重視民主、紀律：教師建立一個充滿秩序與自由的學習情境，鼓勵兒童獨立思考及學習負責。

4.能自省及瞭解每日與學生互動的行為：更成功的教師能系統地探索他們自己的人格和需求結構。

5.瞭解視學生為一個體的重要性：此種瞭解可產生正向的師生關係，激勵學生的學習意願。

6.強調隨時儘可能讓兒童個別的學習，及協助他們依其能力、速度去學習。

7.使用鼓勵，以增進兒童的自我價值感；否則，兒童欠缺自尊，將導致退縮及不良適應行為。

二、介紹輔導方案

教師在學年開始，可安排時間介紹輔導方案，包括：諮商中心的位置、人員、預約制度、諮商性質、輔導計畫……；並可安排學生參觀諮商中心，拜訪諮商員；亦可邀請諮商員到教室自我介紹及介紹輔導方案，並和學生建立良好的關係。

三、協調合作的角色

導師與諮商員合作的輔導項目包括：(1)轉介；(2)允許學生利用時間與諮商員晤談；(3)向諮商員諮詢學生問題；(4)參與輔導計畫委員會和輔導會議。

四、班級團體輔導的實施

導師參與學生輔導需求的評估，設計、實施、評估班級輔導活動計畫。

五、學生的轉介工作

在學校中，導師與學生相處的時間最多，可對學生有最多的瞭解，導師可依下列情況，判斷轉介學生到諮商中心的適當時機：

1.當學生想與諮商員晤談。

2.當學生顯現學習困難。

3.當學生和同輩的關係有困難。

4.當學生表現教室行為問題。

5.當學生不為其同輩所接納。

6.當學生上學遲到或作業不交。

7.當學生常缺席。

8.當學生行為上表現突然的改變。

9.當學生濫用藥物或遭性或身體虐待（教師需具備此方面的法律知識，尤其是在兒童的性或身體虐待事件上）。

10.當學生最近經驗家人死亡或父母離婚。

11.當學生新轉入學校。

12.當學生過度的攻擊。

13.當學生表現白日夢或（和）退縮行為。

14.當學生正面對搬到一新社區。

教師評估學生的問題行為有轉介的必要之後，即可填寫轉介單，與諮商員溝通學生問題並委請諮商員進行諮商。導師轉介後，並應隨時和諮商員保持聯繫，追蹤瞭解個案的情況，及諮詢導師在班上可配合協助觀察和輔導的部分。

第四節　學校輔導設施

學校輔導工作的推展，有賴軟、硬體設施。軟體設施乃輔導人員的良窳；而硬體設施則指輔導中心的地理位置、空間設計、設備內容、及經費預算等。輔導室良好的設備，會影響工作人員的士氣，而工作士氣是輔導工作成功的保證。軟、硬體兼備，二者相輔相成，不可偏廢一方。有關軟體的輔導人員部分，已在第二章中討論，本節主要介紹輔導中心的地點、空間、設備與經費的問題。

壹・輔導室地點選擇

有些學校往往忽略了這個問題，輔導中心的設立只是徒具形式、聊勝於無，隨便把它擺在樓梯間、廁所邊、福利社旁、通風及陽光不良的地下室、或設在學校的偏僻角落。理想的輔導中心的位置，宜考慮下列條件：

1.座落在學校的適當位置，方便每位學生接近。

2.靠近圖書室，方便蒐集輔導有關資料。

3.靠近健康中心，方便運用學生健康資料，及與保健人員協調合作。輔導中心與圖書館、健康中心是性質相近的學生服務單位。

4.接近各行政單位及教師辦公室，方便溝通協調。

5.力求安靜，方便學生諮商、家長晤談、及輔導人員辦公（宋湘玲等，1985）。

唯第4點有一顧慮是學生易視諮商員與一般行政人員無異，因而減低學生將內在情感問題求助諮商員所需的信賴感。折衷之道是「有點近，但又不緊靠一起」。

貳・輔導室空間設計

輔導中心和一般行政單位的辦公室有別。一般行政單位如訓導處、教務處、或總務處等，是大人辦公的處所，強調的是一般行政業務的計畫和推展；而兒童輔導中心則是服務兒童的場所，強調的是提供兒童各項服務的專業場所。由於功能有別，故輔導中心的空間設計和設備內容宜和一般行政單位不同，一般行政單位大都只規劃辦公區和會客、會議區，而輔導中心的空間設計則包括：

1.會客區：接待家長、同事、資源人士等訪客。

2.會議室：召開家長會、個案討論會、工作協調會等。

3.辦公區：輔導有關人員辦公的地方。

4.個別諮商室：個別諮商用，約二坪大的空間。

5.團體諮商室：供兒童團體諮商、家長成長個體、教師成長團體等之用，約五坪大的空間。

6.心理測驗室：儲備各種心理測驗，及實施個別心理測驗。

7.資料室：儲放各種輔導資料。

8.兒童遊戲治療室：實施遊戲治療用。

9.觀察室：透過單面鏡及攝影機等設備，供作諮商實習及研究時觀察之用。

10.貯藏室：存放輔導的設備和材料。

詳細的空間設計，請參閱圖3-2：國民小學輔導室平面圖。

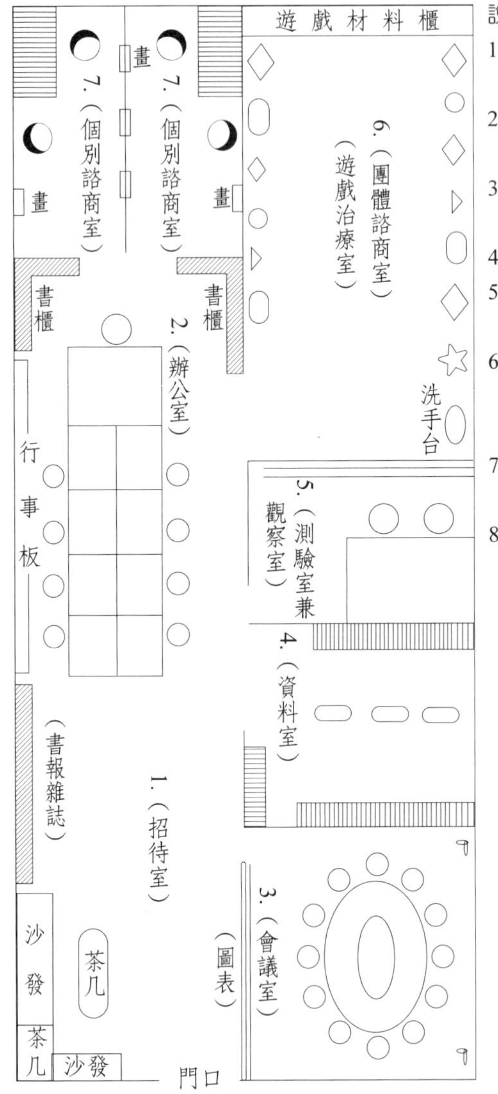

說明：

1.進入門口，即是招待室，牆上掛圖表，設有沙發、茶几，備有雜誌、期刊，隨時供閱。
2.辦公室設辦公桌椅，牆上設有行事板，兩旁設有輔導專書櫃。
3.會議室內有長橢圓形會議桌和椅子，盆栽數盆。
4.資料室內設資料櫃和長靠背椅數把。
5.測驗室內設桌椅，並設有單面鏡，可兼觀察室用。
6.團體諮商室內舖海棉墊，玩具櫃內放遊戲材料，可兼遊戲治療室用，並設一洗手台及靠墊多個。
7.個別諮商室內設茶几和沙發，牆壁上掛幾幅世界兒童畫。
8.把兩間教室打通成一大空間來設置輔導室。

（洪秀芳設計）

圖3-2　國民小學輔導室平面圖

參·輔導室設備內容

輔導室是小學執行輔導專業工作的場所，除了需要場所外，亦需具有設備。茲分一般性辦公設備及專業性輔導設備，列舉轉導室所需的設備內容如下：

一、一般性辦公設備

1.家具：辦公桌、椅子、會議桌、沙發、茶几、資料櫃、書報架、書櫃、冷氣機……。

2.電話：除了辦公用的電話外，最好另設輔導諮詢專線電話，專供家長諮詢及轉介個案之用。

3.電腦：處理、儲存輔導資料，或實施電腦輔助學習輔導。

4.視聽器材：收錄音機、錄放影機、數位相機、幻燈機、單槍投影機等。

5.其他：影印機、傳真機、公布欄、盆栽、輔導信箱等。

二、專業性輔導設備

1.心理測驗：包括各種適用的心理測驗實施手冊、題本、答案紙、碼錶等。

2.輔導書報雜誌：包括心理輔導有關的圖書、雜誌、錄音帶、錄影帶、光碟片等。

3.單面透視鏡：安裝於團體及個別諮商室、遊戲治療室的一面牆上，供教學、研究之用。

4.遊戲治療器材：包括沙箱、布偶戲台、娃娃屋、各種玩具、繪畫材料、故事書等。

5.抱枕：團體諮商室布置地毯及抱枕，方便學生活動時可坐、靠、抱，具抒解緊張情緒的功能。

國內教育部曾規定國民小學輔導活動設備標準（台北市教師研習中心，1992，頁12），可供各校規劃輔導室設備內容的參考。

此外，在規劃上述空間及設備時，下列原則可供參考：

1.空間多功能使用：前面筆者曾列舉了輔導室的十個規劃空間，唯實際上，學校可能礙於空間及經費問題，無法應有盡有，此時，有些空間可做多功能使用，如遊戲治療可在個別或團體諮商室實施，就不用另闢遊戲治療室，或資料室兼做測驗室。但輔導中心至少要規劃有會客區、辦公區、個別和團體諮商室、會議室等空間。

2.諮商室具隱密性：在諮商過程中，常涉及個人的隱私，故不管是個別或團體諮商室，均應考慮到視、聽覺的隱密性。視覺隱密性重視不讓當事人曝光；聽覺隱密性重視不讓諮商內容外洩。故諮商室在位置上力求隱密之處，並宜設有隔音、防窺設備。

3.家庭般溫暖舒適：室內宜通風良好、陽光充足，牆壁顏色、盆栽、圖畫等布置均需多加考究，使室內布置有「家」的溫馨感覺，讓來訪的師生彷彿有回家的輕鬆、自在、舒適感。

4.適當與足夠的家具：輔導室服務的對象是兒童，小孩用的家具，尺寸應和大人有別，宜做不同考量，使兒童在輔導中心感到舒適、自然，感覺到這是他們成長與發展的地方，不是大人的地方。

5.資料具保密性：學生資料有保密等級之分，對一般性資料可放置在有關人員方便接近之處，唯對保密層級較高的資料，宜設專室或專櫃並上鎖，唯允專業有關人員取閱。

肆・輔導室經費預算

俗話說：「巧婦難為無米之炊」。學校輔導工作的推展，若缺乏經費預算的支援，則一切計畫只是「空中樓閣」。目前國小輔導業務的經費來源：(1)上級專款補助。此項補助可能是上級指定交付任務的經費，亦可能是學校向上級提出方案計畫申請所獲的活動經費；(2)由學校辦公費及學生活動費項目核支。目前國小經費預算非單位預算，輔導室需要活動經費時，向主計單位提出預算申請。學校輔導人員應詳為計畫「經費預算表」，以爭取足夠的經費預算，來推展輔導業務。經費預算表指出機構各工作項目的預算經費，可讓大眾具體瞭解輔導工作的花費及其績效，於是支持學校輔導工作的推展。

一般學校輔導工作的經費預算包括下列項目：

1.人事費：諮商員、助理等的薪資。

2.設備費：家具、裝潢、媒體、櫥櫃……的費用。

3.演講費：專家學者演講、座談、督導、帶領成長團體……的費用。

4.材料費：書籍、雜誌、期刊、心理測驗、遊戲治療器材……的費用。

5.辦公費：文具、紙張、影印……的費用。

6.差旅費：交通、住宿……的費用。

7.其他：電費、電話費、郵費、誤餐費……的費用。

此外，輔導人員執行預算時，下列的原則可供參考：

1.專款專用：每一筆預算均有其對應的工作目標、具體目的、及活動內容，專款專用於所編列的工作項目上，勿挪為他用。

2.花你所有：有多少錢辦多少事。經費預算透支的結果，可能會使你自掏腰包，這是不智的行為。

3.節約花用：執行預算亦求花最少的錢，購買高品質的貨品或追求最高品質的工作成效，以提升單位的工作效率。

4.帳目清楚：經費預算的收支隨時記帳，隨時瞭解經費使用狀況，以掌握工作項目的進度及時效。

第五節　學校輔導計畫

所謂的行政三聯制，包括計畫、執行、考核三個步驟，指出行政工作的推展，首重計畫。計畫就如建築的藍圖，是建築時預期的目標、引導的方向、實施的步驟、及驗收的標準。沒有藍圖，則蓋不成大樓；同理，欠缺計畫，則難以施展業務。「計畫乃為達成某項既定目標，經由理性的分析考量，所預為之具體的行動策略、方法、與步驟等之總稱」（行政院研考會，1986）。依此定義，所謂的『輔導計畫，乃輔導人員在執行輔導業務時，為達成既定的輔導目標，經由理性的分析考量，所預定的輔導工作的行動策略、方法、與步驟，以做為輔導工作行動的指針、實施的依據」。

本節主要在介紹輔導計畫的模式、輔導方案的實施方式、輔導方案的實施過程、輔導計畫的過程、輔導需求的評估、輔導計畫的原則、輔導計畫的要件、及輔導計畫的種類。

壹·輔導計畫的模式

美國輔導學者M.C.　Shaw將輔導目的分為初級預防、次級預防、與診斷治療三個層級（或稱一級、二級、三級預防）；輔導方式分成直接服務與間接服務，形成如圖3-3的輔導計畫基本模式。

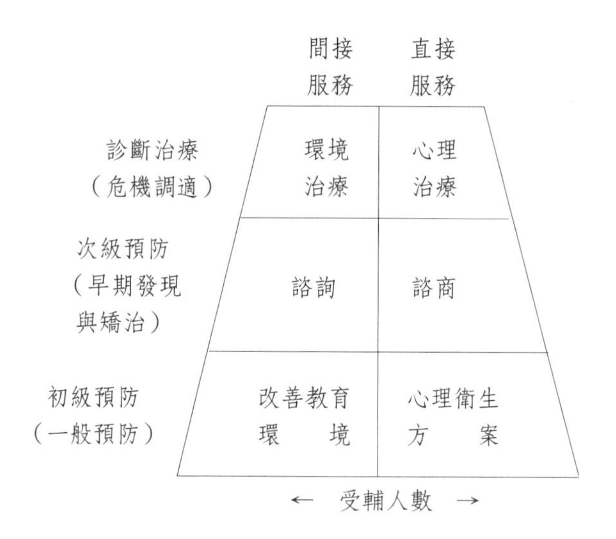

圖3-3　輔導計畫基本模式
（引自吳武典，1990，頁35）

所謂的初級預防，是以全體學生為對象，實施一般性的發展性輔導，其目的在增進學生的心理健康，防範問題於未然；次級預防是對有問題行為徵候的學生，實施早期發現與矯治；診斷治療則是對嚴重問題行為的學生，實施危機調適處理。至於直接服務是直接對當事人服務；間接服務則透過改變當事人的環境，或透過輔導當事人周遭的重要他人，如當事人的父母或教師等，來改變當事人。

依此模式，學校輔導室可提供以下六類的輔導服務計畫：

1.初級預防的直接服務：如心理衛生方案、目前國內中小學所實施的「綜合活動課」、理性情緒教育課程（REE）……。

2.初級預防的間接服務：如改善教育環境、學校教師和行政人員的輔導知能研習、親職教育的實施……。

3.次級預防的直接服務：如學校輔導室實施個別諮商、團體諮商、心理測驗、學習輔導等。

4.次級預防的間接服務：如學校輔導室提供教師學生問題的諮詢服務；提供家長親職教育的諮詢服務。

5.診斷治療的直接服務：如輔導專家的個案研究、心理醫師實施心理治療……。

6.診斷治療的間接服務：如提供受虐兒童寄養家庭；提供未婚懷孕少女中途之家；煙毒勒戒的戒護單位安置……的環境治療。

此模式的圖形以梯形表示，愈底層表此類計畫所服務的學生愈多，最上層則此類計畫所服務的學生只限於少數嚴重問題行為的學生。

貳．輔導方案的實施方式

Stone與Bradley（1994）提出學校發展性輔導方案的實施對象及其實施方式如下：

一、以學生為對象

1.個別和團體諮商：除了在預防、治療階段實施，亦在平常實施發展性諮商，協助所有兒童瞭解或適應不同情境。

2.班級輔導課程：諮商員首先決定兒童的需求，接著設計及實施班級團體輔導課程，以協助兒童滿足這些需求。

3.心理評估：諮商員扮演一主動評估的角色，以確認學生的特殊需求，並確定哪些活動可協助學生滿足這些需求。

4.提供資訊：諮商員提供學生教育、生涯、個人、及社會等領域上各種主題的資訊，供學生使用。透過閱讀資料、電腦方案、錄音、錄影帶等方式，協助學生。

5.轉介：偶而，諮商員在專門技術和時間上無法提供學生協助，此時諮商員有義務做轉介，諮商員需熟悉可用的轉介資源，且知如何及何時轉介。

二、以教師為對象

1.溝通輔導方案：教師的融入是國小輔導方案成敗的一個主要關鍵。諮商員希望教師熱心參與輔導方案，基本的條件是教師們對輔導方案的瞭解與認同。要達到這個條件，諮商員須透過方法，向教師溝通輔導方案的價值和內容，讓教師瞭解整個方案及他們所扮演的角色。經由輔導方案內容的溝通，才可能使教師支持及參與輔導方案的實施。

2.諮詢：提供教師諮詢是諮商員最重要的功能之一，可協助教師處理具特殊問題或需求的學生，或處理全班的問題。

3.學生的觀察：教師有時當局者迷，無法掌握學生真正的問題，此時諮商員可透過觀察學生協助教師，以確認有特殊需求的學生，並發現滿足他們需求的方法。觀察可在教室或在非正式的場合，如餐廳或遊樂場。

4.協助轉介：對有特別需求的學生，諮商員應蒐集及擁有可用資源的資訊，以協助教師轉介，滿足學生的轉介需求。

三、以家長為對象

1.親職教育和諮詢：社會愈來愈複雜，兒童問題也愈來愈棘手，身為兒童生活中最重要人物的父母，許多均感到需要親職教育的資訊。此時諮商員的角色是提供父母親職教育方案及提供父母諮詢服務。

2.告知輔導方案：小學的輔導方案對大部分家長可能是較為陌生，諮商員應想辦法向家長清楚的溝通方案的目標、預期的結果。家長愈瞭解輔導方案，愈能支持、配合、及協助方案的實施，對其子女的成長和發展助益甚大。諮商員可透過家長會議、函件、通知單、家訪等方式，達成溝通的目的。

3.協助轉介：諮商員需熟悉學校和社區的轉介資源，提供家長轉介的服務。此外，諮商員可做為家長在藥物和酒精濫用、兒童虐待、及離婚對兒童影響等方面問題的資源人士。

四、以行政人員和其他學校人員為對象

1.協助在職訓練：在職教育雖非諮商員的責任，但若必要時，可提供專業內的知識，協助行政人員和其他學校人員解決問題。

2.諮詢：諮商員可提供學校心理學家、社工人員、語言治療師、護士等諮詢的服務，討論學生的特殊需求、問題行為、及輔導策略。

3.做為資源人士：提供有關轉介機構、評量技術等的知識。

參・輔導方案的實施過程

Schmidt（1993）提出學校綜合性諮商方案（a comprehensive program），提供諮商（counseling）、諮詢（consulting）、協調（coordinating）、衡鑑（appraisal）的服務，其實施過程包括：計畫（planning）、組織（organizing）、實施（implementing）、評鑑（evaluating）。以下茲介紹此四個過程。

一、計畫

一般都在學年的開始提出輔導計畫，擬定計畫之前要先評估親、師、生的輔導需求，據以決定輔導的發展、預防、或治療方案的一般目標及具體目的。

二、組織

輔導方案設計人員可依據六W來思考方案的內容：(1)目的（Why）：說明方案的一般目標及具體目的；(2)任務（What）：說明方案實施的特定活動；(3)時間（When）：說明方案實施的時間表；(4)人員（Who）：確定實施的對象及每一任務負責的人員；(5)地點（Where）：說明執行任務的地點；(6)步驟（How）：說明具體的實施步驟。

三、實施

此階段是執行各項計畫任務，包括：個別和小團體諮商、教師和家長諮詢、危機輔導的介入、心理測驗、和轉介等。學校諮商員可預定每週或每月的行事曆，做為實施業務的依據、輔導計畫進度的管制表、及讓大家看到他們的工作成果。

四、評鑑

學校諮商員透過輔導方案的評鑑結果，宣揚其績效，使其角色、地位及價值獲得認同。且評估的優缺點可做為方案維持及改進的參考。因此，此綜合性諮商方案的四個階段是循環的，請參閱圖3-4。

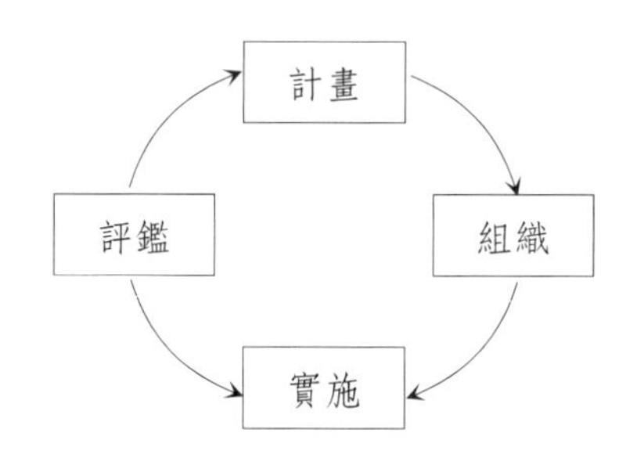

圖3-4　綜合性諮商方案實施過程

肆・輔導計畫的過程

Grobe、Myatto和Wheeler（1978）提出小學輔導方案的系統計畫模式（Systematic planning model），此模式的特點是採系統的評估學生的需求之後，再擬定最適當的學校輔導方案計畫。它特別強調以輔導方案（guidance programs）取代傳統的輔導服務（guidance services）的名稱；特別強調方案是經過不斷發展評估的過程而形成的。此模式的架構內容如圖3-5。

由圖3-5可知，其架構包括：

1.組織計畫小組（organization）：可由學校已存在的輔導委員會來執行，委員們來自學校不同單位的代表，較能從不同層面提出學生的問題。

2.蒐集資料（input collection）：利用學生的基本資料、出缺席記錄、成績、種族、態度問卷、標準化測驗……資訊，來瞭解學生的需求。

3.作成決定（decision making）：選擇優先處理的需求，及決定採取哪些最佳策略，解決學生的問題。

4.建構計畫（structure）：發展詳細的實施計畫，應考慮的因素包括：目標、時間、活動、經費、及評估方式。

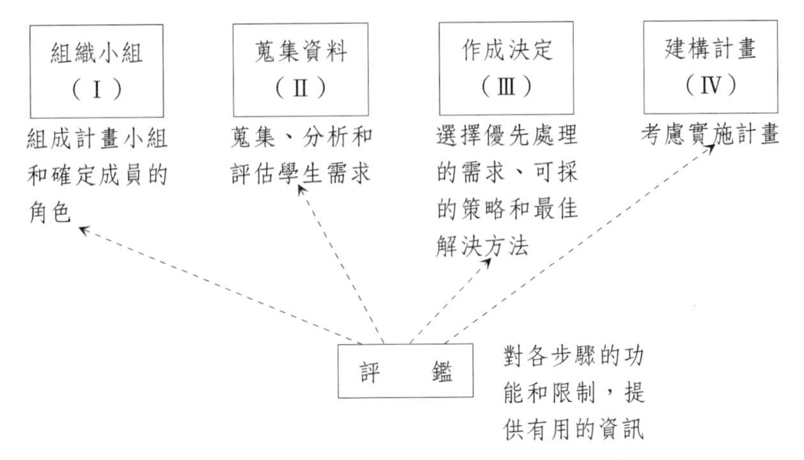

圖3-5　國小輔導方案的系統計畫模式

5.評估過程（evaluation）：整個方案的評鑑是針對前四個步驟隨時作評估及回饋工作，以便隨時修正，以期計畫一最理想的輔導方案。

伍．輔導需求的評估

國內輔導機構人員在擬定輔導計畫時，可能：(1)由一般職員制定；(2)照抄以往的計畫；(3)沿用它校的計畫，照單全收；(4)依據輔導人員個人的需要；(5)常隨興之所至，而非以學生的真正需要來設計輔導項目。形式上為計畫而計畫，所擬的計畫雖洋洋灑灑，卻只是聊備一格，未能考慮到不同學區、大小、等級學校的學生，其需求有別。各校宜訂定不同的輔導計畫，以反應不同學校學生的不同需求，否則輔導工作未能配合學生的需求、實際解決他們的問題，將徒然浪費人力、財力、和物力。

學校輔導計畫想要滿足學生的需求，輔導人員在擬定計畫之前，要先實施「需求評估」（needs assessment）。評估步驟：(1)確認評估的對象；(2)設計蒐集資料的方法，以確認對象的輔導需求，及確實瞭解這些需求的滿足程度；(3)依據所蒐集的需求評估資料，決定輔導項目的優先順序，最後決定計畫的適當項目、目標、具體目的、和輔導方式。

一、評估對象

1.人員評估：學校輔導的主要對象是學生，需求評估的首要對象當然是學生。其次，和學生關係最密切的是家長和教師，學生的需求評估當然也要考慮家長和教師的意見。此外，學校的校長、行政人員、學生人事服務人員、甚至社區人員等的意見也需瞭解。

2.環境評估：欲進一步瞭解需求的程度，問題的實際情況，則需進一步蒐集學生所處環境的各種資料。對學生每日所居住的環境的情況，影響學生問題的各種環境因素深入評估瞭解，以更明確的瞭解具體的學生的需求。

二、評估方法

1.非正式方法：包括非結構性的會談、會議，與學生、家長、行政人員或與學生關係密切的社區機構討論。從這些交談中去瞭解學生的輔導需求。例如在與導師平常的談話中，瞭解現代單親家庭的小孩愈來愈趨普遍，他們的適應問題值得輔導人員關切。此外，亦可從學生平日所寫的去瞭解，如從他們的日記、週記、作文或學生的刊物中去瞭解他們的需求。

2.正式方法：包括問卷調查、結構性晤談、及觀察。從這些正式的研究活動中去瞭解學生的輔導需求。例如設計學生、家長的輔導需求評估表（參閱表3-1、表3-2），從調查結果中獲知學生的優先輔導需求。

此外，又可分為直接法及間接法。

1.直接法：是直接請求資料來源回答資料所尋求的特定問題，例如直接透過面談或問卷調查，問學生他們的輔導需求所在，可減少評估者的主觀認定。

2.間接法：是請需求評估者從一般的資料去推論需求的差異。例如，從學生的人口統計資料去推論學生的輔導需求，輔導人員可能蒐集原住民學生人數百分比、單親家庭學生、低收入家庭學生、成績低劣學生等資料，推論學生的輔導需求，並計畫輔導優先項目。又如可從分析學生的各項記錄資料或標準化測驗結果，推論學生的輔導需求。

表3-1　高中學生輔導需求評估調查表

指導語：請在下列「我的需求」問題中左欄的「重要程度」的選項上打（✓）；及右欄的「滿足程度」的選項上打（✓）。如在左欄選「不重要」的需求，右欄的「滿足程度」就不用填答。

重要程度				我的需求	滿足程度		
極重要	重要	稍重要	不重要		已滿足	部分滿足	未滿足
				1.瞭解我的能力和興趣			
				2.透過輔導方案，更瞭解可用的輔導服務			
				3.知道升學的各種管道			
				4.知道我興趣領域的職業的展望			
				5.當我遇到問題時有傾訴的對象			
				6.更瞭解性和愛的問題			
				7.更瞭解我的優缺點			
				8.更能容忍別人的不同觀點			
				9.發展對自己的自信心			
				10.更瞭解有關藥物（包括酒精）的使用和濫用的問題			

（取自Guidance-An Introduction, 1980, p.472）

表3-2　家長輔導需求評估表

小學家長需求評估表	是	否	不確定
我的小孩大部分時間喜歡上學	☐	☐	☐
我的小孩在學校有許多朋友	☐	☐	☐
我的小孩在學習上需特別注意	☐	☐	☐
我的小孩在家負責、聽話	☐	☐	☐
我希望我的小孩學習在團體中如何與別的小孩和睦共處	☐	☐	☐
我擔心小孩在校的進步情形，想有個人談這件事	☐	☐	☐
我想參加家長成長團體，討論兒童的教養技巧	☐	☐	☐
我的小孩有健康問題需要學校知道	☐	☐	☐
我希望我的小孩去看學校諮商員	☐	☐	☐
我希望和學校諮商員談一些事情	☐	☐	☐

（取自Schmidt, 1993, p. 48）

有關學生輔導需求的調查研究，張惠美（1993）曾調查文藻語專學生的輔導需求；國立台灣教育學院學生輔導中心（1985），郭國禎

（1986）曾調查大專學生對輔導中心的期望。王麗華、郭毓倫（1996）曾調查研究台北市立師院學生對輔導中心的輔導需求，結果前五項輔導需求依次為：(1)協助我瞭解自己的人格特質；(2)協助我瞭解自己的價值觀；(3)協助我適應未來的工作環境；(4)協助我瞭解自己的優缺點；(5)提高我對自己的信心並肯定自己的能力。

此外，胡坤璸（1996）曾調查屏東師院附小365位高年級兒童的煩惱。五年級最主要的煩惱依序為：(1)擔心自己的學業成績不能滿足父母的要求而煩惱；(2)擔心自己身體不健康，或因身體缺陷而煩惱；(3)我常為家人的相處不和睦而煩惱。六年級最主要的煩惱依序為：(1)擔心自己的學業成績不能滿足父母的要求而煩惱；(2)我常因不滿意父母對我管教的方法而煩惱；(3)擔心自己身體不健康，或因身體缺陷而煩惱。總之，這些調查研究均在瞭解學生的輔導需求，其結果均可做為學校擬定輔導工作計畫的重要依據。

三、決定計畫項目

學校輔導人員蒐集學生的輔導需求後，提輔導委員會議，分析說明學生的輔導需求，並徵詢委員的意見。輔導人員綜合各方意見後，開始擬定滿足學生輔導需求的方案計畫，計畫內容包括：目標、目的、策略、負責人、及時間。例如：一所師院的學生輔導需求顯示：師院生普遍對未來的教師生涯感到缺乏認識與茫然，不知如何規劃未來，學校輔導中心所規劃的生涯輔導方案如下表3-3。

表3-3　生涯輔導方案

目　標	學生將在師院及未來的教師生涯成功的適應	
目　的	1.師院生將瞭解師院課程的內容和目的 2.師院生將瞭解國小教師的資格與工作特性	
策　略	負責人	期　限
1.新生座談會 2.生涯小團體 3.畢業學長座談會	輔導老師 輔導老師 國小教師	

陸・輔導計畫的原則

輔導人員在擬定輔導工作計畫時，其原則如下：

一、依學校特性擬定輔導計畫

各級學校（如大、中、小學）、各不同地區的學校（如鄉村、都會、山地、離島），因學生問題有別，學校應依學生的特殊問題而擬定不同的輔導計畫。

二、依學生需求擬定輔導計畫

因應學生的需要而擬定的輔導計畫，才能對症下藥，實際解決學生的問題。學生的需求可分為全校性的、部分性的、及個別性的需求，輔導人員應費心去瞭解，甚至透過需求評估方式，瞭解親、師、生的輔導需求，並針對大家共同的需求或個別的需求擬定輔導計畫。

三、與學校其他單位的計畫密切配合

學校各單位是一體的，共同為促進學生的福祉而努力。輔導計畫是學校校務計畫的一部分，與其他單位的業務計畫彼此應相互配合、協調、支援，合作無間；忌諱互相推諉、溝通不良，以致計畫的業務重複，時、地衝突，導致單位間紛爭不斷。

四、訂定綜合性的輔導計畫

學校輔導工作的對象是全體學生，為因應不同學生的輔導需求，學校的輔導計畫應具多元化，設計包括發展性、預防性、及治療性的綜合性輔導計畫。以滿足不同學生的輔導需求。

五、向親、師、生溝通計畫的內容

計畫的溝通包括：先獲得主任和校長的贊同（上行溝通）；再協調有關單位的支援及合作（平行溝通）；最後向老師、家長、及學生說明計畫的內容（下行溝通）。獲親、師、生支持及配合的計畫，是輔導計畫成功的保證。

柒・輔導計畫的要件

輔導人員在擬定一份計畫時，其內容應包括下列要件：

1.計畫緣起：說明計畫的原因、重要性。

2.法規依據：若為執行有關規定（如教育當局的方案）而訂定計畫，應在計畫內設一要項說明清楚，使大家瞭解這個輔導計畫依法有據。

3.明確目標：具體明確的目標指出計畫達成的方向及標準，也讓有關人員瞭解計畫的價值。

4.工作要項：針對目標，具體的列出計畫的工作項目。

5.實施對象：清楚的說明計畫實施的對象。

6.適宜時地：計畫實施的時間和地點宜妥善規劃，避開和其他處室的活動衝突。

7.具體步驟：針對各工作項目，說明如何去作的具體步驟，及實施的進度，以方便工作人員配合實施。

8.業務分工：說明主辦單位、協辦單位、承辦人員、工作人員。各工作人員的業務應劃分清楚，並強調分工合作，避免因任務劃分不清，而致相互推諉。

9.經費預算：詳細的預估計畫的實施所需的經費，提出經費預算表。此外，經費預算的來源，亦要設想周到，詳細說明。

10.評鑑標準：說明評鑑計畫執行成效的標準。

捌．輔導計畫的種類

計畫依「性質」可分為一般業務計畫、專案計畫、實驗計畫。一般業務計畫是工作單位在執行其業務時，所預定的工作目標及行動策略，如學校的校務發展計畫、學校的衛生教育實施計畫等。專案計畫是暫時為一特定目的而制定的計畫，以解決特定問題，如教育部所推動的「全國輔導工作六年計畫」。實驗計畫具有嘗試性、階段性、績效性，即先找一些單位，在一段時期先實驗計畫的成效，視其結果決定實驗的全國實施或全面停止該計畫，如教育部所推動的「建立學生輔導新體制——教學、訓導、輔導三合一整合實驗方案」。

計畫依「時間」可分為短程、中程、和長程計畫。短程計畫的時間大約在二年以內，目的在解決目前缺失，多屬「技術性」層面。中程計畫的時間大約在二年至五年，多屬「策略性」層面。長程計畫的時間大約六至十年，係針對未來的發展規劃，多屬「政策性」層面（吳清山，1991）。

目前一般學校的輔導計畫應屬於一般業務計畫，其種類大致可分為總計畫、年度計畫、行事曆、及實施辦法。總計畫針對整個學校輔導工作的依據、目標、原則、實施方法、行政組織、工作項目、人員職責、經費、評鑑等作一整體性說明。輔導工作的年度計畫，預計這一年輔導工作的進度，包括項目：年月、工作要項、主辦單位及協辦單位等。輔導工作的行事曆預計這一學期工作的進度，包括：週別、日期、各處室工作項目等。輔導工作的實施辦法詳細說明某一工作項目的依據、目的、對象、實施人員、實施辦法等。有關學校輔導工作的總計畫、年度計畫、行事曆及各輔導活動的實施辦法，讀者若有興趣，可赴各學校輔導室參閱這些資料，本書篇幅有限，無法呈現這些資料。

第六節　社會資源與運用

壹・學童與社會資源

隨著國民教育的普及，學生個別差異的多面，教育單位為滿足不同學生的種種需求，學校所提供的服務也愈趨多元化，如心理失常學生需專業心理諮商或治療的協助；特殊兒童需專業的診斷與治療……。

一般教師的專長是普通學生的教學工作，而學校輔導、特教人員，也受限於專業能力，無法滿足所有學生各式各樣的需求，此時社會資源的利用變成是解決此方面問題的良方。

一個國小學童與各服務資源的關係可用圖3-6來加以說明。圖中最內圈——第1圈是學生，學生最近的服務資源是第2圈——教師，當教師的能力無法解決個別學生的問題時，則需求助於第3圈——學校內的行政人員及各種專業人員。若學校內專業人員無法解決學生的問題，而需要校外有關單位的協助時，則需求助於第4圈——各種社會資源。由2至4，代表與學生關係的遠近，2代表最近、3其次、4最遠。

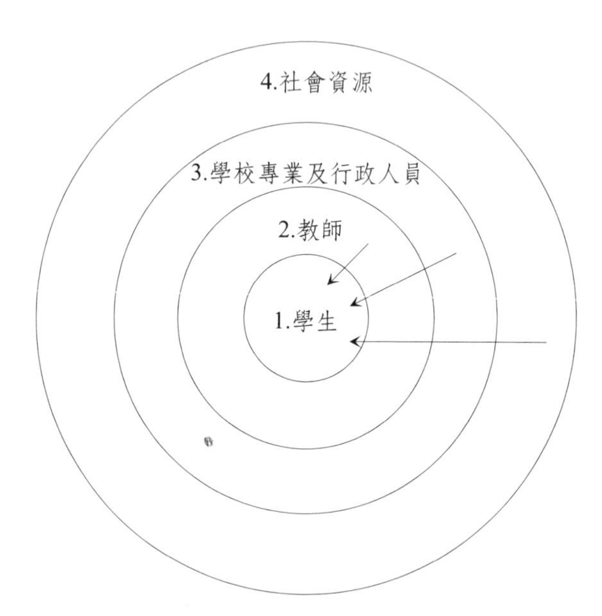

圖3-6　國小學生與各服務資源的關係

1.學生。
2.教師包括：級任導師、科任教師、特教教師。
3.學校專業及行政人員。
專業人員，包括：學校心理學家、醫護人員、學校諮商員、學校社工人員、營養師、語言治療師、精神科醫生、牙醫師、復健師。
行政人員，包括：校長、教務主任、訓導主任、總務主任、圖書館人員、及各處室職員。
4.社會資源包括：心理衛生、職業輔導、殘障福利、教育學術、教育行政、休閒育樂，宗教團體、公益團體、兒童福利、社會福利、親職教育、醫療、心理輔導、青少年輔導等機構。
＊箭頭（→）代表協助的方向之意。

行政院教育改革推動小組於民國87年8月推展的十二項優先教改行動方案之一：「結合社區資源，建立教學與訓導、輔導三合一學生輔導新體制」，其四大任務中的第四任務為：「結合社區輔導資源、建構學校輔導網絡」，此任務的目的是：「結合社區資源，建構學校輔導網絡，為學生統整規劃一個更為周延的輔導服務工作」。本方案提到的「社區輔導資源」包括：社工專業人員、心理衛生人員、公共衛生護理人員、法務警政人員、心理治療人員、公益及宗教團體、學生家長及退休教師等。可協助學校推動之教育輔導工作如：充實與補救教學、交通導護、校園安全、認輔適應困難學生、追蹤輔導中輟學生、親職教育諮詢服務……。（教育部訓委會，1998）。

貳・社會資源的定義與種類

一、定義

社會資源係指學區所在的範圍內，任何有助於學生發展或困擾解決的人或機構。學校的社會資源可包括：(1)校內資源：舉凡教師、校長、行政人員、醫護保健人員等；(2)校外資源：舉凡學生家長、當地社會服務機構（如社區心理衛生中心、青少年輔導中心、職業輔導處、特殊教育中心等）、醫療機構等皆是（吳武典，1980），所提供的協助包括人力、物力、場地、財力等方面。

文建會曾提出「社區總體營造」的觀點，鼓勵學校與社區緊密結合，以達「互利共生、共存共榮」的理想。

二、種類

林美珠（2002）認為在各級學校的輔導工作中，對年齡層愈低者，所需的預防性輔導介入愈多，其預防的效果也愈需仰賴個體周遭重要他人所建立的輔導網絡。

台大教授吳英璋在主持「教育部輔導工作六年計畫」第六子項「規劃建立輔導網絡計畫」的報告中，曾提出「輔導網絡」概念圖（見圖3-7）。

此輔導網絡系統以學校為核心，分為兩個次級系統，輔導網絡(一)：支持性系統，學校結合的主要對象為「社會支援系統」（包括家庭、親屬、朋友）及「社區資源網絡」（包括家長會、農會、職業工會、宗教團體）。輔導網絡(二)：矯治性系統，學校結合的主要對象為「社會輔導網絡」（包括張老師、生命線、少輔會等）及「醫療網絡」（包括精神醫療網絡、公私立醫療院所等）。（鄭崇趁，1995）

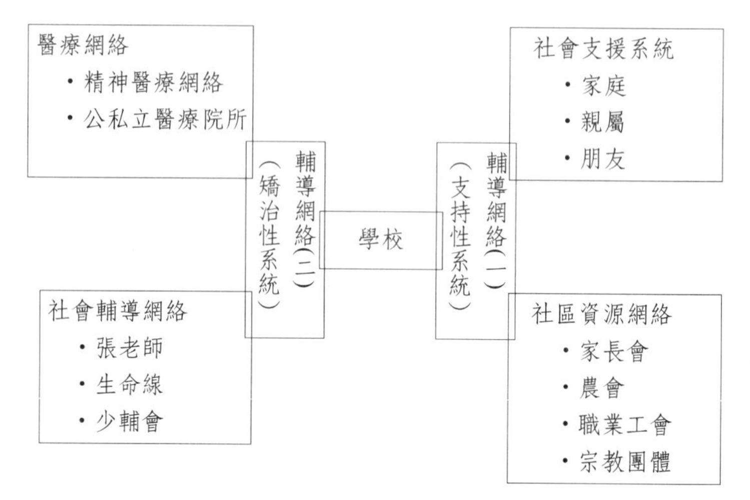

圖3-7　輔導網絡概念
（修改自鄭崇趁，1995，頁14）

學校輔導工作，可具體運用下列的資源：

(一)校內資源

人力資源方面：科任教師、行政人員、退休老師等可參與輔導工作，認輔學生；邀請各行各業的家長，到學校向學生介紹各種職業生涯；家長擔任義工，協助輔導室舉辦「媽媽成長團體」、「愛心媽媽課業輔導」、「班級親師協會」等。在財力、物力資源上，學生的家長，及學校的家長會，均可對輔導工作的經費、設備等方面，提供相當的協助。

(二)校外（社會）資源

在學校輔導工作上，各校可依可用的社會資源機構的種類、名稱、功能、電話、地址等，再依學校社區情形，編制本校適用的「社會資源手冊」。

參・社會資源的運用方式

一、善用電腦的輔導網路資訊

隨著E世代的來臨，透過電腦的網際網路尋求協助的人數將持續增加，網路諮商（Webcounseling）或線上治療（Online therapy）的服務型態有：(1)首頁（Homepage）：介紹機構及所提供的諮商的相關資訊；(2)電子布告欄（Bulletin Board System, BBS）：藉由BBS進行公開的問題回答與諮詢；(3)心理測驗：提供自助式的線上的心理測驗服務；(4)電子郵件（E-mail）：以E-mail進行對個別當事人的諮商或諮詢，目前此方法是網路諮商服務中最受矚目與常見的方式；(5)即時線上交談Chat（Talk）：諮商員與當事人利用線上文字傳輸方式進行即時的交談。Talk是一對一的個別方式，Chat則是諮商員可一對多個當事人的團體方式；(6)網路電話（Internet-phone, I-phone）：透過網路電話提供服務；(7)即時視訊（Real-time video）：利用電腦網路和視訊設備，提供諮商服務，特點是雙方可看到彼此的容貌，聽到彼此的聲音，更為接近真實的諮商服務（王智弘、楊淳斐，1999）。使用網路諮商的優點有匿名、經濟、方便、具時效性、資料完整等；缺點則是缺乏非語言行為的資訊，在有限的線索下溝通，易產生不正確的判斷，以及雙方的隱私和權益可能被侵犯和誤用。

例如：電腦的「輔導網路系統」為「台灣學術網路系統」的次級系統，可提供學校師生及一般民眾：資訊服務、諮詢服務、諮商服務、及轉介服務等功能。

輔導網路系統包括六類的次級系統：

1.輔導人力：建立高、中、基層輔導人才的檔案。

2.輔導設施：包括各級學校輔導室設備標準及現有設施，社會輔導單位名稱、人力及設施。

3.輔導資源：包括各種輔導課程的科目名稱及教學綱目；重要輔導專案研究報告及學位論文；輔導書籍、期刊、手冊等；輔導教材、教具；輔導影片、影帶、影碟、光碟、錄音帶、幻燈片等媒體。

4.輔導活動：包括輔導工作的演講、學術研討會、工作坊、座談會、主題輔導週等活動的宣導。

5.輔導測驗：包括介紹適用的心理與教育測驗及測驗實施的直接服務。

6.輔導個案：包括建立全國學生輔導資料卡；重要類型輔導個案報告的建檔；各重要類型輔導策略的建檔。（鄭崇趁，1995）

「網路世界，無遠弗屆」，輔導人員可上網，找尋上述六個次級系統的豐富資訊，以善用社會資源。

二、編製社會資源手冊

輔導人員為求其轉介、諮詢等工作的方便推展，宜蒐集各種社會資源的資料，並依其性質，分門別類，編印成冊。內容包括：社會資源的種類、名稱、服務項目、電話、地址等，方便運用時查閱，或提供需求者向這些單位尋求各種的協助。

三、輔導研究計畫合作模式

學校單位可提供輔導研究人員研究的對象（學生），研究人員的研究計畫則提供學校輔導經費、輔導技術。學術人員與學校合作，互蒙其利。例如早期台大兒童心理衛生中心的心理醫師，利用社區內的東門國小，實施「兒童心理衛生方案」。結果研究人員完成研究計畫；學校學生蒙受輔導之益；教師也獲輔導知能的成長。

四、提供大學輔導及相關科系學生實習

輔導室提供大學的輔導、教心、心理、社工等科系學生實習個別和團體諮商、個案研究等課程。一方面學校借重教授及實習學生，實施個案輔導、團體諮商、和個案研究；另方面大學輔導及相關科系學生亦獲得實習處理個案的最佳實際練習機會。

五、危機處理

基於「兒童福利法」規定對兒童的保護，學校人員若發現有虐待兒童、性侵害兒童的事件，應向政府單位的社工人員及警察單位檢舉，尋求社會資源的協助。社工人員的介入，對個案會決定採取適當的環境治療，如安排寄養家庭、安置中途之家等。學校輔導人員並應持續對個案關注及心理諮商。

六、個案轉介

當學校輔導人員限於時間和專業能力，對個案無法提供諮商、心理治療等服務時，可轉介社區的心理諮商或心理治療機構，尋求他們的協助。

此外，國內有些縣市的教育當局約聘有「巡迴輔導人員」，包括：臨床心理師、諮商心理師、社工師、職能治療師、物理治療師、語言治療師

等，分派他們巡迴各指定學校服務。透過直接輔導學生的直接服務方式和提供教師諮詢的間接服務方式，達成輔導的功能。教師有需求時，可應用此服務資源，提出個案的轉介需求。

轉介時宜注意下列事項：(1)平時詳細瞭解各資源機構的性質、能力、特長，事前評估受轉介機構是否適合特定學生的轉介；(2)轉介前宜有周密的合作計畫，訂有轉介表單，按一定程序轉介；(3)轉介前與個案及其父母充分溝通，讓他們瞭解轉介意在提供更高品質、更良好的專業協助，而沒有被拒絕、被拋棄的感覺；(4)轉介並非把個案當燙手山芋，丟出去就了結。轉介後應和受轉介機構隨時保持聯繫，以關懷的態度，瞭解個案的近況，並向受轉介機構說明個案在學校的情況，以追蹤個案的輔導成效；(5)對被動的個案和家長，必要時陪他們去熟悉受轉介單位和人員。

七、諮詢

教師、輔導人員或家長遇有心理輔導、心理治療、親職教育、或特殊教育的問題，可請教社會上的專業人員，諮詢他們的意見；或邀請專業人員蒞校演講，提升教育人員的輔導知能。一般諮詢，透過電話是最直接、快速的方法；亦可在個案輔導方面，採聯合會診方式，利用「個案會議」時，邀請專業人員蒞校，諮詢意見，請他們提出診斷和處方意見。

八、特殊兒童的診治

教師、家長或輔導人員，遇有特殊兒童的診斷、鑑定、安置、復健、治療的問題，如過動兒、學習障礙、情緒障礙、自閉症、聽覺障礙、視覺障礙、腦性麻痺、語言障礙等，可尋求社會上的醫療院所提供所需的協助。

九、其他

學校輔導人員尚可利用社區的下列各種資源：(1)人力資源：如請各種職業的家長蒞校，向學生介紹社會上的各行各業，從事生涯輔導；(2)經費資源：如請獅子會、扶輪社等社會公益團體，經費支持學校的清寒獎學金、貧困兒童救濟、家庭急難救助、輔導設備、親職教育方案（如「坤士學苑」）等；(3)場地資源：如職業輔導時，帶領學生參觀社區的工廠；(4)物力資源：如借用「張老師」機構的輔導影片供學生觀賞。

總之，社區內有豐富的人力、物力、場地、財力……資源，輔導人員若能善加利用，則對學校人力、物力、財力有限的輔導工作之推展，有莫大的助力。唯在利用社區資源時，宜注意下列事項：(1)事前宜訂定周密的合作計畫；(2)對協助人員或機構，應有妥當的獎勵措施；(3)家長參與學校輔導工作時，宜避免干涉校務；(4)家長參與學校輔導工作時，宜注意學生資料的保密，避免讓他們接觸隱密的學生資料（如心理測驗），以免形成無謂的困擾。

摘要

1. 學校輔導行政在說明學校執行輔導業務的目標、組織、設施、人員職掌、計畫、社會資源運用、及評鑑等要項。
2. 小學的輔導目標，Myrick曾列舉八大項：瞭解學校環境、瞭解自己及他人、瞭解態度和行為、做決定和問題解決、人際和溝通技巧、良好的學習方法、生涯覺知和教育計畫、社區融入。
3. 學校的輔導組織是學校輔導人員為執行業務，明定彼此的統屬及協調關係、權責的分配，以達成組織的目標。
4. 美國學校輔導組織的型態一般可分為三種，即集權式、分權式、及綜合式，前兩種方式各具優、缺點，第三種則兼具前兩者的優點，故為目前學校輔導組織的型態，另設有「輔導委員會」，具諮詢或決策的功能。
5. 我國目前中小學的輔導組織型態就屬綜合式，由專門輔導人員策劃，綜合全校教職員為輔導團隊，協助全校學生的人格成長與發展。
6. 教育部頃正實驗的「學生輔導三合一新體制」，對學校行政組織調整如下：將「訓導處」調整為「學生事務處」，強化其輔導的初級預防功能；將「輔導室」調整為「學生諮商中心」或「輔導處」，設置專業的專職輔導人員推展業務，加強諮商及諮詢服務。
7. 推展學校輔導工作的主要人員包括：校長、輔導主任、輔導組長、資料組長、輔導老師、導師等，他們的職責在各校的輔導計畫中均有詳列，供有關人員參考、瞭解。

8.在許多小學輔導的文獻中，均一致的強調導師在輔導工作中具舉足輕重的地位，其角色：建立愉快的教室學習氣氛、介紹輔導方案、與諮商員協調合作、實施班級團體輔導、轉介等。

9.導師應具備下列輔導取向的教師信念和特性：人性化教師、尊重兒童的獨特性、重視民主與紀律、自知個人的人格和需求及自省與學生的互動行為、重視學生為一個體、強調個別差異及因材施教、使用鼓勵等。

10.輔導工作的推展，需軟、硬體兼備。軟體是指輔導人員的品質和業務，硬體則指輔導室的設施。輔導室的設施包括地點的選擇、空間的規劃、及設備的充實。

11.輔導室是服務學生的單位，不同於一般的行政單位，更不可具官僚氣息，一切布置宜以學生為中心。輔導室的位置最主要考慮學生方便接近及地點安靜。空間一定具備有會客區、辦公區、個別及團體諮商室等。設備包括一般性及專業性設備，另兒童使用的家具宜考慮他們的尺寸。

12.輔導室的空間及設備的規劃原則如下：空間多功能使用、諮商室具隱密性、家庭般的溫暖舒適、適當與足夠的家具、考慮資料保密性。

13.Shaw將輔導目的分為初級預防、次級預防、診斷治療三個層次，將輔導方式分為直接與間接服務，將目的與方式交互作用，形成了六種輔導計畫的基本模式：初級預防的直接服務，如心理衛生方案；初級預防的間接服務，如改善教育環境；次級預防的直接服務，如諮商；次級預防的間接服務，如諮詢；診斷治療的直接服務，如心理治療；診斷治療的間接服務，如環境治療。

14.Schmidt提出學校綜合性諮商方案的實施過程：計畫、組織、實施、及評鑑。計畫階段包括需求評估、確定目標和具體目的；組織階段包括規劃具體的實施方式及步驟；實施階段乃執行計畫和管制進度；評鑑階段包括評估成效及檢討改進。

15.Grobe等人所提出的「小學輔導方案的系統計畫模式」特別強調輔導方案必須系統的評估學生的需求後，再擬定最適當的學校輔導計畫。其方案的評估過程包括：組織計畫小組、蒐集資料、作成決定、建構計畫、及評估過程。特別強調評估過程在前面的四個階段隨時均可能進行。

16.為滿足不同學校學生的不同輔導需求，各校輔導員宜先評估學生的輔導需求，再訂定輔導計畫。需求評估包括下列步驟：確認評估對象、設計資料蒐集方法、蒐集對象的需求項目及需求程度、依需求程度決定輔導項目的優先順序、最後決定輔導計畫。

17.輔導需求的評估對象包括人員及環境評估。人員評估除了調查家長、學生、導師的意見外，亦調查行政人員、社區人員的意見。

18.輔導需求評估的方法可分為非正式的蒐集有關人員的意見，及正式的調查或晤談研究結果。另亦可分為直接的請求資料來源回答特定問題，及間接的從一般資料去推論學生的需求。

19.學校輔導人員擬定輔導計畫的原則有：依學校特性擬定、依學生需求擬定、配合學校其他單位的計畫、訂定綜合性的輔導計畫、向親師生溝通計畫內容。

20.輔導計畫的內容要件如下：計畫緣起、法規依據、明確目標、工作要項、實施對象、適宜時地、具體步驟、業務分工、經費預算、評鑑標準。

21.輔導計畫的種類，依性質可分為一般業務計畫、專案計畫、實驗計畫。依時間可分為短、中、長程計畫。學校一般的輔導業務計畫可分總計畫、年度計畫、行事曆、及實施辦法。

22.學生個別差異大，學校人員無法滿足所有學生的個別化教育及輔導需求，此時，即需借助社會資源解決問題。社區輔導資源包括了心理衛生、社工、心理治療、社會福利、公益團體、青少年輔導、職業輔導……機構。

23.在社會資源的種類方面，吳英璋把以學校為中心的輔導網絡分為支持性系統，包括社會支援系統和社區資源網絡；矯治性系統，包括醫療網絡和社會輔導網絡。

24.社會資源的使用方式如下：善用電腦輔導網路資訊、善用網路諮商、編製社會資源手冊、輔導研究計畫合作模式、提供大學輔導及相關科系學生實習、危機處理、個案轉介、諮詢、特殊兒童的診斷與治療、及其他等。

複習問題

1.試述一般國小輔導方案的目標。

2.美國的輔導組織一般有哪三種型態？我國中小學的輔導組織屬哪種型態？其特色？

3.教育部所提出「學生輔導三合一新體制」其任務為何？對學校行政組織規劃了哪些調整？

4.校長、輔導主任、輔導組長、資料組長等在學校輔導業務上的職責如何？

5.導師在輔導工作上的角色如何？

6.學校輔導人員要如何規劃輔導室（輔導中心）的空間、設備？

7.試述Shaw的輔導計畫基本模式、及其意義。

8.轉導方案的實施過程如何？

9.何謂輔導需求評估？其步驟？對象？方法？

10.輔導計畫的要件及擬定的原則如何？

11.輔導計畫可分為哪些種類？

12.何謂社會資源？可分為哪些種類？

13.試述中小學要如何利用社會資源？

14.有謂「教育即輔導」，認為學校不需另設諮商員；或謂「輔導是專業工作」，教師非專業人員，故不需參與輔導工作。當面對這兩種意見，請釐清正確的輔導觀念。

15.何謂網路諮商（Welcounseling）？其服務的型態有哪些？及此種方式的優、缺點？

第四章　學校輔導諮詢服務

第一節　諮詢的涵義

壹・緒　論

諮詢（consultation）這兩個字，在日常生活中大家可能耳熟能詳，如法律諮詢、醫療諮詢、藥物諮詢、心理健康諮詢等，一般視為與「給予建議」同義，意思是由某一領域的專家，直接提供他人其專業範圍內的知識和技術。它常用在工商界、醫療界、法律界等。在政府機構也有「諮詢顧問」的設置，協助員工解決困難問題。各界定義似乎不盡相同。

早期（大約在1940年代到1950年代初期）諮詢的實施，大都是在社會機構或工商業界，是由各單位延請機構外的專家為諮詢員（consultant），協助解決問題，是一種「直接」的服務，後來鑑於徵詢者（consultee）在轉介當事人（client）後即撒手不管，於是逐漸增加徵詢者的責任，包括徵詢者在問題解決的過程中，以提升徵詢者未來解決類似問題的能力。在1950年代之後，徵詢者在問題解決過程中的角色變為主動，而諮詢員的直接服務亦轉為間接服務。

Caplan（1970）發現心理健康人員的諮詢服務較治療服務更具效率，故支持諮詢服務的實施。已有相當多的證據顯示，諮詢是影響人類行為的有效方法。Kurpius（1978）指出，美國在1963年的「社區心理健康中心法案」中，特別載明諮詢服務是心理健康方案的內容之一，促使心理診所和學校單位採用諮詢做為服務的一個項目，尤其是當學校諮商員的人力及時間不足時，或輔導所從事的個別的或團體的直接服務的功能不易有所發揮時，諮詢透過環境層面介入，側重「發展性」和「預防性」功能的間接服務是另一替代的方式。

美國學校諮商員協會1977年的政策性宣言，陳述諮詢是學校諮商員的角色之一，於是許多諮商員的訓練課程紛紛加入諮詢課程（黃月霞，1990）。王麗斐（2002）認為，一位有效能的小學諮商員不只需要具備兒童問題的專業處理能力，同時也需有好的諮詢、溝通、及運用社區資源的能力。隨著諮詢成為輔導工作的業務項目，許多輔導的專家學者提倡諮商員在學校內扮演教育心理與輔導的專門技術人員，接受其他教育人員和家長的諮詢。從1970年至今，諮詢在學校中實施已迅速發展。

國內目前在社會上，已有許多學校、學術、和社會機構成立「輔導諮詢專線」，提供社會人士有關心理輔導、特殊教育、和親職教育等方面的諮詢。例如：

國立台灣師大輔導諮詢專線
國立台灣師大特殊教育諮詢專線
台北市教師諮詢專線
台北市立師院特教諮詢專線
殘障福利諮詢專線
社會福利諮詢專線
榮總青少年心理衛生醫療諮詢
陽明山教養院諮詢服務專線
文化大學親職教育諮詢中心
……

顯示國內透過諮詢方式的輔導服務已開始受到重視。在國外近二十年來，有關諮詢的專論文章已不斷出現，唯大多是論述性的文章，實徵性的研究較少，且對諮詢的定義、進行的過程等問題仍未有定論（Kurpius & Fuqua, 1993; Gresham & Kendell, 1987; 林美珠、蔡憶萍，1997）。國內近年來有關諮詢的論述性文章也已陸續出現（賈紅鶯、王麗斐，1997；黃月霞，1990；許維素，1994；連廷嘉，1998；林美珠，2002）；實徵性研究則寥寥無幾（林美珠等，1997a；林美珠，1997）。

鑑於國內一般人及輔導人員對諮詢的定義、過程、方法仍一知半解；學術界對諮商員諮詢服務的介紹，仍只是在介紹其理論。本章除了更統整的介紹諮詢的定義、功能、模式、過程、及其優、缺點外，並強調諮詢如何在國民小學中實施，及其實施的例子，以助益國內輔導人員實施輔導的諮詢服務。

貳・定　義

諮詢涉及三方的關係，即當事人、徵詢者、和諮詢員。當事人指的是具問題的人、家庭、團體、或組織系統；徵詢者指的是主動思考解決問題的關係人；而諮詢員則是協助徵詢者解決問題的專家。

Bindman（1964）認為諮詢是兩個專業工作者，諮詢員和徵詢者之間發生的一個互動過程或人際關係。諮詢員以其專業的知識為架構，協助徵詢者解決當事人的心理健康問題。諮詢的歷程取決於彼此雙方的知識、技巧、和態度的溝通，此過程亦具教育功能，使徵詢者學習未來以更有效的方式處理類似的案例，增進他的專業技巧。

Caplan（1970）認為諮詢是兩個專業人員之間的互動歷程，一是諮詢員，另一是徵詢者，徵詢者在目前的工作上有一些困難問題，請求諮詢員在其專業能力領域內給予協助。

Keat（1974）認為學校中的諮詢是徵詢者和諮詢員共同發展協助學生的方法的歷程。

Shertzer與Stone（1981）認為在輔導方案中，一般諮詢是提供教師、家長、行政人員、及其他人員技術性協助的歷程，以確認和治療他們所無法有效處理的學生或學校的問題。

學校的諮詢服務具有下列特徵：

1.涉及當事人、徵詢者、和諮詢員三方面的關係。

2.諮詢員具有輔導方面的專業知能。

3.徵詢者具有主動性。

4.徵詢者和諮詢員雙方的關係是平等的。

5.徵詢者和諮詢員雙方具合作的關係。

6.諮詢是一解決問題的過程。

7.諮詢員透過提供徵詢者意見間接輔導當事人。

8.可增進徵詢者處理問題的能力。

參・諮詢與有關名詞的區別

諮詢和諮商兩詞中文字義類似，英文拚字也雷同，常被混淆，有些學者甚至將counseling譯為諮詢。

許多學者（Caplan, 1970; Brown, Wyne, Blackburn & Powell, 1979; Faust,1967）均強調諮詢是間接服務，有別於教育、諮商、與心理治療的強調直接服務。學者們對諮詢與諮商作了如表4-1的區別（Faust, 1967; Ehly & Dustin, 1989; Brown & Srebalus, 1996）：

表4-1　諮詢與諮商的區別

諮商	諮詢
・直接與當事人接觸	・與徵詢者接觸
・當事人以自身內在問題求助，需作個人內在的自我探索，較重視信任關係的建立	・徵詢者非以自身內在問題求助，徵詢的問題往往是兒童、兒童管教、教室管理、教學法、或課程的問題，個人內在自我探索的冒險較小
・採個別或團體方式	・常採個別方式
・處理次級預防和治療的問題	・處理初級預防、次級預防和治療的問題
・強調當事人的解決問題能力	・強調徵詢者的解決問題能力
・認知的和情感的	・認知的
・長期和短期的	・短期的
・當事人付諸行動	・徵詢者付諸行動

（修改自Ehly & Dustin, 1989, p.22）

諮詢與監督的類似處是二者均可促進接受者的輔導知能，其差異處是諮詢員並未扮演評鑑的角色，他與徵詢者的關係是對等平行的、協同合作的；而督導者則扮演了評鑑的角色，督導者與被督導者之間是上對下的關係。

諮詢與訓練的類似處是二者均可促進接受者的輔導知能，其差異處是諮詢員是與徵詢者藉由共同進行當事人問題的確認、分析、與解決問題的討論間接的增進徵詢者的輔導知能，而訓練（如親職教育）則是有計畫的、有系統的、直接的教育、傳授受訓者輔導知能。此外，家長諮詢亦有別於家族治療。後者是直接的介入個案問題發生的家庭系統，處理系統的結構與較嚴重的問題，所做處理時間也較長。

肆・功　能

諮詢服務的功能如下：

1.協助解決當事人的問題。

2.徵詢者可從諮詢的過程中獲得自我教育、自我成長，增進處理類似問題的能力。

3.諮詢員提供徵詢者在職教育的機會。

4.促進徵詢者與諮詢員之間的溝通，或專業人員間的溝通，以更有效的處理個案的問題。

5.建立起學校、家庭、和社區專業資源機構間的聯繫網絡。

6.充分利用專家的資源，協助處理個案問題。

7.透過周遭環境的改善，協助解決學生問題。

8.使輔導工作更具發展和預防的功能。

9.透過對組織系統的諮詢服務，所產生的改變可讓更多學生受益，輔導的實施更具效率。

第二節　諮詢的模式

在輔導諮詢服務的方法上，許多學者提出了各種不同的理論模式。以下茲介紹一些廣為提及的諮詢模式（Gibson & Mitchell, 1981; Shertzer & Stone, 1981; Brown & Srebalus, 1996）。

壹・三步曲模式

Tharp與Wetzel（1969）曾提出諮詢的「三步曲模式」（The Triadic

Model），如圖4-1：

諮詢員	→	媒介者（徵詢者）	→	當事人

圖4-1　諮詢的三步曲

依此模式，諮詢的歷程是由諮詢員提供其專業知識和技術，透過媒介者（徵詢者），以當事人為協助的目標。

貳・統整模式

Kurpius（1978）曾提出諮詢的統整模式，包括四種方式：

一、指定方式（provision mode）

當徵詢者限於時間、興趣、或能力等因素，無法提供當事人服務時，即請託諮詢員對此一當事人進行直接的服務，徵詢者在轉介後，就很少或未再做任何介入。

二、處方方式（prescriptive mode）

當徵詢者對一特定的問題進行診斷、確認後，雖然有能力和動機去解決問題，唯對自己的介入計畫和策略缺乏信心，此時徵詢者需一諮詢員（資源人士）來支持其診斷和處遇計畫，或建議其他可行的處遇方式。進行此方式時，需考慮下列問題：

1.徵詢者和諮詢員雙方應充分溝通，以正確瞭解當事人的資訊。

2.徵詢者需接納諮詢員的處方計畫，並有能力按計畫實施。

3.計畫執行中，由誰來進行過程及結果的評估。

4.若必要時，徵詢者能否要求調整處方計畫。

三、合作模式（collaboration mode）

諮詢的目的是促進徵詢者的自我引導能力，其功能是教導徵詢者學會一套解決問題的一般方法，而非幫助他們解決特定的問題，使他們以後縱然無諮詢員在旁，亦能獨立解決問題。故諮詢員在此方式中，扮演「一般專家」的角色勝於扮演「技術專家」的角色。

四、調解方式（mediation mode）

本方式與前面三種有所不同，前三種方式均由徵詢者尋求諮詢員的專業協助，唯本方式是由諮詢員確認一特定的問題，然後蒐集、分析、綜合資料，界定問題，提出介入策略，最後集合與此問題有關的重要人物，一起來解決當事人的問題。

參・卡布倫模式（Caplanian model）

卡布倫（Caplan, 1970）被稱為「心理健康諮詢之父」，他將諮詢分為兩大內容，其下又各自分成兩個子內容，詳如圖4-2：

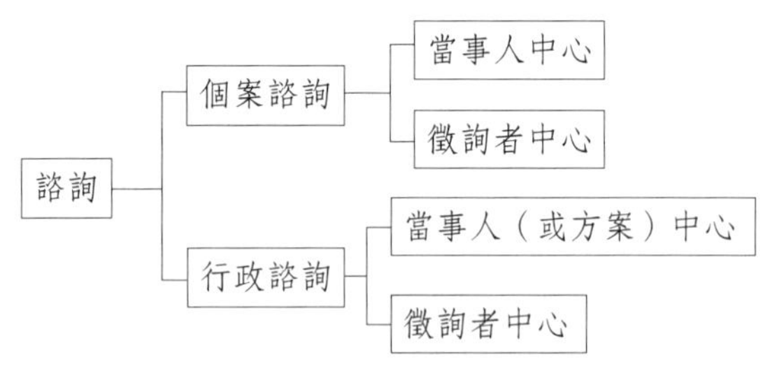

圖4-2　卡布倫諮詢模式

個案諮詢（case consultation）是對一特殊的個案，諮詢員進行評估、討論，並做出建議。行政諮詢（administrative consultation）是諮詢員針對機構的方案或政策，組織的功能發揮，提議有助益的意見。當事人（或方案）中心，是諮詢員直接接觸當事人（或病人），進行診斷，最後對徵詢者提供建議。醫療諮詢大都採此方式。徵詢者中心（consultee-centered），諮詢員很少親自接觸當事人，主要透過徵詢者來蒐集資訊，提供意見。此方式的主要目的是改善徵詢者的技巧，而當事人的改進則是間接的成果。接著茲逐一介紹此四種模式：

一、當事人中心的個案諮詢

當事人中心個案諮詢（client-centered case consultation）的目標，是發展處理一個特別的當事人或團體的計畫。諮詢員在此方式中完全扮演一個專家的角色，診斷當事人問題的性質，及提出處方，至於實際的處理，則是徵詢者的責任。此種諮詢方式，諮詢員除了以診斷、處方處理當事人的問題，並可助益徵詢者發展處理類似問題的能力。

此諮詢模式所使用來評估當事人問題的工具有諮詢員與當事人的臨床晤談（clinical interview）、心理與教育測驗、及來自徵詢者的口頭報告。諮詢員並尋求瞭解徵詢者是否提供助益當事人成長發展的環境。

一旦診斷完成，諮詢員提出完整的書面報告給徵詢者，並安排時間，當面討論處方，以便徵詢者能完全瞭解處方中所提的建議。

二、徵詢者中心的個案諮詢

徵詢者中心的個案諮詢（consultee-centered case consultation）和當事人中心的個案諮詢的不同，是其主要目標在改善徵詢者無能力去處理特別個案的缺點。徵詢者的缺點可分四方面；(1)欠缺解決問題所需的心理或社會因素的知識；(2)雖瞭解解決問題的心理或社會因素的知識，但欠缺解決問題的技巧；(3)具有專門知識和技術，但缺乏信心；(4)欠缺客觀性，即徵詢者對當事人問題的知覺與客觀事實不符合。

此諮詢方式的評估，要求諮詢員請徵詢者描述他正經驗的困難。若徵詢者的缺點是由於知識和技巧的不足，則諮詢員可直接地提供徵詢者處理當事人問題所需的專業知識和技巧。對欠缺信心的徵詢者，諮詢員應儘量給予支持，及提供支持的資源，使徵詢者獲得信心。若顯示徵詢者是缺乏客觀性，諮詢員要找出徵詢者失卻客觀性的原因，並協助他們更具客觀的瞭解當事人及其問題。

三、方案中心的行政諮詢

方案中心的行政諮詢（program-centered administrative consultation），類似當事人中心的個案諮詢，唯其當事人是一組織或機構的「心理健康方案」，徵詢者是此方案的行政人員，諮詢員的角色是針對一存在的問題，評估其目前的情況，診斷問題所在，及提出建議。在問題評估階段，諮詢員必須能調查組織的特徵；對支持方案可用的人力、財力、和物力資源做判斷；及評估負責方案人員的管理能力。

四、徵詢者中心的行政諮詢

徵詢者中心的行政諮詢（consultee-centered administrative

consultation）的目標是改善行政人員團隊的一個成員或許多成員。徵詢者是行政人員團隊的一個或多個成員，他們自願尋求諮詢員的協助。諮詢員在獲行政首長的許可後，在評估階段，進行調查重要行政人員的人格特質，組織內的次團體內在的功能運作的方式，次團體彼此間的關係如何。此外諮詢員亦調查重要的組織的過程，如溝通、領導、做決定、角色分派、和組織的形式，以確認組織功能發揮的問題。諮詢員在找出阻礙功能發展的缺失後，提供行政人員參考改善。

肆・內容—過程模式

Schien（1978）將諮詢的概念分成內容與過程兩種方式，稱為「內容—過程模式」（content vs process model），此模式如圖4-3：

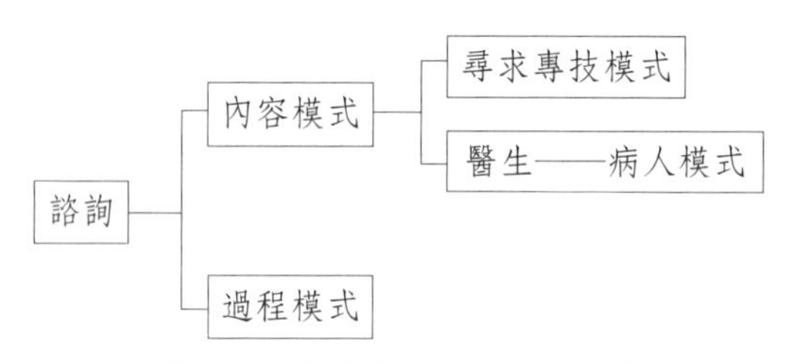

圖4-3　諮詢的內容—過程模式

一、內容模式

是指諮詢員告訴他人做什麼，提供解決特定問題的具體的技術內容。分為下列兩種方式：

(一)尋求專門技術模式：此模式是徵詢者已決定問題所在、需何種協助、找誰協助，在此，諮詢員只提供技術層面的意見，實際解決問題的中心在徵詢者身上。此模式的基本條件：(1)徵詢者已做正確的診斷；(2)正確的確認諮詢員的能力；(3)雙方已溝通好真正想解決的問題；(4)已思考過協助的結果。

(二)醫生—病人模式：此模式是徵詢者感到有特定問題存在，但不會診斷，亦不知如何處方補救，諮詢員的功能在診斷問題及提出治療處方。此模式的基本條件：(1)徵詢者能正確的說明症狀；(2)徵詢者信任諮詢員的診斷；(3)徵詢者信任諮詢員的處方；(4)徵詢者具按處方執行治療的能力。

二、過程模式

是指諮詢員在促進別人的問題解決能力，可提升徵詢者未來獨立解決行為問題的能力。提供的是解決一般問題過程的專門技術。此模式的基本條件：(1)徵詢者將從參與診斷的過程中獲益；(2)徵詢者擁有問題解決能力和動機；(3)徵詢者真正地瞭解如何去做。若徵詢者融入，即能移轉技巧。

伍・國內小學的輔導諮詢模式

依據前述諮詢模式，筆者綜合成下列目前在國內小學可執行的諮詢方式。愈前面的方式，諮詢員的融入愈少。

一、詢問資訊方式

教師、家長等詢問有關輔導、特教的一般資訊，如注意力缺損及過動兒、自閉症兒童、性格異常兒童等的診斷單位？如何安置？如何治療？藥物有何副作用？

諮詢員擁有資訊，即可立即答覆；若受限於資訊，可轉介資源人士，或待諮詢員方便取得資訊後再給予答覆。

二、尋求支持方式

教師、家長等對兒童的問題行為，已瞭解問題的癥結所在，並知道應如何輔導他們，唯未具信心，詢問專業人員的支持。如教師對如何輔導班上某位肥胖、自卑、人緣不佳的女生，訂定了輔導計畫，詢問學校諮商員對此計畫的支持意見。

三、尋求處方意見

教師、家長等，對兒童的問題行為，尋求輔導人員的處方意見。(1)在特定個案方面：教師、家長等對兒童的問題行為已瞭解問題的癥結所在，但不知如何輔導，而尋求專業人員的處方意見。如家長請教學校諮商員，有關其子女的藥物濫用和吸毒的輔導問題。教師請教諮商員，如何輔導一位逃學兒童；(2)在一般性問題方面：教師或家長針對他們所正面對的問題，尋求學校諮商員提供意見。如教師請教諮商員，如何做好班級秩序的管理。

四、尋求診處意見

教師、家長等對兒童的問題行為，尋求輔導人員協助診斷，並提供處方。如級任導師對班上某生時常破壞班級上課的過動行為，尋求學校諮商員對該生的過動行為進行診斷，並提供輔導策略。

五、協調合作方式

學校輔導人員對轉介來的個案，進行診斷，確認問題行為，提出輔導計畫，並協調有關人員開個案會議，共思解決個案問題的策略。會中提議有關人員如何輔導這位兒童的策略，大家合作，共同解決當事人的問題。

六、接受轉介方式

學校諮商員接受個案的轉介，直接輔導個案，並需隨時和有關人員取得聯繫，進行追蹤輔導。

小學諮商員從事諮詢工作時，以下的原則僅供參考：(1)除了利用正式排定的諮詢時間從事諮詢工作，這是被動的，最好化被動為主動，利用非正式聚會，主動與老師聊學生的問題，較有可能參與輔導學生的意見；(2)諮詢員的辦公室要「開放的」，隨時歡迎教師來談；而非「封閉的」，與教師們隔離；(3)諮商員從事諮詢工作時少用術語，除了可使專業諮詢變得淺顯易懂，亦可拉近你與教師們的距離；(4)發揮個案輔導功能，宣揚輔導績效，使自己成為有效能的諮商員，有助益諮詢業務的推展。

第三節　諮詢的過程

實施輔導諮詢服務的過程為何，以下茲加以介紹：

壹、Kurpius的諮詢過程

Kurpius（1978）提出諮詢過程九步驟及各步驟的功能如下：

一、進行前階段

諮詢員澄清個人對有關人和組織的價值、需求、假設、和目標，說明諮詢的操作性定義，及評估自己成為一諮詢員所表現的技巧。

二、進入階段

敘述所呈現的問題，定義和建立諮詢的關係、角色、規則、及契約。

三、蒐集資料階段

使用傾聽、觀察、問卷、標準化記錄、面談、和團體會議等方式，蒐集資料，以澄清問題。

四、界定問題階段

將問題敘述轉換成徵詢者和諮詢員一致同意的目標敘述，使用評估的資料來決定所要改變的目標。

五、決定問題解決方法階段

分析、綜合資料，以腦力激盪寫下解決策略，及設定優先採行項目等方式，尋求解決目前問題的最佳方法。

六、敘述目的階段

建立在一預定時間內及特定條件下可完成和評量的結果。前面第四階段的目標敘述和第五階段的解決方法的敘述，在描述一般問題解決計畫，而此階段的目的敘述，則在描述詳細的計畫的結果。

七、計畫實施階段

依前述步驟完成的計畫內容，實施介入。計畫中告訴參與人員如何分工、工作項目、何時、如何、及預期的結果等。

八、評鑑階段

評估實施的結果是否達預定的目標，包括諮詢過程中的監控（過程評量，process evaluation），及諮詢最後結果的評鑑（結果評鑑，outcome evaluation）。

九、終止階段

諮詢評鑑後，達預期的目標，則終止和諮詢員的直接接觸，唯仍期望在此終止階段後，諮詢的效果持續下去。

貳・Brown與Srebalus的諮詢過程

Brown與Srebalus（1996）則把一般諮詢的過程分為六個階段：

一、諮詢關係

諮詢和諮商一樣，亦非常重視徵詢者和諮詢員雙方關係的建立，視建構一個信任、友善、溝通的互動關係是有效諮詢的基本條件。建立諮詢關係也用到助人關係常用的溫暖、尊重、同理心等助人的技巧。建構關係的內容包括：建立角色關係、承認問題解決的重要性、承諾盡心盡力追求問題的解決、及結束計畫。在角色關係上，諮詢員宜說明雙方是平等的，具合作的責任，避免徵詢者過於依賴諮詢員，強迫接受諮詢員的意見，而欠缺參與。

二、問題確定

蒐集當事人、徵詢者、及雙方互動的資料，加以評估，以確定問題。所蒐集的資料如下：

1.環境背景：可能影響目前情況的歷史變項。

2.行為背景：問題行為發生時的背景。

3.問題行為：當事人問題行為的正確描述。

4.觀察資料：當事人的系統的觀察報告。

5.個人特性：當事人的人格變項、智力、身體的損傷等。

6.處遇史：徵詢者已嘗試的計畫。

7.其他。

三、目標設定

一旦問題界定，接著即確定諮詢的目標。諮詢的目標包括：(1)以當事人為目標，如減少當事人的壓力，及增加當事人因應壓力的認知和行為的發展；(2)以徵詢者為目標，增進徵詢者未來處理類似問題的能力。目標的設置可做為引導當事人和徵詢者行為改變的方向。

四、策略的選擇與實施

目標選定後，諮詢員即應做成決定，選擇達成這些目標的策略，並付之實施。影響策略選擇的因素有諮詢員及徵詢者個人的喜好；諮詢正發生的環境；及當事人的期望。

五、成果評估

諮詢員也是一位科學家，在確認特定的問題及提出解決方法後，並應對實施結果做系統的評估。

六、結束諮詢

諮詢的結束可能發生在下列情況：目標已達成；徵詢者未做必須的委託；徵詢者和諮詢員雙方對當事人的目標無法達成一致；及當徵詢者所需的協助是不合倫理及違法時。

在比較上述兩人所提出的諮詢過程，可發現二人所劃分的階段有異曲同工之妙，這些有組織、有系統的步驟，可做為諮商員在學校中進行諮詢服務的引導。

參・個案諮詢的實例

筆者茲以Brown與Srebalus所述的諮詢過程，說明兩個利用「行為改變技術」，進行諮詢的實例：

例一

教師及家長參與兒童的輔導方案有下列優點：(1)家長是輔導兒童有價值的資源，可提供有力的正、負增強物；(2)家長參與其子女的輔導計畫，諮商員與親、師行動取得一致，可讓兒童瞭解大人的決心，使兒童的行為不敢隨便；(3)家長瞭解學校對兒童的關心與付出；(4)家長協助監督兒童行為，助益落實行為改變方案於日常生活中；(5)提升家長及教師的輔導知能；(6)增進諮商員與親、師的溝通。

Fairchild（1985）曾設計一個「家庭與學校合作的代幣制」，諮商員做為諮詢員，為兒童的問題行為設計「代幣制」的行為改變方案，邀請兒童的教師、家長一起參與、合作，共同解決兒童的問題。此諮詢方案的實施過程如下：

(一)諮詢關係

本案例是一位小學教師徵詢學校諮商員如何處理學生的不專注行

為，於是諮商員與教師會談，蒐集學生問題行為的有關資料。

(二)問題確定

小春是小學三年級學生，其問題行為是在個別的數學作業練習時間不專注，無法按時完成。

諮商員查閱有關資料，顯示教師所分派的數學作業的份量與難度與其能力及數學技巧水準相當，唯沒有教師的監控，小春不會控制時間，也沒有動機去完成規定的數學作業。一個月的基準線評估資料顯示，每週的數學作業平均只完成一個，未達半數。

(三)目標設定

本個案諮詢所設計的行為改變方案的目標行為是個案在個別的數學作業練習時間能獨立準時完成規定的每週的二至三個作業。

(四)策略的選擇與實施

諮商員在設計好「家庭與學校合作的代幣制」之後，應立即召集教師、家長開會，向他們說明計畫的內容、參與的方式、分配的任務，並獲得他們合作的允諾。

在親、師表達願意參與合作之後，即實施下列的代幣制：

1.規定給與代幣的時機為：(1)開始準備工作，如坐下、備筆、清理書桌；(2)開始作作業；(3)完成數學作業；(4)工作中，間歇性的給與代幣，以增強好習慣，維持專注力；(5)作業正確；(6)作業整潔；(7)作業迅速。

2.代幣的兌換方式為累積一定量帶回家換取獎金，因家長認為金錢對兒童是最有效的增強物。

(五)成果評估

諮商員以電話方式和家長、教師聯絡，評估方案的有效性。結果實施十週後，個案平均每週完成二個作業，接近目標行為。

(六)結束諮詢

本個案諮詢的目標已經達成，於是結束個案的諮詢。

例二（施顯烇，1999）

(一)諮詢關係

本案例是一位媽媽因為兒子的行為問題，徵詢心理學家處遇方式，於是做為諮詢員的心理學家與做為徵詢者的媽媽建立良好的諮詢關係。

(二)問題確定

諮詢員蒐集當事人及其與他人互動的資料，加以評估，以確定問題。

1.行為描述：來自母親對兒童的問題行為的描述如下：「每到吃飯的時候，小雄就會把全家弄得雞犬不寧。每兩、三分鐘他就會從椅子上溜下來，躲在桌子底下出怪聲或是拉人的腳，到廚房裡東摸西弄，還會打開抽屜把東西通通倒出來。如果我們硬要他坐在椅子上，他就會嚎啕大哭。我們怕他不吃飯會餓肚子，也怕他把廚房弄得天翻地覆，更怕他發生危險。每次他從飯桌溜開，我們一定也要暫時放下碗筷，花上一番捉迷藏的功夫，才把他帶回飯桌上。不管怎麼樣，他一定會把一家人弄得根本沒有心情好好吃一頓飯。」

2.觀察資料：為了對小雄的行為問題有深入的瞭解，諮詢員請徵詢者在家中用一週的時間，記錄下小雄三餐從開始吃飯到溜開飯桌的時間（此觀察資料亦可由諮詢員自己親赴問題行為發生的情境觀察記錄）。結果發現小雄一週來晚餐的時間平均用餐4分鐘就溜走了，而早餐和中餐則平均用餐時間是15分鐘。

3.行為背景：徵詢者描述吃晚餐時先生也在家用餐，夫妻常利用晚餐時間談話，每次談得正投機時小雄就開始搗蛋；而早餐和中餐時間則只有她和小雄在家用餐，對他可以專心照應。

諮詢者根據所蒐集的資料，確定小雄的問題行為原因是因為晚餐時父母只顧談話，忽略了他（前事）。他溜開飯桌，父母馬上注意和追逐，此不啻增強了他溜離飯桌的行為（後果）。

(三)目標設定

本個案諮詢的目標是當事人（小雄）在兩個月左右能安分的坐在椅子上用餐15分鐘以上，甚至吃完一餐飯後再離開。

(四)策略的選擇與實施

經由諮詢員對小雄的問題行為的「前事」和「後果」進行分析，最後徵詢者和諮詢員討論出來的輔導策略如下：(1)不理會他的搗蛋，即不再增強他的壞行為；(2)把廚房裡容易打翻打碎的東西收藏起來；(3)增強他坐在椅子上用餐的行為；(4)繼續記錄他坐在椅子上用餐的時間。

(五)成果評估

依據徵詢者所做的行為改變記錄資料的圖表，第一週是基準線階段，平均安分吃飯的時間是5分鐘；第二週沒多大進展，亦是5分鐘；第三週跳到15分鐘；第四週是18分鐘。到此時，幾乎是完全吃完飯才離開椅子。

(六)結束諮詢

本個案諮詢的目標已經達成，於是結束個案的諮詢。

第四節　學校中的諮詢服務

學校諮商員從事諮詢工作，是做為學生成長和發展的專業資源人士，接受教師、行政人員、家長等的諮詢。國內林美珠（2000）曾研究「國小輔導工作項目的需要性」，結果以「輔導老師與學生家長討論如何輔導其子女的問題」的需求性最高，「輔導老師與家長溝通」及「輔導老師與校內其他老師溝通和協調」次之，顯示學校諮商員在學校扮演諮詢員角色的需要性已獲大家的肯定。以下茲介紹學校諮詢服務的內容、諮詢員所需具備的能力。

壹・諮詢工作的內容

一、與教師的諮詢

在學校，教師與學生的接觸最多，最瞭解每一學生的個性、能力、興趣等特質，及他們的發展和適應的需求。因此，教師愈具有輔導知能，愈能立即有效的協助學生成長和適應。唯一般教師普遍欠缺輔導專業知能，在教育、輔導學生的過程中，難免遭遇困難而感到束手無策，此時學校諮商員扮演諮詢員的角色，協助教師專業成長乃為必須。

美國在1975年公布「殘障兒童教育法案」，俗稱94-142公法，規定殘障兒童教育儘量回歸主流，殘障兒童的家長有權要求學校為其殘障子女提供正確的診斷及適切處方的個別化教育方案。當教師在班級中面臨這些兒童的診斷與教學上的難題時，學校諮商員提供專業的諮詢是屬必要。

二、與家長的諮詢

家長和學校是兒童教育的合夥人。由於父母對兒童的成長與學習影響至鉅，故學校教育若能與家庭教育相配合，則學校教育的效果一定事半功倍。唯大部分家長均未接受親職教育的課程，欠缺輔導兒童成長與發展的理念，故當他們在教養子女而遭遇困難時，提供諮詢的服務就顯得格外重要了，此時學校諮商員的輔導專業知識與技術自然的就扮演了諮詢員的角色。

三、與行政人員的諮詢

學校行政人員指的是校長、主任、組長、職員等。學校的行政人員和諮商員的共同目標是兒童的健全成長和發展，此目標的達成有賴彼此雙方的通力合作。行政人員的計畫和政策的執行，均為達成此目標。唯行政人員對兒童的成長和適應未必具專業知能，此時具此方面專業知能的諮商員可做為行政人員的諮詢員，提供有關的意見，以供決策當局的參考。

茲列舉諮商員對教師、家長、行政人員所提供的諮詢服務的內容項目如表4-2。

表4-2　學校諮商員對教師、行政人員、家長所提供的諮詢服務項目

對教師	對行政人員	對家長
1.蒐集學生各項資料，提供教師瞭解個別學生的性向、價值觀、能力、興趣、健康、適應等。 2.在教學法上給予教師協助。 3.協助診斷、分析學習困難兒童的學習適應問題。	1.提供有關教育領導和組織系統的諮詢。 2.做為全校性教育評量方案的諮詢員。 3.協助鑑定具特殊需求的兒童。	1.蒐集學生各項資料，提供家長瞭解個別學生的性向、價值觀、能力、興趣、健康、適應等。 2.協助家長改變兒童的學習和行為問題。

對教師	對行政人員	對家長
4.協助教師瞭解學生的不同學習風格，發展適應個別差異的教材教法。 5.協助輔導適應欠佳兒童。 6.協助教師發展教室管理策略，建立良好的學習環境，促進班上學生的學習效果。 7.發展個別和團體的治療或處方計畫。 8.協助教師發展更有效的教學策略，促進學生的學習成效。 9.協助教師進行班級團體輔導活動。 10.協助教師發展生涯教育方案。 11.協助教師發展情緒教育方案。 12.做為校內外資源的轉介者，協助教師獲得資源人士和單位的協助。 13.協助教師進行在職教育研討會。	4.調查學生群體的特徵及需求，提供行政人員計畫教育活動的參考。 5.對學校實施的個別或團體教育活動提供意見。 6.對學校的生涯教育方案提供意見。 7.對學校的情緒教育方案提供意見。 8.協助行政人員獲得資源人士或單位的協助。	3.協助家長診斷及處方學習困難兒童的適應問題。 4.協助輔導適應欠佳兒童。 5.提供家長親職教育的知識和技能。 6.提供家長有關學校的輔導方案的資訊。 7.協助家長獲得資源人士或單位的協助。 8.協助家長進行親職教育成長團體。

貳・諮詢員應具備的能力

諮商員想要成為有效的諮詢員，必須讓徵詢者瞭解諮詢的價值，信任他們的能力，才會尋求協助。那麼諮商員要做為學校輔導工作的諮詢員，應具備哪些能力呢？茲列舉如下：

1.具備人類成長、發展和適應的知識，及此過程中的需求的知識。

2.具備班級經營的理論與技術的知能。

3.具備溝通能力，能與徵詢者建立接納、信任、瞭解的助人關係。

4.具備輔導與諮商知能，瞭解個體行為的前因後果，並能提出輔導策略。

5.具備學習理論的知識，並能應用到學習困難兒童的診斷與輔導。

6.具備特殊兒童心理與教育的理論與技術的知能。

7.具備評量的理論與技術的知能，並能使用評量於個體潛能的發展上。

8.具備團體動力學的理論與技術的知能。

9.具備目標管理方案的知識，能為一組織建立目標、目的、行動計畫、及所需的評量過程。

10.具備親職教育的知能，促進家長的親職教育。

11.具備發展及促進教師及父母團體成長的能力。

12.瞭解並能實施情緒教育的教材教法。

13.具備生涯發展及教育的知能。

14.瞭解學校內外的資源單位之性質與功能。

第五節　諮詢的優、缺點

壹・優　點

1.不只當事人受益，徵詢者亦獲成長。

2.滿足徵詢者求助的需求，解除他們心中的疑惑和難題。

3.充分利用專業人員的專業技術解決問題。

4.對某些個案，環境的改變往往是輔導成效的關鍵，此時，諮詢發揮了輔導的功能。

5.是親職教育的最佳方式之一。

6.校外輔導機構的諮詢服務，對欠缺專業諮商員的學校，提供另一種的求助方式。

7.強化徵詢者對當事人的責任。

8.擴大輔導的預防性及發展性功能。

貳・缺　點

1.一般人仍欠缺諮詢的概念、缺乏主動徵詢的態度、或不知何方可徵詢。

2.目前國內中、小學的諮商員是由教師兼任，是否具足夠的專業知能執行諮詢的任務，備受大家質疑。

3.諮詢員透過間接的服務，若未直接對個案的行為進行觀察與記錄，容易往往只憑片斷的資料，對個案的問題行為進行診斷和處方，可能會淪於未能真正深入瞭解問題。此種方式對嚴重的個案並不實際。

4.有些徵詢者在轉介個案給諮詢員後，即撒手不管。

5.徵詢外人的意見並不代表問題的實質改變，徵詢者需力行實踐諮詢員的意見，諮詢方具成效。

6.此領域主要仍依據心理評估和心理諮商的理論，尚需建立更多獨立的理論、技術、及研究。

摘　要

1.諮詢的一般定義是某一領域的專家給與徵詢者建議之意。輔導諮詢是與具問題行為當事人有關的徵詢者，為解決當事人的問題，請教諮詢者給與專業意見。是諮商員提供諮商服務之外的另一種替代的服務方式。

2.諮詢的主要特徵：涉及當事人、徵詢者、諮詢員三方關係；由徵詢者主動提出；諮詢員透過徵詢者間接輔導當事人；可增進徵詢者處理問題的能力。

3.諮詢與諮商的主要區別如下：前者與徵詢者接觸，後者與當事人直接接觸；前者徵詢者非以個人自身內在問題求助，是認知的，後者當事人以個人內在問題求助，是情感的，故較重視彼此信任關係的建立；前者強調徵詢者的解決問題能力及付諸行動，後者則強調當事人的解決問題能力及付諸行動。

4.諮詢的主要功能在：協助徵詢者解決當事人問題；徵詢者可獲自我成長；建立學校、家庭、和社區專業資源機構間的聯繫網絡；透過周遭環境的改善，協助解決學生問題，可讓更多學生受益，使輔導更具發展和預防功能。

5.可依諮詢者投入的程度將諮詢方式分為詢問資訊、尋求支持、尋求意見、尋求診斷與處方、協調合作、及接受轉介等。

6.諮詢有直接接觸當事人進行診斷再提供意見的「當事人中心個案諮詢」方式，亦有透過徵詢者蒐集資料再提供意見的「徵詢者中心個案諮詢」方式。

7.諮詢的「內容模式」是諮詢員提供解決特定問題的具體技術；「過程模式」是諮詢員提供徵詢者解決一般問題的技術。

8.諮詢是一問題解決的過程，其步驟包括：建立關係、蒐集資料、界定問題、設定目標、策略選擇與實施、評鑑階段、結束諮詢。

9.諮商員提供教師的諮詢服務項目有：學生評估、學習診斷與輔導、特殊教育、班級管理、適應欠佳學生輔導、生涯輔導、情緒教育、轉介、在職教育等。
10.諮商員提供行政人員的諮詢服務項目有：學生評估計畫、特殊兒童鑑定與教學、生涯教育課程和情意教育課程規劃等。
11.諮商員提供家長的諮詢服務項目有：子女評估、適應欠佳兒童輔導、特殊兒童診斷與教學、學習診斷與輔導、親職教育、轉介等。
12.諮詢有其優點，唯亦有其限制。

複習問題

1.試述諮詢的定義、特徵、功能、及優、缺點。
2.試述諮詢與諮商的異同。
3.試比較Kurpius,Caplan,Schien等人的諮詢模式。
4.小學諮商員可透過哪些方式實施諮詢服務？及實施原則？
5.試綜述諮詢的一般過程。
6.學校諮商員對教師、行政人員、家長可提供哪些重要的諮詢服務項目？
7.學校諮商員做為諮詢員的角色應具備哪些能力？

第五章　學生輔導資料的蒐集與運用

在國內中小學的輔導室中，設有輔導組、資料組、與特教組，分掌學校輔導工作的三大業務。由此可見蒐集、保管、及應用學生資料乃是學校輔導工作的重要業務之一。本章主要在說明學生資料的價值、學生資料的種類、學生資料的蒐集方法、及如何保管和應用學生資料。

第一節　學生輔導資料的價值

學校蒐集學生的各項資料，可提供教師、輔導人員、及行政人員應用，達成教育和輔導學生成長與發展的目的。學生輔導資料對學校教職人員的價值如下：

壹・在教師方面

教師蒐集學生的能力、性向、興趣等資料，可深入瞭解每一學生的個別差異，做為因材施教的依據。尤其從事特殊兒童教育的老師，更重視蒐集特殊兒童的身心特質資料，以進行學習的診斷、分析，進而設計個別化教育方案（IEP），達成因材施教的目的。一般教師亦蒐集學生的家庭社經、文化背景、居家環境、及身心特質……資料，以瞭解學生偏差行為的原因，進而提出適當而有效的輔導策略。

V. F. Jones與L. S. Jones（1990）特別強調學生資料在教師與家長晤談上的價值：(1)教師備妥各種學生資料，使家長對老師的用心印象深刻；(2)學生資料直接證實了教師的專業能力；(3)學生資料可使親、師的討論更具體、客觀；(4)學生資料的呈現，可減少親、師間因對兒童的觀點不同，而產生爭論；(5)學生資料亦提供教育人員保護，可預防教師被指控為放任學生、誇張學生問題、或挑剔學生。

貳・在輔導人員方面

輔導人員進行問題學生的個案研究時，需廣泛蒐集學生的各項資料，綜合各種的資料，進行個案問題行為的分析、研判，以確定問題行為的原因，進而提出輔導策略。美國1975年的殘障兒童教育法案（94-142公法）要求提供殘障兒童適當的服務，責成心理輔導人員透過心理的評估決定適當的服務。於是心理輔導人員需透過心理測驗、觀察記錄、晤談等方式，蒐集學生資料，評估鑑定學生能力，以及提出合適的個別學生的教育計畫（即IEP）。

參・在行政人員方面

學校行政人員，從全體學生資料所顯示的學生能力特徵、身心發展特徵、問題行為特徵……訊息，訂定學校的訓導、教務、課程、輔導，及特教計畫，以滿足全體學生的教育、輔導需求，解決學生的問題。

第二節　學生輔導資料的種類

既然學生資料具相當的價值，教育人員就有必要蒐集學生的資料。那麼到底要蒐集學生的哪些資料呢？

1.身分資料：包括學生的姓名、性別、出生日期、身分證字號、住址、戶籍、血型、年級、班別，電話、緊急聯絡人及電話……。

2.家族概況：包括父母的姓名、教育程度和職業、監護人的姓名和住址、手足、產序、父母婚姻狀況、家庭氣氛、父母管教方式、居家環境、社經狀況……資料。

3.健康資料：包括身高、體重、視力、聽力、身體特徵、體能、精神狀況、疾病史、身體缺陷……資料。健康資料大部分由學生家長填寫或護士建立，儲存在健康中心，輔導人員或教師若需要時，可查閱，以瞭解學生的身心狀況與行為的關係。

4.心理測驗資料：包括智力、認知、性向、知覺或感覺、成就、興趣、人格、適應行為……標準化心理測驗的資料。

5.學習狀況：包括學業成績、最喜歡科目、最討厭科目、學習行為、休閒興趣、特殊才藝、參加各項競賽成績、出缺席狀況、未來的計畫……資料。

6.生活適應：包括生活習慣、人際關係、違紀行為、教師評語……資料。

7.輔導資料：包括教師平日對學生的個別或團體輔導所做的記錄資料。

目前我國各級學校，均設計有「學生綜合資料」的電腦檔，有系統的蒐集學生上述的資料，由一年級導師建立，隨學生的年級愈高，所累積的各項資料愈完整。教師平日建立各生的綜合資料，隨時查閱，增加對各生的瞭解。

由於綜合資料是經年累月的累積記載，故常隨學生的轉班、轉學、升學而轉移。

累積記錄資料的優點：(1)資料內容簡潔扼要、項目充足，方便教師隨時查閱，以瞭解班上每位同學；(2)資料是縱貫連續的，可看出個別學生的成長過程及生活史；(3)資料來自不同評定記錄者及不同評量層面，易對學生形成綜合、統整、客觀的瞭解。目前此表是國小所建立的最正式、最實用、最完整的學生資料。唯其缺點：消極性資料容易引起新教師對學生產生「自我應驗的預言」、「標籤效應」，故教師填寫時頗感棘手。

第三節　學生輔導資料蒐集的方法

學生資料的種類繁多，那麼要如何來蒐集各種不同的資料呢？教師或輔導人員可透過下列方式蒐集學生的各種資料。

壹·標準化心理測驗

一、何謂標準化心理測驗

標準化心理測驗和一般測驗的區別在哪裡呢？標準化心理測驗大多由心理測驗和統計專家花費大量的時間、金錢、及精力編製而成，它非常講究測驗的信度、效度、施測客觀、評分客觀、及常模參照解釋測驗結果。相對的，一般測驗由教師或其他人員依其不同需要，編成題目，以蒐集特定的資料，如教師自編測驗。其既未經信、效度的考驗，亦不講究施測及評分的客觀，更未建立對照的常模來解釋測驗分數。

標準化的心理測驗是一種客觀、可靠、科學的評量工具，學校常用來評估、蒐集學生的各種心理特質資料，以深入瞭解學生。學校所實施的標準化心理測驗包括：智力測驗、認知測驗、成就測驗、性向測驗、興趣測驗、人格測驗、適應行為量表、生涯發展量表……工具。

目前各級學校輔導室為蒐集學生此方面的資料，在年度計畫中，均有列出心理測驗實施計畫。如在一年級實施CPM（瑞文氏彩色圖形智力測驗），以篩選智力異常兒童，並建立全校新生的智力測驗資料。

二、標準化心理測驗的種類

心理測驗的種類包括：智力、性向、興趣、人格、成就、診斷、其他等。目前國內中國行為科學社、心理出版社、正昇教育科學社等各出版社所出版的擁有版權的心理測驗目錄，可提供有關人員選用心理測驗的參考。

三、標準化心理測驗的實施

(一)施測人員：一般由具備心理測驗專業知能的輔導人員實施。唯依心理測驗實施的複雜程度及專業程度，可由不同人員來施測。較複雜及較專業的個別智力測驗、投射測驗等，需由心理測驗專家施測；較一般的成就測驗、團體智力測驗等，則可訓練教師協助施測。

(二)施測環境：施測人員要負責布置一個助益受試者有效表現的受測環境。此環境的物理特徵：(1)室內佈置素雅，莫以五花八門的裝飾分散學生的注意力；(2)燈光合適；(3)空氣流通；(4)座位舒適；(5)座位空間充足；(6)環境安靜。此環境的心理氣氛：(1)輕鬆的；(2)信任的；(3)舒適的。

(三)施測過程

1.選用工具：施測者選用適合目的、適合受試者及自己勝任的測驗工具。

2.熟悉步驟：施測者要精熟實施步驟。若委由教師施測，要對教師施予講習會，並演練施測步驟，直至精熟為止。

3.布置環境：測驗環境及施測工具均應事先安排妥當。

4.實施過程：施測人員要確實按照實施手冊的步驟進行，不可隨意增刪步驟。注意事項：(1)施測人員的衣著要素雅，避免過多裝飾分散了學生的注意力；(2)態度要溫和的、中性的、無判斷的、無偏見的；(3)避免鼓舞或單調而無生氣；(4)不可對於受測者的答案，提供了臉部表情、語言、或姿態的對或錯的反應線索。

施測過程中，若安排多種測驗一次施測，宜先安排受試者感費力費時的測驗（如智力或成就測驗），後安排較不費力費時的測驗。

5.客觀記分：嚴格的依實施手冊的記分標準評分。

6.結果解釋：統計分數，解釋測驗的結果。

四、對心理測驗的批評

過去四十年來，大眾對心理測驗的褒貶不一，使心理測驗的使用搖擺不定。1950年代，心理測驗在學校的使用普受鼓勵，廣為應用在學校領域。然而1960年代，一般大眾對其使用產生爭論，尤其是智力測驗的使用，被批評為對學生貼標籤及偏見。一般對心理測驗的批評如下：

1.侵犯隱私：尤其在智力和人格測驗方面，揭露個人內在的隱私。

2.文化偏見：智力測驗以前是為個人、中產階級而編製，對少數民族及文化不利兒童不公平，導致對他們形成偏見。智力測驗常主張智力是天生的、固定的，如此對這些文化偏見的兒童形成負面形象。

3.物化人性：心理測驗以分析及數量，測量行為的特性，其方式物化人類行為，疏離人性化。

4.斷章取義：只依一測驗結果，解釋人類行為，對個體行為的解釋，有斷章取義之嫌。

5.違反倫理：不具專業資格者應用心理測驗，違反了專業倫理。

6.理論分歧：許多心理測驗對行為的架構、特性，其理論始終未達共識，專家們對人類行為的界定未有共識，如何能達科學的評量、鑑定、與分類人類行為。

7.鼓勵順從：心理測驗常建立常模，做為比較的標準，等於是鼓勵順從社會的一般標準，忽視個體的獨特性。

基於上述的批評，目前在心理測驗的使用上，建議下列的態度：

1.不過度膨脹其功能，亦不消極否定其功效。

2.對其功能持保留態度，小心的使用。限制具專業能力者，使用其勝任的心理測驗。

3.編製更嚴謹、更具信、效度的心理測驗。

4.綜合其他資料，統整解釋其結果。

5.做為個人的參考資料，不做為機構人員甄選的決定（如升學、就業）工具。

6.強調個人的優點勝於凸顯其缺點。

貳・觀察法

觀察是瞭解他人最自然及普遍的方法。我們每天都在非正式的觀察及分析別人的行為；相同的，我們每天也都是別人非正式觀察和分析的對象。此種非正式的觀察，並未有計畫、有目的、有系統的進行，其缺點：(1)容易失之主觀論斷，缺乏客觀依據；(2)當回憶過去所見所聞，事過境遷，往往產生捕風捉影，影響觀察的正確性；(3)每位觀察者個別差異大，雖看同一對象，會產生不同的觀察結果。

鑑於非正式觀察的欠缺客觀性及正確性，教師或輔導人員從事以觀察法蒐集學生資料時，應講究更有系統、有目的、有計畫的進行正式觀察。此即所謂的「觀察法」。故觀察法（observational method）是指在自然或控制的情境下，根據既定的目的，對個體的行為做有計畫、有系統的觀察，並依觀察的記錄，對個體的行為做客觀的分析和解釋。

一、觀察法的類型

郭生玉（1981）認為依「觀察的情境」可分為「自然觀察法」與「實驗觀察法」。依「觀察的結構性」可分為「無結構性觀察法」與「結構性觀察法」。依「觀察者與被觀察者的關係」，可分為「參與觀察」與「非參與觀察」。此外，依「觀察者」親自觀察或透過教師、家長、及其他教育人員來觀察，可分為直接觀察（direct observations）和非直接觀察（indirect observations）。

(一)自然觀察法與實驗觀察法：自然觀察法是在真實的情境中進行行為的觀察和記錄；實驗觀察法則是在實驗控制的情境中進行行為的觀察和記錄。在學校輔導工作中，較少採用實驗觀察法，較多的是在自然情境中觀察記錄學生的行為資料。

(二)結構性觀察與非結構性觀察：結構性觀察是指根據事前所訂的目的，依一定的觀察程序，使用結構性的觀察工具，從事觀察與目的有關的行為。相較之下，無結構性觀察就比較沒有明確目的、觀察程序、及事先設計好的觀察工具（郭生玉，1981）。無結構性觀察大都在自然情境下進行，優點是富彈性，缺點則是由於未事先設計，易失之於資料的不正確。結構性觀察法，其優點是觀察目標明確；觀察時間和進行程序具體；觀察結果客觀記錄。一般在教育輔導上，大多採取結構性觀察法蒐集學生資料。

(三)參與觀察與非參與觀察：參與觀察是觀察者一面參與被觀察者的活動，一面在他們毫不知情的情況下，進行觀察記錄。其優點是由於被觀察者未覺知自己被觀察，故所蒐集到的資料較具真實性；唯其缺點則觀察者一面要參與活動，一面要觀察記錄被觀察者的行為，一心二用，難免影響觀察記錄的品質；且觀察者可能由於投入參與活動中，而失卻觀察的客觀性。

非參與觀察是觀察者只扮演旁觀、記錄行為的角色。優點是全心全意從事觀察記錄工作；缺點則是當學生覺知自己處於被觀察狀態中時，所獲資料將失去真實性。

在教育輔導中，教師或輔導人員有時採參與觀察，在與學生的互動中，觀察記錄他們的行為；有時則是從冷眼旁觀中記錄學生的行為。

二、觀察記錄的方式

上述觀察法的觀察所得，應加以記錄、保存，使資料歷久彌新，俾日後參考應用。觀察記錄的不同方式如下：

(一)行為資料記錄法

在進行「行為改變技術」的輔導方案時，常需在輔導的前、中、後觀察記錄學生的行為資料，以做為輔導效果判斷的依據、及反省改進輔導方法的參考。行為資料的種類及記錄方法如下：

1.次數資料：選定一段時間，在此時間內觀察、記錄特定行為發生的次數。如上課亂講話的次數；一週內打架的次數；自閉症兒童每天撞頭的次數等。記錄時，一般以「卌」或「正」來劃記，或以計數器記錄行為次數（參閱表5-1）。

2.時間資料：選定一特定行為，記錄此行為發生時持續或延宕了多少時間。如上課專注的時間；每日吸拇指的時間；每日遲到的時間等。記錄時，一般以時鐘，手錶、碼錶、計時器等協助記錄持續或延宕時間的長短。

3.百分比資料；選定一特定行為，記錄此行為發生的數量，並計算它在行為總數量中所占的百分比。如數學作業做對題目的百分比。又如教師以「片刻的時間抽樣」（momentary time sampling），將一節課45分鐘分為十五個小段，每小段3分鐘，每3分鐘鈴一響，老師即觀察、記錄甲生是否上課亂走動。最後計算甲生走動六次，占十五個時段的四十百分比（參閱表5-2）。

表5-1 行為次數觀察紀錄表

學生：＿＿＿＿＿＿＿＿ 記錄日期：＿年＿月＿日至＿年＿月＿日
觀察時間：上國語課
觀察行為：未經教師允許即開口說話的次數

星期／劃記／日期	一	二	三	四	五	六	平均數
4月5日 ～ 4月10日	卌 // (7)	卌 (4)	卌 /// (8)	/// (3)	卌 / (6)	卌 (5)	5.5

表5-2 上課走動行為「片刻時間抽樣」觀察紀錄表

45分鐘	3	6	9	12	15	18	21	24	27	30	33	36	39	42	45
走 動	○	○	×	×	×	×	×	×	×	○	×	○	○	○	×

○代表走動；×代表沒走動
（取自施顯烇，1999，頁43）

4.等級資料：選定一特定行為，評估它的大小、強弱、嚴重性等級。如哭鬧行為的嚴重程度，可用從0～4分來代表，0分表示最不嚴重，4分表示最嚴重。

記錄資料時，宜先設計「行為資料紀錄表」，以做具體、客觀、且持續的記錄。茲舉例如表5-1、表5-2。

(二)軼事紀錄法

軼事紀錄法（anecdotal records）是輔導人員或教師在觀察到學生在某情境的重要事件後，立即對該生的行為用文字描述做簡明的記錄，記錄時主要對此事件的經過情形做事實的描述。事件故事性的描述內容包括：(1)行為發生的時間、情境、和經過；(2)行為者的反應，其他在局者的反應；(3)行為者所說的話，其他在局者對行為者所說的話；(4)行為者的動作、姿態、聲音、面部表情等。觀察記錄者對事件經過只作「客觀」的行為描述，不做個人「主觀」的論斷或價值批判。個人的意見可在評論欄中陳述。

一般軼事記錄表的格式，其內容包括三部分，即：(1)基本資料；(2)描述內容；(3)評論。

有關軼事記錄表的格式如表5-3及表5-4。表5-3一次只記錄一事件。表5-4則是累積記錄式，教師或輔導人員有計畫的針對某生的行為做持續的觀察記錄，一段時間後，即可從累積的軼事記錄表中，綜合發現該生的行為模式，確定需求諮商的學生。

表5-3　國小軼事記錄表

姓名：李小華	日期：4月5日	表次：1
班級：五年五班	地點：社會課	時間：11A.M.（第三節）
事件描述：王生今天在班上感覺好像吃錯藥了。她平常在班上相當活躍，上課熱心參與討論，當班上無人回答問題時，她往往會有反應。然而，今天她安靜沉默的坐在位置上。當上課的討論正陷入泥沼中，我如常的問她問題，但隱約的聽到她說：「他家的事！」，然後，幾乎聲淚俱下的說：「對不起，我不知道答案！」		
觀察者評論：王生平常在班上的表現聰明、活躍，今天的事顯示可能有某些事正煩惱著她，若能和諮商員晤談，將會有助益。 觀察者簽名：＿＿＿＿		

表5-4　國小軼事累積記錄表

姓名：＿＿＿＿　班級：＿＿＿＿

日期	時間	地點	事件描述	評論	觀察者

此方式的優點：(1)對觀察行為的詳實描寫，比客觀的量化評量資料更完整、逼真，栩栩如生，容易讓別人真實、深入的瞭解學生；(2)由長期、多方資料綜合瞭解學生的問題、人格；(3)提供明確的行為資料，供家長或其他人員客觀瞭解學生的行為。唯其缺點：(1)觀察記錄者難以

掌握學生的行蹤，致可能遺漏重要關鍵事情的記錄；(2)觀察記錄到的行為事件未必是代表性事件；(3)教師或輔導人員未必有時間進行觀察及記錄；(4)缺乏經驗的觀察記錄者，難免會主觀、過度解釋或錯誤解釋學生的行為。

(三)評定量表法

評定量表（rating scales）是將所欲測量的行為特質，編製成許多問題，由輔導人員或教師，針對所觀察對象在這些評定項目的表現，根據平日觀察所得，做程度等級的評定，使觀察者系統和客觀的觀察記錄學生的行為特徵。

設計評定量表的步驟如下（Gibson & Mitchell, 1981）：

1.決定目的：決定評定的對象是誰？觀察、評定的目的何在？如：為確認潛在的中輟生，設計早期發現中輟生的預防性評定量表，透過特定行為特質的觀察，找出可能的中輟生。

2.確認項目：依目的確認評定量表的適當標準或項目。目標應明確、清楚、簡明，可增加評定者的正確反應。這些標準或項目應是與觀察目的有直接關聯的、清楚的，可瞭解的、易觀察的、易評量的。如評定潛在中輟生的四個可能的標準或項目：(1)對學校的興趣；(2)與同學的關係；(3)與老師的關係；(4)因應問題的風格。

3.項目描述：對評定量表的標準項目做詳細的描述。如：

(1)對學校的興趣的標準項目是：①上課專心；②課堂的參與；③課堂的準備。

(2)與同學的關係的標準項目是：①與同學互動的次數；②與同學互動的性質；③同學對他的態度。

(3)與教師的關係的標準項目是：①與教師互動的次數；②與教師互動的性質；③對教師的態度；④教師對他的態度。

(4)因應問題的風格的標準項目是：①解決問題的技巧；②處理挫折和失敗；③工作習慣。

4.設計量尺：如分成四、五、六或七等級。一般設計成五或七個等級，唯若要避免評定時有趨中現象，則可設計成四、六或八個等級。

5.確定格式：決定整個評定量表的各部分，綜合組織成一評定量表。格式內容包括：學生基本資料、評定方式說明、項目內容、評定量尺、評定者簽名等。茲舉第一項標準項目評定「學生對學校的興趣」為例（參閱表5-5）。

表5-5　中輟生評定量表

姓名：＿＿＿＿＿＿ 班級：＿＿＿＿＿＿ 日期：＿＿＿＿＿＿	
一、對學校的興趣（請勾選你認為最適當的等級）	
(一)上課專心情形？	從不　極少　偶而　經常　總是 評論：＿＿＿＿＿＿＿＿ ＿＿＿＿＿＿＿＿
(二)課堂參與品質	從不　極少　偶而　經常　總是 評論：＿＿＿＿＿＿＿＿ ＿＿＿＿＿＿＿＿
(三)課堂參與次數	從不　極少　偶而　經常　總是 評論：＿＿＿＿＿＿＿＿ ＿＿＿＿＿＿＿＿
(四)課堂準備情形	從不　極少　偶而　經常　總是 評論：＿＿＿＿＿＿＿＿ ＿＿＿＿＿＿＿＿
	評定者簽名：＿＿＿＿＿＿＿＿

（取自Gibson & Mitchell, 1981, p. 117）

此方式的優點：(1)量表的編製容易、使用簡便、廣為適用；(2)評定項目具體、明確，增加評定者的客觀性；(3)可得量化分數，方便分數的相互比較；(4)分數可進行統計分析，做為研究工具。缺點：(1)評定者的主觀因素在所難免。每人所定標準可能不同，有人較苛、有人趨中（皆評中央的等級）、有的較嚴，影響評定結果；(2)評定者對評定項目的定義不同時，可能失去評定的客觀性；(3)評定者未長期、詳細觀察受評者，或受到受評者最近事件的影響，會影響評定結果的正確性。

使用此方式的注意事項：(1)輔導人員在選用評定量表時，應對內容有清楚的界定，避免不同評定者，因對評定項目的定義不同，而使評定的結果有異；(2)所評定的特質是可觀察得到的；(3)評定者對受評者有相當的瞭解，評定結果才會正確；(4)評定前評定人員宜接受訓練，對量表內容項目達一致的意見才進行評定，以提高此法的正確性。

(四)檢核表法

檢核表法（check lists）是將所欲檢核出來的若干個人特質的形容詞（如：活潑的、用功的、自信的、自卑的……）列舉出來，由教師、家長、或輔導人員就平日對學生的觀察印象，選出適合描述該生的項目，數目不限，此方式與評定量表的不同是檢核者不需指出各項檢核出的特質的等級程度或水準。檢核表的內容包括：基本資料、填答說明、檢核項目、評論、及填答者簽名。茲舉一檢核表的例子如表5-6。

此方式的優點：(1)應用廣泛，不只檢核一般學生的人格特質，亦可做為特殊兒童（如：智能不足、資優、情緒障礙，學習障礙……）的篩選工具，只要依特殊兒童特質的理論，設計檢核項目，即可檢核出具有特殊兒童條件的學生；(2)編製容易、填答也容易。其缺點則是對文字（特質的形容詞）語意概念的瞭解會有個別差異，易陷於主觀認定，使評定結果失去客觀的準確性。

三、觀察分析的原則

Gibson與Mitchell（1981）指出，觀察分析學生行為需注意下列的原則：

1.一次只觀察一個當事人（client）：在諮商情境中，注意當事人可能有意義行為的可觀察的細節。

2.設定觀察特定的標準：先設定觀察目的，觀察符合此目的的個體的特性。如：觀察目的是一學生與成人的關係，基於此目的，符合此目的的觀察的特定標準（特性）是此生與老師的互動情形及與父母的互動情形。

3.觀察應持續一段時間：到底觀察多久或多少次才是適當的，雖無定論，唯要建立觀察的可信度，需有足夠的觀察時間和次數。偶而一次的觀察結果，是極不足於去確定這是個體的行為特性。

表5-6　行為異常兒童檢核表

學校＿＿＿＿＿姓名：＿＿＿＿＿性別：＿＿出生日期：＿＿年＿＿月＿＿日
班級：＿＿年＿＿班　座號：＿＿填答日期：＿＿年＿＿月＿＿日
填答說明：請依平日對學生的觀察所得，對照下列行為特質，學生若有該項行為特質，請在該特質前的小方格（□）中打✓，打✓的項目數目依實際情形，並無限定。謝謝！

外向性行為：	偏畸性行為：
1.□逃學	1.□咬指甲
2.□偷竊	2.□吸手指
3.□打架	3.□尿床
4.□說謊	4.□發出怪聲
5.□暴躁易怒	5.□吸食藥物
6.□逃家	6.□吸煙
7.□恐嚇	7.□喝酒
8.□勒索	8.□肌肉抽動
	9.□搖頭
內向性行為：	10.□撞頭
1.□過度害羞	11.□口吃
2.□過度緊張	12.□強迫性行為
3.□過度依賴	13.□神經質
4.□退縮	14.□恐懼
5.□自殺行為	15.□常做惡夢
6.□愛哭	
7.□懶惰	

評論：＿＿＿＿＿＿＿＿＿＿＿＿＿＿＿＿＿＿＿＿
＿＿＿＿＿＿＿＿＿＿＿＿＿＿＿＿＿＿＿＿
＿＿＿＿＿＿＿＿＿＿＿＿＿＿＿＿＿＿＿＿

填答者：＿＿＿＿＿

4.在各種自然情境中觀察當事人：自然行為最可能發生在自然情境，這些自然情境不外乎學校、家庭、附近地方、和喜愛的休閒場所等，個體在不同自然情境表現最自然的行為。輔導人員或教師在學校的教室、餐廳、走廊、遊戲場……自然場所，觀察學生行為的特性，及行為與環境的因果關係。

5.從整個環境背景中觀察當事人：觀察當事人，要避免只重當事人一方，而忽略了瞭解引起當事人此種行為方式的當事人所處的環境因素及當事人如何與環境互動。如我們可能只觀察到李小華每次上數學課很愛哭，但未注意到她鄰座的王小皮和林小黑每次上課都嘲笑她。我們只觀察到結果，未注意原因。

6.觀察的資料應與其他資料統整：當事人是一整體，我們應整合所有來自觀察所得的印象，及當事人的其他適當的資料，才能對個體有一統整的瞭解。助人的專業人員所用的個案研究（case study）技術，即在輔導前蒐集個案四面八方的資料，綜合瞭解個體，再診斷分析個案問題行為，並提出處方。

7.觀察應在良好的條件下實施：包括良好的觀察位置；足夠的觀察時間和次數；沒有干擾或分心。態度上，對當事人沒有偏見、沒有任何預期行為的投射、沒有允許一特質去預測另一特質。從心理和身體的觀點去觀察是同等重要的。注意另一種型式的偏見可能發生，即當個體覺知自己處在被觀察之下行為的改變。

此外，Slater與Thomas（1983）建議下列的觀察原則：

1.客觀性：訂定明確的觀察目標行為，有助觀察的客觀性。觀察報告避免主觀敘述的內容。

2.記錄非語言行為：這些行為包括：怪癖、生理特徵、與人的互動方式、表情、姿勢等。觀察者不可忽視這些行為的觀察與記錄。

3.綜合多方蒐集的資料後，進行解釋：如此可避免解釋的偏差。切忌一面觀察記錄，一面即做出解釋，容易產生錯誤的解釋。

4.重複觀察：如此可更正確的獲得具代表性的典型的行為。

5.避免觀察者的偏見：有經驗的輔導人員會儘量避免掉入觀察的偏見，以免違反客觀觀察的過程。

6.觀察記錄所有行為：在專注於一項行為的觀察記錄後，亦需注意其他重要行為，方能對行為做統整的解釋，對個人做完形的瞭解。

7.統整累積的觀察資料。

8.在各種不同情境中進行觀察。

參・晤談法

一般人的觀念：「要獲得任何人的什麼資料，就直接去問他們」。因此，晤談法（interviewing）是有關人員瞭解學生最常使用的方法之一。此法是晤談者與晤談對象以面對面的方式，就某一選定主題，引導被晤談者說出客觀的事實或主觀的看法等資料。

一、晤談法的種類

一般將晤談法分為結構式晤談法（structured interview）和非結構式晤說談法（nonstructured interview）兩類。

(一)結構式晤談法：又稱引導式晤談（directive interview）。晤談者在晤談前，把欲蒐集的資料以問題方式先設計成一份格式，晤談時以此格式的問題，逐題請被晤談者回答。Gibson與Mitchell（1981）指出，結構式晤談不只能獲得特定的資料，深入的探索對方的行為或反應，且能在特定控制的情境下觀察對方。例如，輔導員透過評定量表或其他資料確認一些潛在退學的學生，他決定與這些學生進行個別的結構式晤談，目的在於進一步探索這些學生的個別的教育和生涯計畫，及他們對學校的觀點和態度。依此目的，輔導員事先擬訂晤談的問題如表5-7。

此法的優點是：(1)有明確的目標、範圍、和方向；(2)能具體蒐集到所欲的資料。缺點則是：(1)被晤談者一直處在被動回答的地位，所回答的答案難免較表面而不深入；(2)過程僵硬，缺乏彈性；(3)此法費力費時，不易大規模實施。

(二)非結構式晤談法：又稱為非引導式晤談（nondirective interview），晤談的內容未事先擬定，晤談時晤談者問一些開放性問題，由被晤談者自發的、充分的自由發揮。此法的優點是：(1)能彈性的依被晤談者的方向，自由選定主題；(2)每一主題均可深入探討，且有疑問時，能當面澄清。缺點則是：(1)費力費時之後，猶可能未蒐集到所需資料；(2)由於費力費時，故只能小規模的實施；(3)對焦慮的學生，在非結構式晤談的情境中，他們難以主動、持續的反應。

表5-7　結構式晤談問題

學校：＿＿＿＿＿＿ 班級：＿＿年＿＿班 姓名：＿＿＿＿＿＿ 日期：＿＿年＿＿月＿＿日
1.輔導員先說明晤談的目的、如何進行晤談、及說明輔導員會回答任何問題。
2.首先，請你告訴我，你今年的學校生活如何？
3.今年的學校生活中，最好的事情是什麼？
4.在學校的生活中，你最不喜歡的是什麼？
5.放學後，你的時間是怎麼安排的？
6.你可曾想過退學？如果被退學，你將計畫做什麼？
7.你認為學校該怎麼做，你會覺得它更有趣？
8.讓我們談一些你的未來——能否談一談你未來的工作或生涯計畫？你選擇此生涯的理由是什麼？你計畫如何達到此目標？
9.你有任何想問我的問題嗎？你有任何想表達的意見嗎？
10.結論。

（取自Gibson & Mitchell, 1981, p. 136）

總之，兩種方法各具優、缺點，晤談者在選用時，依所欲蒐集的資訊種類及學生特性，決定採取哪種方式。例如，對一欠缺語言技巧或主動合作的學生，結構式是較保險而有效的方式。當然，綜合應用兩種方法，一方面蒐集特定資訊，另一方面允許兒童自發反應，可能是更理想的。

二、晤談法應注意事項

1.建立溫暖、友善、自然、信任的晤談氣氛。信任是晤談成功的保證，建立兒童坦白反應的晤談氣氛是晤談者的責任。避免晤談情境引起當事人的焦慮，告訴兒童，若他需如廁、休息或喝水，隨時告知。諮商中建立良好關係的技巧適用於個別晤談中。

2.晤談中，是否錄音、錄影、或記錄，應徵求被晤談者的態度，以免引起對方反感。晤談後，應立即將晤談內容及個人感想詳為記錄下來，列為資料保管。切忌一段時日後再追憶記錄，難免捕風捉影，難保記錄的詳實。

3.晤談地點講求舒適、隱密，使被晤談者能暢所欲言。

4.晤談中除了專注於對方的語言內容，亦觀察其非語言行為，如合作態度、焦慮、主動或被動、人際互動特徵等，並加以記錄。兒童若有退縮或沈默行為，莫用強迫方式蒐集資料，否則將導致兒童的疏離行為。晤談者可視這些人際互動行為反應為另一種瞭解兒童的資訊。

5.教師和輔導人員除了晤談學生本人外，亦約談家長或兒童的重要他人，以多方蒐集兒童的資料。

6.發問的問題儘量採開放式，能引導討論的題目，而非只是問是或否答案的問題。

7.終結晤談前，宜給予對方問問題的機會，或做最後的評論。

此外，本書第十四章中所介紹的各種諮商技術，部分亦適用於個別晤談當中，讀者在使用晤談法蒐集資料時，亦可參酌選用。

肆．寫作法

寫作不只是傳達知識的工具，更是自我反省、表達情感、發揮想像、及宣洩情緒的途徑（Brand, 1987）。寫作法是讓兒童透過寫作自傳、日記、我的觀點、自我的描述、我和家人、及語句完成……方式，陳述個人的生活史、家庭、興趣、性向、情感、嗜好、休閒、思想、信仰、態度、交友、煩惱、及未來……項目，蒐集學生的個人資料，藉以瞭解學生。

一、自傳

人類均有表達自己觀點的興趣，基於此天性，讓當事人寫自傳是一種相當普遍的蒐集個人資料的方式。自傳（autobiography）是讓個人書寫自己的生活史及對這個世界的知覺。

(一)種類：自傳可分為下列三種型式：

1.主題式自傳：根據所欲蒐集的資料，預先擬定蒐集的主題，引導學生按這些主題來寫自傳。一般大、中、小學的自傳均採此方式，蒐集所欲的資料。這些主題包括：

(1)過去生活史：包括身世、幼年時代、健康情形、影響自己最大的人或事件、快樂或痛苦的經驗。

(2)家庭生活：包括與父母、兄弟、姊妹間的關係，在家中最感困擾的問題。

(3)學校生活：包括求學經過、最喜歡的科目、最討厭的科目、學校生活中最感得意及困擾的事情。

(4)交友情形：包括最常在一起的朋友，不喜歡接近的人。

(5)興趣、休閒活動。

(6)未來的志願：包括未來的職業、生平的抱負。

2.年代序自傳：引導學生按年代順序來寫作自傳。

(1)學前階段：包括家人、居住地方、重要事件、朋友。

(2)學校階段：包括小、中、大學時代的老師、同學、重要人物、喜歡和不喜歡的科目、重要事件、興趣與休閒、關心事情。

(3)目前的我：住址、工作經驗、家人和朋友、重要事件、休閒和嗜好、興趣、關心事情。

(4)未來計畫。

3.填空式自傳：用填空方式，對象是尚無法寫作完整文章的低年級小學生。其內容舉例如下：

(1)基本資料：如姓名：______班級：______籍貫：______省（市）______縣（市）……資料。

(2)家庭概況：如

・你家有____人，有哪些人？________________

・你的爸媽在哪裡工作？爸爸________媽媽________

・他們擔任什麼職務？　爸爸________媽媽________

(3)你和兄弟姊妹相處得怎樣？____

(4)個人生活：如：

・你最高興的事情是什麼？________________

・你最煩惱的事情是什麼？________________

・你最喜歡的科目是____________________

・你最感困難的科目是__________________

(5)將來希望：如：

我希望將來________________________

原因是：＿＿＿＿＿＿＿＿＿＿＿＿＿＿＿＿＿＿＿＿＿＿＿＿＿

總之，這些自傳的方式，其內容均可由教師或輔導人員依實際的需要，加以設計其內容，本文所舉內容，僅供參考。此外，自傳屬個人秘密資料，教師或輔導人員在讓學生寫自傳時要向學生保證，會以秘密方式保存，不會任意示人。

(二)優、缺點

寫作自傳的優點：(1)學生在寫作的過程中，重新反省思考自己過去、現在、和未來的一切，如家庭、生活經驗、情感、面對的問題、及未來的人生……，促進自我的瞭解及定位；(2)使輔導人員或教師從當事人自述資料中，更加統整的瞭解每一學生，並依個別學生的需要，必要時提供協助。

缺點：(1)書寫者若「隱惡揚善」、或「草率交差」，未誠實撰寫，則諮商員或教師難以從零星的片斷資訊去瞭解學生；(2)學生若語文能力太差或無法正確的回憶過去生活經驗……，均會影響自傳的正確性及有用性。

二、日記

日記是兒童記錄每天的生活情形，所寫的內容往往是他們一天內所發生的比較特別、難忘的事件、及內心的感觸。教師批閱學生日記的功能：(1)從閱讀兒童的日記中，可瞭解他們的生活寫真、情感世界、和困擾問題，必要時，可隨時掌握輔導的機先；(2)教師在批閱學生日記的過程中，師生間產生情感的交流，具有類似信件溝通情誼的效果，建立師生情感；(3)若日記中有具特別意義的內容，教師可加以影印，以個人秘密資料妥善保管，做為進一步進行諮商的資料。

教師批閱學生的日記，具有上述的優點，唯其缺點則是：(1)教師工作負擔本已沉重，又要額外批閱學生日記，費力費時；(2)另有些學生只寫一行或兩行，只是把它當交差的任務，達不到日記的功能。若變成徒具形式，那不如停止不寫。

教師或輔導人員蒐集學生日記資料，宜注意事項：(1)批閱時應給學生回饋意見，達成雙向交流的目標。根據筆者的經驗，教師對學生回饋反應內容愈多，學生內在情感表露的內容也愈豐富；(2)日記是個人內心世界的表白，教師要尊重學生的穩私權，不應隨意公布日記的任何內容或訊息。

三、語句完成測驗

(一)定義與功能

「語句完成測驗」可說是一種簡便的人格投射測驗，其提供學生一些未完成的語句，讓學生以填空方式完成句子，教師或輔導人員從學生的反應中，可瞭解學生的心理。其功能：(1)瞭解學生對某些人、事、物的態度；(2)瞭解學生的行為組型；(3)瞭解學生的困擾問題；(4)瞭解學生的語文能力。

(二)測驗內容

當有關人員想使用語句完成測驗時，可依個人想瞭解的問題，自編問題。所編製的問題一般可分為七大類：(1)家庭生活；(2)學校生活；(3)自我概念；(4)生理健康；(5)人際關係；(6)休閒生活；(7)生涯規劃等。若每類編五個題目，即可編製一份35道題目的測驗。當然，有關人員可依自己的需要增減類別或題目。此外，題目的多寡和深淺的決定，亦依據學生的年級而定。由於語句完成測驗兒童需具備相當的語文能力才能填寫，故一般應用在小學三年級以上較為妥當。至於題目多寡和年級的關係，一般小學三年級約編15～20道題；四年級約編20～30道題，至於五、六年級則可編約30～40道題。玆舉「語句完成測驗」的實例如表5-8。

(三)使用時機

此測驗的使用時機：(1)教師新接一個班級，想立即瞭解每一個學生的狀況；(2)做為個別諮商前蒐集個案資料的工具；(3)發現適應困難的學生；(4)做為研究的評量工具。

表5-8　語句完成測驗

校名＿＿＿＿＿＿＿＿，班別＿＿年＿＿班，性別　男＿＿＿＿　女＿＿＿
籍貫＿＿＿＿＿＿＿＿，出生＿＿年＿＿月＿＿日，滿＿＿＿歲＿＿＿＿個月
測驗日期＿＿＿＿＿＿＿＿＿＿＿＿＿＿＿＿測驗者＿＿＿＿＿＿＿＿＿＿＿

各位小朋友！今天的測驗不是考試，這是個很有趣的語句完成測驗，你只要看見語句的意思，聯想到什麼就寫出來，不需要考慮，但是每一句都要寫完，不要空下來，不會寫的字，可以注音，如欲塗改，只要在要塗改的字上劃一條線即可，請在一節課的時間內寫完！

1.我喜歡＿＿＿＿＿＿＿＿＿＿＿＿＿＿＿＿＿＿＿＿＿＿＿＿＿＿
2.最快樂的時候＿＿＿＿＿＿＿＿＿＿＿＿＿＿＿＿＿＿＿＿＿＿＿
3.我想知道＿＿＿＿＿＿＿＿＿＿＿＿＿＿＿＿＿＿＿＿＿＿＿＿＿
4.在家裡＿＿＿＿＿＿＿＿＿＿＿＿＿＿＿＿＿＿＿＿＿＿＿＿＿＿
5.最好＿＿＿＿＿＿＿＿＿＿＿＿＿＿＿＿＿＿＿＿＿＿＿＿＿＿＿
6.使我生氣的是＿＿＿＿＿＿＿＿＿＿＿＿＿＿＿＿＿＿＿＿＿＿＿
7.人們＿＿＿＿＿＿＿＿＿＿＿＿＿＿＿＿＿＿＿＿＿＿＿＿＿＿＿
8.一個母親＿＿＿＿＿＿＿＿＿＿＿＿＿＿＿＿＿＿＿＿＿＿＿＿＿
9.我覺得＿＿＿＿＿＿＿＿＿＿＿＿＿＿＿＿＿＿＿＿＿＿＿＿＿＿
10.我最大的恐懼是＿＿＿＿＿＿＿＿＿＿＿＿＿＿＿＿＿＿＿＿＿＿
11.我不能＿＿＿＿＿＿＿＿＿＿＿＿＿＿＿＿＿＿＿＿＿＿＿＿＿＿
12.運動＿＿＿＿＿＿＿＿＿＿＿＿＿＿＿＿＿＿＿＿＿＿＿＿＿＿＿
13.當我年紀小的時候＿＿＿＿＿＿＿＿＿＿＿＿＿＿＿＿＿＿＿＿＿
14.別的小孩＿＿＿＿＿＿＿＿＿＿＿＿＿＿＿＿＿＿＿＿＿＿＿＿＿
15.我沒有能＿＿＿＿＿＿＿＿＿＿＿＿＿＿＿＿＿＿＿＿＿＿＿＿＿
16.將來的日子＿＿＿＿＿＿＿＿＿＿＿＿＿＿＿＿＿＿＿＿＿＿＿＿
17.我需要＿＿＿＿＿＿＿＿＿＿＿＿＿＿＿＿＿＿＿＿＿＿＿＿＿＿
18.我最棒的時候是＿＿＿＿＿＿＿＿＿＿＿＿＿＿＿＿＿＿＿＿＿＿
19.有時＿＿＿＿＿＿＿＿＿＿＿＿＿＿＿＿＿＿＿＿＿＿＿＿＿＿＿
20.使我痛苦的是＿＿＿＿＿＿＿＿＿＿＿＿＿＿＿＿＿＿＿＿＿＿＿
21.我恨＿＿＿＿＿＿＿＿＿＿＿＿＿＿＿＿＿＿＿＿＿＿＿＿＿＿＿
22.在學校裡＿＿＿＿＿＿＿＿＿＿＿＿＿＿＿＿＿＿＿＿＿＿＿＿＿
23.我是個很＿＿＿＿＿＿＿＿＿＿＿＿＿＿＿＿＿＿＿＿＿＿＿＿＿
24.唯一的困難＿＿＿＿＿＿＿＿＿＿＿＿＿＿＿＿＿＿＿＿＿＿＿＿
25.我希望＿＿＿＿＿＿＿＿＿＿＿＿＿＿＿＿＿＿＿＿＿＿＿＿＿＿
26.我的父親＿＿＿＿＿＿＿＿＿＿＿＿＿＿＿＿＿＿＿＿＿＿＿＿＿
27.我＿＿＿＿＿＿＿＿＿＿＿＿＿＿＿＿＿＿＿＿＿＿＿＿＿＿＿＿
28.我最大的憂慮是＿＿＿＿＿＿＿＿＿＿＿＿＿＿＿＿＿＿＿＿＿＿
29.我想成為一個＿＿＿＿＿＿＿＿＿＿＿＿＿＿＿＿＿＿＿＿的人。
30.這個測驗＿＿＿＿＿＿＿＿＿＿＿＿＿＿＿＿＿＿＿＿＿＿＿＿＿

（修改自台北市東門國小輔導室）

(四)優、缺點

此方式的優點：(1)實施容易，施測者不需特殊訓練；(2)可引發一般學生的好奇心，進而激起他們的填寫動機；(3)題項編寫容易；(4)實施者可依想調查的內容，自行編輯題目，蒐集所欲資料；(5)時間經濟。缺點則是：(1)有些學生作答時可能會有防衛心理，以致填寫完成的內容無法正確的反映他們內在真正的想法；(2)少數文字表達能力很差的學生，此方式無法讓施測者從文字反應中瞭解他們的心理。

(五)注意事項

教師或輔導人員使用此法時，宜注意下列事項：

1.告知學生不會寫的字，可用注音代替。強調老師重視的是意思的表達，而非語文的能力。

2.依投射測驗的原理，學生想塗改的部分是最直覺的反應，最真實的表達，也是最具價值的資訊。因此，請學生在填寫時，如欲塗改，只需在要塗改的文字上劃上一條線即可，以留下第一手的資料，做為施測者瞭解學生的有價值的參考資料。

3.觀察學生填寫時的反應，記錄下一些思考許久、遲遲不敢下筆、內容寥寥幾字的個別學生。此種學生未能坦誠無諱的作答，教師無法從其所填資料中瞭解他們，可將他們列為個別晤談的對像，從個別晤談中去蒐集他們的資料。

4.對於草率填寫、匆匆交差的學生，其所填內容毫無意義，唯其填寫測驗卷的態度可列為瞭解該生的參考資料。

5.題目不要太多，否則會讓學生寫得太累而心生厭煩。

四、命題作文

給兒童特定主題的作文題目寫作，從兒童的作文內容中，可瞭解他們的生活情況、人際關係、想法、態度、價值觀、苦惱……。這些題目如：我、我的家庭、我與家人、我的好朋友、我的煩惱、我的爸爸、我的媽媽、我的志願、……。此法可配合「作文課」實施，不但可讓兒童學習作文，而且可透過寫作的內容，瞭解每一學生，可謂一舉兩得，教師何樂不為。

伍・問卷調查法

相對於晤談法蒐集資料的費力費時，所謂問卷調查法，是把擬瞭解的問題設計在問卷上，以郵寄給每一學生填答，或集合全班一起填答的方式。教師或輔導人員一次即可獲得大量的有關學生的事實、態度、需求、意見、和價值觀等資料，省時省力。由於具備上述的優點，故此方式已廣為採用。

問卷的內容包含：(1)指導語：說明問卷調查的目的，及指導如何填答；(2)基本資料：填答者的性別、職業、年齡、教育程度……資料；(3)問題內容。

郭生玉（1981）提出問卷題目型式可分兩大類，即開放式問題和封閉式問題。

開放式題目如：你為什麼選擇現在所就讀的科系？請詳述原因：

封閉式問題如：上課時，你常私下做自己的事嗎？

□總是　□時常　□有時　□很少　□從不

開放式問題的優點是可蒐集到各類的反應，唯缺點是資料難以量化和解釋，且填答相當費時，往往易遭填答者排斥而拒答。相對的封閉式題目的優點是容易填答、資料易量化和解釋，唯缺點則是不易深入瞭解所要探討的事實，另有些填答者隨便勾選，卻不易察覺。故許多問卷均採折衷式，即包括了封閉式和開放式問題，以蒐集到更適當的資料。

陸・團體評量法

人是社會的動物，不能離群索居；而人際適應的良否，往往會影響個人的生活適應。因此，我們要瞭解學生的生活適應，有必要瞭解他們在團體中的人際關係。教師或輔導人員可使用「團體評量技術」（group assessment techniques）來瞭解團體情境中的個體，一般的技術包括社會計量法（sociometric techniques）、猜是誰技術（guess who technique）、和社會距離量表（social distance scales）。

一、社會計量法

社會計量法是研究團體結構的一種技術，亦即研究團體中友伴相互吸引與排斥關係的測量方法（吳武典，1978b），目的在增進個人瞭解自己在團體中的地位及友伴關係；輔導人員或教師可用此法來瞭解班級的團體結構，及學生在團體中被接納及被拒絕的適應情形。

(一)實施條件

此法使用時宜先考慮下列條件：(1)成員彼此間有相當的熟悉度，如至少彼此同班二個月以上。當然團體聚在一起的時間愈長，蒐集的資料愈有意義；(2)成員的年齡愈大，提供的資料將愈可靠；(3)團體大小適中時，所蒐集的資料較有效，通常以班級（約20～40人）人數為限。

(二)實施方式

此法的實施方式是教師或輔導人員設計「社交測量調查表」（詳如表5-9），此表格的內容是假設班上因為學習或其他活動，如：小組討論、上課座位安排、坐車旅行……，而需分組時，請問學生最喜歡的友伴及最不喜歡的友伴各列舉5位（3位或4位亦可），並說明原因。

(三)資料整理

可利用「社交測量資料統計表」（詳見表5-10）及「社會關係圖」（sociogram）（詳見圖5-1）來整理所蒐集的資料。

表5-9　社交測量調查表

台北市○○國小○年○班校外教學座位調查表 班級：__年__班　座號：________　姓名：________　性別：________ 學校舉行校外教學要搭公車到目的地	
你最喜歡和誰坐在一起？	最不喜歡和誰坐在一起？
1.________原因：________	1.________原因：________
2.________原因：________	2.________原因：________
3.________原因：________	3.________原因：________
4.________原因：________	4.________原因：________
5.________原因：________	5.________原因：________

表5-10　社交測量資料統計表

選擇或排斥（橫：座號／縱：座號）	1	2	3	4	5	①被選擇數	②被排斥數	①－②社交地位指數
1		○				1	○	1
2	○		○		○	3	○	3
3				○	×	1	1	○
4	×	×	×			○	3	−3
5				×		○	1	−1

○表示喜歡的選擇　　　　橫列為選人者
×表示不喜歡的排斥　　　　縱列為被選者

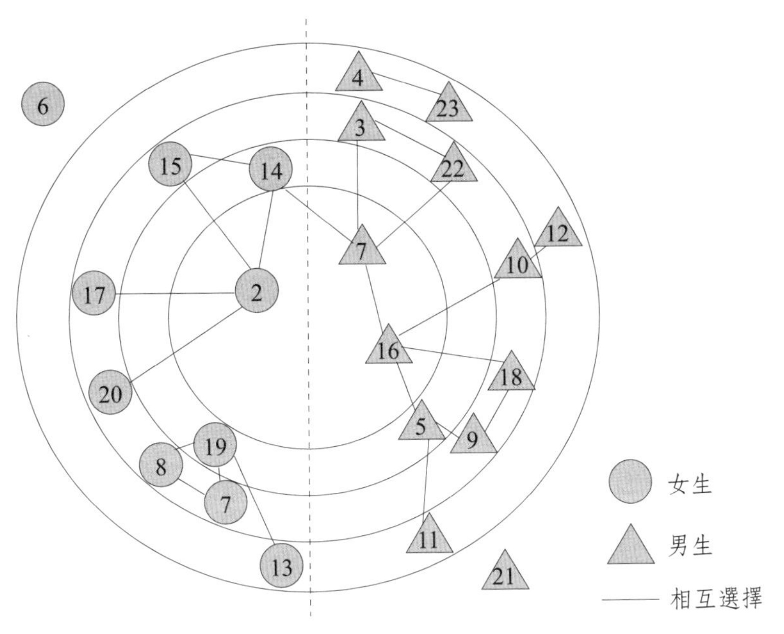

圖5-1　社會關係圖
（取自Gibson & Mitchell, 1981, p. 138）

設計一張「社交測量資料統計表」，登錄每位學生在喜歡與不喜歡上的選擇及被選擇的情形，算出每位學生被選擇的次數、被排斥的次數、相互選擇數、相互排斥數、及社交地位指數。從表5-10中可看出，1號喜歡2號、排斥4號；2號喜歡1號、排斥4號，餘類推……。表中被選擇喜歡最多的是2號，其社交地位指數最高（3分）；被排斥最多的是4號，其社交地位指數最低（−3分）。故可看出2號是最受歡迎的學生，4號是最不受歡迎的學生。

學生相互喜歡的選擇亦可整理成「社會關係圖」，以表示成員間的關係。圖5-1是一包含若干大小同心圓的靶形圖，每一號碼代表一位學生，圓形號碼是女生，三角形號碼代表男生。以虛線劃分性別，女生在左，男生在右。兩號碼間的連線表示相互的正向的選擇，且未考慮優先選擇的順序。圖中依被選擇次數的多寡決定在靶形圖中的位置，被選的次數最多者，居最內圓的中央，其次多者，居第二內圓，依此類推。故未選人及未被選者，被置於最外圓之外。

(四)資料的分析和解釋

從上述表格及圖形中，可發現少數學生被選擇喜歡的次數最多，他們即是班上的「明星」（star）人物。沒有被選為喜歡的，也不選喜歡別人的，即是班上的「孤立者」（isolate）。被選擇喜歡的次數很少者，即是班上的「被忽視者」（neglectee）。被排斥的次數最多者，即是班上的「被拒者」（rejectee）。班上某些成員彼此互選，即顯示他們在班上是「小團體」。班上這些小團體內的成員均互選，沒有外選現象，表示班上四分五裂、彼此溝通困難。（吳武典，1978b）

(五)優、缺點

此方式的優點：(1)實施容易；(2)可以瞭解班級內團體的結構及氣氛；(3)可以檢出班級團體內人際適應困難的學生。缺點則是社會關係圖的繪製頗為費事，呈現的結果亦頗為複雜，增加結果解釋的難度。

(六)注意事項

使用此法時，宜注意下列事項：(1)資料的保密非常重要，只做為教師瞭解班級及其成員的參考，不可對外公布結果；(2)「明星」並非代表絕對的適應良好，「被忽視者」亦非代表一定的適應有問題，宜進一步瞭解是哪一種團體情境下的明星；(3)有些學生可能喜歡特立獨行，我們宜尊重他們個人的行事風格。

二、猜是誰技術

(一)猜是誰問卷

「猜是誰」技術是一種瞭解學生的團體生活適應的方式，其實施的條件是團體成員間已具有相當的熟悉度（至少三個月以上的相處時間），一般最適宜在班級大小的團體中實施。此法的實施方式是教師或輔導人員設計「猜是誰問卷」（請參閱表5-11），請學生就問卷中所描述的各種行為特質，寫出最符合此特質的同學的名字。每項特質選擇的人數不限（但最好不超過2人），且每位學生可重複出現在各種特質中。實施時，教師最好給學生全班同學的名單，方便他們做選擇。行為特質的項目可以全部是正向的，也可以正、負向項目均包括。基於引導學生儘量看別人的優點，故避免完全採負向的題目。

表5-11　猜是誰問卷

學校：＿＿＿＿＿國小　班級：＿＿＿＿＿　日期：＿＿年＿＿月＿＿日

猜是誰

各位小朋友：為瞭解班上小朋友，請你對下列的個性或活動，寫出班上最符合此個性的同學的名字（寫一個以上，但勿超過三個）。若對某一項目你想不出適合的人選，此題可以留空白。本問卷不必寫名字。

1.他是友善的＿＿＿＿＿＿＿＿
2.他非常容易生氣＿＿＿＿＿＿＿＿
3.他是一個優秀的領導者＿＿＿＿＿＿＿＿
4.他是害羞的＿＿＿＿＿＿＿＿
5.他是可以依靠的＿＿＿＿＿＿＿＿
6.他是愛欺負弱小的＿＿＿＿＿＿＿＿
7.他是聰明的＿＿＿＿＿＿＿＿
8.他常很不快樂的＿＿＿＿＿＿＿＿
9.他是很有想像力的＿＿＿＿＿＿＿＿
10.他是緊張兮兮的＿＿＿＿＿＿＿＿
11.有特殊才能的人＿＿＿＿＿＿＿＿
12.最懶惰的人＿＿＿＿＿＿＿＿

（修改自Gibson & Mitchell, 1981, p. 139）

資料整理、分析的方法是計算出班上每位學生被提名正向行為特質的次數；或正、負向行為特質兩種得分相減，即得團體適應的分數。例如某生在正向題目被提名6次，負向題目被提名2次，則其團體適應分數是4分。得分愈高，表示團體的評價愈好，反之，則表示團體適應欠佳。

此方式的優點是實施簡易。教師或輔導人員利用此方式，可檢出班級中行為適應不良的學生，進而輔導他們。

(二)演話劇問卷

「猜是誰問卷」是採「直接的」相互評量方式，若略加改變為「間接的」方式，則更適用在學校情境。第一種改變方式是列舉演戲的角色，問學生如果班上要演話劇，請他們推薦哪些人最適合演其中的哪些角色。國內徐澄清（民59）曾修訂Eli Bower的「演話劇」（A Class Play），做為班級適應欠佳學生的檢出工具，其「演話劇問卷」內容包括16個角色，茲摘錄、修改部分內容如表5-12，以供參考。問卷資料的整理方法是計算出班上每位學生被提名正向角色（單數題，n_1）和負向角色（偶數題，n_2）的次數，再以 $\frac{n_2}{n_1+n_2} \times 100$ 為公式，所算出的結果即所謂的「適應欠佳指數」。指數愈高，代表適應愈差。例如應用本問卷在小學實施的部分結果如表5-13，其中林生的n_1是2，n_2是18，由公式算出的適應欠佳指數是90，此指數是全班適應欠佳最嚴重的學生。若n_1和n_2均為0，表此生在班上是被忽略的學生。

第二種改變的方式是提供一個故事或情境（真實或虛構均可），其中包括好幾種不同的角色，請同學推薦班上哪些人最適合擔任這些角色。此方式亦可檢出班上適應欠佳的學生。

三、社會距離量表

社會距離量表（social distance scales）是研究團體中個人與其他成員之間存在的距離的測量方法，以瞭解團體中每一學生被其他成員接納或拒絕的社會適應情形。其實施方法是設計一「社會距離量表」，其中的社會距離項目可能是喜歡與他在不同的團體、喜歡與他一起旅行、喜歡與他一起學習、喜歡與他參加舞會。茲舉一「社會距離量表」的部分摘要內容如表5-14。實施時，請團體中的每一學生，以打勾方式表現出他們對其他同學的情感。教師蒐集到每一學生的量表反應後，進行資料整理。有兩種資

表5-12　演話劇問卷

演話劇

班別＿＿＿年＿＿＿班　日期＿＿年＿＿月＿＿日

親愛的小朋友：

如果班上要演話劇，劇中需要16種不同性格人物演出，你想班上哪些同學可以把下面的這些人物表演得很逼真？寫一個以上同學的名字，但不超過三個。

劇中人	在班上，誰是最適當的演員
1.大家都心悅誠服的領導人	
2.常常會害怕、緊張的人	
3.人緣好，大家都喜歡和他交朋友的人	
4.不講理的老闆	
5.樂於幫助別人的人	
6.為芝麻小事常和別人爭吵不休的人	
⋮	

（修改自徐澄清，1970）

表5-13　「演話劇」問卷資料整理表

導師：＿＿＿＿＿
日期：＿年＿月＿日

＿＿＿＿國小＿＿＿＿年＿＿＿＿班

座號	姓名	單數角色n_1（正向角色）	偶數角色n_2（負向角色）	n_1+n_2	$\frac{n_2}{n_1+n_2}\times 100$
1	林○○	2	18	20	90
2	王○○	23	1	24	4
3	張○○	8	7	15	47

料整理方式：(1)自我分數：計算每一學生個別對其他同學的反應項目分數，其結果顯示出個人對其所屬團體接納的程度，所得分數稱為「自我分數」（self-score）。如依表5-14中的資料，林生對其所屬團體的接納所顯示的「自我分數」是5分（2+2+1）。其他個別學生的「自我分數」依此類推。分數愈高，代表社會距離愈遠，即人緣愈差；(2)團體分數：是計算所有團體中的其他成員對每一個別學生的反應項目的分數。其結果顯

示出每一個學生被團體接納的程度，所得分數稱為「團體分數」（group-score）。如以表5-14為例，即計算陳生、王生、趙生等每人對林生的反應項目的分數，其結果即得林生的「團體分數」。其他學生的「團體分數」依此類推。同樣的，分數愈高，代表社會距離愈遠，即人緣愈差。

表5-14　社會距離量表

導師＿＿＿＿＿

＿＿＿國小＿＿＿年＿＿＿班　座號：＿＿＿　姓名：林○○　日期：＿＿年＿＿月＿＿日

座號	姓名 ＼ 社會距離項目 ＼ 分數	1	2	3	4	5
		密友，我喜歡他 當我的親	要好的朋友，但不是最 當我的一個 我喜歡他	認識的人 是我一個 我喜歡他	和他來往 我不喜歡 在團體中	這個人 體中沒有 我寧願團
1	陳○○	✓				
2	王○○		✓			
3	趙○○		✓			
⋮	⋮					
自我分數：5分			團體分數：＿＿＿分			

此方式的優點是實施簡易，可篩選出團體中適應欠佳的學生，進而輔導他們。其缺點則是只顯示人際關係不良的事實，未顯示原因。此外，披露學生社會人際關係不良的資訊，可能反而造成學生的心理困擾。故教師或輔導人員使用此法時，宜注意資料的保密，以防尚未有效協助學生，反而對學生造成傷害。

柒・個案研究法（case study method）

「個案研究」（case study）原是醫生瞭解病人病情的一種方法，後來被法律界、社會工作者、及心理學家用來研究某一獨特的個人、團體或機構的問題，透過深入的分析案例，以求解決問題。學校單位則用來做為學生問題的診斷和矯治。各級學校已針對有特殊問題行為的學生，廣泛蒐集資料，以求徹底瞭解問題癥結所在，進而提出適切的輔導方法。此種方法的特點是以單一個體或單一的團體為對象，採用多種途徑蒐集個案的各種資料，進行縝密且深入的研究，再提出具體且適當的輔導辦法，以幫助個體解決問題。

一、步驟

教師從事兒童的個案研究，其進行的步驟可以下圖表示：

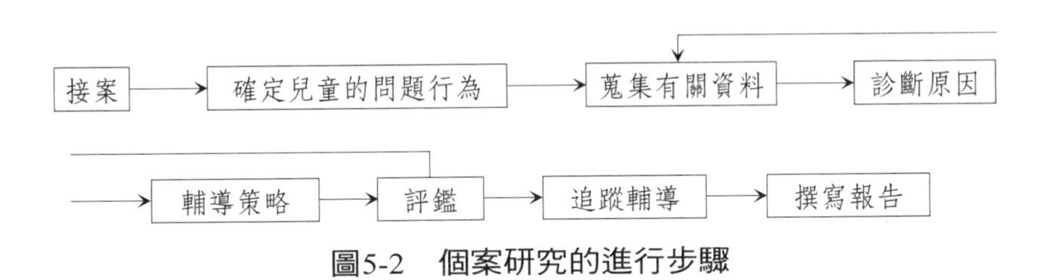

圖5-2　個案研究的進行步驟

(一)接案

個案研究對象來源不外：(1)輔導老師主動、積極的發掘具有問題行為的兒童；(2)由訓導處或導師轉介來的；(3)家長主動要求特別給予輔導的兒童。輔導人員接案之前應注意，若個案的問題行為超出自己的能力，則應予以轉介，商請對此問題行為具有專門研究的心理專家或精神治療醫師進行輔導。

(二)確定兒童的問題行為

一個具問題行為的兒童，可能有一連串的問題，如打架、吵鬧、骯髒……。無經驗的教師往往一列就是十項缺點，無從輔導起。此時輔導人員宜捉住幾項要點做為輔導的目標行為，因為大問題解決了，小毛病自然就消失了。

(三)蒐集有關資料

兒童個案資料的內容，包括：(1)基本資料：如姓名、性別、年齡、出生年月日、籍貫、住址……；(2)家庭環境：如父母的教育程度及職業、兄弟姐妹間的關係、父母管教態度、親子間的關係、家庭氣氛、親族關係（是否三代同堂）、排行、經濟來源及狀況、居住環境……；(3)學校生活：如就讀學校、班別、成績記錄、心理測驗資料、學習能力、學科興趣、課外活動、師生關係、教師或同學評語、同輩關係等；(4)心理特徵：如自卑、孤獨、內向或外向、情緒穩定狀況……；(5)健康記錄資料：如身高、體重、生理缺陷、發育狀況、病況記錄、偏食、尿床……；(6)諮商記錄資料：以前接受過諮商所留下的資料。

(四)診斷原因

確定兒童的主要問題行為之後，各方蒐集兒童的資料，從這些資料來推測及判定兒童問題行為的前因後果，以確定問題的癥結所在。個案問題行為原因的診斷就如醫生的診斷病因，關係著輔導的成敗。具體確切找出問題行為的原因，對症下藥，則不難藥到病除，否則診斷錯誤，難期輔導成功。

(五)輔導策略

根據診斷結果，提出一套適當的輔導策略，來改進兒童的不良行為。輔導方式的運用也是一門藝術，因人、因時、因地、因事、因物而有不同，但不管使用哪一種的輔導策略，教師本身一定得具備愛心、耐心、信心、恆心、熱心，輔導方能有成。

(六)評鑑

當實施輔導策略之後，應對這段期間的輔導成效加以評估，若應用的方法無效，則教師應回過頭來重新蒐集資料，診斷問題行為原因，採不同的輔導策略再輔導。若問題行為一直未消失，此評鑑、蒐集資料、診斷原因、訂定輔導策略的過程可能重複循環，一直到輔導成功，問題行為消失為止。

(七)追蹤輔導

兒童的問題行為消失後，仍要持續給予關懷，訂定持續輔導的重點，以防其問題行為重現。

(八)撰寫報告

個案研究的成果是以質的研究的文字敘述方式，把整個個案的輔導過程撰寫成一份報告。此報告可做為宣導輔導的績效，檢討輔導過程的利弊得失，並可做為他人作個案研究時的參考。一般個案研究報告撰寫的內容不外以下的項目：

・個案的身分資料：包括個案的姓名、年齡、性別、身高、體重、籍貫、住址等基本資料。

・個案緣起：敘述問題行為發生的時間、地點、經過情形。

・問題行為的敘述：列出個案的主要問題行為。

・個案資料的蒐集：包括家庭狀況、健康記錄、測驗記錄、學校生活、社會關係、居住環境……資料的獲得。

・問題行為的分析：分析問題行為的前因後果。

・輔導策略的應用：敘述針對何種行為問題，採取哪種輔導策略。

・追蹤輔導：個案目前的情況及今後輔導的重點。

二、優、缺點

個案研究法的優點：(1)蒐集完備的資料，以綜合研判方式診斷問題行為的原因，再訂定輔導策略；(2)針對單一個案做深入、縝密的研究個案的行為。然此法的缺點則是由於只對單一個案做緊迫盯人，深入的研究，故費力費時，只適用於特殊個案的輔導。在使用個案研究法時，若能輔以「單一個案實驗法」，將輔導目標行為化、輔導資料數量化、輔導結果圖表化，將使輔導結果更客觀及具體。

第四節　學生輔導資料的建立、保管與應用

壹・學生資料面對的問題

近年來，企業管理突飛猛進，各醫院、軍事、警政、社會福利、大眾傳播等機構，莫不重視資料的管理與應用，採取現代化管理方式，講求資料貯存的系統化與檢索的科學化。學校單位建立及保管許多學生資料，吳武典（民1978a）曾指出，在美國學生資料的保管與使用有許多爭議：(1)過分繁重：由於要保持資料的動態，又要許多人員來配合完成（教師、輔導人員、行政人員、甚至家長和學生，都要分工合作），使得輔導人員成為記錄看管員，工作至為繁重。若干輔導人員甚至因為厭倦資料的填載與管理，棄職而去；(2)缺乏轉移：小學的資料常不能轉移到中學，使它失去大部分的價值。即使轉移到中學，也很少加以利用，形同廢紙；(3)

輔導目的與隱私權間的衝突：基於輔導的目的，資料是愈詳細、深入愈好；但基於民主社會人性尊嚴的要求，個人的隱私資料不得隨意被侵犯或公開。因此常使輔導工作的進展顯得礙手礙腳。不少輔導人員因此心灰意餒，更有理由鬆懈其資料蒐集的工作了。劉焜輝教授曾指出，學校輔導資料在管理及應用上有下列的缺點：(1)表格的設計不切實際，教師既未感到有此需要，也厭煩去記錄；(2)記錄不得要領，多半流於形式，敷衍了事；(3)資料分散，無法對學生做整體的瞭解；(4)資料的保管方式落伍，檢索不便，更遑論加以利用。

筆者認為，國內學生資料之建立與應用亦有不少問題存在：(1)建立資料費力費時，許多教師、輔導人員望之卻步。當輔導室需要教師協助填寫資料時，老師們常有抗拒心理，怨聲載道；(2)各式各樣的資料五花八門，繁雜而難以分類管理；(3)教師忙於教學，沒有心思去瞭解如何蒐集、填寫、及解釋學生資料；(4)資料未隨時補充或更新；(5)畢業學生的資料未轉移，過時的資料礙於法令，必須保留一定期限，於是這些靜態堆砌的資料面對存之麻煩，棄之不可的兩難；(6)教師要如何記錄學生行為，方不致招致家長的抗議及對學生形成標籤效應，亦是有關人員在建立學生資料時所面對的一個難題。

那麼學校人員要如何突破上述的困境，有效的建立、管理、及應用學生資料呢？

貳・學生資料建立的原則

1.簡化作業：建立資料的過程中，可以一次作業完成的，就不要反覆的麻煩教師。例如國小新生綜合資料卡的基本資料欄的填寫，可在開學第一天家長都到校的狀況下，即責成家長完成這部分資料，可簡化透過導師再轉告家長填寫的麻煩。

2.統整精簡：隨著學生的各式各樣資料的累積，難免繁雜不精。學校各單位在建立學生資料時，應力求協調，避免各自為政，重複的資料一直要老師填寫，導致老師不勝其煩，怨聲載道。此外，輔導室有必要對所建立的各種學生資料，加以系統化統整，力求精簡適用，避免重複疊架。

3.符合實用：有些學校只為評鑑目的而蒐集學生資料，於是傾全力在建立美侖美奐的學生資料上，反而忽略了實際把學生資料應用在輔導學生的過程中。蒐集資料是為了協助瞭解學生，進而輔導學生。與其為了建立資料而忽略和學生諮商，不如重視學生諮商工作，忽略填寫資料，如此，方不本末倒置。

4.多樣累積：學校在橫的方面，宜多方面蒐集學生的各種資料；在縱的方面要持續的累積學生各時期的不同資料，以獲得完整的學生資料。

5.汰舊換新：隨著學生年級的升高，在不同時空所累積的資料也愈多且複雜，有關人員要隨時對持續累積的資料加以補充，並汰舊換新，以常保資料的更新。

6.客觀正確：學生資料的記錄應力求客觀、正確。失去客觀及正確性的資料易導致應用資料的人員對學生的行為產生誤判，如此，比沒有資料可用更糟糕。因此，有關人員在蒐集學生資料時，應評鑑資料是否具有效性及可靠性；否則，蒐集了一大堆不正確的資料，就如同堆放的垃圾般，無用且有害。

那麼有關人員要如何客觀、正確的記錄學生的資料呢？下列原則可供參考：(1)記錄資料時，首先要考慮學生問題行為的記載，是否對他們問題行為的改善有正面的效果，若答案是肯定的，所記載的資料方具價值。若記載內容反招致家長的抗議，或只是給學生貼上了「問題學生」的貼籤，則如此的記錄資料不只沒有對學生產生助益，反而對學生造成傷害。這是有關人員在決定要不要對學生的偏差行為（如偷竊、傷害同學……）記錄下來時，所要考慮的；(2)避免在懷有報復心理的情緒下，記錄學生的問題行為。有少數老師基於對學生偏差行為的憤怒，在極端情緒狀態下記錄學生的問題行為。此時所做的記錄，其用字遣詞難免充滿情緒化的字眼，易失去對學生問題行為做客觀、正確的描述；(3)記錄學生資料時，宜避免做未經查證的誹謗性的報導，如「據聞甲生曾多次偷竊」；(4)避免填載未經查證的個人及家庭資料；(5)避免做負向、誇張的推論性描述。如某位老師給學生評語「無可救藥」。學生的可塑性極大，教師下此評語未免武斷、主觀，而失之於情緒化的字眼。

7.謹慎保密：為求資料的正確性，有關人員建立資料時，宜持謹慎確實的態度，不可請家長或學生代填資料，亦避免學生傳送資料，如此，一方面可預防代填資料時容易發生錯誤；另一方面，對於有保密之虞的資料，可防止洩密。

參・學生資料的保管

學校建立了許多學生資料，要如何保管呢？

1.集中管理：傳統上，學生的輔導資料常由輔導室負責建立，常需導師協助填寫。所蒐集的資料，輔導室為每一學生設計一個資料夾或資料袋，彙整每一學生的資料。一般輔導室均有購置資料櫃，保存這些資料，並責成資料組集中管理。有關學生資料的管理，隨著學校行政電腦化管理的結果，每個學生的資料只有有關人員才能接觸到，已可達到資料保密的要求。學生資料電腦化管理的優點是不必擔心長年累積的資料堆積如山，讓資料的管理人員望而生畏。總之，嚴謹的資料管理，要做到讓有關人員方便使用資料，無關人員無法隨便取閱學生資料。

2.注重保密：學生資料中，有許多是涉及保密性質的個人隱私資料，如有關諮商關係、諮商內容、心理測驗結果……資料，均應列為專業機密，妥為保管，嚴守保密，未徵得當事人同意，不得任意公開。

肆・學生資料的應用

學校對於所建立的學生資料，要如何應用呢？

一、使用人員

學生資料使用的人員有：(1)校內有關人員：這些人員包括校長、行政人員、輔導人員、教師、及學生等。唯教師使用學生資料時，僅限於取閱本班學生的資料，而學生查閱資料時，亦僅限於取閱本人的資料；(2)校外有關人員：家長可查閱其子女在校的各項資料，但僅限於查閱其子女的資料。而且學生或其家長查閱資料時，需有輔導人員在旁，提供資料及解說資料。尤其是心理測驗資料的提供，一定要有專業輔導人員提供解說。有時校外的社會機構，如社會局、警察局、少年隊、觀護所等單位，也會要求提供某一學生的資料，學校應謹慎協商後，在以保障學生的權益為原則下，有限度的提供。除了上述人員可取閱學生的資料外，不可隨意讓不相干人等取閱學生資料，以保障學生的權益。

二、應用原則

教師或輔導人員在應用學生資料，以瞭解學生、輔導學生時，宜注意下列原則：(1)資料只提供行為的線索，有些線索有意義，有些未必有意義，這得靠輔導人員的專業知識及智慧的判斷；(2)從行為發生時間的來龍去脈，判斷行為的因果關係、程度等，並瞭解個體獨特的成長和發展的事實和型式；(3)各種評量資料均只各就一層面來說明學生的某種特質，如想對某生做比較周詳、客觀、深入的描述，則宜把學生的各種資料綜合起來，如綜合心理測驗的結果與外顯行為觀察的表現，來進行行為的分析研判，如此，從四面八方來塑人之形，當然較能看清個人的整體風格。

三、心理測驗結果的解釋

實施、應用、及解釋心理測驗是心理輔導人員的專業知能，由於心理測驗涉及專業知識，一般人不易瞭解，故實施、應用的結果，輔導人員應向有關人員解說其結果。

做為學校專業的輔導人員，要如何向有關人員解釋智力測驗的結果呢？以下的觀點提供參考：

1.每種智力測驗有其不同的理論依據，所測得的人類潛在能力也有差異。解釋測驗分數時，應特別強調學生的智力商數是哪種智力測驗的結果。如比西智力測驗的結果和魏氏智力的測驗的結果，所代表的能力組型是有不同的。

2.輔導人員除了提供某類智力測驗的整體智商結果外，更應深入的分析學生在智力測驗中的各項分測驗間的差異，例如此學生精於語文，拙於數學。這樣，家長對學生的瞭解才更具體、深入。只提供智商整體分數是籠統的、消極的，對學生學習的進步沒有實際的助益；提供個別內分數間的差異結果是積極的，它提示學生學習的優、缺點，及改進的方向。

3.實施測驗可能因時、因地、因人而會有誤差，尤其團體施測，更不易掌握誤差的因素，如學生個人的焦慮、健康、動機狀態、外在環境的變動等。家長若對測驗結果有所懷疑，可說明上述可能的誤差會導致測驗結果的不正確。建議進一步個別實施智力測驗，或實施不同的個別智力測驗。

4.即使專家學者間甚至對智力的內涵，看法尚莫衷一是。智力測驗的準確度有其限制，且常受質疑。故解釋智力測驗結果時，宜向家長說明，對智力測驗可預測未來的成就，應持「保留」的態度，智力商數只提供了可參考的資料。

5.儘量使用日常用語來解說測驗結果，避免使用心理學的術語，造成家長理解的困難。例如：告知家長其子女的智力商數的百分等級是75，家長可能不瞭解「百分等級」的意思；不如告訴他：「貴子弟的智力商數在100人中有75個人不如他」，來得容易理解。

6.傳統「心理計量學」的智力測驗理論是靜態的，認為智力不可能增長。最近認知學派的「訊息處理理論」則認為智力是個人訊息處理的歷程，隨著訊息處理能力的改進，智力是可能增長的，即智力是可以改變的。透過智力觀念的介紹，使家長對智力的觀念，改變過去那種「天命難違」的宿命觀，重新從積極面去增進兒童的心智能力。

7.若家長對智商的結果難以釋懷，可建議尋求其他智力測驗工具再評估，不同工具所得結果的相互對照比較，對兒童智商的正確預估力，會比較客觀且正確。

8.告知家長智商只是一種參考，其他如學業成就、興趣、性向、創造力、行為特質等，亦可做為評量個人的參考。不能以智商高低一項，對學生做武斷的認定。

9.在成功的預測因子中，除了智商，個人的意志力、創造力、後設認知能力（自我管理能力）可能亦是重要的預測因素。

10.當家長欲知其子女的智商，輔導人員最好連該子女的其他資料一併綜合分析做解說。

11.在美國，各種心理測驗一度被視為萬能，到達了濫用的程度，由測驗的使用所引發的問題也層出不窮，引起大眾對測驗的功能和限制廣泛、熱烈的討論，經由理性的思考它在日常生活及學校中的定位。目前，大眾對心理測驗已持更謹慎、保留的態度。

12.告知家長，智商雖然重要，但情緒智商（EQ）的重要性亦不亞於智商。《EQ》一書作者D. Goleman認為人生的成就至多只有20%歸諸IQ，80%受其他因素的影響，使家長除了重視其子女的學業成就，亦不可忽略人格的成長和發展。

伍・學生資料的移轉

傳統上由於國小學生的「輔導資料記錄表」是一種累積記錄表，一卡用六年，因此有關法令規定該資料應隨學生轉移。學生在轉學時，學校往往將學生的個人資料彌封，請家長或學生攜帶到新轉入的學校。這種方式的缺點是家長對其子女的資料常感好奇，雖資料上蓋了「拆封拒收」圖章，仍有許多家長不遵守，私自拆封。更有家長在拆封後，發現資料的記載與自己的想法差距太遠，難以心服，憤而脅迫老師修改教師評語或其他資料內容，徒增學校的困擾。目前，學生轉學或畢業時，相關資料的移轉完全透過電腦即可完成，可解決以往在資料管理和移轉上的弊端。

摘　要

1.學生資料可協助教育有關人員瞭解學生的個別差異，做為因材施教及個別輔導的依據。蒐集、保管、及應用學生資料乃是學校輔導工作的重要業務之一。

2.學生資料的種類包括：身分資料、家庭資料、健康資料、心理測驗、學習狀況、生活適應、輔導資料等。

3.教育及輔導有關人員可透過下列方式蒐集學生資料：標準化心理測驗、觀察法、晤談法、寫作法、問卷調查法、團體評量法、個案研究法等。

4.標準化心理測驗的種類有智力測驗、感覺與知覺測驗、性向測驗、成就測驗、診斷測驗、人格測驗、興趣測驗、及其他等。它講究建立測驗的信度與效度、施測客觀、評分客觀、建立參照常模等。

5.一般對心理測驗的批評：侵犯隱私、文化偏見、物化人性、斷章取義、違反倫理、理論分歧、鼓勵順從。基於上述批評，目前對心理測驗的使用，趨向謹慎、保留的態度，做為瞭解個人參考的資料，不做為決定的工具。

6.觀察法是指在自然或控制的情境下，根據既定的目的，對個體的行為做有系統、有計畫的觀察，並依觀察記錄，對個體的行為做客觀的分析和解釋。依觀察的情境可分為自然觀察法和實驗觀察法；另依觀察的結構性可分為無結構性與結構性觀察法；此外，依觀察者與被觀察者的關係，可分為參與和未參與觀察。

7.觀察記錄的不同方式有：行為資料記錄法、軼事記錄法、評定量表法，檢核表法。

8.行為資料記錄法是記錄個體行為的次數、時間、百分比、等級等資料。

9.軼事記錄法是教師或輔導人員在觀察到學生在某情境的重要事件後，以文字描述方式記錄整個過程。強調對整個事件做客觀事實的陳述。

10.評定量表是將所擬測量的行為特質編製成許多問題，由觀察者根據平日觀察所得，在這些評定項目上，做程度等級的評定。

11.檢核表法是將所擬檢核出來的若干個人特質的形容詞列舉一表，由觀察者就平日對學生的印象，勾選適合描述該生特質的項目。

12.晤談法是晤談者以面對面方式，就某一特定主題，引導被晤談者說出客觀事實或主觀看法等資料。可分為結構性及非結構性晤談法。

13.教育及輔導人員可透過讓兒童寫作自傳、日記、我的煩惱、我的看法、自我描述、我和家人、及語句完成測驗等方式，蒐集學生的個人資料。

14.語句完成測驗是一種簡便的投射測驗型式，提供學生一些未完成的句子，讓他們填空，可從學生的反應中，瞭解他們的心理。問題的內容有：家庭生活、學校生活、自我概念、生理健康、人際關係、休閒生活、生涯計畫等。

15.社會計量法是研究團體中友伴相互吸引與排斥關係的測量方法。測量者設計及實施「社交測量調查表」，整理出每位學生在受人喜歡和不受歡迎上被選擇的次數，並畫出「社會關係圖」，以瞭解學生在團體中的人際關係及個人的社會適應情形。

16.猜是誰技術是請學生就「猜是誰問卷」中所描述的各種正、負向行為特質，寫出最符合此特質的同學的名字。計算團體中每位學生被提名正、負向行為次數之差，即為團體適應分數。

17.「演話劇問卷」是一種間接的團體中相互評量的方式，問卷中列舉一些正、負向角色，請全班同學推薦各角色的合適的演員，再計算出每位學生被提名正向和負向角色的次數，依公式可算出「適應欠佳指數」，做為班級適應欠佳兒童的檢出工具。

18.社會距離量表可測量團體中個體與其他成員的距離，以瞭解團體中個人被其他成員接納或拒絕的情形。實施方式是每一學生針對班上其他同學，就喜歡他是團體一員的五個程度，勾選一個。資料整理後，可瞭解每位學生對團體的接納程度，及每一學生被團體接納的程度。

19.個案研究是用來深入的分析某一特定案例，以求解決問題的方法。其步驟有：接案、確定問題行為、蒐集資料、診斷原因、輔導策略、評量成效、追蹤輔導、撰寫個案報告等。

20.學生資料面對下列問題：過分繁重、缺乏移轉、隱私權的問題、記錄方式分歧、缺乏科學化管理、無暇填寫及應用、未汰舊換新……。

21.建立學生資料的原則如下：簡化作業、統整簡化、符合實用、多樣累積、汰舊換新、客觀正確、謹慎保密。

22.學生資料的應用宜注意下列原則：有關人員依專業知識判斷資料的意義；從個體獨特的成長和發展史，判斷行為的因果；蒐集各種層面資料，綜合研判個體的行為。

23.智力測驗結果可幫助有關人員瞭解學生，及促進學生自我瞭解，但也可能對學生的自我概念形成傷害；故應用智力測驗宜小心、謹慎、保守。當家長或學生想瞭解自己的智力測驗結果時，輔導人員宜安排時間，詳細解說結果。

複習問題

1.試述學生輔導資料的價值與種類。
2.試述學生累積記錄資料的內容，及其優、缺點。
3.試述蒐集學生資料的方法。
4.何謂觀察法？其種類為何？
5.如何觀察記錄學生的資料？
6.何謂軼事記錄法？及其優、缺點？
7.何謂評定量表法？及其優、缺點？
8.何謂檢核表法？及其優、缺點？
9.觀察分析學生行為宜注意哪些原則？

10.試述晤談法的種類，及實施時宜注意事項。

11.試述如何透過寫作方式蒐集學生資料。

12.何謂社會計量法？其實施方式及注意事項？

13.何謂猜是誰技術？及其實施方式？

14.何謂社會距離量表？及其實施方式？

15.何謂個案研究法？及其實施步驟？

16.試述學生資料的蒐集、保管、與應用所面對的問題，及建立和應用學生資料的原則。

17.有關人員要如何向家長或學生解釋智力測驗的結果？

18.家長欲知其子女的智力測驗結果，是基於保密原則不予奉告？或該如何告知？

19.問題行為的記錄易造成對學生的標籤作用，可是不記又使資料不全，該如何處理？

第六章　學校輔導評鑑

一般行政的運作包括計畫、執行、考核三個步驟，即行政工作的推展要先有計畫，接著按計畫預定進度執行，實施之後並加以考核其成效，做為改進業務的參考。學校輔導室在推展其業務時，除事前要有計畫，執行之後的考核評鑑工作亦是輔導業務的一大重點，不可加以忽略。本章主要在介紹輔導評鑑的涵義、評鑑的內容、評鑑的人員、評鑑的方式、及評鑑的困難。

第一節　輔導評鑑的涵義

壹・定　義

評鑑（evaluation）有各種不同的定義：(1)是實際表現與理想目標相比較的歷程；(2)是系統的蒐集和分析資料，透過價值判斷而進行決策的歷程（吳清山，1991）；(3)是對有關的特定標準所設定的目標是否達成，做一系統性的價值判斷。

在學校輔導工作中，輔導評鑑（evaluation of guidance）是指針對某種標準來決定學校輔導工作或輔導活動價值的過程，亦即根據某種參照點，以確認輔導活動現在的成效，並且根據此資料，以改進輔導工作的品質與功效（林淑真，1977）。

評鑑可說是一種連續不斷的歷程，需使用科學方法，蒐集客觀資料，以做為主觀價值判斷的依據，其目的在提供改進之道，以協助決策的制定。若依此定義來看，輔導工作評鑑的目標不僅在瞭解輔導工作辦理的績效，最主要的是從中發現問題，提供有關當局決策的參考，以促進輔導工作的不斷革新（毛國楠，1981）。

綜合上述，輔導評鑑是針對輔導所提供的各項服務是否達成其預期目標，作一系統性的價值判斷。其特徵如下：

- 是一連續不斷的歷程。
- 評鑑前先建立具體目標做為成效評估的標準。
- 以科學方法客觀有系統的蒐集廣泛的資料。
- 判斷輔導方案的成效和價值。
- 目的在宣揚輔導成效及提供改進意見。

貳·與有關概念的區別

傳統考核的觀念和現行的評鑑觀念有何區別呢？茲以表6-1說明：

表6-1　評鑑與考核的區別

考　核	評　鑑
·對人不對事，往往是上級對下屬的考評	·對事不對人
·目的是能力的評估	·目的是尋求問題的改善
·重點在工作的成果上	·重點則過程和結果同等重視
·他人評估	·他人評估外，更強調輔導人員的自我反省評估

至於評鑑與研究的區別如何呢？評鑑是實務取向，屬於行政業務，目的在關心輔導的具體成效及輔導方案的缺失和改善。研究（research）是理論取向，目的在控制的條件下，考驗自變項和依變項的因果關係，做不同理論間的比較；或找出各變項之間的關係，要求嚴謹的研究過程和實驗控制，企圖建立輔導和諮商的普遍原則。

參·價　值

一、溝通輔導成效

在美國，學校在面對財源壓力，及來自社區、立法機關、和有關團體對公共教育的批評，積極的從事教育的評鑑，溝通教學的成效。評量學生知識方面的增加比輔導成效的評估來得容易，故輔導成效始終受到大眾的懷疑。隨著大眾對輔導績效的要求，輔導工作想在學校立足，其成效的評鑑是當務之急。學校輔導單位需蒐集客觀、具體的成效評估資料（如學生中途退學的比率減少；學校成就測驗的平均分數增加；學生偏差行為的具體改變資料），向社區、家長、校長及同事說明輔導工作的具體成效，增加他們對輔導工作的瞭解、肯定、支持和支援。學校輔導人員透過成效評估，顯示其績效，其角色、地位和價值方可獲認同。

二、提供輔導方案改進的決定

俗語說「鑑往知來」，輔導人員對執行的任務，事後反省思考成效如何，若效果不彰，則思缺點所在，圖謀改進之道，或提供未來擬定輔導方案的參考，如此，輔導工作才會進步。

三、促進諮商和輔導專業

輔導和諮商是一門應用科學，其理論往往需要來自真實生活中有效性的資料，以驗證輔導的實效，而非重視實驗室的研究。輔導和諮商的科學評估，使學校諮商員對他們所做的諮商工作的策略隨時做調整，可促進學校諮商員的專業化。

第二節　輔導評鑑的內容

當評估輔導工作的成效是否達到我們所預期的水準時，所評鑑的內容是哪些呢？

壹・輔導軟硬體的評鑑

輔導軟體的評鑑內容指的是有關輔導的「人員和其事務」表現的評鑑，如評鑑輔導人員的條件、輔導組織、各項輔導業務計畫、輔導業務表現等。

輔導硬體的評鑑內容指的是有關輔導的「物」的評鑑，如評鑑輔導室的空間大小、設備良窳等。

貳·內外在特徵的評鑑

Shertzer與Stone（1981）曾列舉有效輔導方案的內外在特徵，若這些特徵均能兼具，則為良好的輔導方案。因此，這些內外在特徵，可做為學校輔導工作優劣的指標。

一、外在特徵的評鑑

這些特徵評鑑是一些容易看得見的、表面的外在條件。

(一)專業輔導人員和學生的比例

在美國被認為理想的輔導人員和學生的比例是250～300位學生就應聘請一位專職的專業輔導人員。唯在美國許多學校猶未達此標準，可謂尚需努力中。國內的情況更不理想，教育部曾在國中設置專職的專業輔導人員，唯限於預算，不克繼續實施，筆者感覺象徵性意義大於實質的功能。不過，仍然可從校長是否聘請專業的輔導人員的人數，來評鑑此校是否重視輔導工作。

(二)輔導人員的資格

美國學校專業諮商員至少需具備諮商研究所碩士學歷，及取得州政府的諮商員合格證書。國內學校輔導主任及輔導人員的專業水準參差不齊，他們是否具備專業資格，是輔導評鑑的一大明顯指標。

(三)適用的學生資料之蒐集

學生記錄資料蒐集的益處：(1)協助學生自我瞭解及作適當的決定；(2)協助諮商員、教師、家長、行政人員瞭解學生，以便針對每一學生的不同需求，設計適合他們的教育方案，促進每一獨特個體的成長和發展。

每一學生的記錄資料，應能反映學生的個別性，及記錄其持續累積的發展狀況。輔導資料並不純為行政目的，亦非只備為教育當局評鑑之用，而是做為達成上述的輔導功能。因此，在評鑑時，不只評鑑資料的門面，還得瞧出資料是否真正發揮其實質的功能。

(四)最新的教育和職業資訊的提供

社會變遷迅速，教育和職業資訊也瞬息萬變，因此，輔導室應隨時蒐集最新的升學及職業機會和條件的資訊，以備提供學生最新的生涯輔導趨向的資訊。這些資訊的來源有小冊子、磁碟片、光碟片、錄音帶、錄影帶、幻燈片等媒體，因此，學校可透過電腦及視聽媒體來提供學生最新的教育和職業資訊。輔導評鑑時可查問輔導室是否有蒐集教育和就業最新資訊，並瞭解學生使用這些資訊的頻率及成效如何。

(五)妥用各種衡鑑資料

衡鑑資料（appraisal data）是使用測驗或非測驗方式，評估學生特質的資料，其目的在協助學生作成職業計畫、教育計畫、自我探索、及個人發展。學生的衡鑑資料不是做為裝飾之用，而是用來幫助學生瞭解其個別內或個別間差異。心理測驗猶如手上的一把雙面刃，可保護人但也可傷害人。因此，輔導室必須小心使用它來幫助學生自我瞭解、自我發展；而非反使學生在自我評估後，相信個人的能力或個性命運注定，天命難違，遂自暴自棄、自我限制。故諮商員在使用衡鑑資料時，應透過諮商面談方式，來向學生傳達衡鑑資料的結果，之後，並應協助學生瞭解外在環境及如何良好適應。因此衡鑑資料的正用與誤用，亦是輔導評鑑的一個重點。

(六)輔導人員能自我評鑑及具研究取向

許多輔導人員認為輔導計畫付之實施，執行完畢，工作即告結束，殊不知接下來的評鑑工作也很重要。另有輔導人員認為評鑑是外界給予的成績考核，而忽略了自我評鑑更是重要。輔導人員在執行計畫後應自我評估實施的成績是否達成預定的目標，自我反省工作的優、缺點，並富研究精神的不斷想出突破性的解決缺點及困難的方法，加以實驗改進，透過此客觀和科學的評鑑，輔導工作的品質才能提升。評鑑一個學校輔導工作的成效時，對於此校輔導人員是否作自我評鑑及富有研究精神，也是一重要的評鑑指標。輔導人員是否對輔導工作做自我評鑑，可查閱其是否對執行的輔導活動結果作目標的擬定和成效的記錄；此外輔導人員常利用不同方式的輔導活動以相互比較其成效，及有豐富的研究著作，可看出輔導人員是否具冒險的研究精神。

(七)計畫具概括性及連續性

學生是一不斷成長的個體，每一個體在成長的過程中，均或多或少會面臨一些成長的困擾。因此，學校的輔導計畫應具連續性，各級學校及各年級間的輔導計畫應力求相互連貫，不應只重視某年級階段；學校輔導計畫亦應具概括性，即輔導服務的對象包括全校學生。

(八)良好的硬體設備

學校輔導硬體設備的好壞，是評鑑時最具體可見的。學校具備了良好的輔導硬體設備，易讓人推論此一學校有良好的輔導方案和成效。輔導室位置適當，空間設計寬敞、隱密，設備充足，是輔導計畫成功的品質保證。

(九)經費充足

學校任何輔導方案均應有充裕的經費支持，否則一切計畫均是紙上談兵，難以付之實施。以美國為例，認為理想的分配是一個學生每年的預算約新台幣五千元至六千元的花費（吳武典等，1990），唯各州不同學校間的實際情況可能相當分歧，端視各校的諮商員所提供的輔導方案的實際成效而定。國內目前各校所編列的輔導預算離此標準甚遠，尤有甚者，很多學校的輔導經費尚未能專款專用，對輔導工作的推展影響甚鉅。在輔導評鑑時，若發現校長能讓輔導經費專款專用，且對輔導計畫的預算大力支持，則輔導工作的成效是可預期的。

輔導方案具備了上述的九個外在特徵，是否即可保證輔導方案的有效性呢？答案是否定的。有了保證並不代表一定會成功，實際的成效尚得評估輔導方案的實施成果來決定。

二、內在特徵的評鑑

即評鑑學校輔導工作對學生實質效用的大小。此實質的效益往往是內在的，故較不易具體觀察，唯可依下列特徵，做為評鑑的標準：

(一)輔導計畫符合學生的需求

需求是一些個體所欠缺的事物，提供個體需求的滿足，可促進個體的福祉。學生的輔導需求包括有：(1)發展性的，是某一年段學生普遍的需求；(2)特殊性的，是個別學生的特定需求；(3)環境性的，是社會文化造成的需求。學校輔導方案的設計和安排，能滿足學生的這些不同需求，可助益他們的福祉及促進其良好的行為。

輔導計畫忌諱依照傳統行事，而應透過各種管道來瞭解學生的不同需求，依學生需求的變化隨時改變計畫內容，以能擬定符合學生需求的輔導計畫。評鑑時可詢問學生學校的輔導方案是否符合他們的期望，以瞭解輔導工作的實質意義。

(二)輔導計畫兼具矯治、預防和發展的功能

輔導工作預防勝於治療，學校輔導人員除了扮演「救火員」，對部分如逃學、違規、低成就學生實施問題行為的立即矯治，解決學生的危機問題外，對大多數學生應有預防及發展性輔導計畫，使學生能學習各種問題的因應方式，防患未然。故輔導評鑑時可評估學校輔導工作的取向是否忽略了針對大多數的學生實施發展性輔導。

(三)輔導方案具明確的目標

任何輔導方案的進行，應有明確的目標做為輔導工作的準據。欠缺工作的目標，會失去對工作意義的瞭解，及失去工作的方向和效率。輔導人員在擬定方案時，應清楚的列舉工作的具體目標，以做為自我評鑑的參考；而輔導評鑑時從具體目標的列舉中，可瞭解輔導工作的具體實效。

(四)輔導工作內容具均衡性

學校的輔導業務應顧及學生各式各樣的需求，推展兼容並蓄的綜合性輔導工作，不可失之偏頗。唯學校輔導人員往往會囿於個人的專長或興趣，而特別強調某些工作，如特別重視實施心理測驗，或辦一些活動，忽略個別諮商或團體諮商的實施，使輔導工作失去均衡性。學校輔導評鑑時，應強調輔導工作的多樣性，以符合多數學生的不同需求。

(五)輔導方案具穩定性

所謂穩定性，指的是輔導組織中，若有人員流動，應立即補充，以免影響業務的推展；及輔導方案的推展是依事不依人，應該推展的重要方案有其穩定性，不因人員的更迭而有巨大的變動。有效的穩定實施的輔導方案可做為輔導評鑑的一個指標。

(六)輔導方案具變通性

所謂變通性，指的是輔導方案能順應時代的變遷，隨時加以調整，常能推陳出新。故輔導人員應具市場導向及先見之明，瞭解學生的輔導需求

會隨時代的潮流而改變，因此力求輔導方案的更新和創意，以貼近時代的脈動。

(七)輔導人員團結合作、士氣高昂

輔導主任具領導才能，以民主溝通方式帶領部屬，使組織內的成員彼此互助合作，工作士氣高昂，針對方案所設定的目標，自動自發、合力以赴，以達成輔導的目標。此外輔導人員亦應和教師、行政人員互相合作。成功的輔導人員其計畫的推展應能獲得教師和其他學校行政人員的瞭解、興趣、支持、參與、和協助；高品質的輔導人員應具專業知能和道德操守。評鑑時，輔導人員的人際關係及組織的氣氛是一重要的指標。

(八)善用各種校內外資源

站在助人者的角色上，輔導人員雖具備諮商、衡鑑、和教育及工作機會的知識，唯在面對學生的各式各樣的問題，輔導人員應瞭解：學生應從各種資源中獲得協助；有各種轉介的資源單位和方式；不同的資源有不同的功能；透過校內外各種資源協助學生及家長。

(九)溝通輔導人員的角色和功能

輔導人員要清楚自己的角色和功能，並能向別人溝通說明，使他們對其角色和功能產生瞭解和認同。輔導人員平日做好良好的溝通，建立良好的人際關係，和同事能相互瞭解、互體互諒、互信互助，則對輔導工作的推展大有裨益。此方面的評鑑，可從學校其他人員對輔導人員的業務、角色、和功能等的瞭解加以評估。

(十)重視輔導過程和成果

有效的輔導方案進行中，應重視進展的情形及結果如何，對學生表現哪些期望：最基本的他們至少知道校內有哪些輔導人員；知道自己所接觸的輔導員的名字；知道輔導員是做什麼的；瞭解輔導員的功能；會利用輔導單位所提供的各種服務，協助自己的成長和發展；他們更加自我瞭解；能為自己的未來作妥善的計畫和安排。評鑑時可詢問學生對輔導單位的瞭解程度，及他們的參與經驗，即可瞭解輔導單位的功能。

參・國內中小學輔導評鑑的內容

我國教育部為瞭解學校輔導工作的成效，歷年來常對各校進行訪視或評鑑，其評鑑的內容如何？民國76年度教育部為發展與改進國教六年計畫，曾做一項總結性評鑑，旨在瞭解中小學輔導工作推展的詳情，其評鑑內容如下：

一、中學的評鑑項目

1.輔導工作組織之建立。

2.輔導工作計畫之編擬與執行。

3.輔導經費使用情形。

4.輔導師資之素質。

5.輔導教師之遴聘與工作情形。

6.輔導資料之建立、運用與保管。

7.輔導活動課程之實施情形。

8.輔導室之設備及使用情形。

9.教育輔導辦理情形。

10.生活輔導辦理情形。

11.職業輔導辦理情形。

12.追蹤輔導辦理情形等十二大項。

二、小學的評鑑項目

1.輔導活動組織之建立、人員素質、及工作情形。

2.輔導工作計畫之擬定與執行。

3.輔導室之設置、設施及使用情形。

4.教、訓、輔之配合，教師之參與及校長之支持輔導活動情形。

5.學生生活輔導措施與效果。

6.學生學習輔導措施與效果。

7.學生資料之蒐集建立、應用、保管、與移轉是否符合要領。

8.心理測驗之實施與結果分析運用。

9.輔導活動之發展與評鑑（檢討改進）事項。

10.學校對輔導工作之特色等十大項目。

第三節　輔導評鑑的人員

學校輔導工作的有關人員，基於對輔導成效的關切，熱心從事輔導方案的評鑑，這些人員包括：學校輔導人員、教師、學校行政人員、輔導學者專家、及教育當局人員。不論由誰進行輔導評鑑，評估的過程均包含下列因素：(1)依輔導工作的目標，訂定評鑑的標準項目，這些評鑑的標準項目均需以可觀察的行為加以敘述；(2)依評鑑的標準項目，敘述評鑑時可採行的各種活動和策略；(3)蒐集達成輔導目標的活動或方法的各種資料，核對標準項目達成的程度。以下茲介紹各不同的評鑑人員及其實際的評鑑過程。

壹・學校內自評

由學校內輔導人員擔綱，平時對所從事的個別或團體諮商的個案，及所舉辦的各種活動，蒐集輔導的過程和成效的資料，如設計諮商工作日誌、諮商活動回饋表、或以行為學派方式記錄學生在起點行為與終點行為間的差異，以自我進行輔導成效的評估。此外，輔導人員可依據教育當局所訂定的正式的輔導工作評鑑表（請參閱表6-2），對本校的輔導系統、輔導方案，做整體的自我評估。當然，上述的自評除了輔導人員自省評估其業務成效外，學校內的其他輔導人員、校長、教師、行政人員等，亦均可參與評鑑，提供更為客觀的評鑑資料。

自評可協助輔導人員瞭解輔導的成效，以便反省改進，且若成效卓著，這些具體結果可做為上級評鑑的資料，並做為向同事、社區、及家長宣導輔導工作成效的依據，使他們支持輔導的推展。自評的缺點是每個人均有其盲點，此時就需較客觀的「他評」了。

貳・校際間互評

輔導室可依教育當局所訂定的評鑑表，以正式或非正式的方式，請「友校」對本校的輔導系統與方案，給予整體的評鑑。亦可在校際間互評之前先自評，然後比較自評和互評間的差異，可進一步瞭解自己的重點和觀點與他人的有何不同。

校際間互評的優點是彼此觀摩，吸取他校的長處；缺點則是別人可能礙於交情，不好意思指出自己的缺點。

參・教育當局評鑑

教育當局為整體瞭解學校輔導工作的實施情形，及謀求改革之道，乃定期或不定期全面實施學校輔導工作的評鑑。實施評鑑前，先商請教育行政人員、輔導人員及專家學者依據學校輔導工作的目標，訂定學校輔導工作評鑑表（請參閱表6-2），做為評鑑的標準。實際評鑑工作由教育行政人員及輔導專家學者組成評鑑小組到各校訪視，透過聽取簡報、查閱資料、實地觀察、訪問師生等方式，瞭解各校輔導工作的成效和困難，並提供改善的參考意見。

實際到各校評鑑的過程如下：

1.學校自評：由評鑑單位事前先寄發輔導工作評鑑表到受評鑑學校，請他們先依表內評鑑項目自我評估，評估後寄回評鑑單位參考。

2.聽取簡報：由校長或輔導室主任報告該校輔導工作的實施概況。

3.參觀設施：瞭解輔導室的位置、空間規劃、內容設備等。

4.查閱資料：包括工作計畫、輔導室日誌、學生資料、心理測驗、諮商記錄、個案研究等。

5.訪談師生：訪問一些教師及學生，聽聽他們對輔導工作的瞭解情形，及對輔導室成效的看法。

6.座談會議：評鑑人員報告訪視心得，提出優、缺點及改進意見供輔導室參考，會中並回答輔導人員或老師所提出的問題。

表6-2　台北市國民小學輔導工作評鑑表（部分）

評鑑項目	評鑑重點	評鑑細目	評鑑方法	評定成績					備註
一、輔導工作組織	設有輔導室主任1人，資料、輔導（特教）二組，每滿24班，增加輔導教師1人，皆能配置適當人員擔任	1.設輔導室主任一人	晤談輔導室主任	5	4	3	2	1	本項成績占5%
		2.設資料、輔導二組	晤談組長，檢閱組織表	5	4	3	2	1	
		3.輔導教師人數合乎規定	晤談輔導教師	5	4	3	2	1	
		4.皆受過專業訓練具備專業知能	檢閱資料，晤談輔導室人員	5	4	3	2	1	
		5.職責分明能分工合作	晤談輔導室人員	5	4	3	2	1	$\frac{\square}{25}\times 5=$
二、輔導工作計畫與進度	(一)訂有長程發展計畫及本學年度實施計畫與進度，且均能與校務長期計畫及其他各處密切配合徹底執行	1.訂有長程計畫，並能與校務長期發展計畫密切配合	檢閱：長期發展計畫	5	4	3	2	1	本項成績占10%
		2.訂有本學年度輔導活動工作實施計畫與進度	檢閱：工作實施計畫與進度	5	4	3	2	1	
		3.本學年度輔導活動工作實施計畫與進度均編入學校行事曆內，配合執行	檢閱：行事曆	5	4	3	2	1	
		4.計畫訂定後，切實實施並檢討改進	晤談主任、組長	5	4	3	2	1	
	(二)擬訂各年級輔導活動配合各科教學活動實施計畫	1.訂有各年級輔導活動配合各科活動實施計畫	檢閱：實施計畫	5	4	3	2	1	
		2.能照該實施計畫實施	晤談教師、學生	5	4	3	2	1	
		3.全體教師均能活用輔導活動教師手冊實施輔導	晤談教師、學生	5	4	3	2	1	$\frac{\square}{35}\times 10=$

評鑑項目	評鑑重點	評鑑細目	評鑑方法	評定成績					備註
三、輔導室設施	(一)輔導室地點適中、規模適當，劃為辦公、諮商、兒童活動場所。佈置恰當，適合推行輔導活動之需要	1.輔導室地點符合學校推展輔導活動之需要	參觀：輔導室	5	4	3	2	1	本項成績占5%
		2.輔導室規劃為辦公室、諮商室、兒童活動場所	參觀：輔導室	5	4	3	2	1	
		3.辦公室設有學生資料櫥，以便保管學生資料	參觀：輔導室	5	4	3	2	1	
		4.諮商室的規劃、佈置隱密、溫馨，適合與兒童會談	參觀：輔導室	5	4	3	2	1	
	(二)佈置顧及兒童的需要，並置專用桌椅、櫥櫃等，存放有關參考書刊	1.各項佈置顧及兒童程度與需要	參觀：輔導室內外佈置	5	4	3	2	1	
		2.配置輔導活動專用的桌椅、櫥櫃、器材	參觀：輔導室佈置	5	4	3	2	1	
		3.辦公室存放輔導活動專用的桌椅、櫥櫃、器材	參觀：輔導室	5	4	3	2	1	
		4.有計畫充實輔導活動參考書刊及資料	晤談輔導室人員	5	4	3	2	1	
		5.發揮各項設施的功能	晤談、觀察	5	4	3	2	1	$\frac{\square}{45} \times 5 =$

（取自台北市政府教育局）

7.書面意見：最後評鑑單位會綜合各評鑑委員對各校的意見，以書面發文各校，提供各校輔導室改進的參考。

此種上級評鑑的優點：

1.教育當局可整體瞭解學校輔導工作的情形，對共同性的問題，可透過行政權來通盤解決。

2.由輔導專家學者實際下鄉訪視，體會學校輔導工作的實況；並可以依各校的實際情況，直接提供具體可行的改進建議。

3.學者專家較具權威，所提供的改進意見較易為學校輔導人員所接受。

4.上級單位握有監督考核權，可有效督促學校依評鑑結果的缺失，作好改善。

其缺點則是：

1.評鑑人員只花一天或半日的訪視時間，來去匆忙，不免走馬看花，只能評鑑具體可見的表面成果，難以深入瞭解輔導工作的實質成效。

2.一般學校視上級的評鑑為成績考核，為求好成績，故往往報喜不報憂，只重視表面工夫，不敢提出真正面對的困難，使評鑑人員未能就實際問題提供具體改進意見。

3.不可諱言的，評鑑人員最普遍的評鑑方式是查閱資料，於是各校為求好成績，以為評鑑就是資料比賽，評鑑遂變成表面的紙上作業，只重形式，反而失去它實質的意義。

第四節　輔導評鑑的方式

輔導人員欲達輔導方案評鑑的目的，可透過目標評鑑（Goal evaluation）、過程評鑑（Process evaluation）、效果評鑑（Effectiveness evaluation）、及效能評鑑（Efficiency evaluation）（Guidance:An Introduction, 1980）等方式蒐集資料。Ehly與Dustin（1989）認為諮商評鑑可分兩方面，即以方案為對象的「輔導方案評鑑」和以當事人為對象的「諮商成效評鑑」。上述的各種評鑑方式各自適用於不同場合，輔導人員及有關人員依個人所需，斟酌選用適用的評鑑方式。以下茲簡介各種評鑑方式：

壹・目標評鑑

輔導人員設計輔導方案時，首在確立目標，再依目標訂定具體目的，以做為輔導有效性評鑑的標準。所訂的目標和目的是否適當，是輔導評鑑首要確認的。輔導方案的目標是否適當的評鑑，主要考慮以下問題：

(一)輔導方案的目標是否為學校的教師、行政人員、和家長所接受？

學校的輔導工作有其既定的目標，如希望學生表現良好的行為。唯輔導人員不能躲在象牙塔中，所訂輔導方案的目標除了具有個人的理想，也要考慮校內同事如教師、行政人員、或家長對輔導人員角色的期望，他們希望輔導人員達成什麼目標。兩者一致性愈高，表示輔導工作愈符合實際，否則他們將視評鑑是毫無意義。

輔導人員需蒐集同事及學生對他們的角色的看法，如教師可能希望輔導人員多扮演諮詢服務及提供教師在職教育的角色。輔導人員應重視這些期望，並列入輔導方案的目標當中。

(二)輔導方案的目標是否依據學生的需求？能否滿足他們的需求？

在輔導人員忙碌的生活中，任務林林總總，一定要有重點，選擇優先順序，先確定學生最需要的輔導方案是什麼，據以確定輔導目標，這樣工作效率才能事半功倍。

輔導人員需實施學生輔導需求評估，並據以擬定輔導方案及目標。學校輔導方案的目標愈和學生的需求一致，表示輔導目標愈適當。

(三)輔導方案的目標是否可行？

的確，一個輔導方案往往可列舉幾十個目標，唯無法達成的目標只是徒具形式，毫無意義。輔導人員應評估它們的可行性，以建立有效的輔導方案。可行性的預估需考慮下列問題：經費來源、人員、材料、運作、重要人物的支持、輔導人員的資格……。輔導評鑑時，評估方案目標是否可行，即可確知方案的優劣。

(四)輔導方案的目標是否有用？

評鑑輔導方案的有效性常依據目標達成的程度，故敘述一般方案結果的目標的敘寫應是可觀察的、可評量的、可瞭解的。

另有三個標準可協助輔導評鑑者評估方案目標的適當性：

1.適當的方案目標敘述學生行為或態度理想的改變：如學生將發展作決定的技巧。

2.方案中包括有短期、中期、和長期的目標：一般短期目的較具體、可觀察，但結果的描述不易凸顯最終的目標。如學生將每次出席生涯輔導小團體；而長期目標結果的描述較顯著，卻失之於遙不可期，如學生將獲得滿意的職業。故最好是三合一，三種目標兼具。

3.有用的方案目標是特定的及可評量的：為了方便評鑑者使用，目標敘述必須是操作性的，即在一個一般目標（goal）之下，分解為包括了若干個行為表現目的（objectives）。

貳・過程評鑑

一、何謂過程評鑑

輔導方案評鑑最普遍的方式，是調查輔導人員對其被認定的工作達成的程度。此即所謂的過程評鑑。過程評鑑的標準均與諮商員的功能有關，卻無評量目標的獲得，如學生是否獲得及應用「做決定」的技巧。大部分輔導方案的過程評鑑，都詳述了諮商員負責的特定任務和活動，例如諮商員特有的功能包括：提供所有學生確實的機會；提供所有家長規定的服務；提供所有教師輔導諮詢；提供所有行政人員適當的回饋。過程評鑑時，諮商員可能做輔導方案工作日誌的記錄；或可能以問卷調查學生、教師、家長、和行政人員對諮商員功能的知覺。評鑑時運用各種蒐集資料的方法，來決定諮商員的功能是否實際的發揮。

二、過程評鑑的方式

過程評鑑在學校最普遍的方式是調查學生、家長、教師對學校諮商員所提供的服務瞭解的程度如何。下列問題可調查此種評鑑資料。

(一)調查中學生的評鑑問題

1.你知道你的諮商員是誰？

2.你知道諮商員在學校做什麼？

3.你曾與你的諮商員談過話嗎？

4.當你需要時，你能見你的諮商員嗎？

5.你的諮商員曾到你班上和全班談話嗎？

6.你的諮商員曾與你談生涯規劃的問題嗎？

7.你的諮商員對你的保密承諾做到嗎？

郭毓倫與王麗華（1996）調查台北市立師院學生對輔導中心的認識，結果約有52%的學生瞭解學生輔導中心的各項服務，其認識的程度並不高。其中對個別諮商服務的認識程度最高，達68%，其次為測驗服務，達65%。不到一半的學生知道輔導中心有舉辦各類的演講和座談會（49%），及舉辦小型團體輔導（41%）。

(二)調查家長的評鑑問題

1.對諮商員是做什麼的，你自認你的瞭解程度？完全清楚________大致清楚________稍有概念________沒有概念______

2.諮商員與你接觸的情形如何？經常________偶爾________極少____從不______

3.你與諮商員接觸的情形如何？經常________偶爾________極少____從不______

(三)調查教師的評鑑問題

1.學校對新生提供輔導服務？

2.你與諮商員及其他教師參與了學生的個案會議？

3.學生的個別諮商是輔導方案的一部分嗎？

4.團體輔導過程被用於輔導方案嗎？

過程評鑑透過調查方式蒐集輔導服務的項目，其優點是簡單易行，可具體瞭解輔導業務實際內容的多寡；輔導人員所花的時間和精力；及受輔人數的多少。此法在行政業務的評鑑上最受青睞，教育當局往往要求輔導人員提出過程評鑑的資料（參閱表6-2），以證明他們確實有在努力的工作。

此法的缺點是：

(1)評鑑重量不重質。光看表面上輔導多少人，花了多少時間，這只是表示輔導人員有在工作的資料。努力工作並不絕對代表績效良好，資料雖顯示諮商多少學生，並無實質提供諮商已達成幫助學生的證據。故輔導成效的評鑑，評估對學生真正的協助如何，也是非常重要的。

(2)此法以表面工夫的多寡代表優異，易使受評人員為了績效，累積堆砌表面資料，追求評鑑資料的以多取勝、美侖美奐，以致喪失了評鑑的實質意義。

參・成果評鑑

和過程評鑑相對的成果評鑑（product evaluation）或結果評鑑（outcome evaluation），使用學生成果的指標，做為最後的標準，評估輔導方案對學生實質影響的情形，即有效性評鑑，可分為：

一、未預訂目標的成果評鑑

此法在無事前決定方案目標的情況下，未訂定任何清楚的、可評量的行為表現目的做為學生行為結果的指標，自由蒐集方案對學生的任何或所有影響的資料，一般稱為「目標自由評鑑」（goal-free evaluation）。

使用「目標自由評鑑」的典型輔導方式是個案研究法（Case study method）。此法在對個案實施一段時期的諮商輔導後，使用下列的方法蒐集學生資料：(1)諮商期間的錄音、錄影；(2)觀察學生在教室及自由時間的行為；(3)與教師和家長討論學生的行為；(4)分析諮商和學生記錄。

綜合各式各樣的資料，以確認學生的行為所產生的改變，評量諮商對學生的有效性。此法不需事前決定行為的比較標準，頗具彈性，且能考慮每一個體及每一諮商關係的獨特性，已廣為諮商員使用。唯其缺點是無目標，易使諮商迷失方向；諮商員易依主觀性判定諮商成效。

二、目標的成果評鑑

此法在事前決定方案目標的情況下，訂定任何理想的、清楚的、可操作的、可評量的行為表現目的，以做為學生行為結果的比較標準，以「差異評鑑」（discrepancy evaluation）的方式，評估理想目標與實際觀察行為表現之間的差距。

(一)目標的陳述

目標的陳述可分一般目標（goal）和具體目的（objective），舉例如下：

一般目標：學生將增加他們的生涯覺知。

具體目的：六年級學生，在學習兩週的生涯覺知單元後，後測分數高於前測50%。

一般目標是籠統的敘述，具體目的則是指出何人？何時？在哪些方面的改進？

(二)評鑑的範圍

輔導結果評鑑範圍如圖6-1。輔導評鑑的一般目標包括四方面：教育的、職業的、社會的、個人的領域。

一般目標的每一方面則包含一或更多的下列水準：知識、理解、態度和價值、及非心理的行為和技巧。

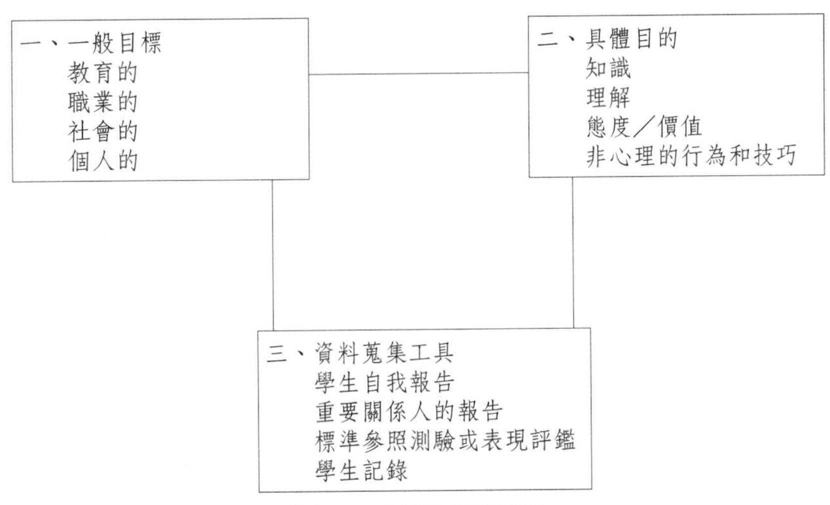

圖6-1　輔導成果評估

(三)評鑑資料的蒐集方式

評鑑在上述水準改變的方法有主觀也有客觀，包括：(1)學生的自我報告（如面談、日記、態度自陳量表）；(2)重要他人對學生行為的報告（如諮商員、教師、或父母的報告）；(3)特殊目的或標準取向測驗結果；(4)學生記錄分析（如成績、出缺席、俱樂部會員、標準成就測驗）。

例如：諮商員評鑑學生在參加一「訓練團體」後在自我肯定上的成果，諮商員蒐集資料的方式包括：直接與學生討論（自我報告）、在社會情境觀察學生（諮商員報告）、比較學生在自我肯定量表上的前後測分數（標準取向測驗）、和在社團地位的資料（學生記錄）。上述學生資料蒐集的方法，以多元取向方式更可能導致適當的結果評鑑，勝於只用單一種方法。

想用標準參照評定量表、問卷、調查、和其他工具的評鑑者，亦能發展他們自己的或使用標準化工具。一般各校的輔導目的會有差別，因此，標準化測驗和工具較之特別為方案目的設計的評量工具，可能較少適當和價值。但是設計評量工具需專業技術及相當費時，而使用標準化測驗相較之下就方便許多，而且結果方便校際間的比較。

此外，不同的輔導方案可能適合不同的評量方式。如發展性輔導是以所有學生為對象，評量工具就要求具普遍性。相對的個別諮商結果的評量則要求特殊性，依個案特色量製。

行為改變技術輔導個案所使用的「應用行為分析法」，可做為此評鑑方式的一種代表，其實施步驟如下：

1.諮商員和個案共同訂定達成的目標（終點行為）。

2.目標行為是可測量的，如違規次數減少，學業成績分數進步，出席日數增加等。

3.測量目標行為的基準線，即瞭解輔導前問題行為的嚴重程度，做為效果評估的標準。

4.整個輔導介入的處理過程分為：基準線階段、輔導處理階段、維持階段、及再處理階段。

5.比較輔導前後的行為改變評量資料，決定輔導成效，並以圖表方式呈現輔導的有效性。

此法的優點是，輔導的目標行為具體可觀察、測量；可提出客觀的數據資料驗證輔導的成效；客觀的觀察所操弄的自變項與依變項間的關係，實際瞭解輔導方法與行為間的因果關係。

三、實驗研究設計

前述不管是無目標或有目標的有效性評鑑，我們往往只看結果或將結果與預定目標比較，來判斷輔導的成效。從嚴謹的科學研究的立場來看，此種輔導成效的判斷是有瑕疵的，因為有可能影響輔導成效的不是輔導方案，而是一些其他的變因。如：受輔導的學生在接受輔導期間，可能由於年齡的增長而心智更加成熟；家庭生活突獲改善；親朋好友非正式的協助；甚至於春天來臨了，均可能使學生的問題行為不藥而癒。要避免此種有效性評鑑的判斷發生錯誤，其方法是採行更科學的實驗研究法。

實驗研究法是一種科學且精密的方法，它是在妥善控制的情境下，探求自變項與依變項之間的關係。在輔導評鑑時，亦可利用此法，瞭解輔導方法（自變項）對學生行為（依變項）所產生的因果關係，故可直接評估輔導的實際成效。

實驗研究法在克服無關變項對輔導成效的影響上，一般是採取設置控制組的方法。此外要設法在實驗設計時讓實驗組與控制組各種條件相等，否則，如果實驗組本來各方面都較控制組優秀，實驗後成效優於控制組，可能並非輔導所致，而是原先的條件使然。克服此種輔導成效誤判的方法是將實驗的對象隨機化，即隨機抽樣及隨機分派。

例如，評估接受「學習技巧訓練」的一群學生，以其接受輔導後在前後測上的差異，決定輔導的效果。為了避免一些無關的因素干擾實驗結果，故設一控制組；又為避免因實、控兩組原來條件有異，如實驗組學生原本學習的方法就較強，此時實驗組縱然成效高於控制組，我們亦不可遽下斷語說是訓練使然。此時，解決之道是採隨機化的實驗設計方式，讓兩組在條件相等之下接受實驗。

此種評鑑方法的優點是：設計具體、客觀、可評量的行為標準；有實質的證據顯示輔導方案對學生的助益；證實了輔導品質的優劣；找出不同輔導方法對學生的不同成效。此法的限制則是實驗者需接受過研究方法的專業訓練，一般人不易進行；整個研究過程費力、費時、費錢，且在學校情境不易實施嚴謹的隨機化及適當的控制的實驗設計。因此，除了諮商理論研究人員外，一般的輔導成效評鑑較少使用這麼正式的評鑑方法。

肆・效能評鑑

輔導方案的評鑑除了考慮方案的有效性，也要盤算所花的成本是否與獲益相當，此時涉及方案的「成本—效益評鑑」（cost-benefit evaluation）。成本指的是一方案為達目的，所花費的金錢、時間、精力、場所、設備、和材料等。效益代表一方案的任何有價值的結果，包括直接的或間接的成果，有設想到和未設想到的效果，及有形的和無形的結果，如學生學習動機的提升、偏差行為的改善、學業成績的進步等。由於學校系統的輔導人員，時間、空間、經費、設備、材料等資源有限，因此，方案的實施應考慮哪些方面的執行，能在一最少或可接受的成本，達成最滿意的效益。「成本—有效性評鑑」（cost-effectiveness evaluation）的兩個目的，一是決定達成特定結果的最小成本的方法；另一是決定一特定成本能獲得的最大結果。

「成本—效益評鑑」不只需蒐集一方案的所有成本和效益的資料，且要考慮每一成本和效益的重要性，以做為方案效能評估的依據。

以下茲介紹「成本—效益評鑑」的一些方式：

一、兩個方案的成本—效益比較

Clark與Olsen（1977）建議，「成本—效益評鑑」最簡單的方式是評估成本和效益為高、中、低的程度。例如一諮商員想針對強調治療的（如：個別諮商）與強調發展的（如：團體輔導和心理學教育）諮商和輔導方案之間的成本和效益做一比較，以清楚的決定彼此間的優劣勢。可列舉方案對諮商員、學生、教師、家長、行政人員的成本和效益的程度，詳細情形請看表6-3。

Humes（1972）建議，針對一輔導的具體目的所設計的有用的各種策略，進行優點、缺點、和成本的預估。例如：針對學校欲設置輔導助理的兩種選擇方案的成本和效益進行分析，詳細情形請看表6-4。

表6-3　兩個諮商和輔導方案的成本—效益之比較

方案	效益	影響	成本	影響
個別諮商方案	1.可達成當事人個別的目標	高	1.為達成積極的結果，需進行多次會期	高
	2.在當事人與諮商員之間發展個人的關係	中	2.學生必須騰出上課時間進行諮商，會影響課業	高
	3.個人的接觸和可觀察的個人的改變，對諮商員滿意的	中	3.沒有隱密的諮商空間可利用	中
	4.學生發展對諮商的感激	中	4.行政責任費時，如獲家長同意；寫諮商報告	中
			5.不可能諮商所有需協助的學生	高
			6.只有諮商員能提供服務	高
團體輔導／心理學教育	1.許多學生立即獲益	高	1.教師諮詢和訓練占去諮商員其他活動的時間	中
	2.教師援助者和學生均能傳送服務	高	2.許多教師感覺他們沒有時間從事團體輔導活動	高
	3.學生的改變持續	高	3.對於不想參與或不能從大團體活動中獲益的學生無法提供充分的個別的時間	高
	4.可在普通教育團體中實施	中	4.大團體是非個人的	中
	5.能在一短時期內發生改變	高	5.團體輔導的材料和設備缺乏	中

（修改自Clark & Olsen, 1977）

表6-4　學校設置輔導助理的兩種選擇方案的效益和成本分析

一、目的：為提升諮商員從事輔導方案的專業任務，減少他們忙於雜務，乃計畫設置協助輔導方案的人員。
二、兩種選擇方案的效益和成本分析
　(一)設置兼職的事務性或半專業性助理
　　優點：以最少的花費，可產生最大的協助。
　　缺點：未真正的增加輔導助理人員，只是權宜之計。
　　成本：一年約新台幣二十五萬元。
　(二)設置校長另外的行政助理兼職輔導助理
　　優點：增設一個專職的職位，可在教育和輔導方面發揮功能。
　　缺點：成本最高，或許對輔導的效益最小。
　　成本：一年約新台幣九十五萬元。

（取自Humes, 1972）

二、績效責任制

當使用績效責任（accountability）這名詞來描述一方案的成本和

效益，它結合了「成本—有效性評鑑」的兩個目的，因此，Krumboltz（1972）定義績效責任制（accountability system）是對照比較成就和成本資料的過程，以促進做決定。已發展應用在諮商輔導的方式如下：

(一)計畫，方案，預算制

PPBS（planning, programming, budgeting systems）（Shertzer & Stone, 1981）是最普遍使用的績效責任的方式之一，很類似工商界早已採用的具體目標管理。它是一種管理技巧，以在合理的成本達成最大效益的態度，來分配資源。其架構包括：確認需求、計畫方案、在各種行動過程中做選擇、分配和控制資源、及評鑑結果。PPBS的核心是以客觀態度明確陳述方案預算。PPBS的基本要素是系統分析，或考驗整個系統的部分，以明確陳述具體的目標。

應用在輔導方案的PPBS的步驟如下：(1)需求評估：評估學生有哪些輔導需求項目；(2)選擇優先順序：建立需求項目的優先順序；(3)界定一般的目標和具體的目的：一般目標是概括的、無時限的；具體目的則是特定的、有時限的、可測量的成就。一般是在一個一般目標之下，包括一組數個具體目的；(4)設計達成目標的活動（服務）；(5)方案預算（資源和人員的長期配置）；(6)評鑑結果；(7)修正一般目標，詳述新具體目標，向大眾報告。

(二)一個績效責任記錄的實例

Krumboltz（1974）曾舉一中學諮商員Doe所設計的年度績效責任記錄為例。紀錄表中詳述了諮商的一般目標；諮商的成就，包括問題確認、輔導方法、諮商結果；諮商員所花費的成本，包括活動、時間、金錢。詳如表6-5。

績效責任制的優點是，向外界清楚的界定諮商員的角色和成就；澄清諮商員的責任，排除非其專業內的工作；此種評量的結果能清楚的指出學生的需求所在，正確的描述諮商員花費他們時間的方式；證實以最合理的成本，達成了最大的經濟效益。

表6-5　一位諮商員的年度績效紀錄表

職稱：諮商員；年薪：$14,000；合約：40週，40小時／週；平均薪資$14／小時 目標A：適應性行為：協助學生發展更適應、更建設性之行為模式					
問題確認	成就		成本		
	方法	結果	活動	時數	薪資
Oliver之母來電：Oliver很沮喪；隱約提到自殺；孤單無朋友。	為Oliver分析社會增強物；社交技巧訓練；指派Oliver去協助新來的轉學生。	Oliver主動與人接觸之次數由每月0次至每月4次；朋友數由0位進步到1位；其母報告Oliver之沮喪情形消失。在接案前每月提及自殺一次，到連續三個月未提到自殺。	與Oliver進行晤談； 與母親進行晤談； 與老師晤談。	38 3 2	532 42 28 602 (合計)
學生A來訪，為藥物成癮而憂慮，要求匿名。	討論找出其他滿足的方式；討論脫離其朋友的方式。	逐漸減少用藥的頻率。	與學生A晤談； 與醫師晤談。	25 0.5	350 7 375

（取自：Krumboltz, 1974, p.642）

伍・諮商成效的評鑑

Ehly與Dustin（1989）提出諮商成效的評鑑可分為形成性評鑑（Formative evaluation）和總結性評鑑（Summative evaluation）。

一、形成性評鑑

形成性評鑑是專業人員在每次諮商過後，隨時記錄不同階段中所提供的各種服務；隨時檢核諮商的目標和具體目的是否已達成。此種諮商過程的實錄，諮商員可用來清楚的說明諮商介入的有效性。Meier與Davis（1993）指出建立諮商紀錄的好處有四：(1)在任何合法行動上，記錄提供你證據文件；(2)記錄讓你的督導確實地瞭解你的進度和困難；(3)記錄可使你按照機構的責任標準行事；(4)記錄提醒你個案的治療史和進步程度（謝臥龍等，1996）。

適當的形成性評鑑不只是資料的記錄，專業人員更需訂定預期的目標和具體目的；訂定所提供的服務的時間計畫表；考慮諮商期間所用的策略和技術如何被選擇和評量；隨時修正行動計畫，並詳加記載。

此評鑑的方式之一是諮商員設計「個別諮商紀錄表」（請參閱表6-6），針對每一個案設置檔案，每次和個案或家長諮商後，詳加記載晤談內容，嚴加保密、保存，檔案資料隨諮商次數的增加而累加。諮商晤談紀錄表的內容要項包括：

1.兒童姓名：________
2.晤談日期：___年___月___日
3.晤談地點：____________
4.問題描述：____________
5.目標和優先順序：1._____2._____3._____
6.預定完成的日期：1._____2._____3._____
7.與學生所訂契約內容：______________________________
8.與家長的接觸：____________________________________
9.與同事的接觸：____________________________________
10.晤談內容：____
11.評鑑計畫的活動完成的情形：1._____2._____3._____
12.評鑑計畫的結果完成的情形：1._____2._____3._____
13.追蹤計畫：____

上述第7項，契約內容中，將包括諮商員與當事人共同訂定的目標和具體目的，輔導計畫的時間表，及服務的方式，契約完成後的結果。此契約包含在個案的檔案中，每一個案的檔案記載會談的內容，達成目標和具體目的的活動，及諮商中的其他資訊。當契約上的目的達成，諮商記錄是輔導成效進展的具體證據。

此外，這種評鑑亦運用在團體諮商中，團體領導者可設計記載團體諮商過程的日誌（請參閱表6-7），記載每次聚會活動的目的，成員互動的過程，目的達成的情況，檢討與改進。在團體進行的過程中，有些領導者會設計成員互動評量表，評量每一成員和別人互動的次數及方式，做為調

一年	班　號
二年	班　號
三年	班　號
四年	班　號
五年	班　號
六年	班　號

表6-6　〇〇國民小學學生個別諮商紀錄表

姓名：　　　　　　性　別：男（　）　　女（　）

年　月　日	第　次晤談	晤　談　內　容　要　點	地點	輔　導　者

（修改自台北市東門國小輔導室）

整引導團體的方法，導致成員更熱烈的討論，更主動的分享資訊，和更容易的達成團體目標。

總之，諮商過程中的許多資訊，若未錄音、錄影、或馬上記錄下來，待事後再回憶，難免捕風捉影、歪曲事實。諮商實務工作者已被要求以文件記錄諮商過程中的資訊，不但可呈現輔導人員工作的努力及其成果，更可讓輔導人員從整個過程中回顧反省與檢討改進。

表6-7　團體諮商過程日誌

○○國民小學小型團體輔導活動日誌	
團體名稱	
聚會日期	
聚會次別	
聚會地點	
單元名稱	
領導者	
出席學生	
活動內容	
活動感想	
建議	

二、總結性評鑑

即諮商結果（outcomes）或成果（products）的評估，是行政人員最有興趣的的部分。結果評鑑的標準一般包括四方面：社會、人格、職業的適應及教育的表現。

(一)社會的適應

評估兒童與父母、教師、和同輩的互動行為改善的情形。如增加和父母交談的次數；增加參與團體的活動；減少違紀的行為等。一般專業人員所持的理論取向不同，會影響對社會適應種類的選擇和不同的評量方式。例如阿德勒派的實務工作者，可能強調增進學生融入家庭活動，及對自己的行為負更大的責任；而行為取向的實務工作者，則先記錄個案的基準線行為，諮商後再評量結果，最後將結果與基準線的標準相比較，以評估諮商成效。

(二)人格的適應

以人格為輔導成效評鑑的標準，一般是針對學生實施人格測驗，如：自尊量表、內外控量表、自我概念測驗……。此種評量方式雖廣為使用，但較難以實施和解釋。因為較之社會適應，人格評量的工具較不具體，測驗的信度和效度也較受到質疑。一工具的信度愈低，當用來評量任何的思想和行為，愈可能發生錯誤，難以找出學生人格改變的情形。

(三)職業的適應

當諮商的議題牽涉到生涯及工作表現，諮商員協助學生職業計畫、工作申請、職業僱用、工作晉升等。事後即評估他們的職業適應情形，其評鑑的方式如：記錄學生職業的特定行為及活動；當事人或專業人員在工作位置報告學生的表現、督導的滿意、學生對工作責任相對的愉快。在生涯和職業教育方案內，可用職業興趣和性向測驗，評估學生的職業思想和行為的改變。

(四)教育的表現

評鑑學生在教育上的表現，包括評估學生在學業成績、教室參與、缺曠課、遲到、家庭作業上的改變。輔導實務工作者記錄學生的這些資料，以瞭解個別或團體諮商對學生教育表現改變的影響。

三、其他

此外，可應用諮商活動回饋表和晤談方式，來評估諮商結果的成效。

1.諮商回饋表：諮商工作實務者設計「諮商回饋表」（請參閱表

6-8）：(1)以不具名方式，請在這學期接受諮商的所有學生，要求他們在回饋表上評定：有關他們經驗的活動，喜歡或不喜歡的情形；哪些活動有效？哪些活動無效？(2)也可以請轉介學生的家長、教師、或行政人員提供回饋，要求他們在回饋表上反應：學生接受諮商後，是否行為已有所改變？他們是否滿意這些改變？諮商活動是否已處理他們主要的關心事件？

2.晤談方式：與學生或轉介者晤談，討論諮商過程中，及諮商後，學生已發生了什麼？

第五節　輔導評鑑的困難

學校輔導業務的實施，其過程包括計畫、執行、和評鑑，其中評鑑的價值素為大家所肯定，唯往往被忽略。輔導人員常事前計畫，適切執行，而執行完畢工作就告終，能徹底實施，事後反省檢討的評鑑工作者不多，考其原因乃評鑑工作有下列困難，致輔導評鑑滯礙難行：

一、輔導人員無暇顧及評鑑工作

輔導人員把大部分時間和精力花在方案的執行上，少有時間顧及工作實施後的評鑑，形成除非被動，否則輔導人員不會主動實施評鑑。

二、輔導的目標欠缺具體明確

有效的評鑑基於特定的預定目標和達成目標的比較，以決定輔導成效。然而一般的輔導目標，如促進自我瞭解、自我實現、自我發展、良好適應、身心健康、做決定的能力等，都非常抽象，難以下操作性定義，以在評鑑時具體、實際的觀察、測量到，有礙系統評鑑的實施。

三、輔導人員拒絕實施量化的評鑑

人本取向的諮商員，主張人是統整、獨特、自主的個體，反對將人的行為分析、量化，尤其抗拒統計模式的評估方式；重視當事人主觀的意識經驗之瞭解，主張以直覺和主觀的判斷評鑑當事人的行為。

表6-8 個別晤談回饋表

親愛的同學，當您結束個別晤談時，請您能撥空填寫這份回饋表，作為日後我們改進的參考，我們很需要您的意見，也謝謝您的配合！

學生輔導中心

★您的性別：□男 □女
★您的年級：□一年級 □二年級 □三年級 □四年級 □研究所 □其他
★輔導老師：＿＿＿＿＿＿
★這是您第幾次的個別晤談：＿＿＿＿
★這是您與這位諮商員第幾次的個別晤談：＿＿＿＿

（下列問題請按「是」與「否」的符合程度作勾選）	是 4	3	2	1	否 0
1.與諮商員的談話，您能夠順暢的表達。	□	□	□	□	□
2.您覺得諮商員能夠瞭解您的困擾問題。	□	□	□	□	□
3.諮商員對於您所表露的情緒能予以接納並做妥善處理。	□	□	□	□	□
4.與諮商員的晤談，對您的問題有所幫助。	□	□	□	□	□
5.在諮商過程中，您對自己的參與與投入很用心。	□	□	□	□	□
6.日後您若有困擾，您願意繼續安排個別晤談。	□	□	□	□	□

（下列問題請直接勾選）

7.您覺得個別晤談對您最大的影響或協助是什麼？
□傾聽您的心聲 □分析問題癥結所在
□接納並協助您整理情緒 □問題的解決
□表達對您情緒感受上的關懷 □提供有益的資訊
□其他＿＿＿＿＿＿

8.您對晤談的作業流程或場地設施的滿意度與建議？
□滿意，原因＿＿＿＿＿＿＿＿＿＿
□不滿意，建議＿＿＿＿＿＿＿＿＿＿

9.若有適合且能幫助您的成長團體，是否願意參加？
□願意，聯絡方法：＿＿＿＿＿＿＿＿
□不願意，因為：＿＿＿＿＿＿＿＿

填妥後請交給學輔中心老師，我們會接受您給的寶貴意見，謝謝您！

（取自台北市立師院學生輔導中心）

四、心理特質不易客觀的評量

輔導成效評鑑的內容常涉及個人行為的人格、動機、態度、自我觀念等心理特質，這些心理特質的評量工具及方法目前仍顯粗糙，不易客觀衡量，使得評鑑人員在做評估時，無一致而有效的法則可循，使評鑑易流於主觀。

五、輔導人員欠缺評量的知能

大多輔導人員欠缺有關研究或評鑑的訓練，使他們無意也無法實施輔導方案的評鑑及研究。因此，未來在輔導人員的養成教育上，應重視輔導評鑑與研究的訓練。

六、評鑑工作耗時費神

評鑑工作需花費不少的人力、時間、和經費，輔導人員因而望之卻步；教育當局常認為研究與評鑑是一種奢侈的項目，可以刪除。

七、易流於外在條件的評定

前述個人心理特質的變化不易評估，因此評鑑人員往往忽略了內在輔導成果的評量，易偏向外在條件的評估，如從輔導設備、經費、人員的多寡和素質等因素來考評，而忽略了輔導實質成效的評鑑。

八、輔導成效易受其他因素干擾

日常生活中，影響學生的思想和行為改變的因素相當複雜，如家庭、學校、社區、文化、成熟、同儕等變因。這些因素對學生的影響很難加以控制，使我們很難在評鑑時下因果關係判斷，說經過輔導後對學生的行為輔導有效。

九、公認的評鑑標準不易訂定

各級學校、城鄉差異、甚至不同學區，學生的問題不同，形成每一學校的特殊性。不同學校應依其學生的特殊性，分別訂定能滿足他們需求的輔導方案。故評鑑時要訂定一套放諸四海皆準的評鑑標準，適用每一學校，又不失其公平性是有困難的。

十、輔導成效不易立竿見影

俗話說「冰凍三尺非一日之寒」。學生長年累月學習的不良習慣想一夕之間加以改變談何容易，何況影響學生不良行為的因素牽涉複雜的環境因素，加重了輔導的難度。此外，輔導的成效有時雖看不到，但看不到並非代表沒有；其成效也可能不是立即的，而是長遠的，此輔導效果的不易立即看見增加了評鑑的難度。

十一、一般人對評鑑的觀念有所偏差

提到評鑑一詞，大家即心生畏懼，認為評鑑是上級的成績考核，專為打分數及挑毛病而來，因此努力做表面工夫，以為輔導就是堆砌許多資料，力求掩飾自己的缺點，以爭取優越的成績。於是評鑑的原義盡失。（Shertzer & Stone, 1981; 宋湘玲等，1985；吳武典等，1990）

摘　要

1.輔導評鑑是針對輔導所提供的各項服務是否達成其預期目標，所作一系統性的價值判斷，其價值在溝通輔導成效；提供輔導方案改進的決定；及促進諮商和輔導專業的發展。

2.評鑑與考核的區別在考核是對人能力的評估，往往是上對下的考評，重點在工作成果。評鑑則是對事不對人，目的是尋求問題的改善，重點在過程與結果同獲重視，除了他人評鑑外亦非常強調自我反省及檢討改進。另評鑑與研究亦有區別，評鑑是實務取向，研究則是理論取向，兩者的目的亦有別。

3.輔導評鑑的內容可分為內、外在特徵的評鑑。外在特徵的評鑑包括一些具體可見的、表面的外在條件。內在特徵的評鑑則是評估輔導工作對學生的實質效用，往往是較不易觀察到的一些內在條件。另又可將評鑑的內容分為軟體和硬體條件。國內中小學輔導評鑑時，均訂定具體的評鑑項目。

4.輔導評鑑的人員有學校內自評、校際間互評、教育當局評鑑。自評最方便，不必大費周章，唯易有盲點；校際間互評，他山之石，可以攻錯，唯常礙於交情，言不由衷；教育當局的評鑑則是正式的、全面的、系統的輔導成效的評鑑，唯其優、缺點互見。總之，三種人員的評鑑均是必須的。

5.輔導評鑑的方式可分為目標評鑑、過程評鑑、效果評鑑、及效能評鑑。另諮商效果的評鑑可分為以方案和以人為對象的評鑑。

6.目標評鑑是評鑑輔導目標的適當性，主要考慮下列問題：目標是否為學校人員和家長所接受？目標是否能滿足學生的需求？目標是否可行？目標是否有用？

7.過程評鑑是最普遍的評鑑方式，是調查一般人認為輔導人員工作達成的程度，方式是調查學生、家長、教師等對輔導人員所提供的服務的瞭解程度。另輔導人員蒐集紀錄工作的資料亦是過程評鑑的指標。此法的缺點是努力工作未必代表成果卓著。
8.成果評鑑是評估輔導方案對學生實質影響的情形，可分為未預定目標的成果評鑑、目標的成果評鑑、實驗研究設計。
9.未預定目標的成果評鑑的典型是個人中心諮商法，此法諮商前未預定目標，諮商期間錄音、錄影；觀察學生在教室內外的行為；與家長及教師討論兒童的行為，最後分析諮商和學生記錄，以確認學生行為改變的情形，評量諮商的有效性。優點是彈性，缺點則是主觀。
10.目標的成果評鑑是評估理想目標與實際觀察行為表現之間的差距，其典型是行為改變技術的應用行為分析法。此法的目標可觀察、評量，先訂定終點行為，測量及決定起點行為，再介入輔導方案，比較輔導方案介入前後行為改變評量資料，最後並以圖表呈現成果。此法的優點是符合科學原則。
11.實驗研究法亦可做為成果評鑑的一種方法，它是一種科學和精密的方法。唯一般未受研究方法訓練的人員不易實施，且費力費時。
12.效能評鑑是除了考慮輔導方案的有效性，也需盤算所花的成本是否與獲益相當，即所謂的「成本—效益評鑑」、「績效評鑑」，目的是以最小成本獲最大成果，方法在蒐集所有重要的成本和效益的資料，對照、比較、分析，做為效能評估的依據，以促進做決定。
13.諮商成效的評鑑可分為形成性評鑑、總結性評鑑、及其他。形成性評鑑是諮商員在諮商過程中，以錄音、錄影、或設計個別或團體諮商紀錄表，隨時記錄不同階段中所提供的各種服務，並檢核諮商目標和具體目的是否已達成，以隨時修正諮商方法。總結性評鑑是對諮商結果以晤談、心理測驗、問卷、成就測驗、觀察記錄等方法，蒐集學生在社會、情緒、教育、職業等方面的諮商成果表現資料。其他諮商成效的評鑑，如設計諮商活動回饋表、個別晤談等方式，亦可評估諮商結果的成敗。
14.輔導評鑑工作常被忽略，其最主要的困難有諮商員無暇顧及，且輔導工作不易立竿見影，成效難評。

複習問題

1.何謂評鑑？評鑑與考核、研究有何區別？
2.試述輔導評鑑的定義與價值。
3.試述輔導評鑑的內容。
4.試述輔導評鑑的人員。
5.何謂目標評鑑？
6.何謂過程評鑑？及其評鑑方式？
7.何謂成果評鑑？及其評鑑方式？
8.何謂效能評鑑？試舉一效能評鑑的例子。
9.諮商員如何評鑑諮商的成效？
10.試述輔導評鑑工作的困難有哪些。

第二篇　兒童諮商理論與技術

第七章　心理分析治療法

第一節　緒　論

心理分析論（psychoanalytic approach）的創始者是佛洛伊德（S. Freud, 1856-1939）。佛氏出生在維也納的一個猶太家庭，是家中的長子，有兩個弟弟，五個妹妹。他從小即聰明過人，才華出眾，雖然家庭經濟拮据，父母仍盡力栽培。佛氏26歲時畢業於維也納大學，30歲成為該校的講師。他原本從事神經醫學的研究，後來對精神錯亂的治療產生興趣，曾追隨法國的夏考特（J. Charcot）學習用催眠術治療心理疾病，唯對其療效並不滿意。佛氏從臨床經驗中，發現病人的內在心理世界才是治療的要素，而「潛意識」世界是決定行為的動力。

佛氏在中年後將全部精力貢獻在心理分析理論的建構上。他透過對夢境及幼年經驗的自我分析，發現自己對父親的敵意及對母親的愛戀，領悟出人格的動力，形成其人格理論。他並從分析就診病人的問題，建立其臨床理論。其理論堪稱是心理治療的經典理論，目前幾乎所有的諮商與心理治療理論均受其影響，或將其理論加以引申、驗證、修正、反駁。其理論甚至對文學、藝術、教育等領域亦產生重大影響，故其著作《夢的解析》一書，曾被美國唐斯（Dones）博士列為改變歷史的三大巨著之一（其他兩大巨著為哥白尼的《天體運行論》及達爾文的《物種原始論》）。

佛氏具有豐富的學識、聰明的智慧、高度的創造力、及勤奮的工作慾。他服膺真理、反抗權威、固執且不能容忍批評，其追隨者容格（C. Jung）和阿德勒（A. Adler）因對其理論持有異議而和他分道揚鑣，自立門戶。本節將介紹其心理分析論的人性觀、人格結構、人格發展、及治療方法，並兼介紹艾立克遜（E. H. Erikson）對其人格發展理論的引申。

第二節　主要概念

壹・人性觀

佛氏對人性的看法受西洋宗教的「原罪觀」影響，認為人一生下來是原罪的、邪惡的；此外亦受達爾文的「進化論」影響，主張人生而具有動物的「本能」。本能（instincts）的概念是佛氏理論的核心，他主張人類有兩種本能，「生之本能」（life instincts）和「死之本能」（death instincts），這兩種趨力是人類行為動機的泉源。佛氏本用「慾力」（libido）說明「性」本能，後來擴充為「生之本能」，說明人類「趨樂避苦」的行為動力，此種本能使得個體維持生命，及種族繁衍生存。「死之本能」指人類潛意識有趨向死亡、及自我攻擊（自殺）或攻擊他人（殺人）的攻擊趨力（aggressive drive），此種本能使人類充滿破壞、暴力與戰爭的行為。

佛氏的人性觀，基本上屬於「決定論」，認為人類的行為動力主要源自內在的非理性力量，即潛意識的「性本能」及「攻擊本能」。其理論也是屬於「宿命論」，認為「6歲看大」，即6歲以前的性心理（psychosexual）階段的人格發展影響了一生的人格特性。

總之，原罪觀、本能論、決定論及宿命論，顯示其對人性的看法是性惡的、生物的、消極的、受制於潛意識的、及非理性的。

貳・人格結構

此派理論認為人格包括三個系統：本我（id）、自我（ego）、和超我（superego）。

一、本我

本我代表人格中的生物成分，是人類最原始的一面，包括所有與生俱來的本能慾望，如饑、渴、性、攻擊等，通常在潛意識狀態下表現，個人並不知覺。本我受「快樂原則」（pleasure principle）支配，它是主觀的、盲目的、無組織的、及非理性的。生物本能的慾望，驅動個體產生種種活動，其目的在滿足生理慾望、減緩緊張、趨樂避苦、維持生命。總之，本我只有赤裸裸的原始慾望和衝動，唯樂是圖，缺乏邏輯，亦無道德觀念，故需有其他系統的約束。

二、自我

自我代表人格中的理性成分，是人類與真實外在世界接觸的部分，自我控制意識和從事檢查工作，通常在意識層面上進行。自我受「現實原則」（reality principle）的支配，它是客觀的、智慧的、理性的、現實的、及有組織的，在人格結構中，扮演控制和調節的角色。當本我與超我之間產生衝突時，自我會以理性的、邏輯的、現實的思考方式，使個體能在符合社會需求的原則下，有計畫的滿足本能的需求，以控制本我、超我，達成與周遭環境保持平衡的狀態。總之，自我管制本我的本能慾望，除了能滿足個體需求，又能適應現實要求，故自我功能的良好發揮，代表了個體的心理成熟及良好適應。

三、超我

超我代表人格中的社會成分，是人類的行為規範、道德良知、是非判斷的部分，監督個人的行為，通常在潛意識下運作。超我的形成是學得的，主要來自社會的倫理道德、風俗習慣、社會價值、師長教化……，經個體內化而成，成為個人追求完美的理想目標。超我的主要功能在配合社會習俗和道德規範，監控本我的原始衝動行為，及導引自我，實現理想的目標，使個人的行為臻於十全十美。

此人格結構的三個系統並非各自獨立，而是整體運作形成人格的動力。人類的心理能量是固定的，三者間的作用是互爭的、你消我長的。當某一系統能量高，其他兩系統的能量即相對減少。如本我的運作能量高，表現衝動的行為，自我和超我的行為即受抑制；自我的運作能量高，表現符合現實的行為，本我和超我的行為即受抑制；超我的運作能量高，表現道德的行為，本我和自我的行為即受抑制。總之，三者各具不同的功能，必須均衡的發展，使個體在社會上達成良好的適應。依上述觀點，可將人格分類為本我型、自我型、和超我型。本我型人格聽任本能慾望的滿足，行為隨性、放任、縱慾，有犯罪之虞；自我型人格事事以現實為考量，在現實社會中較易獲得和諧、良好的適應；超我型人格若過於追求完美，未重視現實社會的真實情況，亦可能產生社會不良適應。

參・潛意識

佛洛伊德最大的貢獻是提出潛意識（unconscious）世界的概念。他將人類心靈比喻為一座冰山，認為意識（conscious）世界只是冰山露出水面的部分，它只占冰山的一小部分；而潛意識世界則是冰山隱藏在水面下的部分，它占了冰山的大部分。他又將潛意識比喻為「塵封往事的儲藏室」，認為個體往往將一些不為意識世界所接納的經驗、記憶、需求、和動機，企圖遺忘而加以壓抑。唯它們並未就此消失，而是通通儲存在潛意識中。

依心理分析論，潛意識的伺機作祟是精神疾病的根源。心理治療的目標在找出變態行為和潛意識世界之間的關聯。治療者若能找出異常行為症狀的潛意識世界的淵源，協助病人分析、解說行為的動機，即可促成病人的頓悟，進而產生治療的功效。

上述心理治療的方法是使「潛意識動機意識化」，唯潛意識並無法直接去驗證其存在，但可透過以下的方法使它意識化，進而推論它的存在：(1)夢的解析：夢往往透過象徵方式，表現潛意識的需求、慾望、及衝突；(2)失言和遺忘：如對一個熟悉的名字產生失言和遺忘的現象；(3)催眠後的語言內容；(4)以自由聯想技術蒐集到的題材；(5)由投射技術所獲得的題材；(6)精神病症狀的象徵意義（Corey, 1996）。

肆・焦　慮

焦慮（anxiety）是對潛在危險的一種恐懼、緊張的心理，具有預警作用，激發個體採取因應行為，故它是一種情緒狀態，也是一種動機。佛氏提出三種焦慮：(1)現實性焦慮（reality anxiety），是對外在世界實際危險的害怕，其焦慮強度與真實威脅的程度成正比；(2)神經質焦慮（neurotic anxiety），是對本我衝動失控的危險性產生恐懼；(3)道德性焦慮（moral anxiety），是害怕超我的道德標準無法達成，會產生罪惡感。當自我無法以理性和直接的方式控制焦慮時，它就會採取不實際的方法，這些方法稱為自我防衛行為（Corey, 1996）。

伍・自我防衛機制

自我防衛機制（ego-defense mechanisms）是指個體在因應焦慮時，所採取的一些保護自我的措施，以協助個體克服焦慮，避免遭受傷害。偶爾採用自我防衛機制，對個體的自我調適、化解危機具有正面價值，只要不過度使用，仍屬正常行為。唯自我防衛機制本質上是扭曲現實及自我欺騙，且是一種潛意識作用的行為，若濫用而成為逃避現實的生活習慣，可能會發展成為精神疾病。以下玆簡介一般人常用的自我防衛機制。

一、否認（denial）

否認是最簡單的自我防衛方式。當個體身心遭遇到極大的創傷事件，為了解除它所帶來的威脅、焦慮、和痛苦，個人對此一不愉快的經驗，在思考、感受、和知覺上加以否認，拒絕接受它已存在或已發生的事實，使自己得以暫時逃避面對現實的痛楚。所謂的「眼不見為淨」、「掩耳盜鈴」、「駝鳥政策」均是這種心理的寫照（賴保禎等，1996）。

例如：有一位死了兒子的母親，保留兒子居室的完整，讓自己感覺兒子還活著，心理會好過一點。當個人面對親人已死亡，或自己身染絕症……時，可能會以否認這個致命打擊的事實，來逃避此難以承受的傷痛。

二、壓抑（repression）

壓抑是個體將一些不見容於自我和超我的想法、情感、衝動、或經驗加以抑制，排除在意識之外，使自己免於自責、焦慮、或罪惡感。唯受到壓抑的想法並未就此消失，而是儲放在潛意識中，它仍可能伺機出現，深深地影響個人現今的行為，只是當事者不明所以罷了。壓抑與否認有雷同處，也有相異處。其間的區別在否認是心中拒絕承認事實的存在；而壓抑則是把痛苦的經驗遺忘掉。

例如：有位婦女見到紅燒肉就有莫名的恐懼、嘔吐，心理醫師作心理分析找出原因：這位婦女幼年時曾與母親上街，親眼目睹一場血肉模糊的車禍。現場慘不忍睹，令人恐懼、心悸、作嘔。此一痛苦經驗當時已被女孩壓抑，而遺忘了這件事，但只要見到紅燒肉，它是一個線索，讓潛意識的痛苦經驗伺機重現。

三、反向作用（reaction formation）

反向作用是當個人內心具有社會所不能接受的原始慾念和衝動時，為化解內心因慾望所引發的緊張和焦慮，常常會不自覺的隱藏自己，並往往表現出與原始慾念相反的行為和態度。

例如：後母以極端的仁慈對待前妻的兒女，此種態度也有可能是內心厭惡，暴戾之氣的偽裝。具自卑感的人常會以極端的吹噓來炫耀自己，此種態度也可能是內心自卑的反向作用。在人際互動中，一般人可能對愈是討厭的人，態度愈是客氣；又所謂的「此地無銀三百兩」，也許均是一種反向作用吧。

四、投射（projection）

投射是將個人所擁有而不為社會所接受的意念、態度、慾望、或衝動歸諸於別人身上，並斥責別人有這種念頭或惡習，以減少內心的緊張與焦慮。

例如：某人每逢聊天時，特別喜歡指責同事閒談時離不開女人與色情，令他十分厭惡。原來此君餘　常看色情影片和尋花問柳，他是在採用「投射」的防衛方式（林孟平，1988）。

一個「懼內」的男人，可能言談間特別喜歡批評某些人的懼內行為，並宣稱個人深覺不值。此君十足的表現了「投射」的防衛方式。

五、轉移（displacement）

轉移是一種解除焦慮的方式。當個人遭受挫折又無法把內心的衝動情緒直接發洩在憤怒的對象身上時，就把怒氣轉移到一個較安全的目標上，此目標可能是人，也可能是事物。

例如：一位懦弱的先生在辦公室被上司刮了一頓，可能對上司不敢發作內心的憤怒，回到家就把怒氣轉移在太太身上；太太受氣後把情緒發洩到兒女身上；兒女受氣後無人可出氣，就摔東西、踢小狗。

六、補償（compensation）

補償是個人對自己所不可彌補的缺憾，為減輕內心的焦慮，會設法掩飾或彌補這些缺憾，採取的方式有的具正面價值，亦有的具負向作用。

例如：一位在運動場上失意的學生，可能改從課業方面求取表現、出人頭地；一位不擅於社交的人，可能改從才智方面求取發展；個子矮小的人，可能極力爭取高層的職位，以求高人一等。所謂的「失之東隅，收之桑榆」就是這種補償作用。上述的補償作用，是一種「自卑與超越」的現象，具有正面的價值。

另外，有些父母忙於工作，無暇陪伴子女成長與學習，內心感到惶恐與不安，就採取「銀彈」策略，儘量滿足孩子的物質慾望，以彌補內心的歉疚感；有些學生在課業上無法引人注意，就表現一些怪異行為，以嘩眾取寵；或參加幫派，尋求他處的社會地位。上述補償作用則具有負面的價值。

七、合理化（rationalization）

合理化是有些人在面對失敗或挫折時，會以自認為合理的藉口，而其實是自欺的托詞，為自己找台階下，以減少內心的焦慮和痛苦。偶爾用此方式，的確可暫時疏解內心的痛苦，唯若過度使用而變成習慣，也是一種變態行為。

最常見的有兩種方式：(1)酸葡萄（sour grapes）作用：即吃不到葡萄時說葡萄酸，以減輕內心的挫折感。例如：一位考不上大學的高中生，就以「其實大學畢業反而不易找工作」來自我安慰；男士被女友拋棄，就以「其實兩人個性不合，與其結婚後離婚，不如現在趁早分手」來安慰自己；求職者應徵某工作失敗，就以「工作地點離家太遠了，縱然獲聘，我也未必要去上班」來疏解未被聘用的失落感；(2)甜檸檬（sweet lemon）作用：即對自己所擁有的事物並不滿意，為減輕內心的挫折，只好為自己找一些支持的理由。例如：一位娶妻姿色平庸的先生，就以「當太太，內在美重於外在美」來自我安慰；一位獨身貴族，以「一人飽、全家飽」、「了無牽掛」來安慰自己的孤單；沒錢買豪華轎車的男士，以「車子太大不易停車；車子太好，易遭忌、被偷、被刮，划不來！」自我安慰一番。

八、退化（regression）

退化是有些人在面對挫折、壓力、挑戰時，不以理性、成熟的態度和方法面對，卻重返幼年時期幼稚的行為模式，如表現極端的依賴、嚎啕大哭、吸吮拇指、退縮、抱頭猛睡、幻想……行為，以回歸到生命早期滿足其安全感的方式，來消除內心的焦慮。

例如：一位女大學生，每遇考試就備感壓力，以咬吸手指頭疏解緊張和焦慮；一位恐懼學校的兒童，在學校表現大哭、吸手指、退縮、過度依賴等幼稚的行為；一位男大學生，每次和女友約會不順利，回到宿舍就抱頭猛睡。

九、認同（identification）

認同是個人有一些願望，為滿足這些希望，減低內心期待的焦慮，就模仿仰慕的對象，幻想自己就是他，以增進自我價值感。認同作用具正面和反面的價值。若認同模仿偶像的好行為，有助於個人良好行為的建立；反之，則只是學到偏差的行為。依艾立克遜的觀點，青少年期正值「自我認同」的階段，模仿的對象特別重要，師長們要特別注意他們所崇拜的偶像，引導他們向偶像的好行為學習。

例如：一位美術系的學生蓄長鬍鬚，刻意認同、模仿國畫大師張大千。這位學生若只從外表模仿，只是學到皮毛，似乎毫無任何認同作用的正面價值。若他能更深入的認同、模仿張大師的奮鬥過程、創作技巧、創新精神，才具認同的正面價值。

十、昇華（sublimation）

昇華是個人把不為社會所認可、接受的性和攻擊本能，改以符合社會價值標準、社會讚許、具建設性的創造性行為表現，結果不但本能的衝動得以疏導，且創作了崇高的藝術品。佛洛伊德認為，許多偉大的藝術創作，都是藝術家將性和攻擊本能的衝動，改以藝術形式創作表現的結果。昇華可謂是最有價值的自我防衛機制。

例如：運動員在競技場上衝刺奪標，不但可疏解攻擊的本能，又能創造體育佳績。小說家將不為社會所認可、接受的男女情慾世界，創作為探討人性的文藝鉅著。其他如詩人、畫家、雕刻家……，均常以藝術創作來抒發內在的性和攻擊的本能。

陸・人格發展

人格發展和適應是一體的兩面。人格發展順利，則導致個體良好的適應；否則，便形成人格的不良適應。故研究輔導、諮商，應瞭解兒童的人格發展及其適應。

代表傳統心理分析理論的佛洛伊德，其人格發展理論強調性心理（psychosexual）發展對人格的影響。他把人格發展分為：口腔期（oral stage）、肛門期（anal stage）、性器期（phallic stage）、潛伏期（latency stage）、和兩性期（genital stage）等五個階段。新佛洛伊德學派（new-Freudians）的艾立克遜鑑於佛氏的人格發展階段只談到青少年期，未能涵蓋人生全程。他引申及補充佛氏的遺漏處，統整性心理及心理社會（psychosocial）的觀點，並特別強調心理社會的發展對人格的影響，把人格發展分為：嬰兒期（infancy）、幼兒期（early childhood）、學前期（preschool age）、學齡期（school age）、青春期（adolescence）、成年早期（young adulthood）、中年期（middle age）、老年期（later life），稱為「人生八段」。他認為每個階段有不同的危機（crisis），即人格發展的「關鍵期」或「轉捩點」，各具不同的人格發展任務，且前階段是後一階段的基礎。邁過危機，達成人格發展任務，則心理適應良好；否則，人生的適應會出現重重危機。以下茲綜合二人的觀點，介紹人格發展各階段的特徵如下：（Corey, 1996）

一、出生到1歲（口腔期／嬰兒期）

佛氏稱此階段為「口腔期」，嬰兒以口腔的吸吮、咀嚼、啃咬為滿足原始快感的中心。若吸吮作用未獲滿足，長大成人會有「口腔滯留」（oral fixation）現象，如：暴飲暴食、抽煙酗酒、嘮叨、譏諷、尖苛批評、敵視、攻擊、貪婪、不信任、害怕及無法與他人建立親密的關係等性格。

艾氏稱此階段為「嬰兒期」，人格發展任務是「信任與不信任」。嬰兒在此階段若能獲得食物與愛的滿足，將會對周遭的世界產生安全感和信任感；否則會缺乏安全感和信任感，害怕及無法與他人形成及維持親密的人際關係。

二、1～3歲（肛門期／幼兒期）

佛氏稱此階段為「肛門期」，嬰兒以肛門的排泄為滿足原始快感的中心。若父母對幼兒的排泄訓練太過嚴格，長大成人會有「肛門滯留人格」（anal retentive personality）。如父母若嚴格訓練幼兒延緩排泄，長大後可能形成節儉、吝嗇、頑固、守財奴等性格；父母嚴格的排泄訓練若引起幼兒的報復，恣意排泄弄髒，長大後可能形成漫無法紀、任意發怒、頑強、不負責、不整潔、報復等性格。此階段幼兒開始學習獨立自主、接受個人的能力、及學習表達如憤怒和攻擊的負面情緒，故父母宜給予幼兒自律自治的機會，以發展他們的自主性和能力感。

艾氏稱此階段為「幼兒期」，人格發展任務是「自律與羞愧、懷疑」。幼兒在此階段若能獲得充分的探索、試驗、犯錯、和測試各種限制的機會，將會發展出獨立自主的性格，否則便會對自己的能力發展出羞愧感和懷疑感。

三、3～6歲（性器期／學前期）

佛氏稱此階段為「性器期」，幼兒以性器官為滿足原始快感的中心，顯示對性的好奇、性幻想、手淫、性別角色認同、與性遊戲等行為。

此階段的幼兒以異性的父母為愛戀的對象。男孩對母親表現獨占與性愛的幻想，對父親懷有敵意，此即所謂的「戀母情結」（Oedipus complex）。由於恐懼強大的父親施予「去勢」懲罰，內心產生「閹割焦慮」（castration anxiety）；且對自己的非分之想產生罪惡感，於是對此潛意識的衝突加以壓抑。女孩則會產生「戀父情結」（Electra complex）。及「陽具妒羨」（Resin envy）的現象。

幼兒疏解上述壓力的方式有：(1)壓抑；(2)尋求他人的接納替代對母（父）親的情愛需求；(3)認同作用（identification）。如男孩透過對父親的認同，經驗到「替代的滿足」（vicarious satisfactions），也學得性別角色。

此階段父母若過分灌輸道德規範，視性衝動為罪惡，會影響幼兒成年後無法享受與他人親密的快樂，發展成衝突、罪惡感、低自尊、自責的人格特質。父母在此時期宜教導幼兒「性衝動」是自然的事；認識兩性的差異，使幼兒成長後能表現適當的性別角色；能正確的認識兩性關係；能與他人享受親密的關係。

艾氏稱此階段為「學前期」。在此階段，他強調「社會發展」更甚於「性」。人格發展任務是「進取與罪疚」（initiative versus guilt）。主要在建立兒童具能力感和進取的精神。大人在此階段若能給予幼兒親自選擇有意義活動的自由，幼兒將發展出正向的自我看法、積極進取的精神、及貫徹計畫的完成；否則就會發展出罪惡感，毫無進取心，及允許他人代為選擇。

四、6～12歲（潛伏期／學齡期）

此階段兒童進入學校，開始團體生活，擴大了生活經驗，對「性」的興趣趨淡，轉移到周遭環境的事物上，如同學、學校、運動、友誼、嗜好、及各種活動等。故稱此階段為性心理發展的「潛伏期」。此時期的兒童已走出家門，步入學校，學習和別人建立良好的人際關係，故它是社會化的階段。

艾氏稱此階段為「學齡期」，人格發展任務是「勤勉對自卑」（industry versus inferiority）。此時期應輔導兒童：(1)擴大對外在世界的瞭解；(2)持續發展適當的性別角色認同；(3)學習學校成功所需的基本技巧。如此，兒童將發展出「勤勉感」，努力去設定目標及達成目標；否則就會發展出「自卑感」。

五、12～18歲（兩性期／青春期）

佛氏稱此階段為「兩性期」，是介於兒童期和成人期的過渡階段。青少年隨著性特徵的顯現，性器官的逐漸成熟，此期的性心理發展達成熟階段。此階段人格發展的特徵：(1)對異性產生好奇、興趣；(2)脫離父母，對他人感興趣，喜交朋友；(3)從事兩性交往活動及嘗試實際的性經驗；(4)開始承擔成人的責任。

艾氏稱此階段為「青春期」，人格發展任務是「認同對角色混淆」（identity versus role confusion）。此階段的青少年，努力於認定：我是誰？我的長、短處？我將來要做什麼？我要如何達成願望？父母、師長若能引導他們自我瞭解；尋找人生的價值、意義、和方向；重視偶像對他們的影響，則青少年達成自我認同。否則，父母、師長、同儕、社會等壓力，會讓青少年形成角色混淆；未能自我瞭解；價值混淆；失去追求人生的意義、目標、和方向，於是終日醉生夢死。目前，許多青少年的吸毒、酗酒、飆車等惡習，可能均由於失去人生的意義和方向所致。

六、18～35歲（兩性期／成年早期）

佛氏的性心理發展階段只介紹到兩性期的成人階段。成人階段的特徵是：自由的從事「愛與工作」；能獨立、漸不受父母的影響；能關心別人。

艾氏則將成年期細分為三個階段：成年早期、中年期、老年期。成年早期的發展任務是「親密對孤獨」（intimacy versus isolation），能達成自我認同，有利於成人階段發展與別人分享、及向別人做內在深層自我表露的親密關係；否則，便會形成疏離與孤立的個性。

七、35～60歲（兩性期／中年期）

艾氏認為中年期的發展任務是「生產對停滯」（generativity versus stagnation）。此階段個人的能力和經驗達成熟階段，是個人一生中貢獻家庭和社會的時期，是最具生產性的時期。此時期，若年輕的夢想與現實生活能調適良好，則達成愛、工作、及休閒活動的生產性；否則，會形成生產的停滯，心理的頹喪。

八、60歲以上（兩性期／老年期）

艾氏認為老年期的發展任務是「完整與絕望」（integrity versus despair）。此階段個人處於體力衰退和退休的狀態。若前面階段順利達成，此階段會感到自己的一生是有意義的、回顧一生，了無缺憾、能坦然面對死亡、自覺一生能劃下「完整」的句點；否則，回顧一生，充滿悔恨、無助、罪惡、自我唾棄、與絕望。

第三節　治療方法

壹・治療目標

心理分析治療的目標：(1)協助當事人將潛意識世界意識化，使他們對潛意識和心理症狀之間的因果關係產生自覺和頓悟，有助益不良適應行為的改善；(2)在人格結構上，增強「自我」的功能，減低「本我」的慾求和衝動，調整適度「超我」的功能，有助益適應行為的產生。

貳・治療者的角色

治療者在治療過程中主要扮演兩種角色：(1)中立的角色；治療者採取匿名；持客觀的立場；不表達意見、情緒，以創造一個「空白的情境」（blank screen），目的在促使當事人把過去的情感投射在治療者身上，產生「移情作用」；(2)專家的角色：治療者傾聽當事人所探索的潛意識世界的訊息，依其專業的知能，協助當事人把所記憶的支離破碎的資訊組合起來，進行分析和解釋，以促進當事人對其心理衝突、防衛、和逃避的行為產生洞察。

參・治療技術

心理分析治療者探索當事人的潛意識世界。主要採取下列技術：

一、自由聯想（free association）

進行自由聯想時，通常讓當事人放鬆的斜躺在長椅上，治療者則坐在當事人頭部後方，避免對當事人產生干擾。當事人鬆弛的、自由的、真實的、自然的、立即的、直覺的、不假思索的把內在的經驗、感受、想法、幻想、記憶等報告出來，不管它們是快樂或痛苦的、道德或不道德的、合理或不合理的、邏輯或不合邏輯的、甚至是荒謬的、愚蠢的、淫猥的、或瑣碎的。治療者做下筆錄，把焦點集中在當事人潛意識內的幼年創傷經驗，分析、解釋它和當事人心理症狀的因果關係，使當事人對其不適應行為的心理動力產生洞察。

二、夢的解析（dream analysis）

人在睡夢中，自我的防衛處於鬆懈狀態，一些塵封於潛意識中，被壓抑的兒時的創傷經驗、不愉快的記憶、不被接受的慾求和恐懼等，會以偽裝或象徵形式間接表現出來。佛氏把夢視為「通往潛意識之鑰」。

治療者透過當事人對夢境的描述（顯夢，manifest content of dream），協助當事人分析，瞭解夢境所象徵的潛意識世界的意義（隱夢，latent content of dream），洞察目前的心理困擾與潛意識世界的關係，進而產生治療的成效。

三、移情的解析

移情（transference）是指當事人在治療的過程中，不自覺的把治療者當成幼年生活中的一個重要角色（如父母、師長、或其他重要人物）。並將早年對待此一重要人物的情感轉移到治療者身上，表現出潛意識的情感、思考、和需求。移情有正面情感（如愛）和負面情感（如恨）之分。前者如把幼年對父親的喜愛、敬仰、或依賴轉移到治療者身上；後者如把早年對母親的憎恨、恐懼、或敵意轉移到治療者身上。移情的產生，顯現出當事人與重要人物間存在著「未竟事物」（unfinished business），當事人把此早年的「未竟事物」帶入此時此境，再度體驗。透過移情作用，治療者有機會去客觀、具體的觀察和瞭解當事人與其重要人物間的互動關係，協助他洞察其問題行為與潛意識的移情作用的關係，進而產生治療的效果。

四、抗拒的解析

抗拒（resistance）是指治療者在實施治療時，當事人對治療者要他做的事，由於不想去面對及碰觸具威脅性及傷害性的特定思想、情感、或經驗，以致抗拒合作，表現沉默、轉移話題、遲到、失約、或中途中止治療等行為，於是抑制了潛意識世界的意識化，使治療毫無進展。基本上，抗拒作用顯示出當事人潛意識企圖防衛及逃避。當抗拒產生時，治療者瞭解並指出當事人抗拒的潛意識作用，說明原因，及鼓勵當事人只有面對及加以處理，才能實際解決其心理的衝突。

第四節　評　論

壹·貢　獻

佛洛伊德的理論博大精深，目前大部分諮商與心理治療的理論均受其影響，且層面更廣及日常生活中的兒童教養、藝術、文學、教育……領域。心理分析論的主要貢獻有：(1)擺脫往昔視精神疾病為魔鬼附身，對病人處以極刑或加以監禁的觀點，首創「精神病學」，建立心理治療及心理健康的知識，以協助人類減輕心靈的痛苦；(2)發現潛意識世界。認為人類的行為，除了表面的意識的、理性的行為外，尚有深層的潛意識的、非理性的、不為人所知的另一面。擴展了對人類行為的深層瞭解；(3)建立人格理論，重視人格動力，迄今仍是人格理論中最廣泛、精緻的理論；(4)主張「6歲看大」，認為童年的人格發展對個人成年後的生活適應有極大的影響，使大家重視兒童早年的人格教育；(5)提出自由聯想、夢的解析、抗拒及移情的解析等方法、瞭解個體的潛意識世界，以協助當事人解決問題；(6)提出挫折、焦慮、自我防衛機制等概念，協助個人瞭解日常生活的挫折與適應方式，協助個體建立健康的生活適應方式。

貳·批　評

佛氏的理論雖獲廣大的回響，但也遭受無數的批評：

1.或謂心理分析論是佛洛伊德本身的自傳，親身的經驗，故其著作只能算是自傳式的文學作品，並非經過科學驗證的學術著作。

2.以性及攻擊本能解釋人類一切行為的動力，失之於狹隘。

3.心理分析法的實施往往密集（每週若干次治療）且持續三到五年，費時、費力、費錢，又無法認定其效果，故願接受此法治療的人日益下降。

4.有些學生很難理解及接受佛洛伊德有關戀母情結、戀父情結、閹割焦慮、陽具妒羨、近親亂倫慾望……論點。

5.其臨床治療的個案均來自精神失常者，故其理論只可解釋心理變態者的行為，不足以解釋心理健康者的行為。

6.只強調當事人內在的衝突為問題的根源，未考慮當事人問題的社會文化因素。

鑑於上述的缺失，目前心理分析取向的治療者採取有別於傳統心理分析的方法，其特徵：（Corey, 1996；Strupp, 1992）

1.訂定明確的治療目標，而非以重建當事人的人格為目標。

2.治療者更少使用長椅。

3.因應社會對績效和成本效益的壓力，治療的次數減少，發展短期簡要的心理動力治療。

4.治療者更常使用支持性諮商方法（如：再保證、同理心、支持、建議等）及自我表露。

5.較重視實際問題的處理，較不重視處理幻想的體材。

6.從傳統的興趣於處理神經症失常轉向治療慢性人格失常、臨界失常、自戀人格失常、及針對特定的心理失常者設計特定的治療方式。

7.更重視在治療的初期建立良好的醫病治療關係。視一個合作的工作關係是正向治療結果的關鍵因素。

8.心理動力的團體治療日趨普遍。

第五節　在兒童輔導上的應用

心理分析師在執業之前，需先接受專業的心理分析治療訓練，方能使用心理分析的治療技術，以一般學校諮商員所接受的教育，恐難以勝任。學校諮商員雖無能力運用心理分析的治療技術（如：自由聯想、夢的解析），但佛氏的心理分析理論與方法，在國小輔導、諮商上，仍有很大的使用空間。

壹·提供輔導的概念架構

本理論可提供學校諮商員一個概念架構，從個體的人格結構、衝突、焦慮、適應、防衛機制、移情、抗拒……概念，瞭解學生的適應問題。

例如：某位國中中輟生認為：「學校的課業無聊、不實用，在校外所學的較多且實用」。也許這位學生是為自己的中輟學業行為做合理化的自我防衛。

某位學業低劣的國中學生，為參加社區的廟會活動，扮演八家將的演出，常常曠課。這位學生可能因在學校的課業上無法博得掌聲，未能受到師長及同學的尊重，於是改從廟會的演出中肯定自己的價值與尊嚴。他可能表現的是「補償」的自我防衛行為。

在團體諮商中，某位學生可能表現下列的行為，如：(1)過度的依賴領導者或其他成員；(2)過度的希望獲得領導者的注意和關懷；(3)忽視自己的權益去滿足領導者或其他成員。此學生可能是將在家庭中與父母相處的經驗帶入團體諮商中；將領導者視為父母，將成員視為兄弟姊妹；把以前對待他們的經驗轉移到領導者或其他成員身上，他可能表現了「移情作用」。透過移情作用的解釋，領導者可深入的瞭解這位成員的適應問題。

貳·做為「發展性輔導」的理論基礎

綜合佛洛伊德的「性心理」與艾立克遜的「心理社會」的人格發展理論，可以周全的解釋個體人格的成長、發展、與適應的問題。輔導人員實施發展性輔導時，宜考慮下列人格成長與發展的問題：

1.人生各階段的人格發展任務。輔導的重點在人格發展各階段的發展任務。如出生到3歲的幼兒的教養，應重視親子互動，以愛和親密關係發展幼兒的人際信任感；青少年時期，宜重視自我認同的輔導。

2.幼年時期人格的輔導。因為兒童早期人格的健全發展是成年後人格良好適應的基礎，故發展性輔導的實施，宜特別重視兒童期以前人格發展的輔導。

參．重視當事人早年的歷史事件

對於適應不良的兒童，諮商員致力於瞭解早年的歷史事件與目前問題行為症狀之間的關係，有助於瞭解當事人、及當事人的自我瞭解，以達有效的輔導。

肆．以投射技術瞭解兒童的內在世界

投射技術的治療方法有：

1.遊戲治療：兒童限於語言表達和認知能力，難以實施傳統心理分析理論的自由聯想和夢的解析法。而遊戲是兒童最自然的、自由的表達方式。Klein認為「遊戲之於兒童，就如自由聯想之於成人」，即透過遊戲，是進入兒童潛意識世界的管道。目前，在兒童輔導上，當兒童面對各種心理困擾時，如：親人死亡、父母離婚、兒童受虐……，兒童諮商員也常透過遊戲治療，協助兒童抒發內在的負向情緒，自由表達內在的心理困擾。增進其自我瞭解，促進其心理適應。

2.藝術治療：可利用沙箱、黏土、建築等藝術材料，讓兒童將內心的世界，自由的塑造出來。可利用各類繪畫材料、木偶戲、戲劇等方式，讓兒童將內心世界自由的表達出來。

3.語句完成測驗、寫作、故事閱讀、故事創造、故事完成、說故事……：透過上述方式，兒童會不自主的將內心世界投射在語言、文字中，可促進諮商員對兒童內在的世界的瞭解。

羅明華（2001）指出，兒童所敘述的故事是：(1)內在情緒的表達；(2)人格的呈現；(3)過去記憶的重建；(4)當前問題的重現；(5)模仿與學習成人的行為；(6)自我概念的整合。

可將兒童納為說故事者，一般諮商員先示範說一段故事，然後邀請兒童接續故事的內容。

例如諮商員說：「從前有一位王子，他喜歡……」諮商員故事暫時停止，於是請兒童說王子喜歡什麼，兒童可能反應說：「在鄉下騎馬」。諮商員接下去說：「當他在鄉下騎馬……」，再一次停下，請兒童接續。

於是以這種接龍的方式，諮商員和兒童共同編造一個故事。諮商員事先已徵求過當事人同意，把整個故事錄音下來。當故事完成，播放一遍錄下的故事後，進行討論。諮商員問兒童：「在故事中最喜歡成為誰？」以導引兒童去認同故事中的某一角色。諮商員問：「如果你是王子，你做了與他相同的事？或一些不同的事？以及你曾做了些什麼事？」以鼓勵兒童進一步去探索他自己的行為，最後對兒童所編造的故事表示感謝。

另一替代方式是用一張照片或來自書籍、雜誌的圖片，鼓勵兒童針對圖中的人、事、物編造故事。請兒童注意故事中要有開始、中間、及結束，並強調故事要簡潔、扼要。

上述方式，均提供兒童不同的媒介，將潛意識世界自然的流露出來，輔導、諮商人員從中瞭解及協助兒童解決問題。詳細內容請參閱本書第十二章「遊戲治療法」，及第十三章「藝術治療法」。

摘　要

1.Freud的人性觀受西洋宗教的原罪觀及達爾文的進化論影響，對人性的看法是性惡的、生物的、本能的、消極的、宿命的、及非理性的。

2.人格包括三個系統，本我、自我、及超我。本我代表本能的慾望，是原始衝動、唯樂是圖、維持生命、缺乏道德，需自我來約束。自我代表理性的成分，是意識思考、現實原則、控制調節，以化解本我與超我間的衝突。超我代表社會的成分，是道德良知、社會規範，導引自我，實現理想的目標。

3.三個系統整體運作，你消我長，形成人格的動力。表現在人格類型上，可分為隨性放縱的本我型、適應現實的自我型、及追求完美的超我型。

4.潛意識世界的概念是Freud理論的最大貢獻。人類的意識世界如冰山浮出水面上的少部分；潛意識世界則如冰山隱藏水面下的大部分。它是一些不為個人意識世界所接納的邪惡、痛苦記憶的儲藏室。

5.精神疾病的根源是潛意識伺機作祟，治療之道在找出變態行為和潛意識世界之間的關聯性。一旦病人對其行為徵狀洞察原因，即產生治療效果。

6.瞭解潛意識世界的途徑如下：夢的解析、失言和遺忘、催眠後的語言內容、以自由聯想技術蒐集到的題材、由投射技術所獲得的題材、精神病症狀的象徵意義。

7.焦慮是對危險的一種害怕、緊張心理，可預警個體採取因應行為，故它是一種情緒狀態，也是一種動機。有三種焦慮：現實性、神經質、及道德性焦慮。
8.當個體面對焦慮，無法理性對待時，採扭曲現實及自我欺騙方式因應，這些方面稱為防衛機制。它們是潛意識作用的行為，偶爾採用自我防衛，可即時化解危機，唯過度使用，會形成變態行為。
9.自我防衛機制有：否認、壓抑、反向作用、投射作用、轉移作用、補償作用、合理化、退化作用、認同作用、昇華作用。
10.Freud特別強調性心理發展對人格的影響，他把人格發展分為：口腔期、肛門期、性器期、潛伏期、兩性期等五個階段。
11.新佛洛伊德學派的Erikson引申、補充、及修正Freud的人格發展理論，將人生分為嬰兒期、幼兒期、學前期、學齡期、青春期、成年早期、中年期、老年期等八個階段。每個階段是一個轉捩點，即關鍵期，具特殊發展任務。前面階段的發展任務達成，邁過危機，則一路適應良好；否則，則產生不良適應。
12.心理分析治療的目標是：(1)洞察心理症狀和潛意識世界之間的因果關係；(2)增強自我的功能，減低本我的慾求和衝動，調整適度的超我的功能。治療者扮演中立角色、及專家角色。
13.心理分析治療者主要在探索病人的潛意識世界，所採取的技術有：自由聯想、夢的解析、移情的解析、及抗拒的解析。
14.移情作用是當事人不自覺的把治療者當成是幼年生活中的一個重要角色，並將早期對待此一重要人物的情感轉移到治療者身上。此種作用有助益治療者分析、瞭解當事人與其重要人物間的關係。
15.抗拒作用是當事人在治療時，由於不想再面對及碰觸痛苦的回憶，以致抗拒合作，表現沉默、轉移話題、遲到、失約、或中途中止治療等行為。
16.心理分析理論的貢獻：(1)去除往昔視精神病為魔鬼附身的迷信，建立精神病學；(2)發現潛意識世界；(3)建立精緻的人格理論；(4)重視幼年人格發展的重要性；(5)首創焦慮、挫折、自我防衛機制等概念；(6)提出心理分析的治療技術。
17.遭受的批評：(1)著作欠缺科學驗證；(2)以性及攻擊本能解釋人類一切行為的動力，失之狹隘；(3)費力、費時、費錢、又無效；(4)一些概念如戀母情結、陽具妒羨等難為人理解及接受；(5)個案均來自精神失常者，不足以解釋心理健康者的行為；(6)未考慮行為的社會、文化因素。

18.本理論在兒童輔導上的應用：(1)可提供個體的人格結構、衝突、焦慮、適應、防衛機制、移情作用、抗拒作用……概念，瞭解及解釋學生的適應問題；(2)Erikson的人格發展理論可做為「發展性輔導」的理論基礎；(3)學校及家庭特別重視早年的人格教育；(4)以遊戲治療、藝術治療、故事、寫作、語句完成……投射技術，瞭解兒童的內在世界。

複習問題

1.試述心理分析論的人性觀、人格結構論、人格發展論。

2.何謂潛意識？其與精神病的關係？及瞭解個人潛意識世界的方法？

3.試述一般人常用的自我防衛機制。

4.試比較合理化與理性情緒思考兩概念。

5.試比較Freud和Erikson的人格發展理論。

6.試述心理分析理論的治療目標、治療關係、及治療技術。

7.試評論心理分析理論。

8.試述心理分析論如何應用在兒童輔導上。

第八章　阿德勒式治療法

第一節　緒　論

1870年阿德勒（A. Adler, 1870-1937）出生於奧地利的維也納，父親是一富商，家中有六個小孩，他排行老二。阿德勒從小體弱多病，4歲時幾乎死於肺炎。這些因素影響他立志長大後習醫，及日後的創立「自卑」理論。

1895年，阿德勒畢業於維也納大學醫學系，並成為一名眼科醫師，後來志趣轉向一般醫學，最後則專攻精神醫學及心理治療。

1897年阿德勒結識了佛洛伊德，於1902年加入佛氏的集團，正式成為此集團的領導者之一，並繼佛氏之後成為維也納心理學會的主席和心理分析學刊的編輯。

1907年阿德勒出版《器官缺陷的研究》一書，是有關身體缺陷而引起「自卑感」及其「補償作用」的論文，聲名大噪，此論文強調器官缺陷對人格的影響及其對佛氏理論的異議。

1911年阿德勒和佛洛伊德為「泛性論」的觀點爭辯，雙方無法妥協，關係終告決裂。於是阿德勒乃自組「自由心理分析研究學會」（Society for Free Psychoanalytic Research），並自稱其研究為「個體心理學」（Individual Psychology）。

阿德勒特別關懷兒童養育、教育、及心理治療工作。第一次世界大戰後，他在維也納公立學校開設許多兒童輔導診療中心，並訓練教師、社工人員、醫師、及其他專業人員應用其個體心理學的原理輔導兒童。

1926年阿德勒初抵美國，次年受聘哥倫比亞大學講座，並出版《個體心理學的應用理論》一書。1934年定居美國，創辦「國際個體心理學學刊」（International Journal of Individual Psychology）。

1937年阿德勒病逝，其理論的追隨者R. Dreikurs和D. Dinkmeyer將其理論推展應用在教育及治療上。Dreikurs依阿氏理論提出了「兒童輔導中心」及「全美專業人員的訓練」而聞名全美國。Dinkmeyer將其觀點推展、應用在小學輔導、家庭與婚姻諮商、及親職教育上。

第二節 主要概念

阿德勒自稱其研究為「個體心理學」，乃強調每一個體在其成長的社會環境中有「自我決定」的能力。個體在與其環境交互作用中形成了個別差異，其主要強調每個人的「獨特性」，此觀點是佛氏理論較少著墨的。

此外，一般將阿德勒的理論歸入「新心理分析學派」（Neo-Psychoanalytic School），代表人物尚有K. Horney、E. Fromm、H. S. Sullivan，他們均主張社會文化因素對人格的形成有重大影響。或稱其為「自我心理學家」（ego-psychologist），強調個人的自我意識。又有稱其理論為「社會心理學的理論」（Social Psychological Theory），以社會科學為依據，修正佛氏的理論。阿德勒的理論較之佛洛伊德，更重視社會性、環境決定論、及人文主義，這些論點較接近一般人的看法，故有人戲稱其理論為「常識心理學」。

以下將分人性觀、人格動力、及人格發展三方面，介紹阿德勒理論的主要概念。

壹・人性觀

阿德勒認為佛洛伊德強調生物的，本能的決定論是極端狹隘的。他主張：(1)人是命運的主宰者，而非犧牲者；(2)強調人的自由抉擇、責任、創造性、生活目標、自我決定、生命的意義、及追求成功與完美；(3)人類的行為主要受社會環境的影響，而非完全受制於性驅力的驅動，個體亦在社會環境中發展社會興趣；(4)行為是有目的的，目標導向的。人能自由選擇目標，目標導引個體，個人向其生活目標努力，人非絕對受制於潛意識；(5)個人的意識是人格的核心，潛意識非人格的核心；(6)主張早年的生活經驗決定未來成人的人格類型。唯不似佛洛伊德重視過去經驗的探索，而甚重視人們對往事的解釋及這些詮釋對日後的影響；(7)自卑是一切行為動力的來源，早年的自卑感會促使個體力求優越，因此，追求完美，力求表現形成了個人的生活目標。

綜觀上述觀點，其理論比重視性、攻擊趨力為人類行為動力的佛洛伊德的觀點，更為人本的（humanistic）。

貳・人格動力

相較於佛氏的視性及攻擊本能為人類行為的動力，阿德勒認為人格的動力來自自卑感（inferiority）和優越感（superiority）。

一、自卑原則

阿德勒認為人類一出生即有幼小無能的不完全的感覺，而有很深的自卑感。當他們感到自卑時，就產生追求優越的慾望。追求優越並非超越他人，而是藉追求能力、精熟、及完美來克服無助感。一旦發展到更高的能力，就有滿足和成功的感覺。但人們永遠不會滿足現狀，此時會再設定更高的目標去追求、去超越。人生就在此自卑的動力下；追求成功滿足感的狀態下，週而復始。

有三種人最容易導致自卑情結，即器官缺陷、被寵壞的小孩、和被疏忽的小孩。器官缺陷會產生補償作用，努力求補償。成功，則變為天才，有高度的成就；反之，遂生病苦，易產生心理疾病。

自卑的反應方式有許多種，如退卻、超越、補償、反社會行為。補償與超越是為良好的適應方式；但退卻、反社會行為則為不良的適應方式。補償的例子如：個子弱小的年輕人，無法在運動場上春風得意，乃轉而在課業上力求突出。超越的例子如：希臘雄辯家Demosthenes自幼患口吃，為了克服此缺陷，每天到河邊苦練演講，終能超越障礙，成為雄辯家。自卑的退縮表現，最徹底的就是自殺行為。事實上，自殺者仍是在力求優越感，他們彷彿在說我這麼善良、仁慈，你卻這樣殘忍的對待我，錯在對方。自卑感的這些不良適應行為會導致神經或精神症。

二、優越原則

阿德勒強調人類是一種積極進取的動物，此種特性乃生活所必須。阿德勒用來說明優越原則的名詞有：進取（aggression）、求權意志（will to power）、競求優越（striving for superiority）。可見他認為人人都有求強爭勝的意志。當自卑時，個人產生競求優越的驅力，故優越的追求可謂是阿德勒理論人格動力之所在。

參．人格發展

依阿德勒的人格理論，人格發展的過程可歸納如圖8-1的過程。

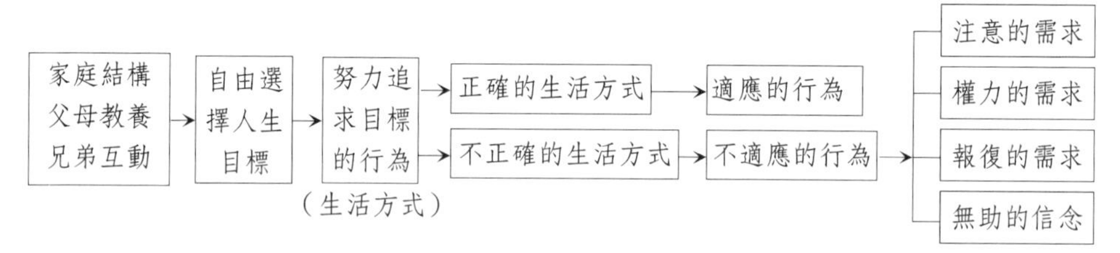

圖8-1　人格發展的過程

依此歷程，個人成長過程中的家庭結構、父母教養、兄弟互動等社會因素會影響個人人生目標的自由選擇，個人一連串追求目標的行為形成了個人獨特的「生活方式」。正確的生活方式導致適應的行為；反之，錯誤的生活方式導致兒童不適應的行為。表現出來的不適應行為有過度引起注意的需求、爭取權力的需求、尋求報復的需求、及表現無能的信念。

人格發展的過程中，包括下列的原則：

一、生活方式原則

所謂生活方式（life-style）乃個體在與家庭、環境相處的經驗中，所發展出來的一種與環境互動的型式，一般為個體在早年因感到脆弱不安，為抵抗自卑情緒，所發展出來的一系列的補償方式。生活方式形成於4、5歲之前，而且長久影響個體的一生。它可謂是一種生命的指標、生活的計畫、或自我導引的系統。生活方式受遺傳、環境因素的影響。每個人的生活方式均是獨特的，因每個人的遺傳與環境都不相同。

一般影響兒童生活方式的因素有：(1)幼年的經驗，尤其是4、5歲之前的生活方式影響個人一生的生活方式最大；(2)兄弟姊妹的數目；(3)家庭中的排行：阿德勒特別強調「家族星座」（family constellation），即產序對兒童人格發展的影響；並探索家庭成員彼此的影響。

阿德勒認為小孩有三種產序最具代表性：(1)長子：出生時為全家注意的焦點、父母希望的寄託，許多父母甚至有意無意把自己一生未達成的願望寄託在長子身上。長子由於可繼承父母的頭銜、財產，因此增加了他的責任心和尊嚴感。此外，長子在家中受注意的地位，可能在當次子出生時，注意力即被剝奪，乃想盡辦法奪回其權位，個性會變得頑皮強硬；(2)次子：從來不是注意的中心，次子有一競爭者在前，因此往往試圖超越前方。當次子在長子的壓力下長大時，他會變成一位反叛者；(3)老么：最有利的位置，不怕有人趕上或奪去他的位置。他可能被寵壞而成為一位不知上進的人，或經常想超越兄姊而成為一領導者。

二、創造性自我原則

阿德勒認為人不僅是具有遺傳和本能的動物、不僅是環境的產物，人更是生活的解釋者，他能在遺傳和本能之外，創造了一個「自我的結構」（self structure）。這種創造性自我的結構，使他有能力去滿足自我對優越的需求，創造一個獨特的自我，並描述個人獨特的生活方式。因此，創造性自我較生活方式更高一層，乃是根據先天的遺傳才能和環境經驗而構成。

三、自我意識原則

阿德勒反對佛洛伊德的前意識和潛意識的說法，認為這種說法類似神秘主義。他認為人能覺知任何事情，而意識乃是人格的核心。人因有自我意識、自我覺知能力，乃導致個人有能力計畫和指導自己的行為向意識所選擇的目標前進。

四、想像目標原則

個體心理學認為人類的行為均是有目的的個體，是目標導向的。個體會根據生活方式、創造性自我、自我意識，設定人生的目標，並向此目標邁進、奮鬥。

想像目標（fictional goals）是自我設定的，可能是虛構的，它是個體奮鬥的理想，導引個體的行為。例如BMW汽車的目標，對年輕人不只是交通工具的便利，它更是地位、權勢、財富的象徵。

五、社會興趣原則

「社會興趣」可能是阿德勒最重要和獨特的概念。是指一個體覺知自己是人類社會的一分子，及個人在處理社會事物的態度。它包括為人類追求更美好的未來。社會化過程始於兒童期，它包括在個人的社會中找到一個地位及獲得一種隸屬感和貢獻感。個人是社會的一分子，忽略社會背景將無法瞭解一個人。人類尋求在家庭和社會中找到一個位置，感覺安全、被人接納、及有價值均是基本需求。阿德勒認為，隨著社會興趣的發展，個人的自卑感和疏離感會縮減。社會興趣可透過教導、學習、和使用而發展。

Mosak（1977）主張我們必須面對和精熟五項生活任務：與他人維持關係（友誼）、貢獻一己之力（工作）、達成親密關係（愛和家庭關係）、自處（自我接納）、及發展我們的精神生活〔包括價值觀、意義、生活目標、及我們與宇宙的關係（人生觀）等〕。（Corey,1996）

第三節　諮商方法

壹・諮商的目標

(1)培養對社會的關心和興趣；(2)減輕自卑感及克服沮喪心態；(3)鼓勵患者承認他和別人是平等的；(4)使兒童能深入瞭解其非生產性的態度和行為，改變個人錯誤的生活型態、人生觀及人生目標；(5)發展新的生活方式；(6)協助個體成為一個對人群有貢獻的人。（柯永河，1980）

貳・諮商的關係

是建立在平等、合作、互信、互賴、與尊重的基礎上。視諮商為一再教育的過程，諮商員使用溫暖、瞭解、同理心、解釋等技術，重視認知層面上的輔導。

參・諮商過程

諮商的過程如下：

一、建立友善關係

諮商要有效，必須諮商員與個案間建立起友誼，雙方為合夥關係，共同為當事人的利益而努力。諮商員協助當事人瞭解其優、缺點，首先要把焦點放在當事人的積極面上、採取鼓勵和支持的策略，以建立良好的合作關係。發展此良好關係的策略包括：傾聽、反應、尊重、同理、真誠等。

二、探索內在心理動力

此階段的目標：(1)當事人瞭解自己的生活型態；(2)使當事人瞭解其生活型態對其生活功能的影響。

使當事人瞭解自己的生活方式，可透過「生活方式問卷」蒐集當事人的家庭星座、家庭成員互動關係、早年生活經驗、幼年或重複出現的夢境……資料，以協助當事人瞭解其錯誤的思考、生活方式、及人生目標。諮商員並向當事人說明這些錯誤的信念、生活方式、及人生目標對其不良適應行為的影響。

三、鼓勵自我洞察

諮商員在此階段，可用「面質法」直接指出當事人的哪些錯誤的信念、生活方式、及人生目標等導致其不良適應行為，促使當事人對其錯誤的行為有所頓悟。此外，諮商員亦採取「解釋法」，針對當事人的生活目標、想像、夢、症狀、私人邏輯、個人最近的行為等做因果的解說，使當事人產生洞察。

四、執行行動方案

諮商員在此最後階段的工作焦點，在協助當事人從藉由錯誤的模式中超越出來，發現新的途徑，計畫改變的方案，並鼓勵當事人鼓起勇氣，面對問題，實際去解決問題。

諮商員可運用下列方式，扮演協助及引導的角色，以達成治療的目標。(1)示範法：諮商員示範介紹一特定的新行為，提供當事人學習；(2)角色扮演法：利用角色扮演法，讓當事人練習扮演某一適當行為；(3)行為練習法：對某一適應行為，請當事人反覆練習，以精熟的表現此行為；(4)家庭作業：指定當事人家庭作業，使當事人在日常生活中練習及應用新的適應行為。

第四節　評　論

壹．貢　獻

1.阿德勒在佛洛伊德和現代心理學之間，居承先啟後地位。他反對佛洛伊德把治療的重點放置在神秘的潛意識上，強調社會興趣的重要性。以自卑和超越代替本能的人格動力。認為人有意識，有創造性自我去設定目標、追求目標。對人性抱持樂觀、主動的看法。他把佛洛伊德的病態的人格及心理治療理論帶向一般人所接受的健康的心理治療的理論，把心理學從佛洛伊德的神秘的潛意識帶入一個光明的新紀元，在心理學史上功不可沒。

2.理論與治療方法影響其他治療取向。(1)採用空間、運動和目的的觀點來說明人格，影響勒溫（Lewin）的「形式心理學」及後來的「社會心理學」的理論和研究；(2)強調人際關係、意識行為；注重社會為個人行為的決定因素，影響新心理分析學家的研究；(3)認為人具思想；強調人格的獨特性、創造性自我；人為達成自我的目標而努力；重視個人的責任、自我決定；重視人性的價值與尊嚴……觀念，影響存在主義心理學、完形治療理論，及個人中心取向的心理治療；(3)重視認知因素，強調挑戰當事人那些自我挫敗的信念，及重視治療者在諮商中扮演教導、再教育的角色，影響理情治療的理論與方法。

3.對兒童輔導、親職教育、家族治療等領域貢獻卓著。阿德勒的個體心理學，在輔導上的應用，主要側重於兒童輔導方面，他於1919年首在維也納創立了第一個兒童輔導中心，其也是親職教育中心，對兒童心理衛生、人格教育及親職教育的貢獻很大。

貳・批　評

1.理論體系源自佛洛伊德，仍不出佛洛伊德：阿德勒的理論仍只是佛洛伊德學派的一支，本身並未脫離佛氏的理論體系，或許可說他只是把佛氏的幾個名詞變換一下而已。故他和後來的一些新心理分析學家一樣，只是對佛氏的理論做部分的修正。

2.理論的觀念有點鬆散或過度簡化，一些基本概念，如自卑情緒、追求卓越、創造性自我等，定義不明確，難以做實證研究。

第五節　在兒童輔導上的應用

壹・瞭解偏差行為的原因

阿德勒認為兒童的行為有其內在的目標，要輔導兒童的偏差行為，必先瞭解其行為的目標。歸納偏差行為的目標有四：即博得注意、爭奪權力、尋求報復、及表現無能。這些目標是有層級的，首先是為了獲得注意；失敗的話可能會致力於獲得權力；無法爭得權力可能就會表現叛逆、反抗等行為；再失敗的話，最後可能就會表現無助、無能、自暴自棄。

一、博得注意

不管小孩或成人，均有博得別人注意的需求，它是兒童最重要的行為目標，這是一種正常現象。以正常、積極方式獲取別人注意是良好的適應行為，但若以偏差、消極方式謀取他人注意，則是適應欠佳的行為。

二、爭奪權力

2歲幼兒就常以說「不」來滿足自己爭奪權力的需求，表示自己要決定自己想做的事，不要大人叫他做他不想做的事情。當父母以權威方式教養小孩，而小孩又想以說「不」來證實自己的主張時，此時雙方均在追求「發號施令者」的角色，於是親子間的權力鬥爭於焉開始。若兒童勝利，父母可能驕縱、溺愛小孩；若父母勝利，孩子可能只是表面服從，陽奉陰違，或叛逆、反抗。故在爭奪權力中，雙方無一是贏家。

三、尋求報復

如果兒童在權力爭奪戰中挫敗了，他就放棄再爭取，轉而尋求報復行為。報復之心源於孩子覺得受到不公平待遇、受忽視或傷害，反過來以傷害對方來滿足自己。對方受傷愈深，他的滿足感愈大，例如：偷竊行為會使父母傷心，為了讓父母傷透心，兒童就犯下重大的偷竊罪行。

四、表現無能

當兒童在採取上述方法均告失敗之後，心理上十分沮喪，就表現無能、自暴自棄，來博得同情，保護自己。

Dreikurs認為，兒童最重要的目標是獲得別人注意。他可能採取考試成績優秀、乖巧聽話、活潑可愛、參與活動、表現突出等來達成目標。此時，是良好的適應行為。唯若以建設性行為無法達成目標，則可能轉採破壞性行為，如搗蛋、辱罵、打架、懶散……來贏得注意。

在獲得權力的目標上，當兒童表現乖巧可愛無法贏得注意時，乃以反抗性行為，如強辯、叛逆、抗拒、固執等來爭奪權力。

在尋求執復的目標上，當兒童在權力鬥爭上失敗，採取報復手段是他們的下一個目標，如表現行為不檢、反抗、偏差行為……，以傷害父母或老師。

最後，當上述三個目標均告失敗，兒童覺得徹底失望，於是可能因而放棄一切，表現無助、無能、無所做為的愚蠢、自卑的現象。

貳・輔導原則與方法

一、兒童輔導的原則

1.成人應以一致、友善、接納、信任、尊重的態度對待兒童。

2.處理兒童的問題及其問題的根源。瞭解兒童偏差行為是其內心沮喪的表徵。

3.家庭和學校落實民主的觀念。

4.強調個人的責任、問題的所有權及承諾。只有給予兒童負責任的機會，兒童才有可能學會負責。

5.避免專橫與權威，成人要去除控制兒童的觀念，給予他們選擇的自由，兒童才有參與感。

6.真誠才能贏得童心。

7.建立合理的賞罰體制，才能有效規範兒童的自由放任行為。

8.幽默是化解成人與兒童間緊張關係的有效工具。

二、兒童輔導的方法

(一)辨認兒童的錯誤目標及協助兒童瞭解他們的錯誤目標

欲輔導兒童的偏差行為，首需辨認他們的錯誤目標，再進一步向兒童說明他們的錯誤目標。

諮商員：「你知道你上課為什麼一直和別人講話嗎？」

：「我在想你是不是要我注意你？」

Smithells（1983）建議以下列問題來指明兒童的錯誤目標：（唐永暉，1984，楊文貴，1986）

1.在獲取注意

你是不是要我為你做一些事？

你是不是要我注意你、看你？

你是不是要我關心你？

2.在爭奪權力上

你是不是想當老闆？想當老大？

你是不是想發號施令？

你是不是想讓我知道我管不動你？

你是不是想要告訴我怎麼做？

你是不是想用你自己的方法，而不是我的方法？

3.在尋求報復上

你是不是想反過來傷害我？

你是不是感到受傷害？心情很不好？很生氣？

4.在表現無能上

你是不是要我們放棄你？

你不願意考試，是不是因為你覺得自己做不到？

你是不是只是毫不在乎？

你是不是希望我們認為你不好？

(二)增強兒童的正向行為，忽視其負向行為

如對上課想以不適當的講話來引人注意的學生，教師要有耐心，控制自己；莫惱怒的予以責罰；不去理會其不適當行為，否則反而增強了他們的不適應行為。唯當其表現仔細聽課行為時，則給予獎勵，引導他們的注意力到良好行為上。

(三)強調鼓勵甚於讚美

成人對兒童的努力，應表示認知及尊重，強調兒童的優點和資產，而非缺點與負債。鼓勵是表示對兒童的無條件接納，它傳達訊息給兒童：「老師尊重你們，信賴你們，即使你們在某一方面有所欠缺，也不會使你們變得沒有價值」。鼓勵兒童可增強他們的信心，並促進其尋求適切解決問題方法的能力。

鼓勵與讚美有別，讚美是針對卓越表現者，鼓勵則針對任何正向行動者；讚美是一種主觀的價值判斷，鼓勵則是注重兒童在工作上所付出的努力給予肯定，以接納、尊重的態度，激勵他們主動、獨立、奮發。鼓勵接受兒童真實的一面，而非兒童應該怎麼樣；幫助兒童面對自己的優、缺點，接納自己的不完美。父母或教師鼓勵兒童時，先不對兒童作負面的評論，再進一步指出他們的天賦、正向態度和目標，引導他們發揮自己的優點，並接納自己的短處。總之，具問題行為的學生常缺乏成就感，他們需

要的是學習過程中大人的鼓勵和引導，甚於讚美。

舉例：小梅是小學一年級女生，8歲，智力中等。上課時專心、安靜、無助。閱讀的表現不佳使她沒有升級。有一次上勞作課時，小梅看到同學都完成作品而她不能，因而大哭，於是得到同學的幫助而完成勞作作品。

在一次上課時，老師要同學用色紙剪下「人」字，小梅向後座的同學求助。當小梅向這位同學做第二次求助時，教師就多給她兩張紙，告訴她老師覺得她可以做得很好，且希望她多為老師做一個，以便張貼出來。結果小梅就剪了兩個，且很快樂、驕傲地把她為老師做的那張放在老師桌上。

評論：小梅大哭，得到同學協助而完成勞作，同學的協助不啻增強了她用哭泣來博得同情的不當行為。老師肯定她有能力可剪「人」字，鼓勵她去做，增強了她的自信心。且幫老師做一個，讓小梅感受到老師對她的重視與信任，使得小梅增強自信心，不再有依賴別人的行為。（摘自鍾思嘉，1984，頁77-78）

(四)避免權力爭奪、針鋒相對

當學生在為爭奪權力而表現好辯、挑戰、反叛的行為時，教師的策略是「不爭辯、不屈服」，避免以強勢做為予以壓制，否則只會產生更大的敵意。教師應：(1)承認學生確實擁有正當的權力；(2)在適當的情況下認可學生的權力；(3)避免落入權力鬥爭；(4)可能的話尋求學生的協助；(5)尊重學生；(6)利用邏輯的結果彼此達成共識。（李茂興，1998）

(五)避免以暴制暴

對尋求報復的學生，教師應：(1)不要露出受傷害的跡象，否則學生會以為他們的目的得逞，使報復行為強化且變本加厲；(2)莫落入以牙還牙的圈套。學生在得不到老師的預期反應時，其報復行為會雲消霧散。

(六)運用自然及邏輯結果

傳統中外的父母或教師均習慣使用懲罰來處理兒童的不當行為。懲罰是一種訴諸外力、權威的管教方式，有時含有憤怒與報復的色彩，其利弊得失一直是個爭議的話題。懲罰在威權時代是可被接受的方法，唯在今日民主時代，懲罰強求兒童順從，不符民主社會的平等原則，且可能導致更惡劣的結果，故是過時和無效的。

Adler和Dreikurs強調使用自然結果（natural consequence）和邏輯結果（logical consequence）取代懲罰方式。所謂自然結果是指事件或行為順著自然的法則發展出來的結果，而沒有人為的因素介入。自然結果的例子，請參考表8-1。當兒童的不良行為遭受到自然的痛苦結果，不良行為即會受到抑制，不需大人再施予外力的懲罰。唯父母或教師使用此法應斟酌情況，如果自然結果是不可彌補的錯誤、致命的危險，則不宜使用此法，宜採事前預防、告誡。如事前宜告誡如何用小刀，以防割傷手指，不宜任其自然結果發生。

表8-1　自然結果的實例

不良行為	自然結果
毛毛雨不帶傘出門	淋雨回家
不吃中餐	下午餓肚子
不用功讀書	考試不及格
課堂作業不寫完	放學不准回家
學生上課吵鬧	教師告知學生，等他們安靜後再上課

所謂邏輯結果是經由人為設計安排，使事件或行為得到邏輯的結果，所安排的結果與兒童特定的不良行為有關聯。例如：小孩把地面弄髒，則他必須負責清潔工作。在日常生活中，只有讓兒童體會行為的自然及邏輯的結果，學到教訓，兒童才會表現正向的行為，而避免不良行為，以免受到自然及邏輯的不愉快的結果。此種自然及邏輯結果的方式，遠比懲罰方式有價值。

邏輯結果和懲罰相較，二者均會引起兒童的不愉快。懲罰方式與不良行為未必是直接相關，而邏輯結果則安排行為與結果有關聯。邏輯結果強調一種社會的規範，會帶來兒童的內省，引起兒童重新檢視不當行為及其結果，提升自主性與責任感，並力求改進不良行為的積極意義；而處罰則代表教師或父母的權威，只會引起兒童對成人的反感。表8-2是二者的應用實例：

表8-2　處罰與邏輯結果的實例

不良行為	處　罰	邏輯結果
・打破玻璃	記大過二次	自己花錢買玻璃，並負責修妥
・在牆上塗鴉的行為	打手心十下	負責將牆上的塗鴉刷洗乾淨
・亂丟紙屑	罰交互蹲跳100下	課後時間負責清理學校周圍的紙屑
・打斷別人的鉛筆	罰抄課文	用打斷了的鉛筆寫字
・當值日生不倒垃圾	走廊罰站	坐在垃圾桶旁上課，與垃圾為伍

教師或父母運用邏輯結果時應注意：(1)語調應平和、友善、堅定，避免生氣，否則結果雖合理，兒童可能也會看成不合理；(2)必要時說明不端行為與邏輯結果的關聯，讓兒童瞭解改進不良行為的意義；(3)邏輯結果由教師與兒童協調產生，並經兒童同意而實施；(4)表達對兒童的關心，說明邏輯結果是為了他們的福祉，而非強迫屈服；(5)提供選擇的餘地。可選擇改進行為，若選擇不改進行為則應接受邏輯結果。

舉例：上課時，王生不斷地離開座位，教師問他：「做功課時你要站著或坐著，你喜歡何種方式對我都沒有影響。」王生說他較喜歡站者。教師說：「既然喜歡站著，就不需座位了。」於是教師就把他的椅子拿走，允許王生站著聽課。

如此延續了幾天，有一次教師問他：「現在是喜歡站呢？還是坐著？」這回他說喜歡坐著。從此以後，王生再也沒有坐立不安的毛病了。

評論：這是運用自然結果的好例子。給王生一個選擇的機會，讓他決定喜歡怎麼做是很恰當的。（摘自鍾思嘉，1984，頁94）

摘　要

1.阿德勒理論受佛洛伊德影響，並獨立門戶，自稱其理論為「個體心理學」，強調人的自我決定及獨特性。一般將其理論歸於「新心理分析學派」、「自我心理學」、「社會心理學理論」。

2.阿德勒理論的人性主張：人是命運的主宰，能創造目標、自我抉擇、努力追求生命的意義；人的意識是人格的核心；人具社會興趣。

3.人格的動力來自自卑與超越。自卑感激勵個體追求卓越的慾望。唯人的慾望無窮，故人生永遠在設定目標與追求成就的過程中週而復始。

4.自卑的反應方式有正面與負面。由自卑而產生超越、補償心理，是正面效應；反之，因自卑而退縮、反抗，則是負面效應。

5.人格發展的過程中，家庭結構、父母教養、兄弟互動等社會因素影響了個人人生目標的自由選擇，個人一連串追求目標的行為形成了個人獨特的生活方式。正確的生活方式導致適應行為，反之則導致不適應行為。

6.個體的不適應行為包括四種：過度引起注意的需求、爭取權力的需求、尋求報復的需求、及表現無能的信念。

7.一般影響個人生活方式的因素有：幼年經驗、手足人數、個人產序。長子、次子、老么三種產序的人格最具代表性。

8.社會興趣是阿德勒理論最重要和獨特的概念。個人具社會需求，包括：尋求社會地位、社會隸屬、和社會貢獻。個人是社會的一分子，忽略社會背景，將無法瞭解一個人。

9.阿德勒派諮商目標：培養社會興趣，減輕自卑感及克服沮喪；認知自己和他人平等，瞭解及改變個人錯誤的生活方式、人生觀、及人生目標。

10.阿德勒派諮商過程包括：建立友善關係、探索內在心理動力、鼓勵自我洞察、及執行行動方案。在諮商關係方面，強調諮商員以傾聽、反應、尊重、同理、真誠等態度建立良好的合作關係。在探索內在心理動力方面，強調諮商員蒐集當事人的生活方式資料，協助他們瞭解其錯誤的思考、生活方式、及人生目標。在鼓勵自我洞察方面，可採面質法和解釋法，讓當事人瞭解其不正確的生活方式與其不良適應行為之間的因果關係。在執行行動方案方面，可採的方式有：示範新行為、角色扮演法，行為練習法、及家庭作業等。

11.理論貢獻：在佛洛伊德與現代心理學間，居承先啟後地位，影響形式心理學、人本心理學、理情治療法等。此外，此理論在兒童輔導、親職教育、家族治療等領域，貢獻卓著。

12.理論批評：理論仍只是佛洛伊德學派的一支，未脫佛氏的理論體系。理論有點鬆散或過度簡化，一些基本概念定義不明確，難以從事實證研究。

13.要輔導兒童的偏差行為，首先要瞭解其行為目標。歸納偏差行為的目標有四：博得注意、爭奪權力、尋求報復、及表現無能。當一個兒童無法以卓越表現、乖巧可愛來博得注意時，可能就表現偏差行為來博取注意。當兒童無法自由決定時，可能就表現陽奉陰違、叛逆、反抗的行為。當兒童失去主導權力時，可能放棄爭取權力，轉採報復行為。當一個兒童在上述三個目標的追求均告失敗後，心理的沮喪，在行為上表現無能、自暴自棄。

14.兒童輔導原則：(1)真誠、接納、尊重、及信任兒童；(2)找出偏差行為的根源；(3)家庭和學校落實民主觀念；(4)強調個人的責任、問題的所有權、及承諾；(5)避免專制，給予兒童自由選擇權；(6)建立合理的賞罰體制；(7)幽默。

15.兒童輔導方法：(1)辨認及向兒童解說其錯誤的行為目標；(2)增強正向行為、忽視負向行為；(3)強調鼓勵甚於讚美；(4)避免針鋒相對，爭奪權力；(5)避免以暴制暴；(6)運用自然及邏輯結果。

複習問題

1.試比較Adler與Freud的人性觀、人格動力觀、及人格發展的觀念等。

2.試述Adler理論的諮商目標、諮商關係、及諮商過程。

3.試評論Adler的諮商理論。

4.Adler的諮商理論如何應用在兒童輔導上？

5.何謂自然及邏輯結果的輔導方法？並各舉例說明。

第九章　行為治療法

第一節　緒　論

行為治療法奠基於二十世紀初期行為主義心理學的理論。行為主義心理學的理論，主要來自實驗室的動物實驗研究結果，企圖從動物行為的研究中，歸納出人類學習行為的原理原則。行為治療者採用動物的學習理論來解釋人類行為的改變，把諮商看成是「再教育」的過程。

行為治療法依其發展順序，包括三個領域：(1)古典制約法：源自巴夫洛夫（I. Pavlov）的古典制約理論，主要代表人物如：J. Wolpe、H. Eysenck、J. Krumboltz；(2)操作制約法：主要代表人物如桑代克（E. L. Thorndike）、史肯納（B. F. Skinner）；(3)認知行為治療法：主要代表人物A. T. Beck及D. Meichenbaum。

行為治療（behavior therapy）和行為改變技術（behavior modification）兩名詞，均指「應用實驗心理學的學習原理去建立良好行為及改變不良適應行為的方法，並特別強調外在行為的建立與改變，及系統的評估成效」，此兩名詞在使用上常有混淆現象。Lazarus（1971）曾區分行為治療乃指使用對抗制約法（如系統減敏法、肯定訓練等），以治療焦慮行為；行為改變技術則強調操作制約的過程。目前許多學者均混合使用這兩個名詞（Kanfer & Phillips, 1970; Bandura, 1969）。

總之，若要嚴格區分二者，行為治療是指應用古典制約理論的學習原理，治療一些焦慮行為；行為改變技術則是指應用操作制約理論的學習原理，以建立所欲行為及消除所棄行為。唯筆者在本書中把這兩個名詞看成同義字，混合著交互使用。

在「行為改變技術」一詞的使用上，施顯烇（1999）指出，1980年代之後，學術界、教育及治療單位已漸漸地以「行為管理」（behavior management）一詞取代「行為改變技術」。此名詞轉換的背後，代表下列觀念的轉變：(1)除了設法處理行為問題外，更重要的是傾力改善個人所處的環境，及促進整個人生的改變；(2)使用獎懲處理的只是表面的症狀，如隔靴搔癢，無法根本解決問題。目前主張應用「行為診斷」及「功能分析」（functional analysis），用科學的方法找出行為問題的原因，以對症下藥；(3)行為改變技術是消極的，其力量是單薄的。「行為管理」代表利用多重處理模式（如集合藥物、心理、物理、語言、藝術、音樂等治療法），運用各種資源，靈活的配合和調度，用來改善環境，進而解決行為的問題；(4)行為問題的處理與教學相輔相成、同時並進。注重以好行為取代不良行為；(5)處罰代表不人道；破壞個人尊嚴；只是表面、暫時的收效，長期是無效的；示範暴力行為；製造緊張關係，引發怨恨，報復行為，已是窮途末路。

第二節　主要概念

壹・人性觀

傳統行為治療對人性具有下列觀點：(1)人性中性論：認為人一出生，人性本無善惡之分，好壞之別；(2)環境決定論：人類的心靈就像一塊白板，「染之朱則赤，染之墨則黑」，其「為善成惡」完全由環境所塑造和決定；(3)人是被動的：人受制於環境，是個體遺傳因子對所處環境所做反應的有機體。個體透過對環境刺激所做的反應，形成了其行為和性格；(4)後果決定行為：行為的後果是愉快的，該行為將維持，行為的後果是厭惡的，該行為將中止；(5)行為是習得的：良好的適應行為是學習來的；偏差的、不適應的行為亦是習得的，因此可透過「再教育」的過程，加以修正。行為治療者認為行為是可操控的，相信教育的價值，可謂是「教育萬能論者」。行為主義的創始人華生（Watson）就曾自信的表示，他可以將任何一位嬰兒教育成他所要求的人，無論是成為一位醫生、政治家、律師、工程師、藝術家、乞丐、甚至是江洋大盜；(6)行為是規律的：行為論者從科學的觀點來看人，認為人類的行為是有規律的，故希望從實驗室的實驗研究中，發現控制及預測人類行為的規律，這些規律即「學習的原理原則」；(7)學習是機械的：行為論者遵從科學的系統性和結構性，認為學習是機械的，人類無自由決定的能力。

貳・治療目標

行為治療的目標在於：(1)協助當事人消除不適應的偏差行為（如打架、滋事、遲到、翹課）；(2)建立新的適應行為（如增進社會技巧、改善生活習慣）。

此目標具有下列功能：(1)明訂治療的方向；(2)依特定的目標選擇合適有效的治療策略；(3)做為成效評估的標準。行為治療的目標，特別強調具體、明確、客觀、量化等特性，以易於觀察、記錄及評量。例如：(1)經由行為改變方案輔導後，三年級的王生每週遲到的次數降至乙次以下（包括乙次）；(2)經由行為改變方案輔導後，四年級的李生每天上課時擅自離座的次數降至零次。

目標的訂定，由治療者和當事人雙方，或治療者、當事人、及當事人的父母三方共同商定。商定過程中，除了務求彼此對目標均達瞭解和同意外，並訂定治療契約書，請有關人員簽名，做為執行行為改變方案的依據。

參・治療過程

行為改變方案的過程如下：

一、確定問題行為

治療者首先確定問題行為的種類、問題行為發生的情境及條件，並以具體的語言界定問題行為，切忌用抽象的語詞描述問題行為。例如，某生的問題行為是「害羞」，具體明確的界定是「在團體情境中不與同學說話」。

二、評估問題行為

在輔導問題行為前、後，依問題行為的性質，判斷問題行為的範圍及嚴重程度。評量方式是以次數、時間、強弱、數目、分數、百分比……加以量化。所蒐集到的量化的問題行為資料，如打人的次數、上課講話的次數、遲到的時間……，建立一「起點行為」的「基準線」（baseline），以做為輔導後進步的參照標準。評量的原則是客觀性、穩定性、及可信賴性。

三、探究問題行為的前因後果

首先考慮引發問題行為的有效條件，或稱引發要項或前提事件（原因）。其次是當事人的機體變項及行為反應，看看行為反應後的結果如何。

四、確定目標行為與終點行為

目標行為（target behavior）是諮商員計畫去改變的某項特定行為，如：打人、不繳作業、課堂內發怪聲等。終點行為（terminal behavior）則是訓練前所訂定的預期表現的行為標準，即期待目標行為達到的改善標準，如：每天由打人八次降低到兩次以下。目標行為和終點行為的描述必須具體明確，使行為的改變易於記錄及評估。

五、訂定行為改變契約書

在執行行為改變方案之前，諮商員及當事人雙方（必要時父母亦可參與）應先訂定明確、公平、可信的合作契約，以利方案的執行。內容包括：(1)學生在某種情境下，表現某一特定行為，以達成特定的目標；(2)諮商員做什麼來增強當事人的特定行為；(3)計畫開始實施及達成的時間；(4)有關人員簽名。

訂定契約書的優點：(1)雙方參與簽訂契約，它可提醒雙方按約定計畫進行，當事人委身投入契約，目標達成的可能性增大；(2)契約中記載如期完成的行為改變項目，當事人可具體地看到自己的進步情形，體驗到自我效能感。

六、執行行為改變方案

執行方案中，應隨時記錄輔導處理（自變項）對行為改變（依變項）的影響，以瞭解輔導方案的成效，做為評估、修正方案的參考。一般用來分析與評估行為改變技術成效的研究法叫「單一個案實驗法」（single case experimental designs），又稱「應用行為分析法」（applied behavior analysis）。（陳榮華，1986）

七、評估方案成效

一般行為學派治療者會將執行方案的過程中所記錄的行為資料畫成表格及圖示，方便評估及溝通方案的成效。

第三節　治療方法

行為治療中，治療者扮演專家、教師、指導者、示範者的角色，觀察、記錄、分析、診斷當事人的問題行為，提出輔導策略，並徵求當事人的合作，以協助當事人改變行為。治療者在實施行為改變方案中，所使用的技術如下：

壹・增強技術

人類有不同需求，能滿足個體需求的刺激稱為「正增強物」（positive reinforcer），如獎品、食物等；個體所厭惡的刺激稱為負增強物（negative reinforcer），如監禁、體罰等。增強原理強調行為的改變是依據行為的結果而定。若行為的後果是愉快的、正向的，能滿足個體需求的，則該行為出現的頻率即大為增加；反之，則此行為出現的頻率就大為減少。故治療者可利用增強物來建立「所欲」行為或消除「所惡」行為。

治療者在利用給予或撤銷正、負增強物時，可形成四種增強技術（詳見表9-1）。

一、正增強

運用給予個體正增強物，來激勵個體表現某一適當行為，即稱為「正增強」（positive reinforcement），如用獎狀來表揚好人好事。

(一)正增強物的種類

可滿足個體需求的正增強物的種類繁多，玆分類如表9-2。

表9-1　增強物的使用方式

方式＼種類	正增強物	負增強物
給予	正增強	懲罰(一)
撤銷	懲罰(二)	負增強

表9-2　正增強物的種類

種　類	舉　例
原始性增強物	食物、飲料等
持有性增強物	小飾物、故事書、玩具、衣服、學用品、彈珠……
活動性增強物	看電影、野餐、自由活動、露營、游泳、遊樂區玩、騎車……
社會性增強物	注意、關懷、拍拍肩、摸摸頭、口頭稱讚、幫老師做事、任命為領導的角色……
替代性增強物	積分、金錢、代幣、徽章、獎狀、獎章……

此外，人們有喜歡的活動和不喜歡的活動，所謂的「普墨客原則」（premack principle）是以人們喜歡的活動作為他們完成不喜歡活動的增強物。例如：老師知道學生喜歡打躲避球，不喜歡安靜下來準備考試，就告訴學生，班上段考在全年級排名前三名，體育課就可以打躲避球。又如智障成人不喜歡運動，喜歡玩遊戲，就告訴他們，每天完成必須的運動量就可以玩遊戲。此方法被稱為「老祖母法則」，是一種傳統的、大家熟悉的、日常生活中的增強方法。

(二)增強時制

正增強對個體的行為具激勵作用已如上述，唯正增強是否需每次實施或可間歇實施？兩者的效果有何不同？間歇實施正增強是依時間或次數間隔來實施？其間的效果又有何不同？此即增強時制（schedule of reinforcement）的問題（詳見圖9-1）。現試對不同的增強時制加以介紹，並比較其對行為的不同增強效果。

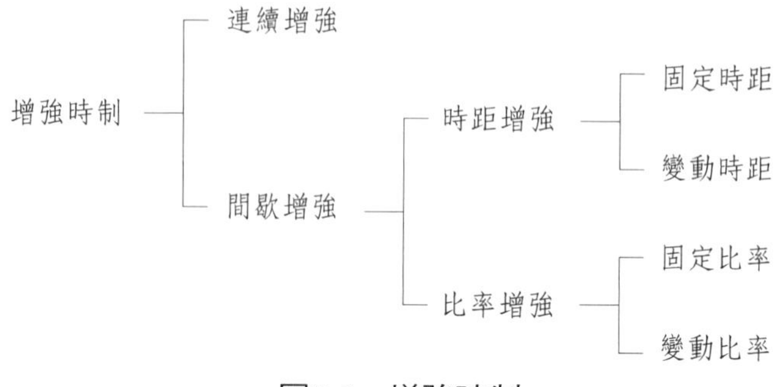

圖9-1　增強時制

1.連續增強：是指每次反應，均獲增強物的方式，即「屢試不爽」、「有求必應」。其優點是能快速的看到增強物對增進行為反應的效果。唯每次都增強必然需耗費相當多的增強物，只適合在實驗室中運用，日常生活中不易實施，故其效果亦不易長期維持。

2.間歇增強：又稱部分增強。並非每次反應都獲增強，而是偶爾得到增強。又可分為按時距和比率，及固定與變動來分配增強物，形成固定時距、變動時距、固定比率、變動比率四種不同的增強時制。

(1)固定時距：固定每隔15分鐘、半小時，一小時、甚至一週或一個月，給予適切的行為反應增強物一次。如對一位多話的學生，每隔安靜15分鐘，就稱讚他一次；又如公司的發放薪水方式（日、週、或月薪），即是一種固定時距的增強方式。

(2)變動時距：並不固定在多長時間給予增強一次，而是忽隔短暫，忽而長久。如教師偶而巡視座位間、偶而小考、或偶而點名一次，均是一種變動時距的增強方式。

(3)固定比率：按個體固定的反應幾次後（如三次、五次、七次……），即給予增強乙次。如工廠「按件計酬」就是這種增強方式。

(4)變動比率：並不固定在多少次反應後給予增強乙次，可能是五次、十次，甚至二十、三十次……才偶得增強乙次。如賭博、獎券、釣魚……，偶而中一次獎，就足以讓熱衷者沈迷其中。

不同增強時制的效果有何不同呢？連續增強具強有力的立即效果，唯在現實生活中要維持「有反應必增強」是相當困難的，且不經濟，也會形成學生期待增強物的功利心理。雖然間歇增強的效果較慢，但對「消弱現象」具有較大的抗拒力量。故間歇增強方有助益目標行為的維持久遠且歷久不衰。

在間歇增強方式上，熟優？固定時距和固定比率會形成個體只等待增強時間或增強次數到來時才表現目標行為，故其增強效果不如變動時距或變動比率的增強方式。許天威（1985）指出，採固定比率的增強方式其增強力量優於固定時距的增強方式，而變動比率的增強方式亦優於變動時距的增強方式。故可知變動比率的增強方式對行為的維持最具效果。

(三)批評

以正增強方式激勵兒童表現良好行為，其目標行為均相當明確，且可以具體的看出行為的進步情形。尤其對兒童興趣缺缺的任務，使用正增強物的確可以提升他們表現此一行為的動機。唯正增強物的使用，最受爭論之處是有些人認為獎賞會變成「賄賂」。不少父母慣以獎賞方式叫孩子做事，「一個動作，一個獎品」。用得不適當，可能會誤導孩子，養成交換條件的習慣，「一個獎品，一個動作」。兒童變成有獎品才做事的功利主義，反會損害兒童行為原有的內在動機。此現象在Lepper、Greene和Nisbett（1973）等人的研究中已獲證實。他們以托兒所的幼兒為實驗研究對象，幼兒在實驗前均喜歡畫圖。實驗中，告訴第一組的幼兒畫圖可獲獎賞；第二組則在未事先被告知的狀態下，事後獲獎賞；第三組未告知亦未獎賞。實驗兩週後，在自然的情境下，提供所有幼兒畫具，並觀察他們自動繪畫的時間及作品的品質。結果第一組在自由繪畫時，自動繪畫的時間較前測減少了一半，作品的水準也較差，其他兩組則未有顯著改變。此結果顯示事先預知可獲酬賞組，他們繪畫的內在興趣在不知不覺中受到外在獎賞的侵害。考其原因是當外在增強具體、明確且凸顯時，會導引個人歸因自己做這件事的動機是為獲酬賞（外在歸因），而非個人真正的興趣，此種現象稱為「過度辯證」（overjustification），其結果是傷害了活動原本的內在動機。

(四)使用原則

正增強的功過已如上述，那麼要如何善用正增強呢？下列原則可提供參考：

1.增強的目標行為要具體、明確。

2.增強要立即，切勿延宕。

3.獎品是兒童所需、所喜、且富教育意義，教師或輔導員可透過觀察、訪問、調查等方式，選擇兒童所喜歡的正增強物做為獎品。此外，獎品最好具教育意義，如同為兒童所喜歡的東西，送電動玩具就不如送一部腳踏車來得有價值；陪小孩打動玩具就不如陪小孩騎腳踏車來得有意義。

4.時常改變獎賞方式。如小學五年級學生對當學校巡邏隊，在剛開始時顯得興致勃勃，但幾次之後士氣低落，給予獎品亦無效。此時訓導主任就舉辦一次同樂會，會中安排表演、摸彩、心得、討論當巡邏隊的價值等活動，結果再度激發了隊員們的工作興趣。

5.改變外在獎賞為內在獎賞：兒童開始時功課得優等，媽媽給一百元做為獎品，慢慢地，媽媽以口頭讚賞代替金錢獎勵，把物質的獎品改為精神的獎勵，最後則是希望兒童視自己把工作做好就是一種獎賞。兒童從工作的成果本身獲得滿足，叫內在獎賞。

行為學派使用人為或外在增強物常受批評，其實早在Skinner時，即提出自然增強物（natural reinforcers）的概念，那是行為發生時的環境自然產生的，給予個人愉快的結果。如：努力讀書得好成績，別人給予聰明評價；做家事，家裡乾淨又衛生，身心舒暢、精神煥發；練彈正確琴鍵，奏出美妙樂音；學習閱讀，享受小說高潮迭起的樂趣……。在各種學習中，開始時可能需要外在增強物激勵，但教育人員應引導兒童體會自然增強物的激勵作用，期望把外在增強轉化為內在增強，使學生不需他人的讚賞或外在的增強物，亦能熱衷於學習（Borich & Tombari, 1997）。

6.不同年齡，對獎品的需求不同。年紀愈小，心智愈低者，所給的獎品要愈具體。

7.慎防成人因不當增強，使兒童學到不良行為。如一個小孩和別人玩引不起老師注意，不和別人玩時，老師反而特別關心他，於是老師的關注，反可能無意中增強了兒童的不適應行為。

二、負增強

運用撤銷負增強物，來激勵個體表現某一適當行為，即稱為「負增強」（negative reinforcement）。例如：父母的嘮叨對小孩是一種引起不愉快的負增強物，小孩把房間整理得井然有序，終止了父母的嘮叨，於是小孩學會以整理房間免除父母嘮叨的良好行為，即是一種「負增強」。此種透過負增強作用所學得的行為反應叫「躲避學習」（avoidance learning）。又如法院的「假釋出獄」制度、學校的「記過註銷」制度、或日常生活所謂的「將功贖罪」等，均屬「負增強」，個體均正承受負增強物中，一旦改過向善，其所承受的負增強物即可獲撤銷。

三、懲罰

(一)種類

懲罰（處罰punishment）可分為施予式懲罰（即表9-1中的懲罰一）和剝奪式懲罰（即表9-1中的懲罰二）。（張春興，1994）

1.施予式懲罰

為狹義的懲罰，是指運用負增強物（嫌惡刺激）來抑制或遏阻個體的不適當行為。如對逃學的兒童施予疼痛的鞭打，以收嚇阻之效。

在治療單位，常使用較特殊的施予式處罰方式，即當不受歡迎的行為出現時，就給予電擊、催吐劑……嫌惡刺激，以協助酗酒者戒酒、煙癮者戒煙、毒癮者戒毒、過度肥胖者減肥、性變態者棄邪歸正等。

成人常使用此法來導正兒童的一些不良行為，如：上課不當講話，痛罵一頓；作業缺交，上課罰站；家課潦草，罰寫十遍；違反校規者給予訓誡、記過、勒令退學等處分。

施予式懲罰的方式林林總總，尚包括打屁股、打手心、罰半蹲等「體罰」方式。體罰一直是教育有關當局明令禁止的。體罰是施予式懲罰的一種方式，如何從懲罰方式中界定清楚，讓有關人員對何者當為，何者不當為有所依循，是屬重要。

對體罰的界定，在一項調查教師、家長與兒童的研究中，詢問他們「你覺得什麼是體罰？」，其結果筆者摘要成如表9-3。

表9-3　「你覺得什麼是體罰？」各選項的百分比（複選題）

調查對象＼選項	打身體	限制行為	羞　辱	言語羞辱	身體累	增課業
家長	57	54	49		47	
教師	75		60	44	66	
學生	85	46	53	48	69	46

（※空白格是因選擇次數未達四成，故不予登錄）

依此調查結果，「打身體」最被認定就是體罰，其他「身體累」、「羞辱」、「言語羞辱」、「限制行為」等亦均有五成左右認定它們是體罰行為，筆者稱為「準體罰」。不管體罰或準體罰，採這些行為均易招致批評與爭議，有關人員使用時當格外戒慎恐懼。

2.剝奪式懲罰

廣義的懲罰包括施予式與剝奪式懲罰。所謂的剝奪式懲罰是當個體表現不良行為時，即撤銷正增強物，迫使個體不敢再犯。

如王生上課乘老師不注意時，干擾鄰座同學學習，老師即時發現，就不准他下課出去玩。又如小明月考成績退步，媽媽就以扣零用錢（或不准看電視）做為處罰。一般所謂的「隔離」（time out）亦屬剝奪式懲罰的方式。

為消除個體的某一不良行為，就隔離開其正享受的正增強物，此即「隔離」（time out from positive reinforcer）。如李生上數學課時一直講話，干擾鄰座同學聽課，教師就罰他坐到教室後面，和同學隔離，以減少其不當行為。其他如關禁閉、閉門思過亦均屬之。

隔離的原則：(1)確定個體被隔離開的環境必定是具正增強效果；而隔離到的環境必定不具正增強作用。否則，如在上例中，李生若很討厭數學課，把他隔離開數學課，可能不但不是處罰，反而是正增強，則此策略就無效了；(2)教師宜公告周知於學生及家長，何種情況下將受隔離的懲罰，及每次隔離的時間，並貫徹實施；(3)隔離場所的安全性宜考慮。報載有位幼教老師，將學生隔離在密閉的娃娃車內，導致幼兒悶死的不幸事件，更提醒我們實施隔離時要格外小心；(4)隔離往往剝奪了學生上課的受教權，宜思考如何補救；(5)進行隔離時，宜隨時對當時情境加以監控；(6)隔離有違人身自由權，宜審慎使用；(7)考慮兒童是否適用隔離，如自閉症會有撞頭的自傷作為，不太適合單獨施予隔離的處罰。

反應代價（response cost）也是一種剝奪式懲罰。當人們表現不當行為時，即剝奪其增強物。例如：針對上課不專注、作業不寫的兩位學童，告訴他們若專心做功課可獲20分鐘的自由時間，但有任一不專心發生，即失去1分鐘自由時間。教師準備1到20的數字卡，上課每有不專心發生，就扣1分鐘自由時間，並用數字告知他剩下的自由時間。結果自由時間的撤銷明顯的改善了這兩位男孩的不專注和學業表現。

3.過度矯正

過度矯正（overcorrection）亦屬懲罰的一種方式，要求人們從事嫌惡的工作。包括：(1)恢復原狀（restitution）：要求當事人針對不良行為導致的環境的效應，恢復到原先的狀態。例如一小孩丟食物在餐桌上，弄髒了桌面，即要求他清理乾淨。(2)正向練習（positive practice）：重複練習適當行為。例如要求這位小孩將食物適當地放在他的盤子內，練習許多次，並替他人服務。又如有一位重度智障的中年女人，住院多年來一直有破壞性和攻擊性行為。當她表現一破壞性行為如弄翻床，即要求他收拾殘局，且要求她弄直房內所有其他的床，反覆練習正確行為，結果對她不良行為的導正，成效良好。兩者可單獨使用，亦可合併使用，端視所欲改正的行為而定。在單獨使用上，例如針對上課講話、離座的學生，要求他們不准下課，仍靜坐；針對上課未舉手經允許才講話的學童，要求她們下課坐在原位練習舉手、教師指名、起立應答的正確行為（正向練習），以上的例子均有效的改善學童上課的不良行為。此法的優點是它不只抑制不良行為，亦訓練當事人適當行為，為其他懲罰方式所不及。因此，此法比其他的處置方式更為家長、教師、學生所接受。故有關人員在實施懲罰時，此法當為優先考量。（Kazdin, 1994）。

此外，Alberto和Troutman（1986）曾將懲罰的應用分為四個層次：

水準一：最少限制和最小嫌惡法。即教師利用增強和不良行為相反的「不相容行為」，來消除不良行為。例如：教師想減少王生上課好講話的行為（不良行為），可選擇每隔5分鐘，該生仍未講話（不良行為的不相容行為），即給予讚美，成效良好後再慢慢把增強時間延長為10、15、20分鐘或更長。

水準二：較少限制和較小嫌惡法。即以扣壓增強物來減少不當行為。例如：教師使用消弱法來減少林生欲用講話來引起老師注意的不當行為。

水準三：較多限制和較多嫌惡法。即以撤銷增強物來減少不當行為。此法較第二水準更激烈。例如作業不交或上課講話不舉手者，罰錢當班費；安靜上課給予代幣，上課「釣魚」（打瞌睡）則收回代幣；隔離到禁閉室閉門思過……。

水準四：最多限制和最多嫌惡法。即施予嫌惡刺激，也就是一般人所謂的懲罰。如訓誡、記過、罰站、打手心……。

其中水準一的傷害性最小，依序是水準二、三，水準四的傷害性最大。教師使用懲罰時，宜由水準一開始，當學生的行為在一定時間內仍未改進，再考慮較高水準的處罰，如此，可減少不當懲罰的發生。

(二)批評

多年來處罰一直是備受爭議的問題，其受批評如下：

1.處罰的效果是暫時的，只是表面上抑制了行為，當執罰的權威消失（如教師不在時），原來的不良行為必然捲土重來，故它是消極的，是治標策略，而非積極的治本之道，其終究是無效的。

2.長期使用處罰，可能會影響師生或親子關係的和諧，造成兒童討厭處罰，轉而厭惡老師或父母，甚至憎恨、逃避老師或父母，並產生報復心理。

3.處罰會對兒童的心理上產生複雜的負面效果，如罪惡感、恐懼、自卑、逃避、及其他偏差行為等。

4.處罰只教兒童什麼事不能做，而很少教小孩該怎麼做。

5.處罰無異示範暴力行為，兒童也學會以攻擊行為處理憤怒情緒。

懷抱崇高教育理想及理論的教育、心理專家，一直主張要「多獎勵、少處罰」。教育主管當局也三申五令，嚴禁教師體罰。可是實際從事教養兒童之責的父母及教師則多持適度體罰有其必要性的態度，可見「體罰」在管教兒童上是有其魅力的，它著實對兒童的不良行為具有一些立即嚇阻的效果，使用者常被此立即效果所增強，變成如上癮般的使用它，再也不思考其他更妥當的管教方式。平心而論，處罰在行為改變理論上，是給予兒童厭惡刺激，以終止其不當行為，故適度使用，亦是一種管教兒童的策略。尤其是不懂事的幼兒，處罰具體、明確、有效的告知他此事不宜。但是問題在於大多數的教師或父母往往易在盛怒、衝動之下，實施以牙還牙的報復行為，此時的處罰常過度或失當，以致後遺症層出不窮。筆者認為，若父母或教師是在出自愛心、客觀、公平、仲裁、心平氣和的情況下，執行懲罰，則此方式在改變兒童的行為上仍有其功能的。以下茲列舉處罰的原則，供父母或教師參考：

(三)使用原則

1.雙管齊下原則：除了外在威嚇以消除兒童的偏差行為外，亦要考慮到偏差行為的內在原因，雙管齊下才具成效，光懲罰其效果是有限的。例如有些學生視被罰是英雄行為，可以引起同學側目，此時教師的懲罰等於是一種增強。不瞭解學生的心理，其懲罰當然無效。

2.適時適地原則：「適時」指的是處罰要掌握立即效果，否則時效一過，效果大打折扣。父母或教師不要有留待日後算總帳的心理。許多家長或老師平時對兒童的不良行為常有因循苟且的習慣，疏於隨時糾正，待他們有了重大錯誤，或自己心情不好時，才翻出陳年舊帳，嚴厲地數罪併罰。此種累積舊仇新恨算總帳，易使兒童感到受罰過重，因而心生不服。「適地」指的是處罰應避免在公眾面前施行，否則易傷及兒童的自尊。因此封建社會「殺一儆百」的處罰策略對兒童並非上策。

3.證明因果原則：不告不教而罰是謂「施暴」，故施罰前應公告明示哪些不良行為是受禁止的。學生違法受罰時，亦應告知學生受罰的理由，機會教育兒童明是非、知善惡，瞭解事件的因果關係，以免下次再犯。

4.貫徹執行原則：教師明白規定哪些不良行為是被禁止的，違背時當受何種懲罰。規定一頒布，即應嚴加執行，否則若執行不徹底，亦使學生產生投機心理，影響懲罰的效果。

5.恩威並施原則：教師或父母光罰只是消極地禁止不良行為，尚應以獎勵來培養兒童的良行美德。只罰未獎，學生會對懲罰者（教師或父母）產生敵意、反抗的仇恨心理，故宜獎罰並濟，以樹立父母或教師的德威。

6.時刻反省原則：教師或父母要時刻反省施予兒童的處罰是否運用得當，是否輕重適宜，如此的處罰方不致濫用。

7.彈性變化原則：懲罰的方式宜富彈性、具變化。可儘量提供各種處罰方式，讓兒童有選擇如何受罰的機會，如此可表示兒童是自願受罰，會減少他們抗拒及憎恨的心理。

8.平心靜氣原則：處罰要平心靜氣，應是出於為學生好而罰，讓學生感覺老師是對事不對人。懲罰非出於一時衝動，為了洩恨，要看學生受罰的痛苦。如此，則不是懲罰，而是虐待。

9.莫用連坐原則：古人有「一人犯法，誅連九族」。現代亦常見學校中，教師實施連坐處罰法，當一人違法，全組或全班受罰。連坐法罪及無辜，對無端受罰者只會造成緊張和無奈感。此方式亦易遭致家長抗議。

10.莫罰作業原則：教師常喜用寫某一科的作業做為懲罰方式，此種處罰方式並不適宜，因為如此只會讓學生變得討厭該科目而已。

11.自然懲罰原則：所謂自然懲罰是個人表現不適當行為而得到自然的懲罰效果。如玩火的小孩不小心被火灼傷、穿越圍牆跌傷……，此「受傷」即是一種自然懲罰。大人本持「一錯不多罰」的原則，該生既然受傷了，就已得到報應，故不必再懲罰他們。但大人須告知兒童，受傷是不良行為的後果，以後切莫再犯。

12.最後一招原則：實施處罰的爭議性大，故宜避免施罰。尤其是體罰，更應絕對避免。教師或父母不到最後關頭，不輕易使用。

四、代幣制

(一)定義

一些原本不具有正增強作用的東西，如：錢幣、紙鈔、籌碼、點券、積分、記功、貼紙、笑臉章、或其他符號等，當它們可用來換取個體所需的東西，如：食物、飲料、日常用品、飾物、休閒活動、價值與尊嚴等原級正增強物（primary reinforcers），經由此制約過程，中介物終於對個體亦具有正增強的作用，這些中介物就叫做「代幣」（token），故它可謂是一種「替代性增強物」、「次級增強物」（secondary reinforcers）。針對學校、班級、部隊、公司、工廠、社會機構……團體的成員，實施一套專為它們所設計的運用代幣來增強目標行為的有系統、有組織的方案，稱為「代幣制」（token system or token economy）。此制度最早是在1960年代早期，在精神病院率先實施。

實施代幣制時，實施者往往先和成員約定以何種代幣做為中介物；累積多少個代幣可兌換何種所欲的正增強物；再將這些約定製成辦法，團體成員共同遵守。由於代幣只是一種中介物，故代幣制的效果如何，完全依所兌換的正增強物之增強力量的大小而定。若所可兌換的正增強物未能達吸引成員的效果，則代幣的價值有限，此代幣制就毫無成效。故代幣制的實施，需慎選強有力的正增強物，才是此法成功的保證。

此外，反應代價常作為代幣制的部分，在當事人表現好行為時給予代幣，當表現壞行為時扣除代幣，代幣增強和反應代價合併使用，較單一的代幣增強或反應代價更有效。

(二)優點

代幣制的優點：(1)實施方便：相對於連續正增強的有求必應在日常生活中不易實施，代幣制的實施就顯得實用多了；(2)經濟實惠：代幣制常用符號（如蓋笑臉章）替代正增強物，不必每次都準備正增強物，顯得經濟多了；(3)避免功利：以符號替代正增強物，可避免兒童養成「一個獎品，一個動作」的功利主義；(4)自由選擇：契約上所規定的，不同代幣數量，可換取不同等值的正增強物，兒童自由決定所欲的正增強物，可提升行為表現的動機；(5)學會等待：兒童學會為所期望的目標，努力奮鬥；(6)不易飽足：它不像食物增強物，一飽足即失去了增強價值。

(三)應用

代幣制的優點已如上述，故在一般學校、家庭、社會、機構已廣為實施。在學校或家庭，教師或父母常以貼紙、小書籤、蓋笑臉章或其他符號作為代幣，規定累積一定數量後，可兌換喜歡的獎品，以獎勵兒童的良行美德。在學校最普遍實施的是「獎勵卡制度」。校方發給每位學生一張設計有許多格子的獎勵卡，規定只要有好的行為表現，教師就在格子上蓋章或簽名，累積不同數量的「章」可兌換不同等級的獎品。如最高獎勵是「把校長帶回家」，即和校長合照，照片由校長簽名，學校護貝送給學生，以代表學生的榮譽。

在社會上，許多百貨公司或商店均設計點券，規定累積一定的消費點數，可換取其他商品、福利、或貴賓卡。目的是「放長線釣大魚」，鼓勵顧客多光顧、多消費。在一般機構，常採「積分制」來決定升等或調職，它亦是代幣制的一種。此外，亦有精神病院實施代幣制來管理病人。其做法是先列舉目標行為，如：每天必須洗澡、整理儀容、清掃工作、洗碗、逢人主動打招呼……，規定病人若做到了這些良好的生活習慣時，就分項給予代幣，再依累積的代幣，按規定給予兌換所喜歡的正增強物（如香煙、飲料、泡麵、外出逛街……），成效良好。

貳・消弱技術

在實驗室中，經由增強所建立的行為，當增強物終止後，制約反應行為將會趨弱，終至消失，此現象稱之為「消弱」（extinction）。例如在學校中，表情冷峻、嚴酷（負增強物）的老師常令學生望而生畏，唯當教師收斂起冷酷的表情後，學生對他的焦慮、恐懼反應也就雲消霧散了（古典制約學習的消弱反應）。

在日常生活中，兒童的若干不良行為，常因週遭的人無意中的社會增強，而強化了這種不適應行為。例如，許多兒童在課業、才藝上引不起父母、師長或同學的注意，便以黃色笑話、怪聲、打架、滋事、唱反調、哭叫、耍狠……方式，引起旁人的側目。若這時大家給予注目（正增強物），不啻是增強了其不當的行為，導致他的問題行為變本加厲。此時教師若採取不予理會，並請同學勿被其譁眾取寵的行為所影響，該生在自討沒趣的情況下，不適當的行為自然會消失（操作制約學習的消弱反應）。

在國小教室中看到一幕特殊景象，當老師一發問，全班學生又叫又跳，亂成一團。探究其原因，原來這位老師發問後，往往請那些叫得最大聲，跳得最高的學生回答問題，如此「不當增強」，使班上學生學到想獲得老師指名回答問題，就得採「叫、跳」的方式，安靜的坐著舉手是沒有機會的。要導正班上的這種學習亂象，教師可採的策略即是「消弱」。教師對「既吼又跳」的學生採取「相應不理」，而請那些「端坐舉手」的同學回答問題。幾次之後，又叫又跳的學生見此方式得不到老師的反應，此種行為便自動消失（消弱現象）。

此方式的使用原則：

1.確定不當增強的來源，對症下藥，否則消弱策略無效。例如：某生上課喜扮小丑，惹來全班哄堂大笑。只有教師對其行為「忽視」，並未能徹底使其不良行為消失，唯有全班同學亦忽視其不良行為，杜絕「不當增強」來源，此時的消弱策略才能見效。

2.使用消弱法，在學生的不良行為消除前，可能會更惡化，如更常發怒、攻擊、大叫等，此時教師應堅持下去，消弱方能見效。

3.教師在使用消弱法時，要有恆心，必須在每次不當行為發生時，均予以忽略，方見成效。

4.只用消弱法是消極的，和增強「不相容行為」配合使用，可能是最有效的。所謂「不相容行為」是指當事人一心難以二用，能做甲件事，就無法同時做乙件事，此時乙件事就是甲件事的不相容行為。例如：焦慮緊張時就未能放鬆，故放鬆是焦慮的不相容行為；上課離座就無法靜坐聽課，故靜坐聽課是上課離座的不相容行為。教師如要以消弱法改進學生上課的「離座行為」，除了採忽視的消弱策略外，若能同時增強該生靜坐聽課的好行為，則消弱法的效果最佳。又如一位「愛哭」以引人注意的小學一年級女生，老師除了採消弱策略，忽視她的愛哭行為，使她在此行為得不到增強的狀態下自動消失。更積極的，老師並增強她的「微笑」行為（哭的不相容行為），以建立良好的社會適應行為。

以上分別介紹了正增強、負增強、懲罰、隔離、消弱等行為改變技術。這些名詞間常易混淆，最後作者特在此加以區別：

1.正、負增強的異同：正增強和負增強的相同處是它們的目的均在激勵當事人表現良好的行為；兩種方式使用的結果，當事人的情緒均是愉快的、滿足的。兩者的相異處在正增強是以給予正增強物為手段；而負增強則是以撤銷負增強物為方式。

2.負增強和懲罰的異同：負增強和懲罰的相同處是它們均用到厭惡刺激，故其間的區別常易混淆，二者的差異如下：(1)處罰是當個體表現不良行為時，剝奪正增強物或施予厭惡刺激（負增強物）；而負增強則是個體正承受處罰中，一旦改過向善，就把所承受的厭惡刺激撤銷掉；(2)處罰主要透過厭惡刺激來遏阻不良行為，對良好行為的養成並無助益，故是消極的；負增強則透過厭惡刺激的撤銷，以強化某一良好行為，是積極的；(3)處罰的後果是痛苦的、不愉快；相對的，負增強的結果則是愉快的、喜悅的。

3.隔離和消弱的區別：至於隔離和消弱之間又有何區別呢？隔離是利用撤銷個體正享用的正增強物，以嚇阻個體的不良行為；而消弱則是當個體因不當的增強學得不良行為後，利用撤銷行為後個體所預期的增強物，使其不良行為因得不到增強物而自動趨弱，終至消失。

參・逐步養成

依操作制約學習理論，個體簡單行為的學習，可用「刺激→反應→增強」的模式解釋；而複雜行為的學習則可說是一連串的「刺激→反應→增強」的過程，其基本模式是：$S^D_1 \rightarrow R_1 \rightarrow S^R_1 \rightarrow S^D_2 \rightarrow R_2 \rightarrow S^R_2 \rightarrow S^D_3 \rightarrow R_3 \rightarrow S^R_3$……。$S^D$是辨別刺激（discriminative stimulus），R是反應（response），S^R是增強刺激（reinforcing stimulus）。當來自環境的刺激引起個體的反應，適切的反應獲增強，個體即達成第一步驟的學習；緊接著另一環境的刺激引起學生的反應，適切反應獲增強，個體即達成第二步驟的學習……。整個複雜行為的學習，從開始到結束的所有步驟，構成一個連鎖，稱為「連鎖作用」（chaining）。例如：馴獸師欲訓練海豚跳火圈，可將海豚的學習歷程劃分為一連串的$S^D \rightarrow R \rightarrow S^R$，第一步驟是起跑點→注視火圈→給魚吃；第二步驟是注視火圈→往前走→給魚吃；第三步驟是離開起跑點→跑到中線→給魚吃……；最後學得躍過火圈的步驟。

所謂的「逐步養成」（shaping）乃教學者依連鎖原理，將所欲訓練學生的行為，從開始到結束，劃分為若干「$S^D \rightarrow R \rightarrow S^R$」的步驟。從起點行為開始訓練起，當個體對刺激做反應，即給予增強，如此逐步訓練，直到達成終點行為。其步驟如下（Schunk, 1996, p.77）：

1.確定兒童現在會做什麼（起點行為）。

2.確定所欲兒童達成的行為（終點行為）。

3.確定在兒童的環境中，有效的增強物有哪些。

4.把從起點行為到終點行為的歷程劃分為細步驟，由易而難依序排列。

5.教導兒童依序精熟各步驟，最後終於達成目標行為的學習。

例如：父母要訓練兒童養成整理自己房間的好習慣，當兒童自動把床上的被子摺好時，即給予增強（第一步驟）；接著加上把枕頭擺好，即給予增強（第二步驟）；緊接加上把房內的玩具、書籍也整理好，即給予增強（第三步驟）……。如此採逐步養成的方式，養成了兒童整理自己房間的好習慣。

肆·系統減敏法

系統減敏法（systematic desensitization）是行為治療中廣為使用的技術，首由南非的Wolpe（1955）所創用，主要的根據是古典制約學習原理，常用來治療日常生活中一些焦慮、恐懼的不良適應行為，如考試焦慮、學校恐懼、動物恐懼、發言演講焦慮等，成效顯著。其治療方法首先由治療者與當事人討論所焦慮的事物或情境的不同程度，接著對當事人實施放鬆訓練，在當事人達舒適、鬆弛的狀態下，開始由弱至強，逐步呈現焦慮事物，透過此治療過程，當事人對懼怕事物的敏感度逐漸減輕，並至完全消失。以下玆詳細介紹其治療步驟：

一、建立焦慮階層表

治療者與當事人共同針對當事人所懼怕的事物或情境進行討論、分析、確認，並列舉出來，然後按它們引起焦慮反應的強弱程度，由弱至強按等級列成一張明細表，稱為「焦慮階層表」，詳如表9-4：

表9-4 焦慮階層表

懼怕老鼠層次表
1.由治療者呈現書寫「老鼠」兩個字的卡片約一分鐘，請案主注視三十秒鐘。
2.由治療者呈現「老鼠」彩色圖片，並說「老鼠」，請案主注視三十秒鐘。
3.由治療者呈現「真實老鼠標本」，並說出「老鼠」，請案主注視三十秒鐘。
⋮
9.由治療者抓著活老鼠，並請案主用手去觸摸老鼠。
10.請案主用雙手捧著活老鼠一分鐘。

（摘自陳榮華，民75，頁251-252）

二、進行鬆弛訓練

焦慮緊張與肌肉鬆弛是不相容的行為。當個體處於恐懼、焦慮的狀態，自主交感神經系統反應的結果，個體會呼吸急促、血壓升高、肌肉僵硬，此時，透過肌肉鬆弛的方法，讓副交感神經系統的反應抑制交感神經系統的反應，可使個體的情緒恢復舒適，平和的狀態，此稱為「對抗制約」（counterconditioning）。常用的鬆弛訓練法有：漸進式肌肉放鬆、呼吸控制法、心像法，另民間流行的「靜坐冥想法」（meditation）亦是另一種通俗的放鬆方法。

三、進行系統減敏過程

在經過幾週的鬆弛訓練後，當事人已學會了完全鬆弛，並能做到隨時放鬆，此時即可進行系統減敏過程。治療者先請當事人放鬆，當事人達完全鬆弛後，治療者開始呈現焦慮階層表中最低焦慮的項目。在當事人暴露在此焦慮刺激中一些時間，若不再感到焦慮，則逐步暴露到較高一層次焦慮水準的刺激。一旦當事人面對此焦慮刺激中感到焦慮，此時他可用舉手或其他方式表示，治療者立即停止焦慮刺激的呈現，並即刻再進行放鬆，完全鬆弛後，再繼續進行克服剛剛未克服的焦慮刺激。如此做做停停的系統減敏過程，一直到當事人完全克服了最高焦慮的刺激為止。

焦慮刺激的呈現，除了由治療者提供外，有時亦靠當事人自己想像焦慮刺激物或焦慮情境。當事人可由治療者引導或自我引導方式下，以想像法進入焦慮的情景。有些人想像的能力較強，較易進入治療中，其治療成效就較好，若當事人不易以想像法進入焦慮的情景中，此時，想像力的訓練是必要的。

伍．自我管理方案

行為改變技術特別強調「增強策略」的使用，唯在真實、自然的環境中，是難有立即和明確的增強物。因此，以提供外在增強物來強化行為的動機是不實際的。許多學者均同意，當事人具有自我覺知，可訓練他們對自己的思想、行動和情緒加以記錄，於是主張教導當事人獨立的自我控制、自我管理、自我引導個人的行為，不只能增加當事人的責任感，且能學會獨立自主的解決問題，增加當事人在諮商後獨立適應社會生活的能力。

自我管理方案（self-management programs）於1970年代開始，被應用在心理諮商和治療上。其策略包括：自我監控（self-monitoring）、自我酬賞（self-reward）、自我契約（self-contracting）、及刺激控制（stimulus control）等。主要用來處理下列兩種問題：(1)「過多」的自我傷害及自我挫敗的不良適應行為。如：肥胖、抽煙、酗酒、吸毒、同性戀等。治療的目標在「減少」並消除這些不良行為；(2)「不足」的良好適應行為。如：缺乏學習持續力、社會人際交往的退縮行為等。治療的目標在「增加」這類良好行為。

一、自我控制的原理

在實施自我管理方案之前，諮商員應向當事人介紹自我控制的原理，這些原理原則如下：（Rimm & Masters, 1974）

1.找出問題行為產生的原因。行為的產生，一定有其環境因素。治療者教導當事人找出問題行為產生的環境因素（原因）。找出原因之後，才能對症下藥，以消除不良適應行為或建立良好適應行為。如肥胖的原因是飲食過量，不知節制所導致。

2.隔離引發問題行為的環境。例如：一位酗酒者想消除酗酒惡習。分析酗酒的環境因素是，當一人孤獨時，酒癮即發。自我控制之道在於當自己一人獨處，感到孤獨很想喝酒時，就投入社會的情境。

又如：肥胖的原因是養成一面看電視、一面聽音樂、或一面閱讀、一面吃東西的習慣。自控之道是隔離這些不良的飲食習慣，限制自己一天中在特定時間、特定位置用餐，或從房中移走各種零食，避免飲食的衝動。

3.布置線索，以引導良好行為的表現。上學常遲到的學生，教導他們設定鬧鐘的叫聲，以做為線索，自我控制準時上學的行為。

4.立即自我增強。增強物有正向及負向之分。如煙癮者點一根煙時，立即自我提醒「抽煙會導致肺癌」（負增強物），可有效消除抽煙的行為。

5.以適應行為對抗不適應行為。例如煙癮者，當想抽煙時，以咀嚼口香糖替代抽煙行為。當口腔用來咀嚼口香糖，即能對抗用來抽煙的行為。

6.以逐步漸近法來改造或塑造行為。因每一行為均是一連串刺激、反應的連鎖。自控進行行為的改造或塑造要逐步進行，如減肥方案，每餐飯量逐步漸減，體重逐次減輕。

7.訂定契約：當事人自願交一筆錢給治療者，約定每減多少磅重，就退還多少錢。若終點目標達成，即全部退還。

二、實施步驟

自我管理方案的進行步驟如下：

(一)決定所欲改變的行為

對此行為的陳述宜具體、明確，它也必須是可觀察、可測量、可達成的目標行為。如：增長讀書的持續時間。

(二)蒐集基準線資料

在決定所欲改變或塑造的行為後，以一至二週的時間，自行審慎、系統、客觀的觀察及記錄此目標行為的程度。此外，亦可記錄從事目標行為前、後的環境事件，以找出行為問題的原因。例如：目標行為是讀書時間，則自行蒐集、記錄每日分配的讀書時間有多少？實際的讀書時間是多少？及記錄讀書的地點，讀書時周遭的環境及事件。此外，所蒐集、記錄的資料宜以數據表示，如抽煙的根數？飯量的碗數？體重的磅（公斤）數？打人的次數？遲到的次數？讀書的時數？……。

(三)訂定行為改變方案

首先決定起點行為及終點行為；根據起點和終點行為，詳述短期和長期的行為目標；接著評述以何種系統的行為，逐步達成短期及長期目標。例如：長期目標是學期成績得到優等；短期目標是增長有效的學習時間；系統的行動則訂定逐步增長學習時間的計畫。

(四)執行及監控方案

在執行計畫中，並應持續的觀察，記錄目標行為改變的情形。所蒐集到的行為改變的程度以數據表示。執行方案中正確的記錄資料，可使當事人觀察自己行為的進展。這些記錄資料若能以圖表方式呈現，更能清楚地顯示行為改變的成效如何！

(五)自我評估及自我增強

自我評鑑方案執行的成效如何？若成效卓著，則自我增強（self-reinforcement），如自我讚美、允許自己做喜歡的事、買自己喜歡的東西……。若成果不佳，則當事人需自我調整方案，回到第三階段，重新訂定、執行、監控、評估行為改變方案。

陸．鬆弛訓練

現代科技日新月異，知識爆炸。快速的生活步調及講求效率，使現代人的生活日益緊張，壓力倍增。於是教導現代人如何因應壓力的鬆弛訓練，已成為一種普遍的方法。

當個人處於壓力、恐懼及焦慮的狀態下，自主交感神經系統反應的結果，個體會心跳加速、呼吸急促、血壓升高、肌肉緊張。此時，透過肌肉放鬆法，讓副交感神經系統的反應抑制交感神經系統的反應，使個體的情緒恢復舒適、平和的狀態。常用的鬆弛訓練法如下：

一、漸進式肌肉鬆弛法

此方式透過全身肌肉交替地拉緊和放鬆，進行的順序是從頭到腳，如從前額、五官、肩膀、手臂、腰部……到腳底等，以達到身體和心理深度的鬆弛水準。每一部分的肌肉拉緊約5秒鐘，接著放鬆約10～15秒鐘，再進行下一部分肌肉的緊和鬆……。

台大教授吳英璋曾於民國78年，在台北市立師範學院所主辦的國小輔導人員輔導知能研討會中用錄音帶引導方式來教導肌肉放鬆練習。首先由雙手開始拉緊再放鬆；接著是額頭肌肉的緊、鬆；五官的緊、鬆；牙齒咬緊再放鬆；張大嘴巴再放鬆；肩膀向後拉緊再放鬆……；最後是腳的用力拉緊再放鬆。錄音帶之部分內容如下：

「現在我們開始來做肌肉放鬆訓練，請注意聽，然後按照我所說的去做。

首先，請你把雙手抬起來，抬到水平的位置。然後用力向前伸直，再用力握緊你的拳頭，繼續用力伸直，繼續用力握緊拳頭，繼續用力，繼續用力，繼續用力，更用力，更用力，更用力，更用力，更用力，更用力，更用力，更用力。

好，現在請你慢慢的放鬆下來，慢慢放鬆下來，把你的雙手慢慢的放到椅背（大腿）上，繼續放鬆，一面放鬆，一面注意你的肌肉，你會發現它慢慢地鬆弛開來了，放鬆開來了，繼續放鬆，繼續放鬆，繼續放鬆，繼續放鬆，繼續放鬆，繼續放鬆。

好，現在請你用力把眉毛往上揚，把額頭的肌肉用力地拉緊，用力地拉緊，繼續用力，……。」

二、控制呼吸法

當人在焦慮、緊張的狀態下，其呼吸急促而不規則，會導致體內的氧氣和二氧化碳的不平衡。改進之道是控制呼吸，引導個體做緩慢、深沉的呼吸，可減低或去除焦慮緊張所引發的身體症狀。

一般稱急促的呼吸為「氣」，所謂的「呼氣」、「吸氣」；稱和緩深沉的呼吸為「息」。控制呼吸時，配合「數息」的行為。個體靜坐時，雙手重疊敷在小腹上，當緩慢的吸氣時，從1到4慢數，並可體會腹部隆起；當和緩的呼（吐）氣時，從1到4數息，並體會腹部逐漸平緩及全身慢慢地放鬆開來。控制呼吸時，只想著數息，看住呼吸，心中「空無雜念」，當覺察到雜念產生時，讓它自然流逝，莫沉溺其中，再回到專注數息的工作。

范姜郁美（1995）曾訓練學生兩種控制呼吸的方法：(1)數息法。練習方式是採取舒適的坐姿、閉上眼睛、打開眉毛、嘴角微笑、全身放鬆，進行深呼吸，兩手敷在小腹上，從鼻端輕輕吸一口氣，此口氣慢慢地流進小腹。把注意力擺在呼吸上，心裡數著一、二、三、四、五，感覺小腹隆起來。停止呼吸5秒鐘，一、二、三、四、五，再輕輕地把這口氣吐出來，吐氣時，心裡數著一、二、三、四、五，速度要平均，如此練習五分鐘。(2)隨息法。此方式和數息法大同小異，不同處是不數息，只注意自己每一次呼吸的進行，個體只靜靜地想著空氣如何輕緩地從鼻子出去、進來。

三、心像法

當個人閉上雙眼時，可在腦海中呈現一幕幕想像的景像。當呈現的心像是一幅殘酷的兇殺景像，個體會產生害怕、恐懼的情緒；如果心像中呈現一位挑剔、兇惡的老師的影像，學生會產生焦慮、緊張的情緒；若心像中想像的是一大片綠色草原，微風拂面，牛隻悠閒吃草的景像，則個體產生平靜、鬆弛的情緒。

心像法是個人舒適的坐著，全身放鬆，利用心像想像一個自己熟悉的安靜、平和的境界，以導引自己進入安全、放鬆、平靜的情緒。此境界可能是真實的，亦可以是自創的。想像時愈能利用各種感官去體會此境界，如想像此場景的影像、聲音、味道、觸覺等，則愈能產生鬆弛的效果。例如：想像自己走在林木蒼鬱的幽徑，柔和的陽光照在綠色的樹蔭中；聞到了清新的空氣中，濃郁的松香；聽到小鳥們清脆的歌聲，此起彼落；涼風拂過肌膚，舒暢無比。這些來自不同感官的感覺，使我們全身鬆弛，舒暢。

佛教修行法門中，曾提到「觀想法」。此法是心中想像一幕清爽、平和、恬淡、安詳的景像，如觀想王維的詩：「空山新雨後，天氣晚來秋；明月松間照、清泉石上流⋯⋯」的禪境。

又如觀想：清泉淙淙、落日餘暉、青青草原、高山湖泊、靜謐森林⋯⋯。以想像法進入這些景像，把自己帶入一個身心舒暢的世界，使整個心靈寧靜安詳，全身肌肉鬆弛開來，因而消除了內心的焦慮和緊張。

四、靜坐法

靜坐（冥想），俗稱禪坐、打坐，是東方人頗為流行的修行法門。靜坐兩字，即在心理上求「靜心」，生理上求「鬆弛、安適」。佛家藉靜坐洞察「般若智慧」（大智大慧）；道家藉靜坐求得「長生不老」；儒家藉靜坐而達「明心見性」；一般人則藉打坐修養心理，強健身體（呂勝瑛等，1984）。靜坐對個人身心的效果，已受到西方世界的注意與好奇，競相進行實驗研究。其結果顯示：靜坐（西方人稱為meditation）可緩和呼吸、減緩心跳、降低血壓、膚電反應（galvanic skin response, GSR）出現肌肉鬆弛狀態、腦波呈現平靜而警覺的波狀態。長期靜坐者，可減輕焦慮，增進心理健康、自我實現（梅其純，1975）。

靜坐時，包括調整身體、調整呼吸、調整心思。一般採「七支坐法」的形式，來調整身體（南懷瑾，2000）。靜坐時，為防止胡思亂想、追求專注、緩和呼吸，可配合前述的數息、隨息及觀想，來調整呼吸及心思，以達身心鬆弛的境界。

柒・肯定性訓練

人是社會的動物，必須與周遭的人，如父母、手足、配偶、子女、上司、同事及親朋好友……產生良好的互動與接觸，社會適應得以健全。傳統中國人的人際哲學尊奉：修持克己、虛懷若谷、含蓄內斂、忍氣吞聲、任勞任怨、委曲求全、忠厚傳家、吃虧就是占便宜……為美德。適度的忍讓、謙虛不失為好事，唯在人際互動中，過於掩飾，甚至壓抑自己的情感，恐會造成內心的焦慮和緊張，有礙人際關係的良好發展。肯定性（自主）訓練（Assertion training）主要在協助個人勇敢的用誠懇、直接的適當方法，理直氣壯的表達自己的想法和感受，以表達個人的需求來維護自己的權益，減輕或消除個人的人際互動的焦慮，進而和別人建立親密的友誼。

一、適用對象

Corey（1996）認為肯定性訓練對於下列的人特別有用：

1.敢怒不敢言的人。

2.難以說「不」的人。

3.處處過度禮貌、事事謙卑禮讓，容忍別人占盡自己便宜的人。

4.難以表達情感及其他積極反應的人。

5.以為他們無權表達自己的思想、信念及情感的人。

二、訓練目標

一個自我肯定者，在人際互動中往往表現下列的態度：（熊曣，1989）

1.表現獨立的人格、自己的主張，卻也能接受別人的觀點。

2.「不卑不亢」的態度，即表現「富貴不能淫、威武不能屈、貧賤不能移」的態度。

3.有堅定的意志，能掌握住自己的立場。

4.不壓抑自己的感覺，能讓負面情感有適當的發洩，但不會在自己情緒化時處理問題。

5.尊重別人，尊重自己；適當爭取自己權益，表達自己真實感受。

6.不逃避問題，勇敢面對現實。

7.建立客觀、理性的態度。

8.足夠的自我瞭解，清楚的表達自己的想法和訊息，態度堅定，語氣卻要誠懇而溫和。

9.真摯，非防衛的態度，用「我感覺……」的訊息來表達自己的感受及想法，以代替對別人主觀的批判與責難。

10.同理別人的態度，設身處地的為別人著想。

因中國人習於「忍讓」的文化，故往往視「自我肯定」是一種攻擊行為。事實上，自我肯定是：說出自己的想法，也重視別人的看法；維護自己的權益，也尊重他人的權利；表達自己的感受，也重視對方的觀感。

三、訓練方法

自我肯定訓練在培養個人具有上述的自我肯定的行為及態度，諮商員可利用個別或團體輔導方式來進行，唯自我肯定訓練主要在訓練人際問題的處理能力，因人際的問題以團體的方式處理較實際，故一般以團體輔導的方式進行居多。諮商員的訓練方法如下：(1)教導：教導當事人如何與人眼睛接觸，如何大聲說出自己的情感和想法；(2)角色扮演：團體成員討論一般日常生活中所面對的權益受損的情境，分派角色演出此情境，包括成員演出如何處理情境中的問題，大家討論成員的處理方式是否符合自我肯定的行為，並提出符合自我肯定的行為；(3)行為演練：諮商員教導成員，針對特定情境的特定自我肯定行為，進行行為演練，直到學會如何適當的表達自己的立場、情感、想法，以維護個人的權益；(4)家庭作業：諮商員和當事人建立契約，約定當事人在日常生活中落實哪些自我肯定訓練的行為。並約好時間，討論此家庭作業的成果。

茲舉一適合角色扮演的自我肯定訓練的情境如下（熊曣，1989，頁89）：上課辛辛苦苦地每次抄筆記，從不缺席，並整理得條理分明。有位同學每次都翹課，一遇考試都向你借筆記，結果考得比你好，心中覺得甚為不平。這次這位同學在期末考前又要向你借筆記了，你實在是不想借他，如何拒絕呢？

捌・示範法

所謂的「耳濡目染」、「蓬生麻中，不扶而直」，說明人類的行為會「依樣畫葫蘆」、「入境隨俗」，故始有「孟母三遷」的故事，警示我們人類有模仿學習的本能。

示範、觀察學習（observational learning）、模仿、社會學習、和替代學習（vicarious learning）這些名詞一直是交替使用（Corey, 1996）。社會學習論（social learning theory）乃衍生自行為學派，並融合認知理論的觀點發展而成，代表人物是班度拉（Bandura）。班度拉於1925年出生於加拿大，1952年獲美國愛荷華（Iowa）大學臨床心理學博士學位，之後一直服務於史丹佛大學。其理論受Miller和 Dollard的「社會學習與模仿」一書的影響。他以研究「攻擊行為」和「示範或模仿在學習中的角色」而名聞於世。以下茲介紹其理論的重要概念及其理論在教育及輔導上的應用。

一、交互決定論

行為學派認為，經由刺激、反應、增強的歷程，直接經驗行為的結果，才構成學習。異於行為學派的環境決定論，社會學習論主張人類行為是個人（認知）、環境（刺激或結果）、行為（反應）等三個因素交互作用的結果。其中的個人因素即認知因素，並特別重視個人的認知因素在行為中所扮演的中間調整的角色。班度拉並特別強調個人的自我效能與自我控制的知覺對學習的自我引導及自我調整的增進作用。

二、示範的功能

(1)促進反應的功能：示範具有登高一呼、拋磚引玉的帶頭提示作用；(2)抑制或解除抑制的功能：抑制作用是示範者因表現特定行為遭罰時，對觀察者會起警示作用，不敢造次，具有「殺雞儆猴」的效果，解除抑制作用是示範者做出違法的行為而未遭受處分，觀察者會解除對此行為的抑制，效法違規的行為；(3)觀察學習的功能：班度拉主張人類可透過觀察示範者的行為及其結果，學到許多事物，不需重製示範者的行為，亦無需接受增強物。所謂「聰明者觀人之過而學，愚笨者因己之過而學」，記取前人教訓，引為借鏡，就是這個道理。此種有別於操作制約的學習觀，稱為觀察學習或替代學習。替代學習的來源包括真人、影片、卡通、書本等，人類透過觀察學習，學到大量的知識和行為。（Schunk, 1996）

三、觀察學習的認知歷程

觀察學習包括四個重要的認知歷程：（Schunk, 1996）

(1)注意歷程：注意是學習的首要條件，只有示範未引發學習者的注意未必會產生學習，必須學習者注意到示範行為的特徵，方能產生觀察學習。學習者本身的經驗、動機、知覺傾向、感覺能力，及示範者的知名度、突顯度、吸引力常影響學習者的注意而導致觀察學習。

(2)保留歷程：人類會將注意的行為透過意像或語文表徵方式，保留記憶在大腦中。因此，縱使示範者不在眼前，觀察學習者仍能在適當時機，表現觀察習得的行為。

(3)動作再生歷程：保留在記憶中的示範行為的符號表徵，可隨時檢索再轉化為動作行為表現出來。尤其是複雜的動作的學習，學習者常需藉此過程，對觀察學習的行為加以檢視、回饋和修正，直到所學的動作正確無誤為止。

(4)動機歷程：個人觀察學得的行為未必會表現出來，除非他認為表現出來此行為是有利的、重要的、有意義的、有價值的、及有酬賞的。因此，只有在環境誘因的激勵下，個人才會表現觀察學習的行為。

四、在教育及輔導上的應用

在教育的應用，父母和教師除了本身要「身教重於言教」外，也要善用各種名人的成功典範為學生的行為楷模，讓學生「見賢思齊」。教師在教學中要善用示範教學法，訓練學生的認知、動作、語言、社會等行為，其過程包括教師示範、學生演練、教師指正、教師回饋及增強等。示範除了採真人示範外，影片示範由於可反覆播放及大量傳播，已廣為流通。此外，教師在班級經營上，對於校規宜嚴格執行，以發揮對不良行為產生「抑制功能」；若執行不力，致違規學生未受到應得的懲罰，全班學生會對校規產生「解除抑制」的現象，導致班級的脫序。

在輔導上的應用，Bandura, Blanchard, 與 Ritter（1969）曾以毒蛇恐懼症患者為對象，比較四種不同治療方式的效果。第一組為符號性示範組，受試者觀看一系列示範者和毒蛇相處的情形。第二組為系統減敏組。第三組為示範參與組，受試者先觀看示範者把玩毒蛇，再由示範者引導受試者逐步接觸毒蛇，最後讓受試者獨自接觸毒蛇。第四組是控制組，未接受任何治療。結果顯示，第三組的治療效果最好。此種示範加參與的治療方式，可用於治療學生的其他恐懼行為，如社會焦慮症、動物焦慮症、考試焦慮症等。

Matson（1983）曾以真人示範方式，治療一位3歲幼兒的動物恐懼症。當她看到貓、狗等動物時，會僵住、顫慄、表現胎兒的姿勢、說怕怕。此個案的輔導方式是女孩的母親向治療者諮詢如何處理，治療者教導這位母親以示範方式處理。在開始時，母親和幼兒花一些時間玩玩具狗和玩具貓，母親示範拍拍、抱抱這些玩具，鼓勵幼兒嚐試去拍、抱這些玩具，並給予稱讚。接著，母親介紹真實的貓、狗，向幼兒保證不會要求她走進或接觸這些真實的動物。母親示範靠近這些動物、拍拍或抱抱牠們，然後鼓勵幼兒嚐試靠近及拍、抱牠們。慢慢的，幼兒也能學會母親示範的行為，逐漸的敢於趨近動物。

第四節 評 論

壹・貢 獻

行為治療法已廣泛的應用在日常生活中的各個層面。在學校教育上，如用在班級經營、特殊兒童的教學及輔導、學生問題行為的輔導……。在親職教育上，被用來改善子女的各種問題行為。在醫療方面，如用來處理各種異常的焦慮、沮喪、性行為異常、藥物濫用、暴食、酗酒、精神疾病……方面。此方法的有效性已獲科學研究的證實。它的貢獻如下：

1.提出具體、明確、系統的諮商方法：強調問題的特定性、目標的明確性、方法的計畫性和系統性。這些使當事人瞭解：個人的問題所在；改變的項目有哪些；目標行為的標準是什麼；及系統的行動計畫方案為何。

2.提出行為改變計畫的多重策略：相對於心理分析學派只重視對當事人問題的分析解釋、及期望當事人的洞察，行為治療更強調「做」（doing）的行動方案。

為滿足每一當事人的特定需求，行為治療提出各種行為改變策略：如增強、消弱、負增強、懲罰、示範、肯定性訓練，鬆弛訓練、系統減敏法、自我管理方案……。提供諮商員依當事人的問題，做彈性選擇不同的行為改變策略。這些策略亦已為其他學派所採用。

3.強調研究取向及評估治療結果：行為學派號稱科學的心理學，其方法嚴格的依據科學研究方法，重視實證研究。此方法特別強調問題行為原因的診斷；依原因擬定治療計畫；並隨時以科學化的數據評估諮商的成效；當成效不顯著時，隨時改善治療策略；並重複驗證治療成效。此法的研究結果，可提供當事人及其關係人諮商成果的具體資訊，建立他們對此諮商方法的肯定與支持。

貳・批　評

George與Cristiani（1995）曾對行為治療法做了如下的批評：(1)當事人缺乏機會創意地融入自我實踐和自我實現的整個過程中；(2)在當事人與諮商員的互動中，有減低當事人「人性化」的可能；(3)對當事人的困難問題，非直接的和外顯行為有關聯時，整個過程似乎不適用；(4)對於追求人生的目的和意義的當事人；視自己為失敗者的當事人；認為個人的潛能未發展的當事人，此派方法的助益不大。

Correy（1996）批評行為治療者常只焦急於問題的解決，忽略了情緒問題的處理；只重視目前表面的問題，而忽略了傾聽當事人更深層的訊息。他主張行為治療者在實施一行為改變計畫之前，宜先小心的傾聽其當事人，並允許他們表達和探索其情感。個人中心治療者（Person-Centered therapist）所強調的基本的治療的條件，如：主動的傾聽、正確的同理心、積極的接納、尊重、真誠、及立即性等，可被融入行為治療法的架構中。Correy認為，相較於傳統與急進的行為主義，當代的行為治療已很自然的在考慮環境與行為的關係中，務實的加入了認知因素，較明顯的如自我管理方案和認知行為改變技術。他綜合一般人對行為治療的批評，並提出個人的觀點：

1.行為治療可能改變行為，但無法改變情感。有些批評認為應先改變情感，才能改變行為。行為治療者一般主張，既然當事人的行為已經改變了，情感也能同時產生改變；雖然重點不是在情感上，但他們在實際治療過程中，也把情感納為處理的一環。宜在治療開始時，把焦點放在當事人此時此刻的感覺，然後再處理當事人的行為和認知的部分。

2.行為治療忽視治療中重要的關係的因素。一般人總會批評行為治療法忽視治療者與當事人之間關係的重要性。的確，行為治療者未將重點放在關係的變項上，但這並不意味此法應被宣告為一機械的和非人性化的水準。許多行為治療者主張，與當事人有一好的工作關係，是技術有效使用的一個必須的基礎。有些行為治療者，甚至比一些宣稱自己是人本取向的治療者，具備更多的人本色彩。

3.行為治療未提供洞察。若此批評的確真實，行為改變理論家可能會反應說洞察（insight）是不必要的，因為沒有明確的證據顯示洞察是治療結果的關鍵因素。若達成洞察的目標是行為最終的改變，行為治療是直接地改變行為，兩者殊途同歸，作用相同。況且，行為上的改變常導致理解（洞察）上的改變。然而，許多人不只想要改變他們的行為，也想對自己為何會有如此行為表現獲得瞭解。即不只是去除行為的外在症狀，也想探究問題行為的原因，此答案常深埋在過去的學習和歷史事件中。雖然行為治療者在這方面也可提供解釋，唯事實上他們常不如此做。

4.行為治療者處理症狀多於原因。心理分析的假定是早期的創傷事件是目前功能障礙的根源。透過發現最初的原因，在治療的關係中重新體驗過去境遇，和催化當事人的洞察，可達成目前行為的改善。行為治療者可能承認偏差行為有其歷史背景，但他們主張歷史在目前問題行為的維持上不是那麼重要。因此，行為治療強調提供當事人機會，去學習如何有效地回應問題情境。

有關的批評是，除非目前行為的歷史原因能在治療過程中加以探究，否則只治療行為將只是治標不治本，新的行為症狀將會立即取代已被治好的行為症狀。行為學派治療者以理論和實驗依據來反駁上述批評。他們不接受症狀是潛伏的內在心理衝突的表現的假設。他們並宣稱，沒有實驗證據顯示，在行為治療已成功地去除不良行為後，有症狀替代的現象產生。

5.行為治療含有治療者的控制和操縱。一些行為治療的學者明白地承認行為治療者的確具有控制力，但他們主張這種操縱有關變項的能力並不一定不好或不道德。的確，在所有的治療法中，治療者均有控制力，他們希望在某些方面改變當事人的行為。然而，這並不意味當事人是無助的犧牲者，受到治療者的任性而為和價值觀的控制。當代的行為治療者使用技術，發展當事人自我指導和自我控制的能力，於是當事人在治療的過程中，實際的學會這些技巧。

第五節　在兒童輔導上的應用

壹・輔導過程具體明確

以下是兩位老師的對話，表現出他們對輔導室的意見：

教師甲：「我們班的王生每當事情不遂心時，常會大叫、暴怒、打人，班上的同學都很怕他，我用盡了所有辦法都無效，不知怎麼辦，就把他轉介到輔導室，但他依然故我。」

教師乙：「那輔導室的老師有什麼建議？」

教師甲：「輔導老師說；各種測驗資料顯示王生有強烈的焦慮感和攻擊性、及低自我觀念。」

教師乙：「難道輔導老師沒有其他具體做法的意見嗎？」

教師甲：「我感到他唯一的建議是王生需要學習如何與人相處，但這也就是我把王生轉介的原因。我想幫助王生學習如何與人相處，但我不知如何做。我想我對輔導室的期望太高了。」

教師乙：「我瞭解你的意思，我們班的李生害羞的不得了，每次要她在班上做口頭報告，她都愣在那邊，我也是請教輔導室，輔導老師告訴我李生因有發展水準不成熟的滯留現象，故有自卑的情緒。但說明這些並無助於李生行為的改進，我真希望我知道如何幫助她。」

教師甲：「可能輔導老師也希望自己更具協助的效率，但他們也不知道要怎麼辦？」

教師乙：「大概如此吧！」

（Krumboltz & Hosford, 1967）

雖然，並非每個學校的輔導室都是如此，但至少以上的對話指出了輔導時的一個重點，即輔導的成效必須具體、明確，如教師甲可能希望看到的是王生發脾氣的次數是否已減少，而非他的自我觀念是否有改進，或其人格是否已重整。教師乙可能希望看到的是李生上課參與討論的次數是否已增加，而非討論她的問題行為的內在心理狀態的假設。

行為改變技術特別強調輔導過程中的問題、目標、步驟、及成效評估等的具體、明確。行為取向的諮商員把諮商的目標放在具體的問題行為上，以可觀察、可測量的行為來敘述諮商的目標，而非一些抽象、曖昧、籠統的內在人格的描述，如達成自我瞭解、增進自我功能、促進自我實現等。在上述的實例中，王生的諮商目標是：「減少王生在學校中暴怒行為的次數」；李生的諮商目標是：「增加李生在班上同學前口頭報告所必須的技巧」。具體化學生的問題及諮商的目標後，接著提出具體、明確的解決問題的步驟。在上述王生、李生的例子中，行為諮商員視當事人的問題行為是習得的，因此，亦可藉由學習而加以改變。故行為諮商是一行為學習的過程。最後，透過目標評量，以數據評估諮商的成效。

貳・消弱技術的應用實例

一、問題

王生是國小三年級男生。在學校每當事情不順其意時，即大吼、大叫、暴怒、打人，表現暴力行為。導師原先以為他可能是因為剛轉來，不適應新環境所引起，只要過一陣子就好了。然而，愈來問題反而愈嚴重，遂求助學校諮商員。

二、介入

行為學派的諮商員首先詢問導師和家長，蒐集有關王生問題行為的資料，並開始身歷其境觀察行為個體與其環境的交互關係。諮商員在運動場觀察王生的行為，發現當王生大叫、和別人打架時，導師立即企圖安撫他。當導師坐在長椅上，以手臂抱王生時，他常顯得格外安靜。諮商員經過仔細觀察後，認為王生暴怒行為發生的原因可能與導師的不當正增強有關。每當王生踢人、打人、大叫時，導師立即以擁抱安撫他，於是王生學到以這些行為來獲致導師的注意（錯誤增強）。諮商員在和家長晤談中，發現王生在家中亦表現相同的行為模式。故其暴怒行為可能是在家中學得，再類化到學校情境中。

針對王生的問題行為分析，諮商員提出「行為消弱方案」，並徵得校長、父母、導師的支持與合作，此方案的行為目標是「減少王生暴怒行為的次數」。消弱技術是當王生暴怒時，導師或父母忽視其行為，不給予注意，使其暴怒行為在得不到正增強的回饋下，逐漸消弱、消失，以消除王生的不良行為。此法剛實施時，王生的暴怒行為變本加厲，唯有關人員仍不為所動。當班上受到太大的干擾時，導師就把他接送到玄關，校長會帶他到醫務室逗留一陣子，直到他安靜下來。此外，在父母的合作下，消弱技術亦在家中實施，每當他暴怒時，父母不予理會，把他留置房中任其哭叫、發洩情緒。不久之後，王生不論在學校或在家中，均停止了暴怒的行為。

三、討論

行為改變技術愈來愈強調應用行為功能分析法，找出問題行為的原因，只要正確的找出問題的癥結，解決之日為期不遠。此外，親、師合作無間亦是兒童個案輔導成功的最有力保證。

參・逐步養成技術的應用實例

一、問題

李生是國小六年級女生，頭腦聰明。她的問題行為是每當需要對全班做口頭報告時，她都顯得極度焦慮，幾次在參與班上討論時，因為過度緊張而愣住，讓導師深感訝異，於是由導師轉介學校諮商員，尋求協助。

在與諮商員的晤談中，李生告訴諮商員，她很羨慕別人能在同學面前侃侃而談，但自己總是表現不佳。以前的導師就因為她有這個問題，所以很少給她口頭發表的機會。

二、介入

針對李生的問題行為分析，行為取向諮商員提出「行為逐步養成方案」。此方案的目標行為是「建立李生在同學前從容的口頭報告及討論的行為」。行為逐步養成技術是首先工作分析，任務由易而難排列，即由簡短報告逐漸增長時間。正式「行為演練」是由易的開始，成功後立即給予增強。如此逐步建立所欲行為，最後再應用到日常生活中。

此方案正式實施時，諮商員先與當事人會談，預定未來六週的會期及內容。在諮商中，諮商員以「行為演練」技術請李生練習走出座位、走到講台上，說幾句話。開始時只做簡短報告，然後逐漸增加長度。並允許當她對所講的內容深感焦慮時，可以自由停止並休息，在每次的諮商過程中，當李生某部分的報告可圈可點時，諮商員以微笑說：「很好！」，並給予許多不同形式的增強。

對所建立良好行為在日常生活中的應用方面，諮商員取得導師的密切合作，共同設計以漸進的方式，訓練李生在課堂上面對同學口頭報告的能力。於是導師在社會科分組報告中，首先安排李生當其他組員做有關世界各國的口頭報告及討論時，只負責幫忙在世界地圖的掛圖上向大家指出其城市、河流、山川、道路、地區的位置。接著以漸進的方式安排李生當其他組員討論到政治、社會、和經濟等方面較深入的問題時，每週報告一些有關一個國家的地勢、位置等較明確的內容。在參與社會科的報告及討論的過程中，教師及同學並給予讚賞及同意，於是李生逐漸的就能適應在公眾前的報告及討論了。二個半月後，李生口頭報告的長度和內容已與其他同學等量齊觀了。

三、討論

行為改變技術在建立某一良好的行為時，先進行行為的工作分析，接著把工作細步由易而難排列。然後引導學生逐步學習、反覆練習，當然學習的過程中輔導人員的鼓勵、正增強亦是不可避免的要素，此逐步養成的輔導技術相當清楚明白、腳踏實地，著實有放諸四海皆準的成效。

肆・增強技術的應用實例

一、問題

林生是國小二年級女生。媽媽對她最感頭痛的問題是生活習慣不佳。放學後常常把書包、襪子、衣物等隨地亂放；個人的寢室凌亂；不喜歡彈鋼琴；喜看電視……。媽媽常跟在她背後收拾殘局，卻也一籌莫展。林生的媽媽是小學教師，在修習「行為改變技術」後，即思運用此法來改善女兒的這些不良習慣。

二、介入

基於「多獎勵，少懲罰」的教育原則，媽媽提出「行為增強方案」。此方案的目標行為是「建立林生『十項全能』的生活習慣」；如鬧鐘響後3分鐘起床，晚上八點前做完功課、自動練琴30分鐘……十項。終點行為是十項生活習慣均達成目標。

行為增強方案的實施過程如下：

1.評量不良行為習慣的程度，即起點行為的評量，以每日十項生活習慣做到幾項為評定數量。結果評量了七天，平均每日做到的不到一次（平均數是0.7）。

2.實施增強物的輔導策略。即實施「代幣制」，雙方訂契約規定每日做到一項即得一張貼紙，集三張貼紙可兌換布丁或髮夾做為獎品。結果實施了七天，平均每日做到六項。和第一週相較，已有長足進步，唯距離理想，仍屬遙遠。

3.實施替換增強物。在此階段，林生的舅舅送她一部腳踏車，媽媽發現她很期盼學習騎自行車，於是就以陪伴練習為增強物。雙方約定每日做到七項，翌日即陪伴練騎20分鐘為增強物。結果效果十分良好，一週下來，林生的十項生活習慣，平均每日做到9.4項。

4.倒返未輔導階段。媽媽想證實良好生活習慣的建立是否因陪伴練騎腳踏車使然，此階段告訴女兒正有事忙，無暇陪伴練騎，並觀察女兒行為是否因增強物的停止而舊態復萌。結果，一週下來，顯然退步不少，林生的十項生活習慣，平均每日只做到6.4項。

5.重回有效增強階段。在上階段中，觀察到林生的行為受增強物的停止而退步，故證實是增強策略影響了她的行為改變，於是在此階段，重新介入有效的增強因素。結果，一週之後，林生的十項生活習慣又見改善（平均9.4項）。

行為改變技術非常重視輔導成效的量化，以上輔導過程的成效均以數據表示，並以統計的「座標線圖」，扼要清楚的將輔導成效呈現出來。

三、討論

增強技術非常重視增強物的選擇，選對增強物，增強物對個案具有吸引力，即是個案輔導成功的最有力保證，此原則在本案例中似乎得到了證實。

伍．系統減敏法的應用實例

一、問題

小華是國小一年級新生。媽媽求助於輔導室，說小華只上學一天，就因害怕導師而拒絕上學。拒絕上學的原因是哥哥以前也被這位老師教過，就嚇妹妹說她的導師多兇多兇，把妹妹嚇得大哭，隔日說什麼也不肯再上學了。

二、介入

對於此拒絕上學的個案，行為取向諮商員提出「系統減敏方案」。此方案的目標行為是「逐步消除小華對學校的恐懼行為」。系統減敏法的三個要素如下：

1.建立焦慮階層表：分析小華的恐懼對象是其級任教師，再類化到學校情境。按其對學校情境的焦慮情形，由低至高，依序排列。其最低焦慮的情境可能是「校園的遊樂場」；中度焦慮情境可能是「輔導室、健康中心、圖書室等」；高度焦慮情境可能是「班級科任老師上的唱遊、美勞等課」；最高焦慮情境可能是「導師上課」。

2.學習鬆弛：大人製造遊樂的氣氛，可讓兒童在快樂的遊戲或活動中忘掉擔心、焦慮，於是達成鬆弛的目標。

3.逐步克服焦慮刺激：在歡樂的活動中逐步克服不同程度的焦慮。

接著，茲敘述依這三個要素所實施的輔導過程：

1.協調媽媽以買東西給她為理由，帶她到學校附近的書局逛；順便帶她進校園走走；到遊樂場玩及到圖書室看圖畫書；然後帶她到輔導室玩，認識了和藹可親的輔導主任。

2.第二天，媽媽誘導小華到學校玩，並保證不會帶她進教室上課。除了讓小華到她喜歡去的地方玩之外，最後把她帶到輔導室，媽媽作陪，鼓勵她在輔導室從事自己喜歡的活動，如畫畫、玩玩具、捏黏土、看故事書、聽錄音帶……。如此進行二、三天之後，媽媽即可不用作陪，只要把她送到輔導室，即可離去，由輔導人員或主任接待。但她仍不敢到教室上課，就待在輔導室做她喜歡的活動，或到她喜歡的地方從事其他活動。

3.經過和導師溝通、協調之後，輔導主任鼓勵小華去參觀她的班級上輕鬆的唱遊課、美勞課，並逐步引導她參與同學的活動。

4.經由上述的輔導過程，約經過一個多星期，有一天小華由媽媽帶來上學後，突然向輔導主任說她想去她的班級上課，她是一年某班的學生。於是本個案的輔導終告完成。

三、討論

本案例雖沒有嚴謹的實驗治療過程，但其輔導的過程吻合系統減敏法的原理，本個案的成功，著實更肯定此技術的優越性。

陸・鬆弛訓練的應用實例

今日社會大眾面對一個快速變遷、高度壓力的世界，長期的壓力所帶來的焦慮，導致許多現代人遭受身心失調的困擾，於是許多對抗壓力的訓練方法應運而生，鬆弛訓練法即是一種典型的壓力管理的技術。此法常用於成人及臨床治療上，最近國內外已有多位學者（Day & Sadek, 1982; Disorbio, 1983; Zaichkowsky, L. B. & Zaichkowsky, L. D., 1984; Zaichkowsky, L. B.; Zaichkowsky, L. D. & Yeager, J., 1986；范姜郁美，1995）主張應用到一般小學生身上，發揮預防性輔導的功能，武裝兒童具抗拒壓力的能力，以減少未來生活中的身心失調。

所謂的鬆弛訓練法，是一種利用心理上的冥想、呼吸控制、逐步放鬆肌肉等方法，自我控制身體上的心跳、血壓、體溫、腦波等生理反應的一種「生物回饋的技術」。其功能在緩和呼吸、減緩心跳、升高體溫，以達到無憂無慮、心平氣和、和諧靜謐的放鬆狀態。

有關國內外由普通教師在小學實施一般學生的鬆弛訓練的實例及其成果如下：

一、生物回饋輔助的鬆弛訓練

所謂的生物回饋輔助的鬆弛訓練（biofeedback-assisted relaxation training）是教師教兒童逐步漸進放鬆訓練、心像法、及呼吸控制等放鬆技術，然後學生記錄自己的心跳、呼吸次數、體溫等生理反應的變化，做為生物回饋，以瞭解自我控制生理反應的效果。

L. B. Zaichkowsky與L. D. Zaichkowsky，於1986年以128位一至四年級的國小學生為對象，分為實驗組及控制組，由普通班教師教導生物回饋輔助的鬆弛訓練。訓練期間為八週，開始時用30分鐘講解理論與技術，然後由教師每週訓練三次，一次10～12分鐘。

結果：(1)證實兒童可學會自我控制生理反應；(2)一至四年級均可學會自控生理反應；(3)實驗組對自我控制生理反應的生物回饋表現積極反應；(4)唯生物回饋輔助的鬆弛訓練無法改善焦慮反應及自我概念。

二、心理生理的放鬆訓練

Oldfield與Pesota（1986）曾在一所小學，針對從幼稚園到六年級，共296位學生，訓練十四個班級教師在班上實施「心理生理的放鬆訓練」，並驗證其在增進學童的專注力上的成效。

整個方案分為教師訓練與學生訓練兩部分，在教師的在職訓練上，舉辦「放鬆訓練工作坊」，時數是6小時，教導教師壓力調適與放鬆訓練的關係、心理生理的放鬆訓練方式、聽錄音帶練習心像法、練習逐步放鬆法，學習如何測量及記錄手指體溫。在學生的訓練上，提供教師訓練學生的教師手冊、引導活動的錄音帶，手指溫度計。整個訓練的過程包括：(1)教師利用二週的時間，每天花25分鐘、教導學生心理生理的放鬆訓練；(2)學生學會後，每天利用錄音帶或教師引導做15分鐘的放鬆訓練，一週四天，持續進行三個月；(3)每週有二天在練習後，記錄指尖體溫的變化；(4)每班隨機抽6位學生，共抽出84位同學，由觀察員觀察記錄他們上課的專注行為。

實驗結果證實心理生理的放鬆訓練可促進學生學習時的專注行為。每天花15分鐘，即可使學生發揮學習的專注力，此法頗符成本效益。

三、禪坐訓練

范姜郁美（民84）曾對國小六年級學生37人施予「禪坐訓練」，並驗證其對兒童的注意力及生活適應的成效。

整個禪坐訓練方案的期間三個多月（97天），每日利用早晨生倫時間（週一至週六）、及午休時間（週一、二、四、五），各進行20分鐘。進行的內容第一次時詳細介紹禪坐的數息方法，接著練習5分鐘，第二次後，每日晨間及午間各進行一次，為時15分鐘。包含兩個基本練習：數息練習及隨息練習。每次練習後並書寫「心得記錄表」。

實驗結果證實在注意力方面有顯著進步，生活適應方面則進步不明顯。從心得記錄表、教師觀察與調查表方面發現，大多數學生可學會自我放鬆、專注的技術。

摘要

1.行為治療和行為改變技術均指應用實驗心理學的學習原理去建立良好行為及改變不良行為。

2.行為治療法依其發展順序，包括三個領域：古典制約法、操作制約法、及認知行為治療法。1980年代之後，有關單位已逐漸用行為管理一詞取代行為改變技術及行為治療法。

3.行為學派的人性觀：人性非善非惡、人受制於外在環境、好或壞行為均是習得的、行為具規律性、學習是機械的。

4.做為治療的目標特別強調具體、明確、客觀、量化。

5.行為治療的過程：確定問題行為、評估問題行為、探究問題行為的前因後果、確定目標行為及終點行為、訂定契約、執行行為改變方案、評估方案成效。

6.依正或負增強物的給予或撤銷，形成四種增強技術，即正增強、負增強、施予式懲罰、和剝奪式懲罰。

7.正增強是給予正增強物，增強的時制有連續、固定時距、固定比率、變動時距、變動比率等五種方式。連續增強是有求必應，是強有力的立即效果，但現實中有其困難。變動比率增強方式對行為的維持效果最佳。

8.代幣制是以原本不具增強作用的紙鈔、積分、貼紙等為增強物，規定可兌換個體所需的事物，來增強目標行為的發生。其優點是實施方便、經濟實惠、避免功利、自由選擇、學會等待。在各有關單位廣為實施。

9.正增強雖可建立所欲行為，唯亦可能使個體變得功利主義，或損害行為的內在動機。實施時應謹守一些增強的原則。

10.負增強是運用撤銷負增強物來激勵個體表現某一適當行為。此種透過負增強作用所學得的行為反應叫「躲避學習」。

11.施予式懲罰是指運用嫌惡刺激來遏阻個體的不適當行為，其中包括體罰。剝奪式懲罰是撤銷正增強物以導正個體的不良行為。剝奪式懲罰較施予式懲罰溫和。懲罰有一些副作用，是爭議性的方法，使用時宜謹守一些懲罰的原則。

12.隔離是以撤離個體正享受的正增強物來消除其不當行為，屬剝奪式懲罰，唯隔離會剝奪個體的身體自由及受教權，故宜格外小心使用。

13.過度矯正是要求人們從事嫌惡工作的一種懲罰方式。方式有恢復原狀及正向練習。前者是將因不良行為導致的效應恢復到原狀；後者是重複練習適當行為。此法因有練習適當行為，故較一般處罰方式來得積極。

14.消弱是經由增強所建立的行為，當增強物終止，個體不再有預期心理時，制約反應行為將會趨弱，終至消失。使用消弱法時若能同時增強與不良行為不相容的良好行為是較積極的方式。

15.連鎖作用是指複雜行為的學習，包括一連串刺激→反應→增強的過程所組成。教學者依連鎖作用，將所要教導的行為從起點到終點，劃分為若干個刺激→反應→增強的步驟，從起點行為開始訓練，逐步完成，一直到終點行為為止，此過程稱為逐步養成。

16.系統減敏法是行為治療中廣為使用的技術，常用來治療焦慮行為。其過程包括三步驟：建立焦慮階層表、進行鬆弛訓練、及進行逐步克服敏感過程。

17.自我管理方案主要處理不良的自傷行為及建立良好的適應行為。其實施原則：找出問題行為的原因、隔離產生問題行為的場所、布置線索、立即增強、以適應行為對抗不適應行為、逐步養成行為、訂立契約。其實施步驟：決定目標行為、量基準線、訂定行為改變方案、執行及監控方案、評估方案。

18.鬆弛訓練在處理現代人焦慮、緊張的壓力。其原理是以副交感神經反應抑制交感神經的過度反應，以達身心的舒暢，它也是一種自我控制生理反應的生物回饋方式。常見的方法有：漸進式肌肉鬆弛法、控制呼吸法、心像法、靜坐冥想法。

19.肯定性訓練主要在協助個體勇敢的用誠懇、直接的適當方法，理直氣壯的表達個人的想法和情感，以維護個人的權益。其訓練方式一般在團體中進行，方式有：教導、角色扮演、行為演練、家庭作業等。

20.示範法主要利用人類的觀察和模仿本能，示範教導當事人學習適當行為。Bandura提出交互決定論，並指出人類觀察學習的四個歷程，理論中強調觀察學習是認知的過程。教師具示範作用，故輔導上要身教重於言教，輔導人員要善用示範法教導許多正向行為。

21.此派提出具體、明確、客觀、系統的科學治療方法；提出各種治療技術；強調研究及評估，成效有目共睹。但亦受到不少批評，如治標未治本、被動非主動、機械化而非人性化、不適用於需求內在自我探索的個體等。故當代的行為治療有加入認知因素，如自我管理方案和認知行為改變技術，有以行為管理取代行為治療法。

22.行為治療法已廣泛應用於小學。如應用消弱、逐步養成、增強、系統減敏、鬆弛訓練等於兒童行為的輔導上。

複習問題

1.試比較行為治療、行為改變技術、及行為管理三個名詞。
2.試述行為改變方案的過程。
3.試比較正增強、負增強、懲罰、隔離等行為治療法。
4.增強有哪些不同時制？其間的效果有何不同？
5.試述正增強的優、缺點、及應用原則。
6.何謂代幣制？有何優點？並舉一實例。
7.試列舉懲罰的優、缺點、及應用原則。
8.何謂消弱法？其應用原則？
9.何謂連鎖作用？並舉一實例。
10.何謂逐步養成？並舉一實例。
11.何謂系統減敏法？並舉一實例。
12.試述自我管理方案的原理、步驟。
13.試述肯定性訓練的對象、目標、及訓練方法。
14.何謂反應代價、過度矯正？並各舉一實例。
15.試述社會學習理論的主要概念？及在輔導、諮商上的應用？
16.試述行為治療法的優、缺點。

第十章　個人中心治療法

第一節　緒　論

個人中心治療法（person-centered therapy）的創始者是羅吉斯（C. Rogers, 1902-1987）。羅氏出生於美國的一個宗教（基督教）氣氛濃厚的家庭，從小在親密溫暖的家庭中，接受嚴格的宗教教條的約束。童年的農場生活，缺少玩伴，使他感到寂寞，於是從閱讀和研究中，尋找心靈的滿足。他這種獨立閱讀、研究的學習習慣，影響了他日後的「自由學習」的觀點。

威斯康辛大學時代，羅吉斯原本主修農業，後來轉讀歷史，然後再轉唸宗教，希望將來成為牧師。大三時，羅吉斯曾代表美國大學生參加在中國北京舉行的「世界學生基督徒聯盟」會議，此次會議對他影響甚鉅，不但擴展了他的思考，也讓他瞭解到人類宗教信念的分歧性。從此，他的思想走出了宗教教條的束縛，成為一位獨立思考者。

哥倫比亞大學研究所時期，羅吉斯專攻臨床心理學，1928年獲得碩士學位，1931年獲博士學位。畢業後到紐約州的羅契斯特（Rochester）兒童研究中心工作，此段期間是羅氏臨床工作的實驗時期。1940年羅吉斯應聘俄亥俄州立大學教授。1942年出版《諮商與心理治療》一書（劉焜輝譯，1986，天馬出版社）。在此書中，他批評傳統的命令、禁止、訓戒、建議、解釋、說服、勸告等治療法為「指導式治療法」（directive approach），提出他的「非指導式治療法」（non-directive approach）。此新的心理治療觀向「諮商員無所不知」的基本假定提出挑戰，風靡一時。1951年出版《當事人中心的心理治療》一書，所謂的「當事人中心治療」（client-centered therapy）的理論名稱就此確立。

1961年出版《成為一個人》(On becoming a person)一書,(宋文里譯,2000,久大、桂冠聯合出版)。1964年,羅吉斯任職加州的「西部行為科學研究所」(Western Behavioral Sciences Institute)。在此,他致力於「會心團體」(encounter group)的推動。

隨著當事人中心理論的發展,羅氏更把他的人性觀及治療理論擴展到學校教育、親職教育、人際關係、政治、種族問題等方面。1969年,出版《自由學習》一書(Freedom to learn)(黃天中譯,1992,五南圖書公司),並於1983年出版修正版,把他的心理治療的理念應用在教育上,發展成《學生中心的教學》(Student-centered Teaching),此書的出版,使他成為聞名的教育家。為擴展其理論,羅吉斯遂於1974年將「當事人中心治療」的名稱改為「個人中心治療」(person-centered therapy)。晚年,將其理論擴展應用到政治領域,致力於減少種族間的對立、緊張、及促進世界和平,因此,使他獲得諾貝爾和平獎的提名。

綜觀羅氏的一生,他本人便是服膺其理念,完全充分發揮功能的人。從大學時代,他即不斷的探索自己的個性、興趣,並勇於改變,最後終於找到自己的方向,決定在臨床心理及教育心理方面發展。在研究的領域上,羅吉斯敢於批評傳統的心理治療,並且睿智灼見的提出他的新理論;他從經驗中不斷的去探討人性及科學,並付諸實徵性研究,終致獲得廣大的迴響,而成為一代宗師。有關羅氏的一生,讀者可參閱柯永河(1982)所著,《人性的好園丁——羅嘉思》一書,允晨文化出版社出版。

第二節 主要概念

壹・人性觀

羅吉斯反對心理分析論者對人性所抱持的消極、悲觀的宿命論及決定論;也反對行為主義者視人為環境刺激的被動反應者。他對人性抱持著積極、樂觀的看法，其人性觀可歸納如下（陳照雄，1986；李東白，1981）：

1.個體具有價值與尊嚴。每個人都有其存在的價值與尊嚴，均應受到尊重。

2.人是社會性及理性的動物。唯有透過與他人的關係，人格才能健全發展。

3.個體具能力與權力。每個人都有能力與權力，能自我獨立、自我表達、自我控制、自我導向、自我選擇、自我調整、及自我負責。只要給予機會，均能排除阻礙，做理性思考及睿智判斷，自己解決問題。

4.個體是善良的、誠實的、可信賴的。退縮、攻擊等不良適應行為的產生，是由於需求未獲滿足及挫折所致。只要能滿足個體的基本需求，當能減少自我防衛及偏差行為，表現建設性的行為。

5.個體具有自我實現的傾向。人具有自動自發的朝正向的、積極的方向成長的基本生存動機。只要提供個體自由安全的氣氛，個體即能充分的發揮這種內在的潛能，達到成長發展的目標。

6.情緒的發展與認知發展一樣重要。

依上述的人性觀，諮商與心理治療不在於分析或控制當事人的行為，而在於營造一個促進成長的氣氛，讓當事人把內在早已具足的正向的自我成長的潛能釋放出來，在行為上做建設性的改變。

貳・諮商目標

羅吉斯（1942）認為，諮商的目的不只是協助解決當事人的問題，更重要的是協助當事人自我成長，使其在未來的生活中，能獨立自主的解決任何所遭遇的問題。因此焦點是「個人」，而非其「問題」；重視「過程」勝於「結果」。

諮商的目標，是希望當事人摘下面具，展現真我，成為一個「功能充分發揮的人」（fully functioning person）。「功能充分發揮的人」即是「良好心理適應者」，他們具有下列的特徵（Rogers, 1983）：

(一)對經驗開放

他能完全體驗整個有機體的經驗，自我不加以曲解防衛，成為一個表裡一致的個體，不會產生不適應行為。他自由的、主觀的、知覺的經歷愛、痛苦、害怕……情感。

(二)生存在此時此刻中

一個完全對自己的經驗開放、毫無防衛之心的人，隨時隨刻對他來說都是新鮮的。一個隨時隨地體驗新鮮的人，他的生活不僵化、不拘束，有最大的適應性和彈性化人格。

(三)信賴個人的有機體，體驗滿意的生活

信賴個體有能力生存在滿意中。個體允許自己整個的有機體，接納、意識所有來自外界的訊息，並思考每一刺激和需求，以求得內在的平衡。

總之，「功能充分發揮的人」能應用所有有機體的裝備，去儘可能正確的感受其內在和外在世界；他能使用神經系統所提供的所有訊息，做明智的選擇；他能信賴其有機體的功能，完全的對其每一行為的結果開放，並且當行為不能滿足其需求時，能加以修正；他能經驗所有自己的情感，並不害怕情感的表達；他活得真實、活在此時此地。此人亦是一具有創造性的人，即是馬斯洛所謂的「自我實現」的人。他對外界開放，信任自己有能力和外在環境形成新的關係；他能產生創造品，也能創造生活；他不是一個順應文化者，他也能適應此時此地，以滿足自己的需求。此人可能是最能適應於此變遷社會的人，他除了能適應新、舊環境，亦是人類文明進化的先驅者。

參·諮商員的角色

傳統心理分析師及測驗診斷者常以「專家」的角色出現，視受輔者為「病人」，以他們的專業知識和技術來治療病人的行為，醫病之間的權威是上對下的關係。羅吉斯則視諮商員（counselor）為「催化員」（facilitator），稱受輔者為「當事人」（client），雙方是平等的關係。在諮商的過程中，當事人是扮演「主動」的角色，諮商員則扮演「被動」

的角色。治療過程的中心是當事人，而非諮商員。

肆·產生治療效果的要件

羅氏的治療理論可用「若—則」的簡要概念來加以說明：「若諮商員能提供某種關係，則當事人便能藉此關係發掘其內在的成長力量，朝向人格的改變和發展邁進」。

產生治療效果的要件如下：（Rogers, 1967）

1.諮商員與當事人間有心理上的接觸。

2.當事人處於不真誠、焦慮、及易受傷害的狀態。

3.諮商員是一真誠一致及統整的人。

4.諮商員表現無條件積極尊重的態度。

5.諮商員表現同理心的態度。

6.當事人能知覺、感受到諮商員所傳達的「無條件積極尊重」及「同理心」的態度。

第三節　諮商方法

壹·諮商員的態度

羅吉斯認為，諮商員在諮商中如能表現真誠、溫暖、尊重、接納、與同理等態度，積極的創造一個激勵成長的環境，當事人處在此尊重和信任的氣氛中，將會促使個人展現其內在成長、發展的潛在能力，朝向積極及建設性的方向邁進。

要創造這種催化成長的氣氛，諮商員需具備三種個人特質或態度：

一、表裡一致或真誠

表裡一致（congruence）或真誠（genuineness）是指諮商員是一真實、統整的人，在諮商中表現內外一致、真誠相待；不演戲、不虛偽、不防衛、不戴面具；能開放、自在的向當事人溝通此時此地的正向的或負向的情感與態度。

此種特質是諮商員的三種態度中的首要條件。沒有真誠，則接納與同理心就變得虛偽、不實，毫無意義。真誠、表裡合一可促使當事人對諮商員產生信任；及對當事人的坦誠不偽行為具有示範作用。如此，當事人才敢於說出內心的問題及真實的感受，諮商方能有所進展。

二、無條件的積極尊重與接納

無條件的積極尊重與接納（unconditional positive regard and acceptance）是諮商員視當事人為一個有價值與尊嚴的獨特個體；相信當事人具有向建設性的成長方向邁進的能力；允許當事人擁有個人的經驗與感受；及接受當事人有自我表達的權利。

所謂的「無條件」，是諮商員對當事人的思想、情感與行為，不管好與壞，均予尊重，不做價值的批判。故諮商員尊重與接納當事人的前提是：「因為你是你，所以我接納你」；而非「因為你表現……，所以我接納你」。尊重的是「人」，而非此人的特定「行為」。

依馬斯洛的需求層次論，每個人都具有獲得別人尊重與接納的基本需求。當諮商員對當事人表現無條件的珍視與關懷的尊重態度，可滿足當事人自尊的基本需求，增進自我價值感和自信心，感受到溫暖與安全，於是在諮商中放棄防衛之心，向自我實現的目標邁進。

唯接納並非贊同，贊同是對當事人的「行為」表示讚賞與同意；接納則不帶價值批判，因為你是「人」，所以我接納你有如此的行為表現。

三、正確的同理的瞭解

正確的同理的瞭解（accurate empathic understanding）是諮商員站在當事人的立場，設身處地的對當事人此時此地的主觀情感產生感同身受，好像就是自己的感受一樣，唯仍不失去客觀性的一種瞭解。

羅吉斯依據現象學的觀點，認為當事人是以主觀的經驗來知覺周遭的世界。因此，諮商員欲瞭解當事人，就要捨棄個人主觀的參照標準，設身處地的從當事人的角度（參照標準）去看及感受事物，方能瞭解當事人內在主觀的獨特世界。

諮商員表現正確的同理的瞭解，不只對當事人已覺知的情感做反映

（初層次同理心），使當事人感受到被瞭解；且深入的對當事人未覺知的情感做反映（高層次同理心）。

諮商員透過一連串正確的同理心反應，促使當事人不斷的自我探索。於是當事人不但對自己的表面情感具備明確的自我瞭解；且對深藏在個人內在的情感也產生澄清及瞭解，進而能認知與解決個人的內在衝突問題，達成諮商的目標。

Carkhuff（1973）、Gazda（1973），及其他學者進一步將上述成功諮商員的三種態度操作化，成為一些技術。如同理心包括：辨識情緒、情感反映、及簡述語意等三種技術；無條件積極尊重成為真誠、內外一致、尊重等技術（Ehly & Dustin, 1989）。有關這些技術的詳細介紹，請參閱本書第十四章「兒童諮商技術」部分。

貳・諮商的過程

個體在諮商的過程中，其人格的改變呈現階段性，其程序如下：（Rogers, 1961）

1.第一階段：個體的自我是僵硬的，個體與內在自我疏離。自我與經驗之間的內在溝通充滿阻礙。個體只願談與自我無關的外在事物，不願與自我溝通，視親近的溝通關係是危險的。個人自覺沒有問題，因無改變的意圖，故也不會主動尋求諮商的協助。

2.第二階段：當處於第一階段的個體感受到被完全的接納後，進入第二階段。此階段個體對不涉及自我思想和情感的主題開始表現關切。視問題與自我無關；對問題未感到責任在個人身上；視自我的情感為疏遠的、過去的、外在的、與已無關的。許多當事人在此階段開始會有求助的行為。

3.第三階段：個人開始會談論與自我有關的經驗，但似乎把它看成是別人的經驗，視自我為客體來探討。仍視自我的情感為疏遠的、過去的，主觀上仍未接受自我的情感。常認為自己的抉擇是無效的。當事人多在此階段接受諮商的協助。

4.第四階段：處於第三階段的當事人，當能感到諮商員所傳達的真誠、接納、與同理的瞭解，諮商即進入第四階段。此階段個體的自我逐漸開放、鬆弛，開始著手自我探索，逐漸減少視個人的情感為遙遠的、過去的；漸漸能接受自我的情感，唯並未公開的接納。此階段是一矛盾的時期，個體一方面嘗試負責的去面對、覺察、體驗、及探索自我的情感；一方面又對自我的探索深感焦慮、恐懼、抗拒、與不信任。

5.第五階段：前面述及，當受輔者感到被接納之後，封閉、僵硬的內在自我開始放鬆、開放、流動起來。此階段中，當事人能自由、開放、鬆弛、流暢的表達此時此地的情感；接納、體驗自我的情感，不會產生恐懼與不信任；能對自我的情感負責；希望成為真實的自己；能面對內心的衝突與矛盾；內在的自我與經驗獲得充分的溝通。第四與第五階段構成了諮商（心理治療）的一大部分。

6.第六階段：當受輔者在諮商過程中持續的感受到完全的被接納，就由第五階段進入一個非常截然不同及戲劇性的時期。此階段可立即和完全的直接體驗目前的情感。接納當下的體驗及其內容，坦然面對事實，不否認、恐懼、或抗拒。此刻，自我即感覺，不再將自我看成是客體。在此過程中，生理上有鬆弛現象，如熱淚盈眶、肌肉放鬆。經驗與知覺間進入合而為一的狀態；自身與問題合而為一，問題不再是身外之事。治療達此階段，其成效已相當穩定，不會再倒回到前面的階段。

7.第七階段：達第六階段的當事人，不太需諮商員的協助，即自動的進至第七階段，也是最後階段。此階段的當事人活在當下的感覺經驗中，隨時體驗新的情感，接納及信賴自己隨時變化的情感。當事人的心理結構（constructs）會隨對生活事件的不同感覺而變化。他的體驗即過程，他在每一情境中的感覺都是新的，且以新的方式去詮釋這種感覺。各種自我間的內在溝通自由自在，順暢無阻。

第四節 評 論

壹·貢 獻

羅吉斯當年以反對心理學的心理分析與行為學派的第三勢力——人文心理學（humanistic psychology）的形象出現，一生大力鼓吹人性的價值與尊嚴。早年（1940年代）他從其人性觀及現象論發展「非指導的治療法」及「當事人中心的治療法」，在1950及1960年代的諮商界，無出其右的理論。後來將其治療理論應用在教育上，即所謂的「學生中心的教學或學習」；應用在個人成長團體，即所謂的「基本會心團體」（encounter group）。他的影響力更廣及親職教育、婚姻與家庭、行政管理、人際關係、種族及政治等問題上。其理論的主要貢獻如下：

一、強調治療關係是諮商的必要條件

羅氏認為諮商員與當事人的信任、接納的關係是治療的必要條件，普獲諮商界的認同。現在各治療學派幾乎一致的承認，諮商中建立良好的關係是絕對必要的。

二、樹立諮商過程研究的典範

羅吉斯於1950年代，與其同事和學生，率先採用錄音方式，錄製諮商對話內容，研究心理治療的過程與結果，以驗證其理論。此種將諮商過程進行科學化研究的態度，堪為諮商「質的研究」的先驅，影響所及，普獲其他學派諮商員的認同與學習，紛紛針對各學派的諮商歷程與結果，進行實徵性研究。

三、是諮商員教育最具權威的方法之一

此派的諮商員注重積極的傾聽、溫暖的接納、表裡一致、尊重當事人、給予當事人同理的瞭解，澄清當事人的問題，協助當事人掌握個人的資源、發覺自己的問題，進而解決自己的問題。相異於其他學派的諮商員給予當事人做心理解析、診斷、夢的解析……，容易因諮商員的權威、主觀與專斷，造成對當事人的傷害。本派的諮商員，相對的，其方法就較溫

和與安全多了。

四、學校諮商工作的主要理論

相較於心理分析治療理論的艱深、專業，遠非學校教育、輔導人員的專業能力所能應用；當事人中心治療理論較淺顯易懂，一般未接受過高深心理治療方法的學校人員，亦可應用「真誠一致、無條件積極接納、及同理心的瞭解」等諮商態度，與學生建立良好的諮商關係，協助學生解除心理的危機。故此理論特別適用於學校的諮商工作。羅吉斯把心理治療的理論，淺易化、普及化到學校教育與輔導上，居功厥偉。

貳·批　評

此派的治療方法受到如下的批評：

1.理論太簡單。

2.諮商員的真誠、接納、與同理心等態度，是諮商的必要條件，但非充分條件。諮商員應以更積極的方法，促進當事人行為的改變。

3.只重傾聽與反映的技術，是安全、溫和，但無效的方法。

4.此派是無效的，且導致當事人漫天扯談。

5.發展諮商員的解決特定問題的各種技術比強調諮商員是一個人更重要。

6.應更強調諮商技術的系統訓練，少去重視諮商員的態度。

7.對於個體的內在具有一成長的潛能或實現的傾向的假定，有些諮商員並不相信。

8.不是所有的當事人均有能力去信任他們自己的內在引導，和發現他們自己的答案。

9.諮商員不應放棄他們的權威角色，及應給予當事人建議和引導。

10.某些族群的當事人，可能需要諮商員更主動性及結構性的諮商；或期待諮商員在應付日常生活的技巧方面，給予更多的指導。

11.個人中心治療的研究方法有無法符合嚴謹的科學研究的缺點。

第五節　在兒童輔導上的應用

壹・諮商技術應用舉例

個人中心理論特別重視諮商員與當事人的關係，認為兩者間的信任、投契、和睦的人際關係是有效諮商的關鍵。在學校輔導、諮商上，教師或輔導人員若能以真誠、尊重、同理的瞭解、反映等態度與技術，與學生建立和諧的人際關係，就是有效輔導的保證。茲舉下列四例說明。

例一

王生平日的行為：吵架、鬧事、髒亂、不服管教、作業不交、抗拒學習、破壞公物……，使教師和訓導人員深感棘手。訓導主任屢次規勸、訓誡、說教、責罰，可謂費盡心思，唯功能有限。

某日放學後，訓導主任在巡視校園時，發現王生在校園的某角落啜泣。原來王生放學後在校園逗留閒蕩，不知為何跌斷了腿。主任本欲扶他走路去打電話，通知家人接回，但王生說家中無人，且狀似十分疼痛。於是主任就用「背」的方式帶王生到附近醫院求診，且陪伴他到家人將他接回家後才離開。隔天，主任還帶水果到王家探視，並主動協助辦理意外平安保險。

自從發生這件事後，訓導主任描述王生的問題行為獲得極大的轉變，成為循規蹈矩的學生，並且有時還會主動詢問訓導主任是否需要他幫忙做事。

此故事說明訓導主任原先的訓誡、說教、責罰是無效的輔導方法。唯當發生這意外事件時，主任主動對學生表現真誠、關懷、尊重、同理心的態度，王生亦能感受到主任的誠懇與關照，於是不再對主任懷有排拒之心。一旦他能接納主任的意見，行為的改變於焉產生。

例二

有位導師新接一個班級，深為班上李生的頑皮、搗蛋行為所苦惱，採規勸、訓誡、恫嚇等管教方式皆未奏效。有一天晨間檢查時，導師發現李生的右手指甲太長且很髒，左手則勉強及格。導師就詢問原因，李生說他不會用左手剪指甲，所以右手指甲才會不及格。導師說：「下課到辦公室來找我！」。下課後，李生以為導師要處罰他，所以懷著忐忑不安的心情到辦公室找導師，沒料到導師卻拿出指甲剪，幫李生剪修指甲。從這件事後，導師發現李生再也不調皮搗蛋，雖然功課仍然平平。

此故事亦說明了導師以真誠、尊重、接納、同理心的態度對待學生，學生因而卸除防衛之心，不再排斥導師的教導，於是導師的輔導功能遂能發揮作用。

例三

美勞課時，學生太吵，科任老師於是來個「殺雞儆猴」，處罰陳生。陳生心中不服，趁老師不注意時，竟拿起棍子要打老師。在同學驚喊下，老師及時閃躲，非常生氣，就把陳生移送訓導處處置。訓導主任於是請家長到學校會商處置方式。在訓導主任、家長、和科任老師討論後，決議由學生向老師「賠不是」來了結這件事。但學生不願意，悶不吭聲，狀似充滿委屈，僵持了好久。最後，請輔導主任出面協調。輔導主任把學生帶到輔導室懇談，學生仍悶不吭聲，場面依然僵持。當輔導主任以「同理心的瞭解」說：「你是不是感到不公平，因為那麼多同學都在吵，卻只處罰你？」，此句話打動了陳生的心，他終於開口說話：「美勞老師很不公平……」，描述了許多當時的情況，也自由的表達了個人的委屈。於是輔導主任繼續應用傾聽、同理心技術和學生溝通。當陳生對輔導主任不再抗拒、排斥之後，輔導主任趁機曉以大義，於是陳生終於願意為拿棍子要打老師的事，向美勞老師認錯道歉，此一事件圓滿解決。

此故事中的輔導主任，即成功的應用了同理心和傾聽的技術，化解了一場師生的衝突。

例四（程小危，1983，頁118～119）

一年級的說話課時，老師以「使我生氣的事情」為主題，小娜述說她的故事：

「我哥哥使我生氣，他曾把我打倒在地上。我爸爸總是用拖鞋來威嚇我。還有一件令我很生氣的事，是我數不到三百，我只能數到二百，媽媽要我整天數，數不到三百就不能出去、也不能玩。我不喜歡吃雞蛋麵，每次媽媽煮雞蛋麵時，如果我不吃，她就抓住我，強迫我吃進去！我真討厭這樣子」。

此時老師給予情感反映：

「家人都會恐嚇你，令你很生氣，你也恨自己比他們小！」

如此反映，可鼓勵小娜繼續敘說故事，教師並持續給予反映回饋，可舒解她的緊張、焦慮的情緒。

教師除了利用說話課，也可利用寫作文，題目如：「我害怕的事物」、「我希望我是某某人」、「我喜歡的東西與討厭的東西」、「我渴望做的事」……，或寫日記，促使兒童自由表達，教師並需給予口頭或書面的「情感反映」回饋，幫助兒童對自己的情感獲致澄清與自我瞭解。

總之，上述四例中教師或輔導人員均以真誠、尊重、反映、同理心、關懷等態度和技術對待學生，以建立良好的人際關係。一旦學生感受到對方的真誠與尊重，解除了防衛之心，對自己的行為遂有所頓悟，於是行為自然的朝向理想的目標改善。

然而，不少父母或教師常感嘆他們對子女或學生付出、設想、操心實多多，可是小孩的回報卻缺缺，無法有效的輔導他們的不良行為。筆者認為其中的關鍵可能在於大人對小孩的關懷是否表達適當？能否為兒童感受到？否則，當然達不到預期的效果。因此，大人要輔導兒童，除了要「有心」，尚且得「用心」，唯有講究方法，才能奏效。

貳・在遊戲治療上的應用

羅吉斯的個人中心治療理論，影響了Axline的「非指導取向遊戲治療」（nondirective play therapy）的理論與方法。此派主張諮商員在遊戲治療中，以溫暖、友善、接納、尊重、傾聽、寬容、同理、反映的態度與技術，建立投契（rapport）的治療關係。兒童在此時此地中，會透過遊戲媒介述說故事，自由自在的表達真實的感受。於是兒童從自由表達及舒解情緒中，產生頓悟、成長，進而解決問題。

有關非指導取向遊戲治療的實際方法與案例，讀者可參閱Axline原著、程小危等譯，《兒童遊戲治療》一書，由張老師出版社出版；或本書第十二章「遊戲治療法」。

參·主張個人中心的教育

羅吉斯以自由學習、個人中心教育、學生中心教學、開放教學和學習、人文主義的教育等名詞，提出其對兒童的學習輔導的主張。

個人中心教育希望培養出來的兒童類似有效治療所產生的個體，即培養心理健康、社會適應良好的學生。其重視情感教育甚於認知教育。個人中心教育的目標：（Rogers, 1951; 1967）

1.幫助學生成為主動、負責的獨立個體。

2.幫助學生具有明智抉擇和自我導向的能力。

3.協助學生成為批判的學習者，能評估別人的貢獻。

4.協助學生獲得解決問題的適當知識。

5.更重要的是協助學生能採取彈性和智慧，面對新的問題情境。

6.協助學生建立適當的處理問題的模式。能自由且富創意的使用適當的經驗。

7.協助學生能在不同的活動中，有效地與他人合作。

8.協助學生不為迎合別人工作，行事但依自己社會化的判斷去做。

個人中心的教育具下列特徵：（Rogers, 1983）

1.教師是催化者（facilitator），與學生、家長及有關人員共同負起教育過程中的責任。

2.教師提供場地、設備、經驗等學習資源，且開放校外的這些資源。

3.學生自己以個別或合作方式，發展個人的學習計畫；探索自己的興趣；選擇自己的學習方向；並為自己的選擇負責。

4.提供一個能促進學習的情境。首先，此氣氛由教師催化，但在學習的過程中，此氣氛則由學習者彼此提供。學生除從彼此中學習，亦從書本、影片、或工作經驗中學習。

5.重視學習過程甚於學習結果；成功的學習是學生對其想知道的，學會如何學習；而非學得多少老師所傳授的內容。

6.學習的目標是自我訓練，並以此自我訓練取代外來的訓練。

7.學習的程度和意義的評估主要在學習者身上，其次才是團體成員和催化者的關心和回饋。

8.自我導向、主動學習是一種全人投入的學習歷程，學生的獲益較傳統教室更深入、更快速、更融入日常生活中。

教師催化學生學習的態度因素有三：（Rogers, 1983）

1.真誠：教師不矯飾、不虛偽、不防衛，表現真我。

2.尊重：教師尊重學生的尊嚴、價值、情感、意見……。

3.同理：教師表現非評價、非批判的瞭解，而是站在對方的立場，感同身受的瞭解對方的情感與經驗，並能確切、適當的把自己的瞭解傳達給對方。

摘要

1.Rogers於1942年出版《諮商與心理治療》一書，批評傳統的指導式治療法，提出其「非指導式治療法」，風靡一時，1951年出版《當事人中心的心理治療》一書，確立了「當事人中心治療」的名稱。其理論應用在教育上稱「自由學習」，應用在團體上稱「基本會心團體」。1974年將名稱改為「個人中心治療」，以擴展其理論的適用範圍。

2.Rogers的人性觀：(1)個體具有價值與尊嚴；(2)人是理性及社會的動物；(3)個體具能力及權力；(4)個體是誠實、善良、可信任的；(5)個體具有自我實現傾向；(6)情緒與認知同等重要。

3.諮商的焦點是個人而非問題，諮商的目標是當事人成為一個「功能充分發揮的人」，他就是一位良好心理適應者，具下列特徵：(1)對經驗開放不防衛；(2)生存在此時此刻中；(3)信賴個人的有機體，體驗滿意的生活；(4)信任自己；(5)思考彈性；(6)創造生活。

4.傳統心理治療主張「專家」治療「病人」，二者是上對下的權威關係。個人中心治療主張「諮商員」輔導「當事人」，二者是平等的關係。

5.Rogers的諮商理論可用「若—則」的概念說明，主張若諮商員能提供某種關係，則當事人便能藉此關係發掘其內在的成長力量，朝向人格的成長和改變的方向邁進。

6.諮商員要創造有效的諮商關係需具備三種態度，即真誠、尊重、同理心。

7.真誠是諮商員表裡一致、態度誠懇、不防衛、不虛偽，此種態度才能贏得當事人的信任，而願意坦誠表白自己的內心世界。真誠是諮商員最重要的態度。

8.尊重是諮商員視當事人為一有價值、有尊嚴、有成長潛力的獨特個體，接納當事人的言行舉止，不做價值批判，給予自我決定。此種態度可讓當事人感受到溫暖和安全感，進而發揮自我成長的潛能。

9.同理心是諮商員站在當事人的立場，設身處地的對當事人的內在世界感同身受，並傳達諮商員的正確同理心。此種態度可促進當事人的自我探索、自我瞭解，進而自我成長。

10.在諮商過程中、當事人的人格改變呈現如下的階段性：(1)個體的自我是僵硬的，個體與內在自我疏離，此時他自覺沒有問題，不會主動尋求諮商協助；(2)個體感受被接納後，視自我情感為疏遠的、過去的、外在的，此階段開始尋求諮商協助；(3)個人開始談與自我有關的經驗；(4)開始自我探索內在情感；(5)個體能自在的面對內在的衝突與矛盾的情感；(6)個體的經驗和知覺合而為一，自我即感覺，而非客體；(7)當事人活在當下的感覺經驗中，隨時體驗新情感，接納及信賴變動的情感。其中第4和5兩階段，構成了諮商的大部分。

11.個人中心理論是以心理學的第三勢力——人本主義的形象出現，影響廣及社會各層面。其理論的主要貢獻如下：(1)強調治療關係是諮商的必要條件；(2)樹立諮商過程研究的典範；(3)是諮商員教育最具權威的方法之一；(4)學校諮商工作的主要理論。

12.個人中心理論受批評之處：(1)理論太簡單；(2)諮商員的三種態度是諮商的必要條件，非充分條件；(3)只重傾聽、反映技術，是安全，但無效的方法；(4)發展諮商員解決特定問題的技術比強調諮商員是一個人更重要；(5)應強調諮商員的技術甚於態度；(6)有些諮商員不相信個體的內在是成長、發展、自我實現傾向的假設；(7)諮商員不應放棄其權威、建議、和引導的角色；(8)某些族群希望諮商員採更主動及結構式諮商、和教導因應生活的技巧。

13.個人中心的理論與技術，已廣泛應用在兒童的輔導上，教師、諮商員等可採真誠、尊重、同理心等技術輔導學生，成效可期。

14.在兒童問題行為的輔導上，非指導取向遊戲治療的理論和方法深受青睞。

15.個人中心理論影響了「個人中心教育」的主張。其目標在培養：主動、負責、獨立的個體；具自我抉擇、自我導向、和自我評估能力；有解決問題能力；有效與人合作的能力。

16.個人中心教育的特徵：(1)教師是催化者；(2)教師提供校內外學習資源；(3)學生設計個別或合作的學習計畫；(4)教師提供一個能促進學習的情境；(5)重視學習過程甚於學習結果；(6)重視學習如何學習；(7)學生自我評估；(8)學生全人投入學習歷程。

複習問題

1.試比較個人中心與心理分析學派的人性觀、治療目標、治療關係、治療方法及其評論。

2.試述有效的諮商員應具備的三種態度。

3.試述個人中心諮商過程中，當事人人格改變的過程。

4.個人中心諮商理論如何應用在兒童輔導上？

5.試比較個人中心學派與行為學派的人性觀、治療目標、治療關係、治療方法及其評論。

第十一章　認知行為治療法  

第一節　緒　論

行為學派號稱科學心理學，其優點是重視明確、客觀、量化的行為的科學化研究，但失之於忽略人的認知和思考對行為的影響，故無法解釋人類複雜行為的學習。且行為學派過於強調環境對個人行為的影響，枉顧人類思考的自主性。目前傳統極端的行為主義（如史肯納、華生等人的主張）因有前述的限制，理論過於狹隘。隨著心理學的「認知革命」時代的來臨，許多學者開始思考如何在行為學派的優點中加入認知的因素，即在行為改變的刺激與反應中間加入個人認知因素的考慮，以便更合理的解釋人類的行為。1960年代之後，此種傾向已形成一股趨勢，即所謂的「認知行為治療法」。

認知行為治療法是一個頗為籠統的概念，它是許多人共同的主張，而非由一人所主張的系統理論。Kazdin（1994）曾將認知行為治療法含括下列的理論和技術：自我管理、想像暴露法、內隱制約法、示範法、理情治療法、自我教導訓練、自我內在語言、問題解決技巧、壓力免疫訓練等。在本書的行為學派中已介紹過自我管理方案及班度拉的示範法，本章將介紹最具代表性的艾理斯（Ellis）的理性情緒行為治療法（Rational-Emotive Behavior Therapy, REBT）、貝克（Beck）的認知治療法（cognitive therapy）、及梅晨堡（Meichenbaum）的認知行為改變技術（cognitive behavior modefication, CBM）。

第二節　理性情緒行為治療法

在大熱天有半杯水可以喝，樂觀者高興至少有半杯水可以解渴；悲觀者則埋怨半杯水解不了渴。一朵玫瑰花，樂觀者驚讚有刺的梗上竟能長出這麼嬌艷動人的花朵；悲觀者則痛惜這麼漂亮的花朵怎長在有刺的梗上。所謂：「愈想愈氣」、「到處都有陽光，可是有些人只注意自己的陰影」，導致終日坐困愁城，想法使然。因此，一般人常勸導他人要「退一步海闊天空」、「不要鑽牛角尖」、「天下本無事、庸人自擾之」，在在說明情緒是個人的想法所控制，「換個想法，換樣心情」，快樂可期。

想法影響情緒，古今中外，均有類似的主張。古希臘哲學家艾皮科蒂塔斯（Epictetus）曾說過一句名言：「人們的困擾不是來自事情本身，而是來自他們對事情的看法。」即人們的情緒是受他們對一件事的想法、解釋等認知因素所影響，而非該事件本身所直接引起。中國人的人生哲學也頗能洞察想法與情緒之間的關係。如道家所謂：「滿腔歡喜，笑開天下古今愁；大肚能容，了卻人間多少事」；佛家曾描述快樂之道如下：「我們要安分守己，時時守住這分清淨無為的心境，把心安定下來，讓心時時寂靜，心靜自然能安分，能安分守己自然能過著安樂的日子」，上述中國「佛」、「道」的人生哲學，均勸世人：改變想法，即是快意人生。

真正對思考（認知）、情緒與行為的關係，提出系統理論與研究的，首推美國學者艾里斯（Albert Ellis, 1913）的1950年代的理性情緒治療法（Rational-Emotive Therapy），簡稱RET，又稱為ABC理論。到1993年改名為理性情緒行為治療法（Rational Emotive Behavior Therapy, REBT），或認知行為治療法（cognitive behavioral therapy）。艾里斯出生於美國的匹茲堡，大學畢業於紐約市立大學，主修商業管理。由於對心理諮商產生興趣，遂於大學畢業八年後，進入哥倫比亞大學研究臨床心理學。在學習古典心理分析治療後，艾氏感到它是一種相當膚淺、浪費時間、毫不科學、毫無效率的治療方式，於是開始嘗試其他不同的心理治療方式，終於在1955年，他統合人本的、哲學的、和行為的治療方式，創造出「理性情緒治療法」。艾里斯遂被稱為「理性情緒治療之父」及「認知行為治療之祖」。以下玆簡介此理論與方法。

壹·主要概念

一、人性觀

理情治療認為人類的心靈中，始終糾纏著情緒與思考，即感性與理性。思考、情感和行為三者常同時產生，交互影響。思考影響情感及行為；情緒影響思考和行動；而行動也影響思考和情感。唯三者中艾里斯特別強調「思考」過程的重要性。

REBT認為人性「亦善亦惡」，人類兼具理性的正確思考（善）與非理性的扭曲思考（惡）。即人類具有自我保護、快樂、思考及口語表達、愛、溝通、成長、及自我實現等理性傾向；亦具有自我毀滅、逃避思考、因循、一錯再錯、迷信、缺乏耐性、完美主義與自責、及逃避成長等非理性傾向。亦即所謂：「人非聖賢，孰能無過，知錯能改，善莫大焉」。而善與惡、快樂與悲傷，全繫一念間。

總之，REBT對人性的基本假定如下：

1.並非環境因素，而是人類的非理性思考導致個人的煩惱、不快樂。

2.非理性思考來自天性及文化因素。後者指非理性思考可能受父母、師長、社會文化及大眾傳播等的教育與影響而學得。

3.個人的非理性思考具有獨特性。

4.個人的理性思考能力，使他們可藉由改變認知，而改善負面情緒及負向行為。

二、人格理論

(一)ABC理論

REBT認為，情緒困擾是由於個人對一特定情境事件的錯誤的、不合邏輯的觀念所導致的結果。在這思考、情緒與行為產生的過程中，引發事件（Activating event）以A為代表，個人的觀點、信念系統（Beliefs）以B為代表，所產生的情緒結果（Consequence）以C為代表。A並未直接導致C，而是透過B導致C。此即所謂的人格「ABC理論」。舉例如下：

一位婦女，她離婚這件事（A）不是導致其情緒沮喪的原因（C），而是她對離婚的看法（B）決定了沮喪情緒的結果。當這位婦女把離婚事件想成：「我被拋棄了！」、「我是可憐蟲」、「我沒有吸引力」、「我毫無價值」、「我的一生完了」，則她將難以擺脫情緒沮喪的命運。若她能從另外的角度，把離婚事件想成：「彼此個性不合，勉強在一起，只是痛苦罷了」、「離婚可以有更多的自由揮灑自己的天空」，則她將再創人生的另一個春天。

例一

A：一位婦女，離了婚。

B_1：我被拋棄了，我是可憐蟲兼米蟲，我毫無吸引力、我毫無價值。

C_1：情緒沮喪。

B_2：彼此個性不合，勉強在一起，只是痛苦罷了。

C_2：心中感到遺憾。

B_3：離婚後可以有更多自我的時間，揮灑自己的一片天空。

C_3：振奮、積極的開拓另一個春天。

（A是事件；

B_1是第一種想法，C_1是第一種想法所產生的結果；

B_2是第二種想法，C_2是第二種想法所產生的結果；

B_3是第三種想法，C_3是第三種想法所產生的結果）

例二

A：你參加一個聚會，遇見安，你向她打招呼，她裝做沒看見，未予以理會。

B_1：她無禮、傲氣、看輕我。

C_1：激怒。

B_2：我常讓人感到索然無味。

C_2：悲傷的、自責的。

B_3：安似乎很害羞，她或許感到不自在，故未對我正視。

C_3：平靜。

B_4：芝蔴小事，何值煩心。

C_4：寧靜。

例三

A：被解聘。

B_1：我是一個失敗者。

C_1：沮喪、悲傷。

B_2：他們無權這麼做，這是歧視。

C_2：生氣。

B_3：我不喜歡這份工作，這正是我嘗試新工作的機會。

C_3：感到焦急和期待。

由上述三個例子可知，對於日常生活的事件（A），個人的思考、信念（B）有理性與非理性。理性思考導致愉快、喜悅、接受的正面情緒（C）；反之非理性思考則導致沮喪、悲苦、憤怒、焦慮、自憐、無價值感等負面情緒（C）。每個人都在追求快樂、幸福的人生，故RET諮商員企圖教導人們區辨理性與非理性情緒，駁斥（D）受輔者的非理性信念，以減少或去除受輔者的不理性思考（E），建立適當的理性思考，以邁向快樂的人生（F）。上述的過程可以圖11-1表示：

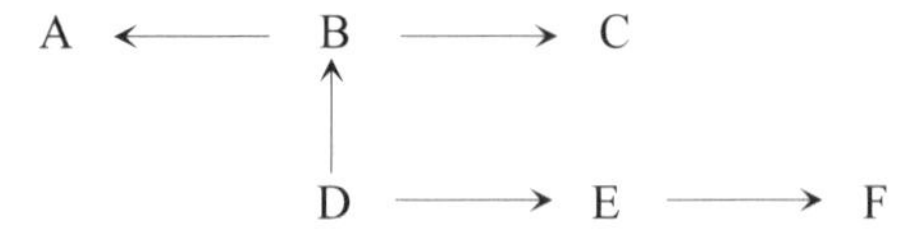

A: Activating event（引發事件）

B: Belief（信念）

C: Emotional and Behavioral Consequence（情緒的和行為的結果）

D: Disputing intervention（駁斥介入）

E: Effect（效果）

F: New Feeling（新的感覺）

圖11-1　理情治療模式（取自Corey, 1996, p. 322）

(二)非理性思考

Ellis（1962）曾提出一般日常生活中的十一個非理性的觀念，可協助當事人分辨及諮商員駁斥個人的非理性觀念，筆者摘要成表11-1。

表11-1　艾里斯的非理性觀念及駁斥

項　次	非理性觀念	駁　斥
1.	一個人被其周遭每一個重要他人所喜愛和讚賞是絕對必要的。	這是不合理的想法，因為這目標達不到。若一個人想努力做到，他只會愈來愈缺少自我；愈來愈感到不安全和自我挫敗。
2.	一個人必須具充分的能力：多方面的成就，才是一個有價值的人。	人不可能十全十美，勉強自己努力追求完美的成就，會導致個人的卑劣感；沒有能力去為自己而活；持久的失敗、恐懼，也會導致個人以競爭的角度看每件事，追求勝利勝於享受活動本身。
3.	某些人是壞的、邪惡的或卑鄙的，他們應受責備和懲罰。	此為非理性觀念，因為對與錯並無絕對的標準，且個人常缺少自由意志。每個人會在愚蠢、無知、或情緒失控的狀況下犯錯。責備和懲罰無濟於行為的改善，因為它們無益於更少的愚蠢、更多的智慧、或更好的情緒狀態。更甚的，它們導致更壞的行為和更大的情緒困擾。
4.	當事情未如個人所期望的樣子，它是可怕的和災難的。	現實生活與我們的理想難以完全符合，所謂的「人生不如意者，十之八九」。受挫是正常的，但若因此而長期「懷憂喪志」，則是不合邏輯的。當事情未解決，它可能是不愉快的、麻煩的，但它並非嚴重到是一場災難。視其為災難，於事無補，只使我們更為卻步、自暴自棄。對於不喜歡的事情，我們可嘗試去改變它；不能改變的事實，我們只有接納它。
5.	不快樂是外在環境所形成，非個人所能控制。	所謂悲觀者視挫折為打擊、傷害、悲慘；樂觀者視挫折為挑戰、機會、經驗學習。故外在事件是利或弊，端視個人的態度。若個人能瞭解心理困擾是由自己的觀點和內化的語言所組成，那麼他就能控制和改變這些困擾。
6.	若某些事可能是危險的或有害的，個人應時時掛在心上。	這是不合理的，因為「杯弓蛇影」不但於事無補，反倒導致它真的發生，或甚至使它比實際情形更糟。
7.	逃避困難和責任比去面對它們更容易。	這是不合理的。因為一味逃避，問題仍然存在，困難仍未解決，最終仍得面對。

項　次	非理性觀念	駁　斥
8.	一個人必須有可以仰仗的人，且有比自己更強壯的人可以依靠。	我們多少需仰賴他人，但依賴心不能太大，因為依賴別人會導致個人喪失獨立性、失去個性、增加依賴性、缺乏信心、失去學習的機會、缺乏安全感、受所依賴者的左右等。
9.	個人現在的生活受過去事件的影響，且無法改變。	雖然過去可能影響現在，但過去未必決定現在。個人反倒可能以過去事件為理由，做為逃避改變目前行為的藉口。過去雖可能不堪回首，但來日猶可追尋，生命是掌握在自己手中的。
10.	一個人應為別人的問題而掛念、煩心。	這是不理性的，因為別人不是自己，我們是旁人，只能關心，不應嚴重的掛心、煩心。與其主觀的操心，不如客觀的分析自己能協助什麼。
11.	任何問題常有一正確的答案，且若此答案未發現，將是災難的。	這是不合理性的，因為對任一問題，沒有完美的解決方法。尋求十全十美的答案，只會讓個人產生持續的焦慮。

此外，在中國傳統文化中，也充斥著不少非理性的觀念，影響我們的理性思考和生活，值得我們深思、駁斥。例如：

- 三歲定終生
- 小孩子「有耳無嘴」（只能聽從，不能有意見）
- 勤有功，戲無益
- 男生應念理工，女生應選文科
- 男兒有淚不輕彈
- 女人結婚是為找長期飯票
- 家事是女人家的事
- 男主外、女主內
- 人不為己，天誅地滅
- 寧為玉碎，不為瓦全
- 天下無不是之父母

總之，一般人日常生活中的非理性思考，約可歸納成三類：（吳麗娟，1994）

1.誇大煩惱：誇大煩惱者的語言表達方式有：(1)「受不了」，如：

「功課那麼多，我受不了！」；(2)「糟透了，可怕極了」，如：「被老師叫起來，不會回答問題是很可怕的事情」；(3)「我完了！」、「我沒救了」。

2.以偏概全：以偏概全者的語言表達方式有：(1)總是，如：「我數學總是考不好」；(2)永遠：「我永遠跟不上別人」、「我永遠是失敗者」。

3.不切實際：不切實際者的語言表達方式有：(1)應該，如：「每個人都應該喜歡我」、「他應該體貼我」、「長官應該照顧我」；(2)必須：「我必須考第一名」；(3)一定：「我一定缺乏運動細胞」。

在個人的思考中，若充斥著上述這些誇大的、以偏概全的、應該的信念，將有無止盡的煩惱與痛苦。只有以理性的思考替代這些非理性的信念，才能擺脫苦惱。那麼什麼是理性思考呢？

Maultsby（1975）曾提出理性思考的五個標準，只要能遵守其中的三項，就屬理性思考：(1)它是以事實為基礎的；(2)能保護你的生活的；(3)能使你更迅速達到你的目標的；(4)能使你和別人保持良好關係，能防止你和他人發生很大衝突的；(5)可防止情緒困擾產生的（吳麗娟，1994）。總之，理性思考是科學的、邏輯的、有憑據的、積極的、實際的思考。擁有這些思考的特徵，才能導致理性、快樂的人生。

貳・諮商方法

一、諮商目標

Ellis與Bernard（1986）認為REBT治療的目標，在減少當事人自我挫敗的思考，培養理性、科學、正確的思考方式，以建立更實際的生活哲學，其特定目標如下：

1.對自己感興趣。

2.對外在社會感興趣。

3.能自我引導。

4.能容忍他人犯錯。

5.思考具彈性及變通。

6.能接納事物的不確定感。

7.承諾。

8.理性、科學、邏輯、正確的思考方式。

9.自我悅納。

10.敢於冒險。

11.具有高度挫折容忍力。

12.能為自己的困擾負起責任。

13.非完美主義。

二、諮商過程

REBT治療者在諮商中扮演科學家、教育者、專家、指導者的角色；當事人則扮演學習者、學生的角色。諮商員以高度指導、說服、駁斥、對質、挑戰等方法，協助當事人認知其非理性思考，以建立理性思考方式。此諮商過程可謂是「再教育」的過程，當事人是「認知的學習者」的味道十分濃厚。

在諮商過程中的「序曲」階段，REBT治療者亦重視自由、投契的諮商關係的建立。諮商員表現溫暖、接納、尊重、傾聽、支持、鼓勵等態度，以獲得當事人的信賴與合作；鼓勵他們進行自我探索和自我表達，以增加他們行為改變的可能性，此為諮商成功的有力保障。唯一旦建立起此種和睦、投契、信任的治療關係，REBT治療者即不再特別強調關係因素，就扮演起主動教導者的角色。REBT的治療過程如下：

第一步驟：讓當事人明白：(1)他們充滿了一些非理性的觀念，如：「必須」、「應該」、「一定」等；(2)個人的煩惱、不快樂、焦慮等情緒，是由於這些非理性的觀念所引起；(3)個人非被動、無助的環境的犧牲品，他們可以控制思考，改變非理性思考為理性思考，以改善苦惱。

第二步驟：治療者以發問、邏輯、駁斥、說服、挑戰等方式，指出當事人的某些特定的非理性思考與其情緒困擾之間的因果關係。使他們相信思考的彈性、變通可帶來情緒困擾的改變。協助當事人探索在他們內心深處的一些經年累月的、反覆使用的、內化於心的、負向的、消極的、不實際的自我語言，並鼓勵他們為自己的情緒問題負起責任。

第三步驟：教導當事人區辨哪些是非理性思考？其結果如何；哪些是理性思考？其結局又是如何。說服他們放棄非理性思考，並修正及建立理性的思考。

第四步驟：鼓勵當事人，對自己、他人、及世界，發展一套理性的人生哲學。只靠諮商員協助當事人駁斥某些特定的非理性思考，教導建立理性的思考，這是消極的、治標的。更積極的是教導當事人在日常生活中學會偵察自己的非理性思考；駁斥自己的扭曲思考；以理性的思考取代非理性思考。而治本之道則是鼓勵當事人學習科學的信念與態度，並內化於個人的人格中，學會凡事以理性及科學的態度去面對，避免自己一再成為情緒的俘虜。

三、諮商技術

REBT諮商員在使用駁斥、挑戰、辯論等技術前，需先用傾聽、關懷、真誠、瞭解等溝通技巧，與當事人建立良好的諮商關係，取得信任後，才應用REBT技術。REBT所使用的諮商技術如下：

(一)駁斥非理性信念

諮商員先教導當事人ABC理論，再協助他們找出其對一些特定事件（A）的非理性信念（B），並加以駁斥（D）。辨別非理性信念首問：「證據在哪裡？」證據包括：資料（data）、資訊（information）和事實，而非解釋。諮商員協助當事人蒐集「支持的證據」與「不支持的證據」。蒐集支持證據可協助當事人澄清他的思考，以減少情緒困擾的強度；找出不支持的證據，以對抗、駁斥非理性的想法。

例如：一位女當事人說：「他今晚如果沒打電話給我，就是不愛我了！」（誇大問題的非理性思考）。

諮商員駁斥的問題：「你認為男友未回妳電話就是不愛妳，愛的定義是什麼？未回電話和不愛妳有何關係？」、「未回妳電話的可能理由是什麼？」

一位學生說：「沒考到第一名是一件很可怕的事情！」

諮商員駁斥的問題：「你曾經有沒考第一名的經驗嗎？結果有那麼可怕嗎？」、「別人沒考第一名，結果有那麼嚴重嗎？」

諮商員可利用表11-2中的駁斥非理性思考的問題，協助當事人駁斥非理性思考；當事人亦可學習利用這些問題，自問自答，以對抗自己的非理性思考。當事人要寫下這些不支持非理性想法的證據，以證實非理性思考的不正確。一旦當事人認知到自己的不真實的思考之後，將能建立替代的理性的思考，進而走出情緒困擾的陰影。

表11-2　駁斥非理性思考的問題

1.你（我）曾有任何經驗，顯示這個想法未必完全是真實的？
2.若你（我）的親朋好友有這個想法，你（我）將會告訴他什麼？
3.如果親朋好友知道你（我）正有這種想法，他們將對你（我）說些什麼？他們將可能對你（我）指出哪些證據，來證實你（我）的想法並非完全是對的？
4.當你（我）沒有這種感覺時，你（我）是否對這種情境有任何完全不同的想法？為什麼？
5.當你（我）過去有這種感覺時，你（我）有過什麼樣的想法讓你（我）感到更好？
6.你（我）過去曾經驗這種的情境嗎？發生了什麼？這次所發生的與上次的事件之間有何不同？藉著舊經驗，你（我）從中學到了什麼？
7.是否有任何忽略的小事反駁你（我）的想法？
8.假如五年後，你（我）再來回顧這件事，你（我）對它會有任何不同的看法嗎？你（我）將會把事情的焦點放在不同的部分嗎？
9.在你（我）或情境，有任何的優點或正面的事情被忽略嗎？
10.你（我）是否在未有完全的證據之下，即做出任何結論？
11.你（我）是否因自己未能完全控制的某些事情，而責怪自己？

（取自Greenberger & Padesky, 1995, p. 70）

以下的對話是一位諮商員以上述問題駁斥當事人的非理性想法，及建立替代的理性思考的實例：

Cl：我好痛苦，我要自殺，才能脫離苦海。（「誇大的」非理性想法）

Co：妳以前曾有過感到非常痛苦，而想自殺的經驗嗎？

Cl：許多次。

Co：在過去，當妳有這種感覺，妳曾做了什麼或想到什麼，幫助了妳度過此危機？（駁斥的問題）

Cl：有時會和別人討論我的痛苦，之後會好過些。

Co：也就是和別人討論妳的痛苦是有助益的。過去妳是否想到任何事曾幫助你感到好些？（駁斥的問題）

Cl：當我在情緒的最低潮時，我嘗試去想起以前也曾有這種感覺，但每次都已安度。

Co：這就對了，這似乎表示除了自殺，妳尚在思索是否有任何減輕痛苦的方法？

Cl：哦！也許我正在學習彈性的思考。

Co：如果妳告訴妳的密友說：「我好痛苦，我想自殺！」妳想她會怎樣對妳說？（駁斥的問題）

Cl：我從未告訴她。但如果我告訴她，她也許會說：「妳的人生之路還很長，妳還有很多希望，及社會還需要妳的貢獻等」，但我不相信這些。

Co：那麼她所告訴妳的事，哪些是妳所相信的呢？（駁斥的問題）

Cl：她可能指出，我的人生中的一些快樂的事情，所帶來的片刻歡笑。

Co：如果她告訴妳，她正陷入嚴重的情緒困擾，及想到自殺是唯一的解決方法，妳要對她說什麼呢？（駁斥的問題）

Cl：我將鼓勵她，再嘗試看看其他的解決方法。

Co：現在，讓我們把剛才討論的不支持你自殺的想法記錄下來……：

・在過去，與朋友討論我的感覺，有時會好過些。

・在過去，我曾經歷嚴重情緒困擾及想自殺，但每次均已安然度過。

・我正在學習不同的思考方式，來協助我度過心理痛苦的難關，雖然我也懷疑這些方式的功能。

・我的好友肯定我的優點及對社會的一些貢獻。

・我的人生中仍有一些日子是快樂的、沒有情緒困擾的。

根據上述的支持與不支持的證據，綜合兩者，獲致如下的理性的思考方式：

1.即使是有嚴重的情緒痛苦，依過去的經驗，與朋友討論會稍使我好過些。

2.我已瞭解心理的痛苦終究會過去，期待明日將會撥雲見日。

3.自殺不是解決問題的唯一之道。

4.我正在學習幫助我打破舊的思考模式的新技巧。

（Greenberger & Padesky, 1995, pp.51～75）

(二)改善個人的語言

語言會影響思考。當事人負面的、誇張的、不合邏輯的、毫無事實根據的內在自我語言會影響他們的扭曲的、不合理性的思考。諮商員可透過改善當事人的語言型態，以改進他們的非理性思考。

1.對「誇大煩惱」的語言表達的改善

(1)以「我不喜歡」替代「我受不了」、「好可怕」等非理性信念。

如：「功課那麼多，我受不了了！」，修正為：「功課那麼多，我不喜歡」。

(2)以「很難」替代「我沒辦法」的非理性信念。

如：「我沒辦法考上第一志願的大學」，修正為「我很難考上第一志願的大學」。

(3)以「失望」、「可惜」替代「糟透了」、「完蛋了」等非理性信念。

如：「上課不會回答問題，真是完蛋了」，修正為：「上課不會回答問題，真是好失望」。

2.對「以偏概全」的語言表達的改善

(1)以「到目前為止」替代「總是」、「永遠」等非理性思考。

如：「我數學永遠考不好」，修正為：「到目前為止，我數學考不好」。

(2)以「某些」替代「所有」的非理性信念。

如：「所有的人都不喜歡我」，修正為：「某些人不喜歡我」。

3.對「應該」、「必須」、「一定」的語言表達的改善

(1)以「喜歡」、「希望」替代「應該」、「必須」、「一定」。

如：「我應該考第一名」，修正為「我喜歡考第一名」。又如：「我一定要出國留學，否則人生是黑白的、無價值的」，修正為：「我比較喜歡出國留學」，「我希望能出國留學」。

(2)以「也許」，替代「一定」。

如：「我一定沒有運動細胞」，修正為：「我也許欠缺運動細胞」。

對於一位習以用一些消極的、負面的、自責的語言的當事人，上述技巧可指導他們學習使用一些合乎事實的、有根據的、不誇張的、積極的語言，使當事人的思考更具彈性和耐性。只要他們能以嶄新的方式去思考和行動，必定能有全新的生活適應。

(三)REBT家庭作業

REBT諮商員在教導當事人：(1)ABC理論；(2)如何駁斥非理性思考；(3)以理性思考取代非理性思考。當事人學會後，諮商員希望他們的當事人能將所學應用到日常生活中，其方式是請當事人就日常生活中所遭遇的困擾事件，填寫REBT家庭作業，透過作業練習，學會如何處理日常生活中的情緒困擾，詳見表11-3，一位大學生所記錄的REBT家庭作業的實例。

(四)使用行為改變技術

REBT治療者除了強調駁斥當事人的非理性思考，協助建立合乎理性的思考外，亦非常重視教導當事人以具體的行動計畫來改善行為，以印證理性思考所帶來的積極效果。

表11-3　REBT家庭作業格式

A（生活事件）：社團練古箏，大家都學會了，只有自己沒跟上	
B_1（非理性思考）：只有自己落後，一定沒音樂細胞，早知自己不是這塊料。 C_1（結果）：洩氣、放棄學習。 B_2（理性思考）：別人可能花了額外的時間練習，勤能補拙，我得加把勁跟上。 C_2（結果）：振奮精神，努力以赴。	D（駁斥）： (1)沒跟上未必是欠缺音樂細胞，可能是：自己沒練足時間；大家比我更認真。 (2)我以前已學會不少好聽的曲子。 (3)我練古箏的目的是自己快樂、欣賞，有沒有音樂細胞似乎並不那麼重要。

REBT治療者在技術的使用上是彈性的、折衷的，由於他們重視「實做」的具體行動，故常引用「行為改變技術」的各種方法，如：古典制約法、操作制約法、鬆弛訓練、增強原理、系統減敏法、自我肯定訓練、逐步養成、自我管理法、示範作用、角色扮演……。

茲舉例如下：

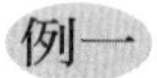
例一

當事人對求職的面談、約會等人際活動深感焦慮。

REBT治療者除駁斥當事人的一些非理性思考，如：「我很笨，沒有人會喜歡我，沒有老闆會用我，我一定失敗」，並協助建立理性的思考，如：「求職被拒的理由很多……，非單純是個人因素使然。求職成功固然可喜，但失敗不是大災難，亦非世界末日」。REBT治療者並以示範教學及角色扮演法，具體、實際的教導當事人如何應對求職面談及約會，並要求當事人練習這些行為。

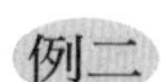
例二

瑪莉感到沮喪，興起自殺的念頭。REBT治療者除了駁斥她認為的除了自殺，才能解決問題的想法外，教導她思考人生有苦亦有樂的想法。進一步瞭解她想自殺的原因：上班常習慣性遲到且工作的產品品質不佳，已被監督員警告三次，依往例，她很有可能被解僱。REBT諮商員說服她，「可能」未必是「事實」，多思、沮喪無濟於事，如今當務之急是解決實際面對的困難，讓「可能」變成「不可能」。於是諮商員教導瑪莉訂定如下的行為計畫：(1)找監督員談自己面對的壓力；提出自己以往工作的好成績；保證目前的不良表現只是暫時的，表白自己想保有此份工作，感謝她能協助；(2)在工作產品品質的改進上，請好友蘇珊協助監督成品；(3)在準時上班行為的改進方面，準備一個鬧鐘，協助自己起床；提前10分鐘到工廠並喝杯咖啡，給自己的好行為增強一下。結果，監督員很高興瑪莉主動的去看她，面對問題。監督員答應給瑪莉10天的時間，改善上班遲到行為及產品品質不良的問題。

(五)其他

REBT治療者扮演一個主動的、教導的角色，常使用各種教學媒介、教學策略，以達成治療目標。如借助書籍、小冊子、錄音帶、錄影帶、影片、幻燈片……，教導當事人學習在日常生活中確認、駁斥自己的非理性思考，建立理性的思考方式。

參·評 論

一、貢 獻

理性情緒治療法已廣泛的應用在兒童、青少年、成人的個別和團體治療上，處理的問題包括：焦慮、恐懼、沮喪、精神異常、婚姻諮商、家庭諮商、性、社交訓練……，其成效已獲相當多研究的支持。其主要貢獻如下：

1.認知學派是目前最流行的諮商理論，REBT是一種認知導向的行為治療法，為認知治療法的先驅，影響了貝克（Beck）的認知治療（cognitive therapy）及梅晨堡（Meichenbaum）的認知行為改變技術（cognitive behavior modification）。後兩者的理論在現代的認知治療中舉足輕重。

2.強調個人的思考因生活經驗的不同而有正面和負面思考；個人應為自己的不同思考所導致的情緒問題負起責任；個人有能力確認及改善負面的非理性思考。這些觀點對諮商具顯著的貢獻。

3.REBT綜合了認知、情意、與行為的治療，為折衷式治療，方法具獨到之處。

4.REBT除了強調認知因素對情緒的影響，亦重視將洞察的行為付諸具體行動，教導當事人學習特定的行為。並以家庭作業方式，鼓勵當事人在日常生活中實際的練習新行為。

5.REBT除了透過諮商員的直接教導外，亦建議當事人藉由閱讀書籍、記錄REBT家庭作業表格、聽錄音帶、參加演講座談或研討會等方式，學會「自助式」的自我治療，而不再依賴諮商員直接治療。例如：讀者可藉由閱讀鄭石岩（1999）所著《換個想法更好》一書，學會此派所主張的「想法帶動心情急轉彎」、「一念之間天壤之別」、「怎麼想就怎麼活」、「換個心情好過活」，以達到「把握變動調適，開拓成功人生」的目標。

二、批　評

1.REBT因強調當事人的認知因素，其方法的有效性對下列對象可能有所限制：智能低者、脫離現實者、無法彈性思考者、固執得無法接受理性思考分析者、長期逃避現實者、只想借助魔力（神力）解決問題者、拒絕任何改變者等。

2.REBT強調認知，唯若未待信任關係建立，即過於匆促的面質，可能會給當事人帶來威脅，而提前終止諮商關係。

3.此法常使用說服、勸告、建議、教導等法。治療者扮演專家、權威者、教師的角色，居於面質和指導的地位，權力較大，易於忽略當事人的重要性，易有傳遞治療者個人的價值觀和生活哲學給當事人的危險，對當事人可能造成的傷害性遠大於較少指導性的個人中心治療法。因此，治療者的訓練、知識和技術、知覺、與判斷的正確性就顯得格外重要。

4.REBT強調諮商員向當事人的非理性信念挑戰。然信念的理性或非理性的判定，與個人的人生哲學、社會文化背景、時代潮流均有密切關聯，很難具體判斷是非對錯。諮商員若欠缺專業訓練，只憑主觀認定，未思及尊重當事人的文化背景，反有害於當事人。

肆・在兒童輔導上的應用

一、挑戰兒童不合理思考的方式

艾里斯（Ellis, 1962）認為兒童的情緒困擾及不適應行為，是源自他們對自己所處環境抱持不合理的思考、信念、態度、或哲學所致。因此，諮商員應逐漸的去挑戰、駁斥他們的不合理思考，協助兒童審視其思考邏輯。

向他們證實何以此種思考方式不合理及會造成傷害，然後主動的鼓勵及支持兒童採取更邏輯的思考，使他們成為一合理思考者。

學校REBT諮商員是一教育者的角色，教導兒童以一新的方式，來看自己及其世界。針對兒童下列的「不合理思考」（詳見表11-4），加以駁斥，並協助建立「合理思考」。

表11-4　兒童的不合理與合理思考

不合理思考	合理思考
1.受到周遭每個人的愛及贊同是極為必須的	獲得每人的愛及讚賞是不可能的，個人可以希望、喜歡它，但並非一定要達成不可。
2.一個人必須各方面均有卓越表現，才是有價值的人	「人非聖賢，孰能無過，知過能改，善莫大焉」，「一枝草、一點露」，每個人都有存在的價值。
3.事情未如所期望，那將是場大災難	理想與現實難免有點距離，未如所願，我好失望，但「盡人事，聽天命」。
4.逃避生活中的困難，比面對、負責來得容易	「逃得了一時，逃不了一世」，困難未克服，事情將形惡化，甚至錯失解決良機。應有負責的態度，坦然面對問題、瞭解問題，進而解決問題
5.過去決定現在，我們無法逃離過去不幸或悲傷事件的強烈影響	「往者已矣，逝者如斯」、「把握現在，來者可追」，終日沉緬過去、悔不當初，將於事無補。

此外，K. Geldard與D. Geldard（1997）曾列舉兒童的不合理的觀念如下：

1.我必須為爸爸打媽媽負責。

2.我是不好的。

3.我因為年紀太小，所以無法控制自己。

4.當男生比當女生好。

5.當我得到與兄弟姊妹不同待遇時，是不公平的。

6.我因為頑劣不馴，所以媽媽不愛我。

7.我是不可愛的。

8.我必須頑劣不堪，才能受到歡迎。

9.父母離婚是因為我行為不好。

10.我的父母應該從未處罰我。

11.人若講實話，就會惹麻煩。

12.我的爸媽必須經常照料我。

13.人應該經常行為良好的。

14.兒童應該經常對大人有禮貌的。

15.表現生氣是不好的。

16.我應該從未對大人說不。

17.我必須從未做錯事。

18.我必須經常是贏家。

19.我必須不要哭泣。

20.過去痛苦的經驗，是永久的創傷，無法改變。

挑戰兒童的不合理思考的方式如下：

1.諮商員反映回去兒童目前的信念，可激勵兒童再省視自己的思考方式。

如：「你認為你必須為爸爸打媽媽的事負責」
「你相信男優於女」

2.以確認信念的來源，協助兒童去核對信念的妥當性。

如：「你如何認為爸爸打媽媽是你的錯？」
「你如何知道男優於女的信念？」

兒童：「在我家都是男人優先」

3.探索兒童的思考邏輯。

如：「如果你去打別人，那是你的錯，或他人的錯？」
「什麼事媽媽可以做，爸爸不會做的？」

4.協助兒童去探索可能的替代信念。

5.延伸、擴展兒童的信念。

使兒童能登得愈高，看得更清，不再鑽牛角尖（眼光放遠）。

6.提升兒童對不愉快的資訊的覺知。

7.協助兒童去確認行為責任的歸屬，是自己或別人。

8.使兒童能以更合理的思考替代不合理的信念。

如：「男人與女人有許多不同……。」

諮商員引導兒童瞭解男女只有性別特質的不同，而沒有優劣之別。

二、學校應用舉例

以下茲舉REBT諮商在學校應用的實例：

(一)低成就學生的輔導

校園中常有「低成就」學生，在輔導這些兒童上，REBT諮商員認為，學校低成就者的成因，可能是由於其父母懷有完美主義，嚴格的要求十全十美所造成。兒童在此種父母的強烈壓力下，相信除非他能在各學科上均能表現優越，才是有價值的人，否則，將是極大的災難。此種兒童，在課業上面臨極大的壓力。一旦有些科目力不從心，在達不到完美，心生挫敗之下，懷疑及否定自己的能力與價值，於是顯示學習動機低落、意態闌珊、逃避現實，視學校為夢魘。

REBT諮商員在輔導此類學生時，宜對學生與家長指出他們的非理性信念，教導他們瞭解：(1)功課不是唯一的價值；(2)一個科目失敗也非就是毫無價值的人；(3)我希望、我喜歡自己（或子女）能十全十美、樣樣俱全、科科百分，但理想終究是理想，現實往往是達不到的；(4)練習及努力是學習課業的最實際方法，努力才能擁有成功的機會，不努力則完全喪失成功的機會。

(二)不寫作業個案的輔導

事　件：邱生作業常不寫、缺交。

邱　生：放學後，朋友一直邀我跟他們一起玩，我沒辦法拒絕，所以作業才沒寫。（非理性想法）

諮商員：你認為你作業沒寫是朋友的責任？但你想，如果他們聽到你這麼說，他們會對你說什麼？（駁斥）

邱　生：他們可能會說：「腳長在你身上，我們只是邀你，又沒強迫你一定要來參加。」

諮商員：你的意思是，他們認為你要不要去，決定的責任在你身上？（駁斥）

邱　生：可是和他們在一起真的很好玩。

諮商員：他們吸引你，你是受不了誘惑，所以決定去玩，不寫作業？

邱　生：也許是吧。

諮商員：你應該知道成績的計算方法吧！（駁斥）

邱　生：知道，如果想及格，就得交作業。

諮商員：想及格，下次交作業時，朋友邀你出去玩，該怎麼辦？

邱　生：我想我會告訴他們，我不行出去，或等我寫完作業再出去玩，不知可不可以？（理性想法）

諮商員：這樣可能不好玩，你可能不喜歡，但為了準時交作業，成績及格，這樣做是正確的。

三、理性情緒教育

芸芸眾生，每個人都想追求快樂、消除苦惱。REBT治療者認為，能給一個人快樂或煩惱的人是「自己」，教導個人管理好自己的情緒，做個快樂的人的課程乃受重視。其中，廣受注目的一套課程是「理性情緒教育」，簡稱REE（Rational Emotive Education）。它源自REBT，為應用於學校，教導學生情緒教育的課程。它是適用於教室中，一般班級教學的一種預防性的心理健康課程，目的在培養學生：(1)瞭解自己的各種情緒；(2)瞭解A、B、C的關係；(3)瞭解個人有正向及負向思考的情形；(4)瞭解正向與負向思考是由個人所主宰；(5)能分辨個人生活中的正向與負向思考；(6)學習駁斥個人的負向思考，建立正向的思考，以創造美滿人生。

教師透過設計教學單元、學習單或學習手冊、家庭作業等方式，以達成理性情緒教育的目的。此套課程可應用於中小學輔導活動課中實施。有關的教學單元、教材、學生手冊等，可參閱吳麗娟著（1991）心理出版社出版的《讓我們更快樂——理性情緒教育課程》（含學生手冊）一書。

第三節　認知治療法

約與Ellis同時，美國的臨床心理師貝克（Beck, A.T.）發展出他的認知治療法。其基本理論與Ellis相似，均認為個人對生活事件的獨特想法與思考是導致情緒困擾的原因。唯Beck從其臨床研究中，發展出壹套不同的治療理論與方法，可廣泛的使用於各種的心理異常，尤其使用於憂鬱及焦慮症，成效特別卓著。其理論圍繞著認知的主題，如自動化思考及其基模、錯誤思考、思考的規則性、及蘇格拉底式對話等。在此「認知革命」的時代，愈顯示其理論的重要性。

壹·主要概念

一、自動化思考

貝克發展出來的認知治療法的基本論點與艾里斯的理性情緒行為治療法有諸多相似之處，均是主動的、指導的、有時限的、目前為中心的、結構的方法。其基本理論是人們如何知覺和建構他們的經驗，決定其感覺和行為的方式，主張要了解情緒困擾的本質，基本上要把焦點放在個人對於困擾事件的反應或想法的認知內容。他在臨床研究中發現當事人的「自動化思考」（automatic thought），它是一些在特定刺激下自動引發的個人獨特的、扭曲現實的思考，其會導致個人情緒困擾的反應。治療的目的在促使當事人洞察及改變個人的錯誤的及功能不良的思考方式，重建其認知基模（schemata）。

二、思考的系統性錯誤

個體下列思考的系統性錯誤（認知的扭曲）會導致錯誤的觀念：（Corey, 1996）

1.武斷推論（arbitrary inferences）：在欠缺根據的情況下妄下結論，大部分總是想到悲慘的結局。如一位男生其女友在他當兵時棄他而去（兵變），就認為「她是一位耐不住寂寞、喜新厭舊的女人」。如一位第一次月考考砸的學生，就認為：「完蛋了，我一定考不上理想的學校了！」。

2.斷章取義（selective abstraction）：根據片段的細節或單一的事件下結論，忽略其他的資訊或整體背景的重要意義。如一位諮商員，只以個人的錯誤和弱點評量自己的價值，而忽略個人的成功之處。

3.過度類化（overgeneralization）：個體將對單一偶發事件的極端想法不適當的應用到不相似的事件或情境。如一位遭女友拋棄的人就想：「我再也不相信任何女人了」。又如一位諮商員輔導一位個案失敗，就下結論說：「我的諮商永遠不會成功」。

4.誇大和輕忽（magnification and minimization）：以誇大或輕忽知覺一個個案或情況的真實性。如一位諮商員誇大的視諮商中的小小錯誤為天大的失誤，擔心受怕造成當事人心理的傷害；反之，另一位諮商員可能輕忽的視諮商中的天大錯誤為微小的失誤，不在乎造成當事人心理的傷害。

5.個人化（personalization）：個體硬把外在的不相干事件牽連到自己身上。如一位憂鬱症的人看到他人面露不悅的表情，就認為「一定是我不好，惹他生氣」；看到天空下雨，認為「一定是我不好，所以上天在懲罰我」。

6.亂貼標籤（labeling and mislabeling）：根據自己過去的缺點和過失認定及標示自己的真實特質。如一位拙於言辭的個案認定自我是一個社交的失敗者，因此怯於人際的交往和互動。

7.兩極化思考（polarized thinking）：對事情以「全有或全無」、「不是……，就是……」的方式思考和解釋，用此種二分法思考，事件往往被標示為「非黑即白」、「非好即壞」、「非成即敗」「非得即失」「非對即錯」，毫無彈性空間。如：「不是好人就是壞人」「不是戰友就是死敵」、「除非我功成名就，否則將毫無價值」。

三、遵循規則（law of rules）的思考

會導致錯誤的邏輯推論。例如：一位數學考不及格的學生，可能遵循下列的思考規則：「數學成績和智力的關係最密切」，「我數學考不及格代表我是笨蛋」，「笨蛋是沒價值的人」、「我既然是沒價值的人，活著有何意義？」「人生毫無意義不如死掉算了」。以上是此種錯誤的推論思考導致的結論。

四、蘇格拉底式對話（Socratic dialogue）

是一種問答式的對話，治療中治療者不斷的詢問當事人：(1)名詞的定義；(2)邏輯推論的過程；(3)所根據的事實。貝克在治療中應用此種對話方式來協助當事人體會想法和情緒之間的關係，並逐步澄清和更正自己的想法。

貳·諮商方法

一、諮商關係

異於理性情緒行為治療法，貝克強調治療關係的品質是認知治療的基本要素，成功的諮商有賴治療者具有真誠的溫暖、正確的同理心、非批判的接納等特質，及與當事人建立信任、和睦關係的能力。貝克認為，個人中心學派所描述的治療的基本條件是產生治療效果的必要條件，但非充分條件。治療者的功能是作為一個催化和引導的角色，在諮商過程中，主動、慎重地與當事人互動，努力使當事人主動參與及合作，協助當事人了解她們的信念和態度如何影響其感覺和行動的方式，並促進認知的改變及新技巧的獲得，而非直接地建議當事人替代的認知。

二、諮商過程

1.讓當事人瞭解認知治療是什麼，以消除對治療的神秘感。

2.教導當事人監控產生煩惱的那些自動化思考。

3.實施行為的和認知的技術。

4.以置身在產生如此想法的問題情境中的過程，確認和挑戰當事人的想法。

5.以在現實中測試，檢視信念和假設。

6.教導當事人因應技巧，以避免問題的復發。

三、諮商技術

(一)認知的技術

主要在挑戰當事人去找出其想法的證據所在，及協助當事人去探索他們的認知的扭曲，並幫助他們以較正向和成功的因應經驗替代負面的想法，改變不良的認知，建立客觀、統整、邏輯的思考觀念，進而改變情緒及行為的困擾。貝克以蘇格拉底式對話的三個基本技術，促使當事人檢驗自己的想法是否正確。(1)以「定義用語」協助當事人澄清概念；(2)以「找出規則」協助當事人覺知其推理的前提；(3)以「提出證據」協助當事人檢驗其思考的規則是否真實可靠。茲舉例如下：（廖鳳池，2000，頁94-95）

當事人：我考試考壞時心理就很鬱悶痛苦，就來接受你的治療。

諮商師：為什麼考試考壞會使你感到那麼沮喪呢？（找出規則）

當事人：因為考不好就表示我失敗了，表示我永遠考不上法律系了。

諮商師：嗯！所以考不好對你來說有很多重意義，甚至使你變得必須看醫生。可是如果說考試考不好就會那麼嚴重，那是不是所有考不好的人都要來看醫生了？你認為所有考試考不好的人都會沮喪到需要接受心理治療嗎？（提出證據）

當事人：不一定，這要看這次考試對這個人有多重要。

諮商師：對！但是重不重要是由誰決定的呢？

當事人：嗯……（作深思狀），應該是自己認定的。

諮商師：那你同意你對考試結果的解釋方式會對你產生一些影響了！如覺得沮喪、睡不著、沒胃口。

當事人：我的確有過這樣的擔心！

諮商師：好！現在你能不能說說看，剛才你說考不上代表你失敗，你所謂的「失敗」是什麼意思呢？（定義用語）

……

(二)行為的技術

一如理性情緒行為治療法，認知治療法亦運用許多行為治療法的技術，如肯定訓練、行為演練、指派作業、放鬆訓練、社會技巧訓練、家庭作業、閱讀治療……。認知治療會依當事人的特定問題設計家庭作業，目的不只是教導當事人新技巧，且訓練她們在真實的生活情境中能考驗自己的信念，以維持學會的技巧，預防掉入過去無效的行為模式。總之，認知治療是一種心理教育的模式，強調治療是一個學習的過程，包括獲得和演練新技巧、學習新的思考方式、及獲得更有效的處理問題情境的方式。整個治療過程充滿教育的色彩。到治療結束，當事人將能學會如何有效的因應復發。

參・應用實例

認知治療可廣泛的應用於各種心理異常的治療。認知治療最先是應用於憂鬱症的治療，將憂鬱症的治療焦點置於負面的思考和對事件的偏差的解釋。貝克認為導致憂鬱的認知型式的三個要素是：(1)對自己持負面的觀點。憂鬱者依個人的不良表現指責自己，未能考慮環境的解釋。他們認為自己缺乏快樂的基本特質；(2)傾向以負面的態度解釋經驗。憂鬱者會選擇符合自己的負面的結論的特定事實，即所謂的「斷章取義」（selective abstraction）。即使他們有成功的經驗也會把它濾掉，因為此和他們負面的自我概念不符合；(3)對未來抱持消沉的看法。憂鬱者預期他們目前的困難會持續，且對未來只預期會失敗。他們的思考內容集中在不可改變的失敗上，故導致他們情緒的悲傷、失望、和冷漠。針對憂鬱者，貝克的治療方法集中在特定的問題症狀和這些症狀的原因。憂鬱的一些行為症狀如不活動、退縮、和逃避。當事人報告：「我太累！不能做任何事！」、「我變成主動的話會感到更糟！」、「我嘗試任何事都會失敗」。此時治療者可用如下的蘇格拉底式的問題進行引導：「你嘗試將會失去什麼？」、「如果你被動，會不會感到更糟？」、「你怎麼知道嘗試是沒意義的呢？」。治療過程包括設置一個活動計畫表，此計畫表包括一系列由易而難需完成的任務。請當事人先完成容易的任務，再依序進行較難的工作，如此他們能獲致一些成功，可以逐步建立自信，因而變成更加樂觀。（Corey, 1996）

又如情境是老師在某一節上課中並未請你發表意見，此事件讓你頗為沮喪。在認知上你告訴自己：「老師認為我愚笨，課堂上不可能提出有價值的意見，況且，班上其他同學都比我更聰明、更能言善道」。唯並未考量到其他可能的不同的解釋如：老師想讓其他同學參與討論；時間緊迫，只好作罷；他已經知道你的觀點。在治療中，貝克要求你覺察在你的思考中的錯誤推論：(1)武斷推論：你說自己笨，是否有證據？(2)誇大或輕忽：因為老師這一次沒請你回答問題，你就認為自己笨（誇大）？你認為自己的意見毫無價值（輕忽）？貝克將協助你瞭解自己是如何忽視一個情

境中的重要構面、如何誇大及僵化自己的思考，和如何根據一次的失敗作過度類化。（Corey, 1996）

肆．評　論

1.將個人經驗帶到能進行科學探討的領域，卸除了心理治療過程的神秘色彩。

2.認知治療的理論與技術發展具體的認知治療程序，許多實驗研究證實它是治療憂鬱症的最有效、最重要的方法之一。

3.異於REBT的直接面質的指導方式，認知治療重視治療關係，強調雙方的合作關係，目標在引導當事人自己去檢核及校正個人的思考內容和推理方式，方法採較溫和的、具啟發性的蘇格拉底式對話方式引導思考，治療次數有明確的界定，較之REBT似乎更具結構性及實徵性成效。

4.相較於心理分析和行為療法，隨著認知因素在心理治療領域的愈趨重要，本理論已成為較流行的治療理論。

第四節　認知行為改變技術

梅晨堡（D. H. Meichenbaum）是加拿大的臨床心理學家，其創立的認知行為改變技術（cognitive behavior modification）主要除了受操作學習理論的「工作分析」（task analysis）、社會學習理論的「認知示範」（cognitive modeling）、艾理斯的理性情緒行為治療、及貝克的認知治療的影響外，亦深受蘇聯心理學家魏高斯基（Vygotsky）的鷹架理論及外在和內在語言（overt and inner speech）概念的影響。其理論巧妙的結合認知學派與行為學派各家的理論，建立叫好又叫座，普受歡迎的治療理論。

壹．主要概念

此理論主張在行為改變的刺激與反應之間宜加入認知因素，即認為個人對環境刺激的反應受到其意象、思考、信念、動機、態度、及語言等中介的認知因素的影響，這些有意識的內在事件即稱為「內在對話」（internal dialogue），等同內在語言（inner speech and thought）。故欲改變個人的行為，首重修正個人行動前的內在自我語言。

梅晨堡受魏高斯基理論的影響及從自己的育兒經驗中發現，兒童內在語言發展的過程（自我教導過程）可分為三階段，首先成人以外在語言來指導和控制兒童的行為，其次兒童透過自言自語這些外在語言來引導和控制自己的行為，最後兒童逐漸使用內在語言來引導和控制自己的行為。隨著所學習的事物的熟練，動作愈趨自動化，此時內在語言終變成隱藏或自動化思考過程。故主張透過此三個階段，可以外在和內在語言來教導和改變個體的行為，於是梅晨堡將此過程發展為所謂的自我教導訓練的五個步驟。

梅晨堡指出個人的內在語言的性質有正向自我語言（positive self-statements）及負向自我語言（negative self-statements）。如數學考試失敗，負向自我語言：「我就知道我的數學不行！」；正向自我語言：「只要找出問題所在，精熟的學習，一定可以應付！」。負向自我語言會導致情緒困擾和不適應行為，反之，正向自我語言則會導致積極的情緒和行為。

梅晨堡將內在語言分為：(1)評估式的自我語言：如面對數學期中考自我評估：「我一定考不好！」，為負向的評估式自我語言；考畢後自我增強：「還好，不像預期的那麼難！」，則為正向的評估式自我語言；(2)因應式自我語言：如應付數學期中考的正向的因應式自我語言：「考試難免會緊張，沒什麼！」、「一次寫一題，放鬆！慢慢來！深呼吸！我可以搞定它的！」；負正向的因應式自我語言：「考得好不好沒關係！」；(3)行動式的自我語言：是告訴自己該做什麼、怎麼做的內在語言，如面對數學期中考時的某一題二位數進位加法計算題的行動式的自我語言：「先把個位數加起來，在個位數上寫下「和」，如果「和」超過十，要記得進位。接著計算十位數，把十位數加起來，在十位數上寫下「和」，如果「和」超過十，要記得進位到百位數」。

此派主張使用自我教導訓練來教導當事人正向的內在語言，教導時一般以自我教導訓練先教導正向的評估式的自我語言，其次是因應式自我語言，最後是行動式的自我語言，於是當事人經由自我教導訓練的歷程學會如何面對及處理問題。

貳・諮商方法

一、諮商過程

1.教導當事人瞭解自我語言與情緒、生理、行為的關係。

2.教導當事人覺知負向的自我語言與情緒困擾的關係。

3.教導當事人以新的、正向的內在語言對抗、取代負向的內在自我語言。

4.以自我教導訓練教導當事人學會應用各種的正向的評估式、因應式、行動式內在自我語言。

5.以自我教導訓練教導當事人學會在日常生活中應用各種的正向的評估式、因應式、行動式內在自我語言。

二、諮商技術

(一)自我教導訓練

梅晨堡歸納出自我教導訓練的五個步驟如下：

1.認知示範：治療者一邊放聲說明自我教導的語言，一邊示範任務。

2.外在語言的引導：當事人在治療者使用外在語言的引導下，做出與治療者相同的行為。

3.外在的自我引導：當事人放聲自我教導的語言，引導自己表現該行為。

4.逐漸去除外在的自我引導：當事人輕聲的反覆練習以外在語言引導自己的行為。

5.內在語言的自我教導：最後當事人能以無聲的內在語言進行行為的自我引導。

Kanfer、Karoly與Newman（1975）針對幼兒的黑暗恐懼的焦慮，比較不同形式的內在語言的自我教導訓練的效果。第一種訓練幼兒所做的反應能力的內在語言是「在黑暗中我能照顧自己」；第二種訓練幼兒所做的情境再評估的內在語言是「在黑暗的地方是有趣的」；第三種訓練兒童作分心的其他的內在語言：「瑪莉有一隻小羊」。結果接受第一種訓練方式的兒童較其他兩種方式更能克服對黑暗的恐懼。

(二)壓力免疫訓練（stress inoculation training）

壓力是現代生活的一種象徵，每個人每天均面對各種生活壓力的挑戰。壓力是身體為應付和適應環境的改變所產生的反應，當此改變超越個人的因應和適應能力時，壓力就產生了。當個體處在壓力狀態下，其內分泌系統反應異常，促進個體採因應壓力的措施，待壓力解除，個體乃恢復到正常的生理平衡狀態。長期處於壓力下，個體會緊張、煩惱、易怒、易發生意外，會間接影響心臟的功能，會導致腎上腺皮質增大，會胃腸潰瘍……，故個人在生活中有必要對壓力採因應之道。

「免疫」是醫學上的概念，用在輔導上，所謂的「壓力免疫」是將當事人暴露於少量或可處理的壓力事件中，以提升他們的防衛力，增強他們將來面臨更大壓力事件時的處理能力。「壓力免疫訓練」是設計來協助個體因應焦慮、生氣、痛苦等情境的壓力事件，教導各種認知與自我控制的技巧，協助當事人以正向的自我語言替代不適應的負向的自我語言，以減少這些事件的衝擊。 其目的在協助當事人：(1)確認壓力事件及個人對它們的認知。瞭解哪些是壓力事件，它們對個人的生理、心理的喚起作用（arousal），及不適應行為與自我語言的關聯；(2)思考針對不同事件各種可能的因應策略。由治療者教導、示範、演練各種因應不同事件的適當策略，如放鬆、想像、思考中斷、正向的自我語言等；(3)在治療期間及日常生活中練習各種因應技巧。要求當事人在真實的情境中運用所習得的各種因應技巧，並能確實地自行處理所面對的各種壓力情境。

例如：在Jay、Elliot、Katz、Siegel（1987）的研究中，針對面對骨髓抽檢感到焦慮和痛苦的白血症病童實施壓力免疫訓練。教導：(1)有關手術的壓力；(2)確認導致壓力的認知的和生理的線索（如負向的自我語言、心跳加速）；(3)使用放鬆、深呼吸、愉快的想像、因應式正向的自我語言。結果接受壓力免疫訓練組的病童較接受鎮定劑的病童在苦惱、痛苦的報告、和血壓上均顯著的較低。

參・應用實例

自我教導訓練已廣泛地應用在兒童的各科學習（寫字、閱讀、寫作、數學、動作……）及問題行為（社交技巧、攻擊行為、焦慮行為、過動行為、不專注……）的輔導上，且成效卓著。

一、課業輔導

如透過自我教導訓練的五步驟，教導兒童以下的自我語言去完成作業：

1.「今天的作業是什麼？」（行動式自我語言）
2.「我要認真做作業，我該做什麼？」（行動式自我語言）
3.「細心一點！」（因應式自我語言）
4.「檢查一遍，挑出錯誤！重新修正！」（評估式自我語言）
5.「不錯！繼續保持下去！」（評估式自我語言）

又如以自我教導訓練的五步驟教導兒童以下的「行動式自我語言」，學會洗手的動作：

1.「濕——弄濕雙手，並抹上肥皂」
2.「搓——手指、指間、手心、手背搓洗」
3.「沖——用清水沖洗乾淨」
4.「捧——捧水洗去水龍頭上的泡沫」
5.「擦——雙手擦乾」

二、衝動行為的輔導

梅晨堡認為衝動的兒童其問題行為的原因是由於行動欠缺思考，不能三思而後行，故主張透過訓練這些兒童在行動前能用內在語言為媒介來控制行為，可改善他們的衝動行為，以避免因衝動所犯下的錯誤行為。以下是Meichenbaum和Goodman（1971）為改進衝動而無法專心完成迷津測驗的兒童，所設計的自我教導訓練的行動式內在語言：

「好，我現在該做什麼？我必須設法走完這個迷津。我要慢慢來，小心地畫。好，往下畫，好。然後往右轉，這就對了。往下一點再向左轉，好，到目前為止我做得很好。記住，慢慢來。現在往上走，不，我想應該往下才對。沒關係，小心把線擦掉就好了……，好。即使我畫錯了一個地方，我仍能小心地、慢慢地畫下去。現在我需再畫下去……。完成了！我做到了！」

三、困擾行為的輔導

針對時常為憤怒所困擾的個案，可用自我教導訓練教導當事人以下的因應式自我語言，以克服生氣的情緒。

「生氣無濟於事，保持冷靜、持續放鬆」

「只要我保持冷靜，一切便都在控制中」

「思考我要如何突破此困境」

「並未到發狂的地步」

「我不會讓生氣得逞」

此外，針對一位因壓力導致頭痛的個案，所教導的因應式自我語言：

「冷靜下來，集中注意在眼前」

「想像自己在海灘，享受片刻的逍遙自在」

肆・評　論

1.卸除心理治療歷程的神秘色彩。

2.將處理的重點放在內在語言上，相當具體、明確，且非常重視因應策略的自我教導訓練，建設性和可行性很高。更易與行為學派結合，故此理論堪稱認知行為學派的代表。

3.特別適合處理焦慮的問題，成效已獲許多臨床證據的證實。

第五節　理性情緒行為治療法、認知治療法、認知行為改變技術的比較

壹・相似點

這些學者所強調的認知的概念雖各有差異，但信奉的一般觀念是一樣的，均認為：(1)認知過程影響情緒和行為，這些認知的過程包括：自我敘述、內在語言、歸因、信念、思考、想像等；(2)當事人的不良功能的思考是導致情緒困擾和不適應行為的原因；(3)行為的改變可透過認知過程的改變來達成；(4)諮商過程中諮商員均扮演教導者的角色；(5)均主張合併使用行為治療的技術。

貳・相異點

1.治療目的：REBT希望改變當事人的基本哲學觀，使其成為一個能夠科學的、彈性的思考的人。認知治療和自我教導訓練則並不急於去改變當事人整體的認知系統，而強調就當事人不適應的具體的、特定的認知、情緒、和行為進行改變。

2.治療焦點：REBT治療的認知的焦點稱為非理性信念，認知治療稱為錯誤思考，自我教導訓練則稱為負向的內在語言。認知治療認為非理性信念太籠統，並具體的指出七種錯誤的思考方式。

3.治療關係：REBT視治療者主要為一教師，不認為與當事人的一個溫暖的個人的關係是基本的，其採教育方式進行諮商較易引起當事人的抗拒。認知治療視治療者為一引導者，強調治療者和當事人共同合作，重視雙方建立和諧關係。自我教導訓練視治療者為一訓練者，強調治療者引導當事人自我覺察其負面的自我語言，及積極的訓練其因應技巧，異於REBT直接駁斥當事人的非理性信念。認知治療和自我教導訓練均強調鼓勵自我協助。

4.治療技術：REBT採指導、說理、面質的方式，直接指出和駁斥當

事人的不合理的思考。認知治療採蘇格拉底式對話方式，透過雙方互動的過程，協助當事人自己發現其錯誤想法。自我教導訓練協助當事人覺察及修正他們的自我對話（self-talk），並透過自我教導訓練的步驟進行理想行為的建立。

5.治療成效：REBT由於其治療目的的過於廣泛、籠統，較不易見著具體成效，實徵研究的證據不足。認知治療與自我教導訓練則較易獲致具體成效，且其療效獲得較多實徵研究的支持。尤其自我教導訓練，由於特別重視系統化的訓練步驟，當結合各種的行為改變技術，其成效最為具體，其實徵研究證據亦最充分。

摘　要

1.古今中外均有智慧之人主張改變想法可以換樣心情，解除煩惱。唯真正對思考、情緒、與行為的關係提出系統理論與研究的，首推Ellis，其理論稱為「理性情緒行為治療法」，是一種統合人本、哲學、與行為的治療方式。
2.理情行為治療法的人性觀包括下列對人性的基本假定：(1)非理性思考導致煩惱；(2)非理性思考來自天性及文化因素；(3)個人的非理性思考具獨特性；(4)個人亦具理性思考能力，以替代非理性思考。
3.人是理性與情感的動物，思考、情感、與行為三者密切相關，唯Ellis特別強調理性思考的重要性。
4.情緒困擾是由於個人對一特定事件的錯誤的、不合理的觀念所導致的結果。在這思考、情緒、與行為產生的過程中，引發事件以A為代表，個人觀念以B代表，所產生的結果以C代表。A並未直接導致C，而是透過B導致C，此即人格「ABC理論」。
5.Ellis曾歸納出日常生活中有十一種非理性的觀念；而傳統中國文化中亦充斥著不少非理性的觀念；此外，在兒童的獨特生活環境中，亦可歸納出一些兒童專屬的非理性觀念。這些非理性觀念適為諮商員或教師輔導學生的參考，或個人自我輔導的參考。
6.非理性思考約可歸納為三類，即(1)誇大煩惱，其語言表達如：「受不了」、「好可怕」；(2)以偏概全，其語言表達如：「我總是……」、「我永遠……」；(3)不切實際，其語言表達如：「我應該……」、「我必須……」。

7.理性思考是科學的、邏輯的、有憑據的、積極的、及實際的思考。其標準特徵：(1)以事實為基礎；(2)保護生活；(3)助益迅速達成目標；(4)助益建立良好人際關係；(5)防止情緒困擾。

8.REBT治療的目標在減少當事人自我挫敗的思考，培養理性、科學、正確的思考方式，以建立更實際的生活哲學。

9.REBT的治療者扮演科學家、教育者、專家、指導者的角色，當事人則扮演學習者，學生的角色。

10.REBT的治療模式為ABCDEF，A是事件、B是想法、C是結果、D是駁斥非理性思考、E是產生效果、F是導致新的感覺。

11.依治療模式，REBT諮商過程：(1)序曲階段：建立信任、和睦的諮商關係；(2)第一步驟：說明思考與情緒的關係，及鼓勵可用理性思考替代非理性思考，解除煩惱；(3)第二步驟：以發問、邏輯、駁斥、說服、挑戰等技術，指出當事人的非理性思考與情緒的因果關係；(4)第三步驟：教導當事人區辨理性與非理性思考及它們的結果，說服他們放棄非理性思考，代之以理性思考；(5)第四步驟：鼓勵當事人建立理性的人生哲學。

12.REBT常使用的諮商技術包括：駁斥非理性信念、改善個人的語言、家庭作業、使用行為改變技術、及其他等。

13.REBT的貢獻如下：(1)它是目前最流行的諮商理論——認知治療法的先驅，影響了Beck的認知治療法及Meichenbaum的認知行為改變技術；(2)其人性觀、治療模式、治療方法對諮商具顯著貢獻；(3)屬折衷式治療法，方法具獨到之處；(4)強調認知與洞察，亦強調行動；(5)重視當事人的自助式治療。

14.對REBT批評如下：(1)對無法理性思考、智能低者無效；(2)若過早面質、有害諮商關係；(3)諮商員權力較大，易有教導個人的主觀價值及生活哲學之嫌；(4)理性思考的認定難免主觀，是非對錯很難具體判斷。

15.文化、環境等因素可能造成兒童的不合理思考。挑戰兒童的不合理思考的方式有：(1)反映回去兒童目前的信念，激勵他們自我反省其想法；(2)請兒童確認信念的來源，協助兒童去檢核信念的妥當性；(3)探索兒童的思考邏輯；(4)探索可能的替代信念；(5)延伸、擴展兒童的信念；(6)提升兒童對不愉快的資訊的覺知；(7)釐清行為的責任歸屬；(8)激勵兒童以更合理的思考替代不合理的信念。

16.有些家長具完美主義，要求小孩十全十美。若子女未符合其要求，則嚴加苛責。兒童在父母的壓力下，會形成只有各方面均卓越非凡，才有價值，否則會有極大災難的非理性觀念，一旦達不到完美的境界，即否定自己的能力與價值、學習動機低落，逃避現實。輔導此類兒童，宜對兒童及其家長指出他們的非理性信念，教導他們理性觀念。

17.REBT可以一般學生為對象，在普通教室中實施，教導學生理性情緒思考的生活哲學，稱為「理性情緒教育」，簡稱REE。

18.Beck的認知治療法的主要概念包括：自動化思考、認知基模、思考的系統性錯誤、思考的規則性等。諮商關係重視治療者與當事人建立和諧的合作關係。治療技術使用重視啟發、引導而非指導的所謂的「蘇格拉底式對話」方式。此種諮商方式在諮商過程中應用三種技術：定義用語、找出規則、提出證據，導引當事人覺知錯誤的思考及建立正確的思考。

19.Meichenbaum稱內在認知事件為內在語言，內在語言控制個體行為，故改變行為首重修正個人的內在語言。內在語言有三種：評估式、因應式、及行動式，其性質又有正有負，正向內在語言導致適應行為，反之，負向內在語言導致不適應行為。故諮商目標在覺知負向內在語言，及建立各種的正向內在語言。

20.個體的內在語言透過自我教導的過程而形成。自我教導訓練有五個步驟，此派主張以自我教導訓練的步驟教導當事人正向的評估式、因應式、行動式內在語言。

21.壓力免疫訓練是結合認知與行為學派的技術的壹套處理壓力事件的策略。其內容包括：認知壓力及其有關因素、思考各種的因應策略、於訓練期間及日常生活中練習各種因應策略。

22.Ellis、Beck、Meichenbaum三人的理論可謂大同小異，三者除了在主要概念上均認為思考是困擾之源外，要學習這三家的理論與技術需從治療目的、治療焦點、治療關係、治療技術、及治療成效等方面詳加區別。

複習問題

1.試述理情治療法的人性觀及ABC理論。

2.試述Ellis所歸納的人類的非理性觀念有哪些（至少列舉五項以上）？並以理性觀念試加駁斥。

3.中國人有哪些非理性觀念？並以理性觀念加以駁斥。

4.日常生活中的非理性觀念可分為哪些類別？及其語言表達特徵？

5.試述理情治療的目標、諮商員及當事人的角色及諮商過程。

6.試述理情治療法的技術。

7.試列舉諮商員可駁斥當事人的非理性思考的問題至少五個。

8.諮商員如何改善當事人的非理性思考的語言表達？

9.試舉一個人日常生活中的困擾問題，以ABC方式說明三者的關係。

A：______________________________

B_1：______________________________（非理性）

C_1：______________________________

B_2：______________________________（理性）

C_2：______________________________

10.試述理情治療法如何應用在國小輔導上。

11.試述Beck的認知治療法的主要概念？諮商方法？及個人心得？

12.試述Meichenbaum的認知行為改變技術的主要概念？諮商方法？及個人心得？

13.何謂壓力免疫訓練？其功能及內容為何？

14.試比較Ellis、Beck、及Meichenbaum三人的認知行為治療理論。

第十二章　遊戲治療法

第一節　基本概念

兒童並非小號的成人，故兒童諮商與成人諮商的方法顯然宜有分別。成人諮商一般透過口語晤談進行，可是兒童諮商，特別是幼兒及國小低年級兒童，受限於語言和智能發展，他們難以用口語完全的表達內心的想法、意見和感受，於是只用口語的晤談，兒童常會感到無聊、退縮和沉默，使諮商晤談滯礙難行。

幾乎沒有兒童不喜歡遊戲，尤其是10歲以下的兒童，遊戲是他們日常生活的主要活動。Axline（1947）認為，遊戲是兒童自我表達的自然媒介。兒童在遊戲中，藉由探索、操弄、角色扮演、幻想、創作……等活動，會自然的、無意中表達出個人的想法、情感、經驗、願望、挫折、恐懼、幻想等內在世界。故遊戲是進入兒童內心世界的一扇門，兒童諮商員可利用此不具威脅性的遊戲活動，蒐集兒童的各方面資料，做為瞭解及治療兒童的有力工具。

可做為兒童遊戲治療媒介的玩具種類繁多，各具不同特性和功能，諮商員在每次諮商會期，可讓兒童自由選擇媒介或依諮商員的特定目的而選不同的媒介進行遊戲治療。本章將特別介紹：迷你動物玩具、沙箱、演布袋戲、扮演遊戲、書籍等遊戲媒介的定義與功能、設備與材料、適用對象與目標、歷程與技術等。並於第十三章繼續介紹黏土、繪畫等藝術媒介的使用方法。

壹・歷　史

早在十八世紀時，法國教育思想家盧梭就曾強調遊戲在兒童世界中的重要性，他認為可從觀察兒童的遊戲中，增進對兒童的瞭解。遊戲治療的概念始於1909年，S. Freud以瞭解兒童的遊戲方式來治療小漢斯的個案。之後，Heemine Hug-Hellmuth首將遊戲治療引進兒童諮商中。他在諮商中讓兒童使用玩具玩遊戲；透過玩具表達自己；使用玩具作為溝通的工具。其提倡遊戲治療，對兒童問題行為的治療，貢獻卓著。

1920年代之後，Klein和佛洛伊德的女兒Anna Freud均認為自由聯想不適用於兒童，而採取遊戲方式治療兒童的心理問題。Klein認為：「遊戲之於兒童，就如自由聯想之於成人」，主張遊戲是進入兒童的潛意識世界的管道。安娜．佛洛伊德則開始以遊戲做為和兒童建立關係的方式。總之，早期心理分析取向的遊戲治療，主張藉遊戲為媒介，創造一個安全、舒適的心理氣氛。於是兒童透過玩具，表達出潛意識世界的資料。治療者透過對兒童在遊戲中所表現的移情作用、抗拒作用、防衛作用的覺察，進行兒童行為的分析、解釋與治療。

1930年代，Levy和Solomon均強調遊戲能解除情緒困擾兒童內心的緊張、焦慮與不安。Rank、Allen和Taft則提倡「關係取向遊戲治療」（relationship therapy），特別強調治療者與兒童之間的關係是治療成功的首要條件，並重視此時此地的感受和行為，此理論影響C. Rogers所提倡的「非指導學派諮商法」。

1940年代的非指導學派諮商法，影響了Axline的「非指導取向遊戲治療法」（nondirective play therapy）（最近，一般稱兒童中心遊戲治療，child-centered play therapy）。她認為遊戲方式是兒童的一種較只用語言更自然的自我表達的媒介，遊戲治療除了使用在個別兒童的治療，亦可應用到教育上和團體中。

1960年代，美國開始在小學校園中成立諮商中心，延聘心理輔導專業人員從事兒童諮商工作。於是，大部分用在私人心理診所，用來治療嚴重情緒困擾兒童的遊戲治療自然的被應用到小學校園中，且對象也從嚴重心理困擾普及到具情緒問題的一般兒童。推展此論點的專家們（Alexander, Nelson, Allen, Waterland...）均認為遊戲治療不只是治療有情緒困擾兒童的有效技巧，它也能幫助每一位兒童健康學習和成長。

綜合上述，遊戲治療發展自佛洛伊德的心理分析及羅吉斯的個人中心理論。在學校中，則主要是應用源自個人中心學派的「非指導式遊戲治療」，以下主要是介紹此派遊戲治療的定義、目標、價值、及實施。

貳・定義、目標與價值

一、定義

遊戲是兒童為了自我表達和溝通，所從事的活動。Alexander（1964）認為，學校實施「教育的遊戲治療」（educational play therapy）是在一接納的情境中，提供兒童自由表達與探討的機會。諮商員透過創造性傾聽與同理心，去分享兒童的內在世界。諮商員藉由對兒童內在經驗的反應，幫助兒童努力建立更好的自我觀念。

Waterland（1970）認為，遊戲治療是讓兒童在遊戲中，透過行動來代替語言，表達其部分或全部的思想和情感，以達成兒童行為改變的目的。在治療的過程中，諮商員應讓兒童瞭解他有隨心所欲表達自己的情感和行動的權力。在諮商員所創造的接納氣氛中，兒童可以自由而不必擔心諮商員對他的行為的意見。諮商員所扮演的像是一面鏡子，反映出兒童的思想和情感，於是促進兒童的自我瞭解及自我改變行為。

基本上，遊戲只是一個媒介，遊戲治療是一種諮商技術，用來強化和補充談話，以增進兒童的自我表達和溝通。

總之，遊戲治療是諮商員布置一個遊戲的環境，以提供兒童一個放鬆、抒解壓力的空間。在遊戲中，兒童可以在不受批判、評斷的溫暖、接納的氣氛中，盡情的透過玩具來展現真我。諮商員藉兒童的自我真實的表達，瞭解他們的需求、情感、動機、希望、衝突……內在問題，並協助他們自我成長與發展。

二、目標

遊戲治療的目標如下：

1.為兒童建立一個安全的心理氣氛。

2.瞭解及接納兒童的世界。

3.鼓勵兒童表達內在的情緒世界。

4.建立一個自由、寬容的氣氛。

5.鼓勵兒童自己做決定。

6.提供兒童學習負責和控制的機會。

7.教導兒童用語言來表達對所見所聞的內心的想法和情感。

（Landreth, 1987）

在諮商各階段中有不同的目標，遊戲治療過程中的目標如下：

1.對問題和事件獲得熟悉和控制：透過重新扮演、再度體驗、表達出來，重新解釋這些問題和過去的事件，兒童對它們不但增加瞭解、增加經驗和能力，且愈加能控制。

2.透過身體的表達，成為有能力、有權力的：讓兒童練習、體驗應用體力去改變環境，體驗自己的能力和權力。如：捶扁黏土。

3.鼓勵情緒世界的表達：許多遊戲的媒介和活動，能有效的協助兒童情緒的表達。如：指畫可渲洩喜悅、快樂的情緒。

4.發展兒童問題解決和做決定的技巧：提供兒童探索、冒險、嘗試、選擇的學習機會。

5.發展社會技巧：兒童學習與別人建立關係的各種方法。如諮商員在兒童的遊戲中參與互動、提供回饋。

6.改善溝通技巧：協助兒童有順序、有主題、且清晰的訴說自己的故事。

7.發展頓悟：兒童在從事各種遊戲活動時，不斷的再扮演、再體驗、再解釋，自然的對問題和過去事件產生瞭然於胸的頓悟。

8.建立自我概念和自尊：上述目標的達成，兒童達成自我瞭解、自我決定、自我獨立、自我實現，有助建立個人積極的自我概念和自尊。（Geldard, K. & Geldard, D., 1997）

三、價值

遊戲治療對象的適當年齡約在3到13歲之間。當兒童進入成人的辦公室，室內布置大桌子、高椅子、資料櫃……辦公用具。在此時此境和大人談自己的問題，可能不是一件輕鬆愉快的經驗。因為他們感覺這是大人的地方，不是小孩的，因此，內心的真情告白也就難以啟齒。

學校若設有遊戲治療室，當兒童來到這個布置兒童家具、卡通海報、各種玩具的地方，他們會感覺這是一個不一樣的地方，一個屬於小朋友的天堂。於是他們在這裡，毫無防衛、抗拒、焦慮，自由自在的成為自己、展現真我。在此，諮商員透過玩具為媒介，和兒童建立良好關係，並藉由兒童在遊戲中所表露的訊息，進入兒童內在的情感世界。Dimick與Huff（1970）建議，在兒童能完全熟練於語言的表達之前，遊戲是諮商員和兒童之間最佳的溝通媒介。

此外，兒童對不愉快的經驗，往往因害怕去認知、面對而加以壓抑。諮商中，不宜直接地強迫兒童回憶其焦慮、恐懼的事物，應採間接的方式，如以玩具、藝術為媒介，兒童無意中會透過這些媒介投射出內心世界的隱密，深具治療的效果。

總之，遊戲治療具下列價值：

1.自由、自在、輕鬆：在充滿要求、規則、與限制的現實生活中，遊戲提供兒童完全的自由與放鬆的時刻。

2.建立友誼關係：遊戲助益兒童與諮商員發展有意義的、建設性的關係。

3.充分表達真我：兒童在遊戲中，不必介意成人的評價與批判，而能無防衛、真實的自我表達。

4.抒發思想、情感：遊戲能促進兒童的溝通技巧，增進兒童的思想和情感的表達。

5.顯露外界關係：遊戲是兒童與其世界關係的表示。

6.瞭解兒童世界：成人透過兒童的遊戲，更能瞭解兒童的內在世界。

7.滿足需求、希望：透過遊戲，兒童在幻想的世界中，可以滿足他們的各種需求和希望。

8.診斷、分析行為：諮商員透過兒童的遊戲，可以診斷、分析、解釋、瞭解兒童的行為。

9.學習社會技巧：透過「假戲真做」，兒童在遊戲中可以學會社會技巧，並類化到日常生活中。

遊戲並非遊戲治療的最終目的，遊戲治療的重要目標之一，是協助兒童在治療過程中，能夠說出更多的話。若兒童可說出其內心的焦慮，則治療者應鼓勵他們多用口語表達出來。遊戲治療最大的功能，在於當兒童有所焦慮並且不想說出來時，遊戲可提供兒童一個安全的庇護所。且遊戲也是建立治療關係的好方法（Webb, 1991；梁培勇，1988）。

參・環境布置

一、布置原則

1.足夠空間：約3.5公尺×4.5公尺的面積，以提供個別或團體遊戲治療活動的實施。

2.隔音設備：以防止外界的聲音干擾兒童分心；也向兒童保證，隔音設備使外界聽不到遊戲室內的談話內容，以免影響兒童的心理安全感；此外，亦避免遊戲治療室的聲音干擾了別人。

3.防窺設備：遊戲治療室的窗戶玻璃的材質應能隔絕視覺窺視，或設有窗簾，以避免外界窺視，亦防止兒童受外界干擾而分心。

4.設置窗戶：防止兒童有幽閉的心理困擾。

5.溫暖舒適：室內牆壁以乳白色系為佳，給人明亮、愉快、輕鬆、自由的感覺。

6.兒童本位：家具、室內布置，讓兒童感覺那是屬於小孩子的地方。

7.設水槽區：供應冷熱水，方便兒童在從事易弄髒身體的活動後（如繪畫、黏土），用水清洗。水槽區並布置防濕地板。

8.鋪設地板：方便兒童舒適的席地而坐。從事遊戲活動，地板及牆壁的材質以容易清理者為佳，材料為木質或乙烯塑膠方塊。地毯非常難以清潔，宜避免使用（尤其在溫熱潮濕的台灣）。

9.兒童家具：桌子、椅子、懶人椅（bean bags）等家具，宜配合兒童的尺寸設計，懶人椅可做為兒童鬆弛及從事「想像之旅」時使用。

10.閉錄系統：裝設單面鏡及錄音錄影系統，提供研究及教學之用。

單面鏡在研究上的功能：研究者不用介入兒童的遊戲活動，即能觀察兒童的遊戲行為，可避免兒童的防衛心及分心。在教學上的功能：諮商訓練的督導員可直接地觀察實習諮商員如何進行遊戲治療，且不會干擾諮商活動的進行。單面鏡若能配合錄音錄影系統的應用，將整個治療的過程錄音錄影下來，在研究及教學上做為自我督導及專業督導的最好方法，可提供有關人員分析及討論治療的過程，實具莫大的價值。唯在使用單面鏡及錄音錄影系統之前，均需得到兒童及父母的同意。諮商員可設計同意書，讓他們簽名認可。同意書內提供三種同意的水準讓他們選擇。第一種是影帶只做為諮商之用，然後消除；第二種是影帶做為諮商和督導之用，然後消除；第三種是除做為第一、二種用途外，並可做為教育及訓練之用。這些同意，在父母的要求下，在任何階段，均可撤回。

若無完整的遊戲室，亦可在教室的一角，如托兒室、保健室、器材室等，布置遊戲治療的空間。唯場地隱密、幽靜是必要原則。另有活動的方式，如治療者每次用手提箱將玩具攜來，即可進行。基本的材料有：娃娃家族組、家具組、黏土、繪畫材料、布偶、木偶、電話等。

二、空間規劃

遊戲室的空間，規劃如下列不同角落：（參見圖12-1）

(一)娃娃屋角。

(二)家庭角。

(三)水槽、沙箱角。

(四)裝扮角。

(五)建築角。

(六)中央活動區。

(七)觀察區（內設單面鏡及錄音錄影系統）。

三、玩具種類

遊戲治療的玩具種類繁多，各具不同功能。茲依玩具的性質和不同的角落分類如下：

(一)依性質分類

1.實物模型玩具：如洋娃娃家族組、娃娃屋玩具組、家具、櫥櫃、收銀機、汽車、奶嘴、衣著、食物、蔬果、餐具⋯⋯。

2.發洩情緒玩具：如玩具槍、飛鏢、沙袋、黏土、不倒翁、拳擊袋、軍人、玩具兵、戰車、猛獸、鱷魚、恐龍、飛機、大炮、刀、劍⋯⋯。

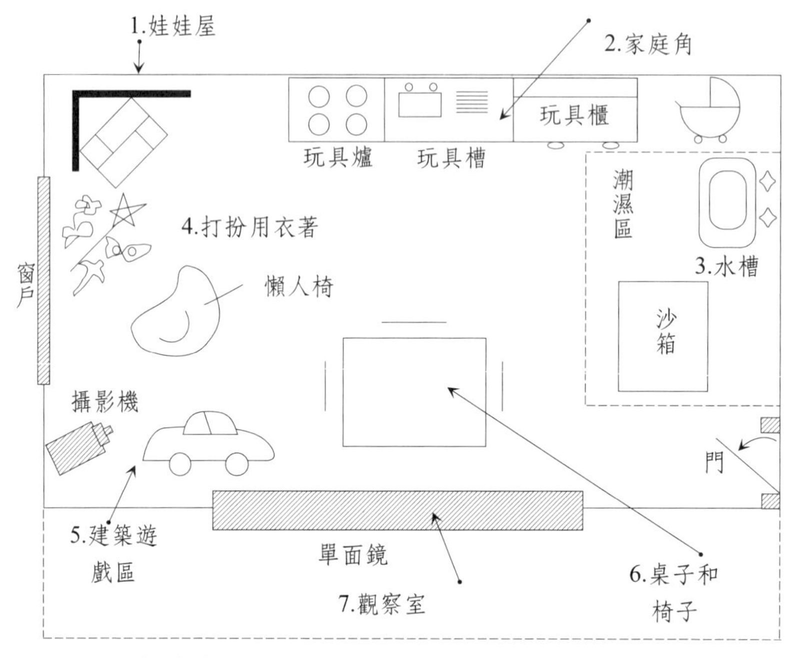

圖12-1　遊戲治療室（取自Geldard, K. & Geldard, D., 1997, p. 86 ）

3.扮演遊戲玩具：如衣著、面具、飾物⋯⋯。

4.建築遊戲玩具：如樂高、積木、硬紙箱⋯⋯。

5.其他。如黑板、布袋戲台、畫架⋯⋯。

(二)依角落分類

1.娃娃角：布置的玩具如娃娃屋、床具、嬰兒用品、車輛、娃娃家族組、娃娃衣組、電話、鏡子、餐具組、玩具錢、收銀機、購物車、購物籃⋯⋯。

2.家庭角：主要布置烹飪設備的玩具，如爐具、流理台、水槽、櫥櫃、鍋鏟、碗盤、餐桌、餐具、食物⋯⋯。

3.水槽、沙箱角：布置的玩具包括沙箱及各種迷你玩具。迷你玩具有人物、動物、及事物。如農場動物、動物園動物、野生動物、叢林動物、各種大小尺寸的恐龍、玩具兵、戰士、飛機、大炮、戰車、房子、車子、樹木⋯⋯。迷你玩具存放在玩具櫃中，方便兒童玩沙箱時選用。

4.裝扮角：布置可裝扮的各種衣著和飾物，如珠寶、帽子、領帶、太陽眼鏡、首飾、手提包、刀劍、面具、假髮、槍、行動電話、魔棒、王冠……。

5.建築角：布置的玩具如樂高、積木、硬紙箱……。

6.櫥櫃角：放置在牆邊，擺放各種美勞材料及用具、故事圖書……。

7.中央活動區：布置適合兒童尺寸的桌子、椅子、懶人椅……家具。

四、選擇玩具的原則

1.經濟、實用。

2.易於使用。

3.易激發兒童內在世界的投射。

4.娃娃屋材質輕、易拆解，可隨時變換設計。

5.木偶、布偶家族組包括所有家族成員。

6.尖銳的、玻璃的、陶瓷的製品，易打破、易傷人。

7.昂貴的、複雜的、機械性高的玩具如電動玩具、電視遊樂器等，會阻礙兒童的自由表達，且因操作困難而易導致兒童產生挫折感。

8.高結構性的玩具，如象棋、拼圖、大富翁等，會阻礙兒童的創造性和探索性。

此外，Landreth曾列舉以下選擇玩具的指標：(1)幫助廣泛的創造性表達；(2)幫助廣泛的情緒性表達；(3)吸引兒童的興趣；(4)幫助表達性及探索性的遊戲；(5)不用透過語言就能探索及表達；(6)無須指導便能成功地使用；(7)提供不需表明立場的遊戲；(8)有堅固的構造可任意地使用。（高淑貞，1994）

五、注意事項

1.隨時檢查材料是否完整無缺。損壞的玩具、用盡的材料應立即修理、添加、或淘汰，以免造成兒童欲用時產生挫折感。

2.在每位兒童使用治療室後，諮商員一定要恢復原狀，方便下一位兒童容易找到所欲的玩具。

3.圖畫及黏土等作品均應收藏到看不到的地方，以免其他兒童創作時受到暗示作用而產生模仿行為。

4.不可將兒童在遊戲治療中創作的美術作品展示在牆壁或走廊，這是違反了保密原則。

5.保持遊戲室的整潔、秩序。玩具放置雜亂無序，會使兒童分心，不知從何玩起。

6.玩具布置在兒童看得見、拿得到的地方，以使他們輕鬆自在、隨心所欲的去從事想玩的遊戲。

7.準備一些塑膠圍兜給兒童使用，兒童可不必擔心弄髒衣服，而處處小心、受限制，不敢放手去表達自我。

肆・遊戲治療的原則

一、非指導遊戲治療理論的特徵

Axline的非指導遊戲治療理論根源於Rogers的個人中心學派諮商理論。此遊戲治療理論的特徵：

(一)在哲學觀點上

1.尊重兒童有解決自己問題的能力，不重視給予兒童建議及指導。

2.視兒童為有自主權的個體，應尊重其個人的目標、需求、和知覺模式。不努力去改變、操縱、調整兒童。

3.不視兒童為心理疾病者。

(二)在治療關係上：諮商員最重要的是使用遊戲為媒介，建立彼此的良好關係，要建立和睦友善的諮商關係，諮商員的基本態度有三：

1.信任：態度真誠，表現相信兒童有能力解決自己問題的信念。

2.接納：接納兒童本身及其情感，鼓勵兒童自由的表達其情感。

3.尊重：尊重兒童為一獨立的個體，不貿然干擾其遊戲過程，需要時才設限，讓兒童感覺自己是有價值的、重要的。

諮商員表現此三種態度，創造一個自由、安全的情境，提供兒童自我實現的機會。

(三)在諮商方法上：諮商員不分析、不解釋，只是運用反映、同理心等技術，使兒童透過情緒的頓悟，邁向安全、價值、和適當的情感。

Axline（1969）認為，在孩子眼中，諮商員是一個非常獨特的個體，像一塊回聲板，孩子可以徹底的表達自己，而經由那塊板子反應出本身的人格特質。在整個治療時段中，他把自己的意見、感受、或是指導全部摒棄，只是拿著一片澄明的鏡子，讓孩子有機會見到他真正的自我。（程小危等，民72，頁98）

二、非指導遊戲治療的原則

Axline（1969）認為在非指導的諮商關係中，諮商員必須把握八個基本原則：

1.治療者必須和兒童建立溫暖、友善、投契的關係。

2.治療者必須接受孩子真實的一面。

3.治療者在與小孩的關係中，要建立寬容（permissiveness）的情感，讓小孩能自由自在地表達他的感受。

4.治療者要敏於辨別小孩表現出來的感受，並以能讓小孩領悟自己行為的方式，把這些感受回饋給小孩。

5.治療者要尊重小孩能夠把握機會解決自己問題的能力，做選擇和著手改變是小孩的責任。

6.治療者不要企圖用方法來指導小孩的行動或談話，讓小孩帶頭，治療者跟隨。

7.治療者不能急著趕治療的進展，治療者要知道治療是漸進的過程。

8.治療者只能定下一些必要限制，這些限制為使治療符合真實生活世界，以及讓小孩知道他在治療關係中應負的責任。（程小危等，1983，頁57）

三、注意事項

此外，遊戲治療實施宜注意下列事項：

1.向教職員、學生、及家長溝通遊戲治療的觀念。以免有不瞭解者誤會諮商員不幹正事，只是和兒童在一起玩遊戲。甚或家長誤解諮商員不讓兒童上課、學習課業，反帶領他們玩遊戲。諮商員如何向如父母解釋治療的方式，可參閱高淑貞1994年譯作《遊戲治療》，頁107～109。

2.遊戲室應遠離一般教室及辦公室。以避免兒童遊戲時產生噪音干擾他人，及保有治療的隱密性，以保障兒童應有的安全。

3.治療時應考慮整個個案諮商會期的延續性。避免在長假或學期結束之前二、三週開始一個個案的處理。

4.在國小實施遊戲治療，配合上課時間每次會期約40分鐘，每週兩次的治療時間。若一次的治療時間超過一小時，則略嫌太長。

5.學校諮商員宜避免在正課時間找兒童進行遊戲治療，應儘量找午休或其他空閒時間進行。若有必要利用到上課時間或其他教育活動時間，應獲得教師及家長的諒解，讓他們知道有必要透過如此的活動來輔導兒童的問題行為，對老師、學校、家長及其他小朋友均是有助益的，如此，使老師及家長們樂意合作。

6.在安排遊戲治療前，應該獲得合法監護人的同意。另外，遊戲治療的錄音錄影及與專業人士討論個案，亦應獲得監護人的同意。

第二節　迷你動物玩具

壹・定義與功能

諮商員以迷你動物玩具進行諮商是指以這些玩具為媒介，請兒童以各種不同動物代表自己及家人，用這些動物玩具排列出家庭成員間的關係位置，並讓兒童敘述故事。兒童藉由玩具動物間關係的探索、排列、組合、重組，能確認其問題行為、經驗其情緒、探索其問題、瞭解其問題癥結所在，進而解決問題，以達成諮商的目標。

其功能：(1)兒童將其思想、情感、經驗、及與家人的關係投射到迷你動物玩具上，促使諮商員對兒童問題的瞭解；(2)兒童瞭解自己與他人的關係；(3)兒童瞭解自己在家中的地位、關係、處境與問題；(4)解決兒童人際關係的問題。

貳・設　備

兒童是在寬大、平坦的地板或桌面進行迷你動物玩具遊戲，一般兒童喜歡坐在地板上玩這些迷你玩具。此外，亦可結合迷你動物玩具與沙箱使用，請兒童在沙箱中利用迷你動物玩具創作一個場景。

迷你動物玩具的種類包括：家畜、農場動物、叢林動物、動物園動物、恐龍、爬蟲類動物、昆蟲、魚類……。兒童特別喜歡恐龍玩具，尤其包括各類溫馴、凶暴、大小尺寸的恐龍。另這些動物包括：(1)性格有些溫和友善，有些則凶惡殘暴；(2)性別有公、有母；(3)家族包括老年、成年及小孩，形成一個動物家族。

迷你動物玩具的材質是塑膠製品，造形及色彩具真實感。所有動物必需能獨自站立，因為無法豎立而倒下的迷你動物玩具會讓兒童感覺挫折、苦惱。迷你動物玩具的數量不需太多，一般約限制在五十個，因為太大規模的數量，反而會讓兒童無所適從。

參·適用對象與目標

一、適用對象

迷你動物玩具諮商是一種鼓勵內省的，允許專注、計畫、創作的媒介活動。適用於7歲以上的兒童，7歲以下的兒童則尚無能力將自己與家人的關係投射到動物上。此方式特別適用於跟家人關係有問題的兒童的個別諮商。

二、諮商目標

1.探索兒童在過去、目前，以及未來與他人的關係。

2.兒童對自己在家庭的位置，獲得更充分的瞭解。

3.兒童對自己及家人，獲得更充分的瞭解。

4.兒童幻想未來與他人的關係。

5.探索解決問題的途徑。

肆·實施方法

K. Geldard與D. Geldard（1997）曾介紹迷你動物玩具諮商的方法，筆者歸納為以下的步驟、技術與注意事項：

一、步驟與技術

(一)邀請兒童玩迷你動物玩具

諮商員：「今天我們來玩迷你動物，我們有特別的玩法，首先，請你選一樣你覺得最像自己的動物。」

注意：

1.是請兒童選出最像自己的動物，而非選自己最喜歡的動物。如果一個兒童自認自己是順從的，選擇小羊做為最像自己的動物是適當的。但也許他希望自己是強壯有力的，就選擇他最喜歡的暴龍，則不適當。

2.「最像」指的是在性格、行為和情緒等內在特徵上相似，而非指在高矮、胖瘦等外表特徵上相似。

(二)請兒童描述他所選的動物像什麼

諮商員：「告訴我，你所選的獅子（或其他動物）像什麼？」

注意：

1.請兒童從動物的性格特徵做具體、明白的陳述，而非從其外表特徵做描述。

諮商員：「我想瞭解更多獅子的性格像什麼？」

2.諮商員不可為這動物取名當事人的名字，亦不可暗示這種動物就是當事人。這樣，當事人方不認為自己就是這動物，才會具安全感、自由感的投射個人的正、負向特徵到這動物上。

3.諮商員宜避免用自己的觀點，解釋兒童所選的動物。例如諮商員可能認為美洲獅是攻擊的、凶暴的，唯兒童可能認為它是友善的、有力的。

4.兒童可選擇多種動物代表自己。因不同動物可能用來代表兒童人格的不同層面。

(三)請兒童選其他動物代表家中的其他成員，及缺席或死亡的成員

諮商員：「哪一種動物最像你爸爸（媽媽、哥哥、弟弟……）？」

並問：「那種動物像什麼？」

(四)請兒童將代表家庭成員的各種動物，按彼此的關係位置，排列在面前

諮商員記錄下（或拍照）這些動物彼此的關係位置並做描述：

諮商員：「你的所有動物圍成一圈，斑馬站中間。」

兒童：「所有的動物都在看著斑馬，因為斑馬喜歡開大家的玩笑。」

(五)請兒童探索這些動物間的關係

諮商員：「我想瞭解狗（代表兒童）在恐龍（代表父親）旁邊像什麼？」

「恐龍在狗旁邊像什麼？」

「狗與恐龍在一起，馬（代表母親）的感受如何？」

「動物家庭中的其他成員，對你這樣的排列，可能有何感想？」

(六)請兒童改變動物間的關係，然後問兒童改變位置後，各種動物的感覺如何

此方式可探討動物家庭成員間各種不同的關係。此步驟諮商員常用的諮商技巧如：

情感反映：「我注意到當你把猴子跟山羊放一起時，看起來很快樂。」

回饋敘述：「我注意到小雞和犀牛的距離最遠。」

必要時，亦使用「逐字複述」的技巧，以鼓勵兒童述說更多自己的故事；再思考自己的話；更徹底的探索自己的觀念和情感。

有時，兒童會抗拒移動某一動物到一個特定的位置，此時，諮商員的情感反映：

「對於移動小雞到蛇旁邊，似乎讓你感覺不快樂」，此情感反映能提升兒童對自己的重要情感的覺知。

注意：

1.諮商員不可自己移動動物，只可請兒童移動。如此，兒童對自己述說的故事更具所有感；對過程更具掌控感；對自己的知覺更具接觸感。

2.諮商員不可暗示所選的動物家族就是兒童的家庭，亦不可用兒童家庭成員的名字取名動物家庭的成員。這樣兒童方具安全感、自由感的布置動物家庭成員及探索它們間的關係。

(七)引導兒童將動物家族成員間的關係與自己家庭成員間的關係做聯

結。使兒童瞭解自己家庭成員間關係的問題所在，並與兒童進行討論，於是兒童持續的述說故事。此階段兒童可能經驗強烈的情緒，亦進一步討論有關家庭成員缺席，兒童的感受。

(八)請兒童將代表自己的動物放在他最感舒適的動物旁邊，並與兒童討論如何使家庭成員間的關係更和諧、愉快。

(九)請兒童將代表自己的動物放在他最感不舒適的動物旁邊，使兒童學習體驗感覺及如何處理情緒。

(十)請兒童排置一個能使所有動物均感到最舒適和快樂的關係位置。

最後，兒童帶著問題解決的舒適感和工作完成的成就感結束諮商。

二、注意事項

在整個實施過程中，諮商員宜注意下列各項事宜：

1.諮商員不是調查員，不為滿足自己的好奇與需求，而問一些不需要的問題。

2.不闖入、不干預兒童的活動，而是以溫和的態度引導兒童持續的述說故事。

3.不問「為什麼」（why）？因為這樣的問題會使兒童偏離內心世界的探索，而為自己的行為找合理的藉口。多問「什麼」（what）和「如何」（how），因為這樣的問題可邀請兒童分享內心世界的真實資訊。

4.當兒童述說故事時，諮商員不應給予勸告、解釋、或祝賀，亦不宜表達贊同、反對、或驚訝的態度，因為這樣會入侵及干預兒童述說故事。

5.諮商員應傾聽兒童的故事，尊重兒童的故事。不管故事內容的真實性如何，這些資料在瞭解兒童上均具相當的價值。

第三節　沙箱治療

壹・定義與功能

常可在戶外看到兒童聚精會神的玩沙子。大部分兒童都喜歡玩沙，因它具有吸引力；也會玩沙，因它不需任何高超的技巧。所謂沙箱治療是諮商員利用兒童喜歡玩沙子的天性，邀請兒童在沙箱中自由的用任何喜歡的迷你玩具，布置一個場景或一幅圖畫。兒童在堆沙造景的過程中，自然的將個人內在的思想、情感、情緒與經驗等投射於沙景世界中。於是諮商員鼓勵兒童透過這個自己所建構的場景，訴說其內在世界的故事；確認其問題所在；進而解決其困難。沙箱治療的功能：(1)兒童享受那種觸覺的樂趣；(2)構築個人幻想的世界；(3)抒解內在緊張的情緒；(4)做為諮商員瞭解、診斷兒童行為的工具。

貳・設　備

一、沙箱

箱子的材質可用木質或塑膠製品，若為木製品，需具防水功能。形狀可以是正方形，邊長約100公分，高度約15公分；也可以是長方形，長約70公分，寬約40公分，高度約15公分。

沙子有兩種顏色，一為白沙，另一為黑沙。一般以白沙為宜。沙子要洗過，乾淨的。沙子的顆粒不能太細、太輕（粉末狀），因為當兒童用沙子發洩精力時，易引致「沙塵風暴」。沙子舖在沙箱中的深度約為7.5公分，可方便兒童在沙中工作且沙粒不易溢出。

一般沙箱放置在兒童席地而坐的地板上，兒童與諮商員就坐在沙箱旁的地板上進行治療工作。亦可將沙箱放在特別設計的桌子上，兒童就坐在適當的椅子上從事沙中造景的創作。將沙箱放置在水槽區旁邊，可方便兒童淋濕沙子塑造山丘、河床、山谷、山洞、平原、公路……形狀的景物。

二、迷你玩具

兒童在沙箱中布置的玩具可分為兩種。(1)實物的迷你玩具：鐵道、平房、樓房、學校、購物中心、人物、車輛、武器、動物、植物、石頭……；(2)象徵物（symbols）的玩具：它是一些具有抽象的象徵性意義的玩具，如：紅心代表愛情、水晶球代表魔力、刀劍代表武力、包裹代表秘密、羽毛代表印地安人……。這些玩具均是迷你型，約拇指尺寸大小，方便兒童在沙箱中布置場景。數量約200個，唯50個即可從事沙坑造景遊戲。這些迷你玩具需長期累積來蒐集，種類及數量才會多樣。茲將各種玩具分類如下：

1.人物類：玩具兵若干、軍人、教師、警察、護士、學生……各行各業人物。

2.動物類：恐龍、家畜、叢林動物、農場動物、動物園動物、沙漠動物……。

3.植物、礦物類：樹木、花、草、石頭、貝殼、岩石……（在水族館可購買這些材料）。

4.交通工具類：火車、汽車、輪船、貨車、飛機、摩托車……。

5.建築類：平房、電線杆、農舍、車站、鐵橋、水泥橋、籬笆、塔、學校、購物中心、馬路、鐵道……。

6.武器類：戰鬥機、大炮、戰艦、戰車、士兵、騎兵、傳令兵……。

7.其他類：羽毛、小箱子、金星、旗幟、鎖、念珠、皇冠、珠寶、水晶球……。

參・適用對象與目標

一、適用對象

沙箱治療是一種鼓勵內省的、開放結果的、彈性自由的、海闊天空的媒介活動。5歲以上的兒童（包括5歲）就能樂於沙箱創作遊戲中。即使是青少年或成人，只要能享受沙箱造景遊戲的樂趣，亦適合實施。5歲以下的幼兒雖能享受玩沙的樂趣，但僅止於觸覺感官的滿足及情緒的抒解，其智能發展尚無能力使用象徵物來投射、表徵出個人的內在世界。一般沙箱治療是使用於個別諮商中。

二、治療目標

1.兒童在沙箱中，透過玩具的布置來訴說潛意識中內在世界的故事。

2.探索特定的事件、過去、現在、及未來。

3.探索和這些事件有關的主題和問題。

4.對那些過去或現在他無法接受的事情以行動表示出來。

5.對在他的生活中事件的要素，獲得一認知的瞭解及洞察。

6.對事物的兩極獲致統整。

7.透過在沙箱中創作，投射他的幻想來改變他的故事。

8.透過身體的表達，經驗權力的感覺。

9.對過去和目前的問題和事件獲致精熟。

10.思考接下去可能發生什麼？

11.透過洞察的發展，發現問題的解決。

肆・過程與技術

一、啟始階段

沙箱治療的開始，可能是兒童自發的玩沙子；或諮商員可邀請兒童玩沙子。引導兒童玩沙箱時，一般諮商員會依沙箱治療的目標，而決定採取非結構式或結構式開始。

(一)非結構式

此方式諮商員介紹給兒童迷你玩具，建議他們用最喜歡的迷你玩具在沙坑上玩。例如：「你可用這些玩具在沙中玩！」於是諮商員讓兒童自由選擇迷你玩具在沙中布置任何的「沙圖」。諮商員沒有任何指導，他的任務在：營造輕鬆、安全、自由的氣氛；從旁觀察兒童從事工作和布置場景的方式；尋求兒童所創造的作品的主題和問題；並與兒童加以討論。

(二)結構式

在一些案例中（Geldard, K. & Geldard, D., 1997），諮商員可能已經確定兒童的問題，於是就採直接引導方式，請兒童在沙箱中創作特定的主題。

例一：針對一位具人際關係問題的兒童

諮商員：「請你在沙中布置一個場景，在此場景中包括你和所有你認識的人。」

例二：針對一位被動的兒童，諮商員想瞭解其家庭狀況

諮商員：「請你閉上眼睛，想像一下你在家中的情形，把這個景象用小玩具在沙中布置出來。」

例三：針對一位高焦慮的兒童

諮商員：「請你在沙中布置你對害怕事物恐懼的景象。」

接著，諮商員進一步引導：

「把使你想起害怕事物的東西也布置在沙箱中。」

於是兒童透過沙箱治療，把內在恐懼事物具體化出來，並藉由象徵性方式，處理此情緒困擾問題，如：請兒童把恐懼的事物埋在沙堆中、或放到沙箱外。

二、述說故事階段

當兒童從事沙箱創作的過程中，諮商員宜安靜的坐在兒童旁邊，並適時透過觀察、回饋敘述、發問等技術，傾聽及引導兒童訴說他的故事。此階段可用的技術如：（Geldard, K. & Geldard, D., 1997）

(二)觀察技術

觀察是諮商員在沙箱治療過程中的首要任務，當兒童專注的從事「沙圖」創作時，諮商員宜安靜的觀察；適時的引導兒童訴說他的故事；並傾聽兒童的內、外在聲音。諮商員觀察的重點：

1.注意兒童選擇了哪些迷你玩具。

2.瞭解一些象徵物的一般性意義。

3.確認兒童對所選迷你玩具所賦予的特定性質和意義。

4.注意是在整個沙箱造景或只用沙箱的一個角落造景。5歲以上兒童應可用全沙箱造景，若仍只用一角落造景，可能是心理困擾的象徵。

5.觀察沙箱中象徵物安置的位置，重點在：(1)哪些排置在中間？(2)哪些排置在邊緣？(3)哪些迷你玩具間關係疏離？(4)哪些迷你玩具間關係親近？(5)哪些迷你玩具排置在支配位置？(6)哪些迷你玩具被掩埋？

6.若排置家人活動場景，重要家庭成員誰缺席？

7.觀察兒童的工作態度。自發地？遲疑地？睏倦地？積極地？生龍活虎地？畏縮地？

8.選擇迷你玩具的態度。仔細的？謹慎的？熟慮的？匆忙的？草率的？遲疑的？

9.確認兒童的問題。是養育問題？親子關係？手足問題？重組家庭問題？同儕問題？或性侵害問題？……

10.兒童故事中的矛盾之處。

(二)回饋敘述

當兒童在建構沙圖時，自發地談及建構的內容，此時，諮商員的角色是靜默且投入的觀察。若兒童只沉默地埋首創作，諮商員靜觀一陣之後，可藉由將觀察所見，向兒童做回饋敘述。例如：

諮商員：「你在擺置這些人物時，看起來小心翼翼的。」

「你所布置的景象，感覺很忙碌。」

「你所布置的牧場景象，感覺悠閒自在。」

又如：在一兒童創作沙圖的過程中，他在房子四周放置柵欄；又在柵欄四周圍上籬笆；最後在籬笆外挖河溝、造丘陵，諮商員猜測他可能有安全感的問題，採回饋敘述說：

「我注意到你先在房子四周設置柵欄；又在柵欄外樹起籬笆；最後在籬笆外還挖了河溝，造了丘陵。」於是兒童透過在沙箱中造景的過程，及諮商員的回饋敘述，終於瞭解自己的問題在「安全感」。

回饋敘述不會干擾兒童正進展的活動，不思引導兒童到所布置的特定主題。其作用：(1)間接地激勵兒童述說故事；(2)提升兒童對其所建構的沙圖及其內在歷程的覺知，促進兒童對其問題、思想與情感的瞭解。

(三)發問技術

當沙箱治療的過程停頓或時機適當時，諮商員可用開放式問題發問，引導兒童將沙景與其現實生活做聯結，或對特定部分做更充分或更深入的探索。例如：

諮商員：「能否告訴我有關你建造的沙圖？」

「你所布置的玩具都是壯碩巨大的，你曾感到孔武有力嗎？」

「你把這個小嬰兒放置在這個角落的原因是什麼呢？」

「這個地方空空的，是否曾發生過什麼事？」

又如：一兒童在沙箱中建構了一些小孩在公園玩耍的場景，對故事接下去發生什麼事，他只說：「他們就回家了。」此時，諮商員可引導說：

「請你再在沙箱中布置出當他們回家，發生了什麼？」

此發問可引導兒童重新排置迷你玩具及繼續述說故事。結果新的、重要的議題於焉現身，否則已被忽略了。

三、達成統整階段

每次諮商會期，兒童經由沙圖的創作，諮商員藉由觀察、回饋敘述、發問等技術，引導兒童述說故事，於是持續一段時期（也許三、四個月），兒童可能對個人的問題獲得統整的認知；能覺知、認識、經驗與處理個人的負向情緒；並產生正向的情感。當兒童抵達統整階段，或諮商會期按既定計畫接近尾聲，於是沙箱治療宣告結束。

此外，在整個治療過程中，諮商員宜注意下列各項事宜：

1.在發問之前，諮商員應謹記，當兒童在沙箱中建構沙圖時，宜靜觀過程的自然流動，莫做無謂的介入與干預，更宜少解說。

2.對各種象徵物的象徵性意義，諮商員不可自以為是的做主觀的認定與解釋，以防誤解兒童的本意。

3.每次沙箱治療結束，諮商員宜肯定兒童的努力與成就，激勵他們沙箱造景的創作動機。

4.每次諮商後，讓兒童決定是否自己拆除所建構的沙圖；或暫時留置，待他離開後，由諮商員拆除。不宜在兒童面前拆解他布置的沙圖，以示對其創作的尊重。

5.一定要告訴兒童，當他下次再回來諮商室時，他所布置的沙圖將不在那裡。

6.每次兒童所布置的沙圖，諮商員均應拍照片或幻燈片存檔，其功能：(1)表示對兒童作品的尊重；(2)滿足兒童的成就感；(3)從所蒐集的沙圖照片的檔案資料，助益確認主題，及評估諮商的成效。

7.兒童有下列行為，宜加以限制：(1)到處灑沙子；(2)把沙子盡興地灑出來；(3)在沙箱中灌水（但允許把沙子淋濕）。

第四節　演布袋戲

壹・定義與功能

演布袋戲是諮商員提供兒童各種人物或動物的掌上布袋戲偶，請他們創造劇情並演出一齣戲。兒童在演布袋戲的過程中，賦予劇中各個角色不同的人格、情感及行為，並演出角色間的對話，以發展劇情。此中，兒童會自然地把自己及周遭重要他人的人格、信念、情感及行為投射到這些劇中人物上、及演出的對話和劇情上。於是，兒童從演布袋戲的過程中，能確認、探討、頓悟自己的問題行為，繼而解決個人的問題，以達成諮商的目標。其功能：

1.兒童是隱藏在布袋戲偶背後，視自己與劇中人物有別，於是敢於無限制的、完全的投射個人的人格、信念、情緒與行為到劇中人物上，藉由劇情流露真情、表達真我。

2.提供練習間接的處理個人難題的一種方法。

3.兒童透過布袋戲人物的掩護，間接表達個人內在的痛苦，避免將個人內在的痛苦直接暴露，可保護兒童的自尊。

4.透過布袋戲的劇情，兒童具安全感的發洩情緒，表達不為人所接受的思想、情感與行為，因為沒有人會把劇中玩偶的行為歸罪於他（演戲者）。

5.兒童獲得對個人問題的洞察，發展面對及挑戰個人問題的信心和勇氣，進而產生行為的改善。

6.小團體中演出布袋戲，兒童創作、演出劇情，可滿足他們的表演欲及成就感。

7.在日常生活事件的演出中，兒童對其獲得掌控感。

貳・設　備

理想上，遊戲治療室需有布袋戲台的設備，方便兒童隨時演出布袋戲。若無布袋戲台的設備，可用大型娃娃屋的窗台或桌子代替。演布袋戲時，兒童就在布袋戲台後面或桌子上演出，諮商員或小團體的成員則充當觀眾，坐在兒童對面，觀賞他的演出。

布袋戲偶有木偶和布偶兩種，均由手掌操控演出。有些布袋戲偶的眼睛和嘴巴可操控，演出動作，當然布袋戲偶的手、腳動作是演戲時表演的焦點。布袋戲偶包括各式各樣的角色，其種類：

1.日常人物：醫生、護士、警察、父親、母親、祖父、祖母、兄弟、姊妹、嬰兒、兒童、伯叔、姑姨……。

2.幻想人物：超人、魔鬼、精靈、女巫、男巫、仙女、魔術師。

3.動物戲偶：野狼、小白兔、老虎、鯊魚、鱷魚、獅子、狐狸、馬、大象、牛。

4.偽裝人物：小丑、蒙面人、隱形人。

參・適用對象與目標

一、適用對象

演布袋戲是一種鼓勵互動、開放結果、彈性自由、海闊天空的媒介活動。最適用於幼稚園的幼童及國小的學童，亦可使用於中學生，可在個別或小團體諮商時實施。Schmidt與Biles（1985）即曾對七、八年級學生（即國一、國二學生）使用木偶戲進行團體諮商。

二、諮商目標

1.兒童獲致對事件及問題的精熟。

2.兒童透過掌上乾坤的表達，成為有權力的。

3.兒童發展解決問題和做決定的技巧。

4.兒童發展社會的技巧。

5.兒童改善溝通的技巧。

6.兒童發展對個人問題的洞察。

肆・實施方法

布袋戲的演出內容包括：(1)日常生活事件：如爸媽吵架、我的煩惱、討厭的人、可怕的經驗、拜訪從未謀面的爸爸……；(2)問題解決事件：如：一些兒童在家庭或學校碰到的難題，演出難題的性質及解決的辦法；(3)神話故事：如：糖果屋、青蛙王子……；(4)寓言故事：如三隻小豬、小紅帽……；(5)歷史故事：如：華盛頓砍倒櫻桃樹。

演布袋戲的方式及諮商技術玆介紹於下：

一、即席演出

即席演出沒有預先編好劇本，係臨時起意、臨場演出。其步驟：(1)兒童自發地挑選角色、指派角色。如：指派小傑、妹妹、繼父三角色，小傑是主角；(2)開場白：兒童介紹演出的人物、時間、地點、事件；(3)即席演出劇中人物間的對話；(4)諮商員在演出過程中或結束後，適時提出問題與兒童討論。

(一)自發演出

有些兒童很容易的就進入編劇演戲的狀態，並且會不斷改變多種聲音，以扮演各種不同角色，演出一場精彩的掌中乾坤。

(二)引導演出

當有些兒童則難以啟始。對這些兒童，諮商員可引導他們以日常生活有關的事件為演戲的主題，例如：

若兒童不知如何開場，諮商員示範選一布袋戲偶（如小白兔），操控此一戲偶與兒童（小傑）對話：

「小傑，你今天要跟我玩嗎？」

諮商員鼓勵小傑亦選一布袋戲偶，操控此一布袋戲偶與「小白兔」對話。諮商員接著引導：

「請你介紹一下你戲中的人物好嗎？」

當兒童逐一介紹時，「小白兔」逐一和每一角色寒暄幾句，如：

「灰狗大哥你好，很高興看到你，我喜歡你穿的灰色西裝配紅色大蝴蝶結。」

於是諮商員的參與，使得兒童的演布袋戲活動順暢展開。

二、編導演出

編導演出是諮商員請兒童設計主題、編劇情、設計開場白及對話，然後按所編劇情，以布袋戲偶演出一齣戲。

(一)主題

編導演出的主題可以是兒童自定，或諮商員決定。前者如兒童自定演出的主題：「我的生活與煩惱」；後者如諮商員請兒童演出「小紅帽」的故事。

(二)步驟

編導演出的步驟：(1)決定主題：諮商員請兒童演一齣布袋戲，戲中有一粗暴、專制的繼父，有一孤單、焦慮的兒子，另有兩個角色，請兒童依這些角色決定主題、劇情；(2)請兒童選擇角色、分派角色；(3)兒童設計角色間的對話；(4)兒童正式演出布袋戲；(5)諮商員在演出過程中或結束後，適時提出問題與兒童討論。

(三)討論

1.在演出過程中，諮商員可隨時介入，直接與劇中的某一角色談話。例如：諮商員問大熊：

「當大家在宴會狂歡，你獨處的感覺像什麼？」

2.在演出結束後，諮商員和兒童討論劇情，如問：

「在故事中的所有角色，你最喜歡成為誰？」

「在故事中的所有角色，你最不喜歡成為誰？」

唯避免問兒童：

「在這個故事中你是誰？」因為這個問題會引起兒童的防衛心，且兒童可能不只投射自己的心理與行為到戲中的一個角色上，此時，這個問題會讓兒童難以回答以致無言以對。

最後，問兒童：

「戲結束後，故事中的所有角色發生什麼？」

此問題可助益兒童去注視故事的結局。

3.在演出結束後，諮商員亦可請兒童演出變通的解決問題的方法，使故事達成更滿意的結局。例如在「小紅帽」的戲演畢後，諮商員可能問：

「在野狼決定吃祖母之前，祖母能有何對策？」

兒童可能想出許多變通的解決問題的辦法，於是諮商員鼓勵兒童把它演出來。

三、團體偶戲法

在小團體諮商中，亦可應用布袋戲為媒介來進行。台北市東門國小曾設計在小團體諮商中，讓兒童即席演出布袋戲，然後就以演出的內容來討論。如成員中有人演出偷竊的劇情，各成員可就事論事討論劇中人的感受？團體成員藉布袋戲的演出，在安全、無壓力的情況下，表達內心的情感、平日的恐懼、或不滿的意見。輔導者可藉成員演出的內容，做為討論的素材，使成員從討論中澄清自己的問題、瞭解別人的問題，進而解決自己的困難。（台北市政府教育局，1988）

Schmidt和Biles（1985）曾在小團體諮商中使用木偶為媒介，協助學生探索自我知覺、學習溝通技巧、發展與同儕的人際關係。其對象為12位七、八年級（國中一、二年級）的學習障礙及可教育性智能障礙學生。小團體諮商共有九次會期，每次55分鐘。在團體諮商會期中，請學生演木偶戲的兩個主題是：

1.當在同儕壓力下，如何拒絕藥物或酒精濫用問題？

2.當在一孤島上擱淺，如何合作求生？

此活動的結果，特殊的中學生在參與此小團體諮商的活動後，對小團體諮商傾向正面的評價，在學校的出席率上有明顯的改善。

第五節　扮演遊戲

壹・定義、功能與設備

宋人范成大詩：「童子未解供耕織，也傍桑蔭學種瓜」，說明兒童最喜歡「扮家家酒」，模仿成人的行為。尤其是2～5歲的幼兒，玩扮演遊戲是再自然不過的了，一會兒拿起鉛筆，學護士打針；一會兒抱著洋娃娃，扮媽媽餵奶，模仿成人具體的行為。隨著年齡的成長，4歲以上的幼兒已能使用不相干的東西當道具，想像它的象徵性意義，而進行想像的扮演遊戲。如兒童拿起積木，扮演打行動電話的遊戲；以拳頭假裝是杯子，扮演喝水的動作。10歲左右的兒童，具備了抽象思考能力，能扮演神話幻想世界的角色，如怪物、仙女、超人等。

所謂的角色扮演遊戲是兒童想像自己是某一人物的角色，以道具裝扮自己成為該角色，演出該人物的語言、動作、行為，去創造一個故事。

其功能：(1)3 ～5歲的幼兒從事「扮家家酒」的遊戲是自然的、正常的；反之，則表示該幼兒在智力及情緒功能上可能產生一些問題，值得我們警惕及注意；(2)它是開放結果的、無限寬闊的，允許兒童毫無界限的去探索各種的選擇和可能性；(3)能使兒童具安全感的去表達情感、問題和重要事件；(4)兒童在自發狀態下，演出有關他的生活及其與生活中重要人物的互動和看法，有助益對兒童的瞭解。

其設備請參考本書第377頁，娃娃角、家庭角、裝扮角的各種玩具。

貳·適用對象與目標

一、適用對象

角色扮演遊戲是一種鼓勵兒童互動、冒險及認知反應；允許兒童開放、彈性、自由思考的媒介活動。最適用於2 ～5歲的幼童及6 ～10歲的國小學童。尚適合國小高年級，唯並不適合國中以上年齡的學生。因為國中以上學生，他們的遊戲內容傾向現實性與真實性，可能會認為想像扮演遊戲太幼稚，自言自語更是猶如瘋子，不為社會所接納。此活動最適用在個別諮商，但亦可用於團體諮商。唯並不適合於下列情況的學童：(1)曾被剝奪想像扮演遊戲經驗的兒童；(2)具語言困難及認知遲滯的兒童；(3)遭虐待、忽略，有心理創傷的兒童，這些經驗抑制了他們純真、自發的扮演遊戲的本能；(4)個性過於害羞、謹慎，不敢冒險從事扮演遊戲。

二、目標

在諮商中以想像的扮演遊戲為媒介，其目標：

1.使兒童能用語言及非語言（動作等）方式，具體的表達個人的想法、希望、恐懼和幻想。

2.使兒童能表達內在的思考或思考的過程。

3.使兒童能滌清痛苦的情緒。

4.使兒童能透過情緒的身體的表達，去經驗成為有力的。

5.使兒童對過去的事件和問題獲致精練和支配。

6.發展兒童對目前和過去事件的頓悟。

7.協助兒童勇敢的嘗試新行為。

8.協助兒童練習新行為及準備特定的生活情境。

9.協助兒童建立自我概念和自尊。

10.協助兒童改善溝通技巧。（Geldard, K. & Geldard, D, 1997）

參．過程與技術

一、開始前階段

在角色扮演治療開始前，諮商員宜先布置妥當能激發兒童想像扮演遊戲的各種遊戲器材，讓兒童一踏進遊戲室，即能自由地選擇喜歡的玩具，創造和進入一個想像的世界，進行想像扮演遊戲。此外，若諮商員事先已規劃特定議題的遊戲，則事先宜選定及布置妥當這些特定的玩具，以方便兒童進行特定主題的角色扮演遊戲。

二、啟始階段

諮商一開始，諮商員可做如下的引導：

「今天，我們就來玩屋內的玩具」

於是主動、自發的兒童，會自然地拿起道具裝扮自己，開始從事角色扮演遊戲，以行動演出其思想、情緒、和行為，此過程本身即是治療的，即具有情緒的抒解與宣洩的效果。

開始，諮商員宜以溫暖、尊重、接納、關懷、同理心的態度建立安全、自由、輕鬆、信任的心理氣氛，助益兒童盡情、盡興、真情的演出。

三、演出故事階段

在角色扮演遊戲中，兒童是以行動演出自己的故事。一旦演戲開場，諮商員可扮演以下角色並透過下列技術，協助兒童進行扮演遊戲，以達治療的目標。（Geldard, K & Geldard, D., 1997）

(一)催化角色：對能主動、自發投入演戲的兒童，諮商員不需參與、闖入他們的想像世界。諮商員要扮演的是催化角色，其技術主要是觀察、支持、及適時擴展他們的遊戲。

(二)複製和解說角色

當兒童從事扮演遊戲，諮商員從旁觀察，並複製和解說兒童方才所做的行為。

例如：兒童正在娃娃屋重新布置家具，諮商員複製兒童的動作，並加上解說：

「我把椅子面對牆放，這樣爸、媽看電視才看得清楚。」

此技術的特點：(1)諮商員未闖入兒童的演戲世界；(2)可讓兒童感覺他的行為是重要的、有價值的；(3)諮商員示範解說自己的遊戲行為；(4)激勵兒童持續進行扮演遊戲。

此外，所謂的「反映技術」是諮商員只反映兒童所說的內容或情感，它是非侵入的。其功能是協助兒童看清自己，認識自己的事件和問題。例如：諮商員：「當洋娃娃頑皮時，會被鎖在她的房間內，被鎖在裡面，不知會不會感到很孤單、害怕？」

(三)參與角色

其方式：(1)諮商員主動要求參與兒童的演戲，請兒童分配角色和任務；(2)對兒童在演戲中的行動和解說做反應，以引導、擴展兒童演戲的內容，使其更豐富。

例如：當兒童正扮演一位媽媽在照顧嬰兒，諮商員主動要求參與演出的方式：

「小嬰兒還沒餵奶，我是他姊姊，我現在可做什麼？」

此時，兒童可能拒絕諮商員的加入，說：

「他沒有姊姊。」

或允許諮商員的加入，請諮商員演姊姊趕快幫忙餵奶。

此外，諮商員擴展遊戲內容的技術如：

「媽媽！小嬰兒不吃奶，一直哭，怎麼辦？」

此方式將遊戲引導至新的方向上。

(四)教導角色

諮商員採取此角色時，所採的技術如下：

1.設定議題：讓兒童扮演諮商員預設的主題。

2.引導技術：當兒童從事扮演遊戲時，不會主動配合語言溝通、創造對話，此時，諮商員可引導他們創造對話演戲，例如：

「我注意到妳正把娃娃放回床上，當你把她放回床上，妳想對她說什麼？」

3.示範技術：諮商員示範一些有能力者的角色行為，如救助者、養育者、冒險者、解決問題者等，然後鼓勵兒童利用一些小道具，裝扮演出這些有能力者的角色行為，如示範扮演好媽媽的角色行為。此技術可協助兒童學習、經驗及成為有能力解決問題的人物。

4.回到過去：諮商員請兒童演出過去的不愉快或痛苦的經驗，透過再經驗過去的景象，兒童可達對問題的深入瞭解，進一步鼓勵兒童思考在此情境中可採的新的適應行為，並嘗試演出新的適應行為。此技術可協助兒童對過去事件和問題的掌控和精練。

若兒童不敢冒險嘗試扮演新行為時，諮商員可說明扮演是「假戲」，不會有「真果」，鼓勵他勇敢的冒險扮演新的適應行為。

例如，諮商員問：

「假如你現在手中握有魔法棒，你要把過去的這些事情改變成怎樣？」

5.對話技術：當兒童在演出過去的事件時，諮商員可請兒童同時扮演事件中的不同角色，如：繼父和小傑，並創造不同角色間的對話，兒童連續的演出兩種角色。此對話活動可讓兒童瞭解不同角色的不同立場；瞭解他人的行為和信念，對整個事件的來龍去脈產生頓悟。

6.練習新行為：諮商員可利用參與兒童的扮演遊戲，提供兒童練習各種新行為的機會。

例如：諮商員故意參與扮演被協助的角色，提供兒童扮演「助人者」的角色，練習助人者的行為，並予以肯定其善心與能力。

又如：諮商員請兒童扮演教師，自己參與扮演：(1)服從的學生；(2)

不服從的學生。此活動可讓兒童學習做教師要如何處理不同狀況下的問題。

如此，兒童嘗試不同的角色行為，發現自己的潛能，建立積極的自我概念和自尊。

總之，諮商員要如何選擇運用這四種角色呢？彈性是其原則。一般後兩種方式（參與及教導角色）適當應用，當然有助益諮商目標的達成，唯亦較可能入侵了兒童的遊戲。理想的方式是採折衷之道，當兒童無能力獨立運作扮演遊戲時，諮商員即多一點介入和教導；反之，若遊戲發展順暢且持續進行時，即少一點介入和教導，甚至回到觀察者的角色。

第六節　讀書治療

壹・定義、功能與設備

一、定義

提到讀書二字，有謂「讀書樂，樂無窮」；或謂「讀書苦，苦無盡」，讀書究竟是苦或樂？筆者認為應謂讀書有苦有樂。大部分學子會認為讀書是件苦差事，乃苦其考試所帶來的焦慮和失敗所帶來的挫折，若無考試，讀自己需要且喜歡的書，讀書將是人生一大樂事。

許多兒童除了喜歡遊戲，也喜歡閱讀課外讀物。課外讀物除了給兒童開啟知識的寶庫、帶來閱讀的樂趣外，亦能滿足兒童在成長過程中的一些基本需求。許多兒童讀物引導了兒童克服逆境、邁向快樂人生的坦途。由於圖書對兒童心靈的影響頗大，許多輔導學者自然的運用它來達成協助兒童心理健康成長的工具。

以書籍做為心靈治療的工具，古今中外皆然。古希臘曾謂圖書館是「心靈治療所」，西洋人古來即習慣以「聖經」做為治療心靈創傷的工具；而東方人則以「佛經」做為解脫煩惱的工具。國人利用讀書來達成修身養性的目的由來已久，近年來全國暢銷書排行榜中，修身養性的禪學書籍始終普獲青睞，如林清玄的《身心安頓》、《證嚴法師靜思語》及鄭石岩的《禪—生命的微笑》。可見國人已習慣用最方便的讀書方式來修身養性、安頓心靈、排解煩惱，其功效亦獲大家的肯定，故在輔導上採用此方式相信亦大有可為。

讀書治療成為科學的心理治療始於1860年代，美國波士頓的麥克林醫院任用讀書治療專業人員。隨著醫院逐漸認識了讀書治療的效用之後，感化教育機構及監獄也開始設置圖書館，發揮它精神食糧的功能。1937年W. C. Menninger最先使用讀書治療（bibliotherapy）一詞，1951年美國精神醫學家Moore曾報告應用讀書治療於心理正常的犯罪少年的輔導實例，1955年Schroders正式建立了讀書治療的理論基礎。於是讀書治療逐漸擴大其領域至教育機構，利用文學作品來幫助青少年適應多變的社會、發現自我及開拓自我。（劉焜輝，1978）

讀書治療或稱為閱讀治療。1941年都蘭圖解藥學字典最先定義為「在精神疾病的治療中，使用書籍讓病人閱讀」。1961年韋氏新國際辭典第三版定義為「在醫學及精神科中，選用適當的閱讀材料做為治療的輔助物，並且透過指導性的閱讀，協助病人解決問題」（范美珠，1987）。張春興（1989）在其張氏心理學辭典中定義閱讀治療為：「利用讀書活動以治療心理疾病的方法，閱讀的材料可分兩類：一類是關於心理衛生、心理健康之類的書籍；此類閱讀可幫助患者從瞭解自我中多所領悟。另一類是屬於一般知識性或觀念性的書；此類閱讀既可增加知識、拓展思路，又可充實患者生活，藉以免除寂寞孤獨之苦」。上述定義中，讀書治療是應用在臨床醫學中，以精神病人為對象，精神科醫師視病人的需要，以書籍為治療物的方式。

讀書治療除了應用在醫療機構，發揮精神疾病的治療性效果外，亦有輔導學者主張應用在諮商及教育機構，發揮輔導的預防性及發展性的效果，故讀書治療有稱為讀書諮商（bibliocounseling）（Kest et al., 1972），或稱為故事書諮商（story-book counseling）（Anderson & Schmidt, 1967）。從輔導諮商的觀點，劉焜輝（1978）定義讀書治療：「是以圖書為治療媒介，讓當事人閱讀與其自身問題有關聯之主題，使其在閱讀過程中對書中人物產生認同、淨化、洞察等功能，並於閱讀後和諮商員交談閱讀感想的治療型態」。

總之，讀書治療是諮商員視當事人的特定問題之需要，決定以書籍或類似功能的資訊為媒介，提供當事人閱讀。當事人在閱讀中與書中故事的人物、事件產生互動，於是對箇中人物、內容產生認同、投射；對自己的情感產生淨化、洞察。諮商員透過與當事人分享及討論閱讀心得與感想，促進當事人問題的解決，達更好的適應與成長。此定義中書籍並不限定在書本，亦包括錄音、錄影帶、電影等媒體的故事。

二、價值與功能

諮商中，兒童往往受限於語言表達能力，無法完全且正確的表達自己的想法和感受；或個案基於防衛心理，不願直接談及自己的問題；或個案限於知識、經驗薄弱，行事無法做正確的判斷與決定。此時，讀書治療可發揮其功能，諮商員可選擇與該兒童的問題行為有關的傳記、小說、資料等，提供兒童做為閱讀的家庭作業。兒童在閱讀中，會對書中人物的遭遇產生認同、同情、欽佩、甚至敵意……不同情感。於是諮商員和兒童討論其閱讀後的心得，此方式由於談的是書中人物的故事，可避免直接談及兒童的問題，因而可降低個案的防衛心理，從而瞭解個案的內在世界及其感受。具體而言，讀書治療的價值與功能如下：

1.增廣見聞，擴大生活的層面，提升知識的水準。

2.提供解決問題的資訊和知識，增進解決類似問題的能力。

3.透過故事的閱讀，個案會對故事中的人、事、物產生認同作用，並對自己的處境進行反思。

4.透過對故事中人、事、物問題的討論，個案會自然的投射個人的思想、情感。

5.當討論故事中的問題，個案會因是討論別人的問題，而較無防衛之心的無形中自我表達更多有關他自己經驗的資料，有助益諮商員對其問題的瞭解。

6.透過故事，可激勵個案討論他經常恐懼、害羞、或因罪惡感而不願面對的問題。

7.透過對故事中人、事、物的興趣，個案分享了故事中人物的經驗。

8.透過故事的閱讀（如家庭暴力、性侵害的主題），個案認識到自己的問題也同樣發生在別人身上，自己並非唯一的遭遇此類問題的人，可減少個案的孤單、無助、寂寞感。

9.透過故事的閱讀，個案會對自己問題的前因後果產生洞察，因而更瞭解自己的問題，也更瞭解別人。

10.透過故事幫助個案用具體化的語言表達個人遭遇的問題。

11.透過讀書治療可使個案被壓抑的情緒獲得宣洩的滿足。

12.可促進兒童的社會化，增進其同理心及社會問題的洞察。

13.拓展兒童的興趣，使其將注意力轉移到自身之外，避免個案自卑、自怨自嘆、鑽牛角尖。

三、設備與材料

所需的材料：

1.各類書籍：包括小說、傳記、勵志書籍、修身養性書籍、教導處理特定心理議題的書籍或文章等。故事可分為童話、寓言、神話、真實故事；亦可分為短篇故事、長篇故事等。

2.報章、雜誌、網路文章。

3.其他電影、電視、錄音帶、錄影帶節目的故事。

兒童的年齡與讀書治療所選的材料有關係。一般二歲以上的兒童最適合寓言、神話、童話、歷史人物，或現代的故事。書本字體大小、注音、插圖等均需依年齡加以考量，如幼兒得採大字體、繪本、老師講解的方式；國小兒童依低、中、高年級採不同字數的書籍、且有注音、插圖；至於國中以上所採用的書籍則以真實性故事、傳記、勵志書籍，及教導處理特定問題的實用性書籍為適。所選的故事書的主題則包括：朋友、手足競爭、問題解決、做決定、兩難困境、紛爭的解決等。

貳．適用對象與目標

一、適用對象

讀書治療允許開放、自由、彈性思考；人們熟悉，易於實施；鼓勵認知反應。除了智力低下，不瞭解語言、文字者外，各年齡層的人（從2歲以上），及各問題類型者，如生理病痛、心理疾病、生理殘障、人格異常等，均可從閱讀治療中獲益。適用在個別和團體諮商。

二、目標

1.幫助個案藉認同一故事的角色和情境去認知自己的問題，促進自我瞭解。

2.幫助兒童去發覺、處理、解決時常盤據心中的問題和情緒，如恐懼單獨被留置，害怕被背叛，過度為他人負責的情感。

3.幫助兒童思考和探索問題的彈性的解決方法。

4.藉由閱讀和自己類似經驗的故事，幫助兒童以正常心看待自己的問題。

5.藉由閱讀和自己類似經驗的故事，幫助兒童減少消極的自我概念。

6.藉由閱讀和自己類似經驗的故事，幫助兒童自我接納及接納別人。

7.藉由閱讀的故事，兒童能無防衛之心，間接的表達個人的思想和情感。

8.教導兒童適當的信念和行為，如有關身體保護、性騷擾、情緒管理和社會技巧等。

參·治療方式與過程

一、治療方式

1.應用故事書：讀書治療一般是閱讀與兒童問題行為有關的具有故事性的適當書籍，較易引起兒童的興趣，讓兒童在閱讀過程中對故事中的人物產生認同與投射作用。兒童閱讀後，諮商員引導兒童針對故事所呈現的特定主題進行討論，以達成諮商的目標。

2.應用具有教育性的書籍：個人行為的改變包括認知、情意、及行為三個層面，而認知上的改變會影響個人態度及行為上的改變。諮商員在輔導特定問題時，可從認知上的改變著手，針對具有特定問題的個案，提供有關討論這一方面問題的書籍讓學生閱讀，個案從閱讀當中對自己的問題有正確及深刻的瞭解，並學習到解決此類問題的適當方法。

例如：一位遭受性侵害的兒童可能學到開放、信任、順從大人等錯誤概念，而未學習到人際間什麼是適當的界線；人際間毫無界限所可能帶來的危機；及適當說「不」是必須的。此時，諮商員可利用有關的書籍教育兒童這些人際間的正確知識，並可用角色扮演法及行為練習法學習在特定情境下如何說「不」。

有關此方面書籍的議題包括下列領域：性騷擾、性侵害、家庭暴力、兒童虐待、性教育、情緒管理、婚姻、社會技巧、死亡教育等。

上述兩種方式除可透過個別諮商實施外，亦常透過團體諮商的方式實施。目前社會上已有許多「讀書成長團體」，如教師讀書成長團體或家長讀書成長團體，彼此約定閱讀一本相同的書，定期聚會討論，以獲成長。在各輔導諮商機構亦有許多「讀書治療團體」，如針對父母離異兒童、殘障學生實施讀書治療團體等，均具相當的功能。

此外，利用兒童喜歡聽故事的特性，由諮商員視兒童的需要，編擬與兒童的生活經驗有關的故事，朗讀或講故事給小朋友聽，然後加以討論。討論中兒童會自然的對故事中的人物產生認同，然後透過故事的討論投射自己的思想和情感，經由團體的分享與討論，兒童達自我瞭解、增進適應，以達諮商的目標。

台北市東門國小曾介紹適用於國小三至六年級兒童團體諮商用的故事，種類有神話故事、歷史故事、現代故事、偉人故事等。針對每個故事設計討論問題供團體討論。例如：在偉人華盛頓幼年的故事中，討論的問題：華盛頓為何在父親盛怒之下要承認砍倒櫻桃樹？誠實有什麼結果？談談你日常生活中誠實的事例？（台北市政府教育局，1988）

二、治療過程

讀書治療的實施步驟如下：

1.準備階段：針對兒童的年齡、問題性質，決定採用適切的書籍，及決定採個別或團體方式。

2.實施階段：諮商中諮商員與當事人討論書中的內容，討論時諮商員可用下列的問題引導兒童如下的反應，以達成讀書治療的目標：

表12-1　讀書治療中諮商員的問題及兒童的反應

諮商員的問題	兒童的反應
1.用自己的話說說看你看（聽）到了什麼？	複述故事內容
2.故事的主要問題是什麼？為什麼存在這些問題？	確定主要問題和主題
3.故事中的主角發生了什麼事？為什麼？	確定主角及其問題
4.故事中還發生了些什麼事？為什麼？	確定次要問題
5.你覺得主角的感覺是什麼？	解釋主角的感覺
6.故事自始至終主角做了哪些改變？其因何在？	瞭解故事中的變化
7.假如你是故事中的主角，你會怎麼做？為什麼？你有過相類似的經驗嗎？這個情境可做怎麼樣的改變？	將故事主角與自己相類似的生活經驗相聯結，並評鑑行為的結果
8.這個故事要告訴我們什麼？現在你對這個故事有什麼樣的看法？	結論

（Cornett &Cornett, 1980；范美珠，1987）

例如：當諮商員以「小紅帽」的童話故事讓兒童閱讀或講此故事給他們聽，然後和他們討論上述問題。針對第7、第8個問題，諮商員可能問：

「如果你是小紅帽（祖母），你會如何以智取勝，趕跑可惡的大野狼？」

「如果你是祖母，你為避免被野狼吃掉，可能會如何做？」

然後鼓勵兒童儘可能想出各種可能解決問題的方法。

「你曾碰到過類似的經驗嗎？碰到時你可能會怎麼處理小紅帽的遭遇？」

「這個故事告訴我們什麼？現在你對這個故事有何看法？」

3.評估階段：評鑑透過如此的讀書治療的過程，兒童成為更勇敢、更瞭解各種問題、及更知道要如何處理危機。

此外，閱讀者在閱讀的動力性過程中，其心理歷程如下：（范美珠，1987）

1.投入階段（involvement stage）：讀者被故事內容所吸引，進而關心故事的內容及故事中所傳遞的訊息。

2.認同階段（identification stage）：讀者自故事中發現具有與其困擾相類似的角色，並認同此角色、和此角色的情感相聯結。

3.投射階段（projection stage）：讀者將自身潛意識的意念解釋為書中人物的想法。

4.淨化階段（catharsis stage）：當讀者與讀物中的角色產生認同後，讀者在安全的情境下與書中人物共享其喜、怒、哀、樂的經驗，並經此過程解放其壓抑已久的情緒，而達情緒淨化的狀態。

5.洞察階段（insight stage）：當讀者讀到故事中的人物如何解決問題或回答問題時，對自身的問題或困難有了新的認識，並進而探索自身的動機、需求、和感受，最後找出適合自己解決問題的方法。

6.應用階段（application stage）：讀者將新的洞察或自洞察中獲得的解決問題的方法應用在個人的實際生活中。

肆．在兒童情緒教育上的應用

一、哭和笑對兒童情緒健全發展的重要性

哭和笑的情緒表達，對兒童健康情緒的發展是非常重要的，唯往往被大家所忽略。尤其是素稱保守的中國人，傳統的禮教教導我們情感必須含蓄內斂，避免情緒發洩；從小就要求兒童要像個「小大人」，行事宜穩重，行為應規矩，以致使兒童失去學習表達童稚的歡笑和哭泣的機會。事實上，根據人格發展的觀點，沒有笑聲和哭聲的兒童，其心靈會變得麻木不仁，長大後更可能成為鐵石心腸的悲觀厭世者。

此外，在國內目前升學主義的浪潮中，「智育」始終獲得大家的關注，而「情育」則少為父母和教師們所注意。然而，研究人類行為的專家們建議，能對幽默和悲傷有適切反應者，才是一個真正心理健全發展的人，那麼學校在發展兒童健康情緒上，應扮演一主動積極的輔導角色。

二、以讀書治療發展兒童健康的情緒

許多證據顯示，人們的閱讀和思考會影響情緒，而情緒則會影響生理變化。許多心理學家提議，悲傷、痛苦等消極的情緒會使體內產生不健康的生化改變現象；而積極的情緒則會產生健康的生化改變現象。正向的情

緒如愛、希望、忠誠、歡笑、自信、生存意志等。尤其是歡笑對個人的心理及生理具有非凡的價值。

透過閱讀，可改變情緒，積極的情緒可使生理恢復健康狀態。對兒童健康情緒的輔導，以書籍為工具的閱讀治療無疑是扣動兒童情緒心弦的主要方法。有兩種兒童的課外讀物可以使他們的情緒產生很大的感染，而達到情緒疏洩的功能。第一種是充滿歡樂有趣、奇思幻想的故事，這種內容幽默的書刊，可以博君一笑、解凍人生的僵局；可讓兒童閱讀後開懷大笑，小小的心靈充滿了神奇的想像力，對於外在世界充滿了好奇和樂觀；可改善人類心理與生理的健康狀態。此外，幽默的意會也需要具備有睿智的心靈和創意的聯想力，因此小朋友閱讀笑話、幽默書刊，不僅可以享受歡笑，尚可增進創造力。唯一般父母師長總認為此類書刊難登大雅之堂，不鼓勵，甚至禁止小孩閱讀，使兒童發揮不出笑的潛能，也享受不到開懷大笑的樂趣。第二種是以面對絕望來感動兒童的情緒，賺取兒童眼淚的悲劇故事。其實讓兒童閱讀這種描述人類的災難和苦痛的故事並非消極，也未失當。兒童從閱讀這種動人心弦的悲慘故事中，瞭解別人如何去面對挑戰、解除困境；故事中的種種苦難，讓兒童瞭解多難的人生；從悲劇主角克服困難、戰勝不幸的堅忍意志的故事中，體驗人生的價值及學習對生命的挑戰和歌頌；並從受難英雄中學習愛、智慧、希望、忠誠、自信、以及生存意志，以面對人生的種種挑戰，此即是「生命教育」。

三、輔導歡笑和哭泣情緒的兒童讀物

為了要發現有哪些幽默有趣和感人肺腑的課外讀物，以做為讀書治療的材料，筆者曾於民國77年以問卷調查了台北市約300位國小學童，蒐集他們認為的最令他們閱讀後感覺有趣及感動的圖書，結果如表12-2。

四、如何輔導兒童閱讀這些書籍

教師要如何輔導學生閱讀這些課外讀物，以促進兒童情緒的健康發展呢？（O'Bryan-Garland&Worley, 1986）

(1)可請已經閱讀過這些書籍的學生在班上向同學報告他們的心得與感想，或朗讀書中的精采片段。

(2)鼓勵兒童在閱讀這些圖書時充分的表達情緒。

表12-2　學童認為最有趣及感人的書籍

排　序	（低年級）幽默有趣的書籍		最感動的書籍	
	書　名	作　者	書　名	作　者
1	小叮噹	籐子不二雄	二十四孝	江金智
2	老夫子	王　澤	苦女淚影	應平書
3	超級狗皮皮	敖幼祥	苦兒流浪記	紀椿鎮
4	有趣的作文日記	鄭發明	萬里尋母	黃明湘
5	絕妙幽默小品	黃連發	賣火柴的小女孩	安徒生

排　序	（中年級）幽默有趣的書籍		最感動的書籍	
	書　名	作　者	書　名	作　者
1	小叮噹	籐子不二雄	愛的教育	亞米契斯
2	老夫子	王　澤	水牛和稻草人	許漢章
3	有趣的作文日記	鄭發明	二十四孝	蘇　樺
4	史努比全集	查爾•休茲	苦兒流浪記	葉春甫
5	淘氣阿丹	夏承楹	苦女淚影	應平書

排　序	（高年級）幽默有趣的書籍		最感動的書籍	
	書　名	作　者	書　名	作　者
1	機器貓小叮噹	籐子不二雄	江洋中的一條船	鄭豐喜
2	有趣的作文日記	鄭發明	三十六孝	紀椿鎮
3	中國笑話故事	李瑞祥	愛的教育	亞米契斯
4	有趣的作文	鄭發明	孤星淚	雨　果
5	中國趣味故事	李瑞祥	苦女淚影	應平書
6	湯姆歷險記	紀椿鎮譯	海倫凱勒	翁一銘譯

(3)利用班級通訊或其他方式向家長推薦這些書籍，溝通家長鼓勵小孩閱讀這些課外讀物。

(4)教師以設計學習單的方式，鼓勵兒童閱讀後寫心得，並設計獎賞制度。

第七節　個案舉例

壹・個案緣起

王生在6歲時，學業成績中等，社會關係尚可，各方面表現還算適應。去年十二月時，根據教師對其行為的描述，她變得很稚氣，常有吸拇指、哭的行為。教師和諮商員共同探討問題的原因，發現是因為她家中最近增添了一個小嬰兒（新弟弟），王生不能接受她在家庭結構中的新角色（可能父母忙於照顧小嬰兒，一時對她較為忽略，而冷落了她）。諮商員認為透過遊戲治療的活動，可能可以幫助王生澄清她家中的這個新角色。於是諮商員向王生的母親說明遊戲治療的目的後，即開始進行遊戲治療。

貳・治療過程

一、接納階段

首先，諮商員帶領王生到遊戲室，雖然諮商員努力的和王生建立和睦信任關係，但她的行動仍警戒慎重，有時沉默。她似乎努力地在使自己受社會性的接納。她對各種遊戲項目感到好奇。不停地、小心地問著：「我可以用蠟筆畫一張聖誕節的圖畫嗎？」、「我可以玩這個玩具嗎？」她希望獲得諮商員的允許，自由的選擇玩具，做她所喜歡的活動。此時，若諮商員反應說：「對啊！你畫一張聖誕節的圖畫給我看！」則諮商員就犯了一個錯誤，也就是諮商員已經代替王生做決定要玩哪一樣遊戲。因此，此刻諮商員較適當的反應是：「只要你想要，你可以去做。」這樣的反應就給王生有自己做最後決定的責任。剛開始時，王生把蠟筆灑了滿地，諮商員觀察王生的非語言行為，發現她從灑的動作中獲得樂趣。此時，諮商員正確的接納反應是：「你這樣灑一定感到很好玩吧！」若諮商員的反應是：「地上弄髒了，不許你再灑了！」這樣就等於給了王生強迫性的不當的限制。

後來，王生在洋娃娃的角落玩，突然不經意地說她家有新出生的小娃娃，之後就未再表達對這個小嬰兒的特殊態度，也未再提這件事。因只是治療活動的開始，諮商員也不便深入探究。最後，諮商員以：「我們今天的時間只剩幾分鐘」，做為這次治療活動的結束。雖然王生只簡要談到一點點她的問題，但很明顯地，她能感受到諮商員的接納態度。

二、探索階段

第二個階段一開始，和上次一樣，王生偶然的再探索一下室內和遊戲材料，然後靜靜地坐在放洋娃娃的角落。她開始小心地假裝自己是媽媽在照顧小娃娃的角色。偶而，她會瞄諮商員一眼，然後注意力又很快的回到洋娃娃身上。王生似乎無意讓諮商員參與她的遊戲活動。接著她又變成扮演小嬰兒的角色，表現吸奶嘴、吸拇指、表現孩子氣等行為。然後，她的注意力轉到一個成人的布偶身上，向諮商員說：「她是一個壞媽媽！她只餵小娃娃吃飯，而讓小女孩自己吃自己的！」諮商員小心的傾聽，並對王生談話的內容加以反應：「你覺得她不好，因為小女孩吃東西時她沒有幫忙。」於是，王生繼續有一連串的對壞媽媽的批評，直到此活動結束。

三、洞察階段

第三階段開始不久，王生又開始地玩洋娃娃，她對布偶媽媽和小洋娃娃表現消極的情感。諮商員用沉默、接納、反映、解釋等技術，協助王生表達她較深層的情感。在此次活動結束之前，王生偶然的對布偶媽媽表現一些積極的情感，她低沉含糊地說：「媽媽喜歡聽我讀書！」諮商員於是偶然地以試驗性的解釋做反應，並把遊戲情境帶到王生的實際問題上：「妳覺得媽媽或許有時間花在你和新的小娃娃身上。」王生接納諮商員的解釋，諮商員並幫助她探索更多有關她對媽媽和新生的小娃娃的積極的情感。在這個階段中，諮商員的主要任務是減少王生對媽媽的消極態度。

四、成長階段

此階段一開始，王生就玩洋娃娃的遊戲。她拿起布偶媽媽，布偶小女孩和小洋娃娃說：「媽咪應該幫忙小娃娃，因為她還那麼小」、「我可以和她在一起吃。」此時，表示王生已能接納她在家庭情境中的新角色的情感。因為王生以前是一正常的小女孩，也因為諮商員能接納她的消極和積極的情感，故王生能解決她自己的問題。

摘要

1.遊戲是兒童自我表達的自然的媒介，透過遊戲，諮商員利用此不具威脅性的活動，可進入兒童的內在世界，蒐集兒童的各方面資料，做為輔導兒童的有力工具。

2.十八世紀時，盧梭即主張透過遊戲瞭解兒童。二十世紀初，S. Freud最早提出遊戲治療的概念，而最早進行遊戲治療的是Heemine Hug-Hellmuth。在1920時代，Klein主張遊戲是進入兒童潛意識世界的管道，A. Freud則主張以遊戲和兒童建立關係。

3.遊戲治療發展自心理分析論及個人中心理論。在學校中則主要是應用源自個人中心學派的「非指導式遊戲治療」。

4.遊戲治療是諮商員布置一個遊戲環境，提供兒童一個放鬆、抒解壓力的空間。在遊戲中，兒童在自由、不受批判的氣氛中，自然的自我表達，諮商員藉此瞭解兒童，協助兒童成長與發展。

5.遊戲治療的價值是：提供兒童完全自由、放鬆的時刻；助益建立友誼關係；兒童盡情表達真我；兒童抒發思想和情感；兒童顯露與外界的關係；助益瞭解兒童世界；助益兒童滿足希望和需求；診斷和分析兒童行為；兒童學習社會技巧。

6.遊戲並非遊戲治療的最終目的，遊戲治療的最重要目標是建立一個自由、寬容的環境，協助兒童在治療的過程中能夠說出更多的話。

7.遊戲治療室宜規劃足夠的空間，並布置多樣的玩具。唯若無專設的遊戲治療室，克難式的找一空間布置玩具亦可；另亦可採活動式的，治療者諮商時攜來玩具箱，即可進行遊戲治療。不管是使用何種布置方式，場地的隱密、幽靜是必要原則。

8.玩具依性質可分為實物模型玩具、發洩情緒玩具、內在投射玩具、及其他類等。選擇玩具宜把握一些原則。

9.非指導遊戲治療理論的特點：尊重兒童有解決問題能力，不給予建議及指導；視兒童有自主權，不操控；諮商員以真誠、尊重、接納建立良好的諮商關係；諮商員不分析、不解釋，主要應用反映及同理心等技術。

10.以迷你動物玩具進行諮商是請兒童以各不同動物代表自己及家人，排列出家庭成員間的關係位置。兒童藉由此關係的排列、組合、重組，能確認個人的問題，瞭解問題的癥結，並進而解決問題。此方式特別適合7歲以上，具家庭關係不良問題的兒童。

11.以迷你動物玩具進行諮商，包括下列步驟：邀請兒童挑選一樣最像自己的動物來玩；請兒童選其他動物代表家中其他成員及缺席或死亡的成員；請兒童將這些代表家人的各種動物按彼此關係位置，排列在面前；請兒童改變動物間的關係，然後問兒童改變後各動物的感覺如何；請兒童將代表自己的動物放在他最感舒適的動物旁，並與他討論感受；請兒童將代表自己的動物放在他最感不舒適的動物旁，並與他討論感受；及如何處理情緒；最後請兒童排列一個能使所有動物均感舒適和快樂的關係位置。
12.沙箱治療是基於每個兒童均喜玩沙、都會玩沙，且易透過堆沙造景，自由的將個人內在世界投射在所建構的沙景世界中。其功能是兒童抒解內在緊張情緒；投射個人的經驗世界，助益診斷兒童的行為。
13.沙箱治療的過程：(1)在啟始階段，諮商員可採非結構式，任由兒童自由玩沙造景；亦可採結構式，指定在沙中布置特定場景；(2)在述說故事階段，運用觀察、回饋敘述、發問、傾聽等技術，引導兒童述說故事；(3)在統整階段，兒童在第(2)階段經由諮商員引導下進行探索，進而對個人問題獲致統整的瞭解。
14.演布袋戲進行諮商是兒童在演戲過程中，會自然地、無防衛的將個人的內在世界投射到劇情中。其功能是兒童藉布袋戲偶的掩護，表達真我、發洩情緒；兒童從劇情中，發展對個人問題的頓悟；從劇情演出中，兒童發展對生活事件的掌控感。
15.一般布袋戲演出的內容包括日常生活事件、問題解決事件、神話故事、寓言故事、歷史故事等。演出的方式可採即興演出及計畫性的編導演出。編導演出可以是主題自訂或主題由諮商員決定。編導演出的步驟：決定主題、選擇及分派角色、設計角色間的對話、正式演出、演出中或演完後諮商員提問討論。
16.扮演遊戲是基於兒童喜歡「扮家家酒」的特性，引導兒童扮演一個故事的角色、行為、及劇情。其功能是透過兒童自發的自我表達，助益對他的瞭解；兒童可練習適應的新行為；兒童獲得對過去事件的精練與支配。
17.在角色扮演遊戲中，諮商員的角色有：(1)催化角色；(2)複製和解說角色；(3)參與角色；(4)教導角色。一般諮商員對主動的兒童，多採取催化和複製與解說角色；當遇到被動的兒童，才適時、適量的採取參與和教導角色。
18.古今中外，均使用書籍做為心靈治療的工具。如西洋的聖經、東方的佛經。近年來，國內對以閱讀修身養性書籍，來安頓心靈、排解煩惱，普獲肯定。

19.讀書治療是精神疾病的一種治療方法，在教育、輔導機構稱為讀書諮商或故事書諮商。其是諮商員視需要，提供書籍給兒童閱讀，兒童在閱讀過程中，會對書中人物產生認同、淨化、洞察等功能，並於閱讀後和兒童討論讀後感。此方式可在個別和團體諮商中實施。

20.讀書治療的書籍可分為故事性和教育性兩大類，後者指一些心理衛生的知識。讀書治療適用於任何年齡及任何類型問題。

21.讀書治療中閱讀者的心理歷程依序為投入、認同、投射、淨化、洞察、和應用等階段。

22.讓兒童閱讀幽默及悲劇故事，可輔導兒童的情緒健全發展。

複習問題

1.試述遊戲治療的歷史發展。

2.何謂遊戲治療？其價值為何？

3.試述遊戲治療室的空間規劃、及玩具種類。

4.遊戲治療玩具的選擇有哪些原則？及應注意事項？

5.試述非指導遊戲治療理論的特徵。

6.以迷你動物玩具進行遊戲治療的功能？適用對象？及實施步驟？

7.試述沙箱治療的功能、適用對象、及實施過程與技術。

8.以布袋戲進行遊戲治療的功能？適用對象？及實施方法？

9.試述扮演遊戲的功能、適用對象、及實施過程與技術。

10.何謂讀書治療？其功能為何？

11.試述讀書治療過程中，閱讀者的心理歷程為何。

第十三章　藝術治療法

第一節　緒　論

每個人都有潛能將內心的情感與想法透過合適的藝術媒介投射出來。藝術是人類，尤其是兒童的內在語言。兒童是天生的藝術家，大多數兒童都喜歡玩黏土、繪畫，藉由這些媒介，把他們童稚的內心世界自發的、毫不修飾的、毫無虛偽的投射、表達出來。故所謂的藝術諮商（art counseling）即在透過非語文的藝術活動，協助兒童打破自我拘束，釋放潛意識的衝動和動機，使兒童透過藝術表現的途徑，投射及宣洩無法用語言表達的思想和情感。如此，助益諮商員瞭解兒童的問題所在，且宣洩情感對心理困擾亦具滌清的功效。

藝術具思想的自我表達及情緒的自然滌清的效果。藝術治療（art therapy）一直被精神科醫師做為瞭解病人潛意識世界的方法。而藝術在教育界的使用始於M. Naumberg和E. Kramer。兩人均依Freud的心理分析理論建立了藝術治療的價值。

1940年代，Naumberg率先將藝術治療的概念用到心理治療中。Naumberg認為，藝術自發的創意表現，可宣洩潛意識中被壓抑的情感、情緒及衝突，具心理診斷和治療的價值。她的理論源自心理分析治療，她稱其方式是「動力取向的藝術治療」（dynamically oriented art therapy），強調的是「診斷和治療」。Kramer認為藝術是一種「昇華作用」，即內在具破壞性衝動和衝突情感藉由藝術創作來表達和統整，則此昇華作用不僅化解內在衝突，且產出藝術創作，強調的是「藝術」，重點在於藝術創作過程的本身即具治療作用。

藝術諮商的媒介主要是造形藝術的黏土和平面藝術的繪畫，繪畫可包括線繪、彩繪、指繪、彩糊畫、美術拼貼等，茲介紹於下。

第二節　黏　土

壹·功　能

兒童諮商中，諮商員可採用黏土（play-doh）為媒介，請兒童玩黏土、捶黏土、壓黏土、搓黏土、捏造形，以達成諮商的目標，其功能如下：

1.材質易吸引兒童的興趣。兒童均欣然的玩黏土，全神貫注於享受觸覺及肌肉感覺的愉悅經驗，助益融入諮商中。

2.用安全的、大家可接受的適當方法，表達個人的內在情緒。兒童在玩黏土的過程中，內在的情感，可透過玩黏土時的身體動作投射出來，如攻擊時，拳打、痛毆黏土；挫折下，撕裂、粉碎黏土；焦慮中，搓、滾、輾、壓、扁黏土……。

3.協助兒童發展存在的問題及探索新主題。黏土塑形易於改變，諮商員藉由兒童持續工作中所捏造形狀的系列改變，以瞭解兒童，並促進兒童自我瞭解。

4.更具創造的自由。黏土是三度空間的媒介，較之繪畫媒介的二度空間，兒童可更自由自在、海闊天空、創意十足的創造具體的、想像的或象徵的造形。

5.易於操弄、控制、使用。不需太多技巧，少會失敗，對於不滿意自己技巧的兒童，此媒介最適用，不易產生挫折，可建立他們創作的自信心。

6.刺激觸覺和肌肉感覺。兒童藉由玩黏土，能與自己已關閉或封鎖的感覺和情緒經驗再接觸。

7.表達自己的幻想、思想和情感。兒童透過塑造各種具體、抽象的事物，可發揮創意。

貳・設備與材料

(一)設備

一般兒童是在地板（乙稀基材質）上進行玩黏土的活動，亦可在桌子上玩黏土。活動空間應足夠兒童在塑成的作品間走動及諮商員從旁觀察。

水槽及自來水設備，提供兒童清洗弄髒的身體及地板。

(二)材料

1.黏土：材質是柔軟的，包括各種顏色，體積約30公分×20公分×10公分，在一般手工藝社及文具店即可購得。黏土不能太濕、太黏，否則玩起來不舒服；也不應太粗糙或多沙的，否則玩起來皮膚會感覺不適。

2.紙張：在地板上玩黏土易弄髒地板，清洗費力費時，故在玩黏土時，若能先在地板上舖上一張紙，玩完後紙張即丟棄，不會弄髒地板。

3.塑膠圍裙：尤其對會因黏土弄髒衣服而感焦慮的兒童，提供塑膠圍裙，可維護衣服的乾淨。

4.細鐵絲：長約40公分，兩邊有木質的把柄，切黏土用。

5.黏土雕刻工具：包括有木質刮刀，硬的畫筆、塑膠刀和叉……。

6.一碗水和海綿：在有冷氣、熱氣或電風扇的房間，使用黏土時易變乾，以海綿沾水、滴在黏土上，可保持黏土的濕潤。

參・適用對象

黏土是一種允許開放、彈性、自由的思考；鼓勵兒童內省、主動和冒險的媒介和活動。最適用於6歲及6歲以上的兒童，甚至也適用於青少年。這些階段的兒童及青少年，其認知發展已具備黏土創作所需的抽象化及符號象徵化的能力，6歲以下的幼兒亦能享受玩黏土的樂趣並建構表徵的形式，唯受限於抽象及符號表徵能力，使此媒介對他們的功能受到限制。

在適用情境上，它適用於個別、家庭及團體諮商。由於它刺激感覺，允許兒童進入與內在的情感和情緒接觸，進一步處理個人內在的、私人的問題，因此，它適合作為輔導情緒困擾兒童的媒介。

肆・諮商目標

不管是在個別或團體諮商，黏土為媒介的諮商可達成下列目標：（Geldard, K. & Geldard, D., 1997）

1.協助兒童透過創作黏土造形，去象徵化及表徵在他生活周遭的重要人、事、物，並訴說他的故事。

2.諮商員分享兒童的故事，運用諮商技巧，鼓勵兒童表達其情緒。

3.協助兒童探索關係、瞭解過去、發展頓悟。

4.協助兒童能投射其內在情感和情緒到黏土上，並確認及進一步處理這些情感和情緒問題。

5.兒童藉由創造的成品，經驗成功的滿足感。

此外，當團體諮商中應用黏土為媒介，其目標：

1.協助兒童獲致對他人的洞察和瞭解。

2.增加兒童對團體的歸屬感。

3.協助兒童去發現當他們在一個團體中，其行為的結果如何！

伍・實施方式

一、非結構式

有些兒童不需諮商員引導，即自發的揑造黏土。此時，諮商員運用觀察，回饋敘述、反映等技術，催化兒童對自己行為的頓悟。

例如：小娟，6歲，每次到遊戲室，總是玩黏土，且用黏土做同樣的東西——一個拿著枴杖的泥人。每當她做好一個泥人，都會有可怕的事發生在這個泥人的身上，他身上被刺滿了洞，被木棍打，被玩具車輾過，被一堆木塊埋起來，第四次諮商時，泥人又出現了。

諮商員：「現在這個人又來了。」

小　娟：「是的。」

諮商員：「這個人拿著枴杖。」

小　娟：「是的。」（她又開始在它身上刺滿了洞）

諮商員：「妳正在這個泥人身上刺洞。」

小　娟：「刺！刺！刺！」

諮商員：「妳正在刺他。」

小　娟：「我不喜歡他，我恨他，看！這個洞穿透他了，由他的前面進入，背面出來。」

諮商員：「你在他身上刺穿了一個洞。」

小　娟：「是的，我把他的頭扯掉。」

諮商員：「你甚至要將他的頭扯掉。」（摘自程小危，1983，頁152）

諮商員在與其母親的談話中，瞭解泥人是小娟母親新的再婚對象，他闖入了小娟的家庭。小娟在黏土遊戲中，表達對他的憤怒、攻擊的情緒反應，且這種反應透過黏土遊戲中，得到宣洩。

二、結構式

對於一位思以黏土進行諮商的諮商員，K., Geldard和D. Geldard（1997）建議下列的引導方式：

(一)引導兒童與黏土交朋友

諮商員採玩耍方式，引導兒童與黏土接觸的方法：

1.玩一玩黏土

「請把黏土拿在手中，兩眼閉上，照著我的口令玩黏土：把它壓平、捶一捶；把它搓一搓、拉一拉、切成一塊塊；把每塊小黏土捏一捏，捏成耳朵、鼻子、嘴巴……；集合小塊黏土，滾一滾、搓一搓、拉一拉……；捏成一條蛇，纏在手指上、拳頭上。」

2.說一說感覺

請兒童說一說初次玩黏土的感覺：「玩黏土有什麼感覺？」

兒童可能答：「扁（打）它很舒服！」

諮商員接著問：

「你最喜歡用黏土做什麼？」或「你最喜歡哪種玩法？」

(二)引導兒童塑造特定主題

諮商員依特定目標，引導兒童塑造特定主題，其技術：

1.提示主題

諮商員：「請用黏土雕出你現在的感覺讓我知道。」

「請用黏土雕出你住在寄養家庭時的樣子。」

2.鼓勵創作

有些兒童可能會說：「我不會玩。」諮商員可鼓勵說：「只是做出任何形狀來表現你現在的感覺。」

3.示範及解說

有時諮商員的示範引導會有事半功倍的效果。他一面示範雕塑，一面解說自己正在做什麼。

例如，諮商員塑了一個人，上面插了許多牙籤，戳上許多洞洞，解釋說：

「我現在感覺很忙，分身乏術，這個雕塑代表我現在的感受。」

4.引導訴說故事及回饋

當兒童在雕塑時，諮商員要引導他訴說故事，並適時給予回饋敘述，如：

「我注意到你花了很多時間在雕塑上，做時也非常小心。」

(三)引導兒童探索問題

1.請兒童想像成為雕塑

諮商員：「現在請你想像你是這雕塑，告訴我身上插滿牙籤及戳滿洞洞的感覺像什麼？」

上述問題引導兒童去探索雕塑造形所表徵的情感。

2.請兒童從不同角度認識雕塑

諮商員：「當你移動身體，從上、下、左、右等不同角度看這雕塑，相同嗎？哪裡不同？」

3.請兒童創造兩個雕塑間的對話

請兒童塑一雕塑代表自己，另塑一雕塑代表在他生活中的一個重要他人或是一個困擾他的情緒，然後請兒童去交替的想像自己是這兩個人物，並創造兩個雕塑間的對話。

例如：大年雕一造形代表自己，雕另一造形代表養母，諮商員對大年說：

「現在想像你是養母（指著代表養母的造形），你有什麼話要對大年（指著代表大年的造形）說？」

「現在想像你是大年，你有什麼話要對養母說？」

於是，此兩者間的對話交替進行，兒童從中探索與重要他人之間的情感問題。

總之，在此引導及探索的過程中，諮商員的主要目標是請兒童透過創作的雕塑及訴說的故事，投射出內在的情感世界。於是兒童能確認、瞭解、承認、處理、及解決個人的情感問題。

三、黏土在團體諮商的使用

以黏土為媒介的團體諮商方式舉例如下：

1.請每位成員捏出一個形狀，表徵此時此地的感覺。待全體成員完成作品後，團體諮商員逐一請每位成員在大眾面前展示他們的作品，並請其他成員猜測創作者想表現的是什麼感覺？此活動可促進成員間的互動。

2.請每位成員雕出一個造形，表徵自己。接著諮商員逐一要求每位成員：「請跟大家分享有關你所雕塑的造形」。

注意：若兒童不想談論他的作品，諮商員不可施壓強求。

3.鼓勵成員間對彼此的作品進行互動式討論。如諮商員問：

「大華，你對小明的作品有何感想？」

「小明，你對大華的感想，有話要說嗎？」

4.集體雕塑創作。最後，諮商員請每位成員帶自己的作品，合併起來完成一個「集體雕塑創作」，目的是協助兒童覺知自己與團體中其他成員間的關係。

此中，諮商員可能引導的過程如下：

「每個人看看周圍別人的創作，你覺得你的作品最適合或最喜歡與誰的作品貼近」。

大華說：「我覺得我的作品放在小美旁邊最合適。」

然後諮商員問：

「小美，你覺得這樣如何？」

小美說：「很好啊！」

於是大華就把他的成品移置到小美的作品旁邊，然後；諮商員問小美：

「大華這麼靠近你的作品，有何感覺？」

小美可能說：「太親密了！」或「不夠親密，可再靠近些！」

此時，諮商員問小美：

「你想移近一點嗎？（或移遠一點嗎？）」

於是小美移動他的作品到她感到最舒適的位置。

然後，諮商員亦問大華的感覺如何？

其他成員間的互動過程亦如上述。於是大家的作品終於組合成一個「集體雕塑創作」。最後，諮商員問成員：「當你在合併作品時，有何感覺？」「對於集體完成的作品，現在你想去做什麼嗎？」

此過程的功能：

(1)促進成員間彼此關係的瞭解；

(2)促進成員瞭解自己及他人的需求。

5.注意事項：(1)團體中常有少數兒童喜歡自己的作品離群獨行，不喜與人合流。此時，諮商員宜予以尊重、瞭解與接納，不可強求；(2)給予成員自由地移動其雕塑去與他人作品疏離或親近，並尊重他們的選擇；(3)最後，應讓全體成員選擇如何處理他們完成的集體雕塑創作。

四、注意事項

1.黏土作品的處置方式宜由兒童自己決定如何處理。每次聚會結束，對兒童所創作的黏土作品的處理方式如下：(1)暫時留置原地。但宜告訴兒童，在他們離開後，其作品會被拆解，加到其餘的黏土上；(2)作品保存在一安全的地方。將來可能還有用處，唯它會乾掉；(3)由兒童自己拆解、毀壞其作品，並加到其餘的黏土上。

2.兒童所創作的成品，代表他們的心血結晶，諮商員莫在兒童面前拆解他們的作品。

3.可經由兒童的允許，在每次諮商會期結束，拍攝下他們的作品。從每次聚會作品的不同表現，可做為瞭解兒童諮商過程中心理歷程改變的重要參考資料。

4.從兒童所選擇的處置黏土作品的方式，亦可做為瞭解兒童及其對他的雕塑的知覺的一項重要資訊。

第三節　繪　畫

壹·功　能

1.大多數兒童都喜歡「塗鴨」，他們會欣然的全神的貫注於繪畫中，有助益融入諮商中。尤其對沉默、害羞、抗拒的兒童，更是建立治療關係的好媒介。

2.兒童透過繪製圖形，以具體或象徵方式，投射出個人內在的思考和情感，助益諮商員瞭解他們的內在世界及自我接納。

3.兒童以連環圖畫方式，可依時間順序敘說個人的故事，促進個人對自己的成長史及問題的瞭解。

4.繪畫的想像力和象徵性符號，是溝通、表達內在思想和情感的有力媒介。

5.個人的一些不為社會所接受的負面情緒，如：憤怒、痛恨、攻擊、恐懼等可透過繪畫，大家可接受的、安全的方式發洩出來。如在畫中塗毀敵人、撕碎怪物、剪碎魔鬼⋯⋯。

6.透過繪畫方式，兒童可毫無防衛的投射出個人的潛意識世界，促進個人對自身問題的頓悟。

7.兒童在繪畫時的態度，如不敢畫、不想畫、不會畫、不知畫什麼⋯⋯，亦可做為瞭解兒童行為的指標。

8.繪畫創作的過程中，可滿足兒童的創作慾。

9.繪畫創作的成品，可滿足兒童的成就感，建立他的自信心。

10.繪畫活動可啟發兒童的想像力、創造力。

11.透過繪畫作品可瞭解兒童的認知發展情況。

12.兒童的圖畫可用來做為診斷和評估兒童社會情緒不良適應的有利工具。

13.此外，若兒童從事美術拼貼，他們可體驗不同素材的感覺，及利用不同的素材來表達內在的情感。

14.兒童能透過指畫，體驗觸覺的和肌肉運動知覺的經驗，並引導兒童自由自在、海闊天空的表達內在情感。

貳．如何透過圖畫瞭解兒童

一、透過繪畫瞭解兒童的認知發展

「繪畫非兒童的藝術，乃是兒童的語言。」

「兒童常畫其所想，而非畫其所見。」

因此，大人可從兒童繪畫中瞭解他們的世界。唯兒童畫其所想時，因認知發展未臻成熟，故其作品常昧於真實，未能如成人般周詳的考慮到比例、透視、關係位置、色彩等因素，因此作品中可能顯現小孩的身軀比爸媽碩大；蝴蝶的面積與樹不成比例；紅髮綠臉的人；藍色的太陽……現象。此時，若成人不瞭解兒童繪畫的特色，可能就會嚴加批評、斥責、指正，無形中損傷了兒童的自尊心，也斲喪了他們的創造力。故從事繪畫治療的諮商員，必須認識兒童繪畫的認知發展階段，以正確瞭解兒童的圖畫世界。

美國學者V. Lowenfeld深受Piaget的認知發展論影響，認為兒童藝術創作表現與年齡成長有密切關係，主張利用發展的觀點來規劃兒童繪畫課程，利用藝術經驗來協助兒童自我接納及提高自尊。他將兒童繪畫的發展依年齡的成長分為下列階段：

1.塗鴨期：約在出生到2歲時，幼兒只要拿到彩色筆、鉛筆、或蠟筆等，就信手做無意義的塗鴨。塗鴨行為是嬰幼兒想練習掌握自己的一種本能，嬰幼兒從塗鴉的動作中，可獲得肌肉運動的快感和滿足。因此，父母不可對其亂塗亂畫行為橫加阻擾，甚至處罰，應引導其在適當的地方（紙張上）塗鴨，以培養其握筆的勝任感。

2.象徵期：約在2～3歲時，幼兒能控制筆畫出一些點、線、面等形狀，色彩則是情緒的反應。配合此階段的語言發展，幼兒會對他們所畫的圖形予以命名或賦予意義，故此階段又稱「命名期」。

例如：幼兒指著一圖形說是「爸爸」；指著另一圖形說是「狗狗」，指著一堆零散的短線條說是「放鞭炮」……。

此期幼兒所繪的圖形，必須經過他們予以命名，大人才能瞭解其意義。此時，兒童開始能將心中的想像力，配合手部的運動，表達出小小心靈的世界。大人此時期不宜以成人的眼光來要求其繪畫表現，應有耐心的欣賞他們的作畫，並聆聽他們的解釋，同時也要稱讚他們的表現。

3.前圖式期：約在3 ～5歲時，幼兒才漸能畫出東西的形狀，唯所繪的是東西最簡單的形象，但大人仍能約略猜出他們所畫的是什麼東西。例如：畫人就畫一個圓圈代表頭，下面兩條線代表腳，俗稱「蝌蚪人」（圖13-1-1）；畫太陽就是一個圓圈，外加一些光芒（圖13-1-2）。此期所畫的內容大多與兒童日常生活有關，如：畫媽媽、爸爸、自己、樹、花、房子、動物、汽車……。此期兒童已知珍惜自己的作品，知道要將作品保存或贈人。

4.圖式期：約在5～8歲時，兒童已能較詳細的描繪各種事物，唯是憑記憶作畫，而非靠對物體的形狀、色彩、關係的觀察、寫生而描畫；故是畫其所記憶、所知道，而非畫其所看到。此時期的繪畫有幾項特徵，大人必須瞭解，否則會斥責他們的作品為不合情理：

(1)透明式畫法：一般在室外或車外是無法對裡面一覽無遺的，但此階段的兒童畫畫時，往往昧於事實，畫其所知，故畫房子、車子時，變成透明的，內部應看不到的部分，也依想像一一描繪（圖13-10）。又如畫懷孕的媽媽，腹中的小寶寶也如透明般被描畫出來。

(2)展開式畫法：如畫桌、椅時，昧於透視的事實，畫其所知道、所想像的，故畫上桌面或椅面後，其四隻腳向四周展開。其他如畫車子時，四個輪子也向四周展開（圖13-1-3）。

(3)基底線畫法：一拿到圖畫紙開始畫，就是畫一條地平線，代表地面，所有描畫的事物均安排在地平線上面或下面，未能顧及事物間的前後左右的空間關係。

(4)誇張式畫法：對所描畫的主題、對事物的感受、對特別興趣的部分加以誇大。如畫刷牙，把嘴巴、拿牙刷的手、牙刷等畫得特別誇大；把崇拜的媽媽畫得特別碩大、詳細、醒目，未能思及各事物間的比例關係。

(5)擬人化畫法：把大自然一切的事物想像成人類，故所畫的太陽、月亮、花草、樹木、雲、動物等，都有如人類般的有眼睛、嘴巴、鼻子和耳朵，顯然此階段的兒童是以自我為中心來看待周遭事物。（圖13-1-4、13-1-5）

(6)超時空畫法：一張畫中常併陳不同時間、不同空間、不同角度所想到的事物，想到哪裡畫到哪裡，未顧及時、空的合理安排，故畫面主題雜亂。

5.寫實前期：約在8～14歲時，繪畫的特徵是能用眼觀察事物，畫其所見，實物描繪。到青少年階段除了能注意各物體間的關係、比例、透視、光線等；且能用複雜的象徵性符號表示心理的需求；有些更重視裝飾細節的設計。此時的繪畫表現展現了理智性、寫實性、裝飾性、象徵性等多元的風貌。

總之，透過繪畫的發展階段，有助於諮商員瞭解及診斷兒童的心智發展狀態。

二、透過繪畫瞭解兒童的情緒

兒童的圖畫被視為是他們內在情感的投射，表達出他們心理的喜悅、安詳、快樂、期待；甚或是孤單、恐懼、敵意、焦慮等情緒。唯瞭解一張兒童畫，除了去判別他們的情感表現外，也需考慮前述的兒童繪畫的認知發展及知覺發展等情況，以綜合的瞭解其繪畫的意義。

(一)透過圖畫瞭解兒童的情感

具備以上的認識，那麼我們可從哪些方面瞭解兒童繪畫所表達的社會情緒狀態呢？（Protinsky, 1978；朱美美，1989）

1.線條

畫面移動的線條表達的是行動、方向、活力、激進和激動。

畫面垂直的線條表達的是顯著的、正直的、和誠實的。

畫面水平的線條表達的是安靜的，但也可能是靜止不動、缺乏行動。

（圖13-1-1）

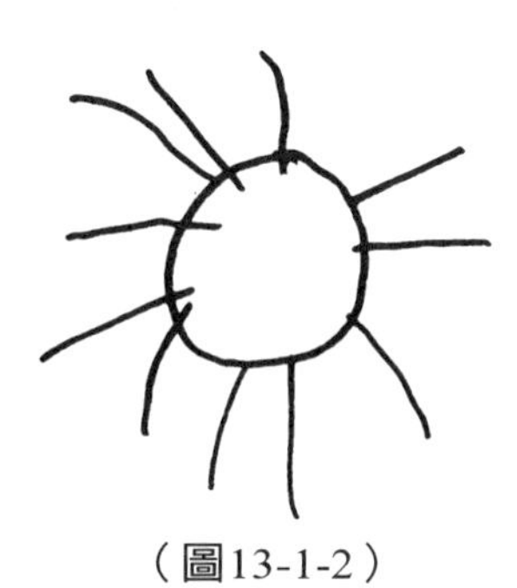

（圖13-1-2）

（圖13-1-3）

（圖13-1-4）

（圖13-1-5）

圖13-1　（取自陳輝東，1978）

畫面斜線表達的是動態、不穩定、不平衡。

畫面彎曲的線條表達的是不安定、易變、移動。

2.色彩

一般人認為色彩具有象徵性意義，兒童也很自然的利用這些色彩的象徵性意義表達他們的情感。例如：

綠色象徵鬆弛狀態、舒適、安靜、和平。

紅色象徵危險、生氣、顯著、喜事、熱情。

紫色象徵神秘、華麗、高貴。

黃色象徵活潑、開朗。

藍色象徵理性、沉靜、寬闊、冷漠。

黑色象徵深沈、冷酷、暴力、失望、暗淡。

白色象徵聖潔、空洞。

此外，畫中的線條、色彩、形狀、或方向重複的現象，表現出畫面的節奏感，節奏感正表達了兒童創作時的情緒狀態。

3.造形

(1)圖形畫得很小：只用畫紙上的一點點地方，畫時手部很少移動，把圖形畫得非常小（圖13-2），這類兒童可能經驗焦慮和不安全感。相對的，畫面開闊充實，作畫時手部自由、舒暢的揮動，把圖形畫得很大，這類兒童可能個性開朗，具良好的適應功能。

(2)遺漏了身體的部分：5歲以上的兒童畫人時都會畫手臂，若超過6歲，畫人時仍把手臂給遺漏了，表示這兒童可能很害羞、膽怯、退縮、謹慎。如果手臂畫得很小，表示這兒童缺乏自我肯定。此外，若畫一個人臉部沒有畫五官，可能表示此兒童有人際關係的困難。（參考圖13-4）

(3)腳畫得很小及腳上缺乏支持物：這類兒童可能心理上感覺缺乏依靠或堅固的支柱，往往會覺得有不安全感及焦慮感，於是對自己及外在環境無法發展出真誠的感情。相對的，所畫出的人形下肢穩重、堅固站立，表示這個兒童具有安全感，個性沉穩。此外，畫人物時試圖用不同方法把人物增高，可能代表此人物具力爭主權的需要。

(4)手臂尺寸異常誇大：當讓兒童畫自己時，若上肢畫得極為誇大，可能表示這個兒童較具侵略性，對其周遭的親朋好友有身體侵略的需求。如果兒童所畫的是其父母、師長、同學、或朋友，可能顯示這個人已經侵略了他，或兒童害怕這個人對他有侵略的行為。另把手畫得不成比例的過長，也可能代表具控制環境的需要。

4.畫家人

所謂「問題兒童大多出自問題家庭」，許多心理健康的專家一致的認為，瞭解兒童必從其家庭瞭解起。因此，讓兒童描繪家庭，可以瞭解兒童如何覺知他們的家人，進而瞭解他們與家人的情感，瞭解的途徑如下：

(1)所繪成員尺寸的大小：兒童常會把家中最具影響力或最具權威的家人畫成家庭成員中最大的圖形。例如：若兒童感覺家中剛出生的弟弟取代了自己在家中受呵護的地位，他可能認為這個新生兒是全家中最優勢、最重要者，就把他畫得特別大。

(2)關係的位置：兒童在畫家人時常傾向於把自己畫在最喜歡的家人旁邊。例如：在潛意識中有戀父情結（或戀母情結）的小女孩（或小男生），可能把自己畫在靠近父親（或母親）的位置。

(3)相似性：兒童也常傾向於把自己畫得很像自己所喜歡的家人，相似性一般都表現在衣著和打扮上，但也可能是個性的認同上。

(4)家人的遺漏：若兒童在畫家人的圖畫中，把家庭的某一成員忽略掉，此可能表示他對這個家人懷有敵意，潛意識中想把他排除在記憶之外。

(5)自我的缺席：當兒童對家庭缺乏歸屬感時，便會有如此的表現。而此種對家庭的歸屬感是兒童心理健全適應的重要因素。

(6)互動或孤立：當兒童感覺自己或某一家人在家庭中是處於孤立的地位時，經常會在其圖畫中表現將自己或某一家人隔離於一隅。其最常表現的方式是畫一冷硬的垂直線，把此人與家人壁壘分明的隔開，此家庭的成員間很少有人際的互動，家人被畫成各自獨立從事自己的活動。（圖13-5）

(7)塗改：將某人物或某部分塗改或擦除，代表對該人物或部分具衝突與矛盾的情感。

此外，諮商員除了利用觀察法瞭解上述兒童的情感，也可透過詢問畫中的問題，對兒童的狀態做進一步的瞭解。此時兒童常會告訴你有關畫中人物的故事，如：可能告訴你畫中誰正感到高興；誰正在悲傷欲絕；誰是可怕的人物；誰又是家中的開心果……。

總之，透過上述兒童圖畫的線條、色彩、造形、及畫家人，可助益諮商員對兒童情感的瞭解及解釋。

(二)透過圖畫診斷兒童的情緒問題

Allan與Crandall（1986）曾以下列四組繪畫的特徵來區辨社會及學業適應良好與不良的小學四、五年級的學童：

1.韻律對僵硬：適應良好者的畫作筆法富彈性，所畫事物的比例調和，畫面顯示自由、輕鬆、舒適和律動；相對的，適應不良者所畫的圖象是機械的，顯現僵直的、突兀的動態。

2.詳實對單調：適應良好者的畫作是完整的、詳實的；相對的，適應不良者的畫面是空洞的、荒蕪的，顯現退化，或滯留在幼年發展階段。

3.寬闊對壓迫：適應良好者的畫中反映廣闊感；相對的，適應不良者的畫面顯現壓縮、瑣碎和壓迫感。

4.統整對解組：適應良好者的畫中所繪事物各就其位，形成整體感，證實畫者具聯結、綜合、同化和組織的能力；相對的，適應不良者的畫面是解組的、草率的，畫中各事物毫無關聯，不相連結，失去整體感。

其研究結果顯示，韻律對僵硬及統整對解組，兩組特徵可有效的區辨適應與不適應的兒童。不良適應兒童的畫作顯示僵化及解組。此外，適應良好者一開始是在圖畫紙中間描繪，然而，不良適應者是從底端開始畫起。

Burns曾歸納兒童作畫時的幾種病態樣式：(1)用線條將人物分隔開；(2)用折疊將紙分格，把人物畫在分格中；(3)將人物安排在紙張的邊緣；(4)鳥瞰圖顯示了只想旁觀不願參與的遁避心態；(5)在圖畫底部劃線，可能代表其缺乏安全感；(6)在圖畫上方畫線，是焦慮的表現。（朱美美，民78）

許多研究者的調查研究顯示，兒童圖畫可做為情緒困擾的診斷工具，以下的項目可做為診斷情緒困擾的指標：

1.過度喜歡描繪自我形像：良好適應、沒有焦慮的兒童，不會經常過度地掛念自己，而對外界的人、事、物表現極大的興趣，因此，在自發的狀態下所畫的圖畫，經常是以成人或同輩為主題甚於自我形像的描繪。相對的，有情緒困擾的兒童，因為對於自身常有較多的在意與牽掛，故所畫的圖畫喜歡描繪自我形象。

2.怪異或畸形的圖形：心理障礙兒童所繪的圖形，常顯現怪異、扭曲、畸形的形像。相對的心理健康兒童則無此傾向，他們所畫出的形像大都是愉悅的、開朗的、歡欣的。

3.僵直生硬的圖形：心中具有高度緊張焦慮的兒童所繪的形像常顯示僵化、生硬、樣板。相對的，心中輕鬆愉快的兒童所畫的形像則是生動、活潑。

4.解組散亂的圖形：即使幼兒所繪圖畫的內容也是統整且相互關聯的。唯具人格解組、思考零亂，嚴重情緒失調的兒童，他們所畫身體的各部分圖形不相關聯的散置在圖畫紙上的各角落。（圖13-3）

5.過度描繪陰影：正經驗高度焦慮的兒童，顯示有情緒失調的傾向，會在所繪人形上過度的描繪陰影或顏色。

此外，M. Naumberg認為，可透過下列繪畫表現評估藝術治療的效果：

1.自發性：兒童作品愈顯示其自發性，愈證明治療有進步。

2.原創性：兒童作品從樣板式圖像演變到原創性時，亦是一種成長。

3.現實感：兒童作品從封閉的自我描繪，幻想的描繪，到描繪自己與外在世界的互動，代表心理的成長和適應。

(三)實例分析

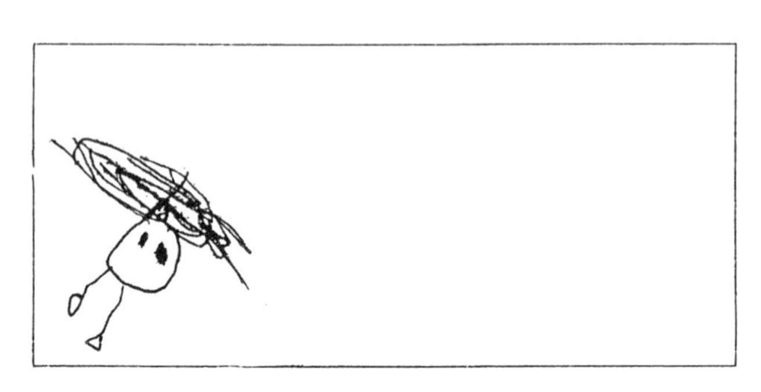

圖13-2　（取自Protinsky, 1978, p.253）

圖13-2是一位6歲男童的作品，其智力中上，唯學業低成就。當諮商員請他畫任何一個人或事物時，他畫了上圖。特徵分析：(1)圖形在畫中只占了很小的空間；(2)他作畫時，手部的移動拘泥受限，不敢放手揮灑；(3)嘴巴、鼻子、上肢也都沒畫出來；(4)由作品看出他可能是位害羞、被動的小孩。在與教師、父母晤談，及與兒童個別諮商後，證實他是一位焦慮、膽怯、低自尊和缺乏安全感的兒童，他的朋友很少，在學校常是同學欺負的對象。

圖13-3是一位8歲女童的作品，當諮商員請她畫任何人或事物時，他所畫的是「我和我的小狗」。特徵分析：(1)身體散置在圖畫紙上；(2)整張畫面上的圖形不統整。在教室中，她很少對老師的問題反應，常做白日夢。在家裡，和家人講話也常毫無條理。依臨床診斷，她的情緒呆滯，眼光很少和別人接觸，思考零亂、毫無關聯，表現有一些的人格解組。在精神方面的診斷結果為「幼年期的精神分裂症」。

圖13-4是一位15歲男孩所畫的一個人。其智力中下，個性退縮，人際關係不良，不參加任何團體活動，當他工作遇到困難時，也不請求協助，在學校裡經常曠課，有偷竊和濫用藥物的習慣。他描述所畫的人叫大衛，今年12歲，大衛醜陋愚笨，正和人說再見。

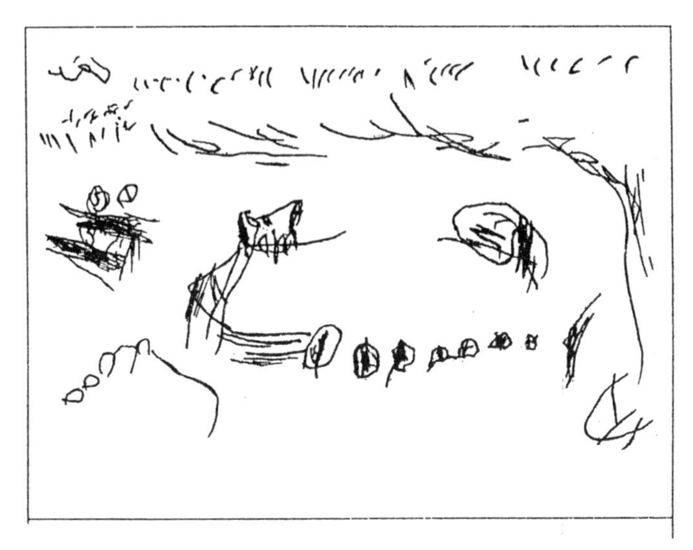

圖13-3　（取自Protinsky, 1978, p.254）

圖13-5是一位11歲男童的作品，畫的是「我的家庭」。特徵分析：(1)他自己和母親畫在一起；(2)把父親單獨畫在另一邊，中間用線條隔開；(3)家中的兄弟姊妹等家人均被忽略，可能是兄弟姊妹間太過競爭，才會產生此種現象。依診斷評量資料所顯示，這男孩和媽媽有過度的相互依賴關係，父親則常因忙於生意出差在外。

三、結論

繪畫是兒童內在世界的表達媒介，透過它，可瞭解兒童的認知發展、社會關係、情緒狀態、人格特徵、精神狀態……。既然每張兒童圖畫的內容包括了兒童的認知、知覺、思考、情緒的成分，因此，瞭解兒童的繪畫也需從這些因素去綜合判斷，宜避免只依單一因素解析的偏見。例如：一位兒童畫人沒畫手，不能馬上分析判斷說他是情緒沮喪、毫無攻擊慾，應先瞭解他的認和發展是否已具備畫手的階段？神經系統上是否有損傷？此外，也要避免只單憑圖畫來診斷兒童的陷阱，它雖是瞭解兒童的一有價值的工具，但非唯一工具，諮商員應再利用其他的資料，如：學業成績、智力、同輩互動狀況、家人互動狀況……，綜合這些多元的資料，才能對兒童的心理和行為做正確的診斷和處理。

圖13-4　（取自Slater & Thomas, 1983, p.364）

參．設備與材料

繪畫依其方式可分為線畫、彩畫、彩糊畫、指畫、美術拼貼等，其所需材料與設備如下：

1.線畫：所需工具與材料包括紙張、鉛筆、毛筆、彩色筆、色鉛筆、蠟筆、粉蠟筆、鋼筆、原子筆、細字筆、簽字筆等。在紙張的大小上，備

圖13-5　（取自Protinsky, 1978, p.254）

齊各種尺寸。一般小學生用八開圖畫紙，幼兒則需較大的四開大紙張，方便手部大動作的揮動畫筆。在紙張的顏色上，一般用白色，也可備齊各種顏色，任由兒童依嗜好挑選。此外，一般不提供橡皮擦，若兒童對其作品不滿意，鼓勵他們再畫一張。

2.彩畫：所需工具與材料包括大紙張、壓克力顏料、廣告顏料、水彩、水彩筆、調色盤、塑膠圍裙、畫板、水平桌面、小水桶等。彩畫的紙張應與線畫的紙張稍有區別，它們的吸水性需較強。若怕流動的色彩控制不妥，會引起兒童的挫折感，可選在桌面上工作。而塑膠圍裙則是在保護兒童衣服的整潔。

3.指畫：所需工具與材料包括大紙張、壓克力顏料、廣告顏料、顏色盤、刮鬍膏調和植物性染料、塑膠圍裙、水平桌面、水……。另外，用漿糊調和顏料，用手指頭塗繪或採壓印方式，則稱彩糊畫。

4.美術拼貼：所需工具與材料包括大紙張、卡紙、白膠、漿糊、膠水、剪刀、訂書機、膠帶等。適於做為黏貼的材料有雜誌圖片、報紙、月曆紙、羽毛、碎布、紗布、紗紙、毛線、紗線、木屑、色紙、亮光紙、星片、小亮片、扭釦、樹葉、壁紙……。

肆·適用對象及目標

一、適用對象

線畫是一種兒童熟悉的方式，鼓勵兒童內省、互動和冒險的媒介。最適用於國小學童、青少年及成人，因為他們的手腕能做細緻的描繪，認知能力也能將內心的思想和情感用線畫的形像表徵出來。也適用於幼兒，唯他們是以塗鴉或樸拙的線條描繪事物精略的形像，投射出其內心世界。但在幼兒的語言表達能力有限的情況下，線畫仍是瞭解其內心世界的有力媒介。不管個別、家庭、或團體諮商均適用此媒介。

彩畫和美術拼貼允許兒童專注、計畫、挑戰、和創作，為兒童熟悉的媒介和活動。最適用於國小高年級、青少年及成人，因為他們已有能力控制水彩水分的流動性，不致因水分流動的難以駕馭而生挫折感；且他們亦有能力以抽象的色彩及美術拼貼的素材所創造的形像來表徵內在的情感世界。一般彩畫較易表徵內在的情感；線畫則較易表現理性、具象事物。當然幼兒及小學中低年級亦適用此兩種媒介，唯他們在水彩水分的控制及色彩的抽象表徵上，及美術拼貼製作時手指的靈巧上均較不成熟。兩者最適於個別諮商，其次團體諮商。

指畫是一種允許自由、開放、彈性思考，鼓勵兒童互動和冒險的媒介和活動。最適用於幼兒和國小中低年級學童，也可用於小學高年級及青少年。最適用於個別諮商和團體諮商，其次是家庭諮商。

二、目標

1.使兒童訴說故事。兒童以畫筆，藉由直接的對人、事、物的描繪及間接的透過象徵性符號投射內心世界，他們能揭露有關自己、及其家庭、環境等的資訊。

2.使兒童表達壓抑的或強烈的情緒。透過創造性活動本身或繪畫的具體化的象徵符號，可達成情緒的舒洩。

3.協助兒童對自己已經驗或正經驗的事件獲得精熟感。藉由繪連環圖畫故事，兒童能對其生活事件的來龍去脈獲通盤瞭解，然後藉由合併藝術和幻想的創意要素，嘗試改變他的故事，且因此獲致對生活的駕馭感。

伍・諮商過程

繪畫諮商的步驟包括：(1)建立一可信任的關係；(2)提供藝術媒材；(3)選擇繪畫的主題；(4)引導兒童訴說故事及自我探索。

一、建立信任關係

對一位未曾有過諮商經驗的兒童，第一次面對陌生的諮商員及生疏的諮商室，可能會感覺焦慮、戒慎恐懼、表現防衛。「好的開始是成功的一半」，此時此刻，諮商員的任務是建立一個溫暖、友善、和諧、信任的諮商關係。在以繪畫為媒介的諮商，諮商員一開始最好介紹繪畫的目的，使兒童瞭解：(1)繪畫的目的是幫助諮商員瞭解他，協助彼此的溝通；(2)可以自由創作、表達，也可以依諮商員所給予的主題來畫；(3)作品絕不在區別優劣，也不會遭受批評；(4)時間由自己主導、操縱。於是在諮商員溝通這些觀念後，兒童即能以一種放鬆、遊戲的方式塗繪，自由地藉由繪畫媒介表達個人的思想和情感，並從中獲得鬆弛和慰藉。

唯可能仍有少數兒童抗拒畫圖或不知從何下筆，其可能的原因：(1)自我形像較差；(2)已習慣於按畫稿模仿；(3)認為自己畫不好，所以不敢畫；(4)抗拒前來諮商，也就抗拒參與活動。此時，一些「暖身活動」是有助益的，以下方式僅供諮商員參考應用：

1.彩漬遊戲：諮商員將一張八開圖畫紙對折後打開，在一邊擠上各色水彩，兩邊合起用手掌壓平，展開時就形成一張多彩多姿的彩色世界。然後問兒童在圖中看到什麼？圖中像什麼？若兒童搖頭沉默，諮商員只好自問自答，並可引導兒童也創作一張，再說明圖中世界像什麼？是什麼？此外，亦可請兒童依彩漬像什麼，添筆加彩，再問他像什麼？是什麼？相同的，兒童不主動時，諮商員亦可示範、引導。

2.吹畫遊戲：諮商員用水調各種色彩，一滴一滴灑在圖畫紙上，再用吸管（或用嘴巴）吹出各種形狀，並問兒童圖中像什麼？是什麼？然後，引導兒童創作一張，並說明圖中世界。

3.彩糊遊戲：用清水將漿糊稀釋，以漿糊為媒介，調合各種顏色，畫在平滑的圖畫紙上（或是平面玻璃上），再用一張光滑不吸水的白卡紙平鋪在上面，用手在背面反覆壓印後，慢慢揭去上面的卡紙，即出現天然的彩繪世界。注意！揭去覆蓋在上的卡紙時會因揭去的方向是從上、下、左、右、橫、直、斜向而產生不同的紋理。並問兒童圖中像什麼？是什麼？然後引導兒童創作及說明圖中世界。

4.塗鴉遊戲：請兒童在紙上自由塗鴉，諮商員再依所塗鴉的點、線，或各式圖形示範完成一些形像，如在圓形上加眼、鼻、嘴、耳而成一人形等，並鼓勵兒童創作，及說明圖中世界。

5.感覺遊戲：諮商員說：「請你閉上眼睛，注意你此時身體的感覺？」或「你的手肘正擱在桌上，那種感覺像什麼？」或「你的腳正站在地上，那種感覺像什麼？」

「請你站起來，閉上雙眼，踮起腳尖、舉起雙手、站直，向天花板用力伸展……，那種感覺如何？」

「請你的雙手抱住頭，曲腳，全身緊縮成一團，像一個球在地板上……，那種感覺如何？」

然後，請兒童把那種感覺用畫表現出來！

二、繪材的選擇

諮商員選擇繪畫材料的目的，是希望兒童能自由自在、舒服愉快的從事繪畫創作。材料不在乎琳瑯滿目或價值昂貴，而在於經濟、實用。可用的繪畫材料已如前述，這些材料在種類上，應準備各種畫筆、鉛筆、彩色筆……；在色彩上備妥不同顏色；在紙張上應備齊各種尺寸和顏色；隨時提供選擇，以鼓勵自發性與創造性。

在選材時，亦應考慮兒童的年齡。幼兒及小學中、低年級兒童在使用蠟筆、彩色筆、黑板畫、彩糊、指畫中可獲得極高的興趣；但在使用水彩畫及美術拼貼上則較感困難。約在10歲以上的學生，則上述材料能滿足其自由表現的需求。

三、主題的選擇

諮商員在繪畫主題的決定上，可讓兒童「自由畫」，亦可採諮商員指定特定主題的「命題畫」。

(一)自由畫

Rubin（1988）主張繪畫諮商中不須給兒童命題，因為讓兒童自由選擇材料及主題表達自己，無形中主題即顯現出來，再集中在此焦點問題來討論及解決。他認為讓兒童畫「屋—樹—人」（House-Tree-Person）及「我的家」等投射技術的主題頗值爭議，因為許多諮商員的解釋可能空洞不實，如此將是冒險的。自由畫的優點：(1)建立自由開放、無拘無束的諮商關係；(2)兒童負起在任何諮商階段將如何處理的決定；(3)諮商員是協助者，而非指揮者及代理人；(4)諮商員需受足夠的心理分析師的訓練，方能正確的解釋「屋—樹—人」，然而一般諮商員從事兒童繪畫心理分析的經驗很少，故採取開放主題的自由創作是較安全且更能激發兒童興趣的方式。總之，自由畫鼓勵兒童自由發揮，自然的產生主題，它是真正來自內在，更具個人的意義。

許多例子顯示，在遊戲室中，只要備妥繪畫工具和材料，有些兒童會自發的利用這些媒介來自由的表達個人的想法、問題，宣洩個人的情緒，達成治療的目標。例如：小麗是7歲的女生，住在育幼院，她的學業問題是反抗、攻擊、憂鬱、爭吵。在第五次治療會期，她就自發的用蠟筆畫一女生，一面畫、一面攻擊此一女生；也一面述說攻擊她、作弄她的原因。從繪畫過程中，表達她的敵意、嫉妒、及宣洩情緒。

(二)命題畫

許多學者主張特定主題的兒童畫具有診斷兒童智力和人格成長的功能。

1.畫人測驗：Goodenough主張由兒童所畫的人，可測量他們的智力。詳細請參閱其所編製的「畫人測驗」。

2.屋—樹—人：Buck在1948年介紹使用兒童畫「屋—樹—人」為主題，可由兒童所畫的房子、樹木、和人，瞭解他們從這些主題中所投射的內在情感世界。

3.畫家人：Hulse主張由兒童所畫的「我的家人」，來瞭解他們畫中所反映的兒童與家人間的動力關係。另Burns與Kaufman則更進一步主張，應用「動態」的方式畫我的家人，畫出每個家人在做什麼，更能看出全家人間互動的情形及彼此間的關係。

4.畫我的世界：請兒童用點、線、色彩、形狀，畫出個人生活周遭中與自己有重要關係的人物，你與他們在什麼地方？從事什麼活動？

5.其他主題：諮商員在諮商過程中，依實際需要，選擇合適的主題，請兒童繪畫，以蒐集兒童的特定資料，例如：

「畫一張有關讓你擔心的事情的圖畫。」

「畫一張有關你在生氣的圖畫。」

「假想你有魔法，畫一張你希望生活在怎樣的世界。」

「畫一張有關你的夢魘的圖畫。」

四、引導述說故事及自我探索

當兒童專注進行創作時，諮商員在旁以欣賞、稱許的態度觀察，勿打擾他們創作的思路。作品完成了，諮商員可用「回饋敘述」以瞭解作品中形像之間的關係，例如諮商員可能指向一些圖形說：

「我注意到這個圖形和那個圖形距離好遙遠？」

諮商員可請兒童：「想像你是一棵樹，把這棵樹畫出來」，並可用「引導技術」發問兒童下列問題：

「你是哪一種樹？它長了水果嗎？樹葉大片或小片？它生長在哪裡？它長得高大壯碩嗎？它開花了沒？樹枝上有刺嗎？在冬天它看起來像什麼？有同伴長在旁邊嗎？」

又如：兒童畫一個嬰兒的圖畫，諮商員可用「引導技術」：

「可以告訴我這個嬰兒的感覺嗎？如果你是她旁邊的這個人，她的感覺怎樣？」

「告訴我有關你的惡夢？」

陸．實施方式

一、「畫我家、話我家」

Roosa（1981）曾以「畫我家，話我家」的方式實施繪畫諮商，其過程如下：

步驟一：提供兒童一張八開大的圖畫紙，一枝鉛筆，並引導說：

「在紙上畫一張你的家庭，畫中包括你和家人，並在每個成員的旁邊註明他們的名字」

步驟二：接著，請兒童進行「話我家」的活動：

「告訴我，圖中的家人正做什麼？畫這張圖之前曾發生什麼事？家中每個人有何感受？故事的結局如何？」

此時，諮商員亦可引導兒童指著畫中人物，敘述畫中的家人間所發生的故事。

步驟三：一旦兒童敘述完他家的故事，諮商員請兒童在另一張八開大的圖畫紙上，畫上圖畫中被遺漏的家人。此時，兒童可能會畫已離婚或分居的父親或母親來探視他的情形。諮商員把步驟一和步驟三兒童所畫的作品影印下來，請兒童把家中的每一成員連同名字一起剪下來。

步驟四：諮商員給兒童一張圖畫紙，請他把剪下來的每一家庭成員，以個別、成對、成三人組或其他組合的方式，重新組合，貼在白紙上。完成後，諮商員請兒童按步驟二的方式，敘述圖中二或三人一組的家庭成員間所發生的故事。

二、系列畫

Allan（1978）曾採用「系列畫」（Serial drawing）的藝術諮商技術。每次諮商員和兒童晤面約30分鐘，諮商中只請兒童畫「自由畫」，持續6～10週。結果，這些一系列的畫作顯示下列特徵……(1)對同一問題（主題）有系統的描繪；(2)對諮商員表達正向的情感轉移；(3)針對問題，以語言做自我表露；(4)治療過程中，以象徵性的圖像表示；(5)積極的自我概念產生。此外，班級導師表示，兒童在經過一、二次諮商後，在教室中的行為有了明顯的改進。經過整個諮商過程結束後，個案的其他行為也有顯著的進步。Allan（1979）歸納系列畫的諮商過程如下：(1)起始階段：畫中顯示心理充滿衝突、阻礙、痛苦、防衛；(2)中間階段：兒童以畫圖表達內心的感覺。接著願意用畫與諮商員分享痛苦的情感，此時諮商員給予同理心反應、支持，有助於兒童對自己情感的頓悟與統整；(3)結束階段：兒童顯現良好適應行為，諮商宣告終結。

三、引導式藝術諮商

Allan在從事系列畫的研究後，Allan與Clark（1984）更深入的發展「引導式藝術諮商」（directed art counseling）。

引導式藝術諮商是以新心理分析學家Carl Jung的理論為基礎。Jung認為，人類意識的行為只占小部分，大部分是屬於潛意識的行為。當個人面對壓力時，會把它向內壓抑，而成為潛意識的一部分。當諮商員使用引導式藝術諮商，首先請兒童畫特定的圖像，如「屋－樹－人」，兒童會自發的把潛意識的情緒、衝突透過象徵性的圖像表現出來。當諮商員覺得兒童所繪的圖像似乎具象徵性意義，可能與他的潛意識的痛苦的情感有關，於是諮商員即引導兒童以此具象徵性意義的圖像為焦點，重新加以詳細描繪。此法的功能是兒童能以具體圖像表現內在潛意識的痛苦的情感，有助益兒童的自我瞭解及情感的宣洩，促進自我成長與外在行為的改變。

引導式藝術諮商的過程及諮商技術如下：

(一)啟始階段

諮商員營造一輕鬆自在的氣氛，並說明諮商的目的。

諮商員：「小忠，你的導師告訴我，你最近上課不專心。他認為讓我跟你見面，也許可以給你一些幫助，因為我在學校的工作就是幫助同學解決困難的。同學們來看我時，他們常一面畫圖，一面說出所畫的內容。有時，他們自由畫，而有時我也會要求他們畫特定的圖形。今天，可否請你先畫一間房子。」

(二)畫「屋－樹－人」

準備若干張八開大圖畫紙，一枝鉛筆（不可用蠟筆或炭筆），請他們先畫一間房子；畫完後，接著畫棵樹；最後再畫一個人。完成後，針對每一張圖，請兒童說出所畫的內容。如：

「這張圖所畫的故事內容是什麼？」

「有誰破壞過這間房子嗎？」

「這間房子還需要什麼？」

若時間尚有多餘，可請兒童再畫一張自由畫，他們喜歡什麼，就畫什麼。

此階段約需20～30分鐘。

(三)引導過程與技術

此階段，諮商員針對具象徵性意義的圖像，如：(1)圖中花最多時間、最投入詳細描繪的部分；(2)象徵情緒的圖像，如黑雲、枯萎的樹，這些圖像可能是兒童潛意識的情緒、衝突的情感的表徵。諮商員以此種圖像為焦點，請兒童詳細描繪，如：

「小忠，你上週似乎花很多時間在畫一棵枯萎的樹，我很想知道這棵枯萎了的樹現在怎麼了，今天你可否就這棵樹另外畫一張？」

若兒童畫了很多表徵痛苦情感的圖像，此時，諮商員可請他以最專注、投入描繪的一個圖像為焦點，做詳細描繪。

此外，諮商員除了把重點放在兒童所畫的內在痛苦的情感，若發現兒童的圖畫中無意中展現代表成長的圖像時，諮商員接著以代表成長的圖像為焦點，請兒童詳細描繪。如：

「小忠，我記得你上週畫完了枯樹枝、地面後，並加畫了幾朵花和一隻蜂鳥，今天，我想知道花和蜂鳥它們還好嗎？你可否畫一張花和蜂鳥的畫？」

(四)結束階段

此階段，兒童的畫中可能未再顯現表徵潛意識痛苦情感的圖像，也沒有代表新生、成長的圖像，此時，可請兒童「自由畫」。

四、連環圖畫

漫畫書往往包括許多格子，依序排列，在每個格子中畫圖，於是形成一序列有時間順序的圖畫故事。

諮商員可採連環漫畫的繪畫方式，進行繪畫治療。先在一張四開大圖畫紙上繪製一序列格子，約十個左右，並標上順序號碼。請兒童用鉛筆或簽字筆填畫連環圖畫。例如：

諮商員：「每個空格子代表你生命中的每一年，在每一個空格中畫上兩個人物，並以漫畫方式，在『泡泡』（漫畫中人物對話框）中寫出兩人的對話內容。」

在兒童作畫的過程中，諮商員隨時給予鼓勵，並請兒童說明繪畫內容的意義。

在後續的聚會期中，諮商員認為必要的話，可請兒童選出這些連環圖畫中的兩個人物，予以放大畫在四開或八開大圖畫紙上，然後諮商員與兒童各執圖畫人物一方，扮演該人物，並進行對話。

柒．個案舉例

一、個案緣起

小強，7歲，男生，小學二年級，由導師轉介到諮商中心。問題行為：極度安靜、退縮；神情沮喪；沒有朋友；對任何想從事的工作，均顯得十分焦慮；對任何要求的作業，均顯得非常無助，常尋求同學代勞。家庭背景：父母離婚，監護權屬外祖母，母親有探視權。過去一年來，由於父母辦理離婚手續，使他的學校生活動盪不安，在這所小學，光是轉學、復學就辦理了三次。

二、諮商過程

包括十次的諮商會期。

第一次：諮商員請他畫「屋一樹一人」，如圖13-6、圖13-7。他相當專注在地面的塗繪上；所畫的房子（圖13-6）像監獄；房子上有三個圍著鐵欄杆的窗戶。塗黑的地面使房子看起來更穩固。所畫的樹（圖13-7），樹幹直立，樹葉以曲線描繪，地平線下的根部描繪得頗為詳細。在諮商員的一番探究後，兒童說：「這棵樹受傷了，因為有人剝了它的皮」，後來他又說：「樹根可以幫助它長得更好。」

第二次：雖然兒童在前次諮商提及樹受傷了，可能代表他內心的痛苦。然而，本次諮商把焦點放在根部系統，其原因：(1)兒童花較多時間，專注於房子地面及樹根的描繪；(2)兒童上次提及樹根可以幫助這棵樹長得更好，表示期望有更美好的未來。

諮商員：「小強，我一直在想你上次所畫的那棵受傷的樹及它的樹根。記得你曾提及樹根供給這棵樹養分，你可否另畫一張有關樹根的圖畫。」

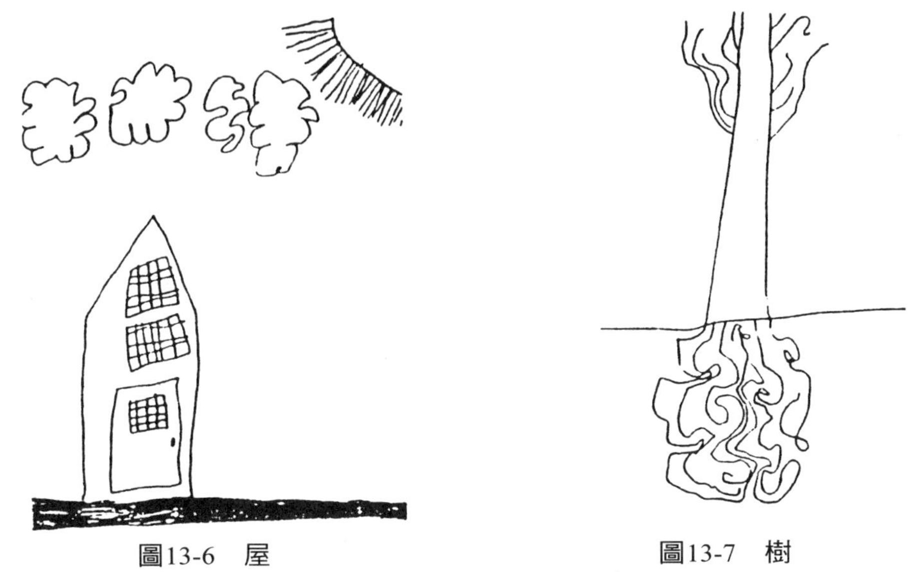

圖13-6　屋　　圖13-7　樹

（取自Allan & Clark, 1984, p. 120）

於是兒童畫了一張更為詳細的這棵樹的根部系統，並加畫了七隻毛毛蟲和牠們的家，一隻一戶。

此階段，小強看起來更加快樂，自發的解說他的圖畫內容。導師說他在教室已較少有不快樂的行為。

第三次：上次小強的圖畫，已顯現代表成長意義的內容（毛毛蟲的家），於是這次諮商員請他另畫一張「毛毛蟲的家」，描繪出牠們在家中做什麼？圖13-8是小強這次所畫的作品。一隻巨大的蟲媽媽，十隻幼蟲、及十四顆未孵出的蛋，並畫了一隻大蜘蛛，做為幼蟲們的食物。畫中蟲媽媽象徵「母親原型」；蛋象徵「潛意識」；食物象徵「營養」；幼蟲則象徵「重生」，整張圖畫表徵兒童的新生與成長。

第四次：圖13-8中，蟲媽媽似乎是畫中的主角，於是諮商員請小強畫蟲媽媽和一隻幼蟲。結果，他畫了一隻人臉的蟲媽媽（擬人化）對著幼蟲微笑。在蟲媽媽旁邊寫著「我愛你！」，也在幼蟲旁邊寫著「我也愛妳」。此圖似乎表現母子情感的交融。

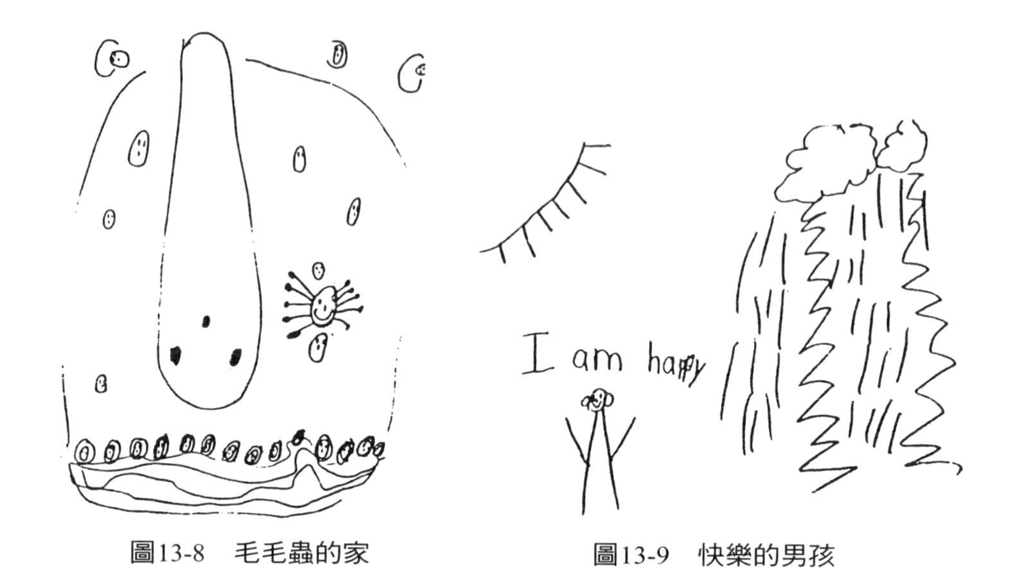

圖13-8　毛毛蟲的家　　圖13-9　快樂的男孩
（取自Allan & Clark, 1984, pp. 121～122）

第五次：諮商員請小強再畫一張毛毛蟲母子間相處的情形，於是小強畫了一隻已長了四倍大的幼蟲。蟲媽媽對幼蟲說：「你能幫我一點忙嗎？」

幼蟲說：「沒問題。」

蟲媽媽說：「你很好。」

幼蟲回答說：「你也很好。」

此圖中，小強表達出對母親情感需求的瞭解，及渴望與母親有情感的交流。

第六次：經過前五次對特定圖像的探索，似乎已無具象徵性意義的圖像可做為描畫的焦點，這次乃請小強「自由畫」，於是他畫了「陽光下的男孩」一畫（如圖13-9），左邊畫了雲、雨、閃電，但雲、雨、閃電並沒有打到男孩。此畫中似乎在敘述生命中有雷雨、也有陽光，在面對人生的風風雨雨之後，即將迎接燦爛的陽光。

此階段，導師表示小強已有戲劇性的改變，他的臉上顯現快樂；作業按時完成；與班上同學交朋友；更加能自我肯定，有時亦勇於向老師提出不同的意見。

第七次：諮商員再把焦點放在積極正向的情感上，請小強畫一張主題為「在陽光下的男孩」的圖畫。小強畫了一個快樂、微笑的男孩，站在陽光下，並在男孩旁邊寫著：「我很快樂、我很高興、因為暴風雨已經遠去。」

第八、九、十次：此階段小強均自由畫，第八、九次畫與朋友相處的情形。第十次諮商開始，諮商員告訴小強這是最後一次的諮商，他畫了一個準備發射到月球的太空人，並充滿樂觀、積極的述說畫中的故事。

經過十次諮商後，導師和外婆均表示，小強已不再畏畏縮縮；學業成績有了進步；能專心寫作業；能和同學及鄰居小孩交朋友，一起遊戲。

三、追蹤階段

五個月後，諮商員追蹤瞭解小強的近況。請他畫四張畫：「屋—樹—人」及「地底下的世界」。結果，圖畫內容均顯現出象徵快樂、祥和的圖象。

畫的房屋（圖13-10）是以透明式畫法描繪屋內家人在燈光下用餐的情形；畫的樹是一棵長滿了葉子的樹木；畫的人是他的鄰居朋友；所畫的「地底下的世界」有螞蟻、毛毛蟲和寶藏，展現一個忙碌的、有趣的、充滿生命力的地方。（個案摘自Allan & Clark, 1984）

圖13-10　追蹤期所畫的房屋
（取自Allan & Clark, 1984, p.123）

摘要

1.兒童藝術諮商是透過非語文的藝術活動，協助兒童表達內在的思想、宣洩內心的情感，導致兒童的自我瞭解及情感的自我滌清。

2.藝術治療源自Freud的心理分析論，創始者為Naumberg和Kramer。Naumberg主張自發的藝術表現可宣洩潛意識的情感和衝突，具心理診斷和治療的價值。Kramer主張藝術是一種昇華作用，創作本身即具治療作用。

3.黏土在兒童諮商中具有下列功能：引發兒童融入諮商中；體驗肌肉的觸覺；宣洩個人的情緒；材質易於捏造；造形具自由、彈性、創意和想像；創作不易產生挫折，可建立創作的自信心；透過玩黏土，再經驗與接觸個人封閉的情感。

4.以黏土為媒介的諮商，設備需足夠空間的地板或桌子、水槽、及自來水。材料有黏土、舖地板的紙張、塑膠圍裙、切黏土的細鐵絲、雕刻工具、一碗水和海綿等。

5.黏土為兒童諮商媒介，特別適用6歲及6歲以上的兒童，適合做為輔導情緒困擾兒童，其目標引導兒童訴說故事、表達經驗與情感、探索關係、瞭解過去、產生頓悟、經驗創作的滿足感等。

6.以黏土為媒介進行諮商，可分為非結構式及結構式，非結構式是當兒童自發的捏造作品，諮商員運用觀察、回饋敘述、反映等技術，催化兒童對自己行為的頓悟。結構式則是運用各種引導方式達成諮商目標。如：引導兒童玩黏土說感覺，引導兒童塑造特定主題，其間諮商員給予教導、鼓勵、引導述說故事，回饋敘述、引導創造對話等。此外，亦可引導兒童進行以黏土為媒介的團體諮商。

7.繪畫在兒童諮商中具有下列功能：建立諮商關係的良好媒介：投射內在思考和情感；可用連環圖畫方式敘說故事；溝通內在的思想和情感；情緒的宣洩；促進個人對自身問題的瞭解；可從兒童繪畫時的態度瞭解兒童；滿足創作慾；滿足成就感，建立自信心；瞭解兒童的認知、情緒與行為。

8.兒童繪畫具發展階段，出生到2歲是塗鴉期，2 ～3歲是象徵期，3 ～5歲是前圖式期，5～8歲是圖示期。圖示期的作品有幾個特徵：透明式畫法、展開式畫法、基底線畫法、誇張式畫法、擬人化畫法、超時空畫法等。約到8 ～14歲時，進入寫實前期。

9.諮商員可透過兒童圖畫的線條、色彩、造形及畫家人等瞭解兒童的情緒狀態。唯在做這些解釋時，尚需參酌兒童的教育、心理、社會等資料。

10.在造形方面，可從圖形的大小、五官及四肢的缺漏、腳的長短與穩定、手臂尺寸的誇張等，瞭解兒童的情感。

11.諮商員可透過兒童所繪我的家人所表現的下列特徵，瞭解他們與家人的情感：所繪成員的大小、關係的位置、相似性、家人的遺漏、自我的缺席、互動或孤立、塗改等。

12.兒童圖畫的下列特徵，可做為診斷其情緒困擾的指標：圖像僵直、生硬、機械；內容空洞、荒寂；圖像解組、不相關聯；過度喜歡描繪自我形像；怪異或畸形的圖像；過度描繪陰影等。

13.評估藝術治療的效果時，所依據的圖畫的特徵：自發性的創作、原創性的圖像、現實感的內容。

14.繪畫治療的方式有線畫、彩畫、彩糊、指畫、及美術拼貼等，各具不同的功能。不同方式的創作各需準備不同的設備及材料，也各適用於不同年齡的兒童。

15.繪畫治療的實施過程包括：建立信任關係、材料的選擇、主題的選擇、諮商技術的引導等。主題包括有自由畫及命題畫，典型的命題畫有畫人測驗、畫家人、畫「屋一樹一人」、畫「我的世界」、及其他主題等。

16.Rosa的「畫我家，話我家」的繪畫治療的過程如下：畫家人；話家人間的故事；畫未出現在上幅畫中的家人；影印所有的家人，剪下每個家人，重新組合，貼在一張圖畫紙上；話重新組合的家人間所發生的故事。

17.系列畫的繪畫治療是每次諮商晤談時間，均請兒童畫圖、話圖。累積的兒童的圖畫會顯現對同一主題做有系統的描繪，兒童的自我概念及其他問題行為也會有顯著的進步。

18.引導式藝術諮商是依據Jung的理論，觀點是兒童的圖畫中會自然的將內在的痛苦情感用象徵性符號表現出來。諮商員在敏覺於兒童畫中具象徵性的符號後，引導他們對此符號重新加以詳繪，於是兒童自我探索個人的內在的潛意識痛苦情感，有益助兒童的成長和改變。

19.以連環圖為媒介的諮商是諮商員請兒童在編有順序號碼的空白格子上，依序畫出一系列故事的連環圖畫，再依圖畫內容與兒童諮商。針對某一特定的方格中的圖畫，可請兒童在另一張圖畫紙上，詳細描繪，並加以深入討論、探索。

複習問題

1.何謂藝術治療？黏土在藝術諮商中有何功能？
2.諮商員如何以黏土進行兒童諮商？
3.諮商員如何以黏土進行團體諮商？
4.每次用黏土進行諮商後，黏土要如何處理？有哪些注意事項？
5.繪畫在兒童諮商中有何功能？
6.兒童繪畫的發展，可分為哪些階段？
7.如何透過圖畫瞭解兒童的情緒？
8.如何透過圖畫診斷兒童的情緒困擾？
9.繪畫治療有哪些不同方式？其特質及適用對象有何不同？
10.諮商員要如何以繪畫進行兒童諮商？
11.試述引導式藝術諮商的理論及其實施過程。
12.如何利用連環圖畫進行兒童諮商？

第十四章　兒童諮商歷程與綜合技術

兒童諮商是心理學家、諮商員、精神科醫師、社工人員等專業人員所提供的專業性協助的歷程，目的在協助兒童自我瞭解、自我決定、及解決個人有關社會的、教育的、情感的、和生涯的問題。本章擬介紹兒童諮商的基本概念、兒童諮商的歷程、及兒童諮商的綜合技術。

第一節　兒童諮商的基本概念

壹・場　地

兒童諮商的場地一般是在個別諮商室、遊戲治療室、或團體諮商室實施。在辦公室或教室諮商，眾目睽睽，是不適當的。有關遊戲室的布置與設施詳見第十二章，在此只介紹個別諮商室的布置原則。

「工欲善其事，必先利其器」，諮商欲力求成功，諮商室的布置有其相當的影響力。諮商室的布置原則如下：(1)位置隱密：諮商晤談常涉及個人隱私，故諮商的地點宜力求具隱密性，地點不宜在公共場所旁，應力求幽靜之地；(2)隔音、防窺：以防竊聽、干擾、或偷窺，使個案具心理的安全感；(3)示意勿擾：諮商時，在諮商室門口掛上「諮商中請勿打擾」的告示牌，避免會談被干擾；(4)溫暖、舒適。室內布置宜整潔、淡雅。家居式的溫暖小空間擺設有：小茶几、沙發、插花、掛畫、盆栽……。室內空氣流通，溫度、陽光適宜；(5)雙方座位安排成九十度：諮商員與個案的座位，避免安排成「面對面」或「並列坐」。面對面易讓當事人備感威脅，產生不安全感；並列坐時，雙方在語言溝通上，無法注視對方，形成溝通上的障礙。（請參閱圖14-1）

於是當事人身處諮商室內，有居家的溫馨、舒適感，以致能達到心理上完全放鬆，在具安全感及放鬆的狀態下，邁入了諮商的「好的開始是成功的第一步」。

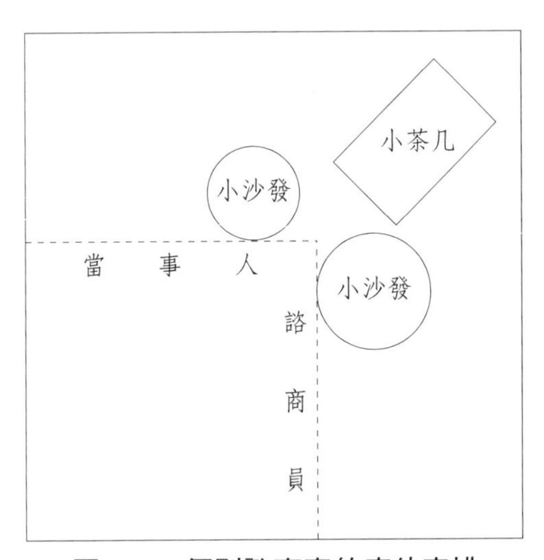

圖14-1　個別諮商室的座位安排

貳・目　標

兒童諮商的目標分為一般性目標及特定性目標：

(一)一般性目標：指適用於所有兒童的諮商目標，具籠統性及綜合性。這些目標如下：

1.協助兒童人格健全發展。

2.協助兒童自我接納個人的優、缺點。

3.協助兒童自我瞭解。

4.協助兒童建立積極正向的自我概念。

5.協助兒童的認知、情緒和行為具有一致性。

6.協助兒童在學習、生活與人際方面有良好的適應。

7.協助兒童學習情緒的管理。

(二)特定性目標：指適用於個別兒童的諮商目標，具備具體性及獨特性。

每位前來諮商的兒童，其行為問題不同，諮商的特定目標顯亦應有差異。一般兒童諮商的對象，大都是由父母帶來或由學校教師轉介來，他們均具特定的問題行為，如拒學、懼學、過動、暴力、偷竊、畏縮……。父母或教師尋求兒童諮商的目標，即以消除這些問題行為做為諮商的特定目標。諮商員在訂定兒童諮商的特定性目標時，宜徵詢父母或教師對諮商特定目標的意見，及與兒童討論他們諮商的特定性目標。於是，諮商員再依個人的心理與行為的專業知能，形成特定行為問題原因的假設，進而訂定諮商的特定性目標。例如兒童的恐懼上學是害怕導師的情緒行為使然，則諮商員訂定的諮商的特定性目標可能是：「改變兒童對導師很兇的看法」。

參・兒童諮商關係的特性

在兒童諮商中，兒童與諮商員的關係應具備下列特性：

1.融入的：諮商員應融入兒童的內在世界，以客觀、不批判的態度，觀察兒童的經驗，以能對兒童的問題真正的設身處地、感同身受。

2.獨特的：諮商員與兒童的關係是一種特殊的專業關係，兩者之間不得介入一般人際關係的名分或感情。

3.安全的：兒童對諮商員產生信任後，心理上具有安全感，才敢於自由的表白自我，坦誠的開放自己。

4.信任的：諮商需雙方建立及維持和睦友善關係，以發展信任感。真誠、信任是兩個真實的人之間，自然的、自發的、非表面的互動，其間沒有焦慮、防衛、壓抑、假裝或逃避。

5.隱密的：諮商員創造一個穩密性的環境，使兒童對此環境具足夠的安全感去分享非常私人的經驗、思想和情感。

6.不侵入（non-intrusive）：諮商關係應讓兒童感覺舒適的。雖然過程中，諮商員透過詢問，蒐集兒童的家庭背景資料，有助益對兒童及其世界的瞭解，可是此法具有「侵入」的危險性。例如：(1)若問及的資訊是兒童的隱私或他們害怕且不想開放的資料，他們會為難的、焦慮的，且緊張的，且將表現退縮、沉默或分心的行為；(2)若諮商員從兒童的重要關係人（如父母、保姆、教師……）處詢問兒童的各項資訊，亦可能是冒險的。當兒童發現，在沒有自己的同意及知曉下，重要的資料都已被給了諮商員，他們可能感覺威脅的、暴露的、易受傷的，且不確定諮商員到底還知道些什麼。一旦兒童感覺個人的世界受到侵入，他們對前來諮商及雙方關係會感到焦慮。

7.有目的：若兒童正確地、清楚地知道前來諮商的理由，他們會更主動地、志願地、自信地進入諮商過程。因此，父母或師長應明確的告知兒童，帶他們去看諮商員的目的。唯當諮商員面對一位滿臉迷惑、不確定和焦慮可能發生什麼的首次前來諮商的兒童，諮商員需澄清、修正、或確認諮商目的，使諮商在有目的的關係中進展。（K. Geldard & D. Geldard, 1997）

第二節　兒童諮商歷程

一般個別諮商是採面對面晤談的溝通方式，強調諮商員引導當事人進行內在情感的探索，是一有系統、有結構、有順序的一系列面談的過程。Brammer（1973）將諮商過程分為二部分、八階段。第一部分是建立關係，包括：(1)啟始階段；(2)澄清問題階段；(3)結構階段；(4)關係建立階段。第二部分是促進積極行動，包括：(5)探索階段；(6)統整（consolidation）階段；(7)計畫階段；(8)終結階段。黃惠惠（民80）將諮商過程分為四個階段：協助前階段，目標在關係建立；第一階段，目標在自我探索；第二階段，目標在自我瞭解；第三階段，目標在行動計畫。

兒童諮商與成人諮商有些不同：(1)兒童諮商的個案大部分由教師轉介或父母帶來，非當事人主動求助；(2)兒童諮商常需透過遊戲媒介進行。筆者將兒童諮商過程分為下列階段：(1)準備階段；(2)啟始階段；(3)探索階段；(4)洞察階段；(5)行動階段；(6)終結階段，詳見表14-1。

表14-1　兒童諮商的歷程與技術

歷　程	目　　的	諮商技術
一、準備階段	1.蒐集兒童資料 2.對兒童問題形成假設	任務： 蒐集資料、 家長晤談、 形成問題假設、 選擇諮商媒介
二、啟始階段	1.建立關係 2.說明諮商性質	暖身技術、結構技術 尊重技術、真誠技術 觀察技術
三、探索階段	1.兒童訴說故事 2.兒童自我探索	回饋敘述、觀察技術 傾聽技術、內容反映 情感反映、初層次同理心 具體技術、發問技術、 沉默技術 抗拒的處理技術 移情的處理技術
四、洞察階段	1.兒童對個人問題達統整性瞭解 2.兒童自我瞭解	自我表露、 高層次同理心、 立即性、面質、摘要技術
五、行動階段	1.擬定及實施行動計畫 2.落實適應行為於日常生活中	家庭作業、 行為改變方案、 問題解決訓練方案
六、終結階段	1.評估諮商成效 2.結束諮商	終結技術

壹・準備階段

這個階段是正式諮商前的預備階段，諮商員在接受來自教師轉介或父母帶來尋求諮商的個案後，即著手下列任務：

一、蒐集資料

蒐集兒童及其問題的各項資料，資料來源包括：父母、學校人員、醫師、社工人員、社會機構、政府機構、其他專業人員等。資料內容包括：兒童的智能、情緒、行為、人格、學業、興趣、成長史、文化及社經背景、生活環境等。

二、家長晤談

在與兒童正式諮商之前，利用兒童不在場，諮商員和父母單獨進行一次充分的晤談是必要的。強調兒童不在場是因為這樣父母才能自由、開放地談話。

晤談的目的：(1)諮商員當面蒐集兒童的成長史和問題行為的詳細資料；(2)瞭解父母對其子女問題的認識和反應；(3)與父母溝通諮商的性質。

許多父母在面對其子女與諮商員諮商，可能會產生如下的焦慮：(1)不知諮商會發生什麼而深感焦慮；(2)擔心小孩會談及家庭的私事，讓他們感到威脅；(3)擔心諮商員認為他們不盡責並責備他們。

因此，諮商員宜和父母溝通下列事宜：

(1)整個諮商的過程。

(2)瞭解諮商員與兒童關係的獨特性。

(3)提供父母機會談論他們的焦慮。唯兒童諮商員不能做為父母的諮商員，否則將損及兒童與諮商員的關係。

(4)讓父母瞭解兒童諮商要有成效，其條件：①必須能讓兒童在諮商中感覺自由、安全的與諮商員信任的、開放的談話。②宜讓父母瞭解，為使兒童能坦誠溝通，諮商員對於有些兒童的個人隱密，有保密的責任。③唯諮商員會審慎評估，若事情有告訴父母的必要性，諮商員亦會在徵求兒童的同意下，把事情告知父母。④諮商員向兒童的父母保證，對所有的諮商過程，將保持隨時告知他們。

諮商員亦可將上述欲和家長溝通事項，撰寫成書面資料通告，方便知曉。

三、形成問題假設

經由前述的蒐集兒童及其問題的有關資料，及與家長溝通諮商的過程與性質之後，諮商員對兒童目前的行為問題獲得澄清，具備了概念性的瞭解，於是諮商員基於其心理與行為的專業知識，評估兒童的問題行為，並對兒童的問題行為形成假設。

四、選擇適當媒介

一旦諮商員在心中對兒童的問題行為形成假設，即可基於兒童的年齡、性別、特質、問題行為、諮商目標等，決定使用何種遊戲媒介進行諮商最為適當。做為遊戲媒介的玩具種類各式各樣，例如：布偶家族組、洋娃娃、布袋戲偶、積木、黏土、繪畫、沙箱、迷你玩具、飛鏢、扮家家酒、想像之旅、說故事……。

上述由諮商員選擇適當的遊戲媒介對兒童進行遊戲治療，稱為「結構式遊戲」（structured play），若諮商員不替兒童選擇何種玩具進行諮商，而由兒童自己決定想玩什麼玩具就玩什麼，此稱為「非結構式遊戲」（unstructured play）。

貳・啟始階段

此階段是兒童正式諮商的開始，兒童大都懷著疑惑、困擾、期待的心情前來求助。當他們第一次面對陌生的諮商員，心理上難免惶恐、焦慮、忐忑不安、具有防衛之心；不敢完全開放、坦誠的表露真我；表現的行為大都是形式化、客氣、呆板。

此階段諮商：(1)目的：在建立和睦、友善的諮商關係；(2)諮商員的任務：①打破僵局、營造一個溫暖、友善、安全的心理環境。②說明諮商的性質、功能、目的、限制等；(3)諮商員的技術：包括暖身技術、結構技術、尊重技術、真誠技術、觀察技術。

參・探索階段

此階段是諮商員鼓勵兒童使用玩具玩遊戲為媒介，訴說自己的故事、探索個人的問題。兒童在感覺溫暖、接納、尊重的情況下，對諮商員產生了信賴感、安全感，於是防衛之心及抗拒心理減少，遂開始透過玩具遊戲，勇敢、坦誠的表白，探索個人的問題。唯若當諮商員未能營造出此安全的心理氣氛，彼此的信任感尚未建立時，諮商員不能操之過急，不宜催促諮商過程，否則「欲速則不達」。在諮商剛開始的會期，諮商員可允許較幼小的兒童自由遊戲的時間，或和較年長的兒童玩遊戲，使他們對環境感到安全、舒適，一旦建立起信任的關係，才易請兒童訴說故事。新手諮商員忌諱對緩慢的諮商過程缺乏耐心，以不斷發問來催促諮商的進展過程。如此反易招致兒童的抗拒諮商，害怕諮商員入侵個人的隱私及敏感的材料，因而關閉溝通大門，提前結束諮商關係。

此階段諮商：(1)目的：兒童透過玩玩具的遊戲中，訴說故事；回顧個人的問題；公開表達個人的情感；及主動獲得對焦慮及激動情緒的控制；(2)諮商員的任務：①提供使用適當的遊戲媒介。②建立起信任的關係。③引導兒童自我探討個人的問題；(3)諮商員的諮商技術：包括觀察技術、回饋敘述、傾聽技術、內容反映、情感反映、初層次同理心、具體技術、發問技術、抗拒的處理技術、移情的處理技術等。

肆・洞察階段

此階段是兒童在經由勇敢的面對真我，主動、自發的自我探索之後，並能自由自在的抒發內心情緒的焦慮與痛苦，於是逐漸的對個人的問題達成自我統整、頓悟與自我瞭解。

此階段諮商：(1)目的：個人對自己的問題產生統整的瞭解；(2)諮商員的任務：挑戰當事人的一些自己所逃避的、不一致的、不合理的、扭曲的觀念，使他們對其問題能有更客觀、正確的領悟；(3)諮商員的技術，包括：自我表露、立即性、面質、高層次同理心等。

有些諮商學派，如心理分析學派、個人中心學派、和完形治療學派等，認為當事人對自己的問題有了頓悟和洞察的自我瞭解，即是當事人自我成長及改變的保證。那麼此派的諮商歷程至此階段即進入終結階段。然而，其他學派如行為學派、理情治療、現實治療等，則持不同觀點，他們認為知行未必合一，個案在第四階段達成自我瞭解後，不一定保證行為的改變，尚需讓當事人學習有效的行動計畫，並落實良好的適應行為於日常生活中。

伍・行動階段

此階段是兒童經由自我瞭解其問題行為之後，諮商員針對兒童的特定行為問題，與當事人共同討論並實際擬定改善其問題行為的教育計畫；教導兒童解決特定問題行為的方法；教導兒童練習新的、良好的適應行為；並教導兒童將良好的適應行為落實於日常生活中。

此階段諮商：(1)目的：兒童擬定及實施建立良好適應行為的計畫，表現良好的適應行為；(2)諮商員的任務：①雙方訂定行動計畫。②示範、引導兒童練習新的適應行為。③利用家庭作業，引導兒童將新的適應行為落實於日常生活當中；(3)諮商員的技術：不同諮商理論各應用不同的諮商技術。如：①行為諮商法，其常用的行為改變技術有：增強、消弱、代幣制、系統減敏法、行為練習法、自我肯定訓練、示範法、自我管理方案等。②理性情緒治療法，其常用的行動計畫有指定家庭作業。③現實治療法亦重視發展有效的行動計畫。

陸·終結階段

此階段是兒童在經由自我洞察及表現良好的適應行為之後，諮商員評估諮商已達成目標，於是使用終結技術，結束諮商過程。

此階段諮商：(1)目的：結束諮商過程；(2)諮商員的任務：①評估成果：諮商員利用系統性記錄方法，蒐集兒童在諮商過程中行為進步的資料，統計、分析、整理成科學化、客觀化的資料，以驗證諮商的具體成效。此外，將諮商成效的評估資料回饋給兒童，使兒童因具體的看到自己的行為進步而感到喜悅，並經驗到成功，且改進他們的自我觀念。另將諮商成效回饋給教師或父母，使他們對諮商過程產生肯定和支持。唯若評估的成效不佳，則諮商員宜返回到探索階段，改變遊戲媒介的使用，引導兒童重新陳述故事及自我探索……。②結束個案：若諮商的成果斐然，諮商的目標顯已達成，則終結個案諮商歷程。

上述兒童諮商的過程，具有下列的性質：(1)由於每個兒童具個別差異，諮商員也大異其趣，故並非每個兒童的諮商過程均經歷每一階段。有些個案或許省略某一階段即達成諮商目標，而結束諮商。有些個案則可能在建立關係階段即因抗拒前來諮商，而提前結束諮商過程；(2)各階段所需的時間不同，一般自我探索階段往往持續的時間最長；(3)各階段所花的時間，每個兒童也不相同；(4)除了在諮商最後階段實施成效的「總結性評量」，在諮商進行的歷程中，諮商員亦實施成效的「形成性評量」，隨時評估各階段的實施成效，並即時調整諮商媒介及技術；(5)在終結階段，若評估成效不彰，則諮商再倒回到探索階段，繼續諮商歷程。

第三節　兒童諮商綜合技術

每個兒童具個別差異，諮商也有各種不同的派別，不同的兒童可能需要諮商員應用不同的諮商學派予以協助。例如：有些兒童可能需要諮商員應用更主動、直接、指導的諮商方式；然而，別的兒童可能需要諮商員以間接、非指導、自我發現的方式進行諮商。

兒童諮商往往借助各種玩具及活動為媒介，從事遊戲治療工作。每位兒童均是獨特的個體，具獨特的問題及需求。每一遊戲媒介和活動亦具不同的特性，助益不同的問題行為的治療。進行遊戲治療時，諮商員必須依個別兒童的不同特性和需求，選擇適當的媒介和活動，以達成治療的目標。

唯不管是兒童具個別差異；在諮商方式上有不同學派；在遊戲治療中可選擇適當的玩具為媒介，在從事諮商工作時，諮商員仍需用一些普遍性的基本技術，來進行口語諮商。有關在兒童諮商歷程中各不同階段所應用的各種諮商技術，詳見表14-1。以下茲介紹這些兒童諮商的基本技術。

壹・暖身技術

一、定義與功能

暖身技術（warm-up），又稱打破僵局（ice break）。諮商中，當事人第一次找諮商員面談，陌生的情境及人員，往往會讓他們感到生疏、焦慮、尷尬、忐忑不安。此時，諮商員不宜開門見山的問：「請問你有什麼問題嗎？」如此直接的問題易讓他們一時不知從何說起。此時此境，諮商員宜親切打招呼，招待坐定位置，溫暖的問候，家常話的寒暄，使他們感到溫馨、受歡迎、受尊重，以化解人際僵局，緩和當事人的情緒，建立彼此的友善關係。於是當事人在自然、舒服的情況下開始敘述自己的問題。

二、方式

暖身技術的實施方式如下：

1.「天氣很熱，我給你倒杯涼開水。」方便的話，給家長一杯茶或咖啡，給兒童一杯飲料是妥當的。

2.若當事人有點緊張，坐立不安，不知從何談起，諮商員可非正式的寒暄、話家常：

「怎麼來的？」

「住在哪裡？」

「最近天氣有何感覺？」「最近的水災（風災）……？」

「不知從何談起是嗎？沒關係，想說什麼就說什麼！」

3.家長第一次帶兒童來諮商，諮商員先與家長寒暄，建立友誼，有助益兒童對諮商員建立信任和友善的態度。兒童第一次來到諮商中心，對此一陌生環境可能會感到焦慮不安，也可能會有些好奇。此時，諮商員不必急於馬上進行諮商，可先帶兒童熟悉四周環境，且必須讓兒童知道，當他們與諮商員晤談時，父母將在哪個地方等候。在諮商員與兒童正式諮商時，除非必要，父母不宜在場。唯對一些有分離焦慮的兒童，諮商員不可強迫他們和父母分離，宜邀請父母陪兒童一起參觀諮商室（或遊戲治療室）。在遊戲室中，可邀請兒童想玩什麼玩具就玩什麼，也可請父母陪他們一起玩。

貳・啟始技術

當諮商員第一次帶領兒童進入遊戲治療室，通常會引導說：

「這裡有各式各樣的玩具，你可任選喜歡的玩具，你愛怎麼玩就怎麼玩！」

有些諮商員可能會更詳細的介紹各角落的各類玩具及玩法，如：

「這是娃娃屋，屋裡玩偶有爸爸、媽媽、奶奶、爺爺、哥哥、姊姊、弟妹……一家人。這是爐具、廚房、餐桌，可以煮飯、用餐。這裡是沙箱，這個櫃子有許多迷你玩具，你可用這些迷你玩具玩，或布置在沙箱裡玩。這個櫃子裡放置各種顏料、筆、圖畫紙等，可用來畫畫。這是黏土，可用來捏出任何你想做的東西。這是布袋戲台，這兒有許多布偶和木偶，你可把手套進去，演布袋戲……。你現在可以任選你喜歡的玩具，在這一小時，隨你想怎麼玩就怎麼玩！」

此外，諮商員在與兒童一起工作時，宜將身體的高度降低到跟孩子平起平坐，故諮商時他最好坐與兒童相同的椅子上或地板上。

參．尊重技術

一、定義與功能

A. Maslow認為人類有自尊的基本需求，即每個人均希望獲得他人的肯定、尊重。C. Rogers用無條件的積極關注（unconditional positive regard）來描述尊重的態度，認為它是諮商員的三個最基本態度之一。

尊重是諮商員視當事人為一完整、獨立、獨特的個體，不管當事人何種背景、說了什麼、做了什麼、有何感受，均無條件的接納他、關懷他、幫助他。

當兒童感受到諮商員對他的尊重，他才會感覺自己是個有價值的人；才會感覺諮商情境是溫暖的、安全的；也才會喜歡和諮商員在一起探索個人的困難。否則，兒童未能滿足基本的受尊重的需求，會逃避面對諮商員，抗拒前來諮商。

二、方式

尊重是一種態度，是抽象的，在實際諮商中，也可賦予操作性界定，而成為諮商技術。當諮商員表現下列行為，即具體表達了對當事人的尊重。

1.音調柔和，面帶微笑，予當事人如沐春風的感覺。

2.不管兒童在諮商室或遊戲室中說了什麼、做了什麼，諮商員都表示興趣、專注於他們所說和所做的。

3.相信兒童是有能力、有價值、可信任的人，能自己解決問題。諮商員引導他們自己解決問題，而非替代他們解決問題。

4.讓兒童在遊戲室中自己決定要不要玩玩具、玩什麼玩具、如何玩玩具。

5.對兒童所感所言、所做所為，不批判、不懷疑、不指責、不否定。

6.不武斷、不主觀、不自以為是的對兒童的行為給予解釋、警告、訓誡、建議、指揮。表現客觀、彈性、同理心反映，即能以兒童的內在參照架構來瞭解他們的感受和思考。

7.當兒童專注於遊戲中，不侵入、不干擾、不控制。

8.諮商員心口合一、表裡一致、誠懇相待。

總之，表現上述的行為，即是對兒童表現尊重的態度。

肆．結構技術

一、定義與功能

結構（structure）技術是諮商員向兒童溝通下列事項：(1)諮商機構的性質；(2)提供服務的內容；(3)諮商員的資格和角色；(4)諮商的目的、過程、期間、與功能；(5)諮商員與個案的關係、責任；(6)諮商員與個案關係的限制等。

結構技術的功能：(1)個案瞭解諮商的目的、歷程、和方向，使他們對未來諮商過程的可預測性，心理上產生安全感，減少對諮商產生反抗、排斥、焦慮、與敵意；(2)說明雙方的責任，可避免個案誤視諮商員為萬能博士、救火員、勸告者、建議者、心理醫生，而產生錯誤的期待。若個案對諮商員有過度的、錯誤的期待、及依賴的心理，一旦諮商員未如預期的熱衷、萬能、指導，可能會誤會諮商員拒絕給予協助，而對他們產生抗拒、敵視心理，影響諮商關係；(3)把諮商關係建立在一個架構體制上。

二、使用時機

結構技術的使用時機：(1)一般使用在諮商初期。讓個案對諮商有明確的瞭解；(2)諮商過程的任何階段，適時使用。當遇到當事人對諮商的性質有任何誤解時，可隨時使用結構技術，導正當事人對諮商具有正見。

三、結構技術的內容

1.布置諮商的場所：一般諮商場所的布置，講究安靜、隱密、溫暖、舒適。由於兒童（尤其是10歲以下的小學中、低年級和幼稚園兒童）大都不習慣於正襟危坐在椅子上晤談，因此，兒童諮商室中常布置一些玩具。當首次的諮商晤談，諮談員可告訴兒童，他可在此玩任何玩具。玩玩具可以使兒童在此時此地中的情緒立刻感到舒暢，有助益會談的開始。諮商員透過觀察、討論，從兒童特定的遊戲行為上，亦可找到許多可能的諮商主題。

2.共同決定諮商的日期：決定雙方合適的晤談日期。

3.說明諮商的時間：即決定何時會談及每次談多少時間。國小學童的晤談時間，其長度每次約40～60分鐘，一般配合上下課時間，一次是40分鐘，每週一或二次。諮商員可向個案明確說明：「我們每次談（玩）40分鐘，今天談（玩）到四點結束」；「我們在四點離開遊戲室」。

4.說明諮商內容會加以保密：諮商員向個案保證：「我們在這裡所談的一切內容，絕對不會隨便告訴別人」。

5.說明諮商的目的：諮商員說明自己是誰，目的是要協助兒童，或其教師、父母解決他們的個人問題。與兒童晤談，語言表達要力求簡單、具體，例如：「在這裡，我是你的朋友，想和你談談發生在你身上的一些事情和情緒。你可以告訴我，任何在學校、家庭、朋友中你想告訴我的事情……」。

6.說明諮商關係的責任：一旦兒童對諮商目的有了清楚的認識，及對諮商情境感到舒適，諮商員便可開始對兒童說明諮商關係的責任。諮商員向兒童說明：

(1)自己的責任是：①扮演支持的角色，把諮商情境製造成為一個富有安全感的地方，使兒童在此能盡情的探索自己的問題，嘗試在學校中表現富有功能的新行為。②以傾聽、觀察、會談來協助兒童，使兒童能確認問題行為所在及計畫處理這些問題行為的行動步驟。

(2)個案（兒童）的責任是：①敘述問題行為的事件。②開放的討論問題。③在諮商中主動的參與。④合作地提供諮商員所需的資料。⑤合作地執行在諮商中所共同訂定的契約。⑥自由地決定晤談的主題及情感的表現。

7.說明諮商關係的限制：結構技術亦包括諮商關係的設限。設限的理由：(1)協助兒童瞭解真實生活中的限制，並學會遵守規則；(2)預防兒童的健康和安全發生危險；(3)預防兒童傷害到諮商員；(4)預防破壞遊戲治療室的玩具、材料、和設備。

行為設限的內容包括：(1)不允許兒童破壞任何室內的設備、財產，或非遊戲的裝備；(2)不允許兒童攻擊治療者的身體；(3)不允許兒童在晤談時限外，繼續滯留在遊戲室；(4)不允許兒童拿走遊戲室內的玩具；(5)不允許兒童把玩具或其他器材丟到窗外。

設限的時機是因時因地制宜，需要時才設限。沒有必要在剛開始諮商時，就列出一大堆限制，如此反而會破壞了自由和許可性氣氛的建立。

以下茲舉設限的技術如下：

(1)當設定結束活動的時間：「我們在五點時離開遊戲室」。

(2)當要兒童自己做決定：「這些玩具你愛怎麼玩就怎麼玩」。

(3)當要兒童對其自己的行為安全負責時：「在這兒跳來跳去會危險」。

(4)當向兒童說明某些玩具可以攻擊：「為何不狠狠的揍這個小丑一頓」。

(5)當向兒童說明不能攻擊諮商員：「不要畫在我臉上，去畫在黑板（或圖畫紙上）」。當兒童用拳擊套要打諮商員，諮商員的設限反應：「你可以打這個布偶，不可打我，我是在這兒與你談話的」。

(6)當兒童拿蠟筆要在牆上畫，諮商員的設限：「你可在這張紙上畫，不要畫在牆上」。

(7)當兒童拿起鐵鎚要打打字機，諮商員的設限：「你可用手指在打字機上打字，但不可用鎚子捶打它」。

(8)當向兒童說明這些玩具只能在遊戲活動的時間使用：「你不可以把這部玩具車帶出去」。

Ginott與Lebo（1961）曾列舉54項遊戲治療室的限制，有興趣的讀者可參閱，G. L. Landreth的大作《遊戲治療》一書，高淑貞1994年翻譯，第165頁。

這些設限將成為諮商中兒童行動的準則，當兒童破壞了這些準則，諮商員的設限反應有時可能會引起兒童產生負面的情感，這時諮商員宜給予情感反映，如：「因為我沒讓你那樣做，所以在生我的氣！」諮商員應以接納的態度，處理兒童的情緒。

除了上述的限制外，諮商員告訴兒童，在遊戲治療室他可以玩任何想玩的玩具；做任何想做的事情；說任何想說的話，這些諮商員均會加以保密，絕不會告訴別人。

伍・觀察技術

一、定義與功能

所謂「聽其言，觀其行」，兒童諮商的開始階段中，兒童對諮商員和遊戲的反應，正表現出此兒童過去與外界事物的關係，敏覺的諮商員馬上利用這個機會，先觀察兒童的反應，以瞭解他們的行為。因此，諮商員除了用耳聞的傾聽技術外，亦藉眼看的觀察技術，蒐集兒童在諮商中顯露及反應的各種資訊，再透過諮商員本身的專業知能，以充分瞭解兒童的問題與行為。

觀察技術的功能：(1)專注、投入的態度，可讓兒童感受到諮商員的關照、重視與尊重；(2)蒐集兒童各方面行為的資訊，以達對兒童的心理與行為瞭然於胸。

二、觀察內容

觀察的內容包括：

1.外表特徵。觀察項目有：長相俊秀或平庸；表情嚴肅或輕鬆；儀態文雅或隨便；穿著整潔或髒亂；動作敏捷或笨拙……。

2.行為特徵。觀察項目有：(1)人際行為：與人互動時是積極主動、友善、合作、易於接近；或退縮、被動、冷漠、逃避、孤立、不喜與人接觸；(2)專注行為：專注的、投入的、興趣的；或易分心的、冷漠的；(3)依賴行為：獨立自主或依賴他人；(4)防衛行為：對人毫無戒心或對人具防衛之心；(5)焦慮行為：沉靜安詳，或忐忑不安、焦躁、坐立難安；(6)順從行為：對別人的意見事事抗拒，或不適當的順從行為。

3.情感特徵。觀察其情緒狀態是積極的情緒，如：快樂、安詳、興趣、興奮、好奇、愉悅……；或消極的情緒，如：悲傷、憤怒、敵意、沮喪、冷漠……。

4.智能特徵。觀察項目有：辨認、分類、組織、概念、解決問題等能力。

5.語言特徵。觀察項目有：是否有口齒不清或口吃現象；語言是否流暢；用詞是否優美；語句是否只用單字或能用長句表達；是否依賴非語言行為表達等。

6.動作特徵。觀察其知覺動作協調能力如何；活動性強或弱。

7.遊戲特徵。遊戲時是否具創意？固執？想像？呆板？能否將玩具做象徵性使用（如把積木當行動電話來玩）等。

三、注意事項

觀察時宜遵守「二多三少」原則，所謂二多是「多聽、多看」，三少是「少說話、少指揮、少闖入」。

陸・傾聽技術

一、意義及功能

「聽」，說來容易，只要有耳朵就能聽，但在人際互動中，做來卻不易。所謂「人之好為人師」，人往往只喜歡當發表者、說道者、演講者、教導者，而不喜當「聽眾」，更不習於、亦不耐於當「傾聽者」。可見傾聽是需要用心及訓練的。那麼何謂傾聽？聽和傾聽有何不同？

「聽」（hearing）指一般用耳朵的感官去聽，傾聽（listening）含有主動、專注之意，是指諮商員用眼、耳、心專注地聽取當事人的語言的及非語言的訊息，聆聽當事人外在及內心的聲音，以充分瞭解當事人真正的關心事情、想法、感受、問題，進而能協助當事人解決問題。一般諮商中，諮商員應說得比他們的當事人少，即「多傾聽、少說話」。

傾聽的功能如下：(1)蒐集當事人的訊息，以正確、充分的瞭解當事人所欲傳達、溝通的內容；(2)可讓當事人感受到有人願意進入他的世界及尊重他對其世界的觀點，而感覺受重視與尊重，於是更願自我表白；

(3)傾聽時，諮商員的點頭、微笑動作，或溝通時的自然「嗯哼」、「啊哈」、「是」口語反應，可增強當事人訴說故事的行為，進一步確認、澄清困擾的問題；(4)對於想傾訴、埋怨的個案，傾聽可讓他們宣洩內心激動的情緒，達成情緒抒解的功能。

二、傾聽的內容

諮商員傾聽的內容，包括當事人所表達的每一個語言的及非語言的訊息。

1.語言訊息：諮商員專注聆聽當事人口語所說的內容，除了瞭解字句表白的意義，也要深入聆聽口頭語言背後的內心聲音，這些包括：(1)聲音的高低、抑揚、頓挫；或是速度的急促、激動、或緩和，此均代表當事人內在不同的情緒反應；(2)內容是否前後矛盾。

2.非語言訊息：除了「聽其言」，還得「觀其行」，傾聽才算完整、徹底。傾聽非語言訊息包括觀察當事人下列的肢體語言行為：(1)心口不一，如：口裡說沒關係，行為上卻很在意；口裡說很沮喪，行為上卻在微笑；(2)抖腳，代表不耐煩；(3)打呵欠，表示疲累；(4)不停看錶，表示急於結束晤談；(5)眼神飄浮不定，表示心神不專注……。

三、傾聽的行為

諮商員的傾聽，包括表達下列行為：

1.融入的態度：語言諮商時，諮商員面對當事人，身體略往前傾，面帶微笑，表現有興趣聽的臉部表情。若是遊戲治療時，當兒童坐在地板上玩玩具，諮商員則就兒童旁邊的位置，亦一起坐在地板上。此動作要表現得自然、舒適，而不做作。

2.放鬆的姿勢：諮商員的身體採開放的、放鬆的、歡迎的、從容的姿勢，避免因諮商員的緊張，而影響當事人，以致破壞諮商的良好氣氛。

3.避免一些負向的身體語言：諮商員宜避免下列負向的身體語言：抖腳、雙手交叉胸前、眼神飄浮不定、頻看手錶、打呵欠、皺眉頭……行為。

4.眼神自然的接觸：會談時雙方眼神自然的接觸，是代表關懷、尊重、喜歡之意。當雙方避免眼神的接觸，兩不相看，代表彼此逃避、不關心、冷淡、不喜歡、忽視的行為。唯諮商員也非目不轉睛的一直瞪視著當事人看，如此反而讓當事人心理上產生被審視的壓力。至於多少量的眼神接觸可讓當事人感覺舒適，端賴諮商員的專業判斷了。

5.聲音宜溫和、柔軟。

6.適度的以點頭或「嗯哼」、「是」、「對」、「我瞭解」等聲音回應當事人的敘述，以表示諮商員是專注的。唯應注意：諮商員的這些回應必須是「中性的」、「不批判的」態度。因為諮商員若以「哇！」的驚讚態度做同意的反應；或以「嘖！」的責備態度做不同意的反應，這些反應可能會影響當事人在敘述其故事時，趨向只講諮商員讚同的內容，而避談諮商員不同意的部分。

7.適度的做簡述語意、情感反映、同理心。諮商員傾聽時，除了適度的以點頭或嗯哼回應當事人的談話，談到一段落時，諮商員有必要對當事人所講的內容稍加整理，摘要簡述當事人描述的內容，以傳達諮商員已正確的瞭解當事人的問題，並增強當事人的敘述行為。接著將會介紹這些反映（reflection）的技術。

四、注意事項

諮商員的傾聽包括傾聽當事人的語言與非語言行為。若諮商員發現當事人的語言與非語言行為不一致時，如當事人說他恨她恨得咬牙切齒，然而嘴上卻在笑，此時諮商員傾向以非語言的行為做為當事人真正感覺的判斷依據。

柒・回饋敘述

回饋敘述是諮商員在諮商中，把「眼見」及「耳聞」原原本本的敘述或複述出來，做為對兒童的語言或行為的回饋反應。

1.在「眼見」動作行為的回饋敘述上，例如：

小雄是小學二年級男生，諮商剛開始時一直表現沉默行為。

小　雄：（坐在沙箱旁，很規律地把沙子舀到鞋子上。）

諮商員：你放了很多很多沙子在你的鞋子上。

小　雄：（沒反應，沒看一眼，繼續舀沙子把鞋子都蓋滿。）

諮商員：你把那隻鞋子都蓋住了，看不見它了。

小　雄：（改成把沙子舀到沙箱邊緣的左手上，灑了一些沙子出來，偷偷瞄了治療者一眼）。

諮商員：你好像在想沙子灑了我會怎麼想。偶而這裡會有一些意外無法控制。

⋮

（高淑貞，1994，頁170）

2.在「耳聞」語言的回饋複述上，例如：

小　維：我也要把它（玩具電話）打壞。

諮商員：你也想把電話打壞。

小　維（微笑）：對，我喜歡弄壞東西和打人。

諮商員：你喜歡弄壞東西和傷害別人。

小　維（平靜地）：看！盤子！我要玩家家酒！（坐下來，拿起電話）喂！是小麗嗎？我在家裡，我正要準備晚餐。

諮商員：你正要準備晚餐。

⋮

（程小危，1983，頁64）

回饋敘述的功能：(1)未闖入兒童的遊戲世界；(2)鼓勵兒童繼續遊戲行為；(3)顯示諮商員融入個案的活動中；(4)可讓兒童感受到自己的行為是重要的、有價值的、受重視的；(5)諮商員示範解說、溝通自己的遊戲行為；(6)促進兒童再思考自己的語言和行為；(7)兒童更徹底的探索自己的觀念、情感和行為。

捌・簡述語意

反映（reflection）技術可分為三種：(1)內容反映（reflection of content），有時稱為「簡述語意」（paraphrasing）；(2)情感反映

（reflection of feelings）；(3)內容加情感反映（Geldard, K. & Geldard, D. 1997）。內容和情感反映合併在一起，黃惠惠（1985）稱之為同理心。

一、定義與功能

簡述語意是諮商員依當事人所做的事實陳述，用自己的話，把所聽到的主要涵義，傳達給對方。其功能：(1)諮商員表達對當事人所敘述的內容已確實的瞭解；(2)使當事人更充分地覺知他正說了什麼？重點在哪裡？(3)諮商員可確認自己的瞭解是否正確，允許當事人指出諮商員的瞭解是否正確；(4)促進當事人繼續向個人的問題探索前進。

二、舉例

(一)當事人：「我生字考100分，但是小成都不會寫，他上課講話被老師罵。當同學犯錯時，老師就罰他們面壁思過。」

諮商員：「你在各方面好像都沒問題，但小成就不同。」

(二)當事人在玩布偶，她拿起布偶媽媽，扮演起媽媽的角色，對一布偶小女孩說：

「我告訴過妳多少次，不要把地板弄得髒兮兮，妳看妳把地板弄得到處都是垃圾！妳這不聽話的小鬼！妳最好把它清理乾淨！」

諮商員：「那個媽媽要小女孩把地板上的髒亂清理乾淨！」

三、注意事項

諮商員簡述語意時，宜避免冗長及鸚鵡式的逐字重複當事人所說的每一句話，宜扼要地用自己的話摘要當事人所陳述的最重要的內容。

玖、情感反映

一、定義與功能

情感反映是諮商員將覺知到的兒童正經驗的有關情緒感覺的資訊反映回去，以向兒童表達其瞭解他的情緒和感覺。

情感反映是諮商的主要技巧之一，其功能：(1)促進兒童對其情感的覺知；(2)傳達諮商員對兒童的情感的正確瞭解；(3)激勵兒童去確認、面對、經驗、抒解及處理一個重要的情緒；(4)兒童在經驗情緒的過程中，對其情緒具滌清的效果。

二、方法

情感反映的方法包括：(1)辨識情緒。諮商員首先依當時的背景、語言及非語言等線索，正確的感同身受兒童身歷其境的感覺和情緒狀態。情緒狀態一般可依正、負向及強、弱分為四類（請參閱表14-2）；一是正向強烈的情緒，如：雀躍的、快樂的、興奮的、得意的……；二是正向微弱的情緒，如：安詳的、滿意的、從容的、悠閒的、自在的……；三是負向強烈的情緒，如：痛恨的、哀傷的、氣憤的、沮喪的、焦躁的、不平的……；四是負向微弱的情緒，如：乏味的、無聊的、迷惘的、委屈的、矛盾的、沉悶的……。描述情緒的語言有用二個字，如：氣憤、委屈；有用三個字的形容詞，如：焦躁的；有用四個字的詞，如：傷心欲絕、一無是處、無所適從、七上八下、火冒三丈、言語乏味、氣憤不平；亦有用描述行為的句子，如：很想破口大罵、真想有個洞可以鑽進去；(2)情緒反映：諮商員正確的辨識兒童的情緒後，使用如：「你覺得……」、「你感到……」、「聽起來似乎你很……」等句型，反映諮商員對兒童情緒的瞭解。

表14-2　情緒的分類

程度＼情緒	正　向	負　向
強	雀躍的、得意的 快樂的、興奮的	痛恨的、哀傷的 憤怒的、焦躁的
弱	安詳的、滿足的 從容的、悠閒的	乏味的、委屈的 無聊的、矛盾的

三、舉　例

〔例一〕兒童：「偉偉踩到我的腳好痛，我好不容易才睡著，這下子再也睡不著了啦！討厭！」

老師：「聽起來似乎你對偉偉很生氣。」

〔例二〕兒童：兒童用布偶在玩遊戲，他對著一個女娃布偶說：「在她發現我們之前，讓我們趕快離開這裡，快一點，她來了！」

諮商員：「聽起來你好像很害怕！」

〔例三〕兒童：「我這次月考數學只考45分，希望爸爸永遠不知道。」

諮商員：「你似乎對月考的數學成績很焦慮！」

〔例四〕學生：「有時我很痛恨老師打成績，我覺得沒有必要打成績，因為它實在很難客觀，也損壞了學習的興趣，況且讀書是個人的事！」

諮商員：「你好像對成績考核感到很討厭！」

四、注意事項

1.正確性：宜正確的判斷兒童的情緒，避免增減兒童的原意。

2.不確定性：諮商員的語氣要具不確定性。因為諮商員的情感反映本質上是在對兒童情緒的一種猜測，當以不肯定的語氣做反映，若情感反映不正確，猶可修正，可讓兒童感受到諮商員對他的尊重。

3.彈性修正：當諮商員的猜測不正確時，一般個案都會糾正他（她），此時諮商員應虛心接受，避免自以為是，否則有礙正確同理的瞭解。

4.扼要性：避免冗長，否則反客為主，會干擾當事人的敘述。

5.忌複誦：諮商員情感反映時，不宜原句重述當事人所說的話，以避免當事人感到諮商員的言語乏味。

拾・同理心

一、定義與功能

同理心的英文是empathy。empathy在國內有許多不同的翻譯，如：擬情的瞭解、共鳴性瞭解、同感，而目前以「同理心」較廣為使用。同理心已是諮商員最重要的諮商技術之一，此外，在一般日常生活中，亦是一種極為重要的人際溝通技巧。

例如：在《中國時報》的「舌上蓮花」專欄，即曾登載「我瞭解你的感受」一文：「上個月，爸爸騎機車載我上街購物，在路口被一部闖紅燈的小客車撞倒了。爸的腳些微擦傷，我的手腳都破皮流血。爸見我疼痛的表情，不覺怒從中來，衝著對方破口大罵，指責對方開車闖紅燈、車速太快……。只見對方很歉疚的連聲對不起，握著爸忿怒的手說：『我瞭解你的感受！我瞭解你的感受！』，爸突然平息了下來，不再對他咆哮，也拒絕了他的醫藥費，示意他以後開車慢一點之類的話，就扶著我自認倒楣的回家了。」文中車禍的肇事者即是以同理心的溝通方式，化解了衝突。

羅吉斯定義同理心是「輔導員能夠正確的瞭解當事人內在的私人世界，並且能將有意義的訊息傳達給當事人。明瞭或覺察到當事人蘊含著個人意義的世界，就『好像』是你自己的世界，但是沒有喪失這『好像』的特質」（黃惠惠，1991）。同理心的過程包括：(1)瞭解：諮商員能站在當事人的立場，客觀、正確的瞭解當事人的私人世界、想法和情感；(2)傳達：諮商員將自己對當事人的瞭解，用語言表達出來；(3)接收：當事人接收到諮商員的正確同理心。

同理心即一般所謂的「感同身受」、「設身處地」、「將心比心」、「人同此心，心同此理」。即能設身處地的站在對方的立場，客觀的瞭解對方的世界，感同身受的體驗對方的感受，與中國儒家的「恕道」不謀而合。唯「同理心」與中國人所講的「己所不欲，勿施於人」是有些區別的。前者強調以客觀的態度，試著深入對方的私人世界，瞭解對方的想法和感受；後者則以自己主觀的經驗，來推論別人的想法和感受。同理心亦有別於同情心（sympathy）。同理心時，個人把自己的主觀情緒放在一邊，然後專注的試著去瞭解對方的想法和情感，同理心包含了個人的理智和情感，且需要客觀性，個人在努力嘗試去瞭解對方的經驗世界中表現出同理心。同情心則是極其情緒的，主觀性較大，易失去對當事人客觀的瞭解。而且，同情的一方常顯示自己是處於優勢，被同情的一方則被視為處於可憐的、劣勢的地位。因此，諮商員若表現同情、憐憫對方，會傷及當事人的自尊心，致當事人抗拒被可憐、同情，而妨礙了諮商的進展。故諮商中，諮商員要表達的是同理心，而非同情心。

同理心的功能有：(1)助益諮商的友善、信任關係的建立；(2)助益當事人的自我瞭解；(3)導引當事人自我探索自己的思想、情感和行為。

Carkhuff（1969）把正確同理心分為兩個層次：(1)初層次同理心

（primary level of empathy），意指輔導員瞭解當事人明顯的經驗、感覺和行為，並表達給當事人；(2)高層次同理心（advanced level of empathy），則指輔導員瞭解當事人隱含的感覺、經驗和行為並表達出來（黃惠惠，民80）。初層次同理心一般用於諮商初期，目的在協助當事人自我探索；高層次同理心則用於諮商中期，目的在協助當事人的自我瞭解。以下所介紹的方法及例子為初層次同理心。

二、方法

同理心的方法包括三個部分：辨識情緒、情感反映和簡述語意。即結合前述的內容反映與情感反映，便是同理心的行為。其語言表達的句型是：「你覺得……，因為……」。「你覺得……」，此部分是情感反映；「因為……」，此部分則是簡述語意。由於同理心技術是結合了簡述語意和情感反映的技術，故其使用時的注意事項請參考簡述語意和情感反映兩技術的注意事項。

三、舉例

〔例一〕當事人：鄰居的太太每天三更半夜尖叫、大吼的罵小孩，常常半夜被驚醒，吵得我不得安寧，書也讀不好，覺也睡不著，真沒公德心。

諮商員：你覺得既生氣又苦惱，因為鄰居太太擾亂了你的讀書和睡眠。

〔例二〕當事人：她實在很過分，分組報告和他同組，報告的資料蒐集、計畫、和文書工作都是我想、我寫、我打字，幾乎一手包辦，而且，我還尊重她是組員，內容都先徵詢她的意見，沒想到她卻到處說我不尊重她的意見，寫報告只會抄抄寫寫、拼拼湊湊……，我實在不值得！

諮商員：你覺得很委屈、生氣，因為自己對小組報告這麼盡責且幫助她，換來的卻是無情的批評與不實的指責。

〔例三〕當事人：即使我走開，那些高年級的同學仍會跟著我，我告訴老師他們放學後跟蹤我，但一點也沒有用。

諮商員：你感覺很無助，因為無法擺脫這些欺凌弱小者。

拾壹・具體技術

一、定義與功能

諮商中，當事人可能礙於：(1)表達技術欠佳，說話抓不住重點；(2)不敢碰觸問題癥結，講話躲躲閃閃，問題交待不清；(3)情緒太緊張、焦慮，無法平心靜氣、條理清晰的把事情講清楚、說明白。於是陳述問題時抽象籠統、含含糊糊、東拉西扯，導致會談內容空泛、漫無目的、毫無頭緒、缺乏方向，造成諮商曠日費時、徒勞無功，成為無效率的諮商。

具體（concreteness）是諮商員以明確的用語，協助當事人在晤談中陳述問題時，能針對其特定的感覺、經驗或行為所涉及的人、事、時、地、物等特定因素，做具體、明確的描述。例如：當事人對其「經驗」所做的模糊敘述：「我們老師偏心」；具體的敘述是：「我們老師對別的同學總是有說有笑的，看到我就橫眉豎眼；別人做錯事沒關係，我做錯事就唸個不停！」。其功能：(1)導致問題癥結明朗化；(2)激勵當事人勇敢的面對現實問題；(3)問題具體、明確是建立具體的行動目標及行動計畫的基礎；(4)諮商員方能提供具體的協助。

二、方法

諮商員協助當事人談話時具體、明白的技術如下：

1.諮商員以身作則，反應要具體。例如：

當事人：我們老師偏心。

諮商員：為什麼呢？（不具體的反應）

當事人：我也不知道！人家要不要對你好，是他的權利。

諮商員：人有時就是這樣子（不具體的反應）。

2.諮商員具體的引導。當諮商員發現當事人說話漫無邊際時，宜用具體的技術，引導到特定的方向和目的上。此時，諮商員可直接詢問當事人一些特定的資料，如：「是什麼？」、「是何人？」、「在何地？」、「經過情形怎樣？」、「如何？」、「你有何感覺？」……。

三、舉例

當事人：我討厭他們。

諮商員：你討厭他們，他們是誰呀？（具體化——人）
當事人：是我班上的同學。
諮商員：是全班？還是其中幾位？（具體化——人）
當事人：不是全班，是王〇〇和李〇〇。
諮商員：是不是發生了什麼事，讓你討厭他們？（具體化——事）
當事人：他們兩個常取笑我、欺侮我。

⋮

（取自黃惠惠，1991，頁92）

拾貳・沉默技術

一、定義

在一般人際溝通中，大家總對交談中的沉默現象感到害怕，給予負面評價，認為它代表不舒服的感覺。在諮商中，沉默（silence）是指諮商員與當事人的會談，雙方進入一種靜默不語的狀態，此刻「一切盡在不言中」，常透露著特殊的訊息。諮商中的沉默。有時象徵負面的意義，而有時則是「無聲勝有聲」、「沉默是金」，具有正面的功能。諮商員宜重視諮商中的沉默現象，妥善處理。

二、當事人沉默的意義

諮商中，當事人表現沉默時，可能具下列的正面或負面意義。

(一)正面意義

1.當事人正進入沉思、探索問題的狀態。

2.當事人對某一主題已全盤瞭解，正結束此主題的思考與討論，諮商暫告一段落。

3.當事人正在期待諮商員的反應。

4.當事人正默默地承受內心的悲傷與痛苦的情緒。

5.當事人正進入統整階段，產生大徹大悟的會心微笑的狀態。

6.當事人正在整理自己的情緒。

(二)負面意義

1.當事人「另有所思」，故「心不在焉」。

2.當事人焦慮、緊張、挫折的一種退縮性反應。

3.當事人不瞭解諮商員語言的內涵，故無言以對。

4.當事人對諮商員缺乏信心的抗拒心理。

5.當事人不願面對某一問題，所表現的逃避、抗拒行為。

6.當事人不滿意諮商的進展，所表現的無言抗議。

7.非志願的當事人抗拒前來諮商的心理反應。

8.當事人思路阻塞的一種反應。

三、諮商員沉默的意義

諮商中，諮商員表現沉默時，可能具下列的正或負面意義。

(一)正面意義

1.諮商員正期待當事人承擔責任，學習主動掌控諮商的進展方向。

2.諮商員正給予當事人充分的思索時間。

3.諮商員正給予當事人充分整理情緒的時間。

(二)負面意義

1.諮商員技巧不夠，信心不足的退縮性反應。

2.諮商員無話可說，無法掌握，拙於應對，致陷入僵局，諮商頓失方向的狀態。

四、沉默的技術

1.諮商員應瞭解沉默的正、負面意義，減少其負面意義的產生，發揮其正面功能。

2.諮商員應敏覺於當事人沉默的內在意義。

3.諮商員對當事人沉默的負面意義，宜尊重、接納之；或妥善引導；或可能的話做立即性反應處理。如：「你不知道怎麼開始」、「你現在正感到有點為難，不知道該做什麼，或許你覺得不做什麼也很好。」這些說明把活動的責任留給兒童，讓他們去主動的決定是否開始一個遊戲的活動或一個會談。諮商員協助兒童自我決定，成為獨立自主的個體。

4.諮商員宜建立諮商的自信心，並以平常心看待諮商中的沉默現象。

5.沉默時，諮商員並非什麼事都不做的坐在那裡，宜專注在當事人的反應，並表現溫暖、接納、尊重、關注等非語言行為。

6.諮商員應妥為掌控諮商步調，運籌帷幄。當覺察自己太多言時，宜採沉默技術，督促當事人承擔諮商的責任。

7.諮商員當覺察當事人進入沉思狀態時，不宜沉不住氣的干擾，催促當事人說話或遊戲，如：「怎麼不趕快去玩沙箱」、「告訴我你的家庭……」；或為當事人做答。宜給予充分思索的時間，讓當事人自我負責、自我洞察、自我探索新課題、自我抉擇。以發揮沉默的「此刻無聲勝有聲」的功能。例如：

當事人：「聯考完後，爸媽對我的成績極不滿意，天天嘮叨，那天我實在受不了了，以至於……」（沉默）

諮商員：「…………」（沉默技術）

拾參・發問技術

一、定義與功能

諮商中，發問是諮商員以開放式或封閉式問題詢問當事人，以蒐集兒童有關的資訊。其功能：(1)助益諮商員瞭解當事人；(2)提升當事人對重要問題的覺知，以解決個人的問題；(3)導引諮商的進展。

二、方法與實例

發問可用封閉式或開放式問題來進行。

(一)封閉式問題（closed questions）

此類問題的答案是以「是」、「否」，或「很簡短的資訊」做反應。

例如：「你今年幾歲？」（6歲）

「你坐什麼車來的？」（捷運）

「你怕不怕哥哥？」（怕）

「你喜不喜歡學校？」（不喜歡）

「你晚上偷溜出去，父母都沒發現嗎？」（沒有）

此類問題的優點是可獲得一些特定的、明確的、事實的資訊。缺點：(1)兒童可能只就問題給予簡短的、事實的答案，不會在那答案上多加著墨、引申、擴張；(2)兒童可能感覺受限制、不自由；(3)兒童可能學會被動的等待另一問題，而不會主動的、自由地、開放地暢所欲言。

(二)開放式問題（open questions）

此類問題的答案超越「是」、「否」及「簡單反應」，它的答案海闊天空，給予兒童相當自由地去探索與問題有關的事實和情感。這種問題常以「什麼？」（what？）和「如何？」（how？）開頭，而非以「為何？」（why？）開頭的問句。例如：

「你現在的感覺怎樣？」（what）

「那個建議的效果如何呢？」（how）

「你與繼父住在一起像什麼？」（what）

「你是怎麼離家出走的？」（how）

「你晚上偷溜出去的結局怎麼樣？」（what）

「你爸媽對你留級、不能畢業有何看法？」（what）

「你能告訴我有關你的家庭嗎？」（what）

此類問題的優點：(1)鼓勵開放的溝通，可蒐集兒童相當豐富的資訊；(2)對所獲資訊，諮商員可繼續進行內容反映和情感反映，鼓勵兒童繼續訴說故事；(3)允許兒童自由地談及自己最有興趣或最重要的事情，甚於談諮商員最有興趣的事情。如：「談談有關你的兄弟姊妹？」兒童可能把回答的焦點只放在某一手足上，諮商員即獲得此一手足對兒童的重要性的資訊，這是諮商員始料未及的。又如：諮商員問：「你上的是大學校嗎？」兒童對此封閉式問題的答案可能就限制在大小上，難以擴展。若問：「你能否告訴我有關你的學校？」兒童的答案就五花八門，諮商員可獲得相當多有關此兒童的學校的資訊。

三、注意事項

1.除非有好理由，少用「為什麼……？」（why）開頭的問題，如：「你為什麼那樣做？」理由如下：(1)兒童會以精心設計的、冠冕堂皇的、表面的好理由回答，而非他內在的、真正的問題的原因；(2)給兒童找藉口及為自己的行為合理化的機會。

2.兒童的答案可能只為呼應、滿足諮商員，並非是他們真正所思、所做的，如此所獲得的答案，反會誤導諮商員。

3.諮商員問太多問題會操控諮商會談的方向，更糟的是兒童會變成被動的等待問題，而非主動的思考及開放的暢談個人的重要事情。

4.必要時才發問，莫為發問而發問，更別為滿足自己的好奇心而詢問。何謂必要時才問，即諮商員在問問題之前，要先核對是否真正有發問的必要。自問：「如果沒有問這個問題，我是否仍能有效地協助這兒童？」若答案為「是」，則無詢問的必要。

5.除非有必要，才問封閉式問題。否則先問開放式問題，再問封閉式問題。

拾肆·引導技術

一、定義與功能

諮商中可謂是諮商員一連串直接與間接的引導過程。所謂的引導（leading）是諮商員引發當事人開始晤談；維持晤談的進展；並循著諮商的步調，逐步導引晤談的方向，向著諮商的預定目標邁進。其任務：(1)在晤談之初，諮商員在引導當事人持續地敘述他的故事；(2)在晤談中間，諮商員在引導當事人澄清、詳述、探索其人際關係、親子關係、師生關係、情緒適應、正負面思考、價值觀、人生目標、有效及無效的行為等；(3)在晤談終結，諮商員在引導當事人思考解決問題的方法。其功能在透過諮商員的因勢利導，使諮商成為具啟發性、方向性、目的性、有效性的歷程。

二、方法與舉例

引導的方法可分為間接引導（indirect leading）和直接引導（direct leading）。

(一)間接引導：沒有特定主題的引導，又可分為語言的及非語言的間接引導。

1.語言的間接引導，例如：

「可否告訴我你來找我的目的？」

「可否談談你的家人？」

「可否談談你最近在學校有哪些不如意的事？哪些是得意的事？」

「關於美勞老師，能否多談一點？」

「來晤談了幾次，感覺怎樣？」

2.非語言的間接引導是諮商員以點頭、沉默、嗯哼、微笑注視、注視……非語言行動表達期盼當事人繼續訴說故事，均可達成引導當事人持續晤談的功能。

(二)直接引導：諮商員直接引導當事人針對某一特定主題進行澄清、詳述、或舉例說明。例如：

「你說同學都很自私，能否請你舉個例子？」

「你能否想一些同學曾經不自私的協助別人的例子？」（舉例）

「你說媽媽不關心你，能不能舉個例子？」（舉例）

「能不能請你多告訴我一些有關你爸爸的事情？」（詳述）

「說說看你對團體活動課的看法。」（澄清）

「想一想，說說看，在交朋友上，你可以具體的怎麼做。」（詳述）

「爸媽對你留級，不能如期畢業有什麼看法？」（澄清）

三、注意事項

1.引導是以諮商員為主導，運用時諮商員應確定時地合宜才用，避免太早、太快的引導，對當事人造成壓迫感。

2.過度使用，可能會使某些較具抗拒性和消極性的當事人產生反感。

拾伍・抗拒的處理技術

一、定義

依心理分析論，在諮商過程中，兒童進行述說故事及自我探索其問題時，當觸及過去的痛苦經驗時，兒童會傾向逃避或壓抑它，因而在諮商中表現轉移方向、沉默、退縮、吵鬧等行為，妨礙諮商過程的進展。心理分析論者稱此種現象為抗拒作用（resistance）。

二、處理技術

諮商中面對兒童有抗拒現象時，諮商員不可一味施壓兒童繼續述說故事，這樣可能會適得其反，兒童會產生焦慮、退縮、甚至關閉溝通大門，使諮商工作陷入停滯狀態。心理分析論者建議處理兒童抗拒現象的方式是協助兒童確認其抗拒行為，並予以回饋，例如：

諮商員：「妳似乎害怕談及媽媽一再爽約，沒來育幼院接你回家的傷心事。當我害怕一件事時，我跟你一樣，也會逃避它。」

此方式讓兒童感到自己的害怕行為是普遍的，逃避行為是可接受的。在感受到諮商員的瞭解、接納、與尊重之後，心理上產生了信賴感與安全感，於是兒童終於繼續述說故事，放心的進一步自我探索其問題。

諮商員並以問題協助兒童處理害怕的情緒，例如：

諮商員：「當妳想到這件事，你想到最害怕什麼？」

兒童：「最怕媽媽不要我了。」

於是諮商員協助兒童繼續述說故事及去接觸最大的恐懼。

拾陸·移情的處理技術

一、定義

依心理分析論，在諮商過程中，不管是諮商員或兒童，均可能將一些私人關係的情感帶到諮商中，如兒童視女性諮商員為（好／壞）媽媽；視男性諮商員為（好／壞）爸爸，此稱為移情作用（transference）。另如諮商員視兒童為（好／壞）女兒，或（好／壞）兒子，則稱為反移情作用。移情或反移情作用的情緒反應有正有負，正向情緒如喜歡、保護、依賴等；負向反應如攻擊、辱罵、怨恨等。

二、處理技術

移情和反移情作用若忽視，未妥善處理，會干擾、改變諮商員與兒童獨特的諮商關係，逐漸破壞諮商的過程。因此，諮商員必須具警覺心，並採立即處理方式：

1.諮商員覺察、認識與處理自己的反移情作用。

2.與督導員討論移情現象及如何處理。

3.諮商員保持客觀，抗拒反移情作用。

4.引起兒童對自己行為的覺察，且瞭解他們與諮商員的關係和他們與媽媽的關係有別。例如：

諮商員：「似乎妳想要我像妳的好媽媽？」

5.使用這移情現象去瞭解、探索真實生活中兒童與媽媽的關係。

拾柒・自我表露

一、定義與功能

自我表露（self-disclosure），或稱為自我開放，其定義可分為廣義與狹義。廣義的自我表露是人際溝通中常應用的技巧。我們在與別人談話時，隨時會分享有關個人的一些資訊，有時可增進彼此的瞭解，拉近雙方的距離，使交談更加坦誠、投契，建立友誼。這些個人資訊的分享包括：個人的身分資料、個性、嗜好、家庭、工作、生活、經驗、價值觀、思想、未來計畫……，範圍十分廣泛。舉凡以「我」為開頭的敘述，均可謂是自我表露。例如：

「我在……工作，我是一位……」（工作身分）

「我喜歡……」（嗜好）

「我家最近……」（家庭）

「我追求……」（價值觀）

「我從小就比別人不幸……」（經驗）

「我從小就比別人幸福……」（經驗）

「我的苦惱……」（思想）

「我害怕……」（思想）

「我計畫在未來……」（未來）

狹義的自我表露的定義是諮商中，諮商員視情境的需要，將個人與當事人類似的情感、思想與經驗，適時適量的與當事人分享。其功能：

1.使當事人瞭解別人也有類似的經驗、想法，或情感，因而能以平常心看待自己的問題，不再自認自己是特殊的、不幸的、孤單的、寂寞的。

2.諮商員願意公開私人的世界，讓當事人感覺到諮商員對他的信賴，此舉可增進當事人對諮商員的信任感。

3.諮商員的自我表露，對當事人具有行為的示範作用，也會帶動當事人坦露私人世界的資訊。

4.諮商員表白自己曾經歷過與當事人相似的經驗，較能說服當事人，諮商員對他的問題具同理的瞭解，諮商員的語言也更具說服力。

5.諮商員分享個人對類似問題的解決方法，可提供當事人參考、學習。

6.諮商員的自我表露，可拉近彼此的距離，增進雙方的情誼，使諮商關係更和睦、投契。

二、舉例

1.當事人：「每次在班上遇到需要公開講話的機會，如口頭發表意見、口頭報告、表演等，我就會感覺舌頭打結、心跳加快、全身緊張，反正就是不舒服，真羨慕那些侃侃而談的同學。」

諮商員：「好像很多人都有類似的經驗。我像妳一樣年輕時也常有這種困擾，在眾人面前講話，總會焦慮緊張、渾身不對勁、舌頭打結。也許我如何去面對、克服這個問題的經驗，可提供你做參考。」

2.當事人：「我自認為自己已經長大了，唸國中了　！應該有穩私權。可是爸媽還是管我像管小孩子一樣。偶而有朋友打電話來，會對人家問東問西；也會拆我的信，搜查我的書包和抽屜，我覺得他們太不尊重我了。」

諮商員：「好像很多年輕朋友都抱怨這個問題，認為爸媽管太多了。以前，我像你這個年紀時，也很討厭父母事事操心，管東管西，但我現在已長大成人，逐漸能體會父母的用心。我在想，父母基於監督責任，是需要對子女善盡他們的瞭解與教導的責任。」

三、注意事項

1.自我表露是手段而非目的，諮商員在認為自己的經驗對當事人具參考價值，有需要時，才適時、適地、適量、也適當的運用自我表露。

2.自我表露的次數要考量，不能太頻繁，否則會反客為主，諮商的對象和焦點反而移轉到諮商員表露的問題上，結果諮商員反而變成了主角。

3.諮商員在自我表露之後，要技巧性的把話題、問題再帶回到當事人身上，回到當事人的問題上繼續探討。

拾捌・面質技術

一、定義與功能

面質（confrontation）又稱對質，字面上的定義是當面質問對方不是之處，它可能會損及對方面子，傷及對方自尊，似乎有點「來者不善，善者不來」的意思。在人際間，此種溝通是一種雙方處於緊張關係的狀態，故使用者均宜十分小心謹慎。

在諮商中，面質是積極的，其定義是：「諮商員充分獲得當事人的信賴下；諮商關係坦誠投契下；諮商員對當事人的思想、情感與行為有了深刻瞭解下，適時、適地、適量、也適當的指出當事人思想、情感、與行為的矛盾、扭曲、衝突、與逃避之處，協助當事人去瞭解、承認、面對及改進自己的思想與行為。」其功能：(1)促進當事人對自己的矛盾、衝突、逃避、錯誤思考所在，產生頓悟、覺醒，「覺昨誤與今非」；(2)促進當事人瞭解他的哪些不適當的思考與行為導致哪些不良的行為結果；(3)促進當事人能接納自己的優、缺點；(4)協助當事人學習從公平、客觀、正確的角度來看待各種事物；(5)促進當事人深刻的自我瞭解；(6)助益當事人提出具體改進行為的行動計畫，付諸實施。

二、方法與舉例

(一)指出當事人思考與行為的矛盾之處

當事人的行為可能有表裡不一；言行不一；或自己所想的與別人所認為的不一致的情況，此時諮商員的面質如：

「你說讀書很重要，可是你每天又花那麼多的時間在看電視連續劇上，你要如何看待這件事？」（言行不一）

「你說你根本不想教書，可是你唸的是師院，這件事你會如何解釋？」（言行不一）

「你說你根本不想擔任班長，可是大家沒提名你，你又說同學『慧眼不識英雄』，這到底是怎麼一回事？」（表裡不一）

「你覺得自己已經很努力在參與班級活動了，可是大家都認為你對班上的活動很冷漠，你有何看法？」（自己所想的與別人所認為的不一致）

(二)指出當事人扭曲事實之處

一位不用功讀書、調皮搗蛋的學生，不敢接近老師，可能居於自我防衛，就扭曲老師，說老師不親切、冷漠、難以親近，此時，諮商員的對質技術如下：

「你說你們老師冷漠無情、難以親近，可是你剛才又說他常和許多同學有說有笑，這到底是怎麼一回事？」

(三)指出當事人敷衍、逃避的行為

當事人表面上「是！是！是！」的贊同該怎麼去做，可是實際上並無誠心去實踐、改變他的不良行為，只是一種敷衍行為，逃避面對事實，此時諮商員的面質：

「你不是同意我們共同訂定的減肥計畫嗎？可是你仍然大吃大喝、不知節制、不做運動，似乎你並沒有很大的毅力與決心要減肥，你的看法如何？」

(四)指出當事人推卸責任的行為

當事人不寫作業，只一味玩樂，老師問他原因，他找藉口推卸責任說：「放學後，鄰居小朋友一直找我玩棒球，所以作業才沒寫！」此時諮商員的對質：

「你認為作業沒寫是鄰居小朋友的責任，但你想，他們聽到你這麼說，他們可能會對你說什麼？」

(五)指出當事人不合理的思考

當事人具有不合理的思考：「數學沒考100分！完蛋了！以後沒前途了！」此時諮商員的面質：

「沒考100分的人真的都有完蛋嗎？」

「你以前沒考100分時，有完蛋嗎？」

「舉個沒考100分就沒前途的例子？舉個沒考100分也有前途的例子？」

「同學對你沒考100分有這種想法，他們會怎麼想？」

「同學會這麼想，你會對他們說什麼？」

(六)協助當事人做價值澄清

當事人說：「什麼時代了，還在講『孝道』，真是落伍！」此時諮商員的面質如下：

「你可否澄清一下，現代人不用講孝道的理由何在？」

「現代人孝順父母的正、負面結果如何？」

「現代人不孝順父母的正、負面結果如何？」

（Egan, 1986）

三、注意事項

1.諮商員的目的不是挑剔，而在促進當事人深刻的自我瞭解。

2.面質具有冒險性，在諮商員已與當事人建立穩固的信賴、和睦、投契的諮商關係的條件下，才能提出面質。

3.諮商員自認確實已對當事人的問題具有充分、深入、深層、與深刻的瞭解，才能提出面質。

4.諮商員面質時，態度要溫和，表達關懷及投入的態度，而非一副高高在上、頤指氣使的質詢態度。

5.諮商員面質時，語氣要彈性、緩和，多用一些彈性的用語，如：「可不可能是……」、「會不會是因為……」，使當事人感覺受到尊重。

6.諮商員面質時，儘量讓當事人感覺諮商員對事不對人。

7.採漸進的方式面質，避免一次指正太多，讓當事人感覺一無是處、承受不了，乃自我防衛而加以反駁。

拾玖・立即性技術

一、定義與功能

諮商中，諮商員與當事人之間良好關係是諮商成敗的關鍵要素，唯並非這種良好的關係永保風平浪靜、一帆風順，偶而也會遇到暗流，如當事人對諮商員的信任感減低；當事人懷疑諮商的功能等，此時是諮商能否持續、成功的瓶頸，諮商員要敏於覺察，立即處理，否則，對諮商的成效會有不利的影響。所謂的立即性（immediacy），是諮商員能敏感覺察諮商關係產生危機當時的情境，對發生在諮商員與當事人之間此時此地的動力關係的問題，能掌握機先，與當事人做坦誠、公開、立即、直接的溝通與討論，其功能：

1.使當事人能覺知其此時此地的行為，增進其自我瞭解。

2.經由坦誠、直接的溝通，重新檢討彼此的關係，有助益維持彼此良好的諮商關係。

3.諮商員示範坦誠溝通技巧，當事人學習如何直接、坦誠溝通的技巧。

4.克服諮商中諮商員與當事人關係的暗流，使雙方關係更坦誠、更明確、更穩固，有助益諮商效果。

二、方法與舉例

立即性運用時，包含了覺察當事人行為的隱含意義（高層次同理心）、自我表露、及面質等技巧的綜合運用。

諮商中，諮商員在有下列情況產生時，能敏於覺察，立即坦誠、公開的溝通及處理：

1.當當事人對諮商的功能產生懷疑時

當事人：「我仍然不能相信諮商的價值，你坐在那裡，談了一大堆你自己的看法，對於我的問題，一點兒幫助也沒有，我覺得再一直這樣討論下去，沒有多大意義。」

諮商員：「從你的談話當中，我覺得你還不太確定該不該信任我。你並不太相信我是站在你這邊，是從你的立場來談一些問題。」（黃惠惠，民72，頁91）

2.諮商員對當事人的呆板、單調的表達方式產生負面情緒

諮商員：「這些日子來，我自己也不太瞭解為什麼會這樣，每次你用那種呆板單調的聲調來諮商，和我談問題時，我發現我心理會變得煩悶。」（Egan, 1986）

3.當事人對諮商欠缺主動性

諮商員：「我和你晤談過幾次，每次好像都是我提議談話的主題，我發表個人的意見，問你有無意見，你似乎都搖頭。讓我覺得你在諮商中缺乏主動，你有何看法？」

4.諮商關係過於表面化

諮商員：「我們晤談幾次以來，談話的氣氛蠻輕鬆愉快的，但好像還沒有談到重點。你似乎在避免談及自己的困擾或痛苦，不知這是我個人的看法，還是你也有一樣的想法？」

三、注意事項

1.此種技術會引起諮商氣氛的窒息感；會給當事人帶來相當大的挑戰或衝擊，故宜在諮商關係相當穩固後才能運用。

2.諮商員用「我覺得……」（I message）的溝通方式自我表露，少用「你……」的溝通方式，可減少當事人的壓力與防衛，才不致使此種直接溝通方式成為指責。

3.諮商員運用立即性技巧時，乃可能當面指出當事人扭曲、防衛、依賴等不適當行為，故立即性具有面質的性質，諮商員使用時語言宜緩和富彈性，態度宜真誠且堅定。以避免當事人產生自我防衛的反應。

4.諮商員本身需能自我肯定，具有自信心，才敢於向自己及當事人挑戰。

5.立即性只是諮商溝通的技術，本身並非目的。

6.本技術太具衝擊性、威脅性，不宜過度使用。

貳拾・摘要技術

一、定義與功能

摘要（summarize）是諮商員在諮商告一段落之後，認為此一主題已充分討論，不須再繼續下去，於是協助當事人把這一段時間所談的內容重點加以歸納、整理、組織，使當事人對剛才所談的內容有統整的理解。摘要與簡述語義的區別在前者是綜合一段較長時間所談的許多部分的內容，整理出它們的綱要和重點出來；而後者是諮商員對剛才當事人所講的一小部分內容，用自己的話再重述一次，它只是當事人所講的一小段話的內容反映。

摘要具下列功能：(1)可使諮商內容簡明確實、切中要點，助益當事人瞭解；(2)使諮商的方向及結果更具體、明確；(3)可總結一個話題或一次晤談；(4)承先啟後的功能，即達成對前面所談主題統整的瞭解，並啟始下面會談的主題及方向；(5)助益發現解決問題的方法。

二、方法與舉例

摘要技術的使用時機及方法如下：

(一)結束一個話題時的摘要技術

1.由諮商員摘要，例如：

「總結我們剛才所討論的內容，幼教系學生可能有下列的出路……。」

2.由當事人摘要，例如：

「我們已討論了許多幼教系學生可能的出路，你可否總結一下有哪些出路……。」

3.由諮商員與當事人共同形成摘要，例如：

「我們已花了一段時間討論幼教系學生可能的出路，現在我們來整理一下，……，你的看法怎樣？」

(二)結束一次會談時的摘要技術

諮商員協助當事人就這次晤談的整個過程和內容做一回顧，並加以整理出重點，讓當事人瞭解自己的收獲。

1.由諮商員摘要，例如：

「今天我們已談了很多，現在我幫你做個整理……。」

2.由當事人做摘要，例如：

「你對於這次會談覺得怎樣？有哪些收獲？」

3.由諮商員與當事人雙方共同形成摘要，例如：

「現在我們一起來回顧一下今天所談的，我所瞭解的是……，請你也談談你的看法？……」

此外，可將結束一次會談的摘要、大綱記錄在紙上，並影印一份，提供當事人做為家庭作業，將會談的結論落實於日常生活當中。

(三)結束一個個案時的摘要技術

諮商員協助當事人就整個晤談的過程和內容做一回顧，並整理出重點和收獲。

1.由諮商員摘要：例如：

「最後，我來幫你回顧一下整個諮商過程所討論的事情；我們的處理方法及結果……。」

2.由當事人摘要：例如：

「最後，能否請你對整個諮商過程中所討論的問題、處理的方法及其結果，做一個描述？」

3.由諮商員與當事人共同摘要

「現在讓我們一起來回顧一下整個諮商過程中的主要問題，有哪幾個？……。我們處理的方法及處理後的結果能否請你描述一下？……。」

三、注意事項

宜多讓當事人自己做摘要，一方面可瞭解當事人對晤談內容的瞭解，另一方面可增進他的責任感。唯諮商員需先示範如何做，並引導當事人怎麼做，若有缺漏之處，諮商員宜加以補充，使其摘要更完整，獲益更具體。

貳拾壹・終結技術

一、定義

終結（termination）是諮商員利用語言或非語言行為，促使當事人結束一次會談或結束整個個案的處理過程。

二、方法

Brammer與Shostrom（1977）曾提出終結的方法如下：

(一)結束一次會談的方法

1.提醒時間已到：依諮商的結構技術，每次會談均有約定時限，此當事人與諮商員在諮商前早已達成默契。在會談快結束時，諮商員可直接向當事人提醒時間快到，讓當事人有結束諮商的心理準備，例如：

「我們今天會談的時間已到，你下次什麼時間有空？」

「我們今天就談到此，下週同一時間再談？」

2.總結會談結果：諮商員可用前述的摘要技術，總結此次會談的結果，對這次諮商有一明確的結束。例如：

「會談還有幾分鐘，我們一起來回顧一下，今天的結論……。」

3.以動作表示：諮商員以非語言的動作暗示諮商即將結束。例如：看看鐘、錶；收拾紙筆；作出鬆弛或休息的姿態；準備起立……。此方式可配合前面「提醒時間已到」的方式進行。

4.分派家庭作業或行動計畫：結束會談前，給當事人一些明確的行動指示或建議，以便在日常生活中實行，並約定下次會談時，討論實行的成果，例如：

「在你離開前，我想給你一些作業……。」

「我想你回去之後，再對下列的問題思考思考……。」

「我們這次會談的結論，你回去不妨試試……。」

不同的諮商理論，可能會有不同的家庭作業或行動計畫。

例如：

(1)行為治療中，可請當事人回去練習肌肉鬆弛法。

(2)理情治療中，可請當事人回去記錄其日常生活中的情緒事件、非理性思考，練習如何駁斥這些非理性信念，並代之以理性信念。

(3)讀書治療中，可請當事人回去閱讀書本。

(二)結束一個個案的方法

一個個案諮商的結束，有兩種情況：一是整個諮商畫下完美的句點。諮商圓滿結束的條件是：(1)當事人的人格已有良好的改變；(2)來談者的問題已獲解決。二是諮商員或當事人半途而廢，諮商提前結束。諮商中途提前結束的原因可能是：(1)諮商員發現諮商毫無進展；(2)諮商員覺得當事人更適於轉介由他人服務；(3)當事人自覺不想、不需再諮商；(4)當事人的時間、金錢不允許再來諮商；(5)當事人對諮商員缺乏信心、信任，而提前結束諮商。

諮商員結束一個個案諮商的技術如下：

1.口頭提醒

(1)對有預定次數的諮商：

「我們預定諮商六次，這是第六次諮商，也是我們的最後一次會談，……」

(2)對無預定次數的諮商：

「經過這一段時間以來，我們進行多次的諮商，我觀察你似乎已有許多的改變，已能獨立處理問題，你自己的感想如何？……」

2.安排轉介

諮商員考慮轉介的時機：(1)當事人的問題超出諮商員的能力水準；(2)諮商員的時間、精力有限；(3)諮商員感到和當事人之間人格的差異，可能會干擾諮商過程；(4)諮商員和當事人的特殊關係，可能會干擾諮商過程；(5)諮商幾次之後，諮商員認為由其他諮商員來諮商對當事人可能較有助益時。（Ehly & Dustin, 1989）

安排轉介的原則：(1)諮商員宜事先對轉介機構的性質和政策有充分的瞭解，並向當事人說明清楚，以減少當事人的焦慮和抗拒；(2)須小心、婉轉的向當事人說明轉介的理由，避免當事人有被踢皮球的感覺；(3)除非獲當事人同意，否則不宜妄自轉介；(4)提供受轉介機構有關當事人的資料。

3.追蹤輔導

對圓滿達成諮商任務的個案，諮商終結後，尚需隨時聯繫，瞭解近況，並以開放的態度，隨時歡迎當事人再來談。對轉介的個案，並非轉介出去就和當事人毫無關聯，亦應隨時和受轉介單位或受轉介的諮商員保持聯絡，瞭解當事人的近況，並詢問可能提供的配合事項。

三、注意事項

1.妥善保存個案資料，方便他日參閱。

2.確實評估個案是否已真正達成雙方所預定的諮商目標，再決定是否結束個案。

3.諮商員宜避免因下列因素，而提前結束個案：(1)對諮商效果持悲觀態度，因而放棄；(2)診斷失敗，而過早結束個案；(3)不夠主動；(4)缺乏信心，而急於終結一難處理的個案；(5)接太多個案，而無法對當事人的問題做充分的處理。

4.諮商員宜避免踰越了道德標準，而未終結個案。

5.諮商員宜避免踰越了能力水準，而未終結個案。

6.諮商員宜避免為求時效，反造成當事人的依賴。

摘　要

1.諮商的場地布置原則：隱密、隔音、防窺、舒適、示意勿擾、雙方座位安排90度。

2.諮商的目標除了一般性的人格成長與發展的目標外，尚針對每一個案訂定特定目標，此特定目標宜由諮商員協商教師、家長、或兒童等訂定。

3.兒童諮商關係具下列特性：融入的、獨特的、安全的、信任的、隱密的、不侵入、有目標。

4.兒童諮商歷程可分為六個階段：準備階段、啟始階段、探索階段、洞察階段、行動階段、終結階段。準備階段是在諮商前與家長晤談、蒐集兒童資料、形成問題假設、及選擇諮商媒介。啟始階段是在建立關係、說明諮商性質。探索階段是兒童訴說故事及自我探索；洞察階段是兒童對個人問題達統整及自我瞭解；行動階段是擬定及實施行動計畫，落實適應行為於日常生活中；終結階段則是評估成效及結束諮商。若諮商評估無效，則倒回到探索階段，繼續諮商歷程。

5.尊重技術是諮商員表現待客如賓、興趣、專注、信任對方的能力、視對方為有價值的、賦予對方自由決定、真誠、不干擾、不批判、彈性客觀等行為，使當事人感受到諮商員視他為獨特、有價值、可信任、完整的個體，而滿足個人的自尊需求。

6.結構技術是諮商員向當事人溝通諮商的性質、功能、服務內容、諮商員的資格與角色、諮商的過程、目的、限制、雙方的關係等，其功能：建立諮商架構；減少因對諮商不瞭解而產生焦慮；避免對諮商員錯誤的期待。

7.觀察技術是諮商員藉眼看的觀察技術，蒐集兒童在諮商中顯露及反應的各種資訊，透過專業判斷，以充分瞭解兒童的問題及行為，觀察的內容有外表、行為、智能、語言、動作、遊戲等特徵。

8.傾聽技術是諮商員主動、投入、專注的聽取當事人的語言及非語言的訊息。其表現的行為：融入、放鬆的姿勢、避免負向的身體語言、眼神自然接觸、聲音溫和柔軟、適度的以點頭及嗯哼回應、適度的做內容或情感反映。

9.回饋敘述是諮商員把眼見的兒童行為及耳聞的兒童語言，原原本本的敘述或複誦出來，做為回饋的反應。可讓兒童感到諮商員對他有興趣；可激勵兒童繼續遊戲行為及訴說故事，以促進兒童自我探索及自我瞭解。

10.簡述語意即內容反映，是諮商員對當事人所做的事實陳述，以自己的話將主要涵義傳達給對方。可讓當事人更瞭解自己所描述的重點，也可讓當事人瞭解諮商員確實瞭解他的問題，促進當事人繼續探索個人的問題。

11.情感反映是諮商員將覺知到的兒童正經驗的情緒反映回去，以向兒童表達其瞭解他的情感，促進兒童對其情感的覺知、經驗、探索、及澄清。諮商員在做情感反映之前，要先能正確的辨識情緒及貼切的使用描述情緒的語言。

12.同理心是一種日常生活中重要的人際溝通技巧，更是極為重要的諮商技術，其定義是諮商員能正確的瞭解當事人內在私人世界，並且能將此資訊傳達給對方。同理心的過程包括瞭解、傳達、及接收。諮商中同理心的表現包括辨識情緒、情感反映、和簡述語義。

13.同理心與同情心有別，前者是以理性、智慧、客觀、努力的進入對方的內在世界，以瞭解對方的思想、經驗、和情感；後者則以主觀、情緒、同情等方式，憐憫對方的處境。

14.具體是諮商員協助當事人針對其特定的感覺、經驗，或行為所涉及的人、事、時、地、物等特定因素，做具體、明確的描述，以避免諮商漫無目的、含糊籠統、毫無效率。

15.沉默是諮商的雙方進入一種靜默不語的狀態，常透露著特定的訊息。有時是無聲勝有聲、沉默是金、具有正面價值；有時則是代表一種困窘、尷尬，具負面效應。故諮商員應瞭解其正、負面意義，減少負面效應，發揮正面功能。

16.發問技術是諮商員以開放式或封閉式問題詢問當事人，以蒐集兒童有關的資訊。必要時才發問；多用開放式問題、少用封閉式；多問什麼？如何？少問為什麼？

17.抗拒的處理技術是當兒童在訴說故事、當觸及痛苦經驗時，會傾向逃避或壓抑它，而表現轉移方向、沉默、退縮等抗拒行為。此時諮商員的處理方式是協助兒童確認其抗拒行為，並予以回饋。

18.移情的處理技術是當兒童或諮商員在諮商過程中，將一些私人關係的情感帶到諮商中，兒童的此種現象稱移情作用，諮商員的此種現象則稱為反移情作用。移情或反移情作用均具正面或負面情感，會干擾、破壞諮商過程，諮商員宜具警覺之心，並協助兒童覺察及澄清其移情行為。

19.自我表露是諮商員視情境需要，與當事人分享個人的類似思想、經驗及情感，使當事人能以平常心看待個人問題、更信任諮商員、也學習自我表露、及學習解決問題的方法。

20.面質是諮商員在諮商關係坦誠投契後，適時、適地、適量的指出當事人思考與行為的矛盾、扭曲事實、逃避、推卸責任、不合理思考等，協助當事人承認、瞭解、面對、及改進個人的思想和行為。

21.立即性是諮商員敏於覺察諮商關係的暗流，如當事人懷疑諮商的功能，能掌握立即的時刻，與當事人做坦誠公開、立即直接的討論溝通，以確保諮商的效能。此技術會給當事人帶來相當大的挑戰與衝擊，故宜小心使用。

22.摘要技術是當諮商員欲結束一個話題、結束一次晤談、或結束一個個案時，協助當事人歸納、整理、組織此段時間內所談內容的重點，助益他們對問題的統整瞭解，及確定諮商的具體成果。

23.終結技術是諮商員利用一些語言或非語言行為，促使當事人結束一次會談或結束一個個案。

複習問題

1.試述兒童諮商關係的特性。
2.試述兒童諮商的一般歷程、及各階段的目的。
3.何謂尊重技術？諮商員如何表現尊重的行為？
4.何謂結構技術？其功能？及其內容？
5.試述諮商中設限的理由、限制的內容。
6.何謂傾聽技術？諮商員如何表現傾聽行為？
7.何謂回饋敘述？其功能？
8.試比較內容反映、情感反映、簡述語意、同理心等名詞。
9.何謂同理心？與同情心有何區別？
10.何謂具體技術？其功能？
11.當事人或諮商員在諮商中的沉默各具何種意義？諮商員如何處理沉默？
12.開放與封閉式問題各有何優、缺點？諮商員發問時宜注意哪些事項？

13.何謂抗拒作用？如何處理？
14.何謂移情及反移情作用？如何處理？
15.何謂自我表露？其功能？
16.何謂面質技術？其功能？
17.何謂立即性技術？其功能？
18.試述摘要技術使用的時機、及其功能。
19.諮商員如何終結一次會談？又如何終結一個個案？

第三篇　團體輔導

第十五章　團體諮商

第一節　緒　論

人類是一種社會的動物，每個人都活在社會中，需與他人互動；每個人也都需求別人的關愛、認可、與贊同，沒有人可以離群索居。為滿足人類的社會性需求，自古以來，即有各式各樣的社會團體，讓每個需要者加入，以滿足他們的人際及隸屬需求。林幸台（1985）認為，每個人都需要獨立、適應社會，個人如遭遇缺乏人際關係或同儕團體的支持而產生情緒上的困擾，那麼透過團體的回饋及互動，培養他們彼此間良好的人際關係或社會技巧，比個別諮商更能發揮功能。

在美國，小團體經驗在過去三十多年來有驚人的發展，許多學校、醫院、或人類潛能運動中心等機構，為社會大眾提供如「訓練團體」、「馬拉松團體」、「敏覺性訓練團體」、或「會心團體」等團體經驗，時間有半天，一、二週，或長達數月，每週聚會一次等方式。

在國內，目前團體諮商已是時髦的名詞，報章、雜誌、海報上常可看見類似下列的標題：

「馬偕協談中心辦媽媽成長團體」

「單身女郎有心事，成長團體開班，過來人解心結」

在大學校園中，也常看到輔導中心的各種諮商團體招募成員的海報，如：「生涯規劃團體」、「壓力免疫團體」、「自我肯定訓練團體」等。在中小學，小團體諮商亦廣為學校輔導人員的青睞與推展。本章擬介紹團體諮商的歷史、定義、種類、過程、及策劃。

第二節　團體諮商的歷史發展

團體諮商的發展史，以下玆分為萌芽期、茁壯期、開花期及結果期四個階段加以敘述。

壹・萌芽期

1905年，美國麻省民眾醫院J. H. Pratt醫生提供給結核病人團體治療。他認為此類病人最需要鼓勵和監督，其採用的是心理學上的鼓勵和支持的方法。他被視為第一位團體治療的從業者，從事第一個治療取向的團體。他是「支持團體」的先驅，影響今日為特定的人（如破碎家庭兒童、單親媽媽、特殊兒童的父母等）提供支持和鼓勵，所成立的「支持性團體」。

1922年，A. Adler首創心理健康專業人員從事團體治療方式的先例。此方式與二十世紀初期支配心理治療思想的Freud的個別取向的工作是大異其趣的。

1930年代早期，團體工作已快速的成長。1932年，J. L. Moreno首創「團體心理治療」（group psychotherapy）的名稱，他所發展的團體工作的方法稱為「心理劇」（psychodrama）。心理劇是在治療者的導演下，團體成員在團體情境中，演出他們所關心的事情。

1931年，R. O. Allen首創「團體諮商」（group counseling）一詞。同年，美國教育期刊上的一篇文獻：〈A Group Guidance Curriculum in the Senior High School〉，首先出現了「團體輔導」（group guidance）一詞。團體輔導一詞的出現，主要是受到當時團體心理治療、兒童輔導、職業輔導、社會工作、團體動力、和人類潛能運動的影響。

貳・茁壯期

K. Lewin是美國麻薩諸塞州工技學院的心理學家，現代「團體動力」的創始人。他在二次大戰期間與其同事在實驗室所做的團體動力研究頗受人重視，其中如：「勸導婦女改變飲食習慣」（食用牛的內臟），更為團體動力學的經典研究。此研究是比較採用：(1)演講法；(2)個別傳授；(3)團體討論等三種方式，哪一種方式對婦女改變飲食習慣的影響最大。結果發現團體討論法成效最佳，分析其原因：(1)在小團體中，個人較主動投入；(2)自己在團體中提出的意見，自己會遵守；(3)團體的結論，對成員會產生服從的壓力。這些研究豐富了團體動力學的內容。

1946年，Lewin及其同事提出「訓練團體」（Training Group, T-Group）的構想。成員參與團體，在團體中主要是進行團體的參與和觀察，從團體的進行中，瞭解自己的溝通方式，進而更瞭解自己。唯隔年，Lewin即去世。

參・開花期

團體動力的發展有兩股方向，一是以Lewin為首的社會心理學的團體，另一是以Rogers為首的心理治療的團體。

1947年，第一個T-Group在美國緬因州（Maine）成立，不久在華盛頓特區成立「國家訓練實驗室」（National Training Laboratory, NTL）。NTL是一個推動T-Group的組織，以人際關係訓練和會議管理方面為訓練重點，方式有角色扮演、小組討論法、團體歷程的觀察和回饋、及團體決定等。此方式的訓練對象本是工商界領袖，後來因效果顯著，推廣到教育、宗教、社會、及其他政府機構。

另在1946到1947年間，C. Rogers和其同事設計類似訓練團體的方法，稱為「密集的團體經驗」，訓練主修輔導的芝加哥大學研究生，這些研究生受訓後的主要任務是輔導退役軍人。

1967年，Rogers將「密集的團體經驗」改稱「基本會心團體」（Basic Encounter Group）。1971年，W. Schutz在美國加州的Esaeln人類潛能研究中心的團體名稱是「坦誠會心團體」（Open Encounter Group）。此外，會心團體由於應用到工商、教育、及醫療等不同團體，以及應用不同的活動方式，而有各種不同名稱，如：夫婦會心團體、敏覺性團體、馬拉松團體、創造性團體等。

肆・結果期

除了以心理成長為目的的團體如雨後春筍般外，另以特定任務為目的的團體亦廣為流行。如：專門練習果敢行為的「自我肯定訓練團體」（Assertion training group）；專門控制某種過量的特殊行為的「飲食異常治療團體」、「戒煙團體」、「戒毒團體」、「戒酒團體」、「恐怖症治療團體」等。

1973年，美國的「團體工作專家協會」（The Association of Specialists in Group Work）成立，公布團體領導者的訓練標準；建立團體領導的倫理守則，在促進團體工作上，扮演了領導的地位。

在國內，民國53年台大醫院兒童心理衛生中心陳珠璋醫師首在台北市東門國小以反社會行為兒童為對象，進行團體心理治療的研究。民國57年，國中課程中設立「指導活動科」，是一有計畫的在國中班級教室中實施團體輔導。此外，民國83年，國小課程中設立「輔導活動科」，亦是有計畫的在國小班級教室中實施團體輔導。民國60年代，團體諮商和團體輔導的推行已日漸普遍。目前，團體諮商與團體輔導已在社會機構、醫療院所、及大中小學廣泛應用，遍地開花，且結實纍纍，可謂蓬勃發展。

第三節　團體的定義與分類

目前，隨著團體諮商已成為助人關係的新方法，有關的名詞也耳熟能詳，如：團體動力（group dynamics）、會心團體（encounter groups）、成長團體（growth groups）、訓練團體（training groups）、敏覺性團體（sensitivity groups）、馬拉松團體（marathon groups）、團體輔導（group guidance）、團體治療（group therapy）等。有些人在談及這些名詞時，甚至國內輔導人員在運用這些團體時，常有混淆的現象（夏林清等，1993；廖鳳池，1990）。本節先將這些名詞及其觀念做一澄清。

壹．團體的定義

一、何謂團體

韋伯新世界字典對團體（group）下了三種一般性定義：(1)團體是聚在一起的一些彼此間毫不相干的人或事物；(2)團體是具有相同特質的人或事物的集合體，如年收入在新台幣壹拾伍萬元以下的社經地位階級團體。這些團體的成員彼此間具共同特質，但未必有互動或接觸；(3)團體是成員間彼此有互動，重點在成員間有心理的關係。本節對團體的定義採第三者，即團體是成員為追求一共同的目標，彼此間有心理的互動，自願出席團體活動，此個體的集合即成為一團體（Shertzer & Stone, 1981）。

一般社會上的團體可區分為以下的種類：

1.主要團體對次要團體（primary vs. secondary groups）：主要團體的成員面對面接觸，尋求友誼、互動、及解決所遭遇的問題。例如：家庭、遊戲團體、讀書團體、事業合夥團體等。特徵是人數少、成員背景相似、較少為私利、共享彼此的興趣。次要團體的成員之間較少親近和接觸。例如：各種大型演講團體或各種委員會。

2.內團體對外團體（in-group vs. out-group）：內團體是個人因意識到某些特質與某團體相似，產生對某團體的認同。此種團結的成員對團體均有強烈的隸屬感，成員間在情感和行為上緊密的團結在一起，稱為內團體。如：宗教團體。而對團體外的人（即外團體）則表達出冷淡、排斥、偏見、敵意的態度。

3.心理團體對社會團體（psyche-groups vs. socio-groups）：心理團體的特徵是非正式結構；較少規範；成員自願加入；成員年齡相近；沒有具體可見的目標；團體組成的目的在滿足成員的情緒需求。如：幫派、派系。社會團體的特徵是有具體可見的目標；成員的年齡差距大；成員的地位不同；團體組成的目的在問題解決或任務取向。如：學校的退學生處理委員會。

4.封閉性對開放性團體（closed vs. continuous groups）：封閉性團體是成員限於在開始時加入的成員，團體的中途不允許新成員加入。這是團體最普遍的方式。相反的，開放性團體，在團體進行的任何階段，允許新成員隨時加入，此種團體常產生溝通、接納、及新成員達成參與的充分準備等的困難。（Shertzer & Stone, 1981）

吳武典（1995）認為一個有意義的團體需具備三個條件：(1)共識：大家具共同的態度、觀念、價值或理想。共識愈強，團體凝聚力即愈大；(2)互動：成員間互相依存、關懷、和協助；(3)規範：分明文的規範，即公約、校規等，和非明文的規範，如成員間的默契。

二、何謂團體動力

團體動力是指團體內成員組織及運作，以達團體目標的團體內的互動力量。團體內和諧的互動，可促進團體的生產力。團體動力學在探討團體的性質、團體發展的規則、及分析團體內個體間互動的知識。

張春興（1989）界定團體動力是指團體內成員彼此互動的歷程。團體動力學（group dynamics）是社會行為或社會心理結構的研究方法，其研究的主題是分析探討團體成員間人際關係、領袖與領導方式、團體中成員間的凝聚力、團體決策歷程以及團體中各小團體的形成與功能等。

團體動力是當成員與成員間互動時，運作的力量。有效團體的特徵：(1)其成員間維持良好的工作關係；(2)有清楚界定的目標，向達成這些目標邁進；(3)團體成員可能因認同於團體，而使團體產生「凝聚力」；反之，則產生鬆散的團體；(4)團體成員可能對團體「承諾」，而使成員對領導者及其他成員發展出高水準的「信任」；反之，則可能發展出對團體的不信任；(5)成員間可能發展出彼此的「喜歡和支持」；反之，則彼此產生敵視；(6)團體領導者可能技巧的催化團體；反之，則團體的功能不彰。上述團體的凝聚力、承諾、信任、支持、規範、腦力激盪、領導、和吸引力等，均可謂是團體動力（Brown & Srebalus, 1996）。

貳・團體的分類方式

在教育與心理領域的團體種類繁多，以下茲介紹其不同的分類方式。

一、依團體的內容和過程來分類

郭德蒙（Goldman, 1962）曾以團體進行內容的三種主題和過程的三個水準的交互作用，形成如表15-1的(1)～(9)等不同團體。

表15-1　團體進行中內容和過程的互動區分不同團體

內容＼過程		水準一	水準二	水準三
		·領導者設計主題 ·演講和背誦 ·強調事實與技術 ·普通班級的單元	·領導者與成員合作設計主題 ·討論、計畫、小組訪問等 ·強調態度與意見 ·依進度進行團體的聚會	·成員設計主題 ·自由討論、角色扮演 ·強調情感與需求 ·依需要組成團體進行聚會
主題A	一般學校科目（數學、歷史等）	團體教學 (1)	(2)	(3)
主題B	與學校有關的主題（學習方法、工作世界、科系選擇等）	(4)	團體輔導 (5)	團體諮商 (6)
主題C	非學校的主題（約會行為、處理挫折、親子關係等）	團體輔導 (7)	團體諮商 (8)	團體治療 (9)

第(1)格可謂是「團體教學」，意義是教師主導，以演講方式教導學生一般學科的學習。

第(5)(7)格可謂是「團體輔導」，意義是教師主導，教導學生一些非學校的主題；或是團體領導者和成員共同設計與學校有關的主題，進行討論、意見交流的活動。

第(6)(8)格可謂是「團體諮商」，意義是成員設計與學校有關的主題，進行自由討論，角色扮演等活動；或是領導者與成員共同設計與學校無關的主題，進行討論，意見溝通的活動。

第(9)格是「團體治療」，意義是治療者由成員自定非關學校的主題，成員間進行情感問題的自由討論，角色扮演等活動。

二、依團體的目的來分類

Gazda（1978）依團體目的的不同，區別出不同的團體類型，詳見圖15-1。

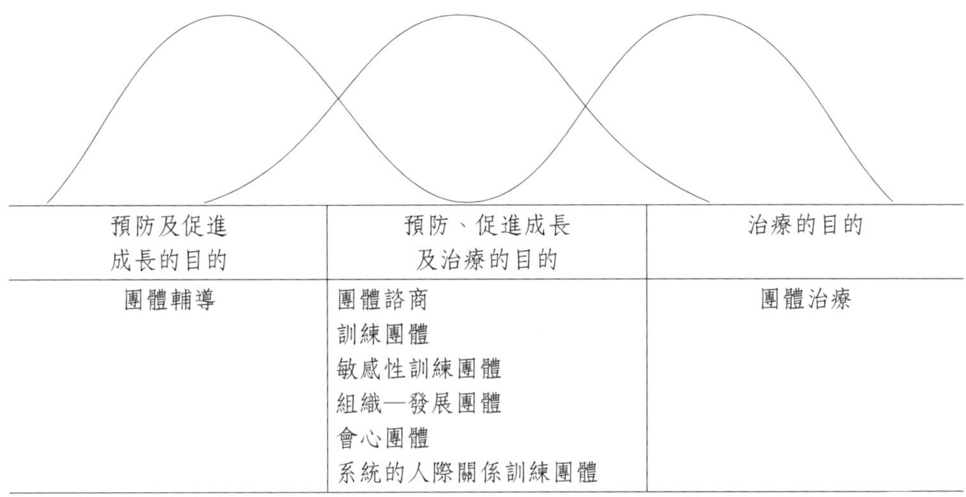

預防及促進成長的目的	預防、促進成長及治療的目的	治療的目的
團體輔導	團體諮商 訓練團體 敏感性訓練團體 組織—發展團體 會心團體 系統的人際關係訓練團體	團體治療

（取自Gazda, 1978）

圖15-1　依目的不同而區別的團體類型

Brown與Srebalus（1996），曾依輔導的初級、次級、三級等三種預防水準，區分不同的團體類型，詳見表15-2。

表15-2　依三種預防水準區分不同團體類型

初級預防	次級預防	三級預防
1.學校教室輔導 2.自我肯定訓練 3.社會技巧團體 4.支持團體 5.體重監控團體	1.減肥團體（Overeaters Anonymous） 2.恐怖症輔導團體 3.婚姻與家庭團體	1.飲食失常治療團體 2.酗酒治療團體（Alcoholics Anonymous） 3.慢性憂鬱自殺治療團體

所謂的初級預防（primary prevention）：目的在預防心理健康問題的

發生。次級預防（secondary prevention）：目的在改善已產生，但未嚴重到威脅生活階段的心理健康問題。三級預防（tertiary prevention）：是處理威脅生活的嚴重的心理健康問題。

三、依諮商理論來分類

不同的心理和諮商理論，自然的形成不同種類的團體，詳見表15-3。

表15-3　各種心理諮商理論形成不同的團體類型

理　論	團體名稱
心理分析論	心理分析治療團體
社會工作理論	社會工作團體
社會心理學理論	訓練團體、敏覺性團體
個人中心理論	會心團體、馬拉松團體
心理劇理論	心理劇團體
完形治療理論	完形治療團體
行為治療理論	系統減敏法團體、自我肯定訓練團體、考試焦慮控制團體、減肥團體、戒酒團體、戒煙團體、社會技巧訓練團體
溝通分析理論	溝通分析團體
阿德勒理論	阿德勒團體
理性情緒治療理論	理情治療團體
現實治療理論	現實治療團體
認知行為理論	壓力免疫團體

四、依團體的性質來分類

Gumaer（1984）將團體分成二大類，即成長取向團體和問題取向團體（黃月霞，1991），筆者歸納此兩類團體的各種名稱如表15-4。

表15-4　成長及問題取向的不同團體

性　質	成長取向團體	問題取向團體
目　的	成員個人的成長	成員特定行為的改變
名　稱	T-團體、敏覺性團體、會心團體等	戒酒團體（Alcoholics Anonymous） 減肥團體（Overeater Anonymous） 戒煙團體、戒毒團體 改善逃學團體 改善恐懼症團體

參．團體的種類

以下玆介紹在教育與心理領域的各種不同種類的團體，方便區別這些團體。

一、團體輔導

團體輔導可有計畫的實施於任何情境或機構，最典型的是應用在學校的教室中。其特徵：(1)人數：最普遍的約20～40人，唯可減至十多人的小型團體輔導，或上達百人的大型團體輔導；(2)對象：團體輔導以全體學生為對象；(3)目的：在於提供個人日常生活的適應和發展的資訊和經驗，企圖間接改變個人的態度和行為。主要用於預防個體發展階段中，可能產生的各種問題（如：人際技巧、性的問題、價值或態度、生涯決定……）；(4)性質：是預防性兼發展性，以促進個人的成長和發展為目標；(5)內容：包括教育的、職業的、個人的、和社會的等方面的資訊，重點在知識的傳授，唯這些知識和技巧並不包括在學校一般科目的教學當中；(6)領導者：可由學校諮商員擔任，唯在學校中，一般是由班級導師策劃和執行，稱為「班級團體輔導課」；(7)方式：包括演講、座談、辯論、分組討論、訪問、參觀、影視欣賞與討論、遊戲活動、學生報告、角色扮演……，與一般教學技術類似，較不注重團體動力。常見的團體輔導活動，如：高中生的大學訪問日、新生始業輔導、班級團體輔導、生涯探索團體……。

二、團體諮商

團體諮商是由一位諮商員（或稱團體領導者）同時和幾位當事人（或稱團體成員）發展人際互動關係的動力過程。其特徵：(1)對象：為正常學生，唯正經驗持續性或暫時性的問題行為；(2)人數：成員約6～8人，是一種親密性的小團體；(3)目的：在改變成員的不適應態度或行為；促進成員的自我瞭解與自我成長；(4)問題：所處理的是意識的思想和行為，而非潛意識世界的問題；(5)功能：其功能為發展性、預防性，兼具治療性；(6)領導者：為具專業知識且有帶領小團體經驗的諮商員；(7)團體的歷程：重視團體動力，強調領導者創造一個自由、許可、安全、溫暖、接納、關懷、互信、支持的氣氛，及成員情感的融入。於是團體在成員與領導者，成員與成員間的分享經驗、意見溝通中，導致宣洩、淨化、洞察、行為改變等治療效果。（Cohn. Combs, Gibson & Sniffen, 1963; Cox & Herr, 1968; Gazda, Duncan, & Meadows, 1967; Mahler, 1969）

三、團體治療

團體治療是由一位治療者同時和幾位病人進行治療的過程。其特徵：(1)對象：為具有嚴重生活適應或嚴重情緒困擾的精神病人；(2)人數：團體成員約4～6人，一般2人以上即可成立治療團體；(3)目的：在利用數人形成的社會情境，幫助病人從認識別人與瞭解自己的過程中，學到有關生活問題的能力（張春興，1989）。強調人格的重建；(4)領導者：一般是醫療院所的精神科醫師或臨床心理學家；(5)治療重點：個人過去的經驗；(6)技術：深度分析、解釋和支持；(7)時間：常是一種長期性的工作。

四、團體輔導、團體諮商與團體治療的摘要比較

以下茲以表15-5摘要比較團體輔導、團體諮商與團體治療三者間的差異。

雖然作者試圖在三種團體法間做清楚的比較，唯三者之間有重疊之處（參閱表15-5的斜線部分），要在團體輔導與團體諮商間，或團體諮商與團體治療間截然劃分，是有困難的。

表15-5　團體輔導、團體諮商與團體治療的摘要比較

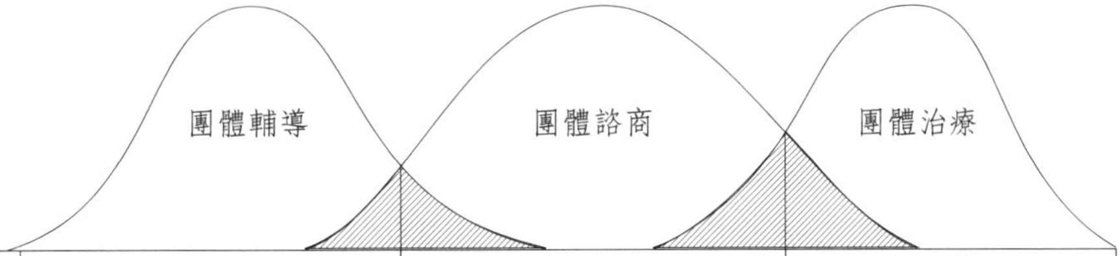

	團體輔導	團體諮商	團體治療
目　標	增進生活知能	獲得思想、態度、情緒與行為的改變	獲得人格改變
性　質	預防性、發展性	預防性、發展性與治療性	治療性
對　象	正常人	正常人	精神病人或嚴重情緒困擾者
人　數	20～40人	6～8人	4～6人
重　點	意識的認知活動	意識的思想、情感和行為	深入潛意識世界的分析與解釋
過　程	較不注重團體動力	非常注重團體動力	注重團體動力
領導者	教師或諮商員（學士到碩士程度）	諮商員（修過團體過程的碩士程度）	精神科醫師或臨床心理學家（碩士或博士程度）
技　術	與一般教學技術相似，主要在協助成員獲得知識	與一般諮商技術相似，主要在催化成員分享經驗，溝通意見，自我探索	與一般諮商技術相似，但主要在深度分析、解釋與支持
機　構	學校或社會機構	學校或社會機構	醫療院所
期　間	由領導者依資料決定時間	自數週至數月	自數週至數年（長期）

五、訓練團體

訓練團體（training group），簡稱T-團體（T-groups），又稱實驗室訓練（laboratory training），是實驗室訓練方法在團體工作上的應用，它企圖創造一個小型社會，強調成員在團體中行為的探索，和實驗的過程。由K, Lewin、R, Lippitt和K, Benne等人，於1947年在美國國家訓練實驗室（NTL）首創。(1)目的：增進團體動力和團體發展的知識；瞭解自己與別人互動的方式，增進自我覺知及對他人的敏覺性；增進人際關係的技巧；發展領導能力；(2)對象：一般人自由決定參與，人數約10人左右；(3)性質：是非結構性的，成員決定學什麼及如何學；(4)過程：領導者創

造一個心理安全的氣氛，透過教導成員由參與團體互動中，並且觀察分析自己與他人互動的方式，以促使成員省悟和改進人際的態度和技術。

Benne（1963）及其同事將早期的「T－團體」運動分為兩派。一派由追隨勒溫的社會心理學家所組成，興趣是團體動力，視「T－團體」是一種增加團體成員的管理、工作效能和組織，及社會改變等技巧的方法。另一派是由臨床心理學家的組成，主要焦點在團體互動中顯示的個人內在和人際間的動力。認為「T－團體」的主要目的是增進自我覺知、對他人的敏覺性、及改善人際的功能。（Shertzer & Stone, 1981）

六、敏覺性團體

敏覺性訓練原指NTL所實施的小團體訓練的一般性術語，著重成員的互動，目的在個人價值的澄清、增進對己對人的敏覺性和接納、增進個人的良好適應。

張春興（1989）定義敏覺性訓練（sensitivity training）是經由小團體的人際交往互動與意見溝通，使團體中成員能學到認識自己，瞭解別人，從而提升自我效能。

由上述的定義，可看出敏覺性團體的目的，幾乎就是所有小團體訓練的目的，使敏覺性團體的名稱幾乎失去它的意義。牛格正（1978）、Shertzer與Stone（1981）均認為敏覺性訓練、實驗室訓練、T－團體、個人成長團體、及會心團體等，雖名稱有異，但均是以經驗為基礎的、互動的團體，目的都在促進個人的發展和自我的改變。

七、會心團體

會心團體（Encounter Group）源自訓練團體（T－團體），主要代表是羅吉斯的基本會心團體（Basic Encounter Group）和W. C. Schutz.的開放會心團體（Open Encounter Group）。

現代社會的人際關係充滿了虛偽、面具、疏離和互不信任，阻礙了彼此的溝通瞭解，和個人潛能的發揮。羅吉斯（1967）認為會心團體是一種教育的方法，透過小團體的型態，成員在自由安全的氣氛中，卸除防衛、脫下面具，彼此坦誠交換意見，分享經驗。於是成員能更正確的瞭解自己，及自己的人際關係；能改變自己的態度和行為；並能在日常生活中建立良好的人際關係。

會心團體具有下列特徵：(1)小團體型式，便於直接互動及溝通；(2)較少組織結構，亦無固定形式；(3)成員以自願參與為原則；(4)領導人為催化員而非指導員；(5)團體過程無固定形式，隨成員的感受而發展，強調直接的個人互動；(6)以密集的團體經驗為焦點；(7)強調現在感受的坦誠開放及自然流露；(8)是用經驗促進個人成長；(9)是整合其他理論及技術的團體方法；(10)強調非語言技術、夢幻導遊及自我責任（牛格正，1978）。若要和「T－團體」比較，會心團體更強調體驗性和治療性。

總之，會心團體在本質上是教育性，而非治療性，強調促進個人的成長發展及人際溝通能力。成員約8～18人，密集聚會方式有一次週末，一週七天、或數週的相聚。亦有每週聚會一或二次，持續數月。若是一次聚會的時間連續24小時以上者，則稱為「馬拉松團體」（marathon groups）。

馬拉松團體一般指會心團體的延伸，它是一種更密集的會心團體。在一密集的、持續的、長時間的、充裕的聚會相處裡，成員產生疲勞效應，於是消弱了自我防衛，加速成員彼此的開放，坦露真我，並且在充裕的相聚時間中，成員能自我察覺，並深入的自我探索。

八、支持團體

此種團體的目的是成員分享經驗，及彼此提供支持和鼓勵。對象是一些具有相同境遇的人，約6～8人，成一小團體，故成員是同質性團體。此種團體的功能，在創傷後壓力併發症的預防上，其成效已受肯定。團體的領導者可能是成員所領導的自助團體，但普遍是由諮商員或其他心理健康專業人員所領導。團體動力，在於成員學到自己的境遇不是唯一的；分享經驗中，對自己的問題具有淨化作用；成員相互提供解決問題的經驗，學會助人；成員對團體的認同；使團體產生凝聚力及生產性。這些團體如：壓力管理團體、死亡和老年團體、喪偶婦女團體、甚至人為或自然災害（受強暴婦女、戰爭、地震）犧牲者團體、遭性侵害兒童團體、特殊兒童父母團體。

在小學中，最典型的例子是父母離異兒童的支持團體。目的：(1)提供這些兒童情緒的支持；(2)協助他們發展因應策略，以療傷止痛；(3)協助他們瞭解，縱使父母離婚，他們仍是有價值的。成員均是正遭遇父母離婚，或父母已離婚的年齡相近的兒童。聚會次數約八週，一次時間約30～45分鐘。聚會內容：(1)分享對父母及離異的情感；(2)討論他們所受到的影響；(3)受再保證，他們不對離異負責。

九、其他的團體

(一)教育團體

教育團體（educational groups）的目的是傳授各種資訊給兒童或成人，以發展特定的技巧。內容有：生涯探索、職業能力、AIDS的預防、學習技巧、教養子女的技巧……。此種團體一般由專業人員領導，但亦可由同輩、或半專業人員（paraprofessionals）領導。

(二)討論團體

討論團體（discussion groups）的目的是成員在團體中，能針對一些問題或關心的事情發表意見。內容如：高中學生的討論團體，討論主題是「改善多元文化的關係」；大學生的討論團體，討論主題是「性侵害的預防」；成人的討論團體，討論焦點在社區的議題。此種團體並非問題解決取向，常由非專業人員領導。

(三)任務團體

任務團體（task groups），是一種解決問題導向、短期組合的團體，一旦任務完成，團體即解散。團體的目的是成功的完成特定的任務，而非成員個別行為的改變。團體一般的名稱是委員會，任務如：改善制度上的法規、計畫、生涯博覽會、制訂懲戒政策……。此種團體的領導者不必是專業人員。

第四節　團體諮商的特徵

壹・團體諮商與個別諮商的異同

諮商有所謂的個別諮商與團體諮商。團體諮商是助人關係中的新方法，目前仍在不斷的蓬勃發展中。在談到團體諮商的特徵之前，先將個別與團體諮商做一比較，可助益讀者對團體諮商有更清楚的概念。

在共同點上，個別和團體諮商均依賴相同的諮商理論；其目的均是個體的良好成長與適應。在兩者的區別上，個別諮商是一位諮商員對一位當事人，團體諮商可能是一或二位領導者對多位當事人；團體諮商的領導者除具備諮商理論與技術外，更應具備團體動力學、及參與團體和帶領團體的經驗，方能勝任團體領導者的任務；兩者各適合不同需求的人，故不應視團體諮商為個別諮商的替代方法。

Shertzer & Stone（1981）曾詳細的區別個別與團體諮商的異同如下：

一、相同點

1.兩者的目標相似，在協助個體達成自我指導、自我統整、和自我負責。均在協助當事人能自我接納和自我瞭解。

2.兩者均強調建立接納、允許的氣氛，以卸除當事人的防衛心；尊重當事人，使當事人感到自由的去考驗自己的情感和經驗；引導當事人的自信心，去為自己所做的選擇負責。

3.兩者均重視諮商員的技術。這些諮商技術如情感的澄清、情感的反應、內容的重述、結構、接納……，以促使當事人對自己的情感和態度的覺知、及考驗和澄清。

4.兩者的當事人均正經驗正常的發展的問題。所處理的是一般學生共同普遍的需求、興趣、關心事情、經驗等。

5.兩者均重視諮商關係的隱私性和保密性。

二、相異點

1.團體情境提供成員立即的機會，去嘗試與人交往的方法，體會與別人親密的經驗。可帶來情緒的滿足。且在應用與別人交往的各種方式中，可獲其他成員的反應和建議，立即的實際去考驗別人對自己的知覺。

2.在團體諮商中，當事人不只接受協助，且協助他人。團體愈是穩定、凝聚，成員愈傾向相互協助。這個合作的分享的關係，產生了成員間相互的施與受。團體關係協助成員感到與別人更加親近，及瞭解和接納別人。成員間的互動教育成員，及鼓勵情感的彼此表達和意義的說明，它亦影響每一成員的行為。

3.在團體諮商中，諮商員的任務是更為複雜的。他們不只要瞭解談話者的情感，和協助談話者變成自我覺知，且亦必須觀察談話者的內容如何影響其他團體成員。諮商員不只必須瞭解討論的內容，且需要覺知成員間交互作用的關係。

在個別諮商和團體諮商的關係上，當團體成員已開始自我探索的過程，可能想有進一步深入的機會，此時團體諮商經驗常導致成員尋求個別諮商的協助。

貳·團體諮商的特點

林幸台（1985）認為，從輔導發展的趨勢，團體輔導與諮商將為各級學校所採用和重視，因其在時間經濟、團體動力、團體多重回饋、示範作用……獨特的功能上，能滿足學生的不同需求，改變班級教學的型態，故在輔導日益普遍之後，團體輔導與諮商將被視為最具經濟和實用的學校教育過程之一。

有關團體諮商的特點，筆者玆歸納如下：

1.經濟效益：個別諮商，受限於諮商員的時間，故受益的當事人總是有限。團體輔導和諮商，由一位領導者，或加一位助理領導者（co-leader），共同帶領一個約10人的小團體，在諮商員的人力、時間上具有經濟效益。

2.易被接受：大部分學生均不喜歡被貼上心理異常或行為問題的標

籤，所以即使有心理的困擾想向輔導人員求助，也排斥尋求個別諮商。團體諮商因是集合許多成員在一起聚會，學生比較不會視自己是獨特的、與眾不同的、有嚴重問題的、或心理不正常的，所以會比較願意尋求團體諮商。

3.人際需求的滿足：人是社會的動物，無法離群索居，一定需要獲得別人的接納，與他人建立良好的關係，獲得團體的認可。對於在這方面的需求無法滿足而產生社會適應困擾的人，團體諮商可提供友誼、親近、及歸屬感的滿足。

4.情境真實：團體諮商較個別諮商的情境更接近真實社會。透過團體諮商的小社會，領導者可以瞭解每一成員如何與其他成員相處，促進每一成員瞭解自己與別人互動的型態，並指導成員在團體中，學習新的社會行為模式，發展正向的、自然的人際關係技巧，以適應日常生活情境。

5.團體動力：團體動力可說是團體諮商最獨具魅力的地方，也是其成效最有別於個別諮商之處。團體過程中，成員大家針對共同關心的一個主題，進行意見討論與經驗分享，此種成員間的互動，形成彼此的多重回饋，對每一成員的思想、觀念、及行為造成巨大的衝擊，是團體最迷人的地方。

參・團體諮商有效性的要素

有效的團體諮商，到底具備哪些要素呢？這個問題是許多團體諮商專家們所關注的一個主題。諮商員對這些治療的要素的認識與把握，將有助於領導一個成功的諮商團體。玆列舉說明這些要素如下：（Yalom, 1985; Corey, 1987；黃月霞，1991）

1.注入希望：使成員相信自己將能從所參加的團體聚會中獲益的一種主觀感受。這種對團體的樂觀預期及維持信心，是團體成效的有力保證。

成員對團體的期許和信心，可能來自其他成員和領導者的示範。一個過去曾飽受挫折經驗而失去信心的成員，在團體中，當看到別人在面對相同問題，卻能逐步克服、邁向成功時，自己就會對個人的潛力產生信心，增進自我效能感，激勵改變行為的動機。

2.普遍性：當團體中成員具有相同的問題，可使他們感覺自己的問題不是獨特的、唯一的，別人也有相同的困擾。這種「問題普遍性」的感受，可減輕成員心理的孤單無助。成員具共同的問題，彼此間產生了「認同感」，對團體也產生了「歸屬感」。

3.傳播資訊：團體中資訊的傳播，成員學到對自己問題的瞭解，及如何解決個人的問題。這種訊息可能來自領導者有計畫的教導，也可能來自其他成員的相互提供訊息。

4.利他性：團體的互動過程中，成員間相互分享經驗及資訊，互相支持和協助，可使成員知覺到自己對他人是有幫助的，進而體驗到價值感，提高了自尊心。

5.發展社會技巧：人是社會性動物，人際適應良否，影響個人的生活甚鉅。團體諮商或治療，不管是直接或間接，均以發展成員的社會技巧為目的，使成員有更佳的社會適應。

在直接的教導社會技巧上，可用角色扮演教導成員如何應付謀職面談；如何邀請女友參加舞會等。

在間接發展社會技巧上，從團體成員的互動中，每人可以透過別人對自己的回饋反應，學到個人行為對別人的影響；瞭解自己社會技巧的適當與否；及學會如何表達適當的社會技巧。

6.模仿行為：班度拉提出替代學習（vicarious learning）的觀念，認為個人透過觀察他人的行為及其結果，可以學得此一行為。在班氏的實驗中，讓一群怕蛇的成員去觀察他們的治療者手中握蛇的動作，結果成員透過模仿治療者的行為中，有效治療了對蛇的恐懼。在團體諮商中，成員可從其他具有相同困擾問題的成員或領導者那兒，觀察、模仿適當的行為，進而達成行為改變的目標。

7.腦力激盪：透過成員的互動，腦力的激盪，對問題的解決易收集思廣益之效。

8.安全及信任感：在團體諮商的開始階段，團體領導者要營造一種溫暖、無條件積極尊重、真誠、同理心的團體氣氛。在這種條件下，領導者與成員，及成員與成員間產生了親密、接納、同理的瞭解的良好關係。這種關係有助於成員在團體中具有安全感，及對其他人具有信任感，是團體諮商後續階段成功的必備條件。成員愈具安全感，和互相信賴感，促進成員卸下面具、放下防衛，在團體中進行自我開放和宣洩，是達成團體有效溝通的要件。

9.宣洩（catharsis）：當團體成員感受到安全感及信任感，坦白的對某人、某事、或某物，表達一直壓抑在內心的鬱悶情感。這種強烈情緒的發洩，可以使成員抒解內心積鬱已久的緊張、痛苦的情緒。

宣洩具有治療性：(1)成員間真實情感的表達，可促進團體的凝聚力；(2)抒解內心積壓已久的緊張情緒；(3)公開面對自己的困擾，澄清、分析、統整自己的心結，有助自謀解決之道；(4)來自其他成員的意見和指引，有助問題的解決。

10.自我開放：當團體成員間達到彼此的相互信任，成員才會產生志願對他人開放的表達自己此時此地的真實想法和感受。自我開放使成員體會到個人困擾問題的普遍性。成員彼此產生認同感、一致感，使團體產生高度的凝聚力。

11.凝聚力（cohesiveness）：當團體成員間發展接納、信任、自我開放、坦誠溝通後，成員彼此間產生認同感和一致感，團體對成員即具有吸引力，成員間彼此也具有吸引力。此兩種吸引力即所謂的「凝聚力」。這兩種吸引力愈強，團體的凝聚力即愈高（張春興，1989）。

凝聚力是團體諮商的核心概念，凝聚力愈高的團體，其愈彰顯下列功能：(1)增加成員對團體的歸屬感、認同感；(2)增加成員的相互喜歡，滿足他們友誼的需求；(3)成員出席率高，團體投入也較深；(4)成員主動服從團體規範，易於達成團體目標；(5)增加團體的工作效率；(6)團體壓力影響成員行為的改變。

第五節　團體諮商的歷程

許多團體諮商專家均同意，團體諮商在進展的過程中，隨著成員心理上逐漸的產生改變，此持續的歷程會呈現一定的階段，唯各階段的時間不等。所謂團體諮商的歷程，是在描述團體從第一次聚會開始，向著預定目標持續的展開活動，直到團體結束，整個團體過程中的不同階段。唯各階段中，仍有可能在某一階段停滯不前；或在兩階段間反覆的現象；不成功的團體甚至可能未經歷所有階段，只停留在前些階段（吳秀碧，1985）。本節將介紹非結構性團體諮商的代表——會心團體的階段、及一般性團體諮商階段。

壹・會心團體的階段

羅吉斯在其1970年著作《羅吉斯在會心團體》（Carl Rogers On Encounter Groups）一書中，將會心團體的歷程分為十五個階段（廖鳳池，1990），朱秉欣（1973）將其綜合成四大階段：迷惑階段、發掘階段、攤牌階段和團契階段。筆者綜合介紹如下：

一、迷惑階段

此階段主要包括下列諸現象：

1.四處摸索：團體一開始，成員對團體的非結構性感到無所適從。成員間彼此只做表面社交性的活動，似雞尾酒會式的交談。團體在這種漫無邊際、四處摸索的狀態下，開始討論：「大家是否來個自我介紹？」、「誰應告訴我們該做些什麼？」、「團體的目的何在？」等話題。

2.掩蔽真我：聚會早期，成員間彼此欠缺信任感，為獲別人良好形象，不敢表現真我，只表現出自己完美的一面。

3.敘述往事：經過懷疑團體是否可以信賴及探索自我的冒險之後，情感的表達將成為討論的重心。例如：成員訴說他們在某些情況下的挫折感。

4.負面情感：此階段成員間，或成員對領導者有負面的情感時，會對此時此地的感受做真實的表白。例如：成員會抱怨領導者未對團體作適切的引導，或嚴厲批評其他成員的不合作。一般最先出現的此時此地的感受是負向的，其原因可能是成員想考驗團體的可信賴程度、自由的程度、可自由表達自我的程度；另一可能原因是直接負向的情緒較深層正向的情感易於表達。

二、發掘階段

5.發掘事實：此階段成員已開始發現自己是團體的一分子，團體是屬於他的，他可以影響團體朝自己期待的方向前進。他縱使在團體中表達負向的情緒感受，亦會受到其他成員的接納和認同。於是團體開始出現信任的氣氛，成員也開始敢做深層內在自我的表白，即開始表達及探索具個人意義的資料。例如：有成員敘述到他母親永遠不放棄對他的控制的事件。

6.實地感受：此階段，成員開始能互相開放表達此時此地的真實感受。不論所表達的是正向或負向的情緒，均表現成員間信任氣氛的增強。例如：「你的沉默，使我感受到威脅」、「我喜歡你的親切和笑容」。

7.治療功效：團體成員在自我表白個人問題後，透過其他成員自由的自我表露、發表意見、提出建議等回饋，可協助與催化自己，獲得自發性的療效。例如：一位王先生表白他和太太間溝通的困擾，成員紛提出個人意見、經驗、建議來協助他。這些意見雖是平凡，但均在表達關懷，使王先生終於領悟到真正要做到的是對太太表達真實的感受。

8.自我接納並開始改變：成員心理上產生自我接納，方有可能步上自我改變。成員在團體中表現自我接納的例子，如：「我喜歡做一個操縱者去控制別人。我總想把別人塑造成自己認為正確的樣子。」

三、攤牌階段

9.揭穿面具：當團體聚會持續下去，團體的信任氣氛讓成員逐漸卸下面具，放棄防衛心理，彼此自然的朝向更深層的基本會心的目標前進，坦露真誠，表白真實感受。雖然坦露真我有時會讓自己感受刺激，但面具取下後，團體成員間的撫慰，常可使他很快的痊癒，並帶來大幅的成長。

10.虛心受教：在個體自由地互動及表白過程中，成員從別人的回饋中，獲知自己在別人眼中的形象。回饋可促進成員的自我瞭解，並感受與團體的投契。

11.使用面質：在團體激烈的互相回饋中，成員間直接的評價對方，可謂面質。面質的使用可能產生彼此接納及瞭解對方的正向效果，但此種直接而強烈的回饋方式，也容易造成負面的傷害。

四、團契階段

12.相互關懷：當成員在團體中掙扎的表達自我，正在困境中奮鬥，或因探索自我而感受痛苦，其他成員均會伸出援手，給予關懷和協助。此種關懷和協助發生在團體中，更會延伸到團體外接觸的場合中。

13.坦誠相見（the basic encounter）：此階段成員間坦誠相見、相互支持、經驗交流、惺惺相惜、彼此愈加親近，與一般人際關係有顯著區別，此層面是團體經驗最核心、最強烈，且可造成個體改變的部分。

14.心心相契：此階段團體成員間最後能相互表達正向的感受及親密的關係。

15.行為改變：據實地觀察，團體到此最後階段，成員的行為會有許多改變。例如：一位成員敘述自己的改變：「我變得更開放、更自動自發、更自由和表達自我、更具同情心及同理心和容忍的能力、更富自信、更充滿喜悅，對人生的取捨更能決斷，及更樂於助人」。

貳‧一般性團體諮商的階段

一般團體諮商的歷程，常被劃分為四個階段：(1)開始（探索）階段；(2)轉換階段；(3)工作（行動或問題解決）階段；(4)結束（完成）階段（Gazda, 1971, 1977; Gazda, Walters, & Childers, 1975; Gibson & Mitchell, 1981; Corey, 1987; Brown & Srebalus, 1996；黃月霞，1991；曾華源等，1998），以下茲介紹這些階段，並詳述各階段的特徵、重要任務，及團體領導者在團體中的溝通技巧。

一、團體諮商的四個階段

(一)開始階段

學者們所用的名稱有形成階段、探索階段或定向（orientation）階段。此階段的特徵：(1)成員對團體的目標、方向，感到不確定、茫然，而有焦慮感；(2)由於彼此陌生，成員間的互動是表面的社會性交談；(3)成員不敢表現真我，只呈現個人美好的一面；(4)對新環境缺乏安全感。

此階段的重要任務：(1)團體的定向：成員自我介紹、相互認識、描述自己的目標。領導者告知成員團體的型式和進行過程；團體聚會的次數、期間、和時間；說明團體的目的、功能、和限制；討論建立團體公約，以消除成員對團體的不確定感所生的焦慮，並獲成員對參與團體的承諾；(2)建立安全、信任的團體心理氣氛：團體領導者示範真誠一致、溫暖、無條件接納（尊重）、同理心等催化團體氣氛的技巧；增強成員的傾聽、接納、分享資訊等適當的團體行為；對沉默、不自在的成員，鼓勵他們參與，以建立安全、信任的團體氣氛，促進成員的關係和開放的溝通。此種關係是進入下一團體諮商階段的必要條件；(3)團體和個人目標的確認。團體在確定共同的目標，以促進團體的凝聚力。團體諮商的目標包括認知的、情意的和行為的三個向度。團體目標宜操作化，成為個別成員行為的具體目的。行為的具體目的其特點是特定的、適切的、可獲得的、可評量的、及可觀察的。確認成員個人行為的具體目的，有助益成員易於去努力實踐。

Frost（1972）曾列舉團體成員必須堅守的原則（團體公約）如下：

1.保密原則：團體內所談的任何事均需守密，不可告知任何人。

2.互助原則：團體是討論之處，應小心地聽別人說及相互協助。

3.等待原則：別人說話時要學會等待。

4.諮商員在團體中是領導者，也是一成員。

5.參與主題的討論，避免偏離主題。

6.團體在協助成員更佳的自我瞭解。

(二)轉換階段

當團體成員對團體產生信賴、安全、及歸屬感，開始做較深的自我表露，團體即進到此階段。對團體領導者來說，這是一個動盪不安、困難重重、充滿挑戰的階段。此階段安然渡過，則成員願將個人的問題坦露在團體中討論，如此團體才能進入有效率的生產階段——工作階段；否則，成員只談些毫不關己的事情，非個人的問題，別人的問題，仍將私人的問題埋在心底，不願坦誠真心交談，如此團體將無法進入工作階段，此團體也將是一個無效的團體。此階段因處在團體是否有效率的決定關鍵，故稱它為轉換階段。

此階段的任務：(1)建立信賴的團體氣氛。此階段團體領導者可能遭受面質，成員可能開放地表達對團體實用性的正、反情感，此時，團體領導者需以「再保證」，創造信賴的團體氣氛，促進成員對領導者及其他成員的信賴；(2)鼓勵成員做深度的、開放的、自由的、坦誠的交談。一旦建立起團體信賴感的氣氛，成員可達對討論議題做深度的、開放的、自由的、坦誠的溝通，其結果成員能接納彼此為一真實的人；對團體產生更大的認同感和凝聚力；更開放的溝通；更一致的團體行為和合作；更大的成員間相互支持。反之，則成員對個人的問題採防衛、隱瞞、冷漠的態度，不敢坦露真我、坦誠溝通，如此，團體將無法進入「工作階段」，形成無效的團體。

(三)工作階段

或稱為行動階段、生產階段、問題解決階段。當成員能卸下防衛；接受自己和其他成員；團體具凝聚力；成員彼此親密；成員思面對個人的問題，此時，即達此階段。此階段的焦點在每一個別成員。成員在團體中，更多的自我表露，提出自己日常生活中的問題，透過團體中的澄清和討論，提出解決問題的各種方法。成員選擇一適當的行動方案來改變自己的行為，此行動方案再發展為自己的具體行動計畫，最後並將它付諸日常生活中實施。故此階段可謂團體諮商的核心，以實際行動來達成個人參與團體諮商的目標。

此階段的任務：(1)領導者除了真誠、具體、和適度的自我表露外，並以鼓勵、對質、和立即性，引導成員自我改變；(2)每一成員依個人的目標，建立自己的具體、明確的行動方案。個人的行動方案，可借助團體活動來完成。例如：有關如何與配偶溝通的行動方案，利用角色扮演法，團體其他成員可示範個人處理配偶的問題；自己亦可在團體中演練，其他成員給予批評和指教。行動方案亦可設計為家庭作業，成員自己在家中演練所要改變的行為；(3)鼓勵成員分享個人在團體內、外實踐行動方案成效的經驗。

此階段個別成員在團體外嘗試新行為的成功本身，即給個人帶來增強和信心；此外，他的新行為若亦獲周遭親人的支持，則更有助益其新好行為在團體諮商結束後，仍能維持久遠。

(四)結束階段

當團體經過第三階段的行動方案，團體的目標及個別成員的目標已經達成，成員已能將學得的新好行為應用於實際的日常生活中，團體即告終結。一般團體建立時，領導者和成員均會共同預訂團體聚會的進度，在團體聚會的最後一、二次，即是團體的結束階段。

此階段的任務：(1)協助成員處理結束的焦慮感：有些成員在面對團體即將結束，怕失去成員的支持而心生焦慮，此時領導者鼓勵他們說出內心的感受，並說明團體聚會的暫時性，「天下無不散之筵席」，結束才能真正獨立地站起來；(2)強化成員的收獲：此階段是諮商員和成員做回顧和摘要的時間，領導者引導成員討論、分享參與此團體的收獲，並再鼓勵將所學持續應用到日常生活中；(3)給予再保證：在一特定範圍，給成員再保證，保證他們能獨立地發揮功能；(4)對希望進一步個別諮商的成員安排時間或轉介；(5)安排團體成效的評估及追蹤計畫。

上述是一個有效的團體諮商必經的四個過程。唯有些團體可能未能完成四個階段，也許在二、三階段即告終結，其可能的原因：(1)當團體毫無進展，無以為繼；(2)當成員流失嚴重，諮商員評估團體的進行功能有限；(3)當團體繼續下去，不但無生產性，且具有害性；(4)當團體長期繼續，成員對團體可能產生過度的依賴。

另外有些個別成員也可能未能走完四個階段，也許在二、三階段即告終止，個別成員有下列情況，應隨時終止其參與團體聚會：(1)具破壞性；(2)嚴重的妨礙其他成員；(3)評估他可能透過個別諮商會更有效；(4)他個人想結束參與團體聚會。團體諮商員應瞭解，成員中途退出是稀鬆平常的事，特別是在團體的開始，可能就有許多成員自動的終止團體聚會活動。重要的是諮商員要接納這是過程中可能產生的一種現象，且避免使用壓力，讓成員非志願的留在團體中。

二、團體諮商過程中諮商員的技術

Gazda, Walters與Childers（1975）曾歸納在團體諮商各階段中領導者所使用的技術如表15-6。

表15-6　團體諮商階段及諮商技術

諮商階段		催化階段	轉換階段	行動階段
諮商員溝通時所用的引導技術 ↓	同理心	情感反映、摘述語意	深層情感和意義的解釋	強調時常的回饋
	尊　重	相信成員的價值和潛能	深層的尊重及協助成員的成長	深層的尊重及協助成員的成長
	溫　暖	清楚的表達注意和興趣	完全的、熱心的注意和支持	完全的、熱心的注意和支持
	具　體	特定的、具體的表達	不強調具體，抽象的探索有時是必須的	計畫和行動方案的詳細化
	真　誠	適當的情感表達；不虛偽	適當的情感表達；不虛偽。語言和非語言訊息間的一致；自發性	語言和非語言訊息間的一致；自發性
	自我表露		自願表露自己的一般性資料 自願表露自己的特殊性資料	自願表露自己的特殊性資料；且可能冒險去探究自己的恐懼、煩惱等
	面　質		嘗試性指出矛盾之處	明白的指出矛盾之處
	立即性		以一般的方式討論彼此的關係	以特定的方式討論彼此的關係
成員的反應行為		→自我探索→	自我瞭解與承諾→	採取改變的行動→

(一)起始階段

在諮商團體的開始，領導者透過對成員的反應，建立相互關心和支持的催化團體的氣氛。

(二)催化階段

在此階段，諮商員所用的技術有：情感反映和摘述語意（初層次同理心）；相信成員的價值和潛能（尊重）；清楚的表達注意和興趣（溫暖）；特定的、具體的表達（具體）；適當的情感表達、不虛偽（真誠）。此階段的目的是成員達自我探索，諮商員及其他成員協助每一成員自我探索個人的問題。

(三)轉換階段

在此階段，諮商員所用的技術有：深層的情感和意義的解釋（高層次同理心）；由衷的尊重及協助成員成長（高層次尊重）；完全地、熱心地注意和支持（高層次溫暖）；不強調具體，抽象的探索有時是必須的；適當的情感表達，不虛偽（真誠），以及語言和非語言訊息間的一致，自發性（高層次真誠）；自願表露自己的一般性資料（自我表露），以及自願表露自己的特殊性資料（高層次自我表露）；嘗試去表達矛盾之處（面質）；以一般的方式討論彼此的關係（立即性）。此階段的目的是成員達自我瞭解和改變的承諾。

(四)行動階段

在此階段，諮商員所用的技術有：強調時常的回饋（高層次同理心）；衷心的尊重及協助成員的成長（高層次尊重）；完全地、熱心的注意和支持（高層次溫暖）；計畫和行動方案的詳細化（高層次具體）；語言與非語言訊息的一致，自發性（高層次真誠）；自願表露自己的特殊性資料，可能冒險去探索自己的恐懼、煩惱等（高層次自我表露）；明白的去表達矛盾之處（高層次面質）；以特定的方式討論彼此的關係（高層次立即性）。此階段的目的是成員為行為改變採取行動。行動後回到自我探索。整個過程是一循環的歷程。

第六節　團體諮商的策劃

團體諮商的策劃者（即團體的領導者）一般是學校諮商員，他必須具備下列的條件：(1)具備人格理論知識；(2)具備諮商理論與技術知識；(3)具備團體動力學知識；(4)具備參與及帶領小團體經驗。

團體領導者在團體諮商實施的過程中扮演下列角色：(1)策劃整個團體諮商；(2)協助成員澄清個人的目的及設定團體的目標；(3)引導團體向預定目標邁進；(4)以各種諮商技術，促進成員的互動，維持團體會期討論的運作；(5)解決成員間的衝突；(6)傾聽者的角色；(7)澄清或回答問題；(8)保護成員。

學校諮商員在策劃一個小團體諮商前，宜考慮下列十個因素，這些因素考慮周詳後，再擬具小團體諮商計畫，並據以實施及評估成效。以下茲介紹策劃一個小團體諮商需考慮的要素、結構性團體諮商的活動設計舉例，及選用結構式活動的原則。

壹．考慮的要素

一、團體的對象及名稱

團體諮商實施前，領導者首先要考慮這個團體的對象及名稱。例如：擬以國小人際關係欠佳學生為對象，成立一個「人際關係訓練團體」；以高中缺乏自我肯定行為的學生為對象，成立一個「自我肯定訓練團體」；以國小肥胖學生為對象，成立一個「減肥團體」；以國小低成就學生為對象，成立一個「學習輔導團體」；以國中抽煙學生為對象，成立一個「戒煙小團體」；以大學生為對象，成立一個「壓力免疫團體」；或以親子關係不良的大學生為對象，成立一個「家庭關係工作坊」……。

二、同質性或異質性團體

即考慮組成團體的成員在年齡、性別、人格特質、問題行為等方面的差異情形。上述條件愈相似者所組成的團體為「同質性團體」，反之為「異質性團體」。

在成員年齡的考慮上，中小學的團體諮商一般以同年級為主，小學亦常以低、中、高年級為劃分標準。大學則較不考慮年齡或年級的差異問題，如大一至大四學生可共同參與「壓力免疫團體」。小學生正值Freud的性心理發展階段的「潛伏期」，許多學者建議由同性別組成小團體較有利。

在成員性別的考慮上，中、大學的小團體諮商儘量由男女生一起參與，尤其是涉及社交和人際關係方面的小團體。另在社會上，常有針對相同性別的需要而設計的團體，如：「媽媽成長團體」、「單親媽媽成長團體」、「單親爸爸成長團體」、「單身女貴族成長團體」等。

在成員性格的考慮上，亦有專為具某種相同性格而設計的小團體，如：「自我肯定訓練團體」。

在成員問題行為的考慮上，有把具共同困擾的成員聚集成一諮商小團體，如：「戒煙團體」、「減肥團體」、「父母離婚兒童諮商小團體」、「受虐兒童諮商小團體」、「對父母不安全依附大學生的寬恕諮商團體」（Lin, 1998）等。由於成員間具相同困擾問題，彼此同病相憐、惺惺相惜、相互傾訴、互相支持、分享經驗、提供建議，易產生團體的認同和凝聚力。

另外「一般性成長團體」，則希望成員間彼此在各方面具有異質性，如年級不同、性別不同、性格也不同。性格有活潑外向的、也有害羞退縮的；有安分守己的、亦有調皮搗蛋的。不同個體在團體中可學會尊重別人，瞭解自己。

三、結構性或非結構性團體

即考慮領導者在帶領團體時，對團體的控制程度的多寡。所謂的「結構性團體」，是由領導者事前依成員的需求，規劃設定團體的目標；設計一系列結構性活動（structured activities）的內容及其實施程序；帶領成員進行各項活動。此種團體，領導者對團體的進展有較多的控制。「非結構性團體」則由成員自動自發的決定團體的目標、過程和方向，領導者只扮演「催化者」（facilitator）的角色，對團體的控制較少，最典型的例子是羅吉斯的「會心團體」。

結構性團體的優點：(1)團體的目標具體明確；(2)團體的活動過程井然有序；(3)以上兩個優點可減少成員的不確定感、焦慮感；(4)可依具體的目標和活動內容，實施團體成效的評估。唯其缺點有：(1)成員自動自發的精神減低；(2)結構性活動的完成並不保證團體的成功，常見「為活動而活動」的團體，而團體的實質目的並未達成，故有人譏評結構性活動為「團體遊戲」；(3)活動的安排易使團體諮商的過程形式化，導致領導者失去對團體互動的敏感度。

非結構性團體的優點：(1)成員自動自發的精神增加；(2)主題自由，成員可隨時以某一共同關注的問題做為討論的主題；(3)時間彈性，成員可隨時針對某一主題，深入的討論，沒有時間壓迫感；(4)重視成員的自我分享、坦誠表露，可導致成員間的真誠信賴，提高對團體的認同感和凝聚力。唯其缺點有：(1)團體開始時，方向的不確定感，易導致部分成員的焦慮、挫折；(2)海闊天空的討論方式，若領導者未具相當水準的團體經驗，未能做適當的引導，易使團體失去方向，導致團體曠日費時，一事無成。

上述的結構與非結構團體可謂各有所長，亦各具其短。有些學者乾脆主張採用「折衷式」，既取結構性設計目標具體明確的優點，在團體進行過程中，亦重視非結構團體的彈性、自由、坦誠表露的討論方式，綜合兩者的優點於一體。

四、開放性或封閉性團體

即考慮團體進行的過程中，當有成員中途退出，是否遞補新的成員，可遞補為「開放性團體」，不可為「封閉性團體」。

一般團體領導者當然希望全體成員有始有終（封閉性團體），在預定的期間，完成所有活動，以達成每位成員的目標，唯成員中途退出常是不可避免的，其原因有：(1)外在的因素，如：父母或導師的反對、意外事故的發生、時間上的衝突、轉學……；(2)內在的因素，如：感到團體和自己的認知有出入、與某些成員格格不入、和某位成員起衝突、不喜歡領導者的風格、遭到不當的面質、領導者領導不當致成員感到受傷害……。成員的流失，基本上對團體的影響是負面的。偶有一位成員流失，對團體尚不致產生太大的影響，唯若成員相繼流失，不只團體的結構起了變動，影響團體的功能，成員也會對團體的效能產生懷疑，最後可能團體草草了事，甚至被迫提前結束，留下領導者和成員滿腹的挫折感。預防之道領導者事前晤談每位成員，瞭解他們的動機和問題。慎選成員，可減少成員流失的現象。

若團體的領導者考慮採取「開放性團體」，使團體不致因成員的流失而影響團體的運作，或被迫關閉。此時領導者應瞭解：(1)團體是動態的，當進展到某一階段，成員間會產生團體的認同感及彼此的信賴感。新成員的貿然加入，會影響了團體原有的氣氛和凝聚力；(2)新舊成員彼此的陌生感，將使團體的歷程產生結構性的改變。領導者在覺察上述情形之餘，其適當的處理方式不外：(1)慎選新成員加入團體的時機。避免在團體正討論到高信任度的問題，或在團體發展階段的轉換期加入新成員。宜選在團體互動較安定的時機讓新成員加入；(2)坦誠和成員討論加入新成員的構想，並獲團體的認可；(3)事先說明新成員加入的時間，並簡介新成員；(4)讓新舊成員對此尷尬階段有心理準備；(5)協助新成員儘快由圈外人變成圈內人。

五、團體的目標

即考慮團體過程所要達成的最終目的，此團體目標導引團體過程的走向，沒有目標的團體會失去方向感，徒自浪費團員的時間而毫無收獲。團體諮商的目標可分為一般性目標和特定性目標。

(一)一般性目標

Dinkmeyer與Muro（1971）曾摘要團體諮商的一般基本目標如下：

1.協助每一團體成員自我認識和自我瞭解。協助他們尋求自我認定的過程。

2.協助每一團體成員在自我瞭解後，逐漸增進自我接納和自我價值感。

3.發展每一團體成員的社會技巧和人際關係能力，使他們能應付個人在社會領域的發展任務。

4.促進成員的自我引導、問題解決、和做決定的能力，並能在一般的學校教室和社會交往中使用這些能力。

5.發展成員對別人需求的敏覺性，以增進他們對自己行為責任的認知。成員變成能確實瞭解周遭親近的人的情感，及發展更深層的同理心能力。

6.成員學習成為一具同理心的聽者。他不只聽到說的內容，且聽到說的內容所伴隨的情感。

7.成員成為一個真誠一致的傳達者，真實地、正確地表達個人的思想、信念和意見。

8.協助每一成員，為自己明確地陳述可評量和可觀察的行為的特定目標，及協助成員承諾朝向這些目標行動。

(二)特定性目標

而一個特定問題的小團體諮商，如：「父母離婚兒童的小團體諮商」，其團體諮商的目標較特定，如：(1)協助學生透過討論中瞭解他們對父母離婚的情緒；(2)協助學生瞭解他們的情感和經驗並不孤單；(3)協助學生在團體中學習新的因應行為，及和其他成員分享成功的因應策略；(4)協助學生對父母離婚的情況獲更真實的觀點，並促進他們對自己和其家庭的接納。

團體領導者在策劃團體諮商時，宜先思索團體諮商的目的何在，訂定團體聚會的目標，並在第一次團體的聚會前，先瞭解成員參加團體的目的何在，向成員提出團體的目標，徵求他們的意見，再做適當的修正，最後確定的團體目標是由領導者和成員共同訂定，做為雙方努力的方向。若雙方能訂定「契約書」，無疑地增加了目標達成的承諾。故有些團體諮商員會把團體的目標、合約、作業等作成一份契約書，做為雙方進行團體諮商的依據。

六、成員的招募

在社會上，一般輔導機構在策劃團體諮商時，大都透過在報章、雜誌、電子媒體等刊登廣告，或張貼海報的方式來招攬成員。在大學的輔導中心，亦以上述方式招募團體諮商的成員，成員均係志願參與性質。然而在中、小學，團體諮商的成員則大都透過師長的轉介，許多成員開始時都是非志願參與性質。不管是志願或非志願參與的成員，團體領導者在領導團體前，均應與每一成員個別晤談，瞭解他們對團體的期望。諮商員以口頭和書面資料方式，明確告知有關團體的性質、目的、過程、領導者的資格、使用的技術、預期效果及團體守則等，以協助當事人自由決定其參與與否。若當事人堅持不參加，領導者不可強迫。一旦學生同意，輔導員也應徵得其家長的同意。

團體領導者除了讓成員自由決定是否參加團體諮商，也要依會前的晤談結果評估當事人參與團體是否可能獲益，以決定適合與不適合的成員。

在判斷何種學生適合參加團體諮商方面，Mahler（1969）曾指出，個體在下列情況下，適合尋求團體諮商：

1.需要學習對他人及他人對事物的看法，有更瞭解的人。

2.需要學習對他人，或特別是與自己不同的人，有更深的尊重的人。

3.需要學習社交技巧（與別人談話及交往）的人。

4.需要與他人分享的人（需要經驗隸屬感的人）。

5.能夠與別人談論自己的憂慮、問題、及價值觀的人。

6.需要他人對自己的問題及憂慮有所反應的人。

7.肯定同輩的支持是有助益的人。

8.較喜歡慢慢的進入諮商中，及若當感覺諮商有威脅時，能撤退的人。

而個體在下列情況下，則適合尋求個別諮商：

1.在危急情況下，其所要探求的原因和可能的解決方法都很複雜的。

2.為保護當事人和其他人，情境的保密是必須的。

3.有關自我概念測驗資料的解釋。

4.在團體中談話，顯現極端恐懼的人。

5.很難與同輩相處，而可能不被團體成員接納的人。

6.自我覺知能力有限的人。

7.性行為方面的問題，特別是有不正常的性行為。

8.有強迫性的需求被注意和認可的人。

七、團體的大小

團體成員太多時，其缺點是：(1)彼此間互動的機會減少；(2)沒有足夠的時間針對個別的問題深入討論；(3)團體難以控制。而團體人數若太少，其缺點是：(1)無法獲得多元的回饋；(2)無法獲得多元的學習；(3)成員易有發言的壓力。那麼團體諮商的成員人數到底多少才算合適，一般學者建議的人數約在4～10人之間，實際得視團體的性質及成員的年齡而定。

在團體成員的性質方面，團體中有退縮的兒童，成員不能太少；而有攻擊性的兒童，則成員不能太多。在團體成員的年齡方面，兒童的成長團體人數可安排6～8人；團體治療則人數在3～4人。小學低年級的人數約3～4人；中年級約5人，高年級則可增至8人，一般不多於8人。中學或大學的團體諮商人數約在8～12人之間。

此外，由諮商員自己一人帶領的小團體，適當的人數約在3～6人，但若有協同領導者（co-leader；co-counselor），則可增至6～10人，並建議協同領導者最好與領導者不同性別，就如同一個家庭有男、女兩種性別與兒童互動。

八、聚會的期間、次數、與時間

一般團體大都訂在固定期間的固定時間，每週聚會一或二次，每次聚會一定的時間。唯亦有例外，像「馬拉松團體」，它是團體成員接連24小時或48小時都聚在一起的團體聚會。

(一)聚會的期間多長才算合宜？

太短則輕率，團體不深入；太久則冗長，團體失去方向。大多數團體諮商每週聚會一次，共聚會8～16次左右（依團體性質的需要而定），故其期間約在二個月到四個月左右。學校的團體諮商，其聚會的期間一般配合行事曆，以一學期約20週來算，扣除學期開始及學期結束較忙碌的時間，每週聚會1～2次，共聚會約12～16次。一般成長團體的聚會次數較少，約在8～10次左右；問題取向團體因要處理特定問題，故其聚會次數較多，約在12～16次左右。

宜避免聚會的期間跨越兩個學期，以致團體進行到一半產生中斷現象，如此，團體諮商的成果會受到時、空因素干擾，而影響團體正常運作過程的功能。

(二)每次聚會的時間多久才算合宜？

此和成員的年齡有關。國小中、低年級的兒童，其注意力較短暫，每次聚會的時間約在30～40分鐘，配合國小的作息時間，一般是40分鐘，剛好一堂課，唯頻率較密，一週可能安排聚會兩次。國小高年級兒童的持續力較久，亦可每次聚會80分鐘，剛好兩堂課。中學生每次聚會時間約一小時，配合中學的作息時間，一般是50分鐘，剛好一堂課，亦可每次聚會100分鐘，剛好兩堂課。大學生及成人每次聚會時間約二至三小時。

(三)利用什麼時間聚會才算合宜？

中、小學生大都利用成員共同的空堂時間或團體活動時間進行，儘量避免利用課堂、午休或休閒時間，但若事不宜遲或實在抽不出大家共同的時間，方才考慮利用此時段。大學生及成人大都利用夜間或週末的空閒時間聚會。聚會時，團體領導者宜訂定守時公約，並有效控制聚會的時間。

九、聚會的場所

團體諮商宜顧及聚會活動過程的隱密性及防止分心，故不可隨意在操場上、榕樹下、教室內、或涼亭中等公共場所進行，宜在具有隱密性的團體諮商室進行，使成員在具有心理安全感的情況下，始能擔保團體諮商的順利進行。團體諮商室的空間大約4～6坪，已有足夠寬敞的空間容納8～12人在此活動。為顧及隱密性及避免受到外界干擾，最好有防窺及隔音設備。可於聚會時，在門外掛上「諮商中，請勿打擾」的告示牌。室內的氣氛應予人溫暖、舒適及放鬆的感覺。室內設備有地毯（或榻榻米）、抱枕，增加成員的安全感。通常團體成員是席地而坐，以圍成圓圈的方式進行活動，室內不用桌椅，以減少造成成員間空間的隔閡，增加彼此間的親近感。

若學校沒有特別設置的團體諮商室，亦可在具隱密性的會議室進行，室中的會議桌椅宜適合兒童的尺寸，以圍成圓圈的方式來進行，方便成員間視線的溝通，避免圍成雙圈，而妨礙成員間視線的交流。此外，若為兒童使用的團體諮商室，則可配置玩具、繪畫用具、黏土、布袋戲台等遊戲治療的設備，方便在團體諮商中使用各種媒介。

十、媒介的使用

兒童受限於智能、語言、專注等能力，完全藉口語進行諮商有其困難，因此，兒童團體諮商與成人的宜有些不同。兒童均喜歡遊戲，兒童的工作即是遊戲，遊戲是兒童自我表達的自然媒介。故兒童團體諮商自然的納入了許多玩具、遊戲為媒介，助益活動的熱絡進行，並有效達成兒童團體諮商的目標。

玆舉在兒童團體諮商中，所常用的媒介如下，提供團體領導者實施諮商前的考慮因素：

1.書報、雜誌、錄音帶、錄影帶：以這類媒體中的故事引導兒童討論。

2.圖畫：以適合的圖畫為媒介，引導兒童自由想像故事，可達成診斷與治療的功能。

3.繪畫：以各種繪畫材料做為兒童自我表達及抒發情緒的媒介。

4.黏土：以黏土做為兒童自我表達及抒發情緒的媒介。

5.偶戲：以演出布偶或木偶戲，做為兒童自我表達及抒發情緒的媒介。

6.音樂：以音樂為媒介，引導兒童做自由聯想、情感討論、及以音樂自我表達和抒發情感。

7.身體活動：以身體活動的設計為媒介，如放鬆，達成特定的團體諮商的目標。

8.遊戲：以各種遊戲的設計為媒介，如益智遊戲、康樂活動、體能競賽、競技活動……，達成特定的團體諮商的目標。

上述媒介的使用方法，詳細請閱讀本書第十二章「遊戲治療法」，第十三章「藝術治療法」及第十六章「班級團體輔導」。

貳·結構性團體諮商的活動設計

團體諮商有結構式及非結構式兩種，羅吉斯的「會心團體」是非結構式團體諮商的代表。非結構式團體諮商的領導者依團體的走向因勢利導，處於催化團體的角色；結構式團體諮商的領導者則設計及領導團體進行活動，二者可謂各具優、缺點。結構式活動的設計，因應不同團體的團體過程的不同階段，而設計不同的活動內容，亦即設計不同的活動來達成團體諮商各階段的目標。

國內的團體諮商，大多採結構式，兒童的團體諮商也較適合採用結構式活動進行，其所採用的活動方式很多，如：討論、分享、身體活動、角色扮演、空椅技術、幻遊、非語言活動、媒體、繪畫、家庭作業、捏黏土、遊戲、音樂、舞蹈、冥想……。以下茲介紹國內外一些諮商工作者所策劃的結構性團體的活動主題及活動設計內容：

一、父母離婚兒童團體諮商

Chandler（1981）所策劃的「父母離婚兒童團體諮商」，共有六次聚會（六週），每次會期的主題及內容如表15-7。（Corey, 1987）

表15-7　父母離婚兒童團體諮商聚會主題和內容

會　期	主　題	內　容
第一次	相互認識	1.相互介紹 2.討論團體的目標和計畫 3.訂定團體公約
第二次	影片討論	1.放映影片 2.影片討論
第三次	我希望父母知道的事情	1.腦力激盪 2.角色扮演
第四次	讀書治療	1.分發書單 2.朗讀 3.討論
第五次	同理的主見 （empathic assertion）	1.生氣並非壞事 2.教導主見反應
第六次	一個有趣的結論活動	1.一個有趣的結論活動 2.摘要 3.優點轟炸

第一次會期，活動的內容包括：(1)相互介紹：請學生兩人成一組，彼此交談，學習對方的五件近況。請每對的學生互相介紹他們的夥伴給團體；(2)討論團體的目標和計畫：說明團體的目標和活動；回答成員的問題；請學生分享他們對團體的期望；(3)訂定團體公約：列舉成一份資料，備為往後參閱。

第二次會期，活動的內容包括：(1)放映影片 ：名稱有家庭解組；如何因應你的父母離婚；瞭解家庭的改變；(2)討論：請學生摘要劇中內容；就劇中人物的情感加以討論；討論觀賞後的心得。

第三次會期，活動的內容包括：(1)腦力激盪：把有關父母離婚對兒童的影響，「我希望父母知道的一些事」列舉在一張紙上，進行討論；(2)角色扮演：請學生分享自己曾面對的問題情境，如：父母離婚兒童的假日去哪裡；父母的爭吵；面對父母的新男／女友等。請學生將這些情境演出，並加以討論。

第四次會期，活動的內容包括：(1)分發書單：編輯適於兒童年齡閱讀的有關離婚的書單，向兒童介紹這些書，請他們精讀；(2)朗讀：在班上朗讀有關的文章，並加以討論；(3)討論：討論書中人物的情感和行為。共同討論的主題如：兒童為父母離婚負責的情感；生氣和攻擊的行為；對父母復合的期望；有關新家庭情境的困窘。鼓勵兒童做私人的討論，並引出處理這些問題的建議。

第五次會期，活動的內容包括：(1)生氣並非壞事：閱讀有關離婚的生氣文章，並加以討論；(2)教導主見的反應：在表示瞭解他人的情感時，練習表達自己的情感和需求。

第六會期，活動的內容包括：(1)進行一個有趣的結論活動；(2)摘要：在一張紙上列舉自己的收穫。進行評鑑，方式是問學生他們最喜歡的活動是什麼？最有助益的活動是什麼？……(3)優點轟炸（strength bombardment）：請學生在一張張的貼紙上寫下對每一成員的正向的描述，然後用貼紙為每一成員做一貼滿優點的海報，於是團體在一正向的註解下結束。

二、家庭關係工作坊

Lin（1998）曾以27位（男生4人，女生23人）對父母具不安全依附感，正值青少年後期的大學生為對象，組成「家庭關係工作坊」，實施學習對父母採行「寬恕之道」的團體諮商。進行期間12週，共有12次聚會，每次聚會時間150分鐘，目的在增進他們的安全感及改進良好的心理適應。結果，一旦成員寬恕其父母過去的暴行，他們變成對父母更具安全的依附；良好的心理適應；且成效具長期維持的效果。筆者茲以表15-8摘要介紹此團體諮商的階段與目標；每次聚會的主題與目的；每次聚會的活動內容。

團體諮商工作者擬設計結構性團體諮商的活動，可參閱下列的著作。

林幸台、宋湘玲著（1989），人際溝通活動，高雄市：復文書局。

吳武典主編（1992），團體輔導手冊，心理出版社。

吳秀碧（1985），團體諮商實務，復文出版社。

參・選用結構式活動的原則

在團體諮商中安排結構式活動，簡單易行，且活動化方式進行比較生動活潑，故廣受許多輔導人員青睞。唯若未完全瞭解這些活動的意義和目的，不只未能達成團體諮商預定的目標；且致使成員視這些活動為「無聊的團體遊戲」；甚至這些不適當活動造成成員心理的傷害。國內外專家學者曾列出選用結構式活動的原則。玆綜合如下：

1.依諮商理論，設計適當的活動：諮商有不同的派別。團體領導者應熟悉各家各派的理論，依個人的專長或興趣，選用某一學派的理論來設計結構式活動，避免不同理論拼湊在一起，致各種不同技術間產生衝突，如：依行為理論設計的團體諮商活動中，又採完形治療的「幻遊技術」、「空椅技術」等。

2.配合團體諮商的目標，選用適當的活動：活動的選擇，不是因它「流行」、「好玩」、「新鮮」、「有趣」；而是依團體的目標和團體的不同階段，選用適當的活動。

3.選用個人熟悉、勝任、運用自如的活動：團體領導者宜瞭解活動的性質，瞭解自己的能力和經驗，方能在帶領活動時游刃有餘。如在採用需要成員表達強烈情緒的活動，常具冒險性，成員的情緒易失控，領導者在選擇此種活動前，要評估自己的經驗和能力，不可貿然採行。

4.使活動對成員能產生意義：團體諮商的過程不是一堆活動的拼盤，不是為活動而活動。最重要的是成員在做完活動後，達成對團體、對成員、及對個人的知覺，使活動對每一成員產生意義。因此，活動後的討論和分享變得非常重要。

5.選擇時間內能完成的活動：每次聚會有一定的時間，選擇的活動要考慮在時間內能完成練習和討論。

6.活動時間彈性原則：團體的主體是成員而非活動，要處理的是成員的感覺，而非活動的形式。為活動而活動，易形成為趕完活動，而有時間壓迫感，反而使成員在團體中不能暢所欲言，失去團體的功能。因此，團體除了完成預定的活動外，若成員尚有未表達完的感覺或未解決的問題，在兼顧時間彈性的原則下，應重視成員的感受，讓成員有充分的時間，暢所欲言，才是團體真正的功能。

表15-8　「家庭關係工作坊」團體諮商的階段、主題及活動內容

階段與目標		聚會次序	主題及目的		活動內容
階段	目標		主題	目的	
一、問題的澄清	1.提供一安全舒適的環境，以發展友善、和睦、信任的人際關係。 2.協助成員瞭解，幼年遭受父母暴行，對父母所產生的負向情感，是今日不良生活適應及親子關係不良的原因。 3.協助成員探索、澄清、面對、釋放幼年受傷的負向情感。	(一)	互相認識(1)：在家庭的自我	1.彼此認識 2.瞭解個人的有關家庭的知覺和情感 3.發展團體的信任和凝聚氣氛	1.畫圖，內容是家中重要的地方及重要的事情 2.分享圖中的故事內容
		(二)	互相認識(2)：內、外在自我之別	1.分享內在自我及認識源自幼年家庭生活可能的一些自我防衛 2.透過自我開放，以建立團體關係及凝聚	1.畫圖，一張畫外在自我的象徵符號；另一張畫內在自我的象徵符號 2.分享內在的自我
		(三)	認識個人的家庭(1)：家庭關係	認識及再思考家庭關係	1.畫「家庭關係圖」，圖中包括使用簡單文字描述任兩成員之間關係的特徵 2.分享及再思考家庭關係
		(四)	認識個人的家庭(2)：家庭故事	1.成員確認他們的有關家庭的情感 2.探索個人的家庭問題	1.分享重複地發生在家庭內的故事，以確認和面對個人對家庭的情感 2.用角色扮演方式，講出對父母的情感（如生氣）

階段與目標		聚會次序	主題及目的		活動內容
階段	目標		主題	目的	
二、寬恕的探索	1.強調只有個人有勇氣和承諾去嘗試新的治療方法，才有可能改變個人的生活。 2.重視協助成員建立及維持對治療的信心和期望。	(五)	不公平、情緒、寬恕	1.建立對處理其情緒困擾方法的信心和期望 2.認識寬恕之道	1.彼此分享個人所遭遇的不公平對待事件，個人的情感及因應方法 2.引導成員領悟過去以牙還牙（懷恨及報復心理）的因應之道，並無實質助益 3.介紹寬恕之道，做為處理父母不公平對待的方法
		(六)	承諾寬恕：公平對待和寬恕	1.瞭解往事已矣，如今要求公平正義，於事無補 2.瞭解寬恕的意義及瞭解其過程可能是漫長且困難 3.考慮選擇寬恕之道	1.成員思考及分享他們想從公平正義的生活中獲得什麼 2.領導者說明寬恕的意義、價值，引導成員考慮選擇寬恕之道
三、寬恕的採行	協助成員進行寬恕的過程	(七)	寬恕你的父母：採不同觀點再體驗舊事件	學習能從不同方面看施暴者（父母）	1.透過角色扮演，成員嘗試去經驗父母的世界，企圖去瞭解父母因面對問題和壓力，而導致他們對兒女採行傷害的對待 2.鼓勵成員學習以新的眼光去看待父母
		(八)	寬恕你的父母：接納、痛苦的吸收	1.瞭解過去不可追，改變對過去的態度才可為 2.瞭解其他成員也曾經歷相同的痛苦，因而減輕內心的孤單和痛苦	1.角色扮演法演出與父母談及有關他們所遭受的痛苦 2.角色扮演法演出與父母討論所受的傷害

<table>
<tr><th colspan="2">階段與目標</th><th rowspan="2">聚會次序</th><th colspan="2">主題及目的</th><th rowspan="2">活動內容</th></tr>
<tr><th>階段</th><th>目　標</th><th>主　題</th><th>目　的</th></tr>
<tr><td></td><td></td><td>(九)</td><td>寬恕你的父母：在遭受的痛苦中發現自我的意義</td><td>1.發現在遭受的痛苦中任何可能的意義
2.隨著對父母和痛苦的更多瞭解，成員逐漸地停止對父母的責備</td><td>1.引導成員發現所受痛苦的可能意義
2.透過角色扮演和角色對調的對話活動中，去發現個人所遭遇的痛苦的任何可能的意義</td></tr>
<tr><td rowspan="3">四、寬恕的益處</td><td rowspan="3">1.寬恕進行後的反映和與他人分享寬恕的進行。
2.發展未來的計畫
3.處理一些未竟議題</td><td>(十)</td><td>我能寬恕父母嗎？</td><td>1.考驗對父母的情感是否有任何改變
2.減少對父母的負向情感
3.增加對父母的正向情感</td><td>1.成員討論及分享對父母情感的改變
2.角色扮演對父母的正向情感</td></tr>
<tr><td>(十一)</td><td>回顧和計畫一個可能的未來</td><td>1.回顧所有的過程
2.分享收獲</td><td>1.回顧的活動
2.分享收穫的活動</td></tr>
<tr><td>(十二)</td><td>個別的會議</td><td>1.發展未來的計畫
2.探索尚未處理的任何可能的問題
3.收到成員的回饋</td><td>每一成員與團體領導者進行三十分鐘的個別會談</td></tr>
</table>

7.活動的選擇應考慮對象的不同特徵：如身體接觸的活動應考慮對象的年齡和性別因素。鑑於身體、心理、語言、經驗等的發展不同，適用於兒童、青少年、及成人的活動應有差別。

8.考慮聚會場地的物理環境是否適宜：如空間大小、光線、安全感、外界干擾、場地舒適……因素是否適合於所選的活動。

9.選用成員均能參與的活動：選擇的活動應讓全體成員均能參與討論、分享、練習，以達成團體的目標。若活動只允許少數人參與，則其他成員成了漠不關心的旁觀者，無法達成團體的目標。

10.不強迫成員參與活動：雖希望成員均能融入活動中，但當在進行團體自我表露活動時，對未準備就緒要自我表露的成員，不可強迫他們。（洪有義，1982；吳秀碧，1985；黃月霞，1991）

摘要

1.目前團體諮商已是時髦的名詞，在教育、醫療、社會、輔導等機構已廣為流行。

2.第一個治療取向的團體是1905年美國Pratt醫生為鼓勵、支持結核病人所從事的支持團體。團體諮商的名稱是1931年Allen首創。同年，團體輔導的名詞首度出現在美國的教育期刊上。團體心理治療的名稱是1932年Moreno首創。

3.在1946及1947年間，Lewin首創訓練團體，並成立NTL加以推展。Rogers首創「密集的團體經驗」，並於1967年改稱「基本會心團體」，在工商、教育、輔導、及醫療等機構廣為推展。除了上述以心理成長為目的的團體廣為流行外，尚有許多為特定目的而成立的團體正蓬勃發展。

4.團體是指成員為追求一共同的目標，彼此間有心理的互動，自願出席團體活動，此個體的集合即成為一團體。一個有意義的團體需具備三要件：共識、互動、規範。

5.團體動力是團體運作中，成員間彼此的互動歷程。團體動力學主要在探討團體的凝聚性、承諾、信任、領導、規範、人際關係的吸引力……團體的特性。團體內和諧的互動，方可促進團體的生產力。

6.團體有下列的分類方式：(1)依團體的內容和過程來分類；(2)依團體的目的來區分，可分以成長和發展為目的的團體，以成長、發展、及治療為目的的團體，及以治療為目的的團體。或以初級預防為目的的團體、次級預防為目的的團體、和三級預防為目的的團體；(3)依不同的諮商理論來區分；(4)依團體的性質來區分，可分成長取向團體和問題取向團體。

7.團體的種類有：團體輔導、團體諮商、團體治療、訓練團體、敏覺性團體、會心團體、支持團體、教育團體、討論團體、任務團體等。不同團體在對象、目的、性質、功能、歷程、人數、領導者、實施機構等方面有些差別。

8.在個別和團體諮商的異同上，兩者的諮商理論相同、諮商目標均是個體的成長與適應，均重視保密。相異點則是兩者各適合不同需求的個體，故不應視團體諮商為個別諮商的替代方法；團體諮商的領導者另需具備團體動力學，及參與和帶領團體的經驗。

9.團體諮商具下列特點：經濟效益、易被接受、人際需求的滿足、情境真實、團體動力。

10.有效的團體應具備的要素：注入希望、普遍性、傳播資訊、利他性、發展社會技巧、模仿行為、安全及信任感、宣洩、自我開放、凝聚力。

11.會心團體的歷程可分為四大階段、十五個小階段。一是迷惑階段，包括：四處摸索、掩蔽真我、敘述往事、負面情感等四個小段。二是發掘階段，包括：發掘事實、實地感受、治療功效、自我接納並開始改變等四個小段。三是攤牌階段，包括：揭穿面具、虛心受教、使用面質等三個小段。四是團契階段，包括：相互關懷、坦誠相見、心心相契、行為改變等四個小段。

12.一般團體諮商的歷程常被劃分為四個階段：開始階段、轉換階段、工作階段、及結束階段。

13.團體諮商的開始階段是一個不確定、表面、缺乏安全感的時期。領導者的任務是團體的定向、建立安全與信任的心理氣氛、確認團體和個人的目標。此階段領導者的技術有結構技術、真誠一致、溫暖接納、同理心、具體、鼓勵、尊重等。

14.團體諮商的轉換階段是團體成員彼此不避不藏、坦誠交談，故充滿變數和挑戰。安然度過則團體邁入工作階段；否則，成為一個無效的團體，故稱為轉換階段。領導者的任務是建立信賴的心理氣氛、鼓勵成員自由開放、卸下防衛、坦誠深入的交談。此階段領導者的技術有深度同理心、深度的尊重、再保證、完全的溫暖和支持、完全的真誠、自我表露、面質、立即性等。

15.團體諮商工作階段的焦點是個別成員，成員自我表露、彼此分享經驗和想法、提出解決問題的方法、落實日常生活中問題的解決。領導者的任務是引導成員自我改變、引導成員建立個人具體的行為改變目標和計畫、鼓勵成員落實行為改變計畫於日常生活中，並分享個人的經驗。此階段領導者的技術有深層的尊重、完全的溫暖、完全的真誠、具體的行動計畫、自我表露、面質、立即性等。

16.結束階段是團體的目標已經達成，一般團體聚會所預定的最後一、二次，即屬此階段。領導者的任務是協助成員處理結束的焦慮感、強化成員的收穫、給予再保證、給予需要者安排個別諮商、團體成效評估、團體追蹤計畫。

17.團體諮商的策劃宜考慮下列要素：團體的對象及名稱、團體是同質或異質、團體是結構或非結構、團體是開放或封閉、團體的目標、成員的招募、人數的多寡、聚會的期間與時間、聚會的次數，聚會地點、媒介的使用。

18.國內的團體諮商，尤其是兒童，大都採結構性團體。其由團體領導者依團體的目標、性質、對象、階段，設計不同會期的主題及活動內容。

19.團體領導者的角色是策劃整個團體、設定目標、引導團體前進、促進成員互動、解決成員衝突、傾聽、澄清或回答問題、保護成員。

20.團體諮商中選用結構式活動的原則有：需有諮商理論的依據、配合目標選用適當的活動、領導者本身宜熟悉且勝任這些活動、活動對成員是有意義的、時間長短適當、時間彈性應用、活動宜考慮對象的特徵、場地適當、全員均能參與、不強迫成員參與。

複習問題

1.試述團體諮商的歷史發展。

2.何謂團體？團體需具哪些要件？

3.可依哪些方面來劃分不同的團體？

4.試比較團體輔導、團體教學、團體諮商、與團體治療。

5.試比較訓練團體、會心團體、敏覺性訓練團體、馬拉松團體。

6.試述個別與團體諮商的異同。

7.團體諮商具備哪些特點？

8.有效的團體需具備哪些要素？

9.試述會心團體的歷程。

10.試述一般團體諮商各階段的特徵，及領導者的任務。

11.團體領導者在團體諮商中扮演哪些角色？

12.團體領導者在策劃一個團體諮商要考慮哪些要件？

13.何謂結構及非結構團體？其各自的優、缺點如何？

14.何謂開放及封閉團體？

15.團體領導者如何處理團體成員流失的問題？

16.試設計一個國小學童團體諮商方案的每次聚會主題及其內容。

17.選用結構式團體諮商活動的原則為何？

第十六章　班級團體輔導

第一節　班級團輔的涵義

吳武典（1981）認為國小團體輔導包括廣義與狹義兩種解釋。廣義的團體輔導包括團體輔導與團體諮商；狹義的團體輔導是以一般學生為對象，藉團體的力量來幫助學生瞭解自己、增進人際關係、發揮潛能，方法如團體討論、角色扮演……。狹義的團輔類似國內中、小學的「班級輔導活動課」的實施方式。

在學校中，教師具「經師」與「人師」之責。「經師」指的是教學工作，即傳授學生各科的知識、技能；「人師」指的是輔導工作，即在非學業性的領域（如：如何處理情緒？如何應付壓力？如何學習？……）導引學生。

班級團體輔導是教師扮演人師的角色，以班級學生為對象，目標是兒童的成長和發展，設計協助他們成長和發展的活動，利用團體輔導的方式，提供學生在非課業方面的個人的、社會的、學習的、人際的、和生涯的等方面的資訊，使學生具備良好的生活適應技巧。故班級團輔的性質主要是一個教育的過程，目的是預防預期的問題及增強所有學生的個人的、社會的、教育的和職業的發展和適應。典型的班級團體輔導即目前中小學在綜合活動課所實施的「輔導活動課程」。

在「團體輔導」與「團體教學」的異同上，兩者的共通點是在性質上，二者均是資料性和教育性。主要的區別在教師的團體教學方法有講授、示範、指定作業、背誦、反覆練習……，強調學生知識和技巧的習得；班級團體輔導則較重視團體動力的利用，教師扮演催化角色，重視學生的體驗，常透過小組討論、小組分享、角色扮演、情境體驗……方式進行，強調情感、態度和意見的表達。

在「團體輔導」與「團體諮商」的區別上，團體輔導強調預防性和發展性；團體諮商則除具預防、發展性外，兼具治療性。團體輔導強調「學習如何解決問題」；團體諮商則強調「問題的解決」。

班級團體輔導是綜合性的協助每一學生邁向發展、成熟，故除了諮商員外，由諮商員輔導班級導師在班上實施所謂的「班級團輔」可謂是最佳模式。由導師在班級實施團體輔導其優點：(1)導師帶領一個班級至少一至二年，有助於輔導活動計畫的持續和發展；(2)班級團體長期的相處關係，允許發展團體成員間的信賴感和凝聚力；(3)班級同學的年齡相同，適合實施特定的發展需求的輔導。

隨著九年一貫課程的實施，輔導活動科在統整教學的原則下，已併入「綜合活動」的科目領域中。故在九年一貫課程的實施下，本章的內容將做為「綜合活動科」的理論基礎、實施目標、實施方式、與教學方法。

第二節　班級團輔的理論依據

班級團體輔導的理論依據來自「發展性輔導」、「心理學教育」、和「情意教育」。以下茲介紹這三個名詞的涵義，及其與班級團輔的關係。

壹・發展性輔導

一、何謂發展性輔導

人生是從出生到死亡之旅。所謂個體的「發展」，指的是人類隨著年齡與經驗的增長，在身心方面所產生的改變，此改變具階段性與持續性。

發展的階級性，顯現了各階段具有「發展任務」。發展任務是指人生的各階段，由於其不同的身心發展成熟度，個體必須準備去發展或精熟某些任務。此人生的不同階段是發展不同發展任務的關鍵期，前階段發展任務的完成，是下一階段發展任務順利發展的基礎，進而逐步導向快樂、成功的人生；反之，前一階段的發展任務遇到困難，則會影響往後階段發展任務的達成，導致發展的危機、生活的不適應。

發展任務在輔導上的意義是提供了團體輔導課程內容設計的依據。團體輔導的目的是預防性和發展性，必先瞭解學生認知的、身體的、道德的、人格的、情緒的、社會的等發展階段，再依不同階段的發展任務設計班級團輔的內容，此即所謂的「發展性輔導」（developmental guidance）或發展性諮商（developmental counseling）。例如：高中或大學生階段的發展任務之一是準備將來為人父母，故學校班級團輔的課程即需安排親職教育的單元；國中或高中生階段的發展任務之一是兩性的認識與互動，故學校班級團輔的課程即需安排兩性教育的單元。小學生階段處在身心發展過程的啟始期，可塑性大，好的開始是成功的一半，故發展任務應重視積極的輔導其身心全面的健全發展，強調預防發展的遲緩或障礙，而非治療性的輔導業務。與發展性輔導、諮商相對的，則是立即治療的「適應或危機諮商」（adjustment or crisis counseling）。

發展性輔導的歷史，從1955年至今，其主要代表人物及其著作如下：

W. Little L. Chapman（1955），中學的發展性輔導。

H. J. Peters與G. F. Farwell（1967），輔導：一個發展的途徑。

R. H. Mathewson（1962），輔導政策和實施。

黃月霞（1989）曾提及從70年代迄今，以發展性輔導為理論基礎的情感教育已成為美國學校教育的主流。學校輔導近年來的發展趨勢是以發展性輔導為取向。

二、發展性輔導的實施

(一)對象：每個個體均面對成長與發展的課題，故發展性輔導的對象是全體學生。

(二)功能：具教育性、預防性，且兼具治療性。

(三)目標：是兒童積極、正向的成長，包括：

1.認識及瞭解自己。

2.產生自我接納及自我價值感。

3.學會應對發展任務的方法。

4.增進自我指導能力。

5.獲得更好的做決定能力。

6.獲得解決問題的技巧。

7.發展對他人需求的敏覺力。

8.更能覺察人己關係。

9.更能對自己負責。

(四)內容：具綜合性，包括：感覺與情緒、人際關係、作決定、問題解決、價值澄清、溝通技巧、學習方法、生涯覺知等。

(五)特點：重視個別差異、運用發展性資料、瞭解個體發展的速度，及其在同輩團體中的情感。

(六)實施人員：學校諮商員、家長、教師、其他輔導人員、及學校行政人員等一起合作。

三、發展性輔導與班級團輔的關係

兩者在實施的對象、教學者、功能、目標、內容上大致相同。且發展性輔導方案有許多的實施方式，其中最直接、便利、有效的方式即是透過班級團體輔導，以全體學生為對象，設計滿足一般學生發展需求的課題，實施各種輔導活動。故發展性輔導可做為班級團體輔導活動的理論基礎，即班級團體輔導活動課可依發展性輔導的理論、內容，設計課程、教材、及教學方法。

貳・心理學教育

一、何謂心理學教育

心理學的內容包括個體身心發展、學習心理、諮商心理、心理衛生……，具備這些知識，可助益個人的生活適應。例如：具備兒童發展的知識，有助益高中或大學生備為人父及人母；具備同理心的技巧，有助益個人的人際溝通能力；具備「理性情緒教育」的知識，有助益個人的情緒管理能力，強化個人的EQ；具備心理衛生的知識，可增加個人的壓力免疫力，及預防心理疾病的產生……。

心理學的教育（Psychological education）是有計畫的在班級教導學生

心理學的知識，其稱為「教育」，表示其目標是發展性與預防性，而非治療性。其實施者為諮商員，對象是班級團體的一般學生。心理學的教育如情意的、發展的、融合的（confluent）、開放的、人本的教育，均以學生個人的發展為目的。Ralph Mosher（1975）認為學校諮商員除了扮演(1)提供諮商服務；(2)協助教師應用心理輔導原則到班級經營和教學上；亦扮演(3)在教室教授心理學的角色。

二、心理學教育與班級團輔的關係

兩者均以全班學生為對象；均由教師或諮商員實施；其功能均是發展性與預防性，而非治療性。班級團體的目的亦在提供學生發展的、個人的、社會的、學習的等方面的資訊，以促進學生的自我瞭解、成長與發展、及預防問題行為的產生，故心理學教育可做為班級團輔活動的理論基礎。即班級團體輔導活動課可依心理學教育的理論、內容，設計課程、教材、及教學方法。

參・情意教育

一、何謂情意教育

情意教育（affective education）指的是感覺與情緒的教育。學校教育重認知而輕情意，中今中外皆然。主要原因是情意教育較之認知的教學更為複雜、更高難度、更難實施、且更難評估成效，使得情意教育在教育領域中，長期以來處於未受重視的地位。

隨著社會上層出不窮的情感偏差行為，許多心理學家愈來愈重視「情緒智商」的重要性，相信「理性認知知識；感性引導理性」。《EQ》（情緒智商）一書的作者丹尼爾・高曼（Daniel Goleman）即認為人生的成就至多只有20%歸諸IQ（智力商數），80%則受其他因素的影響，其中EQ的確很重要，甚至比IQ還重要。IQ已有近百年的歷史，EQ卻是很新的觀念。經驗與教育對IQ的提高效果有限，然EQ卻可透過學習而改善（張美惠譯，1996）。

隨著心理學對情緒所做的科學性研究，增加了大眾對情緒的瞭解。在輔導上，情緒教育的功能在初級預防，目的在促進學生的自我瞭解、人際技巧、情緒成熟、預防問題行為的發生。美國近三十年來（自1970年代以來），各級學校紛紛提倡情意教育，設計課程並驗證其成效，有關文獻可參閱張美惠所譯（1996），高曼原著《EQ》一書的第十六章——情緒教育。國內也受高曼的《EQ》一書的影響，許多學者專家紛紛設計「EQ訓練營」，提倡情緒教育。

黃月霞（1989）認為，情意教育可分為廣義與狹義兩種界定。廣義的情意教育包括：溝通技巧、價值澄清、情緒教育、作決定等內容的訓練。狹義的情意教育則主要以「感覺—情緒教育」為主，包括：瞭解並接受自己、瞭解自己與他人的關係、感覺與情緒等的訓練。黃氏曾設計的一個「感覺與情緒教育課程」，其內容包括：認識感覺與情緒；討論感覺與情緒的表達方法；探討引發正、負向感覺的事件；我的感覺……，寫作活動；探討人際關係處理方法；探討自我特質活動；學習正向回饋等活動。

二、情意教育與班級團輔的關係

學校實施情意教育可從三方面著手，一是融入各科教學中實施（融合教育）；二是短期訓練營，實施二至三天的短期訓練課程（如EQ訓練營）；三是長期的設科授課。三者中當然最理想的方式是在學校設置「情意教育」課程，排定時間進行教學。

情意教育與班級團輔，兩者均以全班學生為教育對象；均由教師或諮商員實施；其功能均是預防性與發展性，而非治療性。班級團輔的目的亦在教育學生瞭解情緒、管理情緒、自我瞭解、人際關係的處理，於是許多學者主張透過班級團輔課實施「情意教育」。故「情意教育」可做為班級團體輔導的理論基礎，即班級團體輔導活動課可依據情意教育的理論、內容，設計課程、教材、及教學方法。

第三節　班級團輔的實施

壹・班級團輔的目標

Stone與Bradley（1994）曾列舉班級團體輔導活動的一般目標（goals）及具體目標（objectives）如下：

一、發展自我瞭解

1.學生將發展對不同情感的覺知。

2.學生將探索表達情感的適當時機和方式。

3.學生將瞭解自己的優、缺點。

4.學生將探索個體間特徵的異同。

5.學生將發展對不同文化的瞭解及欣賞。

二、發展人際技巧

1.學生將能從友誼與其生活的關係中去界定友誼。

2.學生瞭解如何結交朋友及維持友誼。

3.學生瞭解他人的價值、尊嚴，而不管其年齡、性別或文化。

4.學生將發展尊重他人的權利。

5.學生將瞭解溝通在與他人和睦共處中所扮演的角色。

三、發展做決定和問題解決的技巧

1.學生將認識做決定在其生活中的重要性。

2.學生將發展確認問題的技巧。

3.學生將發展分析問題的技巧。

4.學生將瞭解做明智的選擇的技巧。

5.學生將瞭解做生活中的決定的順序。

四、發展對教育歷程的欣賞

1.學生將瞭解教育成本及資金來源。

2.學生瞭解本校的組織結構。

3.學生將學到教育如何幫助他們成為更好及更具生產性的公民。

4.學生將瞭解在教育過程中教師、諮商員、行政人員及其他人的角色。

5.學生將發展對教育過程正向的態度。

五、發展對工作世界的覺知

1.學生將探索從工作中獲自我滿足。

2.學生將增加對其社區和地區的職業的知識。

3.學生將學到受教育和工作成就的關係。

4.學生將學到如何使用休閒時間。

5.學生將學到尊重各行各業的價值。

六、發展學習技巧

1.學生將學得生產性的學習技巧。

2.學生瞭解學習需要聽從指示。

3.學生將學到如何安排其學習時間。

4.學生將學會應試技巧。

5.學生將學到如何透過放鬆技術減低焦慮。

七、提供學生合適的個人的、社會的、教育的、和生涯的資訊

1.提供學生升學的資訊。

2.提供學生社會的資訊，以增加他們對藥物濫用、AIDS、不良功能家庭等社會議題的瞭解。

3.提供學生教育的資訊，以瞭解如學習態度和學業成就的關係。

4.提供學生生涯的資訊。

Rye與Sparks（1991）認為教室輔導（Classroom guidance）的目標如下：(1)協助學生經驗個人的成長；(2)學習問題解決及做決定的技巧；(3)獲得更好的讀書技巧；(4)職業的及教育的機會的覺知。

貳·班級團體輔導課程的實施方式

班級團體輔導活動課程的實施方式不外乎(1)融合式：即採融入各科教學或班會中；(2)訓練式：即採課程集中的訓練營方式；(3)科目式：即採設定正式課程實施教學，以下茲介紹這些實施的方式。

一、融合式

(一)融入各科教學

把輔導目標融入課程的各科目中，典型的即是「融合教育」（confluent education）的方式。所謂融合教育是科目的學習要重視學生在認知和情感兩方面的統整或合流，即教師除了重視學生在某一學科單元的知識方面的學習成果（認知方面）；同時也重視學生在此一單元所獲得的個人的心得與感想（情意方面）。

例如：歷史課教到哥倫布發現新大陸的單元，教師不只重視評量學生對此歷史事實的記憶（認知學習），也要啟發每一學生去思考如下的問題：有關我自己，我發現了什麼？人類尋求未知的原因？美國白人和印地安人對此事件的感受有何異同？等，使學生從客觀事實中創造個人的意義（情意學習）（Brown, 1971）。

又如：在小學六年級上學期，國立編譯館所編的國語課本第五課「模仿貓」這一單元，教師不只重視學生對課文內容的理解、故事的重述；生字、生詞和造句的學習（認知學習），也要啟發每一學生去思考一些個人情感的問題，如：(1)你曾羨慕別人嗎？在哪些方面？羨慕的感覺是怎樣？(2)想想自己的長處，至少列出五項？(3)每人想小組同學的優點三項，從互相回饋的活動中，增加學生的自信心及學習去看別人的優點（情意學習）。

國內民國64年公布實施的「國小輔導活動實施要領」規定：「國小輔導活動的實施不另訂科目、無固定時間，以配合各科教學及各種教育活動中實施班級團體輔導」，及在民國82年公布的國小輔導活動課程標準中規定：「輔導活動的實施，一、二年級不另訂時間，可利用導師時間及相關教育活動隨機輔導，並與各科教學密切配合」。即採輔導融入各科教學中實施。其融入方式可由教育當局設計編製「國民小學輔導活動教師手冊」及「國民小學輔導活動配合各科教學參考資料」提供教師參考選用。例如：教師教到國語科任何一課，即可在輔導活動配合國語科教學參考資料中找到配合該課的班級團體輔導活動單元，按單元活動進行，教師可達成統整認知與情意教學的目標。

(二)融入班級會議

學生在班會時間，除了學習民主社會的議事規則，也可利用此全班聚會的時間或導師時間，集思廣益，讓學生討論如何解決一些非關課業的，而是日常生活所面對的問題。例如：討論如何提高本班的讀書風氣；有效的讀書方法；如何解決一些班級常規的問題等。除了可利用正式班會時間進行班級團體輔導活動，當班上遇到特別的事件需處理時，也可為此臨時突發事件，召開臨時的班級會議，討論解決問題的方法，以教導學生問題解決的方法。

Glasser特別建議開放性會議（open-ended meetings），其功能：(1)可培養學生思考與解決問題的能力，使學生覺得自己有能力控制自己的生活；(2)學生均有發表意見機會，培養自我價值感；(3)可使學生在發表意見中建立信心；(4)建立師生共融的人際關係（Hawes 1969）。

開放性會議討論的主題包括：(1)專題討論：如討論工作或遊戲孰重？遊戲時可學到什麼？(2)偶發事件如何處理的討論。

1.利用班會時間進行班級團體輔導的例子

下課時，王生和李生在教室後面排隊玩遊戲，突然兩人相互推撞，扭打起來，結果還打到另一位無辜的女生。教師問：「到底發生了什麼事？」同學們七嘴八舌的回答。教師說：「我想這件事我們最好移到第四節的班會時間討論。」結果，在班會的最後二十分鐘討論。教師說：「我們來儘可能回憶一下早上王生和李生所發生的事，我們請他們兩人再表演一下」，或請其他同學角色扮演早上所發生的事情。表演完畢後，教師問全班同學：「你們對他們的行為有何感想？」於是全班同學開始討論：這件事該如何處理？哪一種方式最有價值？發生這件事的結果？以後要如何預防等？教師最後請王、李兩位學生陳述個人的感想。王生說：「我當時太衝動了，事後想想真後悔，我想以後玩遊戲時，我一定會遵守排隊規則了。」教師結論說：「我們已討論出結果來，也知道了許多方法來處理以後發生的類似情形。」討論的目標往往是如何解決問題，而非如何處罰過錯行為。此種開放性會議的使用，可以補充學科教學的不足，刺激學生思考和反應，也可鼓勵學生學會負責的行為。（Hawes, 1969）

2.偶發事件立即召開班級會議討論處理的例子

上課時，大年捶打小英的粗野動作，引起了眾多同學的不滿。老師看大年打人還怒容滿面，一臉不知悔改的樣子，只好暫停上課來處理。教師利用角色扮演法：(1)請兩位同學演出剛才的「毆打記」，請演大年及小英的同學說出對大年的動作的感想？其他同學的感想？(2)亦可用「角色互換法」，請小英演大年、大年演小英，讓大年體會被毆的滋味？(3)教師請同學用「示範法」表演兩人打架前理想的相處方法（東門國小，1986）。

此外，有些教師在班上設立「班級信箱」，鼓勵小朋友將任何問題寫出來，可用匿名方式投入信箱。教師可以利用班級會議時間，引導小朋友討論：

「遇到這種問題的感覺？我的類似經驗？要如何解決？」

如此，不但可集思廣益解決同學的問題，也可培養同學解決問題的能力。

二、訓練式

雖然實施情意教育的班級輔導活動課程的重要性為許多專家學者、教師、家長的共識，唯在學校學生學習的科目眾多的情況下，再多設立情緒教育課程，一般人會認為等於是加重學生的課業負擔，也不易找到排課的時間，故難免遭受一些阻力，此時可採行利用學生的課餘時間，如週休二日、寒暑假等，舉辦「情緒教育訓練營」，用「密集」訓練的研習營方式進行，時間約二天、三天，甚至達一週，此外，亦可用「分散」訓練的研習方式，固定每週聚會一次，集會十次左右的課程，期間約二至三個月。

國內目前在一些兒童教育及輔導機構，經常性提供「兒童EQ訓練營」，利用大團體方式（20人以上），訓練學生的情緒管理能力。

情緒教育訓練需要良好的課程設計，國內也有不少輔導人員已從事國民中、小學情緒教育的課程設計與短期訓練式的教學實驗（歐滄和，1982；吳麗娟，1994；朱森楠，1984；黃月霞，1989），其主題包括：價值澄清教育、合理情緒教育（REE）、及感覺情緒教育等。

三、科目式

(一)班級團體輔導課的歷史

班級團體輔導的實施，最可能確實執行的一種方式是「設科授課」，由安排固定的上課時間，設計特定的情意課程實施，最能達到全面性的效果。

在國中方面，民國57年設立國民中學時，即設置「輔導活動科」，每週授課一小時，可謂有計畫的在國中實施班級團體輔導。唯採此方式的立意雖佳，但由於大環境升學主義盛行，此科目不考試，易受親、師、生忽略，導致不少教師把此科目的上課時間移作他用；另任課的班級導師大多欠缺實施團體輔導的素養，致使國中的輔導活動課未能落實，成效備受質疑。

在國小方面，民國82年修訂的課程標準中，和國中一樣，把輔導活動列為小學三至六（中，高）年級的正式課程（一、二年級除外），規定各班級「設科授課」，自85學年度開始實施，其重要規定如下：

1.每週一節40鐘，可與團體活動課配合，隔週連排兩節。

2.由級任導師或輔導教師擔任教學。

3.無正式教科書，有教師手冊和學生手冊。

4.以活動方式進行。

5.不考試、不評等第。

6.使用形成性評量及教師評語。

民國九十年起實施國民中小學九年一貫課程，共包含七大領域：語文、健康與體育、社會、藝術與人文、自然與生活科技、數學、綜合活動。綜合活動含括童軍活動、輔導活動、團體活動、及運用校內外資源獨立設計之學習活動，分為四大主題軸：認識自我、經營生活、參與社會、保護自我與環境。故班級團體輔導課程是透過綜合活動課實施。授課教師除輔導、童軍師資外，任何教師均可教授本科目。評量是過程導向重於結果導向，以紀錄、作品等多元的方式評量，不評以分數或等第。在此種情況下，表面上似乎「輔導活動科」又消失了，但實質上教師仍可設計輔導活動單元進行班級團體輔導。

(二)班級團體輔導課的實施

1.決定各週單元的主題：首先教師要考慮學生的發展水準和輔導需求，決定本學期各週單元的主題。這些主題可以是依教師手冊或學生手冊所訂的主題；或教師先調查學生的輔導需求，如可在開學時，請學生列舉最關心的三件事，歸納出學生的輔導需求，再依學生最關心的輔導需求，決定本學期各週單元的主題。

2.確定各主題的學習目標：學習目標應具體明確，方便做為活動的指標，及評估班級團體輔導課成效的標準。

3.活動方式的設計：團體輔導有別於團體教學。一般班級團體輔導課的上課方式常採活動方式進行，儘量讓學生參與、融入活動當中。少採取講述教學法，多採取學生能參與活動的討論法；及從實際體驗中學習的角色扮演、參觀訪問等。

4.場地的布置：班級團體輔導課是強調「活動」，上課方式當然需講究採各種活動方式讓學生多多參與，因此在教室情境的布置上需多費心思，教師應多變化班級座位形式。Myrick（1993）曾提出一些不同的座位安排方式：(1)第一種是傳統「排排坐」，此方式適合演講式的上課情境，不便於兒童的彼此溝通，若採團體討論法上課，則此座位安排方式並不適當；(2)第二種是全班圍成一圓圈，此方式方便同學間眼神接觸，促進彼此溝通，唯當人數過多時（超過30人以上），成員間的距離太遙遠，使成員感受不到同在一團體中；(3)第三種方式是全班圍成雙圈，此方式成員間的距離拉近，唯內圈兒童較能投入，而外圈同學較易受到忽視；(4)第四種方式是全班圍成一半圓形，此方式能增加成員彼此的互動；(5)第五種方式是全班分成五或六個討論小組、每小組人數約6～8人，此種方式實施時最方便可行，故在班級團體輔導課廣為使用，但為增進組間也能有溝通機會，小組成員應時常更換。（廖鳳池等，1997）

5.輔導活動的進行：教師按預先設計的活動展開班級的團體輔導。教師在活動進行中，從旁引導、鼓勵每位學生參與各種活動。當活動有偏離主題的現象，教師宜從旁導正。教師宜以鼓勵替代強迫、訓誡沉默不開口的學生。

6.教師綜合與歸納：每個班級團體輔導單元的設計，均有其目的，教師在活動結束後，應做綜合及歸納的工作，讓每位學生真正的瞭解活動的目的，確保他們能從活動中獲益。此項工作關係著團體輔導的成效，故不可省略。

第四節　班級團體輔導課的教學方法

班級團體輔導課所採用的教學方法和一般學科的教學方法有些不同。吳武典（1981）認為國小團體輔導活動實施的方式有：說故事、演講式、歌唱式、繪畫式、參觀訪問式、討論式、測驗式、遊戲式、工作式、聯想式、角色扮演式、團體諮商式等。洪有義（1985）指出國小實施團體輔導，可採用的方式：(1)團體討論，包括六六討論法、配對討論法等；(2)角色扮演法；(3)腦力激盪法；(4)專題演講法；(5)價值澄清法等。總之，班級團體輔導活動課往往透過設計各種活動如：角色扮演、演劇、故事討論、團體討論、參觀訪問、競賽、郊遊、烤肉、鬆弛訓練、價值澄清、身體活動、實際體驗、慶生會……方式，以達成輔導的目標。以下茲介紹在國內各學校較廣為應用的一些方法。

壹・團體講述法

講述法又稱演講法、直接教學法，是教學者有效率的、有系統的、直接的介紹教材的方法。當學生需要學習新概念時，此法最適於用來有系統的教導學生新的資訊。唯此種教導式的方法，學生往往是處於被動聽課的角色甚於主動參與、表達意見的角色。

例如：諮商員教導學生管理情緒的「理性情緒教育（Rational Emotive Education簡稱REE）」課程，以演講法對全班同學介紹事件、想法、和情緒三者間的關係，並舉實例說明，且讓學生回家書寫作業等的教學方式。詳細內容可參閱吳麗娟（1994）所著《讓我們更快樂——理性情緒教育課程》，心理出版社出版。

又如：教師或輔導人員，以演講法向班級學生介紹兩性交往的原則與例子。

貳．團體討論法

團體的討論法是透過團體成員間的口語互動，達成彼此意見、思想、經驗、資訊、感受等的相互交流。在團體輔導活動中採用此法，可達下列目標：

1.學生主動融入團體中。

2.學生學會表達自己的觀點、態度和情感。

3.學生瞭解及尊重別人的觀點。

4.學生學會認知問題的多元性，養成彈性化人格。

5.學生在彼此相互回饋中增進情誼。

6.學生在意見交流中自我瞭解及相互瞭解。

7.學生學會彼此相互支持、分享、建議及合作。

8.學生學會做決定。

9.學生學會如何解決問題。

10.學生學會如何與人協調溝通。

常用於團體討論的方法如下：

一、六六討論法

首先教師選擇一個大家所熟悉的題目，做為小組討論的主題。以六個人為一組，將全班分為若干組。每一小組圍成一圈，並選出一位組長主持小組的討論。討論過程：(1)討論前大家先思考1分鐘；(2)每位成員依次發言1分鐘；(3)各組組長綜合小組討論的意見，並代表小組報告討論的結果；(4)教師綜合各小組討論的結果，做成結論。

例如：東門國小（1988）曾以「快樂成功的人」為討論主題，教師先講述鄭豐喜的故事，再讓大家以六六討論法討論下列題目：

・鄭先生有哪些值得大家效法的地方？

・故事給我們什麼啟示？

・舉日常生活的例子，說明樂觀進取與悲觀消極的人有何差別？

討論時，各小組所討論的主題可以相同；也可以把不同題目分配給不同小組討論。

實施此法的優點：(1)每人均有發言的機會，可以訓練每位學生的思考及表達能力；(2)可避免少數成員壟斷發言，妨礙其他成員的發言機會及時間。缺點則是只有1分鐘發言時間，太過匆促，難以暢所欲言。故若時間許可，可改為規定每位成員發言2分鐘或3分鐘。

二、配對討論法

又稱二、四、八討論法。教師首先選擇一個適當的討論主題。例如：讓各組學生討論：(1)受歡迎的朋友的行為特質；(2)不受歡迎的朋友的行為特質；(3)教育當局及專家學者反對體罰的原因；(4)許多教師贊成適度體罰的理由。繼以8人為一組，把全班分為若干組。開始討論時，8人組中先形成2人為一組，討論獲致協議；再由4人為一組，討論獲致協議；最後由8人為一組，討論獲致協議。於是各8人組提出他們討論的結果，教師再綜合做最後的結論。

此方式的優點：(1)每人均有機會充分的表達意見；(2)各組經由三次協議所獲得的意見，必定是深思熟慮的結果，提升了思考的品質；(3)學生在討論過程中，學會溝通與協調；(4)學生亦學會遇到問題時逆向思考，學會站在他人的立場理解問題的不同層面。

三、腦力激盪法

此法又稱「腦轟法」（brain storming），是集合一組人，對一特定事件或問題，集思廣益，想出最上策的觀念或解決方案，包括五原則：(1)輕鬆自由：團體中無上司，營造毫無壓力、輕鬆自由的團體討論氣氛；(2)延緩批判：成員對他人的意見持保留態度，不可加以批評；(3)新奇獨特：意見愈新奇、愈獨特愈好；(4)量中生質：想出的點子愈多，產生好主意的機會愈大；(5)搭乘便車：可以從別人的意見中加以聯想、綜合、改進，而產生新觀念。

此法的實施過程：(1)選擇一個待解的問題進行集思廣益，如：「怎樣做一個現代孝子」；(2)以約6～8人為一組，把全班分為若干組；(3)每組選一主席及紀錄來主持會議和綜合記錄大家的意見；(4)各組運用上述五原則進行腦力激盪活動；(5)教師綜合各組討論出的意見，並請全班以表決方式來評估決定解決問題的上策意見。

此法的優點：(1)培養學生的創造思考能力；(2)培養學生的問題解決能力；(3)培養學生應用民主社會集思廣益的方法，進行決策的過程。

四、座談法

教師選擇一個大家關心的主題做為討論的題目，全班圍成一圈，方便面對面的直接溝通。討論開始時，教師先說明主題，請「引言人」來引導大家討論的方向，再請大家依不同的立場或觀點發表意見。最後再綜合、歸納大家的意見。在引言方面，教師事先安排幾位對該主題有較深入認識的同學當「引言人」，對該主題先蒐集資料，深入瞭解後，在會議中對討論問題的來龍去脈做一番說明，引起同學對討論主題的瞭解，再表達意見。

例如：以「班級勞動服務」為主題，學生對是否實施及如何實施班級勞動服務進行討論。又如：台灣社會傾刻正流行一種「鋼管秀」，它是穿著清涼的歌舞女郎在Pub扶著舞台中央的鋼管，騷首弄姿、大跳艷舞。遂以「啟智學校校長為娛樂學生，變裝大跳鋼管秀，是正教育或反教育」為主題，讓學生座談，表達意見。此方式的優點：(1)對一個大家關心的主題，做公開討論的機會；(2)每一學生可充分表達意見；(3)可以聽取各方意見，瞭解問題的多元性；(4)能尊重自己、也尊重別人，學會民主社會的溝通方式。

教師對將在班上實施的重大決策，若能借助於座談會，事前徵詢大家的意見，再決定是否及如何實施，一定可以順利的推展，故此方式是教師民主式領導的有效方法。

五、辯論法

就引起大家爭論的主題，把班上分為正反兩面不同意見的兩組，各推派代表進行公開辯論。主題可以是社會的重大議題，如：「可不可以實施安樂死」；也可以是學校的爭論焦點，如：「本校是否訂製制服」、「國中是否實施能力分班」等。辯論的功能：(1)學生瞭解社會上的很多問題，沒有絕對的對與錯，也無絕對的答案；(2)學生對某一爭議性問題能做深入探討；(3)培養學生縝密的思考；(4)學生學習以理服人；(5)培養學生明晰的表達能力。

辯論法可分為正式與非正式兩種方式。正式的辯論法較為複雜（如奧瑞岡式辯論法），較適用於兩個班級或兩大團體間的對壘，筆者不擬加以著墨，有興趣的讀者可自行參閱有關辯論法的書籍。以下玆介紹方便在班級團體輔導課實施的非正式辯論法。

此法的實施過程：(1)教師選擇一個爭議性題目（或請學生討論、決定），做為辯論的主題；(2)選出三位評審；(3)將贊成與反對的正反意見分為兩組；(4)各組推派三位代表參加辯論；(5)兩組依抽籤決定發言先後；(6)兩組三位代表交叉依序「申論」3分鐘，接受對方「質詢」3次，每次的「答辯」時間1分鐘；(7)依抽籤先後，每組各派一代表做1分鐘結論；(8)評審講評及決定勝負；(9)教師就辯論題目、兩組觀點及表現，做綜合性講評。

教師實施辯論法時宜注意下列事項：(1)選擇具爭議性的話題，雙方意見平分秋色，避免一面倒的情況；(2)宜有前置作業。教師在前一週的課堂上就公布辯論題目，說明比賽規則，選出評審，把全班分為正反方兩組並選出辯論代表，鼓勵兩組代表事前蒐集資料、準備講稿。事前周詳的準備，可使隔週的辯論會熱烈、成功；(3)教導學生辯論時應對事不對人，不可做人身的攻擊；(4)教師在講評時，應特別說明勝負結果只代表勝方在立論、技巧及台風上較佳，而並非代表他們的觀點就是辯論題目的正確答案，此點說明非常重要，以免誤導了學生。

參·故事討論法

日常生活中的錄音帶、錄影帶、電視、報紙、雜誌、書籍等大眾傳播媒體，常報導許多真人實事，教師可依輔導目標，從所報導的事件中，選擇具有教育意義的故事，做為教材，激發兒童討論。透過此真實故事中的情境與事件，兒童在討論的過程中，很自然的表達出內心真實的反應，於是教師可瞭解學生的內在世界，並隨時啟發其正確的觀念及行為。若情境故事的主題是有關問題如何解決，則可培養學生解決問題的能力。

做為教材的故事內容，一般應具下列特徵：

1.內容是與小學生日常生活有關的、有趣的、或爭論的故事。

2.以兒童的故事或兒童所瞭解的內容為主題。

3.內容能呈現兩種價值或信念間的衝突。

4.內容具開放性，允許兒童提出不同的觀點。

5.故事並無絕對的對或錯的答案。

一、短篇故事討論

現舉故事討論的活動如表16-1、表16-2。

二、未完成故事討論

亦可安排「未完成故事」的方式，讓兒童討論（亦可請兒童角色扮演）如何解決個人的或社會的衝突議題。

例如：小黑是國小五年級學生，週六早上媽媽告訴他，她正和醫生約好週日下午要去診所看病，請他在家看顧兩個妹妹。可是小黑所參加的學校棒球隊預定週日下午要練習，他是擔任投手……。

此篇小故事呈現一衝突情境，及急需思考解決的辦法。請同學從完成故事的討論中，學習如何解決問題。

表16-1　短篇故事討論活動

一、適用對象：小學一至六年級。
二、活動目的：幫助兒童瞭解在許多時候必須學會等待，他們想要的不見得都能實現，而且當他們有話要說時四周圍的人往往不見得都能傾聽。
三、情境故事：放學後，小英跑著回家，她剛拿到她的算術月考考卷，上面寫著大大的一百分，老師還在旁邊寫著「優」。小英拿著考卷衝進家門，並且高聲叫著：「媽！」沒料到小英的媽媽對著她說：「小英，你可不可以安靜點，難道你不能安安靜靜的進家門，非得這樣吵鬧不可？」然後就轉身進廚房，準備晚餐。小英放下書包，又跑進廚房說：「媽！」「拜託！小英，難道你沒有看到我在忙嗎？快點去寫功課！」媽媽很不耐煩的這樣對小英說，小英轉身就走進她自己的房間。
四、討論問題：1.你認為小英會有怎樣的感覺？ 2.你認為小英應該怎麼做？
五、其他建議：1.讓兒童說出自己與小英相似的經驗。 2.可讓兒童角色扮演。 3.讓兒童寫一類似的故事。

（取自洪文惠，1986）

表16-2　短篇故事討論活動

一、適用對象：國小一至六年級
二、活動目的：1.協助兒童瞭解爭吵不但於事無補，只會讓事情更糟。
　　　　　　　2.教導兒童學會如何解決紛爭。
三、情境故事：小龍、小虎放學回家後，兩人爭看自己喜歡的卡通節目，大小聲的吵來吵去，把電視開關轉來轉去，結果把開關給弄壞了，於是誰也沒得到好處。媽媽下班回家知道這件事後，大發雷霆，處罰兩人一週都不可以看電視。
四、問題討論：1.爭吵會發生什麼事？
　　　　　　　2.當兩人爭同一樣事物時，該怎麼辦？
　　　　　　　3.你與人爭吵過嗎？如何處理的？結果如何？該如何處理會較好？

三、影片故事討論

許多電影的故事發人省思，教師以之作為團體輔導的教材，常可達「寓教於樂」的目的，一舉兩得。

其實施過程：(1)教師依輔導目標，選擇適當的影片內容；(2)影片欣賞；(3)教師提出討論問題，啟發學生的思考，達成輔導的目標。

有關輔導主題及適當的影片舉例如下：

兄弟競爭及自我認同問題：埃及王子（卡通）

親子關係衝突及精神疾病：鋼琴師、潮浪王子、美麗境界

生命教育：綠色奇蹟

認識自閉症及生命教育：雨人、執愛

肆．團體分享法

人是社會的動物，透過團體的聚會，針對大家共同面對的問題，彼此交換經驗、相互支持、分享苦樂、提供建議，使團體產生歸屬感和凝聚力，有助益個人的成長和發展。

此法實施時，全體成員圍成一圈，可拉近彼此的距離，並方便視線的交流。教師先示範如何傾聽及分享個人的經驗，然後引導同學針對主題進行分享。團體分享的主題是學生目前所面對的個人的、社會的，或情緒的等方面的成長與發展的問題。

團體分享的目的：(1)促進學生對自己及他人的情感、思想、和行為

的覺知、瞭解與接納，並學習如何適當的表達個人的思想、情感和行為。分享主題如：「我害怕的一些事情」；(2)增進個人的自信心。分享主題如：「我感到驕傲的一些事」；(3)學習社會互動技巧，發展良好的人際關係。分享主題如：「別人讓我感到窩心的一些事」、「我所做讓別人微笑的一些事」、「我的十大夢想」、「我喜歡做的十件事」、「我的喜好（興趣、嗜好）」。

此法的注意事項：(1)所選擇的主題是大家均經驗過，且有一些事可以分享的；(2)教師和同學對別人的情感非評估的接納是很重要的；(3)教師創造一熱絡、接納的團體氣氛，激發同學的主動參與分享。

此外，教師進行團體分享法時，亦可利用下列媒介來進行。

1.配合「語句完成」的活動，教師可利用標準格式的「語句完成測驗」（請參閱表5-8），或依思分享的主題自己設計題目，題目多少不拘。請學生依表上的題目填寫完成句子，然後逐題或選題請成員分享他們所填寫完成的句子的內容。

2.圖片的使用：圖片來自書籍、雜誌、報紙等，以和兒童日常生活有關的事情為主題，如：在遊樂場，和同輩一起遊玩、和祖父母在一起、和父母在一起的活動……。圖片做為刺激兒童想像的媒介，類似「投射測驗」的功能，可鼓勵兒童藉著圖片，把內心所面對的威脅、焦慮的問題描述出來，故具有診斷和治療功能。實施時，教師秀出圖片給團體成員看，請他們依圖片所見，編造一個故事。說故事時請包括：(1)圖中是何人？(2)發生在何地？(3)發生了何事？(4)他們的想法和情緒如何？(5)故事的結局如何？

伍．參觀訪問法

俗語說：「百聞不如一見」，學校所安排的各項生活、學習、與生涯輔導等活動，除了呈現理論的教材，如也能安排實地參訪，透過真實情境的實地瞭解與體驗，成效必定事半功倍。

在「個人成長與發展」「生命教育」的輔導課題上，可安排參訪幼稚園，瞭解幼兒的認知、行為的發展；參訪啟智院，瞭解特殊兒童的心理與教育方式；參訪育幼院，瞭解家庭對個人成長的重要性；參訪少年觀護所、煙毒勒戒所，瞭解青少年的犯罪行為及其處遇方式；參訪精神病院，瞭解人類的變態行為；參訪老人院，瞭解人類的老化、老年心理、及老人生活等問題。在學習輔導的課題上，可安排參訪國中、高中、或大學。在生涯輔導的課題上，可安排參訪工廠、商店、職業輔導機構，瞭解各行各業的工作條件、資格等。另亦可參訪「張老師」、「生命線」等社會輔導機構，瞭解如何尋求協助。

在參訪前，教師宜設計「學習單」，引導學生參觀的重點及訪問的內容。參訪後，要請學生寫心得報告，激勵學生對所參訪單位的問題加以思考，及表達個人的感想，教師並加以輔導。

陸・價值澄清法

一、定義

何謂「價值」，它是個人對某特定事物的重視或需求的程度，也是個人行為的偏好模式。因此，透過個人價值觀，可瞭解他對特定事物的態度、信念、喜好或行為。現在的學生，處在一個民主化、多元化、價值分歧的社會，學校需輔導他們建立自己的價值觀，瞭解，尊重別人的價值觀，確定未來人生的理想、抱負、目標、及學習做各種決定，以適應此瞬息萬變的社會。

所謂的「價值澄清法」（values clarification），是以事先設計的活動來教導學生一些審慎思考的技巧，引導學生對自己的信念、情感、行為作自我分析、自我反省，使學生能釐清自己的價值觀；勇於表達自己的信念；邏輯的思考；尊重別人的意見；善於自我反省。於是學生學到價值形成的過程，而非教給他們現成的價值觀；使他們在價值混淆的社會中，能明智的選擇適合個人的人生目標，而不再需別人來代替做決定。我國的道德教育，傳統方式是以灌輸一般價值為主，是「由外塑造」，價值澄清法則強調教導學生建立價值觀的過程，是「由內啟發」（歐滄和，1982）。

價值澄清法是由美國的L. E. Raths於1957年在美國的紐約大學首創。

1966年，L. E. Raths，M. Harmin和S. B. Simon三人合著《價值與教學》一書（Values and Teaching），介紹價值澄清法的理論與方法，備受矚目，此書遂成為價值澄清的經典之作。此法除了應用在道德教學上，亦適用於情意教學上，故將價值澄清法應用到班級團體輔導課中，已獲相當的青睞。以下茲簡介其理論與方法。

二、價值形成的過程

在談到價值澄清教學之前，得先瞭解價值形成的過程，方便教師輔導學生依這些過程形成個人的價值觀。Raths和Simon將價值形成的過程分為三階段、七規準。此外，教師可依此三階段、七規準，以問題引導學生對自己的信念及行為做深入的探索（黃月霞，1989）。

(一)珍視：1.讚許與珍視

(1)它對你很重要嗎？

(2)當你討論到它時，是否引以為榮呢？

2.在適當時機公開肯定

(1)你喜歡與人分享它嗎？

(2)你願意跟誰談它嗎？

(二)選擇：3.在眾多選項中做選擇

(1)你已考慮各種可選擇的項目嗎？

(2)在你決定之前，你考慮了多久？

4.在考慮各種結果後才做選擇

(1)你最喜歡的項目為何？

(2)若每個人都支持你的信念，你會感到怎樣？

5.自由地選擇

(1)那真的是你的選擇嗎？

(2)為何你第一個選擇它，理由何在？

(三)行動：6.採取行動

(1)你願嘗試將它付諸行動嗎？

(2)採取行動的下一步是什麼？

7.一致且重複的行動

(1)那就是典型的你嗎？

(2)你願意重複表現此一行動嗎？

在價值澄清教學中，教師透過珍視階段，讓學生瞭解自己重視的是什麼？透過選擇階段，讓學生學會分析、比較及做決定；透過行動階段，支持、輔導學生能認知、情感和行動三合一，言行一致地實踐自己的價值。

三、價值澄清法的實施

國小實施價值澄清法，可利用個別諮商、團體諮商、班級團體輔導課、及配合各科教學等情境進行。(1)活動的主題：應選擇學生所關心的課題，內容包括：友誼、金錢、工作、休閒、嗜好、政治、宗教、愛與性、道德、課業……；(2)教師在實施中扮演下列角色：①活動的設計者。②過程的催化者。③價值的分享者。④價值澄清的示範者；(3)實施態度：在實施的過程中，教師以溫暖、接納、開放、尊重的態度，創造一個安全、自由、和諧、信賴的心理氣氛，鼓勵學生表達自己的價值觀，並挑戰他們的價值觀，使學生在此中獲得價值的澄清。

Simon及其同事（1978）曾編輯價值澄清活動79種（洪有義，1983），筆者簡介一些適用於學校的活動方式如下，做為教師實施此法的參考。

(一)澄清式反應

當師生在個別接觸或團體互動中，教師針對學生所表達的個人目標、態度、抱負、興趣、信念、行動或困擾等價值觀念，適時適地給予口頭的澄清式回應。

例如：甲生說：「父母養育子女是責任、義務，我們不一定要孝順他們」，此時教師可適時予以澄清式反應：「你能夠舉一個例子說明你這句話的意思嗎？」；「你曾考慮過其他的看法嗎？」；「你的這個想法，對你有什麼真正的益處或不良後果呢？」（謝明昆，2000）。這些反應促使學生對自己的價值觀予以澄清。

(二)價值公開活動

教師可針對某時間大家均關心的一個價值觀的議題，利用團體聚會時間，請同學做價值公開活動，讓每位學生公開個人的價值觀，也瞭解別人的看法。

1.可用於大學生討論的議題：

如：你對教師繳納所得稅的看法！

你對大學生當兵和當預官的看法！

2.可用於小學生討論的議題：

如：你對考試作弊的看法。

你對深夜四下無人時，開車闖紅燈的看法。

你對下課到飲水機喝水，爭先恐後的看法。

(三)價值排序活動

教師可針對某一議題，列出所有可能的價值觀，請學生排序，讓學生伺機反省自己的價值觀，決定個人的目標。

可用於大學生討論的議題：

如：「愛情具備的條件：忠誠、金錢、地位、學歷、家世、外表、性生活、內涵、個性……，請排序」。

「大學生四大學分：打工、社團、愛情、課業，何者較重要，請排序」。

(四)生活大餅

一天24小時的生活內容中，可能包括：讀書、上課、逛街、吃飯、睡覺、運動、聽音樂、看電視、聊天、寫作業、與家人共處……。你的「生活大餅」是如何劃分？每個部分所占的時間百分比如何？請畫出你的「生活大餅」，並劃分出不同生活內容所占的時間有多少？（例如：睡覺8小時、電腦上做作業3小時……）個人滿意如此的劃分嗎？理想的時間安排為何？理由？如何做到理想的時間安排？

請學生畫出個人所規劃的「生活大餅」，並依上述問題進行價值澄清討論活動。

有些學生不會規劃管理時間，以致家課未寫、考試未準備，成績不佳。教師瞭解原因後，可用「生活大餅」方式，教導學生妥善的規劃每日工作、遊戲、社交的時間，建立個人規律的生活，做到理想的時間安排，可有效的輔導這類型的學生。

(五)價值作業

「價值作業」是一種有計畫的價值教學活動作業單。教師針對學生所關心的議題，設計成教材讓學生閱讀，並提供思考問題，啟發學生思考價值的問題，學生在價值作業單的思考問題上作答，最後全班分享個人的價值觀（詳見表16-3）。教材可以是一則故事、一段文章、一則新聞、漫畫、甚或錄影帶等，它的目的是做為媒介，針對此中故事，透過設計一些開放性問題，激發學生討論，以進行價值澄清教學活動。

表16-3　價值作業單

討論題目：神奇的專家	
這裡有九位世界級的專家，他們願意協助你心想事成。這些專家是： 1.林形美——整型手術專家，可幫你改變身高、體重、身材和外貌。 2.劉長春——保健專家，可助你長命百歲、克服衰老。 3.史家和——親子關係專家，可助你不會與親人衝突，一家人和樂溫馨相處。 4.李博學——教育專家，教你有效的學習方法，使你思考敏銳、學識豐富，成為考場健將。 5.張添財——理財專家，協助你增加收入，生活豐裕。 6.王友多——人際關係專家，可協助你人際技巧，使你能廣結善緣，知心滿天下。 7.黃萬仰——領導人才訓練專家，可訓練你擁有絕佳的口才、風度、和領導能力，使你獲大家的尊敬、仰慕、愛戴與追隨。 8.陳多藝——多才多藝的藝術家，可訓練你在音樂、美術、舞蹈等方面樣樣精通，獲別人的讚賞。 9.趙有德——道德專家，指導你明辨是非善惡，品德高尚，成為受人尊敬之士。	
思考問題	思考答案
1.你現在最希望哪三位專家為你服務？請排序。理由？ 2.再過二十年，你最希望哪三位專家為你服務？請排序。理由？ 3.在聽過別人的選擇之後，你發覺誰的期望與你最接近？誰的與你相差最大？	

（修改自歐滄和，1982）

(六)價值寫作活動

以學生關心的、有關價值的開放性作文題目讓學生寫作，學生從思考的寫作中，從事價值澄清。作文題目如：「我的目標」、「我的志願」、

「我心目中理想的……」（社區、家庭、朋友、暑假、國家……）、「我最想擁有的一些事物」、「我最想改進的一些事物」。寫作的重點在啟發學生思考個人的價值；思考選擇的理由；及思考如何達成這些心願。教師可從學生的作文中，瞭解他們的想法、態度和價值。

總之，價值澄清法的理論深受杜威及羅吉斯的影響，蘊涵了人文教育的精神。教師在教學的過程中，扮演接納、無批判、價值中立的角色，以營造一個自由、民主、和諧的安全氣氛，使學生暢所欲言的表達個人的價值，及覺察、尊重別人的價值。唯有人質疑教育情境中是否可能做到完全的價值中立。依Raths的看法，無「澄清式反應」即無「價值澄清法」。教師在與學生的個別接觸中或團體討論中，應善用「澄清式反應」，激勵、引導學生自我評價、自我判斷、及自我決定，達到自我價值澄清的目的。甚至教師亦可自我分享個人的價值觀，供學生參考，唯接納與否，仍在學生。這亦非灌輸學生成套的價值，故教師仍不失為價值中立。

柒．角色扮演法

一、定義

每個人在社會上分屬不同的身分或類別，且一般人對特定的身分或類別有一些期待的行為，此即所謂的「角色」。例如：父母要扮演教養子女的行為；主管要負起監督部屬的責任；教師則從事傳道、授業、解惑的工作。個人也可能同時扮演多重的角色，例如：一位白天在小學教書的「教師」，夜間到師大進修當起「學生」，平常在家裡則又同時是「為人夫」、「為人父」、「為人子」的角色。

角色扮演法（role playing）是一種教育方法，透過故事和問題情境的設計，由學生在設身處地的情況下，試著扮演故事中的人物，然後再經由團體的共同討論，和再扮演技巧的運用，以幫助學生練習各種角色行為，增進其對問題情境的認識與洞察（郭為藩，1975）。即對人們在生活中發生的事情，想像他們的情感，演出他們的行為，以學習適當的行為及解決問題的方法。

二、與有關名詞的區別

角色扮演與示範（modeling）、「行為演練」（behavior rehearsal）兩名詞有何關聯？角色扮演常透過示範及仿效，學得某一角色行為，並透過行為演練，精熟某一角色行為。

一般人常將角色扮演與心理劇（psychodrama）、社會劇（sociodrama）混淆。心理劇是J. L. Moreno於1911年首創，是治療者與病人共同參與類似真實生活的戲劇情境，以實際的行動，來探究個人問題的一種歷程。透過這種歷程，個人不只可藉著演出，來疏洩情感，且可學得新的行為方式，以適應未來生活（陳月華，1985）。即心理劇是個人以角色扮演方式，演出自己的過去、現在、與未來的情境。社會劇源自心理劇，是一個角色扮演的情境，焦點在團體問題的分享。兩者的共同點是均使用角色扮演的技巧，相異處是心理劇適用於臨床的特殊個案上，目的是診療性，重點在擴充個人較特殊、深層的內心問題，故所使用的技術較特殊且複雜。社會劇適用於一般學生，目的是教育性，重點在探究團體成員共同所面對的問題，問題較淺。

三、功能

角色扮演法使用於教育情境中，其功能如下：

1.主動投入：角色扮演法源自兒童的「扮家家酒」遊戲，兒童主動且沉迷於扮演的遊戲中。此法是以動態方式進行教學，可以激發學生的學習興趣，主動參與學習。由於學習較投入，故成效亦較佳。

2.表達情感：學生處於自由安全的團體情境中，進行角色扮演，在沒有心理壓力的情況下，透過角色的演出，表達出內心真實的情感，以抒解情緒。

3.角色取替（role-taking）：藉對各種角色的演出，學生嘗試以他人的角度來看問題，學習對社會上不同角色的認識與同理的瞭解。

4.澄清問題：讓學生以角色扮演的遊戲方式，演出自己的人際衝突問題，可使學生透過對團體內人際間互動過程的瞭解，進而洞察個人的問題癥結所在。

5.啟發創造：可讓兒童自發的發展其想像力和創造力。

6.診斷問題：透過團體中行為的角色扮演，可瞭解學生平日的行為反應特徵或與人溝通的行為模式，以診斷其問題行為的癥結所在。

7.行為練習：幼兒在「扮家家酒」的遊戲中，練習扮演各種不同的角色行為。角色扮演中，教師示範某特定角色的行為標準提供學生模仿學習，學生則在安全的團體環境中，藉由反覆的角色行為練習，而習得某些適當的角色行為。

8.解決問題：布置包含人際衝突的社會情境，讓學生演出衝突情境，討論解決方法，重複演出，再討論，最後學生自然的學得解決此衝突情境的適當的方法。

四、方式

角色扮演法可用下列的方式安排演出：

(一)空椅法

教師以兒童經常面對的衝突情境為演出主題。在教室布置兩張相對的空椅，請面對此問題而思考解決的兒童，一人扮演兩種角色，先在一張椅子上扮演甲方，對乙方陳述意見，接著在另一張椅子上扮演乙方，對剛才甲方的陳述予以回應，演出雙方之間對衝突問題溝通的互動過程。

此法依個人衝突來源，而有兩種對話方式：

1.衝突雙方對話：此衝突問題發生在兒童與另一重要關係人之間，如：師生之間的衝突。學生一個人分演兩種角色，先坐在一張椅子上，演學生對老師的不公平的抱怨；再坐到另一張椅子上，演出老師對學生的抱怨的回應。如此將師生互動過程具體演出，直到雙方的意見和情緒充分的表達清楚，使問題得以澄清，方才結束活動。

2.問題兩極對話：當兒童面對一有兩極意見的內在衝突問題時，使用此種方式。如甲生知道班上的偷竊事件是好友乙生所為，甲生的內心正處在「告密」與「不告密」的兩極衝突中。此種角色扮演方式是甲生先坐在一張椅子上，陳述正方（告密）的意見，再坐到另一張椅子上，陳述反方（不告密）的觀點。此甲生的內在衝突問題，透過兩極對話，交互充分的陳述正反立場的意見，增加了自己對問題的洞察，並可促成採取適當行為的決定。

(二)鏡子法

「指責別人易，看清自己難」。人們在團體中，往往只看到別人的一言一行，反而看不到自己的行為習慣，而形成個人的盲點。所謂「鏡子技巧」，是由熟悉的同學演出自己的言行舉止，猶如是一面鏡子般反映出個人的行為，可讓個人對自己的行為有更深入的認識與瞭解。

(三)行為練習法

對需要學生學習的標準行為，布置模擬的情境，讓學生反覆練習，以習得某角色的標準行為。例如：在職業輔導上，某生需要學習如何「面試」，這時教師可教導學生面試技巧。教師先演應徵者，示範如何面試，學生扮演主試者。教師示範過後，換學生練習面試應答技巧，教師扮演主試者。練習後，教師給予改進意見，再反覆演練應試技巧，一直到熟練為止。

(四)問題解決法

教師以兒童日常生活所面對的衝突事件為演出的主題，讓一些學生把故事演出來，演完後全班討論對故事中每位人物的看法？對問題的解決方法？不同的人可能有不同的解決衝突問題的方法，教師讓他們演出他們要如何解決問題，最後全班討論哪種方法最妥當。此外，亦可用「故事完成法」（open-ended problem stories），把故事演出一半，後續的故事讓同學即席創作，演出他們要如何解決問題。

例如：教師引導兒童演出：「當與媽媽一起逛百貨公司，在玩具部被吸引住。一不留神，媽媽就不見了，這時該怎麼辦？」於是請兒童演出他會如何解決問題，並請兒童演出媽媽的角色，體會媽媽發現兒子失蹤時的感受。

(五)偶戲法

布（木）偶戲法（布袋戲）是角色扮演法的變化方式，特別適用國小學童及幼兒。教師在描述故事與角色之後，由不同的同學擔任主演，演出主角在面對特定問題的衝突情境，他如何解決。此法的特點是：(1)演出的學生不必「秀」出自己，可減低演出的焦慮；(2)生動活潑的遊戲方式，易引起兒童的興趣；(3)學生透過主演的角色，自發、自然的表達自己的情感、意見、觀點；(4)學生發洩情緒，也發揮了想像力。

五、步驟

角色扮演法實施時包括下列步驟：

(一)選擇主題：教師首先決定所要演出的主題，往往以故事內容呈現。主題內容需考慮到：(1)適合兒童的年齡水準；(2)學生日常生活中所常遭遇的衝突問題；(3)主題可激發兒童參與演出和討論的興趣。

有三種衝突問題的情境可做為演出的主題：(1)人與環境的衝突問題，如主角很想唸大學，但環境貧困，無法完成心願，他該怎麼辦？(2)人與人的衝突問題，如看電視時，哥哥想看華視，弟弟想看中視，他們該怎麼辦？選填大學志願時，父母要兒子選填教育大學就讀，兒子不想唸教育大學，如何溝通協調？(3)人與自己的衝突，如小明撿到一百元，他很想據為己有，買心愛的漫畫書來看，可是良心又告訴自己應誠實的把錢交給訓導處，他該怎麼辦？

(二)說明角色：教師敘述故事的內容、包含的角色、各個角色的行為模式、及各角色間的互動關係。

(三)分派角色：教師依角色扮演的方式決定演員。如採空椅技術，一次只需由一位同學擔綱，演出個人的衝突心理（即內在的對話）。採心理劇方式，則需分派各角色，由一個人擔任主角，演出他與特定他人之間的關係。若採社會劇方式，亦需分派各角色，演出社會團體內各成員間的互動和衝突。

進行空椅技術的角色扮演，宜由對主題有感同深受的同學來演出。教師分派各種角色時，鼓勵成員自動的選擇自己喜歡、自在、自信的角色演出，如某些角色乏人問津，教師可請同學推薦由哪位同學擔任哪一角色，但不可強迫。

(四)布置情境：布置演出的情境，以界定演出的場地與空間。一般在教室採角色扮演教學法，其實情境的布置倒不用煞費周章，只要在教室開闢一個演出的空間，再以教室的桌、椅為道具，請同學發揮高度的想像力，即完成情境布置的工作。如演出兄弟爭看電視的衝突情境，桌子可當成電視，椅子可做為沙發，旁白的同學介紹演出的情境，即可引導全班同學，宛如身歷其境了。

(五)準備演出：教師提供充足的時間，讓演出的各角色充分的協調、溝通，討論如何演出故事內容，並事先預演一番。教師並請全班其他學生當觀眾，共同來思考即將演出故事的問題，若發生在你身上，戲中的過程可提供參考，並可提出個人的意見，或將個人的意見用動作具體的表演出來。此外，教師宜營造一自由、安全的表演氣氛，方便演員在毫無防衛心理下盡情的演出真正的自我。

(六)實際演出：參加演出的各個角色，將故事情境的過程，一幕幕的演出。教師對演出者的行為，不要有太多的干預，鼓勵學生做自發的、自由的、即興的、創意的演出，而非背誦台詞，如此才能表現真正的自我。

(七)心得討論：演完後，教師請演出的各角色發表心得，請觀眾提出觀感。這部分是此法的核心，全班學生從討論中澄清、分享個人的問題，並學會如何解決個人的問題。教師在討論中，宜以開放的心胸，非批判的態度，引導學生自由的討論。教師此時引導討論的問題如：

「故事中人物的感受如何？」

「你曾遇到類似的問題嗎？說說你當時的感受？」

「故事的其他可能的結局？」

「如果是你，你會如何解決問題？」

「有無其他各種可能的解決途徑？」

「故事給你的啟示是什麼？」

(八)重複演出：有下列重複演出的方式：(1)角色對調：讓演出的雙方演完後，可採角色互換，再演一次。彼此角色對調，可增進對彼此立場的覺察。例如甲生演出欺凌乙生的行為，兩人角色對調，換成乙生演出欺凌甲生的行為，雙方可學得不同立場的不同感受；(2)不同解決問題方法：針對一特定的衝突問題情境，學生紛提不同的經驗及解決方法，教師可請學生以即興演出的方式，演出具體的解決辦法；(3)角色行為練習：針對某一特定的行為，讓需習得此行為的所有學生，均有練習的機會，重複的練習此角色行為。每次重複演出後，教師均應安排討論的時間，此討論活動在角色扮演教學法中是非常重要的。

(九)教師結論：教師從學生所討論的結果，做一綜合性的摘要和結論，做為學生日常生活中遭遇類似問題時，如何處理的參考，並鼓勵將所學得的行為應用於日常生活中。

六、教學單元舉例

參閱表16-4：「即興式角色扮演舉隅——守法」的單元。

捌．優點大轟炸

班級慶生會是許多學校利用班會、團體活動、甚至綜合活動課時間所進行的一種班級康樂活動，若在班級慶生會中配合實施「優點大轟炸」，則結合了康樂與輔導的功能，目前在許多小學已大力提倡，其活動過程如下：

1.配合慶生會的日期，教師找出當月的壽星名單。

2.可配合美勞課製作生日卡，準備禮物（自製為原則）。

3.場地布置成半圓形，若人數太多，則成雙層半圓形，幾位壽星則安置在面對同學的前面位置。

4.慶生會程序：慶生會開始→主席就位（由同學輪流擔任）→壽星就位→合唱生日快樂歌→壽星輪流許願→贈送壽星生日卡或禮物→壽星優點大轟炸。

優點大轟炸的目的：(1)希望同學多看別人的優點，多學習別人的長處；(2)增進同學的自我瞭解、自我肯定、及自我悅納；(3)增進同學的情誼及和諧的班級氣氛。

其實施方法：首先由第一位壽星開始，全班同學依次針對他的優點，具體的陳述。說優點時，可先說形容詞，再列舉事實。如：「王同學是一位誠實的小孩，有一次在操場撿到一百元，未納為私有，立刻送交訓導處，此種行為可敬可佩」。優點轟炸時，應注視壽星。壽星只能聽，不能說話或做動作。第一位壽星被全體同學轟炸完，再說出他的感受或澄清問題。然後換第二位壽星被轟炸……。

表16-4　即興式角色扮演舉隅——守法

一、單元名稱：他是英雄嗎？

二、單元目標：

1.培養兒童正確的法治觀念。

2.同學做出對不起你的事，須受校規適當處置，不可私自處置。

3.明瞭以暴制暴是野蠻的行為。

4.同學之間應和睦相處，能原諒別人的過錯，喜歡和平的生活。

三、實施程序：

1.引導與討論：小朋友，你們喜歡卡通影片裡的大俠嗎？他會幫助別人，而且替被欺負的人懲罰壞人。在學校裡，有些頑皮的同學喜歡欺負弱小或女生，假如你看見了，你會怎麼做呢？（教師主持全班討論，小朋友發表各種處理的方法）

2.情境：六年甲班的男生蔡天一，下課時看見丙班的女生們在玩跳橡皮繩，走過去搗亂。女生們要他走開，他不但不走，還使勁地抓住一位女生的髮辮不放手，害得那位女生痛得大叫。這時丙班的男生陳英雄看到了，抓住蔡天一的衣領，往樓梯走去，加以斥責，要其面壁罰站，但蔡天一不從……。

3.瞭解情境及決定角色人選：教師應先請一或二位小朋友複述情境內容，以確定小朋友已經瞭解情境了。接著教師發問：「有誰願意扮演蔡天一、玩跳繩的三位女生以及陳英雄？」

4.角色認知練習。

5.提供臨時演出道具。

6.角色扮演：教師可安排小朋友從「抓住蔡天一的衣領」開始演，亦可從「情境」最後所描述的「但是蔡天一不從……」開始演。以上教師可徵求自願演出者，亦可請小朋友推薦，或由教師指定上台演出。

7.經驗分享：

(1)你對陳英雄這個人的行為有何看法？為什麼？

(2)剛才的表演中，令你印象最深刻的是什麼？理由呢？

(3)如果你遇到像那樣的情形，你要怎麼做？理由為何？

(4)你認為蔡天一為什麼要拉女生的髮辮？

(5)對付蔡天一的行為，最好的方法是什麼？

(6)故事繼續發展下去，會有什麼結果？

8.角色互換或角色替代再扮演。

9.再經驗分享。

10.教師可設計一則兩難困境問題進行討論。

11.教師結語：

(1)真正的英雄是愛護弱小者，但也是「守法者」。

(2)與人相處要和睦、尊重、自重。

(3)同學做錯事，大家可以勸導或即時制止他，如果用暴力，將會冤冤相報而無了時。

(4)做一件事應考慮到校規的規定，及法律的規定。

（取自謝明昆，2000，頁141～143）

此活動宜注意事項：(1)切忌變成「缺點大轟炸」，否則易演變成同學彼此清算鬥爭、相互傷害，而致不可收拾的地步。曾有同學反應講缺點比較刺激，但「時地不宜」。即使是建設性的、善意的意見也需在團體彼此關係已經很好的氣氛下方具效果；(2)當某些壽星被轟時，顯現大家實在找不出有何明顯的優點，而呈現冷場現象，此時，教師應引導同學如何看待及舉發別人的優點。所謂的優點，不一定是突出的表現才算，只要個人有好的行為或表現，如：儀容整潔、健康有力，很會運動，比以前看起來有精神、功課有進步……，均是值得宣揚的優點。如此的優點轟炸，對平時即自認一無是處的學生，可建立他們的自信心和自尊心。

此外，可將上述傳統的「優點大轟炸」改良為「優點特徵猜人競賽」。其過程如下：(1)按壽星人數，將全班分為若干組，如6位壽星，則將班上分為六組；(2)每組以抽籤方式分配得一位受轟的壽星，各組分配到的壽星是秘密，不被他組知道；(3)各組合力列出分配到的壽星的若干優良特質，列出一張表，不明顯的優點先列，易猜的優點後列；(4)猜人比賽開始，第一組先說出第一個優點（從不明顯的優點開始說），其他組搶猜，猜不到的組把機會讓給他組輪流猜。第一個優點他組均猜不到，再說出第二個特點，各組繼續猜，直到猜中為止；(5)畫一表格，記錄各組猜中的分數，猜中即得分，唯第一特點猜中給5分，第二特點則依次降低給分，如4分，以下類推；(6)各組依序輪流被猜，直到每一組的受轟壽星均被猜中為止；(7)當受轟者被猜中，該組大聲唸出表列受轟壽星的優良特徵，並請受轟者說出心得感想或意見；(8)比賽結果揭曉，主席頒獎。

玖·身體活動法

異於「認知領域」學科課程的重視「靜態」的學習，班級團體輔導課是一種「情感領域」的課程，可透過「動態」的身體活動和體驗，以達成情感的覺知和表達，完成課程的目標。其優點：(1)符合兒童好動的需求；(2)教學生動活潑化；(3)增進學生對身體的覺知；(4)增進學生人際間的接觸；(5)達成身心統整的目標。此法採用的活動舉例如下：

(一)闖關：全班以6～7人為一組，分為若干組，小組手牽手圍成一圓圈，每組有一「圈外人」。進行闖關活動的方式是圈外人想盡辦法進入圈內，圈子人則用盡努力把他圍堵在圈外，因而展開彼此的攻防、拉鋸戰。此活動的目的是讓同學討論：(1)體驗被排斥在外的感受？(2)進入圈內後的感受？(3)如何由圈外人進入成為圈內人。

(二)鏡中人：老師可採報數方式，讓報單號與雙號兩人成一組。進行鏡中人的方式是兩人「面面相覷」，各把對方當鏡子，猶如面對鏡中的自己。然後約定一人先演「真我」，另一人演「鏡中我」。「真我」做一行為的一系列動作，如馬路上遇上惡犬的行為；「鏡中我」複製「真我」的動作。注意！雙方沉默不可言語，完全靠動作及眼神傳遞訊息。或站、或踢、或逃、或哭、或笑、或打拳、或轉圈……，任何動作不拘。約做三至五個動作後，交換角色演練，結束後彼此討論剛才的動作代表什麼，最後全班進行討論活動的感受？本活動的目的在學習從對方的動作中瞭解他所想表達的意思，增進人際溝通的技巧。

(三)瞎子走路：此活動的方式是將全班分成兩半，一半戴上眼罩扮成瞎子，另一半扮演引導者。引導者任選一瞎子，不讓對方知道他是誰。引導者不可出聲，但可用任何方式來引導瞎子走路、上下階梯、進出門……。如此進行約10分鐘後，兩組交換角色。活動後，討論下列問題：

1.說出扮瞎子的感受？是恐懼、焦慮、新奇、放心、信任……。

2.說出扮引導者的感受？

此活動的目的：①學生體驗盲人的世界，體會他們的困難；②體驗助人的感受；③體驗受人幫助的感受。

注意！請學生在活動進行中不可惡作劇，以免發生危險。

(四)放鬆訓練：教導學生透過身體的用力和放鬆的動作，達成鬆弛的目的。

例如：可藉「縮」與「伸」的動作，達到肌肉拉緊和放鬆的效果，方式是輔導員或錄音帶朗誦下列「縮」和「伸」的兩首詩（取自熊曣，民86，頁339），請兒童依口訣做動作。

縮

蜷起雙臂、屈曲二腿

把頭埋在肩膀裡

把自己變得極小

好像一個小小的胎兒

想像自己仍被羊水包圍

想像自己仍有一條臍帶……

和母體相連

伸

踮起兩足，伸展兩臂

將身軀巍然挺立

像一株樹奮力向著陽光抽長

讓樹根深入土壤，匍匐蔓延，連綿不絕

而枝葉迎著舒緩的微風抖動

招展千百幀自我的畫像

有關放鬆訓練的方法，可參閱本書第九章行為治療法的鬆弛訓練部分。

拾・其他方法

班級團輔課的目標，亦可透過郊遊踏青、團體競賽、烤肉活動、團體遊戲、體育活動……團體活動方式來達成。例如：教師若為促進班上同學的情感，提倡正當的休閒活動，則可引導班上同學安排郊遊踏青活動。教師若為促進班上同學互助合作的精神，則可設計分組競賽的體育活動或團體遊戲。引導各組討論組名、組呼（各組的口號）、組歌、或組旗等，以凝聚團體的力量。競賽後以全組的名次為獎勵對象，鼓勵同學分工合作的重要，讓每位同學學習如何與人互助合作，如何在團體中貢獻一己之力等。

有些老師可能心中感到納悶，如果連郊遊踏青、團體遊戲、競賽活動等也列為班級團體輔導的方式，那班級團輔的定義未免太廣泛、太鬆散，難以明確的界定。筆者認為其中的關鍵是「教師的教學目標何在？」教師應把郊遊踏青、團體競賽等視為達成團體輔導目標的「手段」，而非「為踏青而踏青」、「為遊戲而遊戲」、「為競賽而競賽」，視它們為「目的」。一般舉辦郊遊踏青、團體遊戲、競賽活動，常較能吸引學生的興趣，透過這些活動的設計，來達成團輔的目標，常常成效較為良好。

第五節　班級團輔方案舉例

自我觀念（self-concept）是指個人對自己的看法和感受，自我包括三部分：(1)對自己的軀體及生理需求的認定；(2)對個人在社會生活中所擔任的各種角色的認定；(3)對某些信念、意願、及價值體系的認定。此三部分即分別為生理我、社會我、及心理我。個人的行為，諸如對人、對己、期望水準、生活取向、學習動機等，無不受自我觀念的影響（吳秀碧，民74）。

兒童的自我觀念受成長與環境的影響。個人在早年若能得到父母、教師、手足、和同儕的重視，其社會及自尊的需求獲得滿足，則發展出被愛、受尊重、我很好、有價值的積極的自我觀念；反之，則發展出不被愛、我不好、未受尊重、我沒價值的消極的自我觀念。

在兒童時期發展積極的自我觀念，有助益往後的成長與適應。因此，目前許多教育、心理、與輔導專家瞭解到發展兒童積極自我觀念的重要，把它列為情意教育的目標。

美國1970到1980年代，在學校積極推展「增進積極自我觀念的方案」。Dinkmeyer（1970）曾設計一套「發展對自己及他人的瞭解」（Developing Understanding Self and Others）的教材（簡稱DUSO），供教師在班級中使用。Canfield與Wells（1976）的著作《在教室中增進自我觀念的100種方法》，可提供教師參著應用。Ford與Bush（1973）曾在33個班級（502個學生）進行一個「增進積極自我觀念」的單元，結果顯示學生的自我觀念有顯著的改變。

鑑於積極自我觀念的重要，本節擬簡介P. C. Burnett（1983）在國小所實施的一套八個單元的「自我觀念增進方案」，供國內教師在班級中實施團體輔導的參考，本方案實施後，以Piers-Harris的「兒童自我觀念量表」為前、後測，結果顯示實施本方案的實驗組在自我觀念分數上，顯著優於控制組，證實本方案有效性，值得推展。

壹・方案目標

完形治療的目標——增進覺察力，是很重要的情意教育的目標，本方案的目標如下：

1.個性的覺察力。

2.情感及如何處理的覺察力。

3.個體對其思想和行動負責的覺察力。

4.行為與結果的覺察力。

5.他人情感的覺察力。

貳・單元名稱及實施步驟

本方案的八個單元名稱依序為：獨特的個性、情感是什麼、獨立個體、別人的消極反應、信任和歸屬、大家一起玩、有目的的行為，合作和目標。限於篇幅，僅摘錄單元一、二、三，供讀者參考。

單元一：獨特的個性

步驟一：暖身活動

1.教師（諮商員）自我介紹。

2.討論、訂定、公布團體規則。

步驟二：介紹主題

閱讀DUSO教材中「我希望我是」的故事，討論：(1)對此故事的觀念和情感；(2)對主角可能表現的其他行為的看法；(3)在相似的情境中可能的感覺和行動。

此故事幫助兒童瞭解及接納自己。

步驟三：主題討論

1.討論「個性」二字。

2.敘述「我喜歡自己，因為……」。

3.討論：(1)難以說出自己優點的原因……；(2)自我吹噓和告訴別人自己的優點間有何不同；(3)別人說自己的優點時的感受。

步驟四：家庭作業

把全班每人的名字寫成字條放進箱子內，每人抽取一張字條，就字條上的名字寫下他的個性的優點，並寫下自己和家人個性的優點。

單元二：情感是什麼

步驟一：暖身活動

復習上週主題。

步驟二：介紹主題

閱讀DUSO教材2「你將如何感覺」的故事，並如單元一步驟二的方式加以討論。

步驟三：主題討論

1.列舉描述情感的形容詞。

2.辨識下列情境的感覺。

(1)我騎腳踏車在玩時，被一個人撞倒；

(2)我找朋友玩，但他們都外出不在；

(3)爸爸下班回家說有朋友送他兩張電影票，要帶我去看電影；

(4)鄰居小朋友故意破壞我的新玩具。

3.每一成員敘述一件有關個人的情感的故事，其他人辨識其感覺。

步驟四：家庭作業

1.討論上週的家庭作業。

2.練習在和別人交談時，聽出及記錄下對方的情感。

單元三：獨立個體

步驟一：暖身活動

復習上週主題。

步驟二：介紹主題

閱讀DUSO教材1.「自助」，2.「自己想一想」的故事及討論。

步驟三：主題討論

1.討論「過度依賴」的活動。

2.討論下列情境何時需獨立？何時需求助？

(1)甲生跑來報告老師，乙生在操場跌倒受傷了；

(2)王生跑來報告老師，大家在玩跳繩，輪到他時，李生不讓他玩；

(3)甲生要媽媽陪他到市立圖書館借一本書；

(4)丙生的媽媽帶他逛街，幫他選購衣服；

(5)林生的媽媽每天睡前為他備妥隔天要穿的衣服。

3.鼓勵學生敘述個人相似的經驗並討論。

步驟四：家庭作業

1.討論上週的家庭作業。

2.每天練習及記錄下對某人說一些他的優點及其反應。

摘　要

1.班級團體輔導是諮商員或教師以班級學生為對象，設計協助他們成長和發展的活動，利用團體輔導的方式，提供學生在非課業方面的個人的、學習的、人際的、和生涯的等方面的資訊。其性質是一教育的過程，其目的是預防預期的問題及增強所有學生的發展和適應。

2.班級團體輔導的理論依據有：發展性輔導、心理學教育、及情意教育。

3.發展性輔導源自發展心理學，認同人格發展具階段性，各階段有不同的發展任務，這些發展任務為人格發展的關鍵期，前階段的發展任務未順利完成，會影響往後階段的人格發展與適應。故輔導應配合人格發展各階段的發展任務，設計達成這些發展任務的課程，使每一學童的人格健全發展。

4.發展性輔導在實施對象、功能、目標、內容上與班級團體輔導大致相同，故可作為班級團體輔導實施的理論基礎。

5.心理學教育是主張教導一般學生心理學的知識，助益個體的成長與適應。其實施對象、教學者、功能、目標、內容上與班級團體輔導相類似，二者關係密切，故可做為班級團輔實施的理論基礎。

6.情意教育是感覺與情緒教育，也就是EQ教育。其實施對象、教學者、功能、目標、內容上與班級團輔相類似，故可做為班級團輔實施的理論基礎。

7.班級團輔的目標有：發展自我瞭解；發展人際技巧；發展做決定及問題解決的技巧；發展對教育歷程的欣賞；發展對工作世界的覺知；發展學習技巧；提供個人的、社會的、教育的、及生涯的資訊。

8.班級團輔的實施方式有融合式、訓練式、及科目式。融合式是將團體輔導融入各科教學或班級會議中實施；訓練式是將團體輔導教材利用課餘時間以密集訓練方式實施教學，如有名的「EQ訓練營」；科目式是團體輔導設科授課，如現今中小學的「綜合活動科」。

9.班級團體輔導課的實施過程包括：決定單元主題、確定單元目標、設計活動方式、布置場地、進行活動、教師綜合歸納。

10.班級團體輔導的教學方法有：講述法、討論法、分享法、參觀訪問法、價值澄清法、角色扮演法、優點轟炸法、身體活動法、及其他。

11.六六討論法是討論一個大家共同感興趣的主題，以6人為一組，將全班分為若干組。組長領導大家討論，開始討論前給大家思考一分鐘。每個人依序發言一分鐘，最後組長綜合大家的發言內容。

12.配對討論法是以8人為一組，將全班分為若干組。開始討論時，8人小組中先形成四個2人組，2人組討論獲致結議，再組成二個4人組，討論獲致結議，最後再組成8人組，討論獲致最後結議。最後每個8人小組提出他們的結論。

13.腦力激盪法是集合一組人，對一特定的事件或問題，集思廣益，想出最上策的觀念。包括五原則：輕鬆自由、延緩批判、新奇獨特、量中生質、搭乘便車。

14.故事討論法是以日常生活中的故事為主題，透過視聽或平面媒體報導出來，做為學生討論的教材。其方式有：短篇故事討論，未完成故事討論，及影片故事討論等。

15.價值澄清法是事先設計好一些活動，引導學生分析自己的想法和情感；釐清個人的價值觀；表達自己的信念；及尊重別人的想法。使學生澄清自己的價值觀及決定個人人生的目標。

16.價值形成的過程可分為三階段、七規準。第一階段珍視，包括：讚許與珍視、在適當時機公開肯定。第二階段選擇，包括：在眾多選項中做選擇、在考慮各種結果後才做選擇、自由地選擇。第三階段行動，包括：採取行動、一致且重複的行動。

17.價值澄清法的實施方式有：澄清式反應、價值公開活動、價值排序活動、生活大餅、價值作業、價值寫作活動等。

18.角色扮演法是學生在設身處地的情況下，試著扮演故事中的人物，以增進對事物的瞭解、學習表現適當的行為、及學得解決問題的方法。

19.與角色扮演類似的名詞有示範、行為演練、心理劇及社會劇，這些名詞間大同中有些小異，角色扮演是透過「示範」和仿效而學習。示範與仿效所習得的行為有賴「行為演練」。心理劇與社會劇均是使用角色扮演的技巧；前者是治療性，後者是教育性；前者重點是個人所面對的問題，後者則是團體所共同面對的問題。

20.角色扮演具下列功能：主動投入、表達情感、角色取替、澄清問題、啟發創造、診斷問題、行為練習、解決問題。其方式有：空椅法、鏡子法、行為練習法、問題解決法、偶戲法等。

21.角色扮演法的實施步驟：選擇主題、說明角色、分派角色、布置情境、準備演出、實際演出、心得討論、重複演出、教師結論。

22.優點大轟炸是訓練同學間彼此儘量看別人的優點，而非挑剔他人的缺點。大家對被轟炸者只能說優點，不可道缺點。此活動可增進個人的自信心及自我瞭解。

複習問題

1.試述國小實施班級輔導活動課的理論依據何在。

2.何謂發展性輔導？其功能、目標、內容為何？

3.班級團體輔導的目標何在？

4.班級團體輔導課程有哪些實施方式？

5.國小班級團體輔導課有哪些教學方法？

6.何謂價值澄清法？其功能、實施方法為何？

7.何謂角色扮演法？其功能、實施方法、及步驟為何？

參考書目

〈中文部分〉

1.王麗斐（2002）。**建構國小輔導工作的未來**。輔導季刊，第38卷，第2期，頁1～7。

2.王智弘、楊淳斐（1999）。**網路諮商服務的發展及其所涉及的倫理問題**。載於中國輔導學會主編，輔導學大趨勢。心理出版社。

3.王麗華，郭毓倫（1996）。**台北市立師院學生對輔導中心的認識及輔導需求之調查研究**。大學畢業論文（未出版）。

4.王寶墉譯（1998）。**新新人類五大危機綜合輔導策略**。台北：心理出版社。

5.毛國楠（1981）。各校輔導工作評鑑功能之探討。**中等教育**，第32卷，第6期。

6.牛格正（1978）。會心團體。文載宗亮東等著，**輔導學的回顧與展望**。幼獅文化事業公司印行。

7.行政院研考會（1986）。**長中程計畫作業要領**。

8.朱美美（1989）。動態家庭畫像——孩童的畫會說話。**測驗與輔導**，95，頁1887～1890。

9.朱秉欣（1973）。**怎樣改善人際關係**。光啟出版社。

10.朱森楠（1984）。**價值澄清法對國中生價值觀、歸因方式之影響**。國立台灣師大輔導研究所碩士論文（未出版）。

11.李東白（1975）。**諮商理論與技術**。

12.李長貴（1975）。**組織社會心理學**。中華書局。

13.李茂興譯（1998）。**教學心理學**。弘智文化事業有限公司。

14.李星謙（1991）。美國專業諮商員的門檻——美國諮商員資格考試。**諮商與輔導月刊**，第72期，頁2～3。

15.宋文里譯（1990）。**成為一個人**。久大、桂冠聯合出版。

16.宋湘玲、林幸台（1989）。**人際溝通活動**。高雄市：復文書局。

17.宋湘玲、林幸台、鄭照彥（1990）。**學校輔導工作的理論與實施**。復文出版社。

18.呂勝瑛（1984）。**諮商理論與技術**。五南圖書公司。

19.邱小萍（1997）。國小諮商倫理的探討。**諮商與輔導**，第139期，頁17～22。

20.林幸台（1978）。輔導人員在諮商情境中的反應方式及其與人格特質的關係。**輔導學報**，第1期，頁65～91。

21.林幸台（1985）。輔導工作未來的趨勢。台北市教育局印行，**輔導通訊**，第16期，頁7～8。

22.林家興（1993）。輔導員證照制度有待商榷。**諮商與輔導**，第93期，頁2～3。

23.林美珠（2000）。國小輔導工作實施需要、現況與困境之研究。**中華輔導學報**，第八期，頁51～76。

24.林美珠、蔡憶萍、王麗斐（1997）。我國國小輔導人員對諮詢概念認知之初探。**中華輔導學報**，**第五期**，頁119～149。

25.林美珠（1997）。諮詢歷程研究中的口語行為分析。**諮商與輔導**，第141期，頁10～12。

26.林美珠（2002）。國小輔導工作中不可錯失的一環：諮詢。輔導季刊，第38卷，第2期，頁8～16。

27.林孟平（1988）。**輔導與心理治療**。五南圖書公司。

28.林淑真（1976）。輔導評鑑之探討。**輔導月刊**，第13卷，第9、10期合刊。

29.吳武典（1977）。輔導教師的角色與其所面臨的衝突。**測驗與輔導雙月刊**，第6卷，第2期，頁341。

30.吳武典（1978）。**國小怎樣實施輔導活動：國民小學輔導叢書**。台北市政府教育局印行。

31.吳武典（1978b）。社會計量法。文載楊國樞等主編，**社會及行為科學研究法**。東華出版社，頁678～719。

32.吳武典（1978c）。學校輔導人員的養成。文載宗亮東等著，**輔導學的回顧與展望**。幼獅文化事業公司印行，頁197～226。

33.吳武典（1980）。**學校輔導工作**。張老師月刊雜誌社。

34.吳武典（1981）。國小怎樣實施團體輔導。載於台北市政府教育局編印：**如何實施輔導工作**，頁82～89。

35.吳武典（1990）。**輔導原理**。心理出版社。

36.吳武典主編（1992）。**團體輔導手冊**。心理出版社。

37.吳武典等（1995）。**班級輔導活動設計指引**。張老師文化事業股份有限公司出版。

38.吳秀碧（1985）。**團體諮商實務**。復文出版社。

39.吳秀碧（1990）。從美國諮商師教育的趨勢，展望我國1990年代的諮商師教育。**輔導月刊**，第26卷，第11、12期合刊。

40.吳清山（1991）。**學校行政**。心理出版社。

41.吳　鼎（1987）。**輔導原理**。五南圖書公司。

42.吳麗娟（1994）。**讓我們更快樂——理性情緒教育課程**。心理出版社。

43.柯永河（1980）。**臨床心理學——心理治療**。大洋出版社。

44.柯永河（1982）。**人性的好園丁——羅嘉思**。允晨文化出版社。

45.柯永河（1991）。臨床心理學簡介，載於臨床心理學與精神醫學。台北市教師研習中心。

46.范美珠（1987）。**讀書治療對父母離異兒童個人適應及社會適應輔導效果之研究**。師大輔導研究所碩士論文。

47.范姜郁美（1995）。**禪坐訓練方案對國小學生注意力與生活適應的影響**。台北市立師院初等教育研究所碩士論文。

48.施顯烇（1999）。**嚴重行為問題的處理**。五南圖書公司。

49.胡坤璸（1996）。**國小輔導行政實務**。五南圖書公司。

50.洪文惠（1986）。情境故事的應用。**觀護簡訊**，104期，台北地方法院少年法庭出刊。

51.洪有義（1982）。慎用結構式活動於團體輔導之中。**輔導月刊**，第18卷，第5、6期合刊。

52.洪有義（1983）。**價值澄清法**。心理出版社。

53.南懷瑾（1990）。**靜坐修道與長生不老**。老古文化事業公司。

54.高淑貞譯（1994）。（G. L. Landreth著）**遊戲治療——建立關係的藝術**。桂冠心理學叢書。桂冠圖書公司。

55.連廷嘉（1998）。諮詢理論初探。**諮商與輔導**，第146期，頁25～27。

56.夏林清、麥麗蓉合譯（1993）。**團體治療與敏感度訓練**。張老師出版社。

57.黃天中（1992）。**自由學習**。五南圖書公司。

58.黃月霞（1984）。**兒童輔導與諮商——理論與技術**。桂冠圖書公司。
59.黃月霞（1989）。**情感教育與發展性輔導**。五南圖書公司。
60.黃月霞譯（Gumaer, J.原著）（1990）。**兒童諮商與治療——理論與實務**。五南圖書公司。
61.黃月霞（1991）。**團體諮商**。五南圖書公司。
62.黃惠惠（1983）。**助人歷程與技巧**。張老師出版社。
63.黃惠惠（1991）。**助人歷程與技巧（增訂版）**。張老師出版社。
64.黃德祥（1992）。輔導員的社會影響力與專業成長。載於**學生輔導通訊，第18期**，頁6～10。
65.黃寶敏譯（L. J. Greene原著）（1997）。**會思考的孩子是贏家**。台北市：生命潛能文化出版。
66.梅其純譯（1975）。**超覺靜坐法（TM）**。眾文叢書。
67.梁培勇（1998）。**遊戲治療與危機處理**。心理出版社。
68.陳月華（1985）。**角色扮演法對國小兒童的輔導效果之研究**。國立台灣師大輔導研究所碩士論文（未出版）。
69.陳若璋（1994）。我國各級學校輔導諮商員證照制度架構之分析與規劃。**教育部輔導工作六年計畫，83年專案研究論文摘要集**。教育部訓育委員會。頁92～139。
70.陳秉華（1994）。我國各級學校輔導諮商員教育課程之分析及規劃。**教育部輔導工作六年計畫，83年度專案研究論文摘要集**。訓育委員會。頁45～74。
71.陳照雄（1986）。**當代美國人文主義教育思想**。五南圖書公司。
72.陳榮華（1986）。**行為改變技術**。五南圖書公司。
73.陳輝東（1978）。**幼兒畫指導手冊**。藝術家叢書④，藝術家出版社。
74.郭生玉（1981）。**心理與教育研究法**。大世紀出版社。
75.郭為藩（1975）。**自我心理學**。台南市：開山書店。
76.郭國禎（1986）。我國大專學生求助需欲與求助態度之調查研究。**國立彰化師大輔導學報，第9期**，頁165～203。
77.教育部訓委會（1998）。建立學生輔導新體制——教學、訓導、輔導三合一整合實驗方案。**學生輔導雙月刊**，第58期，教育部訓委會，頁5～17。
78.教師研習中心（1992）。台北市國民小學輔導工作實務手冊。**研習叢書（57）**。
79.國立台灣教育學院學生輔導中心（1985）。大專學生對輔導中心期望之調查結果簡報。**輔導簡訊，第6期**。

80.國立編譯館主編（1986）。**輔導原理與技術**。正中書局印行。師專教科書。

81.許維素（1994）。學校諮詢服務。**諮商與輔導，第108期**，頁39～41。

82.許維素（1998）。學校輔導人員角色認定困境的突破。**諮商與輔導，第145期**，頁2～7。

83.張景然（2001）。新世紀美國諮商員教育的幾個新趨勢。諮商與輔導，第181期，頁22～25。

84.張春興（1989）。**張氏心理學辭典**。東華書局。

85.張美惠譯（Goleman, Daniel原著）（1996）。EQ: Emotional Intelligence。時報文化出版公司。

86.張惠美（1993）。文藻學生輔導需求之研究。**文藻學報，第7期**，頁33～62。

87.張植珊（1978）。我國近六十年的輔導運動及其發展動向。**載於中國輔導學會主編：輔導學的回顧與展望**。台北：幼獅文化事業公司。

88.張潤書（1990）。**行政學**。三民書局。

89.張德聰（1984）。**義務「張老師」人格特質、輔導員效能與輔導效果之相關研究**。國立台灣師大輔導研究所碩士論文（未出版）。

90.程小危／黃惠玲合編（Axline著）（1983）。兒童遊戲治療。**張老師輔導叢書（11）**。張老師出版社。

91.曾華源、胡慧嫈譯（Corey, G.等著）（1998）。**團體技巧**（Group Techniques）。揚智出版社。

92.賈紅鶯（1997）。諮詢。載於劉焜輝主編，**輔導原理**。三民書局，頁307～341。

93.楊文貴（1986）。**Adler學派團體諮商對國小適應欠佳兒童的輔導效果之研究**。師大輔導研究所碩士論文。

94.台北市政府教育局（1988）。**輔導活動實施概況**。

95.廖鳳池（1990）。認知治療理論與技術。天馬文化事業公司。

96.廖鳳池（1990）。羅吉斯與會心團體。文載劉明秋等合著，**羅吉斯諮商理論初探**。天馬文化事業公司，頁80。

97.廖鳳池（1993）。小學輔導工作評鑑制度的建立。**諮商與輔導，第86期**，頁26～31。

98.廖鳳池等著（1997）。**兒童輔導原理**。心理出版社。

99.熊曣（1997）。兒童個案輔導及案例探討。載於**兒童偏差行為的輔導與治療**。心理出版社，頁321～371。
100.熊曣（1989）。自我肯定的思考與實踐。**國小輔導叢書**，台北市政府教育局發行。
101.歐滄和（1982）。**價值澄清法對國中後段班學生成就動機社會態度的影響**。國立台灣師範大學碩士論文。
102.劉焜輝譯（1986）。**諮商與心理治療**。天馬出版社。
103.劉焜輝（1994）。遊戲治療的理論與實施（八）。**諮商與轉導，第83期**，頁23～28。
104.鄭小萍（1989）。**國民小學輔導行政與實務**。編務文化事業有限公司編印。
105.鄭心雄（1976）。**輔導學研究在中國——理論及應用的科學探討（第二版）**。幼獅文化公司。
106.鄭石岩（1999）。**換個想法更好**。遠流出版社。
107.鄭崇趁（1995）。輔導網路的理念與實務。**學生輔導雙月刊，第38期**，教育部訓育委員會，頁12～19。
108.鄭照彥、林義男（1992）。我國學校輔導人員專業教育內容及其效果分析研究。**教育部輔導工作六年計畫研究報告17-02號**，教育部訓育委員會。
109.賴保禎（1996）。**諮商理論與技術（修訂再版）**。國立空中大學印行。
110.謝水南（1981）。淺釋專業倫理。載台北市教育局主編：**如何實施輔導工作**，頁167～173。
111.謝明昆（1990）。**道德成長的喜悅**。心理出版社。
112.謝臥龍、駱慧文譯（1996）。**諮商要素手冊**。心理出版社。
113.鍾思嘉教授主編（Dreikurs, Rudolf原著）（1984）。**孩子的挑戰——教師手冊**。桂冠圖書公司。
114.蕭文（1985）。未來諮商教育的趨勢。**輔導月刊，第22卷**，第1期，頁5～8。
115.蕭文（1989）。美國諮商專業的發展趨勢。**輔導月刊，第25卷**，第11、12期，頁3～11。
116.蕭文（1995）。從市場學角度談學校輔導工作的形成與發展：消費者導向的輔導工作策略。**輔導季刊，第31卷**，第2期，頁2～6。
117.藍瑞霓（1993）。國小訓輔工作之共識與共鳴。**諮商與輔導，第93期**，頁44～

45。

118.羅明華（2001）。故事在兒童諮商中的應用。**輔導季刊，第37卷，第1期，頁**39～45。

〈英文部分〉

1.Alexander, E. D.(1964) School centered play-therapy program, *The Personnel and Guidance Journal*. 43(3), 256 ~ 261.

2.Allan, J.(1978) Serial drawing: A therapeutic approach with young children. *Canadian Counselor*, 12, 223 ~ 228.

3.Allan, J.(1979) *Serial drawing: A therapeutic approach with young children*. Unpublished paper.

4.Allan, J. & Clark, M.(1984) Directed art counseling. *Elementary School Guidance & Counseling*, December, 116 ~ 124.

5.Allan, J. & Crandall, J.(1986) The rosebush: a visualization strategy. *Elementary School Guidance & Counseling*, (21)1, 44 ~ 51.

6.Anderson, J. & Schmidt, W. I.(1967) A time for feelings. *Elementary School Guidance & Counseling*, 1, 47 ~ 56.

7.Axline, V. M.(1947) *Play therapy*. Cambridge, Mass: Riverside.

8.Axline, V. M.(1969) *Play Therapy*. Chicago: Houghton Mifflin.

9.Bandura, A.(1969) *Principles of behavior modification*. New York: Holt, Rinehart & Winston.

10.Bandura, A., Blanchard, E. B., & Ritter, B. (1969). The relative efficacy of desensitization and modeling, approaches for inducing behavioral, affective, and attitudinal change. Journal of Personality and Social Psychology, 13, 173 ~ 199.

11.Belkin, G. S.(1976) *Practical counseling in the schools*. Dubuque, Iowa: William C. Brown Co. .

12.Bindman, A. J.(1964) The psychologist as a mental health consultant. *Journal of Psychiatric Nursing*, 2, 367.

13.Bishop, J. B.(1986) A faculty review of a university counseling center: Knowledge, perceptions and recommendations. *Journal of College Student Personnel, 27*, 413 ~ 417.

14.Blocher, D.(1974) *Developmental counseling. 2nd ed.* New York: Ronald Press.

15.Borich, G. O. & Tombari, M. L.(1997) *Educational psychologya contemporary approach. 2nd ed.* Addison-Wesley Educational Publishers Inc.

16.Brammer, L. M.(1973). *The helping relationship: process and skills*. Englewood Cliffs, N. J.: Prentice-Hall.

17.Brammer, L. M., & Shostrom, E. L.(1977) *Therapeutic psychology*. N. J. Prentice-Hall.

18.Brand, A.G.(1987) Writing as counseling. *Elementary School Guidance and Counseling, April*, (20)4, 266 ~ 275.

19.Brooks, S.(1973) A comparative study of selected characteristics of counselor-education and non-counselor-education students. *Texas Personal and Guidance Association Journal*, 22, 116 ~ 117.

20.Brown, G. I.(1971) *Human teaching for human learning, An Introduction to Confluent Education*. New York: Viking Press.

21.Brown, D. & Srebalus, D. J.(1996), *Introduction to the counseling process*, Allyn & Bacon.

22.Brown, D.; Wyne, M. D., Blackburn, J. E. & Powell, W. C.(1979) *Consultation*. Boston: Allyn and Bacon, Inc., 8.

23.Burnett, P. C.(1983) A self-concept enhancement program for children in the regular classroom. *Elementary School Guidance and Counseling*, 12, 101 ~ 109.

24.Burks, H. M. & Stefflre, B.(1979) *Theories of counseling, 3rd ed.* New York: McGraw-Hill Book Company.

25.Canfield, J. & Wells, H.(1976) *One hundred ways to enhance self-concept in the classroom*. Englewood Cliffs, NJ: Prentice-Hall.

26.Caplan, G.(1970) *The theory and practice of mental health consultation*. New York: Basic Books, 19.

27.Clark, D. C., & Olsen, J. B.(1977) Cost benefit evaluation. *Journal of Research and Development in Education*, 10, 64 ~ 78.

28.Cohn, B., Combs, C., Gibian, E. J., & Sniffen, A. M.(1963) Group counseling, an orientation. *Personnel and Guidance Journal*, 17, 355 ~ 358.

29.Corey. G., & Corey. M. S.(1987) *Group: process & practice*. Monterey, CA: Brooks/

Cole.

30.Corey, G.(1996) *Theory and practice of counseling and psychotherapy. 5th ed*. Brooks / Cole Publishing Company.

31.Cowen, E. & Lorion, R.(1976) Changing role for the school mental health professional. *Journal of School Psychology*, 14, 26 ~ 30.

32.Cox, R. F., & Herr, E. L.(1968) *Group techniques in guidance*. Harrisburg, Penn: Department of Public Instruction.

33.Day, R. C., & Sadek, S. N.(1982) The effect of Benson's relaxation response on the anxiety levels of Lebanese children under stress. *Journal of Experimental Child Psychology*, 34, 350 ~ 356.

34.Dinkmeyer, D. & Caldwell, E.(1970) *Developmental counseling & guidance: a comprehensive school approach*. McGraw Hill Book Company.

35.Dinkmeyer, D.(1970) *Developing understanding of self and others, Kit 2*. Circle Pines, MN: American Guidance Service.

36.Dinkmeyer, D. C. & Muro, J. J.(1971) Group counseling: theory and practice. Itasca, Ⅲ.: F. E. Peacock Publishers, Inc.

37.Disorbio, J. M.(1983). *The effects of the kiddie quieting reflex on stress and anxiety of elementary school children*. Unpublished doctoral dissertation, University of Northern Colorado, Greeley.

38.Egan, G.(1986) *The skilled helper, 3rd ed*. California: Brooks Cole.

39.Ehly, S. & Dustin, R.(1989) Individual and *group counseling in schools*. New York: The Guilford Press.

40.Ellis, A.(1962) *Reason and emotion in psychotherapy*. N. Y.: Lyle Stuart.

41.Frost, J. M.(1972) *Counseling outcomes with fourth, fifth and sixth grade pupils*. Unpublished doctoral dissertation, Wayne State University.

42.Fairchild, T.(1985) A home-school token economy plan. *Elementary School Guidance and Counseling. December*, 141 ~ 146.

43.Ellis, A., & Bernard, M. E.(1986). What is rational-emotive therapy (RET)? In A. Ellis & R. Grieger (Eds.), *Handbook of rational-emotive therapy: Vol*. 2(pp. 3 ~ 30). New York: Springer.

44.Gazda, G. M.(1978) *Group counseling: a developmental approach, 2nd ed*. Allyn & Bacon.

45.Gazda, G. M., Duncan, J., & Meadows, M. E.(1967) Group counseling and group procedures, Report of a survey. *Counselor Education and Supervision*, 1967, 6, 305 ~ 310.

46.Gazda, G; Walters, R. P. & Childers, W. C.(1975) *Human relations development: a manual for health science*. Boston: Allyn and Bacon. 17 ~ 19.

47.Geldard, K., & Geldard, D.(1997) *Counseling children-a practical introduc-tion*. Thousand Oaks: Sage Publications.

48.George. R. L., & Cristiani, T. S.(1986). *Theory, method, and processes of counseling and psychotherapy(2nd ed.)*. Englewood Cliffs, NJ: Prentice-Hall.

49.George, R. L. & Cristiani, T. S.(1995) *Counseling-theory and practice*. Boston: Allyn and Bacon.

50.Gibson, R. L. & Mitchell, M. H.(1981) *Introduction to Guidance*. New York: Macmillan Publishing Co., Inc.

51.Goldman, L.(1962) Group guidance: Content and Process. *Personnel and Guidance Journal, February*.

52.Greenberger, D. & Padesky, C. A.(1995) *Mind over mood-A cognitive therapy treatment manual for chients*. New York: The Guilford Press.

53.Gregersen, G. D.(1977) What to expect from your school psychologist: some reasons why you might not get it. *Viewpoints*, 53:7.

54.Gresham, F. M. & Kendell, G. K.(1993). School consultation research: Methodological cretique and future research directions. *School Psychology Review, 16*, 306 ~ 316.

55.Grobe, R. P., Myatt, K., & Wheeler, S. B.(1978) A systematic planning model for an elementary school guidance program. *Elementary School Guidance and Counseling, April*, 256 ~ 265.

56.Hawes, R. M.,(1969) Reality therapy: An approach to encourage individual and social responsibility in the elementary school. *Elementary School Guidance and Counseling*. 4(2), 20 ~ 127.

57.Herr, E. L.(1976) Counseling: accountability, reality, credibility. *Journal of Counseling*

Services, 1, 14 ~ 23.

58.Ibrahim, F. A., Helms, B. A., & Thompson, D. L.(1983) Counselor role and function: An appraisal by consumers and counselors. *Personnel and Guidance Journal, 61*, 597 ~ 601.

59.Jay, S. M., Elliot, C. H., katz, E., & Siegel, S. E. (1987) Cognitive-behavioral and pharmacologic intervention for children's distress during painful medical procedures. Journal of Consulting and Clinical Psychology, 55, 860 ~ 865.

60.Jones, A. J.,(1970) *Principles of guidance, 4th ed*. McGraw-Hill Co. .

61.Jones, V. F., & Jones, L. S.(1990) *Comprehensive and classroom management.* Boston: Allyn & Bacon.

62.Kanfer, F. H., Karoly, P., & Newnan, A. (1975). Reduction of children's fear of the dark by competence-related and situation-related verbal cues. Journal of Consulting and Clinical Psychology, 43, 251 ~ 258.

63.Kazdin, A. E. (1994). Behavior Modification in Applied Settings. Pacific Grove, California: Brooks/cole Publishing Company.

64.Keat, D. B., Anderson, S., Conklin, N., Elias, R., Faber, D., Felty, S., Gerba, J., Kochenash, J., Logan, W., Malecki, D., Martino, P., McDuffy, I., Schmerling, G., Schuh, C., & Selkowitz, L.(1972) *Helping Children to feel, a guide to affective curriculum materials for the elementary school*. State College, Penn.: Counselor Education Press.

65.Keat, D. B.(1974) *Fundamentals of child counseling*. Houghton Miffling Company.

66.Krumboltz, J. D. & Hosford, R. E.,(1967) Behavioral counseling in the elementary school. *Elementary School Guidance and Counseling*, 1(1), 27 ~ 40.

67.Krumboltz, J. D.(1974) An accountability model for counselors. *Personnel and Guidance Journal*, 52, 642.

68.Kurpius, D.(1978) Introduction to the special issue. *Personnel and Guidance Journal*, 56, 320.

69.Kurpius, D. J. & Fuqua, D. R.(1993) Introduction to the special Issues. *Journal of Counseling & Development*, 71, 596 ~ 597.

70.Landreth, G. L.(1987). Play therapy: Facilitative use of child’s play in elementary school counseling. *Elementary School Guidance and Counseling, 21*(4), 253 ~ 261.

71.Lepper, M. R. Greene, D., & Nisbett, R. E.(1973) Undermining children's intrinsic interest and extrinsic rewards: A test of the "overjustification" hypothesis. *Journal of Personality and Social Psychology*, 23, 129 ~ 137.

72.Lin, W. N. (1998) *Forgiveness as an intervention for late adolescents with insecure attachment in Taiwan*. Unpublished doctoral dissertation, University of Wisconsin-Madison.

73.Little, W. & Chapman, A. L.,(1955) *Developmental guidance in the secondary school*. New York: McGraw-Hill, Book Company.

74.Mahler, C. A.(1969). *Group counseling in the Schools*. Boston: Houghton Mifflin Company, 18 ~ 19.

75.Meichenbaum, D., & Goodman, T. (1971). Training impulsive children to talk to themselves. Journal of Abnormal Psychology. 77, 115 ~ 126.

76.Matson, J. L., (1983). Exploration of phobic behavior in a small child. Journal of Behavior Therapy and Experimental Psychiatry, 14, 257 ~ 259.

77.Meier, S. T., & Davis, S. R.(1993) *The elements of counseling*. A Division of Wadsworth, Inc.

78.Myrick, R. D.(1987). *Developmental guidance and counseling: A practical approach*. Minneapolis, MN: Education Media Corporation.

79.Oldfield, D. & Petosa, R.(1986) *Increasing student "on task" behaviors through relaxation strategies*, February, 180 ~ 185.

80.Peters, H. J., & Farewell, G. F.(1967) *Guidance: A developmental approach*. Chicago: Rand MaNally & Company.

81.Pietrofesa, J. J.; Bernstein, B.; Minor, J.; Stanford, S.(1980) *Guidance: An introduction*. Chicago: Rand McNally College Publishing Company.

82.Pope, K. S., & Vetter, V. A.(1992) Ethical dilemmas encountered by members of the American Psychological Association. *American Psychologist*, 47, 397 ~ 411.

83.Protinsky, H.(1978) Children's drawings as emotional indicators. *Elementary School Guidance & Counseling, Vol*. 12, 4, 249 ~ 255.

84.Rimm, D. C. & Masters, J. C.(1974) *Behavior therapy-techniques and emperical findings*. New York: Academic Press, INC.

85.Rogers, C.(1942) *Counseling and psychotherapy*. Boston: Houghton-Mifflin.

86.Rogers, C. R.(1951) *Client-centered therapy: Its current practice, implications, and theory*. Boston: Houghton Mifflin.

87.Rogers, C.(1961) On *becoming a person: A therapist's view of psychotherapy*. Boston: Houghton Mifflin.

88.Rogers, C.(1967) *The therapeutic relationship and its impact: A study of psychotherapy with schizophrenics*. University of Wisconsin Press.

89.Rogers, C. R.(1970) *Carl Rogers on encounter groups*. San Francisco: Harper & Row, Publishers.

90.Rogers, C. R.(1970) *Carl Rogers on Encounter Groups*. San Francisco: Harper & Row, Publishers.

91.Rogers, C. R.(1983) *Freedom to learn for the 80's*. Columbus, Ohio: Merrill.

92.Roosa, L. W.(1981) The family drawing/storytelling technique: An approach to assessment of family dynamics. *Elementary School Guidance & Counseling, February*, 269 ~ 272.

93.Rubin, J. A.(1988) Art counseling: An alternative. *Elementary School Guidance & Counseling, February, (22)*4, 180 ~ 185.

94.Schien, E. H.(1978) The Role of the consultant: Content expert or process facilitator? *Personnel and Guidance Journal*, 56, 339 ~ 343.

95.Schmidt, J.J., & Biles, J. W.(1985) *Elementary School Guidance & Counseling, October*, 67 ~ 73.

96.Schmidt, J. J.(1993) *Counseling in schools*. Boston: Allyn and Bacon.

97.Schunk, D. H.(1996) *Learning theories: an educational perspective*. New Jersey: Pentice-Hall.

98.Sharon O'Bryan-Garland and Stinson E. Worley(1986) Reading through laughter and tears developing healthy emotions in preadolescents. *Childhood Education, 10*, 16 ~ 23.

99.Shertzer, B., & Stone, B. C.(1981) *Foundamentals of Guidance, (4th ed.)* Boston: Houghton Mifflin Company.

100.Slater, B. R. & Thomas, J. M.(1983) *Psychodiagnostic evaluation of children*. Teachers College, Columbia University.

101.Stone, L. A. & Bradley, F. O.(1994). *Foundations of Elementary and Middle School Counseling*. Longman Publishers U.S.A.

102.Stone, L. A. & Peer, G. G.(1970) *Implementing a functional elementary school guidance program*. Topeka, KS: State Department of Education.

103.Strupp, H. H.(1992) The future of psychodynamic psychotherapy. *Psychotherapy*, 29(1), 21 ~ 27.

104.Warner, R. W., Jr.(1980) *Individual counseling*. Atlanta: Georgia Department of Education.

105.Waterland, J. C.(1970) Actions instead of words: Play therapy for the young child. *Elementary School Guidance and Counseling*, *4(3)*, 180 ~ 187.

106.Webb, N. B.(1991) Play therapy with children in crisis. *A casebook for practitioners*. The Guilford Press.

107.Yalom, I. D.(1985) *The theory and practice of group psychotherapy*. Basic Books.

108.Zaichkowsky, L. B., & Zaichkowsky, L. D.(1984). The effects of a school-based relaxation training program on fourth grade children. *Journal of Clinical Child Psychology*, 13, 81 ~ 85.

109.Zaichkowsky, L. B., Zaichkowsky, L. D., and Yeager, J.(1986) Biofeedback-assisted relaxation training in the elementary classroom. *Elementary School Guidance and Counseling, Appril*, 180 ~ 185.

附　錄

中國輔導學會諮商專業倫理守則

前言

中國輔導學會（以下簡稱本會）係一教育性、科學性與專業性的組織，旨在聚合有志從事輔導、諮商與心理治療之專業人員，促進諮商學術研究，推展社會及各級學校之諮商工作、幫助社會大眾發展其潛能、創造健康幸福的生活、並促進國家社會及人類的福祉。

本守則旨在指明專業倫理係諮商工作之核心價值及諮商實務中相關倫理責任之內涵，並藉此告知所有會員、其所服務之當事人及社會大眾。本守則所揭示之倫理原則，本會會員均須一體遵守並落實於日常專業工作中。本守則亦為本會處理有關倫理申訴案件之基礎。

1.總則

1.1. **諮商的目的**：諮商的主要目的在維護當事人的基本權益，並促進當事人及社會的福祉。

1.2. **認識倫理守則**：諮商師應確認其專業操守會影響本專業的聲譽及社會大眾的信任，自應謹言慎行，知悉並謹遵其專業倫理守則。

1.3. **專業責任**：諮商師應認清自己的專業、倫理及法律責任，以維護諮商服務的專業品質。

1.4. **與服務機構合作**：服務於學校或機構的諮商師應遵守學校或該機構的政策和規章，在不違反專業倫理的原則下，應表現高度的合作精神。

1.5. **責任衝突**：諮商師若與其服務之學校或機構之政策發生倫理責任衝突時，應表明自己須遵守專業倫理守則的責任，並設法尋求合理的解決。

1.6. **諮商師同仁**：若發現諮商師同仁有違反專業倫理的行為，應予以規勸，若規勸無效，應利用適當之管道予以矯正，以維護諮商專業之聲譽及當事人之權益。

1.7. **諮詢請益**：諮商師若對自己的倫理判斷存疑時，應就教諮商師同仁或諮商專家學者，共商解決之道。

1.8. **倫理委員會**：本會設有倫理委員會，以落實執行倫理守則，接受倫理問題之申訴，提供倫理疑難之諮詢，並處理違反諮商專業倫理守則之案件。諮商師應與倫理委員會密切合作。

2.諮商關係

2.1. 當事人的福祉

2.1.1. 諮商關係的性質：諮商師應確認其與當事人的關係是專業、倫理及契約關係，諮商師應善盡其因諮商關係而產生的專業、倫理及法律責任。

2.1.2. 諮商師的責任：諮商師的首要責任是尊重當事人的人格尊嚴與潛能，並保障其權益，促進其福祉。

2.1.3. 成長與發展：諮商師應鼓勵當事人自我成長與發展，避免其養成依賴諮商關係的習性。

2.1.4. 諮商計劃：諮商師應根據當事人的需要、能力及身心狀況，與其共同研擬諮商計劃，討論並評估計劃的可行性及預期的效果，儘量尊重當事人的自由決定權，並為其最佳利益著想。

2.1.5. 利用環境資源：當事人的問題多與其所處環境有關，諮商師應善用其環境資源，特別是家庭資源，協助其解決問題，並滿足其需要。

2.1.6. 價值影響：諮商師應尊重當事人的價值觀，不應強為當事人做任何的決定，或強制其接受諮商師的價值觀。

2.2. 當事人的權利

2.2.1. 自主權：諮商師應尊重當事人的自由決定權。

a. 諮商同意權：當事人有接受或拒絕諮商的權利，諮商師在諮商前應告知諮商關係的性質、目的、過程、技術的運用、限制及損益等，以幫助當事人做決定。

b. 自由選擇權：在個別或團體諮商關係中，當事人有選擇參與或拒絕參與諮商師所安排的技術演練或活動、退出或結束諮商的權利，諮商師不得予以強制。

c. 未成年當事人：為未成年人諮商時，諮商師應以未成年當事人的最佳利益著想，並尊重父母或監護人的合法監護權，需要時，應徵求其同意。

d. 無能力做決定者：若當事人因身心障礙而無能力做決定時，諮商師應以當事人最佳利益著想，並應尊重其合法監護人或第三責任者的意見。

2.2.2. 公平待遇權：當事人有要求公平待遇的權利，諮商師實施諮商服務時，應尊重當事人的文化背景與個別差異，不得因年齡、性別、種族、國籍、出生地、宗教信仰、政治立場、性別取向、生理殘障、語言、社經地位等因素而予以歧視。

2.2.3. 受益權：諮商師應為當事人的最佳利益著想，提供當事人專業諮商服務，維護其人格之尊嚴，並促進其健全人格之成長與發展。（參看2.1）

2.2.4. 免受傷害權：諮商師應謹言慎行，避免對當事人造成傷害。

a. 覺知能力限制：諮商師應知道自己的能力限制，不得接受超越個人專業能力的個案。

b. 覺察個人的需要：諮商師應覺知自己的內在需要，不得利用當事人滿足個人的需要。

c. 覺知個人的價值觀：諮商師應覺知自己的價值觀、信念、態度和行為，不得強制當事人接受諮商師的價值觀。（參看2.1.6）

d. 雙重關係：諮商師應儘可能避免與當事人有雙重關係，例如下述，但不止於此：親屬關係、社交關係、商業關係、親密的個人關係及性關係等，以免影響諮商師的客觀判斷，對當事人造成傷害。

e. 親密及性關係：諮商師不可與當事人或與已結束諮商關係未超過兩年的當事人建立親密或性關係，以免造成當事人身心的傷害。諮商師若與已結束諮商關係兩年以上的當事人建立親密或性關係，必須證明此等關係不具剝削的特質，且非發展自諮商關係。

f. 團體諮商：諮商師領導諮商團體時，應審慎甄選成員，以符合團體的性質、目的及成員的需要，並維護其他成員的權益。運用團體諮商技術及領導活動時，應考量自己的專業知能、技術及活動的危險性，做好適當的安全措施，以保護成員免受身心的傷害。

2.2.5. 要求忠誠權：當事人有要求諮商師信守承諾的權利，諮商師應對當事人忠誠，信守承諾。

2.2.6. 隱私權：當事人有天賦及受憲法保障的隱私權，諮商師應予尊重。

2.3. 諮商機密

2.3.1. 保密責任：基於當事人的隱私權，當事人有權要求諮商師為其保密，諮商師也有責任為其保守諮商機密。

2.3.2. 預警責任：當事人的行為若對其本人或第三者有嚴重危險時，諮商師有向其合法監護人或第三者預警的責任。

2.3.3. 保密的特殊情況：保密是諮商師工作的基本原則，但在以下的情況下則是涉及保密的特殊情況：

a. 隱私權為當事人所有，當事人有權親身或透過法律代表而決定放棄。

b. 保密的例外：在涉及有緊急的危險性，危及當事人或其他第三者。

c. 諮商師負有預警責任時。（參看2.3.2）

d. 法律的規定。

e. 當事人有致命危險的傳染疾病等。

f. 評估當事人有自殺危險時。

g. 當事人涉及刑案時等。

2.3.4. 當事人的最佳利益：基於上述的保密限制，諮商師必須透露諮商資料時，應先考慮當事人的最佳利益，再提供相關的資料。

2.3.5. 非專業人員：與諮商師共事的非專業人員，包括助理、雇員、實習學生及義工等，若有機會接觸諮商資料時，應告誡他們為當事人保密的責任。

2.3.6. 個案研究：若為諮商師教育、訓練、研究或諮詢之需要，必須運用諮商資料時，諮商師應預先告知當事人，並徵得其同意。

2.3.7. 團體諮商：領導諮商團體時，諮商師應告知成員保密的重要性及困難，隨時提醒成員保密的責任，並勸告成員為自己設定公開隱私的界線。

2.3.8. 家庭諮商：實施家庭諮商時，諮商師有為家庭成員個人保密的責任，沒有該成員的許可，不可把其諮商資料告知其他家庭成員。

2.3.9. 未成年人諮商：未成年人諮商時，諮商師亦應尊重其隱私權，並為其最佳利益著想，採取適當的保密措施。

2.3.10. 諮商資料保管：諮商師應妥善保管諮商機密資料，包括諮商記錄、其他相關的書面資料、電腦處理的資料、個別或團體錄音或錄影帶、及測驗資料等。

a. 諮商記錄：未經當事人的同意，任何形式的諮商記錄不得外洩。

b. 本人查閱：當事人本人有權查看其諮商記錄及測驗資料，諮商師不得拒絕，除非這些諮商資料可能對其產生誤導或不利的影響。

c. 合法監護人查看：合法監護人或合法的第三責任者要求查看當事人的諮商資料時，諮商師應先瞭解其動機，評估當事人的最佳利益，並徵得當事人的同意。

d. 其他人士查看：其他人包括導師、任課教師、行政人員等要求查看當事人的諮商資料時，諮商師應視具體情況及實際需要，為當事人的最佳利益著想，並須徵得當事人的同意後，審慎處理。

e. 諮商資料轉移：未徵得當事人同意，諮商師不可轉移諮商資料給他人；經當事人同意時，諮商師應採取適當的安全措施進行諮商資料之轉移。

f. 研究需要：若為研究之需要須參考當事人的諮商資料時，諮商師應為當事人的身分保密，並預先徵得其同意。

g. 演講或出版：若發表演講、著作、文章、或研究報告需要利用當事人的諮商資料時，應先徵求其同意，並應讓當事人預閱稿件的內容，才可發表。

h. 討論與諮詢：若為專業的目的，需要討論諮商的內容時，諮商師只能與本案有關的關係人討論。若為諮詢的目的，需要做口頭或書面報告時，應設法為當事人的身分保密，並避免涉及當事人的隱私。

2.4. 諮商收費

2.4.1. 免費諮商：服務於學校或機構的諮商師為本校學生或機構內人員諮商，乃係諮商師的份內事，不得另外收費。

2.4.2. 收費標準：自行開業或服務於社區諮商中心的諮商師可以收費，但應訂定合理的收費標準。合理的收費標準應比照當地其他助人機構一般收費的情形而定，並應顧及當事人的經濟狀況，容有彈性的付費措施。

2.4.3. 預先聲明：實施諮商前，諮商師應向當事人說明諮商專業服務的收費規定。

2.4.4. 收受饋贈：諮商師應避免收受當事人饋贈的貴重禮物，以免混淆諮商關係或引發誤會及嫌疑。

2.5. 運用電腦及測驗資料

2.5.1. 電腦科技的運用：在諮商過程中運用電腦科技時，諮商師應注意以下的事項：

a. 確知當事人是否有能力運用電腦化系統諮商。

b. 用電腦化系統諮商是否符合當事人的需要。

c. 當事人是否瞭解用電腦化系統諮商的目的及功能。

d. 追蹤當事人運用的情形，導正可能產生的誤解，找出不適當的運用方式，並評估其繼續使用的需要。

e. 向當事人說明電腦科技的限制，並提醒當事人審慎利用電腦科技所提供的資料。

2.5.2. 測驗資料的應用：在諮商過程中運用測驗資料時，諮商師應注意：

a. 解釋測驗資料應力求客觀、正確及完整，並避免偏見和成見、誤解及不實的報導。

b.審慎配合其他測驗結果及測驗以外的資料做解釋，避免以偏概全的錯誤。

2.6. 轉介與結束諮商

2.6.1. 轉介時機：因故不能繼續給當事人諮商時，應予轉介。

a. 當事人自動要求結束諮商：若當事人自動要求結束諮商，而諮商師研判其需要繼續諮商時，諮商師應協調其他輔助資源，予以轉介。

b. 專業知能限制：若當事人的問題超越諮商師的專業能力，不能給予諮商時，應予轉介。（參看2.2.4.a）

c. 雙重關係的介入：若因雙重關係的介入而有影響諮商師的客觀判斷或對當事人有傷害之虞時，應予轉介。

2.6.2. 禁止遺棄：諮商師不得假借任何藉口忽略或遺棄當事人而終止諮商，應為當事人安排其他管道，使能繼續尋求協助。

2.6.3. 轉介資源：為便利轉介服務，諮商師應熟悉適當的轉介資源，協助當事人獲得其需要的幫助。

2.6.4. 結束諮商的時機：在以下的情形下，諮商師可徵求當事人同意結束諮商：

a. 當事人不再受益時，可結束諮商。

b. 當事人不需要繼續諮商服務時，可結束諮商。

c. 諮商不符合當事人的需要和利益時，可結束諮商。

d. 當事人主動要求轉介時，無須繼續諮商。

e. 當事人不按規定付費或因服務機構的限制不准提供諮商服務時，可結束諮商。

f. 有傷害性雙重關係介入而不利諮商時，應停止諮商關係，並予轉介。

3.諮商師的責任

3.1. 諮商師的專業責任

3.1.1. 熟悉專業倫理守則：諮商師應熟悉其本職的專業倫理守則及行為規範。

3.1.2. 專業知能：為有效提供諮商專業服務，諮商師應接受適當的諮商專業教育及訓練，具備最低限度的專業知能。

3.1.3. 充實新知：諮商師應不斷進修，充實專業知能，以促進其專業成長，提昇專業服務品質。

3.1.4. 能力限制：諮商師應覺知自己的專業知能限制，不得接受或處理超越個人專業知能的個案。（參看2.2.4.a）

3.1.5. 專業領域：從事不同專業領域的諮商師，應具備該專業所需要的專業知能、訓練、經驗和資格。

3.1.6. 自我瞭解：諮商師應對個人的身心狀況提高警覺，若發現自己身心狀況欠佳，則不宜從事諮商工作，以免對當事人造成傷害，必要時，應暫停諮商服務。（參看2.2.4.b）

3.2. 諮商師的倫理及社會責任

3.2.1. 提昇倫理意識與警覺：諮商師應培養自己的倫理意識，提昇倫理警覺，並重視個人的專業操守，盡好自己的倫理及社會責任。

3.2.2. 維護當事人的權益：諮商師的首要倫理責任，即在維護當事人的基本權益，並促進其福利。（參看2.1.2；2.2.1-2.2.6）

3.2.3 公開陳述：諮商師在公開陳述其專業資格與服務時應符合本倫理守則之要求。所謂公開陳述包括但不限於下述方式：付費或免費之廣告、手冊、印刷品、名錄、個人履歷表或資歷表、大眾媒體上之訪談或評論、在法律程序中的陳述、演講或公開演說、出版資料及網頁內容等。

a. 宣傳廣告：以任何形式做諮商服務宣傳或廣告時，其內容應客觀正確，不得以不實的內容誤導社會大眾。

b. 諮商師在委託他人為其專業工作、作品或活動促銷時，應擔負他人所作公開陳述之專業責任。

c. 諮商師若得知他人對自身工作做不正確之陳述時，應力求矯正該陳述。

d. 諮商師應避免不實之公開陳述，包括但不限於下述內容：(1)所受之訓練、經驗或能力；(2)學分；(3)證照；(4)所屬之機構或組織；(5)所提供之專業服務；(6)所提供專業服務之學理基礎或實施成效；(7)收費標準；(8)研究發表。

3.2.4. 假公濟私：有自行開業的諮商師不得藉由其在所屬機構服務之便，為自己招攬當事人。

3.2.5. 工作報告：發表諮商工作報告時，諮商師應力求具體、客觀及正確，給人真實的印象。

3.2.6. 避免歧視：諮商師不得假借任何藉口歧視當事人、學生或被督導者。（參看2.2.2）

3.2.7. 性騷擾：諮商師不可對當事人做語言或行為的性騷擾，應切記自己的專業角色及身為諮商師的專業身分。（參看2.2.4.e）

3.2.8. 媒體呈現：諮商師透過媒體演說、示範、廣播、電視、錄影帶、印刷品、郵件、網路或其他媒體以提供正確之訊息，媒體從事諮商、諮詢、輔導或教育推廣工作時，應注意理論與實務的根據，符合諮商專業倫理規範，並慎防聽眾與觀眾可能產生的誤解。

3.2.9. 圖利自己：諮商師不得利用其專業地位，圖謀私利。

3.2.10. 互相尊重：諮商師應尊重同事的不同理念和立場，不得冒充其他同事的代言人。

3.2.11. 合作精神：諮商師應與其他助人者及專業人員建立良好的合作關係，並表現高度的合作精神，尊重各人應遵循的專業倫理守則。

3.2.12. 提高警覺：服務於機構的諮商師，對雇主可能不利於諮商師倫理責任的言行、態度，或阻礙諮商效果的措施，提高警覺。

4.諮詢

4.1. **諮詢的意義**：提供諮詢是鼓勵當事人自我指導、適應及成長的關係和過程。

4.2. **瞭解問題**：諮商師提供諮詢時，應設法對問題的界定、改變的目標及處理問題的預期結果與當事人達成清楚的瞭解。
4.3. **諮詢能力**：諮商師應確定自己有提供諮詢的能力，並知悉適當的轉介資源。（參看2.6.3）
4.4. **選擇諮詢對象**：為幫助當事人解決問題需要請教其他專業人員時，諮商師應審慎選擇提供諮詢的專業人員，並避免陷對方於利益衝突的情境或困境。
4.5. **保密**：在諮詢過程中所獲得的資料應予保密。（參看2.3.10.h）
4.6. **收費**：諮商師為所服務機構的人員提供諮詢時，不得另外收費或接受報酬。（參看2.4.1）

5.測驗與評量

5.1. **專業知能**：諮商師實施或運用測驗於諮商時，應對該測驗及評量方法有適當的專業知能和訓練。
5.2. **知後同意權**：實施測驗或評量之前，諮商師應告知當事人測驗與評量的性質、目的及結果的運用，尊重其自主決定權。（參看2.2.1）
5.3. **當事人的福利**：測驗與評量的主要目的在促進當事人的福利，諮商師不得濫用測驗及評量的結果和解釋，並應尊重當事人知悉測驗與評量結果及解釋的權利。（參看1.1；2.3.10.b）
5.4. **測驗選擇及應用**：諮商師應審慎選用測驗與評量的工具，評估其信度、效度及實用性，並妥善解釋及應用測驗與評量的分數及結果，避免誤導。
5.5. **正確資訊**：說明測驗與評量工具技術時，諮商師應提供正確的訊息，避免導致誤解。（參看2.2.1.a）
5.6. **解釋結果**：解釋測驗及評量結果時，諮商師應考慮當事人的需要、理解能力及意見，並參考其他相關的資料，做客觀、正確和適當的解釋。（參看2.5.2.a.b）
5.7. **智慧財產權**：諮商師選用測驗及評量工具時，應尊重編製者的智慧財產權，並徵得其同意，以免違反著作權法。
5.8. **施測環境**：諮商師應注意施測環境，使符合標準化測驗的要求。若施測環境不佳、或受測者行為表現異常、或有違規事件發生，應在解釋測驗結果時註明，得視實際情況，對測驗結果之有效性做適當的評估。

5.9. **實施測驗**：測驗與評量工具若無自行施測或自行計分的設計，均應在施測者監督下實施。

5.10. **電腦施測**：諮商師若利用電腦或電子科技施測，應確定其施測的功能及評量結果的正確性。（參看2.5.1；2.5.2）

5.11. **報告結果**：撰寫測驗或評量結果報告時，諮商師須考慮當事人的個別差異、施測環境及參照常模等因素，並指出該測驗或評量工具的信度及效度的限制。

5.12. **測驗時效**：諮商師應避免選用已失時效之測驗及測驗資料，亦應防止他人使用。

5.13. **測驗編製**：諮商師在運用心理測驗及其他評量技術發展和進行研究時，應運用科學之程序與先進之專業知識進行測驗之設計、標準化、信效度考驗，以力求避免偏差，並提供完善的使用說明。

6.研究與出版

6.1. **以人為研究對象**：諮商師若以人為研究對象，應尊重人的基本權益，遵守倫理、法律、服務機構之規定、及人類科學的標準，並注意研究對象的個別及文化差異。

6.2. **研究主持**：研究主持人應負起該研究所涉及的倫理責任，其他參與研究者，除分擔研究的倫理責任外，對其個人行為應負全責。

6.3. **行為規範**：諮商師應遵循做研究的倫理規範，若研究問題偏離研究倫理標準時，應特別注意防範研究對象的權益受損。

6.4. **安全措施**：諮商師應對研究對象的身心安全負責，在實驗研究過程中應先做好安全措施。（參看2.2.4.f）

6.5. **徵求同意**

6.5.1. 自由決定：諮商師應尊重研究對象的自由決定權，事先應向研究對象說明研究的性質、目的、過程、方法與技術的運用、可能遭遇的困擾、保密原則及限制、以及諮商師及研究對象雙方的義務等。（參看2.2.1）

6.5.2. 主動參與：參與研究以主動參與為原則，除非此研究必須有其參與才能完成，而此研究也確實對其有利而無害。

6.5.3. 缺乏判斷能力者：研究對象缺乏判斷能力不能給予同意時，諮商師應盡力解釋

使其瞭解，並徵求其合法監護人或第三責任者的同意。（參看2.2.1.c；2.2.1d）

6.5.4. 退出參與：研究對象有拒絕或退出參與研究的權利，諮商師不得以任何方式予以強制。（參看2.2.1.）

6.5.5. 隱瞞或欺騙：諮商師不可用隱瞞或欺騙的方法對待研究對象，除非這種方法對預期的研究結果有必要，且無其他方法可以代替，但事後應向研究對象做適當的說明。

6.6. 解釋研究結果

6.6.1. 解釋蒐集的資料：完成資料蒐集後，諮商師應向研究對象澄清研究的性質及資料的運用，不得延遲或隱瞞，以免引發誤解。

6.6.2. 解釋研究結果：研究完成後，諮商師應向研究對象詳細解釋研究的結果，並應抱持客觀、正確及公正的態度，避免誤導。

6.6.3. 糾正錯誤：發現研究結果有誤或對當事人不利時，諮商師應立即查察、糾正或消除不利現象及其可能造成的影響，並應把實情告知研究對象。

6.6.4. 控制組的處理：實驗研究需要控制組，實驗研究結束後，應對控制組的成員給予適當的處理。

6.7. 撰寫研究報告

6.7.1. 客觀正確：撰寫研究報告時，諮商師應將研究設計、研究過程、研究結果及研究限制等做詳實、客觀及正確的說明和討論，不得有虛假不實的錯誤資料、偏見或成見。

6.7.2. 誠實報導：發現研究結果對研究計劃、預期效果、實務工作、諮商理念、或投資利益有不符合或不利時，諮商師仍應照實陳述，不得隱瞞。

6.7.3. 保密：諮商師撰寫報告時，應為研究對象的身分保密，若引用他人研究的資料時，亦應對其研究對象的身分保密。（參看2.3.1；2.3.10.f）

6.8. 發表或出版

6.8.1. 尊重智慧財產權：發表或出版研究著作時，應注意出版法和智慧財產權保護法。（參看5.7）

6.8.2. 註明原著者：發表之著作引用其他研究者或作者之言論或資料時，應註明原著者及資料的來源。

6.8.3. 二人以上合著：發表或出版之研究報告或著作為二人以上合著，應以適當的方式註明其他作者，不得以自己個人的名義發表或出版。

6.8.4. 對著作有特殊貢獻者：對所發表或出版之著作有特殊貢獻者，應以適當的方式給予鄭重而明確的聲明。

6.8.5. 利用學生的報告或論文：所發表的文章或著作之主要內容係根據學生之研究報告或論文，應以該學生為主要作者。

7.教學與督導

7.1. **專業倫理知能**：從事諮商師教育、訓練或督導之諮商師，應熟悉與本職相關的專業倫理，並提醒學生及被督導者應負的專業倫理責任。

7.2. **告知督導過程**：督導者應向被督導者說明督導的目的、過程、評鑑方式及標準，並於督導過程中給予定期的回饋及改進的建議。

7.3. **雙重關係**：諮商師教育者應清楚地界定其與學生及被督導者的專業及倫理關係，不得與學生或被督導者介入諮商關係，親密或性關係。（參看2.2.4.d；2.2.4.e）

7.4. **督導實習**：督導學生實習時，督導者應具備督導的資格，善盡督導的責任，使被督導者獲得充分的實務準備訓練和經驗。

7.5. **連帶責任**：從事諮商師教育與督導者，應確實瞭解並評估學生的專業能力，是否能勝任諮商專業工作。若因教學或督導之疏失而發生有受督導者不稱職或傷害當事人福祉之情事，諮商師教育與督導者應負連帶的倫理責任。

7.6. **人格陶冶**：諮商師教育者及督導者教學與提昇學生的專業知能外，更應注意學生的專業人格陶冶，並培養其敬業樂業的服務精神。

7.7. **專業倫理訓練**：從事諮商師教育者應給學生適當的倫理教育與訓練，提昇其倫理意識、警覺和責任感，並增強其倫理判斷的能力。

7.8. **理論與實務相結合**：諮商師教育者應提供學生多元化的諮商理念與技術，培養其邏輯思考、批判思考、比較及統整的能力，使其在諮商實務中知所選擇及應用。

7.9. **注意個別差異**：諮商師教育者及督導者應審慎評估學生的個別差異、發展潛能及能力限制，予以適當的注意和關心，必要時應設法給予發展或補救的機會。對不適任諮商專業工作者，應協助其重新考慮其學習及生計方向。

7.10. **教育課程**

7.10.1. 課程設計：應確保課程設計得當，得以提供適當理論，並符合執照、證書或該課程所宣稱目標之要求。

7.10.2. 正確描述：應提供新近且正確之課程描述，包括課程內容、進度、訓練宗旨與目標，以及相關之要求與評量標準，此等資料應為所有有興趣者可取得，以為修習課程之參考。

7.10.3. 評估回饋：在教學與督導關係中，諮商師應根據學生及被督導者在課程要求上之實際表現進行評估，並建立適當之程序，以提供回饋或改進學習之建議予學生和被督導者。

8.網路諮商

8.1. **資格能力**：實施網路諮商之諮商師，應具備諮商之專業能力以及實施網路諮商之特殊技巧與能力，除應熟悉電腦網路操作程序、網路媒體的特性、網路上特定的人際關係與文化外，並具備多元文化諮商的能力。

8.2. **知後同意**：提供網路諮商時應進行適當之知後同意程序，提供當事人相關資訊。

8.2.1. 一般資訊：應提供當事人有關諮商師的專業資格、收費方式、服務的方式與時間等資訊。

8.2.2. 網路諮商特性：應提供有關網路諮商的特性與型態、資料保密的規定與程序，以及服務功能的限制、何種問題不適於使用網路諮商等資訊。

8.2.3. 電腦網路的限制與顧慮：有關網路安全與技術的限制、網路資料保密的限制，特別應對當事人加以說明。

8.2.4. 未成年當事人：若當事人為未成年人時，諮商師應考慮獲得其法定監護人的同意。

8.3. **網路安全**：實施網路諮商時，在網路通訊上，應採必要的措施，以利資料傳輸之安全性與避免他人之冒名頂替。如：文件的加密，使用確認彼此身分之特殊約定等。諮商師亦應在電腦網路之相關軟硬體設計與安全管理上力求對網路通與資料保存上之安全性。

8.4. **避免傷害**：諮商師敏察網路服務型態的限制，避免因網路傳輸資訊之不足與失真而導致在診斷、評量、技術使用與處理策略上之失誤，而造成當事人之傷害。諮商師應善盡保密之責任，但面臨當事人可能自我傷害，傷害他人或涉及兒童虐待時，諮商師應收集資訊，評估狀況，必要時應採取預警與舉發的行動。

8.5. **法律與倫理管轄權**：在實施網路諮商與督導時，應審閱諮商師、當事人及督導居住所在地之相關法律規定與倫理守則以避免違犯。

8.6. **轉介服務**：諮商師應盡可能提供當事人其居住地附近之相關諮商專業機構與諮商師之資訊與危機處理電話，以利當事人就近求助。網路諮商師應與當事人討論當諮商師不在線上時的因應方式，並考慮轉介鄰近諮商師之可能性。

8.7. **普及服務**：網路諮商師應力求所有當事人均能得到所需之諮商服務，除在提供電腦網路諮商服務時能在使用設計上盡量考慮不同當事人使用的方便性之外，亦應盡可能提供其他型態與管道的諮商服務，以供當事人選擇使用。

索 引

〈人名索引〉

中文人名索引

英文人名索引

J

K

L

M

N

O

P

〈名詞索引〉

英文名詞索引

A

B

D

E

F

G

英文名詞索引

二　劃

三　劃

四　劃

五　劃

六 劃

七　劃

八 劃

九劃

十 劃

十一劃

十二劃

十三劃

十四劃

十五劃

十六劃

十七劃

十八劃

十九劃

二十二劃

二十三劃

二十四劃

國家圖書館出版品預行編目資料

兒童輔導與諮商／林建平著. -- 三版. --
臺北市 : 五南圖書出版股份有限公司,
2020.03
面； 公分
ISBN 978-957-763-885-4（平裝）

1.學校輔導 2.兒童心理學 3.諮商
4.團體輔導

523.64 109001708

1BK0

兒童輔導與諮商

作 者— 林建平（141.3）
發 行 人— 楊榮川
總 經 理— 楊士清
總 編 輯— 楊秀麗
副總編輯— 王俐文
責任編輯— 金明芬
封面設計— 王麗娟
出 版 者— 五南圖書出版股份有限公司
地 址：106台北市大安區和平東路二段339號4樓
電 話：(02)2705-5066 傳 真：(02)2706-6100
網 址：https://www.wunan.com.tw
電子郵件：wunan@wunan.com.tw
劃撥帳號：01068953
戶 名：五南圖書出版股份有限公司

法律顧問 林勝安律師事務所 林勝安律師

出版日期 2001年11月初版一刷
2005年 6 月初版四刷
2010年10月二版一刷
2020年 3 月三版一刷
2021年 8 月三版二刷

定 價 新臺幣730元